公司财务

（第二版）

刘力　唐国正◎编著

图书在版编目(CIP)数据

公司财务/刘力,唐国正编著.—2版.—北京:北京大学出版社,2014.3
(光华书系·教材领航)
ISBN 978-7-301-23670-3

Ⅰ.①公… Ⅱ.①刘…②唐… Ⅲ.①公司-财务管理-高等学校-教材 Ⅳ.①F276.6

中国版本图书馆 CIP 数据核字(2013)第 316915 号

书　　名：公司财务(第二版)
著作责任者：刘　力　唐国正　编著
策划编辑：张　燕
责任编辑：李笑男
标准书号：ISBN 978-7-301-23670-3
出版发行：北京大学出版社
地　　址：北京市海淀区成府路 205 号　100871
网　　址：http://www.pup.cn
电子信箱：em@pup.cn
新浪微博：@北京大学出版社　　@北京大学出版社经管图书
电　　话：邮购部 62752015　发行部 62750672　编辑部 62752926
　　　　　出版部 62754962
印　刷　者：涿州市星河印刷有限公司
经　销　者：新华书店
　　　　　730 毫米×980 毫米　16 开本　33.75 印张　716 千字
　　　　　2007 年 1 月第 1 版
　　　　　2014 年 3 月第 2 版　2022 年 10 月第 11 次印刷
定　　价：66.00 元

未经许可,不得以任何方式复制或抄袭本书之部分或全部内容。
版权所有,侵权必究
举报电话:010-62752024　电子信箱:fd@pup.pku.edu.cn

丛书编委会

顾 问

厉以宁

主 编

蔡洪滨

编 委(以姓氏笔画排列)

王 辉	刘玉珍	刘 学	刘 俏	江明华
吴联生	张一弛	张志学	张 影	李 其
李 琦	陈丽华	陈松蹊	陆正飞	周长辉
周黎安	武常岐	冒大卫	龚六堂	彭泗清
		滕 飞		

丛书序言一

很高兴看到"光华书系"的出版问世，这将成为外界更加全面了解北京大学光华管理学院的一个重要窗口。北京大学光华管理学院从1985年北京大学经济管理系成立，到现在已经有26年了。这26年来，光华文化、光华精神一直体现在学院的方方面面，而这套"光华书系"则是学院各方面工作的集中展示。

多年来，北京大学光华管理学院始终处于中国经济改革研究与企业管理研究的前沿，致力于促进中国乃至全球管理研究的发展，培养与国际接轨的优秀学生和研究人员，帮助国有企业实现管理国际化，帮助民营企业实现管理现代化，同时，为跨国公司管理本地化提供咨询服务，从而做到"创造管理知识，培养商界领袖，推动社会进步"。北京大学光华管理学院的几届领导人都把这看作自己的使命。

作为经济管理学科的研究机构，北京大学光华管理学院的科研实力一直在国内处于领先位置。光华管理学院有一支优秀的教师队伍，这支队伍的学术影响在国内首屈一指，在国际上也发挥着越来越重要的作用，它推动着中国经济管理学科在国际前沿的研究和探索。与此同时，学院一直都在积极努力地将科研力量转变为推动社会进步的动力。从当年股份制的探索、证券市场的设计、《证券法》的起草，到现在贵州毕节实验区的扶贫开发和生态建设、教育经费在国民收入中的合理比例、自然资源定价体系、国家高新技术开发区的规划，等等，都体现着光华管理学院的教师团队对中国经济改革与发展的贡献。

作为商学教育机构，北京大学光华管理学院鼓励教师深入商业实践，熟悉企业管理，提升案例教学的质量和层次。多年来，学院积累了大量有价值的案例，经过深入研究、精心编写，这些商业案例可以成为商学教育中宝贵的教学资源。学院每年举办大量讲座，讲座嘉宾很多是政界、商界和学界的精英，讲座内容涉及社会发展的方方面面。通过这些讲座，学生们可以最直接地得到名家大师的授业解惑，优化和丰富知识结构。

作为管理精英的汇聚中心，北京大学光华管理学院历届毕业、结业的校友一直是我们最引以为荣的。历届的优秀同学,在各自的岗位上做出贡献,他们是光华管理学院最宝贵的财富。光华管理学院这个平台的最大优势,也正是能够吸引一届又一届优秀的人才的到来。世界一流商学院的发展很重要的一点就是靠它们强大的校友资源,这一点,也是与北京大学光华管理学院的努力目标完全一致的。

今天,"光华书系"的出版正是北京大学光华管理学院全体师生和全体校友共同努力的成果。通过这套丛书,读者不仅能够读到经典教材和前沿学术成果,更可以通过名师、校友、讲座等方面感受光华风采。希望这套丛书能够向社会展示光华文化和精神的全貌,并为中国管理学教育的发展提供宝贵的经验。

2011 年 12 月

丛书序言二

光华管理学院秉承"百年北大"悠久的人文传统、深邃的学术思想和深厚的文化底蕴,在过去的二十多年里,一直践行"创造管理知识,培养商界领袖,推动社会进步"的学院使命,目前已经发展成为国内最为优秀的商学院之一。

北京大学的传统对于光华管理学院,乃至中国商学教育都很重要,学院一直秉承北京大学的传统,真正要办大学气质的商学院。我们将光华教育的特质归纳为四个"I",即 Integrity——诚信和责任;International——商界领袖的国际化视野;Integration——整合学习,理论实践相结合;Innovation——自主创新。

Integrity:北京大学作为中国传统名校,传承百年历史文化,有一个非常鲜明的特点,就是拥有浓厚的人文底蕴、民主科学精神,以及对社会的使命感和责任感。北京大学光华管理学院作为北京大学的商学院,是专门从事管理研究和教育的机构,将持续发扬北京大学的历史传统、人文精神,以及社会责任感和使命感。

International:光华是全国最国际化的商学院,师资是最国际化的,教育体系是最早跟国际接轨的。北京大学光华管理学院的国际化是扎根于中国的国际化。我们一方面在国际先进的管理知识和管理理念方面有着最前沿的成果,另一方面也很好地结合了中国的管理实践和经济发展。光华的师资和国际研究都很好地做到了这两个方面。根据国际权威研究统计机构的统计,北京大学的经济和商学学科,已进入世界前1%的行列。对此光华起了最主要的作用,这也反映了光华在国际研究方面做出的贡献。

Integration:商学院需要解决好两个整合的问题,一是将理论和实践很好地结合起来,二是学科之间的整合。对于理论和实践的整合,光华正致力于推动管理学理论向商业实践成果的转化。对于学科的整合,光华正在做的不仅是不同学科之间的融合,还在加强不同教育项目之间的配合。我们致力于调动和整合北京大学综合性的师资资源,将管理与历史、哲学、艺术、数学乃至物理等学科相结合,全方面塑造管理者的整体人文和科学素养。各个教育项目之间的互动也经常碰撞出新的思想火花,帮助光华学子们拓宽思想,带来新的视角。

Innovation：中国要成为具备创造力的国家，在世界上建立一个品牌和形象，必须发展自主创新文化。光华管理学院立足于北京大学，在整个中关村科技园大的氛围之下，光华的教学科研的国际合作能够成为自主创新生态环境的一部分。光华管理学院最近刚刚成立了北京大学光华管理学院创新创业中心，以这个中心为平台，致力于整合院内院外、校内校外、国内国外创业方面的资源，进一步推动自主创新。

为进一步超越自我，向着建设世界一流商学院的目标而不懈努力，北京大学光华管理学院特策划"光华书系"系列丛书，以展现光华管理学院在理论研究、教学实践、学术交流等方面的优秀成果。我们更希望通过"光华书系"的出版让更多的读者通过光华理解经济、管理与社会。

"光华书系"作为一个开放的系列，涵盖理论研究、教学实践、学术交流等各个方面：

第一是领航学科的教材。光华管理学院的商学教育，拥有全国首屈一指的师资力量和最优秀的学生生源。在教学相长的过程中，很多经典讲义、教材应运而生。教材领航系列丛书要以"出教材精品，育商界英才"为宗旨，发挥优势，突出特色，重点建设涵盖基础学科的主干教材、填补学科空白的前沿教材、反映教学改革成果的新型教材，面向大教育，追求高品位，服务高等教育，传播先进文化。

第二是前沿的学术成果。光华管理学院始终处于中国经济发展与企业管理研究的前沿，学术琼林系列丛书以具有国内和国际影响力的管理学、经济学等相关学科的学术研究为支撑，运用国际规范的研究方法深入研究中国的经济和管理问题，体现更高的学术标准，展现学界领袖的优秀成果。

第三是丰富的实战案例。案例研究和教学作为一种不可替代的重要方法，有效解决了知识与实践转换的问题。在中国的相关政策不断改革的大背景下，各种有借鉴意义的素材越来越丰富。根据国外成熟的案例编写经验，开发和使用高水平的本土化案例，是一件意义深远的事。案例精粹系列丛书涵盖教学案例、研究案例、商业案例几大模块，体现本土化和原创性、理论主导性和典型性，将一般管理职能与行业、企业的特殊性相结合，既具有一定的理论深度，又具有相当程度的覆盖面和典型性。相信这些案例能够最有效地服务于教学要求、学术研究以及企业管理实践。

第四是卓越的教师风范。"善之本在教，教之本在师。"光华管理学院的优秀教师，秉承诲人不倦、育人为先的教学原则，以他们的学术实践最好地诠释了北京大学追求真理、追求卓越、培养人才、繁荣学术、服务人民、造福社会的办学理念，为北京大学赢得了崇高的学术声誉。名师风采系列丛书就是力图全面展现光华优秀教师精深的学术造诣、高尚的学术风范，让更多的人领略他们关爱学生、培养青年、提携后学的优秀品质，让"大师"精神得到继承和发扬。

第五是杰出的校友风采。光华管理学院的每一位校友,都是中国杰出的时代精英。他们凭借在各自工作岗位上的优异表现,为光华管理学院、为北京大学在海内外赢得了广泛赞誉。校友华章系列丛书就是深度记录校友在光华管理学院的学习经历以及卓著业绩,全面展现其对学识的孜孜追求、卓越才智以及不懈执着的品质,体现光华管理学院高质量的教学实践这一核心竞争力。

最后是精彩的讲座荟萃。在浮华之风日盛的今日社会,光华管理学院广泛开展的各种学术交流活动和讲座,兼容并蓄,展现思想的精粹、智慧的集锦。对所有"为国求学、努力自爱"的人们来说,其中传出的思想之声都是真正值得认真品味和用心领会的。讲座撷英系列丛书就是汇集专家、教授、知名学者、社会名流在光华管理学院的精彩演讲,展现其中引人深思的深厚学理以及催人奋进的人生智慧,将严肃的学术品格和通俗的阅读形式相结合,深度展现一流学府的思想之声,奉献最具时代精神的思想饕餮。

2011年12月

第二版前言

《公司财务》第一版自2007年1月由北京大学出版社出版以来,得到了广大读者的支持和厚爱。7年间本书共重印了7次,被国内多所综合性大学及财经院校所采用,并获得了"北京市高等教育精品教材"等荣誉。然而,由于作者的懈怠、工作繁忙以及其他方面的原因,本书一直未能修订再版。教材的一些内容因而也未能根据中国的经济社会环境、金融环境、企业投融资环境的变化进行调整,书中存在的一些问题甚至个别错误也未能及时更正。

为了尽快对教材内容进行更新,也为了将更多教师的教学经验、对公司财务课程的理解等纳入新版教材中,第二版教材的编写工作由原作者刘力教授和长期从事公司财务教学与研究,具有丰富教学经验的唐国正副教授共同完成。

与第一版相比,第二版的变化主要体现在两个方面:一是对投融资部分的内容做了较大的修改与调整,更新了数据资料,补充了部分案例,使得内容更加丰富。二是出于精简篇幅的考虑,对营运资金管理的两章进行了合并,并对内容做了一定的精简;将"财务计划与财务预测"一章的内容与筹资组合方面的内容进行了删减与整合,改为"企业的筹资组合与财务计划";最后,去掉了"财务报表与财务指标"一章的内容,读者可以通过阅读会计专业的相关教材来学习该内容。

本教材自第一版出版至今,一直在北京大学MBA和本科生的公司财务课程中使用,使用者超过千人。在此过程中,担任过本课程助教的北京大学光华管理学院的各位研究生及很多同学对教材的内容也提出了很好的建议,特此感谢。

刘力　唐国正
2014年2月

第一版前言

公司财务又可称为公司金融,是金融学的一个重要组成部分和金融学学生必修的一门课程。同时,也是管理学,特别是 MBA 学生必修的一门课程。

粗略地讲,金融学可以分为货币金融学、资产定价和公司财务(金融)三个大的组成部分。[①] 从某种角度来看,货币金融学更多的是经济学院的教授或经济学者研究的领域,而资产定价和公司财务(金融)则是商学院金融学的主要教学和研究内容。[②]

公司财务(金融)所涉及的内容主要有三个方面,即企业的资本预算决策(有时也可称为企业的长期投资决策)、长期融资(筹资)决策和营运资本管理,而企业投融资决策的核心则是价值的评估。因此,本书以价值分析为主线,以公司财务(金融)所涉及的三个领域为基础作为编写指南。具体来讲,本书大体可以分为这样几个部分:第一部分简要讲述了公司财务报表与财务报表分析,以求为公司财务(金融)相关内容的进一步学习打下一个基础。与一般对财务报表的讲授不同,本书特别强调和讲授了从价值创造的角度理解和认识公司的财务报表。第二部分讲述了公司的资本预算决策,包括价值评估的基本原理、公司债券和股票的定价原理、如何分析项目的现金流量以及如何考虑时间价值与风险报酬等内容。第三部分讲述了资本资产定价模型和资产组合理论,这与公司融资工具(股票和债券)的市场定价密切相关,也是资产定价的最重要的内容。第四部分讨论了公司的长期融资决策与股利政策,包括权益融资和债务融资的基本方式、资本成本与资本结构的确定、股利分配政策以及期权等衍生金融工具在公司财务(金融)中的应用等内容。特别要指出的是,价值评估同样是企业融资决策需要首先考虑的问题。本书对融资方式和资本结构的选择、股利政策的确定等长期融资决策问题的讨论,都是从这些决策对相关利益集团的价值的影响的角度出发的。第五部分讨论了营运资本管理的问题,包括流动资产与流动负债的管理。最后,还简要讲述了企业并购的相关内容。

[①] 也有人把金融学分为宏观金融与微观金融两个部分,前者指货币金融学,后者指资产定价和公司财务。

[②] 关于这一点,只要看看国际著名商学院 MBA 金融学课程的构成和金融学教授的研究成果所涉及的领域就一目了然了。

由于公司财务(金融)是 MBA 必修课中唯一的一门与金融学有关的课程,而公司金融的内容与资产定价密切相关(作为公司融资工具的股票与债券就是资产定价的主要研究对象)。因此本书相对国内多数财务管理学教科书(其主要内容就是公司财务)[①]而言,资产定价和期权等方面的内容较多,整个教材的内容也较多。这样做的目的,是希望学生通过本书能够对金融学的内容有一个更全面的了解。至于在实际教学和学习过程中,教师和学生可以根据具体的需要进行取舍,并不是书中所有的内容都要讲授。

这本《公司财务》已经是第三版了。前两版书名为《财务管理学》,是由企业管理出版社出版的。这本教材一直作为北京大学光华管理学院金融学本科生和 MBA 学生学习公司金融(财务)的教材,也被其他一些兄弟院校选做财务管理或公司财务的教材。这次,作为北京大学光华管理学院金融学教材系列的一部分,交由北京大学出版社出版。与前两版的《财务管理学》相比,目前这本书在内容上作了较大的修改,并增加了案例和一些必要的示例。

在本书的编写过程中,光华管理学院的博士生和硕士生王震、王汀汀、洪道麟、于兹志、魏聃、万芊、石良、刘葳、钱叶文等帮助收集和编写了各章前后的绝大部分案例以及正文中的示例,他们还帮助收集了大部分习题,并完成了习题解答的主要工作。同时,他们中的绝大多数人还在我为 MBA 学生开设的《公司财务》和《公司财务案例分析》课程上担任助教,对书中有关内容的写作也提供了宝贵的建议和一些直接的贡献。另外,一些上过我开设的《公司财务》课程的同学也对教材的内容在不同程度上提出过有益的建议。没有他们的热情帮助,本书也不会有今天这样丰富的内容和案例。本书前两版的一些读者也对本书的内容和个别差错提出了宝贵的意见,这对本书这次修改也是非常重要的。在此仅对这些同学和读者对本书写作所做出的贡献表示诚挚的谢意。

刘　力

北京大学光华管理学院

2006 年 5 月

---

① 在国际通用的教科书中,公司财务(corporate finance)与财务管理(financial management)也往往是同义词,至少这两种书名的教科书所讲授的内容是基本相同的。

目 录

第1章 绪论 ··· 1
  1.1 企业的组织形态与性质 ··· 1
  1.2 公司财务的基本内容 ·· 6
  1.3 公司财务的目标 ··· 7
  1.4 公司财务与会计的区别 ······································· 10
  1.5 现代公司财务理论的发展 ··································· 12

第2章 资金的时间价值 ··· 18
  2.1 时间价值与现金流量 ·· 18
  2.2 时间价值的计算 ··· 20
  2.3 年金及其复利终值与现值的计算 ······················· 24
  2.4 增长年金 ·· 30

第3章 债券及其估价 ··· 35
  3.1 债券的概念及特征 ·· 35
  3.2 债券的价值与利率 ·· 37
  3.3 关于债券收益率的进一步讨论 ··························· 41

第4章 股票估值 ·· 49
  4.1 普通股与优先股的基本概念 ······························· 49
  4.2 普通股估值 ·· 54
  4.3 对股利估值模型的再讨论 ··································· 60
  4.4 股票投资的特点 ··· 65

第5章 资本投资与决策指标 ·· 70
  5.1 资本投资的作用与分类 ······································ 70
  5.2 资本投资过程分析 ·· 73
  5.3 净现值 ··· 77
  5.4 非贴现指标 ·· 78

5.5 内部收益率 83
　　5.6 调整的内部收益率 89
　　5.7 现值指数 91
　　5.8 资本限量条件下的投资决策 92

第6章 资本预算分析 100
　　6.1 项目现金流分析 100
　　6.2 估计项目现金流时要注意的几个问题 106
　　6.3 几种典型的资本投资决策 111
　　6.4 不确定性条件下的资本投资分析 114
　　6.5 关于资本投资决策的几点讨论 123

第7章 风险、收益与证券市场理论 131
　　7.1 风险及其衡量 131
　　7.2 风险与效用 134
　　7.3 投资组合的风险与收益 137
　　7.4 证券市场上收益与风险的关系 146
　　7.5 有效市场假说 154

第8章 金融市场与企业筹资 179
　　8.1 金融市场与金融机构 179
　　8.2 资金来源的类别 181
　　8.3 企业筹资的性质与目的 185
　　8.4 筹资决策与资本预算决策的比较 187

第9章 资本成本 190
　　9.1 资本成本的概念 190
　　9.2 个别资本成本 192
　　9.3 发行费用对资本成本的影响 196
　　9.4 加权平均资本成本 197
　　9.5 关于资本成本的进一步讨论 200
　　9.6 资本成本与投资决策 203

第10章 权益资本筹资 213
　　10.1 创业融资 213
　　10.2 首次公开发行(IPO)融资 219
　　10.3 普通股的再融资 234
　　10.4 发行普通股筹资的成本 242

10.5	发行普通股筹资的利弊	246
10.6	优先股筹资	247

第11章 债务与租赁融资 263

11.1	债券筹资	263
11.2	债券的评级	271
11.3	债券的偿还	279
11.4	换债	280
11.5	长期借款筹资	283
11.6	租赁融资	288

第12章 资本结构分析 301

12.1	营业风险与财务风险	301
12.2	资本结构	308
12.3	无公司所得税时的MM理论	311
12.4	有公司所得税时的MM理论	316
12.5	财务危机成本与资本结构	320
12.6	优序融资理论	326
12.7	企业资本结构的确定	329

第13章 分配政策 337

13.1	利润分配的程序	337
13.2	利润分配与公司价值	340
13.3	公司股利政策的选择	349
13.4	股票股利、拆股与股票回购	353

第14章 期权与公司财务 363

14.1	期权与期权交易	363
14.2	期权的价值	370
14.3	从期权的角度分析股东权益和负债	379
14.4	认股权证	382
14.5	可转换证券	389
14.6	实物期权	397

第15章 营运资金管理 409

15.1	营运资金管理概述	409
15.2	现金	413
15.3	应收账款管理	419

15.4 存货管理 ………………………………………………… 426
  15.5 商业信用管理 ……………………………………………… 430

第16章 企业的筹资组合与财务计划 ……………………………… 435
  16.1 企业的筹资组合 …………………………………………… 435
  16.2 财务计划 …………………………………………………… 438
  16.3 用销售收入比例法编制财务计划 ………………………… 443
  16.4 企业增长与外部资金需求 ………………………………… 446

第17章 企业并购、分立与重组 …………………………………… 455
  17.1 公司并购概述 ……………………………………………… 455
  17.2 公司并购分析 ……………………………………………… 465
  17.3 公司分立 …………………………………………………… 485
  17.4 公司的重整与清算 ………………………………………… 488
  17.5 公司的解散与清算 ………………………………………… 494

附录 相关表格 ……………………………………………………… 504

主要参考书目 ………………………………………………………… 514

术语索引 ……………………………………………………………… 515

第1章 绪 论

财务活动涉及各类机构,范围非常广泛。不论是营利性机构(如企业),还是非营利性机构(如医院、学校),都有财务活动发生,都需要进行财务管理。但是,不同的机构或主体,在不同的经济制度下,其财务管理的内容与作用会有所不同。比如,营利性机构和非营利性机构的财务管理活动的目的和内容有一定差异;传统计划经济体制下我国国有企业的财务管理活动与市场经济体制下企业的财务管理活动的目的和内容也有差异;在市场经济条件下,独资企业、合伙企业与公司制企业的财务管理活动的目的和内容也不尽相同。企业的财务管理活动与企业本身的组织形态与性质、企业所面临的经济制度和经济环境密切相关。本书以现代市场经济体制下的独立企业法人,特别是现代公司制企业为对象,讨论其财务管理原理和财务管理活动。

事实上,企业财务管理更多地(或更适合于)被称为公司财务或公司金融(corporate finance)。在这一章,我们将讲述企业的组织形态与性质,简要介绍公司财务的基本内容与目标、公司财务相关理论的发展等内容。

1.1 企业的组织形态与性质

1.1.1 企业的组织形态

市场经济条件下,企业有不同的组织形态。企业最常见的三种法定组织形态为独资企业(单一业主制,sole proprietorship)、合伙制企业(partnership)和公司制企业(corporation)。

独资企业是指一个所有者拥有的,所有者拥有全部利润,同时又承担无限责任的企业。我国《个人独资企业法》规定,个人独资企业是"由一个自然人投资,财产为投资人个人所有,投资人以其个人财产对企业债务承担无限责任的经营实体"。独资企业的优点是设立相对简单,投资者可以获取全部利润,企业利润视同个人所得,只交纳个人所得税,避免了公司制企业所有者在进行利润分配时需要交纳公司所得税和个人所得税的双重纳税负担。

独资企业的缺点包括:企业的寿命以其所有者寿命为限,因此企业的寿命有限;所有者要承担无限责任,即当企业的资产不足以偿还债务时,所有者要以其个人财产来偿付企业所欠债务;同时,独资企业所能筹措的权益资本完全取决于所有者个人的财富,因此,其资金实力和企业的发展受到很大限制;最后,由于企业与其所有者个人难以严格区分导致的财务不透明和不规范,独资企业的所有权转让非常困难。

在国际上,独资企业一般指单个自然人拥有的企业,即我国的"个人独资企业"。由于我国经济制度的特殊性,我国还有国有独资企业。国有独资企业实质上是一种公司制企业。我国《公司法》第65条规定:"国有独资公司,是指国家单独出资、由国务院或者地方人民政府授权本级人民政府国有资产监督管理机构履行出资人职责的有限责任公司。"因此,国有独资企业是公司制企业。

合伙制企业是指两个或两个以上的所有者共同组建的企业。合伙制又可以分为普通合伙制(general partnership)与有限合伙制(limited partnership)。普通合伙制企业的所有合伙人共同分享企业的利润,承担企业的亏损,对企业的全部债务承担无限责任。我国的《合伙企业法》规定:"本法所称合伙企业,是指依照本法在中国境内设立的由各合伙人订立合伙协议,共同出资、合伙经营、共享收益、共担风险,并对合伙企业债务承担无限连带责任的营利性组织。"显然,这里的合伙企业是指普通合伙制的企业。

有限合伙制企业中,一个或多个普通合伙人(general partner)负责经营企业并承担无限责任,同时有一个或多个有限合伙人(limited partner),他们并不参与企业的实际经营活动,仅以出资额为限对企业的债务承担有限责任。

与独资企业类似,合伙制企业的优点是组建相对简单,企业的利润也等同于所有者的个人所得,因此不必双重纳税。缺点是:普通合伙人要承担无限责任;企业的存续期以一个普通合伙人希望卖出其所有权或死亡时为限;企业筹集权益资本的能力虽然优于独资企业,但仍然受到一定程度的限制;普通合伙人的所有权难以转让。

总的来看,独资企业与合伙制企业都受到无限责任、企业寿命和筹资能力的困扰,因此,很难筹措到足够的资金进行大规模的投资。

公司(corporation)是最重要的企业组织形态。公司是一种法人制度,股东(所有者)以其出资额为限对公司承担责任,公司以其全部资产对其债务承担责任。公司是不同于其所有者的"独立法人",具有类似于自然人的权利和职责。公司能以自身的名义对外筹措资金、签订合同、拥有财产,可以起诉他人或被他人起诉,也可以对外投资,成为其他公司的股东或合伙制企业的合伙人,等等。显然,公司的组建难度和条件要远高于独资企业与合伙企业,其组织形态更加复杂。公司制企业需要有公司章程和一系列运行规则来规范公司的运行。

公司分为有限责任公司和股份有限公司。有限责任公司的股份不必划分成相等的份额,股东人数受到限制。我国《公司法》规定,股东人数不得超过五十人,不得少于二人。股份有限公司的股份要划分成相等的份额,股东人数没有上限,发起人一般不少于五人。股份有限公司可以成为上市公司。

公司的优点众多。首先,其股东仅以出资额为限对公司承担有限责任,使股东的个人财产与对公司的投资相分离。一旦公司破产,股东的最大损失就是其对公司的投资额,其他个人财产不会受到牵连和蒙受损失。其次,公司可以无限期地存续下去,其寿命与股东的寿命和股权的转让无关。再次,股份公司的股东人数不受限制,这极大地扩展了公司的资金来源。在公司需要权益资本时,可以通过发行新股的方式吸引新的股东投资。权益资本的增加不但直接增加了股份公司的资金,而且增强了股份公司债务融资的能力,使公司可以筹措到大量的资金,进行规模巨大的投资活动。最后,上市公司的股权可以方便地转让,而不会影响公司的持续经营,这为股东提供了很好的流动性。

公司的一个主要缺点是股东需要双重纳税。公司作为法人,需要像自然人那样为自己的所得(利润)交纳所得税,我们称之为公司所得税。当公司将利润分配给股东时,股东还要再次为自己收到的利润交纳个人所得税。因此,股东要为自己的投资回报"双重纳税",先在公司层面上交纳公司所得税,后在个人层面上交纳个人所得税。

公司的另一个特点是所有权与经营权的分离,即公司是由一些职业经理人经营的。股东作为公司的所有者,绝大多数只担负出资责任,本身不从事经营活动。作为股东,他们投票选举公司董事会,再由董事会选择经理人负责公司的具体经营事务。

如前所述,由于我国经济制度的特殊性,我国《公司法》规定可以有国有独资公司,它也是一种有限责任公司。根据我国《公司法》的规定,国有独资公司不设股东会,设立董事会,在一定程度上行使股东会的职能。

1.1.2 企业的性质

公司财务主要研究企业的投融资问题,因此,对企业性质的认识和理解在很大程度上影响着我们对公司财务的思考和理解。同时,企业的性质也决定着企业的财务活动。因此,我们有必要对企业的性质进行简单的讨论。

公司从不同的角度可以有不同的定义。比如,在法律上,"公司享有由股东投资形成的全部法人财产权,依法享有民事权利,承担民事责任","公司以其全部法人财产,依法自主经营,自负盈亏"[①]。在微观经济学的企业理论中,我们把企业看作一种投入产出的转换机制,分析如何做到利润最大化和成本最小化。从合同(契约)的角度,我们还可以把企业看作一个"契约的集合",这是经济学家对企业本质最重要的解释之一。

公司是通过一系列契约关系,将不同生产要素和利益集团组织在一起,进行生产经营活动的一种企业组织形式,是一个"契约关系"(或合同关系)的集合(nexus)[②]。在这一契约关系集合中,企业的所有者(股东)、债权人、经理、职工、供应商、客户以及政府、社会等不同利益集团通过一系列契约联系在一起。每一利益集团由于向企业提供的生产要素和服务不同,在企业中拥有不同的利益。股东和债权人要得到相应的投资收益;管理人

---

① 《中华人民共和国公司法》第3、4、5条等相关内容。
② Jensen, M. C., and W. Meckling, "Theory of the Firm: Managerial Behavior, Agency Costs, and Capital Structure", *Journal of Financial Economics*, 3(4), 1976, pp. 305—360.

员希望得到管理的报酬、荣誉和地位;职工要得到劳动报酬、相对稳定的工作和符合标准的劳动条件等;供应商要得到销售收入和利润;客户要得到满意的产品或服务;政府要得到税收,要求企业遵守法律法规;社会则要求企业履行其必要的社会责任(如环境保护、资源的可持续利用、对所在社区的贡献等)。正是为了实现这些利益,这些利益集团才通过一系列契约构成了企业这一关系集合。而他们在企业中的利益,恰恰是通过一系列契约关系来体现的。如债权人是通过与企业签订的债务契约来获取利息与回收本金;管理人员和职工则通过与企业的雇佣契约来得到自己的工资收入,而有关的法律法规又对他们的就业权、劳动条件等作了规范和保护;供应商与客户通过供货合同或销售合同得到货款或产品、服务;政府依法(这也可以看作一种特殊的合同关系)向企业征税,依法对企业实施监督和管理;社会则通过舆论和法律(如环境保护法)来维护自己的权益,等等。

由于不同利益集团都在企业中拥有一份自己的利益,都拥有一份与企业的契约关系,从这个角度讲,他们都是企业的"所有者",或称为"利害关系人"(stakeholder)。为维护自身在企业中的利益,他们也都在一定的条件下行使自己的权利,对企业的运行进行干预。

企业的正常运行是建立在上述利益集团的合作和积极参与的基础上的。离开了股东的权益资本投入,企业就从根本上失去了其创始人;离开了债权人的资金投入,企业也得不到经营所需的债务资金(尽管从理论上讲,债权人的资金投入并不是必需的,但对现代公司企业来讲,这实际上是必需的条件);没有经营者的参与,企业将得不到有效的管理;没有职工的参与,生产中将缺少劳动力这一决定性的生产要素;没有政府的允许(实际上是法律的允许),企业将无法开办,等等。那么,企业怎样才能得到上述所有利益集团的共同认可,投入正常运行呢? 这要从分析不同利益集团的利益关系入手。

企业中不同利益集团间的相互关系表现为两个方面:一方面,每一利益集团都希望企业在经营活动中取得成功,都具有搞好企业的动力。因为只有企业经营成功,取得了足够的收入,他们各自的利益才能得以实现。这时,各利益集团间是一种相互依赖、相互影响的关系。如果企业破产,遭受损失的不仅仅是企业的股东,也必然殃及其他利益集团。如管理人员和职工将失去工作;债权人的利息收入和本金可能遭受损失;原材料供应商将失去一个客户,还可能损失部分货款;政府不但失去了一个税源,而且还要承受失业的压力,甚至经济发展的减缓或停滞,等等。这种相互依赖、一损俱损、一荣俱荣的关系,是各利益集团关系中相互合作的一面。另一方面,由于各利益集团的利益不同,在他们共享企业经营收入的"大蛋糕"时,相互间的利益又存在着此消彼长的关系,不可避免地导致竞争与冲突。这是各利益集团关系中相互冲突的一面。显然,在这两种关系中,只有适当约束冲突,才能形成合作,才能最终使各利益集团的利益都得到一定程度的满足。为此,各利益集团之间经过讨价还价,签订一系列合同,既保证自己基本利益的实现,又承认和接受其他利益集团的正当利益。这种既竞争又合作的结果,构成了企业运行的基本条件。

由于信息的不对称性和人们的有限理性等各种原因,契约存在着不完善性,即构成企业各利益集团之间的利益关系和利益分配是无法通过契约完全在事前确定的,从而形成了所谓的不完全契约,造成了剩余控制权等问题,这使得关于企业性质的契约分析变得更加复杂。另外,在过去十几年中,构成企业契约集合的各利益集团的相互力量产生了一些重大的变化:一是企业的实物资产在创造企业收入中的作用变得不如以前那么重要了;二是世界范围内竞争的加剧导致创新的需要,提高了人力资本(资产)[①]的重要性;三是融资便利性的提高、世界日益一体化提供了许多替代的工作机会,使得人力资本(资产),特别是具有重要创新能力的人力资本(资产)对企业实物资产的依附性减弱,从而导致企业对人力资本(资产)的控制力削弱。这种变化直接削弱了提供货币资本的股东和债权人这两个利益集团在企业契约谈判中原有的优势地位,大大提高了人力资本(管理者和具有创新能力的技术人员)这一利益集团在谈判中的地位。

上述变化不仅使企业的治理和制度安排发生了很大的变化,而且对企业的财务活动产生了重大的影响。比如,在传统企业中,货币资本的投入相当一部分转化为企业的实物资产,这些实物资产是企业的核心资源,人力资本(资产)对实物资产有很强的依赖性。而在新型企业中,人力资本(资产)已经成为企业的核心资源,实物资产反而要依赖人力资本(资产)才能发挥作用。当企业需要进行外部融资时,作为货币资本持有者的外部投资者,显然会关心如何能够在人力资本(资产)占主导地位的情况下保证他们对企业的投入能够获得必要的回报和自己对企业的必要控制,这个问题解决不好,必然会影响企业的融资和规模的扩张。从公司治理的角度看,传统企业中,权力明确地配置给控制实物资产的个人,因此公司治理的主要问题在于如何防止个人滥用权力。对于新型企业,权力和租金在组织中分散,甚至超越了企业的法律边界。公司治理的主要问题变成怎样防止不同利益者的冲突损害企业的利益。传统的公司将所有的控制权集中在股东手中,而新型公司的相当一部分控制权则被赋予了非股东(人力资本或资产),这样的企业应该有一种怎样的治理结构值得深入研究。同时,随着人力资本(资产)控制力的增长,在事实上存在多种控制权来源的情况下,如何在法律上分配控制权,对于理解控制权的最优配置和最优资本结构也具有重要的意义。从投资的角度看,在新型企业中人力资产与实物资产之间的互补性是维持企业的关键因素,抓住一个与该公司的人力和实物资产具有很强互补性的投资机会,对企业的价值创造至关重要,企业的价值同公司可能拥有的具有高度互补性的投资机会密不可分。所以,理解是什么因素决定了企业捕捉新增长机会的能力就成为判断企业价值的重要依据。[②]

[①] 在企业的资产负债表中,人力的贡献到底是属于资本还是资产是值得讨论的。尽管目前在绝大多数情况下我们都称之为人力资本,但实际上,企业雇用一个人为其工作(不管他从事什么工作)与企业购买存货是类似的。企业购买存货形成流动资产,企业雇用人力形成"人力资产",特别是当被雇用的人并没有在企业资产负债表的右边拥有对应的资本时,我们很难从会计或财务的角度称其为"人力资本"。其实,称为"人力资产"并不会导致对人力作用的轻视。因为作为一项日益重要的资产,物有所值的"人力资产"当然具有很高的资产价值(即所谓的无形资产),可以得到很高的回报。

[②] 上述关于新型企业的讨论参见 Zingales, L., "In Search for New Foundations", *Journal of Finance*, 55(4), 2000, pp. 1623—1653。

1.2 公司财务的基本内容

现代公司财务是指市场经济条件下企业的财务运作与管理,其主要内容是企业对于资金的运用与筹措。具体来讲,就是企业如何进行长期投资决策(又称资本预算决策)、长期筹资决策以及称为营运资金管理的短期资金管理(如应收应付账款的管理、存货管理等)。

作为一个生产经营单位,企业需要购置资产来生产产品或提供服务,并因此获取销售收入和利润。企业购置资产的行为就是企业的长期投资活动。企业长期投资的计划与管理过程称为资本预算决策。一般来说,企业的资本预算决策包括以下几个方面的内容:一是做什么,即投资方向的选择;二是做多少,即投资数量(投资额)的确定;三是何时做,即投资时机的选择;四是怎样做,即以什么样的生产方式和资产形式完成所选定的生产经营活动。企业必须根据股东财富最大化或企业价值最大化的原则,通过对投资项目的认真分析,对上述四个问题做出回答。

资本预算决策的基本特点是:投资是当前的支出,回报是未来的收益,而未来是不确定的。因此,资本预算决策需要确定两方面的回报:一方面,由于当前的支出与未来的收益发生的时间不同,因此需要考虑时间价值的回报;另一方面,由于未来收益是不确定的,因此需要确定相应的风险报酬。这两者是公司财务乃至整个金融理论中两个最关键的问题。长期投资(资本预算)决策是企业最重要的决策,它决定了企业资金的运用方向及未来的收益状况,从而决定了企业的价值。如果长期投资决策发生了失误,将造成"一招不慎,满盘皆输"的不良后果。企业决策人员和财务管理人员在进行资本预算决策时,必须认真分析项目的现金流量,综合考虑项目现金流量的大小、时机和风险之间的关系,寻找那些收益超过成本的投资机会,实现股东价值的最大化。

企业要进行投资活动,必须有相应的资金来源。因此,为企业的投资活动筹措资金,是公司财务的另一项主要内容。企业资金来源的渠道多种多样:可以利用权益资本所有者的资本投入,也可以利用债权人的借款或债券投入;可以利用资本市场公开筹措资金,也可以利用企业的内部积累作为资金来源;可以筹措长期资金,也可以筹措短期资金……一般而言,企业的长期资金筹措要解决以下几个问题:第一,采用股权筹资还是债权筹资?如何设定两者之间的比例关系(即企业的资本结构)?股权筹资形成企业的权益资本,债权筹资形成企业的债务资本,对企业来说,两者的成本不同、风险不同。因此,合理地确定企业的资金来源,确定企业的资本结构,对降低企业的资本成本、控制企业的筹资风险,有着重要的意义。第二,如何确定长短期资金的比例?一般而言,长期资金的成本高于短期资金,但从资金使用的安全性来说,长期资金的安全性又高于短期资金。因此,企业在进行资金筹措时,必须妥善考虑长短期资金的比例,既要尽量降低企业的资本成本,又要顾全企业资金使用的稳定与安全。第三,如何选择具体筹资工具?随着资本市场的日益发展,各种各样的金融工具层出不穷。这些金融工具各有特点,企业必须根据自身的实际情况和筹资环境的许可,选择最适合自身需要的筹资工具。

另外,由于内部积累是企业的一个重要资金来源,而内部积累的高低又取决于企业的利润分配,从而可见,企业的利润分配实质上是企业资金筹措决策的一部分。因此,本书将利润分配与筹资决策放在一起讨论。

总之,企业的长期筹资决策就是要通过解决上述问题找到一个能够有效地保证企业资金需求、控制企业资本成本和筹资风险的筹资方案。

公司财务的第三个主要内容就是企业的营运资本管理。营运资本管理主要是保证企业日常生产经营活动正常进行的资金需求和各类债务的按期偿还,包括:决定日常的现金保有量和存货保有量;决定企业是否进行赊销以及按什么条件进行赊销(即应收账款的管理);决定企业怎样获得短期资金,是利用商业信用(应付账款)还是利用银行的短期借款? 等等。

通过营运资本管理,企业要保证生产经营资金的正常周转,以维护企业的商业信誉和维持生产经营活动的正常进行。在营运资本管理方面,企业同样面临着资金使用效率与资金运作安全的矛盾,但这时企业通常应更加注意资金使用的安全,即确保企业的偿付能力,不致因支付困难而发生财务危机。

1.3 公司财务的目标

1.3.1 公司财务目标的确定

如前所述,作为一个由多个利益集团共同构成的"契约关系的集合",企业的运行结果要同时满足不同利益集团的利益要求。因此,作为法人的企业在确定其"目标"和"利益"时与一般的自然人有很大的不同。第一,企业"法人"自身不可能有其属于自己的目标或利益,企业法人的"目标"或"利益"是通过合同关系构成这一"法人"的一系列自然人或其他法人利益的体现。第二,企业法人也很难像自然人那样有相对简单或单一的目标,因为这种单一的目标通常只能是一个或少数几个利益集团的目标,而难以成为所有利益集团的共同目标。比如,利润最大化目标可能是企业资本所有者的目标,但却不一定是企业债权人的目标,因为增加利润可能会增大企业的经营风险,而这又可能会危及债权人的资金投入的安全。第三,当自然人面临多目标选择时,他可以通过"合理"安排自己的各项活动或不同努力程度来达到不同目标间的平衡,但企业法人只有通过这一系列合同条款的规定才能实现目标间的平衡。因此,企业法人要实现的应该是一个能够满足各利益集团利益诉求的多重目标。

但是,企业必须有一个相对明确的目标,否则管理人员将会失去努力的方向,同时,企业也将会难以对管理人员进行有效的考核。由于企业资本所有者的投资收益是在扣除企业各项成本与政府税收后的剩余收益,因此他们是企业风险的主要承担者。其他利益集团的利益分配在合同关系中有相对明确的规定,与权益资本投入者相比,他们的利益有更多的保障。因此,与其他利益集团相比,权益资本所有者对企业的经营决策有更大的发言权。企业在根据合同约束满足其他利益集团应得利益的前提下,所追求的就应是股东价值(或财富)的最大化。只有这样,企业才能不断地吸收新的资本投入,实现资源的有效配置,才能不断地创造出新的财富。因此,公司财务的目标是,在满足其他利益集团依据合同规定的利益诉求和履行其社会责任的基础上,追求股东财富的最大化。

1.3.2　利润目标与价值目标的比较

由于数据获得方便和其他一些原因,人们经常将利润作为公司财务的目标,甚至认为利润最大化就相当于价值最大化。但事实上,利润最大化(特别是短期利润最大化)并不等于价值最大化。利润与价值相比,存在着下述问题:

第一,利润是对企业经营成果的会计度量,它可能反映了企业的真实价值创造,也可能没有正确反映企业的真实价值创造。会计处理方式具有多样性和灵活性,企业可以通过改变会计处理方式来增加企业的会计利润,这就是所谓的"盈余管理"。盈余管理虽然可以导致会计利润的增加,但是不意味着企业持久盈利能力的增强,当然也不能增加企业的价值,甚至会损害企业的价值。比如,美国钢铁公司在1983年亏损达12亿美元,列美国《财富》500强企业亏损之首。而到了1984年,公司却奇迹般地盈利4.93亿美元,列当年《财富》500强企业第37位。这一变化,并不是企业正常经营活动的真实结果,而是盈余管理和其他非主营业务经济活动的结果。据分析,1984年该公司正常经济活动的实际盈利只有1.57亿美元,其余盈利是公司出售资产、会计账项调整的产物。①

又比如,我国上市公司中某些业绩不佳,特别是ST板块中的一些企业为避免被摘牌,往往也通过所谓"资产重组"的方式使其会计利润大幅度"跃升"。如上海股市最早进行资产重组之一的广电股份,1996年净亏损1.77亿元,而1997年盈利9654万元,在账面上打了一个漂亮的"翻身仗"。但企业这2.7亿元的巨大反差主要是通过两项财务重组手段实现的。第一项财务重组措施是,上海广电股份将其所属的账面资产2.1亿元、负债5亿元、所有者权益-2.9亿元、亏损额3.8亿元的上海无线电四厂和账面资产1.5亿元、负债6亿元、所有者权益-4.5亿元、亏损额5.3亿元的上海无线电十八厂,以零价格出让给母公司。其母公司将购得的两家企业经过破产处理后,广电股份再按照2.4亿元的价格(有效资产的价值)将其购回。同时,广电股份又将购回的有效资产中一块收购价格为6926万元的土地以2.1亿元的价格重新卖给母公司,这样一出一进,广电股份核销了11亿元的债务,得到了1.4亿元的账面利润。第二项财务重组措施是将账面总资产4.6亿元、账面负债4.4亿元、净资产1454万元,1997年1至9月主营业务收入8219万元、主营

---

① Norton,R. E.,"The Dollar Dampens the Profit Party",*Fortune*,April 29,1985.

业务亏损220万元、净利润仅51万元的上海录音器材厂以9 414万元的价格出售给母公司。正是靠着上述两项资产重组措施,广电股份才一举扭亏为盈。但这样的利润显然不具有持久性,完全不能反映企业的实际经营状况。①

第二,利润最大化目标是建立在确定性假设基础上的,没有考虑到风险与收益的关系。企业经营环境复杂多变,不论是经营成本,还是销售收入,都无法在事先确知,从而无法准确地估算出投资利润。换言之,利润具有风险。经验和理论都表明,高收益必然伴随着高风险,过分追求高利润可能导致企业的经营风险大大增加。

由此可知,以利润最大化作为公司财务管理的目标有一定的片面性。

决定股东财富的不是企业的会计利润,而是企业经营活动产生的净现金流及其风险的大小。现金流量的计算不仅考虑了企业经营利润的高低,而且进一步考虑了企业可以支配和使用的资金的多少以及获取这些现金的时间。只有现金流才能用于投资和发展,才能用于现金股利的分配,从而增加股东的财富。而利润如不能转化成现金流,则不具备上述能力。

从现金流的角度分析,企业的价值由下式决定:

$$V = \sum_{t=1}^{n} \frac{\mathrm{CF}_t}{(1+r)^t}$$

式中:V为企业的价值;CF_t为企业在t期预期获得的现金净流入量;r为贴现率;t为各期现金流入的时间;n为产生现金流量的总的期数。

由上式可知,企业的价值与各期的现金净流入量成正比,与贴现率成反比。贴现率r的大小反映了企业风险程度的高低:风险高,贴现率大;风险低,贴现率小。

因此,价值最大化目标就是要综合考虑收益与风险两个因素的影响,使企业未来现金流的现值达到最大。

1.3.3 公司财务管理的具体目标

价值最大化虽然是财务管理的终极目标,但公司财务还需要有一些更具体的、易测量与考核的目标。与其他管理活动相比,财务管理的最大特点是:它是一种价值管理活动,是从价值的角度管理企业的投资、筹资、利润分配和营运资金的运转等各项活动。财务管理的特有目标可以表述为:在保证企业安全运行的前提下,努力提高资金的使用效率,使资金运用取得良好的效果。这一特有目标又可以进一步分解为成果目标、效率目标和安全目标三个具体目标。

财务管理的成果目标——在控制投资风险的前提下,努力提高资金的报酬率。企业经营成果的价值表现是其利润的水平和资产的增值,因此,财务管理的成果目标应表现为利润的高低,即资金报酬率的大小。同时,由于利润的大小与风险的高低相关联,所以,好

---

① "广电重组探玄机",《财经》,1998年6月。

的经营成果应表现为一定风险条件下较高的资金报酬率。要实现财务管理的成果目标,最重要的是选择好资金的用途,即选好投资方向。投资方向正确是取得好的经营成果的根本保证。

财务管理的效率目标——合理使用资金,加速资金周转,提高资金的使用效率。与企业要完成的任务和希望取得的成果相比,企业的资源总是有限的。只有提高资金的使用效率,使有限的资金最充分地发挥作用,才能最大限度地实现财务管理的成果目标。在一定时期内,如果资金周转较快,同样数量的资金就可以发挥出更大的作用,取得更多的利润。在资金数量一定的情况下,如果每项活动的资金占用和耗费较少,同样数量的资金就可以做更多的事情,取得更大的成果。而如果运用资金的成本较低,付出同样的代价就可以获得更多的资金,从而取得更大的成果。因此,实现财务管理效率目标的关键在于加速资金周转,降低资金占用和减少资金耗费。

财务管理的安全目标——保持较高的偿债能力和较低的财务风险,保证企业的安全运行。企业的运行离不开债务资金,而负债经营必然给企业带来一定的财务风险。如果企业不能按期偿还债务,就可能破产。财务管理的安全目标,就是要保证企业有能力按期偿还所有应该偿还的债务。这就要求企业保持合理的资本结构和负债规模,要求企业寻找合理的资金来源渠道,降低资金成本和财务风险,同时保持适当的资金储备,以应付保证企业安全生存所需的意外资金需求。

财务管理的具体目标也可以按照它的管理内容来划分,即划分为投资管理的目标、筹资管理的目标、营运资金管理的目标和利润管理的目标。投资管理的目标是要认真进行投资项目的可行性分析,努力提高投资报酬率,降低投资风险,实现股东财富的最大化。筹资管理的目标是要在满足生产经营需要的前提下,合理选择筹资渠道,降低资金成本和财务风险。营运资金管理的目标是要合理使用资金,加速资金周转,不断提高资金的使用效果。利润管理的目标是要采取各种措施,努力提高企业的利润水平,合理分配企业利润。

1.4 公司财务与会计的区别

长期以来,企业会计活动与公司财务在我国并没有清晰的界限,许多人往往将两者混为一谈。实际上,会计活动与公司财务在很多方面均有着重大的差异,会计与财务是具有密切关系,但基本内容完全不同的两种管理工作。

一般来讲,会计是以货币为计量单位,系统而有效地记录、分类、汇总仅限于财务方面的交易和事项的过程,以及解释其结果的一种应用技术。[①] 会计活动的基本程序为:

确认——计量——报告——分析解释

[①] 美国会计师协会定义,转引自陈云震编著:《西方财务会计》,中国人民大学出版社1992年版,第3页。

根据作用的不同,会计可分为财务会计与管理会计两大分支。其中财务会计的主要功能是为外部使用者提供信息,又称对外报告会计。会计信息的外部使用者主要包括目前和潜在的投资者、债权人(银行、债券持有者等)、政府机构(如税务机构)、企业的客户(购货商与供货商等)、专业咨询机构、股票交易所(对上市公司而言)等。财务会计以用货币形式反映在会计凭证中的经济数据作为基本投入,以账户体系为基本的分类框架,以财务报表为基本产出。资产负债表、损益表和现金流量表(财务状况变动表)构成基本的财务报表体系。

外部使用者由于远离企业的生产经营实体,因而主要通过企业提供的财务报表获得有关信息。因此,要求财务会计必须站在"公正"的立场上,"客观"地反映情况。为此,要求财务会计从日常的账务处理直至财务报表的编制,严格遵循符合国家法令和社会公益要求的规范化程序和规则,以取信于企业外部具有不同利益关系的集团。

管理会计的主要功能是为企业内部使用者提供管理信息,又称对内报告会计。它利用会计以及某些非会计信息,运用成本性态分析法、本量利分析法、边际分析法、成本效益分析法等对企业管理中存在的问题进行诊断和分析,为提高企业管理水平和经营效益服务。

由于管理会计是为企业内部管理人员服务的,其目的不仅是提供客观和规范的信息,而且要为企业提供的管理诊断服务。因此,管理会计更加注重会计信息的管理功能,它不需要遵循特定的信息处理规范,可以对会计信息进行重新分类、整理和加工,使之更适合管理的需要。

与会计工作不同,公司财务一边联系着金融市场,一边联系着实物资产投资。如图1-1所示,企业通过筹资活动从金融市场上获得所需的资金(箭头1和2),然后通过长期投资活动将资金用于购置实物资产和其他生产要素(如劳动力),并据此开展生产经营活动。由生产经营活动创造出的现金收益或用于企业的再投资(以折旧资金的运用和留存收益的形式,如箭头4所示),或用于回报金融市场的投资者(以归还债务本息和发放现

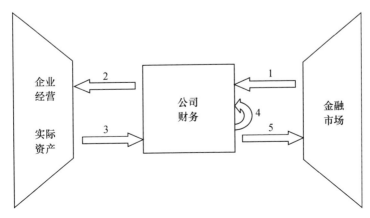

图1-1 公司财务活动的作用

金股利的形式,如箭头 5 所示)。因此,公司财务的主要工作是进行企业的长期投资决策(包括企业的并购与重组等)、长期筹资决策(股票和债券的发行,以及其他对外融资方式的选择)和营运资金管理。尽管进行这些工作需要大量会计信息,营运资金管理更同企业日常的会计工作有着密切的联系,但从工作性质和内容上看,会计与财务仍然有着本质的区别。总体来讲,公司财务更多地侧重于分析与决策。

1.5 现代公司财务理论的发展

20 世纪初,公司财务理论开始作为一个相对独立的学科在美国出现。当时,美国正经历第一次企业并购浪潮,公司财务所探讨和研究的主要内容集中在公司设立与合并以及如何在资本市场上筹措资金等方面。

20 世纪 20 年代,随着美国经济的扩张和发展,企业对资金的需求迅速增加,公司财务也更加注重研究企业的外部资金筹措和保持企业的清偿能力问题。

美国 20 世纪 20 年代末和 30 年代初的经济危机导致大量企业破产,公司财务理论开始转向研究企业破产、重组等方面的问题。从企业的角度出发,公司财务要研究如何使企业保持坚实的资本结构,以应对变幻不定的经济环境;从投资者的角度出发,要研究如何准确地分析和判断企业的清偿能力,以保证投资的安全。另外,经济危机使得美国政府加强了对企业和资本市场的管理与控制,加强了对企业信息披露的监管,这一措施又促进了通过财务数据了解企业经济业绩的方法——财务分析研究的发展。

20 世纪 40 年代至 50 年代初,公司财务在继承了二三十年代研究内容的基础上,增加和丰富了财务计划、现金流量控制、资本预算等方面的内容,包括净现值方法在内的多种技术分析手段被广泛用于资本预算分析。

50 年代以后,公司财务理论和研究发生了重大变化,一系列构成现代公司财务理论基石的基础性研究成果开始涌现,主要有:

1. MM 的资本结构理论与股利政策理论

在 Modigliani 和 Miller 发表于 1958 年和 1961 年的两篇论文中[①],他们从全新的角度研究了公司价值与公司资本结构和股利政策的关系。他们指出,在完善和有效率的金融市场上,公司价值与其资本结构和股利政策无关。1963 年,在他们的另一篇论文[②]中又讨论了公司所得税对公司资本结构和公司价值的影响。关于 MM 理论的详细讨论,见本书第 14 章。

---

① Modigliani, F., and M. H. Miller, "The Cost of Capital, Corporation Finance and the Theory of Investment", *American Economic Review*, 48(3), 1958, pp. 261—297; Miller, M. H., and F. Modigliani, "Dividend Policy, Growth, and the Valuation of Shares", *Journal of Business*, 34(4), 1961, pp. 411—433.

② Modigliani, F., and M. H. Miller, "Corporate Income Taxes and the Cost of Capital: A Correction", *American Economic Review*, 53(3), 1963, pp. 433—443.

2. 资产组合理论(portfolio theory)与资本资产定价模型(capital asset pricing model)

资产组合理论是由 Markowitz 在 20 世纪 50 年代初首先提出的,它标志着现代金融学的发端。① 根据 Markowitz 的讨论,个别资产的某些风险是可以分散的,只要不同资产间的收益变化不完全正相关,就可以通过构建资产组合的方式来分散投资风险,即持有由若干种资产构成的资产组合的投资风险低于单独持有组合中任一种资产的投资风险。如果投资者的投资对象是一个投资组合,则他在衡量一项资产的风险大小时,也不应以该资产本身孤立存在时的风险大小为依据,而应以它对整个投资组合的风险贡献大小为依据。特别值得指出的是,Markowitz 在他的理论中,提出了利用概率统计的方法,通过期望值和标准差等指标来衡量投资的收益和风险,从而为投资的定量分析和理论分析提供了重要的数学方法。

发现于 20 世纪 60 年代初的资本资产定价模型是由 Sharpe、Lintner 和 Mossin 等人分别独立提出的,这一理论揭示了个别资产的风险与收益的关系。② 资本资产定价模型指出,在完善市场等假设下,单个资产的期望收益率取决于无风险资产收益率、市场资产组合的收益率和该资产的收益率与市场资产组合收益率之间的相关关系。资本资产定价模型对确定资产的资本成本或投资者要求的投资收益率有着重要的应用价值。本书第 9 章对上述内容作了简要的介绍。

3. 期权定价理论(option pricing model)

期权是一种在规定期限内按照规定的价格买入或卖出规定数量的某种标的资产的权利,但其所有者没有义务行使这一权利。因此,期权所有者可以根据是否有利来决定是否执行期权所赋予的权利。根据标的资产的不同,有各种不同的期权,如股票期权、外汇期权、股票指数期权等。

尽管期权交易的历史可以追溯到很久以前,但由于交易规范化和如何有效地确定期权的交易价格这两大难题未能得到很好的解决,所以其交易量和交易品种一直局限在一个很小的范围内。1973 年 4 月 26 日,芝加哥期权交易所(Chicago Board Option Exchange,CBOE)正式挂牌,为期权交易提供了规范化的交易场地和交易规则。同年,Black 和 Scholes 提出了他们的期权定价模型③,解决了欧式期权定价的难题,为一般期权的定价提供了切实可行的工具。期权交易所的建立和期权定价模型的提出,为期权交易的发展打下了坚实的基础。目前,期权已成为世界上交易数额量大、范围最广的一类金融工具。

除明确冠以"期权"(如股票期权、外汇期权等)的各种金融工具外,可转换债券、可转换优先股、认股权证等企业筹资工具都具有明显的期权性质,因此可以利用期权定价模型

---

① Markowitz,H. M.,"Portfolio Selection",*Journal of Finance*,7(1),1952,pp. 77—91.
② Sharpe,W. F.,"Capital Asset Prices:A Theory of Market Equilibrium under Conditions of Risk",*Journal of Finance*,19(3),1964,pp. 425—442;Lintner,J.,"Security Prices,Risk,and Maximal Gains from Diversification",*Journal of Finance*,20(4),1965,pp. 587—616;Mossin,J.,"Security Prices and Investment Criteria in Competitive Markets",*American Economic Review*,59,1969,pp. 749—765.
③ Black,F.,and M. Scholes,"The Pricing of Options and Corporate Liabilities",*Journal of Political Economy*,81(3),1973,pp. 673—659.

来分析它们的价值。在财务管理中,期权理论还被广泛应用于资本预算、资本结构分析、高管激励等多个领域。本书第 16 章讲述了期权工具及其在公司财务中的应用。

4. 有效市场假说(efficient markets hypothesis)

有效市场的效率是指资产的市场价格对可以影响价格变化的有关信息的反应速度。如果资产的市场价格对各种导致价格变化的信息可以迅速做出反应,市场就是有效市场;反之,市场就不是有效市场。Eugene Fama 是在有效市场假说方面做出重大贡献的学者之一,也是这一假说的坚定拥护者。1970 年,Fama 在他的论文中根据历史价格信息、公开信息和所有信息对股票价格的不同影响,将市场的效率分为弱有效、半强(中)有效和强有效三个层次,并作了深入的讨论。① 根据有效市场假说,如果市场是有效的,将没有任何方法可以使投资者始终如一地在市场上获得超额利润。这一假说成立与否,对投资者的证券投资行为和收益具有重大的影响,同时也对企业的各种财务决策产生重大影响。比如,如果市场是强有效的,证券的市场价格已经完全反映了所有的信息,则证券价格就是其价值的最好反映。这时,企业可以随时在市场上用任何一种金融工具进行融资,而不必担心因证券的定价失误影响自己的筹资成本。相反,如果市场不是强有效的,就可能存在证券的定价错误,企业就需要考虑目前自己的股票和债券是否被合理地定价,进而考虑应该选择什么样的金融工具进行融资,以降低筹资成本。本书第 7 章讲述了有效市场的问题。

5. 代理理论(agency theory)②

在关于企业性质的讨论中,企业可以被看作是一个"契约关系"的集合。这种契约关系,在一定程度上也就是一系列委托代理关系的体现。股东作为企业的所有者,委托企业的经营者代为经营管理企业,从而形成股东与经营者之间的委托代理关系;债权人将资金投入企业后,在很大程度上就失去了对资金的控制权,由股东及其代理人——企业的经营者决定资金的使用,从而形成债权人与股东之间的委托代理关系。由于委托人与代理人的利益不一致,代理人为追求自身利益的最大化,可能会偏离甚至损害委托人的利益。为了防止这种现象的发生,减少损失,委托人要对代理人进行必要的监督与约束,从而形成了代理成本。不同的筹资方式、不同的公司治理结构,会有不同的代理成本。代理理论就是要研究不同筹资方式和不同资本结构的代理成本的高低,以及如何降低代理成本、提高公司价值等问题。

6. 信息不对称(asymmetric information)

企业的经营者由于掌握着企业的实际控制权,并了解公司的各种相关信息,被称为公司的内部人。公司的股东、债权人等投资者,相对于公司管理层来讲,对公司的信息了

---

① Fama,E. F. ,"Efficient Capital Markets:A Review of Theory and Empirical Work",*Journal of Finance*,25(2),1970,pp. 383—417.
② 代理理论的代表作之一为:Jensen,M. C. ,and W. H. Meckling,"Theory of the Firm:Managerial Behavior,Agency Costs,and Ownership Structure",*Journal of Financial Economics*,3(4),1976,pp. 305—360。

解非常有限,被称为公司的外部人。公司内外部人之间存在着信息的不对称,这种信息不对称会造成对公司价值的不同判断。为了更多地了解公司的实际状况,公司外部人除了通过财务报表了解公司经营状况外,还要通过公司的利润分配、资金筹措等活动了解公司的经营状况。因此,公司的利润分配、资金筹措等活动除了其本身固有的作用外,还具有信息传递作用。投资者对上述活动隐含的信息的理解,将对公司股票的市场价格产生重大影响。因此,公司决策人员必须认真考虑上述决策所产生的信息传递作用及其影响。

信息不对称不仅影响投资者对企业价值的判断,也会影响股东对公司管理人员业绩的评价。长期以来,人们都是根据公开财务报表提供的数据计算的净利润、每股收益或净资产收益率和企业的市场价值来衡量公司的业绩。一方面,由于财务报表的编制具有相当的弹性,这使得管理者和股东之间存在着信息不对称,仅凭报表业绩决定经营者的实际工作绩效和报酬很可能不恰当。另一方面,股票价格的变化受到多种因素的影响,其中一些因素是管理者无法控制的,因此,完全将管理者的报酬与股票价格挂钩也不一定是一种高效率的管理方法。在某种程度上,这还可能会加大公司管理人员所承担的风险,导致其行为偏离股东财富最大化的方向。

总之,信息不对称问题的存在,一方面使得股东难以了解企业的真正经营业绩,从而难以确定管理者的合理报酬;另一方面,这种不对称又会影响管理者进行正确的决策,例如,如果一项投资有利于企业的长期利益,但在短期内会影响企业的利润,而财务评价指标不能准确地将这一信息传递给股东,管理者出于自身利益的考虑可能会放弃投资。因此,企业迫切需要一些新的财务评价方法和评价指标来确定企业的经营业绩。20 世纪 90 年代以来在美国逐渐应用的经济增加值(economic value added,EVA)和修正的经济增加值(REVA)指标就是在这一背景下产生的新的衡量企业业绩的财务指标。

经济增加值(EVA)指标是公司经过调整的营业净利润(NOPAT)减去该公司现有资产经济价值的机会成本后的余额,其定义为:

$$EVA = NOPAT - K_W \times NA$$

式中:K_W 表示企业的加权平均资本成本;NA 表示公司资产期初的经济价值;NOPAT 是以报告期营业净利润为基础,经过一系列调整后得到的营业净利润。

7. 行为公司财务(行为公司金融)

自 20 世纪 90 年代以来,随着行为经济学,尤其是行为金融学的发展,人们逐渐开始从新的角度研究公司财务领域的问题,并取得了新颖的成果。在行为金融的框架下,人们突破了新古典经济学和金融学关于理性人假说的局限,以新的视角来审视公司财务(公司金融)问题。行为公司财务认为:一方面,企业经理人的决策受其心理因素的影响,企业的投融资活动会偏离股东价值最大化的目标;另一方面,投资者的决策也受心理因素的影响,可能对企业的价值做出错误的评估。

首先,行为公司财务认为,经理人不是完全理性的,即使其本人具有和股东一致的目标,他的决策仍然有可能损害股东利益。在公司股利政策方面,Benartzi、Michaely 和

Thaler(1997)①的研究显示,公司分红并不像传统理论认为的那样,是对公司未来盈利能力的信号。相反,分红常常反映了公司的历史业绩,而这与经理人的过度自信有关。在对公司并购的研究中,Roll(1986)②的研究表明大量并购是由于经理人的过度自信(over confidence)引起的。与此有关的是公司现金存量和多元化战略对公司价值的影响。一些研究表明,具备大量现金或实施多元化战略的公司,其股票存在折价现象(Harford, 1999③;Lins 和 Servaes,1999④)。Barberis 和 Shleifer(2003)⑤构造的行为金融模型对这些令人费解的现象做出了解释:经理人的过度自信促使公司实行并购,大量现金使这一战略易于实施,从而实现多元化经营。而经理人过度自信导致的并购常常会损害股东利益。

其次,新古典金融学理论假设金融市场是有效的,投资者能正确判断公司行为对公司价值的影响,市场上的正确价格信号又能帮助经理人做出正确的决策。而行为金融认为,由于投资者的价值判断受心理因素影响,市场价格不一定反映企业的内在价值。最直接的例子是公司的融资行为:如果公司股价偏离其内在价值,公司的融资决策可能既不遵循融资顺序理论(pecking-order theory),先使用自有资金,后发债,最后募股;也不遵循权衡理论(trade-off theory),权衡各融资方法的利弊。经理人会在股价高估时募股,股价低估时发债,这种行为被称为市场择时(market timing)。Baker 和 Wurgler (2002)⑥的研究验证了市场择时现象的存在。Loughran 和 Ritter(2002)⑦运用行为经济学中的前景理论(prospect theory)对公司上市时投资者和发行人的心理进行研究,发现损失规避(loss aversion)能够较好地解释公司上市中的一些现象。

总之,行为公司财务从经理人和投资者的"非理性"行为出发来研究和解释公司财务中存在的问题,为我们进一步了解和研究公司财务中的问题提供了新的视角与范式。

本章小结

本章讲述了企业的组织形态与性质、公司财务的基本内容、公司财务的目标、财务与会计的区别以及公司财务的基本理论构成。(1) 企业的组织形态分为独资企业、合伙企业和公司。(2) 公司是不同利害关系人之间的一种"契约的集合"。(3) 公司财务管理的主要内容为企业资本预算(长期投资)决策、长期筹资决策和营运资金管理。(4) 公司财

---

① Benartzi,S.,R. Michaely,and R. Thaler,"Do Changes in Dividends Signal the Past or the Future?",*Journal of Finance*,52(3),1997,pp. 1007—1033.
② Roll,R.,"The Hubris Hypothesis of Corporate Takeovers",*Journal of Business*,59(2),1986,pp. 197—216.
③ Harford,J.,"Corporate Cash Reserves and Acquisitions",*Journal of Finance*,54(6),1999,pp. 1969—1997.
④ Lins,K.,and H. Servaes,"International Evidence on the Value of Corporate Diversification",*Journal of Finance*,54(6),1999,pp. 2215—2240.
⑤ Barberis,N.,and A. Shleifer,"Style Investing",*Journal of Financial Economics*,68(2),2003,pp. 161—200.
⑥ Baker,M.,and J. Wurgler,"Market Timing and Capital Structure",*Journal of Finance*,57(1),2002,pp. 1—32.
⑦ Loughran,T.,and J. Ritter,"Why Don't Issuers Get Upset by Leaving Money on the Table in IPOs?",*Review of Financial Studies*,15(2),2002,pp. 413—443.

务管理的目标是股东财富的最大化。(5) 公司财务的理论基础与其大体发展脉络。

思考题

1. 如何理解企业是一个"契约的集合"？这一定义对理解和分析企业的利益相关者利益和经营目标有什么帮助？
2. 为什么说"价值最大化"或"股东财富最大化"是企业的经营目标？
3. 会计活动与财务管理的主要区别是什么？
4. 公司财务的主要内容有哪些？
5. 现代公司财务的主要理论基石是什么？

第 2 章 资金的时间价值

2.1 时间价值与现金流量

2.1.1 时间价值

关于资金的时间价值的概念与成因,人们的认识与理解并不完全一致。从资金运用的角度来看,资金的时间价值常常是针对资金在运用过程中可以不断地增值这一现象而言的。作为一种必需的生产要素,资金(资本)投入生产过程的条件是要取得相应的报酬。经过一段时间的运用之后,资金的价值增加了。但是,资金在运用过程中增加的价值并不完全是资金的时间价值。这是因为所有投资都不可避免地要带有风险,而投资者承担风险也要获得相应的报酬(这一点我们将在后面进行讨论)。所以,资金价值增加的部分还包含了资金的风险报酬。因此,资金的时间价值是投资收益扣除全部风险报酬后剩余的那一部分收益。

事实上,构成投资风险的因素很多,其中包括通货膨胀的影响。与其他风险因素比较,通货膨胀是一种较为特殊的项目,它影响货币的实际价值(购买力)。因此,人们往往将这一因素从诸多风险因素中分离出来单独考虑。把投资者因承担通货膨胀风险而得到的补偿称为通货膨胀贴水(或通货膨胀补偿)。

考虑到通货膨胀风险,资金的时间价值就是投资收益减去风险报酬和通货膨胀贴水后的那一部分收益。用相对值的形式表示,即为资金的收益率;用绝对值的形式表示,则为资金价值的绝对增加额,即资金的初始投入额与其时间价值率的乘积。我们通常所讨论的资金时间价值,是指其相对形式,即资金的收益率。

作为一种生产要素,资金(资本)可以投资于不同的行业,而不同的行业因其对资金的需求程度不同,运用资金的效率不同,给予资金的报酬也会有所不同。但是,投资者为了追逐尽可能高的收益,会不断地从收益低的部门向收益高的部门转移资金(资本),最终会达到均衡状态——各行业的平均收益会大体相当,这个平均收益构成了资金时间价值的基础。

从最一般的意义上讲,资金的时间价值就是指今天 1 元钱的价值大于未来某一时点上 1 元钱的价值。从实务的角度看,投资者可以把钱存在银行里或购买国债,通过等待赚取利息,所以今天1元钱的价值大于未来1元钱的价值。投资者选择今天消费还是投资以获取未来的投资收益,取决于投资所能获得的收益率。

2.1.2 现金流量

计算资金的时间价值,首先要弄清每一笔资金运动发生的时间和方向。所谓发生的时间,是指每一笔资金是在哪一个时点上发生的。所谓发生的方向,是指这一笔资金是流入还是流出。用现金流量来描述资金的这种运动,是一种清晰、方便的做法。

现金流量图是把资金流动作为时间的函数用图形和数字表示出来。作图时横轴指向右方,代表时间的增加,横轴上的坐标代表各个时点,从各个时点引出的纵向箭线表示发生在那一时点上的现金流量。箭头指向横轴表示资金的流入,箭头背向横轴表示资金的流出,流量的大小由箭线旁边的数字表示。

图 2-1 就是一个现金流量图,表示在 0 时刻有 600 单位的现金流出,在 1、2 两时刻各有 500 单位的现金流入。

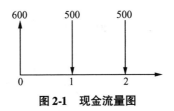

图 2-1 现金流量图

现金流量是一种很有用的资金运动分析方法,它清楚地反映出每一时刻资金的流动方向和数量,为进一步的投资分析打下基础。现金流量在经济分析中的作用可以归纳为以下几点:

(1) 它有助于经济分析。只要明确定义所要研究的系统(资金的流入、流出、数量、时间),就可以用现金流量把该系统资金流动的时间过程清晰地表示出来。所谓系统,可以是一个企业,也可以是其他组织、单位或个人。

(2) 现金流量明确地表示了一个系统中的资金流入、流出状况,但并不包含资金在该系统内部的流动。

(3) 无论是资金的借方或贷方,都可以采用现金流量图来分析他们在投资活动中得到的收入和利润。

(4) 不同的投资方案表现为不同的现金流量,通过对现金流量的研究可以评价不同投资方案的优劣,从而对投资方案进行比较和选择。

2.2 时间价值的计算

2.2.1 单利和复利

利息的计算有单利和复利两种方法。单利是指在规定期限内只计算本金的利息,每期的利息收入在下一期不作为本金处理,不产生新的利息收入。例如,本金为100元、年利率为10%的三年期单利定期存款,三年的全部利息为30元,每年的利息为本金的10%,即10元。

复利,又称利滚利,是指每期的利息收入在下一期进行投资,产生新的利息。下一期的利息由前一期的本金和利息共同生成。比如,一张面值1 000元、年利率为10%、期限3年的复利债券,假设债券到期之前不付息、到期一次还本付息,那么,第一年年底的价值为1 000×1.10=1 100元,第二年年底的价值为1 000×1.10^2=1 210元,第三年年底的价值为1 000×1.10^3=1 331元。三年的全部利息为331元,其中第一年的利息为1 000×10%=100元,第二年的利息为1 100×10%=110元,第三年的利息为1 210×10%=121元。

复利是一个重要概念,它充分反映了资金的时间价值。投资者一旦掌握了可供使用的资金,应尽快将其投入到合适的使用方向,以获取投资收益。如果不能及时使用,将会造成资金的浪费。本书如果没有特殊说明,一般都采用复利计算利息。

2.2.2 终值的计算

终值又称将来值(future value),是指现在的一笔资金在未来一段时间后的价值。比如,以每年10%的收益率投资100元,该笔资金1年后的价值为100×(1+10%)=110元。

当投资期是2期、3期乃至n期时,如果按照单利计算,终值的公式可以表示为:

$$FV_n = PV(1 + r \times n) \tag{2-1}$$

式中:FV_n表示终值;PV表示现值;r表示利率;n表示计息期数。

比如,3年期年利率为3%的单利存款3年后的终值为:

$$FV_3 = 100 \times (1 + 3\% \times 3) = 109(元)$$

多期投资按复利计算终值的公式为:

$$FV_n = PV(1 + r)^n \tag{2-2}$$

式中各项符号的意义与(2-1)式中相同。

例2-1 某人购入面值为1 000元的复利债券一张,利率为6%,期限为5年,其5年后的终值为:

$$FV_n = 1\,000 \times (1 + 6\%)^5 = 1\,000 \times 1.338\,2 = 1\,338.2(元)$$

(2-2)式中的$(1+r)^n$称为复利终值系数,记作$FVIF_{r,n}$。为方便计算,人们编制了复利终值系数表(附表1),需要时可在表上直接查出相应的终值系数。如前例中的复利终值系数$FVIF_{6\%,5}$,即可在表2-1中查到。

表2-1 复利终值系数表(1元在 n 期期末的终值)

n \ r	3%	4%	5%	6%	7%	8%
1	1.0300	1.0400	1.0500	1.0600	1.0700	1.0800
2	1.0609	1.0816	1.1025	1.1236	1.1449	1.1664
3	1.0927	1.1249	1.1576	1.1910	1.2250	1.2597
4	1.1255	1.1699	1.2155	1.2625	1.3108	1.3605
5	1.1593	1.2167	1.2763	1.3382	1.4026	1.4693
6	1.1941	1.2653	1.3401	1.4185	1.5007	1.5869
7	1.2299	1.3159	1.4071	1.5036	1.6058	1.7138
8	1.2668	1.3686	1.4775	1.5938	1.7182	1.8509
9	1.3048	1.4233	1.5513	1.6895	1.8385	1.9990
10	1.3439	1.4802	1.6289	1.7908	1.9672	2.1589

$FVIF_{6\%,5}$

前面讨论的投资是一次性的,下面讨论投资者在一段时间内多次进行投资时的终值的计算。

假设某人计划现在在银行存入100元人民币,一年后再存入200元,若存款年利率为2%,那么两年后他将得到多少收入呢?显然,第一年年底,他将得到$100\times(1+2\%)=102$元,加上再次存入的200元,共计302元。这302元再存一年,将得到$302\times(1+2\%)=308.04$元。上述分析可用图2-2表示。

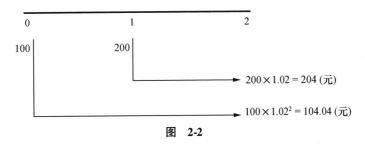

图 2-2

根据图2-2,两年后的收益的计算公式为:

$$FV_2 = 100 \times 1.0404 + 200 \times 1.02$$
$$= 308.04(元)$$

显然,多期现金流量的终值就是各单次现金流量终值之和,一般说来,次数为 n,各次

现金流量为 CF_t,利率为 r 的多期现金流量的终值计算如图 2-3 所示。

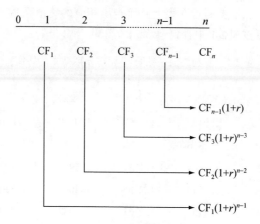

图 2-3 多期现金流量的终值计算

计算公式为:

$$FV_n = \sum_{t=1}^{n} CF_t(1+r)^{n-t} \tag{2-3}$$

例 2-2 设利率为 10%,计算图 2-4 现金流量的终值。

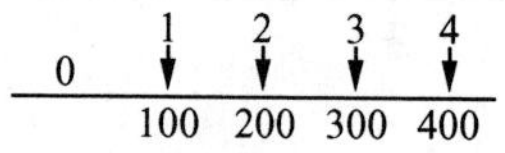

```
     1    2    3    4
0    ↓    ↓    ↓    ↓
    100  200  300  400
```

图 2-4

解 根据(2-3)式,有:

$$FV_4 = 100 \times 1.10^3 + 200 \times 1.10^2 + 300 \times 1.10^1 + 400 \times 1.10^0 = 1\,105.10(元)$$

2.2.3 现值的计算

现值(present value)是指未来的现金收入或支出现在的价值。比如,1 年后收到 102 元钱,按照 2% 的收益率计算,其现在的价值是:

$$PV = 102/1.02 = 100(元)$$

因为现在的 100 元用于投资,1 年内可以获得 2% 的收益,1 年后将变为 102 元。所以,1 年后的 102 元的现值是 100 元。

如果未来的现金流量是发生在多期以后的,其复利现值的计算公式可由多期复利的终值计算公式(2-2)式导出:

(2-2)式为:$FV_n = PV(1+r)^n$

将 PV 移到左侧,FV_n 移到右侧,有:

$$PV = FV_n/(1+r)^n = FV_n \frac{1}{(1+r)^n} \tag{2-4}$$

式中，$\frac{1}{(1+r)^n}$ 叫做复利的现值系数或贴现系数，简记为 $\text{PVIF}_{r,n}$，r 为贴现率(discount rate)。这一由终值求现值的过程称为贴现。

例 2-3　某人计划 5 年后得到 3 000 元钱，已知年利率为 4%，按复利计息，问该人现在应存入多少钱?

解　由现值计算公式(2-4)式，有：

$$PV = FV_n \frac{1}{(1+r)^n}$$

$$= 3\,000 \times \frac{1}{(1+4\%)^5} = 3\,000 \times 0.8219 = 2\,465.7(元)$$

与复利终值系数相同，复利现值系数也有表可查(附表2)，表 2-2 是其简表，表中加方框者即为现值系数 $\text{PVIF}_{4\%,5}$ 的数值 0.8219。

表 2-2　复利现值系数表

n \ r	3%	4%	5%	6%	7%	8%
1	0.9709	0.9615	0.9524	0.9434	0.9346	0.9259
2	0.9426	0.9246	0.9070	0.8900	0.8734	0.8573
3	0.9151	0.8890	0.8638	0.8396	0.8163	0.7938
4	0.8885	0.8548	0.8227	0.7921	0.7629	0.7350
5	0.8626	0.8219	0.7835	0.7473	0.7130	0.6806
6	0.8375	0.7903	0.7462	0.7050	0.6663	0.6302
7	0.8131	0.7599	0.7107	0.6651	0.6227	0.5835
8	0.7894	0.7307	0.6768	0.6274	0.5820	0.5403
9	0.7664	0.7026	0.6446	0.5919	0.5439	0.5002
10	0.7441	0.6756	0.6139	0.5584	0.5083	0.4632

$\text{PVIF}_{4\%,5}$

与求终值类似，多期现金流量的现值是各期现金流量的现值之和，如图 2-5 所示。

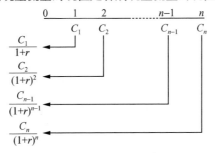

图 2-5　多期现金流量的现值计算

计算公式为:

$$PV = \sum_{t=1}^{n} \frac{CF_t}{(1+r)^t} \qquad (2\text{-}5)$$

式中:PV 表示现值;CF_t 表示 t 期现金流量;r 表示贴现率;n 表示计息期数。

例 2-4 设贴现率 $r=10\%$,计算图 2-6 所示的现金流量的现值。

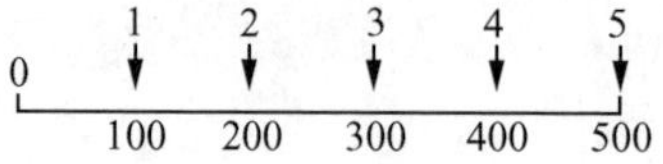

图 2-6

解 $PV = \dfrac{100}{1.1} + \dfrac{200}{1.1^2} + \dfrac{300}{1.1^3} + \dfrac{400}{1.1^4} + \dfrac{500}{1.1^5}$

$= 90.9 + 165.3 + 225.4 + 273.2 + 310.5 = 1\,065.3(元)$

2.3 年金及其复利终值与现值的计算

年金(annuities)是指一定时期内依固定时间间隔多次发生的、每期金额相等的现金流量。直线折旧、利息、租金等通常表现为年金的形式。由于年金是多期现金流量的一种特殊形式,因此,其终值与现值的计算也是多期现金流量终值与现值计算的一个特例。

每一期都有始点和终点。考虑到现金流量可以在始点或终点发生,我们将年金区分为先付年金与后付年金两种。先付年金是指在每一期开始时发生的等额现金流量,后付年金是指在每一期终了时发生的等额现金流量。① 下面分别讨论这两种年金的终值与现值的计算。

2.3.1 年金终值的计算

后付年金终值的计算

后付年金的情形如图 2-7 所示。

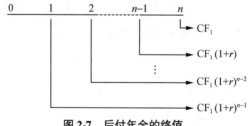

图 2-7 后付年金的终值

由图 2-7 可知,后付年金的终值为:

---

① 在本书后面的讨论中,如果没有特殊声明,我们用年金一词表示后付年金。

第 2 章 资金的时间价值

$$FV_n = CF_1 + CF_1(1+r) + CF_1(1+r)^2 + \cdots + CF_1(1+r)^{n-2} + CF_1(1+r)^{(n-1)}$$
$$= \sum_{t=1}^{n} CF_1(1+r)^{(t-1)} = CF_1 \sum_{t=1}^{n} (1+r)^{t-1} \qquad (2\text{-}6)$$

(2-6)式中的 $\sum_{t=1}^{n} (1+r)^{t-1}$ 称为年金终值系数,简记作 $FVIFA_{r,n}$,所以,(2-6)式又可以表达为: $FV_n = CF_1(FVIFA_{r,n})$。

为了计算方便,人们将年金终值系数制成表格(附表 3),表 2-3 是其说明性简表。

表 2-3 年金终值系数表

n \ r	3%	4%	5%	6%	7%	8%
1	1.0000	1.0000	1.0000	1.0000	1.0000	1.0000
2	2.0300	2.0400	2.0500	2.0600	2.0700	2.0800
3	3.0909	3.1216	3.1525	3.1836	3.2149	3.2464
4	4.1836	4.2465	4.3101	4.3746	4.4399	4.5061
5	5.3091	5.4163	5.5256	5.6371	5.7507	5.8666
6	6.4684	6.6330	6.8019	6.9753	7.1533	7.3359
7	7.6625	7.8983	8.1420	8.3938	8.6540	8.9228
8	8.8932	9.2142	9.5491	9.8975	10.260	10.637
9	10.159	10.583	11.027	11.491	11.978	12.488
10	11.464	12.006	12.578	13.181	13.816	14.487

FVIFA$_{4\%,3}$

例 2-5 某人三年内每年年底存入银行 1 000 元,存款利率为 4%,按复利计息,计算第三年年底时的年金终值。

解 这是一个后付年金终值计算的问题,可直接运用(2-6)式:
$$FV_3 = CF_1 \times FVIFA_{4\%,3}$$
$$= 1\,000 \times 3.1216 = 3\,121.6(元)$$

先付年金终值的计算

先付年金的情形如图 2-8 所示。

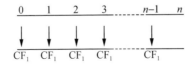

图 2-8

其终值为:
$$FV = CF_1 \sum_{t=1}^{n} (1+r)^t$$

从图 2-8 可以看出,n 期先付年金与后付年金的付息期数相同,但时间不同。先付年金比后付年金提早一期发生,故计息期数也相应增加一期,终值计算公式也就有所不同。

由于年金终值系数表是按照后付年金计算公式编制的,因此,在计算先付年金的终值时,不能直接利用年金终值系数表计算,而要对计算公式作必要的调整。调整方法有两种:

一种是考虑先付年金比后付年金多付一期利息,因此只需计算出 n 期后付年金的终值后再乘上 $(1+r)$ 即可。

$$FV_n = CF_1 \sum_{t=1}^{n}(1+r)^t = CF_1 \left[\sum_{t=1}^{n}(1+r)^{t-1}\right](1+r)$$
$$= CF_1(FVIFA_{r,n})(1+r) \tag{2-7}$$

另一种是考虑 n 期先付年金与 $(n+1)$ 期后付年金的计息期数相同,但比 $(n+1)$ 期后付年金少付一次年金,所以,只要从 $(n+1)$ 期后付年金的终值中减去一笔年金,即可得到 n 期先付年金的终值。

$$FV_n = CF_1(FVIFA_{r,n+1}) - CF_1$$
$$= CF_1[(FVIFA_{r,n+1}) - 1] \tag{2-8}$$

例2-6 设某人每年年初存入银行 1 000 元,存款利率为 4%,按复利计息,计算第三年年底时的年金终值。

解 这是一个先付年金终值计算的问题。利用第一种方法,有:

$$FV_3 = CF_1 \times (FVIFA_{4\%,3}) \times (1+4\%) = 1\,000 \times 3.1216 \times 1.04 = 3\,246.5(元)$$

利用第二种方法,有:

$$FV_3 = CF_1 \times (FVIFA_{4\%,4} - 1) = 1\,000 \times (4.2465 - 1) = 3\,246.5(元)$$

2.3.2 年金现值的计算

后付年金现值的计算

后付年金现值如图 2-9 所示。

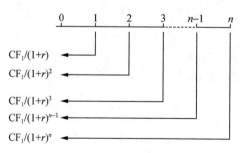

图 2-9

$$PV_n = \frac{CF_1}{(1+r)} + \frac{CF_1}{(1+r)^2} + \frac{CF_1}{(1+r)^3} + \cdots + \frac{CF_1}{(1+r)^{n-1}} + \frac{CF_1}{(1+r)^n}$$
$$= \sum_{t=1}^{n} \frac{CF_1}{(1+r)^t} \tag{2-9}$$

第 2 章　资金的时间价值

(2-9)式中的 $\sum_{t=1}^{n} \frac{1}{(1+r)^t}$ 称为年金现值系数,可以简记做 $\text{PVIFA}_{r,n}$,所以,(2-9)式又可以写做:

$$PV_n = CF_1 \times \text{PVIFA}_{r,n}$$

年金现值系数亦有现成的表格供查阅(附表4),表 2-4 是其说明性简表。

表 2-4　年金现值系数表

n \ r	3%	4%	5%	6%	7%	8%
1	0.9709	0.9615	0.9524	0.9434	0.9346	0.9259
2	1.9135	1.8861	1.8594	1.8334	1.8080	1.7833
3	2.8286	2.7751	2.7322	2.6730	2.6243	2.5711
4	3.7171	3.6299	3.5460	3.4651	3.3872	3.3121
5	4.5797	4.4518	4.3295	4.2124	4.1002	3.9927
6	5.4172	5.2421	5.0757	4.9173	4.7665	4.6229
7	6.2303	6.0021	5.7864	5.5824	5.3893	5.2064
8	7.0197	6.7327	6.4632	6.2098	5.9713	5.7466
9	7.7861	7.4353	7.1078	6.8017	6.5152	6.2469
10	8.5302	8.1109	7.7217	7.3601	7.0236	6.7101

$\text{PVIFA}_{4\%,3}$

例 2-7　从现在起,某人三年内每年末将得到 1 000 元的现金收益,若贴现率为 4%,其现值为:

$$PV_3 = 1\,000 \times \text{PVIFA}_{4\%,3} = 1\,000 \times 2.7751 = 2\,775(元)$$

先付年金现值的计算

先付年金的现金流量如图 2-10 所示。

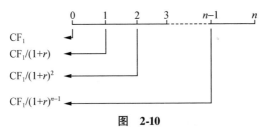

图　2-10

由图 2-10 可知,先付年金的现值应按如下公式计算:

$$PV_n = CF_1 + \frac{CF_1}{(1+r)} + \frac{CF_1}{(1+r)^2} + \frac{CF_1}{(1+r)^3} + \cdots + \frac{CF_1}{(1+r)^{n-1}}$$

$$= \sum_{t=0}^{n-1} \frac{CF_1}{(1+r)^t} = CF_1 \times (\text{PVIFA}_{r,n-1} + 1) \tag{2-10}$$

例 2-7 中如改为先付年金,则现值为:

$$PV_3 = 1\,000 \times (PVIFA_{r,n-1} + 1) = 1\,000 \times (1.8861 + 1) = 2\,886(元)$$

2.3.3 永续年金

如果每期金额相等的现金流量永久地持续下去,就称为永续年金(perpetuities)。优先股的现金股利就是永续年金的例子。

永续年金的现金流量的个数是无限的,永续年金的价值就是这无限个现金流量的现值之和:

$$PV = \sum_{t=1}^{\infty} \frac{CF_1}{(1+r)^t} = \frac{CF_1}{r} \qquad (2-11)$$

比如,一项每年提供 100 元现金流量的永续年金投资,在贴现率为 5% 时的价值为:

$$PV = 100/0.05 = 2\,000(元)$$

2.3.4 已知终值或现值计算年金

在实际的投资活动中,我们不但需要根据年金计算其终值或现值,还常常需要根据已知的终值或现值计算年金。

例 2-8 某人 5 年后需要发生一笔 10 万元的支出,他准备从现在起每年向银行存入一笔等额的资金,已知存款年利率为 5%,假设可按复利计息,问此人需要每年存入多少钱?

解 这是一个已知终值和利率求年金的问题,现金流量如图 2-11 所示:

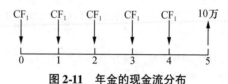

图 2-11 年金的现金流分布

由图 2-11 可知,这是一个先付年金的终值问题,由(2-7)式有:

$$100\,000 = CF_1 \times (FVIFA_{5\%,5}) \times (1 + 5\%)$$
$$= CF_1 \times 5.526 \times 1.05$$
$$CF_1 = 100\,000/5.802 = 17\,235(元)$$

即此人每年等额地存入 17 235 元,5 年后可以得到 10 万元。

我们也可以利用(2-8)式计算:

$$100\,000 = CF_1 \times (FVIFA_{5\%,6} - 1)$$
$$= CF_1 \times (6.802 - 1) = CF_1 \times 5.802$$
$$CF_1 = 100\,000/5.802 = 17\,235(元)$$

结果与利用(2-7)式计算的结果相同。

例 2-9 某人用按揭贷款买下一套价值 20 万元的房子,零首付,每年还款金额相等,利息率为 6%,还款期限为 15 年,问此人每年需要付多少钱?

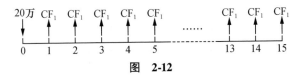

图 2-12

解 由图 2-12 可知,这是一个后付年金的现值问题,由(2-9)式有:

$$200\,000 = CF_1 \times PVIFA_{6\%,15}$$
$$= CF_1 \times 9.7122$$
$$CF_1 = 200\,000/9.7122 = 20\,593(元)$$

每年需付款 20 593 元。

2.3.5 求贴现率

利用年金的现值和终值公式,在已知年金和现值或终值的情况下,还可以求出隐含的贴现率和收益率。

例 2-10 某投资者准备每年末投资 20 000 元,并期望在 5 年后有 120 000 元的总价值,问该投资者需要怎样的收益率水平才能实现自己的投资目标?

解 该投资者的现金流量如图 2-13 所示:

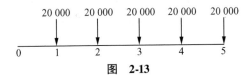

图 2-13

这是一个后付年金的终值问题,可以直接运用(2-6)式。根据(2-6)式,有:

$$120\,000 = 20\,000 \times FVIFA_{r,5}$$
$$FVIFA_{r,5} = 120\,000/20\,000 = 6$$

查年金终值系数表(附表 3)可知,在 $n=5$、$r=9\%$ 时的年金终值系数为 5.9847;$r=10\%$ 时,年金终值系数为 6.1051。这表明,实际的收益率应该介于 9% 到 10% 之间,而且更接近 9%。运用内插法可以计算出较为精确的收益率:

$$收益率 = 9\% + \frac{6 - 5.9847}{6.1051 - 5.9847} \times 1\% = 9\% + 0.127\% = 9.127\%$$

即投资者需要得到 9.127% 的投资年收益率,才能实现自己的投资目标。

例 2-11 某投资者在未来 5 年内每年年末可得到 5 000 元的现金收入,为此,他目前要支出 21 000 元。这意味着他的投资收益率(贴现率)是多少?

解 该投资的现金流量如图 2-14 所示:

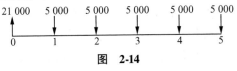

图 2-14

这是一个后付年金的现值问题,可运用(2-9)式计算。

$$21\,000 = 5\,000 \times \text{PVIFA}_{r,5}$$

$$\text{PVIFA}_{r,5} = 21\,000/5\,000 = 4.2$$

查年金现值系数表(附表4)可知,在 $n = 5$ 时、$r = 6\%$ 时的年金现值系数为4.2124;$r = 7\%$ 时,年金现值系数为4.1002。这表明,实际的收益率应该介于6%到7%之间,而且更接近6%。运用内插法可以计算出较为精确的贴现率:

$$\text{贴现率} = 6\% + \frac{4.2124 - 4.2}{4.2124 - 4.1002} \times 1\% = 6\% + 0.11\% = 6.11\%$$

2.4 增长年金

本节介绍更一般的年金——永续增长年金与增长年金。这些年金的共同特点是现金流按照固定比例增长。

2.4.1 永续增长年金

与永续年金一样,永续增长年金(growing perpetuity)也是永不到期,但是其现金流序列会按照固定比例增长。永续增长年金现金流的增长比例被称为现金流的增长率,用 g 表示,用 C 表示第1期现金流。采用等比级数求和的方法,可以推导出永续增长年金的现值公式如下:

$$\text{PV} = \sum_{t=1}^{\infty} \frac{\text{CF}_t}{(1+r)^t} = \sum_{t=1}^{\infty} \frac{\text{CF}_1(1+g)^{t-1}}{(1+r)^t} = \frac{\text{CF}_1}{r-g} \tag{2-12}$$

实际上,我们也可以借助(2-11)式来推导(2-12)式:

$$\text{PV} = \sum_{t=1}^{\infty} \frac{\text{CF}_1(1+g)^{t-1}}{(1+r)^t} = \sum_{t=1}^{\infty} \frac{\text{CF}_1/(1+g)}{\left(1+\frac{r-g}{1+g}\right)^t} = \frac{\text{CF}_1/(1+g)}{\frac{r-g}{1+g}} = \frac{\text{CF}_1}{r-g}$$

上式中的倒数第二个等号后的变换正是利用了(2-11)式。

显然,永续增长年金是永续年金($g = 0$)的推广。

(2-12)式中的级数收敛的充要条件是 $r > g$,否则,级数发散。如果 $r \leq g$,那么后一期现金流的现值大于或等于前一期现金流的现值,永续增长年金的现值因而等于无穷大。

值得注意的是,现值公式(2-12)中的 C 是第1期的现金流,而不是第0期的现金流。

现实中几乎找不到严格意义上的永续增长年金,但是,这并不会削弱其应用价值。在许多情况下,人们都采用永续增长年金作为对现实的近似估计。事实上,(2-12)式是价值评估中应用最广泛的公式之一。人们在估计公司价值时,常常假设公司(在某一时点之后)的股利或者现金流按照固定比例增长,因而可以应用公式(2-12)来计算。

例2-12 美国某主要电力公司拥有广泛的水电、火电和核电设施,为广泛分布于东海岸的电力用户供电。过去10年中,该公司的股利政策非常稳定,每股股利的年增长率在 3%—5% 之间,几何平均增长率为 4%。每季度末分配一次股利,2007 年第四季度的每股股利为 0.50 美元。假设该公司的股利现金流的贴现率为 9.5%,估计其股票价值。

解 由于该公司在过去 10 年中的股利稳定增长,如果没有意外事件的冲击,我们可以假设该公司的股票股利将持续稳定增长,未来的年增长率等于历史平均增长率 4%。鉴于该公司每季度发送一次股利,采用季度作为时间单位。股利的季度增长率 $g = (1+4\%)^{0.25} - 1 = 0.985\%$。为了统一口径,我们需要把年贴现率转换成季度贴现率,$r = (1+9.5\%)^{0.25} - 1 = 2.295\%$。第 1 期股利 $CF_1 = 0.50 \times (1+0.985\%) = 0.505$(美元/股)。把这些参数代入永续增长年金的现值公式(2-12),估计出该公司的股票价值约为 38.56 美元/股。

$$PV = \frac{CF_1}{r-g} = \frac{0.505}{2.295\% - 0.985} = 38.56 (美元/股)$$

2.4.2 增长年金

增长年金(growing annuity)的现金流按固定比例增长,且到期时间有限。沿用前面的符号,C 表示第一期现金流,g 表示现金流的增长率。增长年金可以看作是被截掉现金流尾巴的永续增长年金,而被截掉的尾巴也是一个永续年金。因此,

$$PV = \sum_{t=1}^{T} \frac{CF_1(1+g)^{t-1}}{(1+r)^t} = \sum_{t=1}^{\infty} \frac{CF_1(1+g)^{t-1}}{(1+r)^t} - \sum_{t=T+1}^{\infty} \frac{CF_1(1+g)^{t-1}}{(1+r)^t}$$

$$= \sum_{t=1}^{\infty} \frac{CF_1(1+g)^{t-1}}{(1+r)^t} - \frac{(1+g)^T}{(1+r)^T} \sum_{t=1}^{\infty} \frac{CF_1(1+g)^{t-1}}{(1+r)^t} \tag{2-13}$$

根据永续增长年金的现值公式(2-12),增长年金的现值公式为:

$$PV = \left(1 - \frac{(1+g)^T}{(1+r)^T}\right) \frac{CF_1}{r-g} \tag{2-14}$$

只要现金流的增长率不等于贴现率,那么公式(2-14)成立。如果 $r = g$,那么直接计算现值非常简单:

$$PV = \sum_{t=1}^{T} \frac{CF_1(1+g)^{t-1}}{(1+r)^t} = \sum_{t=1}^{T} \frac{CF_1}{1+r} = \frac{T \cdot CF_1}{1+r} \tag{2-15}$$

例 2-13 假设张先生已人到中年,20 年后退休。目前两口子收入颇丰,生活惬意。考虑到退休后那点微薄的退休金难以维持目前的消费水平,他们决定购买一款养老保险。由于薪水收入逐年增长,他选择了一款保费按固定比例增长的保险。他在第一个月的月末向保险账户存入 5 000 元,此后每月缴纳的保费比前一个月增加 0.4%。缴费期为 19 年零 11 个月,并在 20 年期限届满时一次性把养老金账户里的资金全部提出。保险公司规定这款养老保险的月收益率为 0.50%。他在退休时提出的养老金总量为多少?

解 利用增长年金的现值公式(2-14),得到增长年金的未来值为:

$$FV = PV \cdot (1+r)^{T+1} = \frac{CF_1}{r-g}\left(1 - \frac{(1+g)^T}{(1+r)^T}\right)(1+r)^{T+1}$$

$$= \frac{CF_1}{r-g}[(1+r)^{T+1} - (1+r)(1+g)^T]$$

本例中,每期为 1 个月,$CF_1 = 0.5$ 万元,$T = 239$ 月,$r = 0.5\%$,$g = 0.4\%$,把这些参数代入上式,得到:

$$FV = \frac{0.5(1+0.5\%)}{0.5\% - 0.4\%}[(1+0.5\%)^{239} - (1+0.4\%)^{239}] = 350.45(万元)$$

因此,20 年后,张先生提取的养老金总量将超过 350 万元。

本章小结

本章讲述了资金的时间价值的概念和计算。(1) 讲述了时间价值、现金流量和贴现率的基本概念。现金流量是特定时点上一定数量的现金流入或流出,贴现率是将未来的现金流量转换为现在值的收益率(机会成本)。单利是指在投资期内只有初始投资的本金产生投资收益,各期的投资收益不作为下一期的投资本金产生投资收益的情况。复利是指每一期的投资收益在下一期都会成为新的投资本金产生投资收益的情况。(2) 讲述了如何在已知贴现率的情况下根据复利原理计算现金流量的现值和终值,以及现值与终值的相互关系。(3) 讲述了年金和永续年金的概念,以及如何利用相关表格计算年金的现值与终值。(4) 介绍了增长年金和永续增长年金的概念,以及如何计算这些年金的现值。

思考题

1. 什么是资金的时间价值?为什么会有资金的时间价值?
2. 复利现值与复利终值的关系是什么?
3. 假设有三个银行均按 8% 的年利率提供存款服务,其中 A 银行每年支付一次利息,B 银行每半年支付一次利息,C 银行每季度支付一次利息,你将选择哪一家银行?为什么?
4. 年金是否一定指每年发生一次的现金流量?为什么?请举例说明。
5. 资金(资本)本身会增值吗?为什么?

计算题[①]

1. 计算下述条件下的复利终值:
(1) 投资额 5 000 元,年利率 10%,投资期 10 年;

[①] 读者可登录 www.pup.cn,在"下载专区"中搜索本书书名,下载各章练习题答案。

(2) 投资额 8 000 元,年利率 8%,投资期 7 年;
(3) 投资额 775 元,年利率 12%,投资期 12 年;
(4) 投资额 21 000 元,年利率 5%,投资期 5 年。

2. 计算下述条件下的投资期 n(按复利计):
(1) 投资额 500 元,终值 1 039.50 元,年利率 5%;
(2) 投资额 35 元,终值 53.87 元,年利率 9%;
(3) 投资额 100 元,终值 298.60 元,年利率 20%;
(4) 投资额 53 元,终值 78.76 元,年利率 2%。

3. 计算下述条件下的复利率:
(1) 投资额 500 元,终值 1 948.00 元,投资期 12 年;
(2) 投资额 300 元,终值 422.10 元,投资期 7 年;
(3) 投资额 50 元,终值 280.20 元,投资期 20 年;
(4) 投资额 200 元,终值 497.60 元,投资期 5 年。

4. 计算下述终值的现值:
(1) 10 年后的 800 元,贴现率 10%;
(2) 5 年后的 300 元,贴现率 5%;
(3) 8 年后的 1 000 元,贴现率 3%;
(4) 8 年后的 1 000 元,贴现率 20%。

5. 计算下述条件下的复利年金终值:
(1) 每期期初收入 500 元,共 10 期,复利率 5%;
(2) 每期期末收入 100 元,共 5 期,复利率 10%;
(3) 每期期初收入 35 元,共 7 期,复利率 7%;
(4) 每期期初收入 25 元,共 3 期,复利率 2%。

6. 计算下述条件下的复利年金现值:
(1) 每期期末收入 2 500 元,共 10 期,复利率 7%;
(2) 每期期末收入 70 元,共 3 期,复利率 3%;
(3) 每期期末收入 280 元,共 7 期,复利率 7%;
(4) 每期期末收入 500 元,共 10 期,复利率 10%。

7. 某新版财务管理学教科书当年销售了 15 000 册,预计销售量在未来 3 年内将按 20% 的速率增长,计算未来 3 年每年的销售量。

8. 为了支付孩子的大学学费,张先生需要在 15 年后得到 15 000 元,张先生准备从现在起每年年底在银行存入等额的资金,如果年利率为 6%,按复利计算,问张先生每年需要存入多少钱?

9. 李先生以抵押贷款的方式购买了一套价值 50 万元的商品房,首期付款 15 万元,其余部分在 20 年内按 8% 的年利率分 20 次(每年归还一次)等额偿还,计算每年的还款额。

10. 赵先生希望在 15 年后拥有 10 万元的存款,为了实现这一目的,他准备每年在银行存入一笔等额的资金,存款的年利率为 7%,且按照复利计算,第一笔存款在今年年底存入(设现在为年初),问:

(1) 为实现既定目标,赵先生每年需要存入多少钱?

(2) 如果赵先生希望通过在今年年底一次性存入一笔钱,而不是每年存入等额的资金达到 15 年后拥有 10 万元存款的目标,他需要存入多少钱?(设年利率仍为 7%)

(3) 如果在第 5 年年底赵先生可额外得到 2 万元现金,并将其存入银行(年利率仍为 7%)以帮助实现最初的存款目标,那么赵先生每年应等额地存入多少钱?

11. 某企业借入 300 万元资金,其还款条件是在未来 5 年内每年年底归还 100 万元,问这笔借款的利率是多少?

第 3 章　债券及其估价

3.1　债券的概念及特征

3.1.1　债券的性质

债券是由企业、金融机构或政府发行的,表明发行人(债务人)对其承担还本付息义务的一种债务性证券,是企业和政府对外进行债务融资的重要工具。所谓债务,代表着一种必须偿还的义务,这种义务是因为借款而产生的。债券的发行者是借款方,被称为债务人,要承诺定期支付利息并偿还本金。债券的购买者(投资者)是借款给他人者,被称为债权人。

企业还可以发行另外一种证券,叫做权益性证券。最重要的权益性证券是股票。关于权益性证券的性质和估价问题我们将在下一章讨论。从公司财务的角度看,债务和权益的区别主要有以下几点:

(1) 债权人对公司收益的请求权排在权益投资者之前,因此承担的风险较低,通常也不具有投票权。

(2) 公司对债务支付的利息可以计入公司的经营成本,在交纳公司所得税之前列支,具有抵税的作用。而发放给股东的股利不能作为公司的经营成本,需要在交纳公司所得税之后支付,不能抵税。

(3) 未偿还的债务是公司的负债。如果公司无力偿还到期的债务,债权人对公司的资产就拥有合法的索取权。债权人要求公司以资产还债的行为可能导致两种结果:清算和破产重组。因此,公司进行债务融资有可能造成公司破产,而权益资本融资则不会增加破产的可能性。

3.1.2　债券的基本参数

债券作为一种有价证券,有以下几个基本参数:

(1) 票面价值。债券的票面价值简称为面值,包含两个方面:第一是币种,即票面价值所采用的计量单位。一般而言,如果发行对象是国外投资者,就选择债券发行地的国家或国际通用货币作为债券票面价值的计量单位;如果发行对象是国内投资者,则选择本国货币作为债券票面价值的计量单位。第二是债券的票面金额。较小的票面金额,有利于债券的发行与交易。

(2) 票面利率。票面利率是债券持有人定期获取的利息与债券票面价值的比率。票面利率的高低由债券发行者决定。债券发行者在确定票面利率时要考虑市场利率、债券的偿还期限、自身资信状况以及资本市场资金供求关系等因素的影响。

(3) 到期日。债券一般都有固定的偿还期限,即自发行日起至全部本金清偿完毕为止的一段时间。一般来说,偿还期在1年以内称为短期债券,1年以上、10年以下称为中期债券,10年以上称为长期债券。①

(4) 发行价格。债券的发行价格由债券的面值、期限、票面利率、市场利率以及债券的信用级别等因素决定。根据债券发行价格与债券面值间的关系,债券的发行可分为溢价发行、平价发行和折价发行。当债券的发行价格高于债券面值时,为溢价发行;当债券的发行价格等于债券面值时,为平价发行;当债券的发行价格低于债券面值时,为折价发行。

3.1.3 债券的基本特征

流动性

债券有规定的偿还期限,到期前不得兑付。但是,债券可以在证券市场上交易,所以,债券持有人在债券到期之前如果需要将其兑现,可以将债券在证券市场上售出,也可以用债券作为质押品向银行等金融机构申请贷款。因此,债券具有及时转化为现金的能力,这就是债券的流动性。

收益

债券投资者的收益来自两部分:一是,可以按规定的票面利率定期获得利息收益;二是,在因市场利率下降等原因造成债券价格上升时,获得债券升值收益。

风险

债券投资的风险主要包括信用风险与利率风险。信用风险是指,债券投资者可能因债务人破产而不能收回全部本息;利率风险是指,市场利率变化会导致债券价格变化。

债券的上述特性是相互矛盾、相互补偿的。一般来说,若风险小、流动性好,则收益率较低;反之,如果风险大、流动性差,则收益率较高。比如,因为国债几乎没有信用风险,其收益率低于同等条件的企业债券。

3.1.4 债券的利息支付

根据债券在存续期内是否支付利息,可将债券分为附息债券和零息债券。附息债券在存续期内定期根据票面利率和债券面值向债权人支付利息,是正常的债券。零息债券

---

① 关于债务的短期、中期和长期没有明确的规定。有时也把1至5年期的债券称为中短期债务,将5至10年期的债务称为中长期债务。

在到期时按照面值一次性向债权人支付债券本金,在存续期内不向债权人支付利息,是一种特殊的债券。必须指出的是,零息债券最根本的特点是在存续期内不向债权人支付利息,而不是表面上看是否有票面利率。我国发行的一些多年期国债虽然表面上也有票面利率,但投资者只能在债券到期时一次性领取债券本息,在债券存续期内得不到利息收入,这种债券实际上就是零息债券。

3.2 债券的价值与利率

3.2.1 债券定价的基本原理

债券的价值等于其未来现金流的现值。一般来讲,债券属于固定收益证券,其未来现金收入由各期利息收入和到期时收回的面值两部分组成。一张面值为 B、各期利息收入为 I、期限为 n 的债券的现金流量如图3-1 所示。

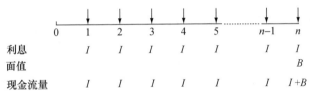

图3-1 债券的现金流量图

由图 3-1 可知,该债券的现金流量由利息构成的年金和到期支付的面值两部分组成,债券的价值也就是这两部分现值的和。因此,债券的价值由下式决定:

$$P = \frac{I}{(1+r)} + \frac{I}{(1+r)^2} + \frac{I}{(1+r)^3} + \cdots + \frac{I}{(1+r)^n} + \frac{B}{(1+r)^n}$$

$$= \sum_{t=1}^{n} \frac{I}{(1+r)^t} + \frac{B}{(1+r)^n} \tag{3-1}$$

式中:I 为各期利息收入;B 为债券的面值;n 为债券的付息期数;r 为投资者要求的回报率。(3-1)式中的求和项就是利息的现值,最后一项是面值的现值。由于债券的价值等于其全部现金流的现值,所以要用投资者要求的回报率 r 对债券所有的未来现金流量贴现,然后将这些现值相加。

例3-1 某债券的面值为 1 000 元,票面利息率为 8%,期限 10 年,每年付息一次。每年的利息收入 $I = 80$ 元,如果投资者对此债券要求的投资回报率为 6%,则该债券对这一投资者的价值为:

$$P = \sum_{t=1}^{10} \frac{80}{(1+0.06)^t} + \frac{1\,000}{(1+0.06)^{10}}$$

$$= 80 \times 7.36 + 1\,000 \times 0.5584$$

$$= 588.8 + 558.4 = 1\,147.2(元)$$

其中,588.8 元是 10 年每年 80 元利息收入的现值,558.4 元是 10 年后 1 000 元本金收入的现值。

如果投资者要求的回报率为 8%,则该债券的价格为:

$$P = \sum_{t=1}^{10} \frac{80}{(1+0.08)^t} + \frac{1\,000}{(1+0.08)^{10}}$$

$$= 80 \times 6.7101 + 1\,000 \times 0.4632$$

$$= 536.8 + 463.2$$

$$= 1\,000(元)$$

如果投资者要求的回报率为 10%,则该债券的价格为:

$$P = \sum_{t=1}^{10} \frac{80}{(1+0.10)^t} + \frac{1\,000}{(1+0.10)^{10}}$$

$$= 80 \times 6.145 + 1\,000 \times 0.3855$$

$$= 491.6 + 385.5$$

$$= 877.1(元)$$

不同的投资者对风险的承受能力不同,对同一债券要求的投资回报率也会不同。因此,同一债券对不同投资者的价值可以是不同的。当市场上有众多债券投资者时,对某一债券要求的投资回报率最低的投资者对这一债券的估值最高,要求的投资回报率最高的投资者对这一债券的估值最低。在债券交易中,投资者根据自己对债券价值的判断决定对债券的出价或要价。最终,边际投资者要求的投资回报率决定了债券的价格。反过来,给定债券的价格,利用(3-1)式我们可以求出债券价格隐含的收益率,即边际投资者要求的回报率。

实际上,在债券市场上有很多风险相似的债券,利用这些债券的交易价格我们可以计算出其投资回报率(即贴现率),我们将其称为同类债券的收益率,这是债券投资者购买同类债券的机会成本,也就是他们要求的投资回报率。(3-1)式中所用的贴现率 r 是持有债券到期时可以得到的投资回报率,又叫做债券的到期收益率(yield to maturity,YTM)。

由例 3-1 可知,如果债券的票面利率高于其到期收益率,则债券的价格高于其面值;如果债券的票面利率等于其到期收益率,则债券的价格等于其面值;如果债券的票面利率低于其到期收益率,则债券的价格低于其面值。在例 3-1 中,当到期收益率为 10% 而该债券的票面利率只有 8% 时,债券的价格为 877 元,低于其面值。投资者只有按照这一价格买入债券,持有到期后才能获得 10% 的收益率。同样,当到期收益率为 6% 时,债券的价格为 1 147 元,投资者按照这一价格买入债券,持有到期的投资收益率正好达到每年 6%。当到期收益率与该债券的票面利率均为 8% 时,该债券的价值等于其面值。

3.2.2 债券的利率风险

由(3-1)式可知,债券的价值由它的面值、票面利率、到期期限和到期收益率四个因素决定。其中债券的面值和票面利率在债券发行时就已确定,债券发行后无法更改,而债券的到期期限和市场利率在债券发行后是不断变化的。当市场利率变化时,债券的价值就会发生变化。这种由市场利率变化导致的债券价值(价格)的不稳定,就是债券的利率风险。债券的利率风险主要表现在两个方面:一是价格风险,即债券价格会因市场利率变化而变化;二是再投资风险,即因市场利率的变化使债券的利息收入在进行再投资时的收益具有不确定性。债券的利率风险与它的票面利率和到期期限相关。

债券价格与市场利率之间存在着以下几个基本关系:

(1) 票面利率越低,债券的利率风险越大。
(2) 到期期限越长,债券的利率风险越大。
(3) 市场利率下跌引起债券价格升高的百分比,要大于市场利率上升同样幅度所引起的债券价格下跌的百分比。
(4) 随着债券到期日的临近,债券价格将逐渐趋近于其面值。

票面利率与债券的利率风险的关系

例 3-2 假设有到期期限同为 10 年、面值同为 1 000 元的两种债券,一个票面利率为 5%,另一个票面利率为 10%。当市场利率为 7% 时,它们的价格分别为 859.5 元(351.2 + 508.3)和 1 210.7 元(702.4 + 508.3)。而当市场利率上升到 9% 时,它们的价格分别变为 743.3 元(320.9 + 422.4)和 1 064.2 元(641.8 + 422.4),各自下降了 13.52% 和 12.1%。显然,票面利率较低的债券的价格下跌幅度更大,这表明其利率风险更高。

读者可以假设市场利率由 7% 下降至 5%,验证一下票面利率为 5% 的债券的价格上升幅度要大于票面利率为 10% 的债券。

期限相同、票面利率较低的债券的利率风险更大的原因在于,债券的价值等于票面利息的现值与本金的现值之和。票面利率越低,债券的价值越依赖于到期时的本金收入,这样,在市场利率变化时,对债券的价值的影响就较大。相反,票面利率较高的债券,有较多的价值体现在利息收入上,而利息收入是可以在较早期实现的,从而其价值受市场利率的影响就较低。在例 3-2 中,在市场利率为 7% 时,票面利率为 5% 的债券的利息的现值为 351.2 元,占债券总价值 859.5 元的 40.8%,而票面利率为 10% 的债券的利息的现值为 702.4 元,占债券总价值 1 210.7 元的 58.0%。显然,前者比后者对债券本金收入的价值的依赖更大。

到期期限对债券价值的影响

例 3-3 两种票面利率同为 10%、面值同为 1 000 元的债券,一个期限为 5 年,另一个期限为 10 年。当市场利率为 10% 时,它们的价格均为 1 000 元。如果市场利率下降 2%,变为 8%,5 年期债券的价格将升至 1 080 元(399.3 + 680.6),而 10 年期债券的价格将升至 1 134.2 元(671.0 + 463.2),分别上升 8.0% 和 13.4%。反之,若市场利率上升 2%,变为 12%,则 5 年期债券的价格将跌至 927.9 元(360.5 + 567.4),10 年期债券的价格将跌至 887 元(565.0 + 322.0),分别下降 7.25% 和 13%。显然,上述价格变化结果验证了(2)、(3)两项基本关系,即债券的到期期限越长,其利率风险越高,同时市场利率下跌对债券价格的影响要大于市场利率上升对债券价格的影响。这种关系可用图3-2来表示。

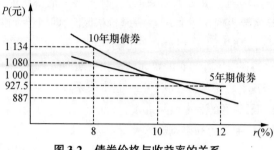

图3-2 债券价格与收益率的关系

债券到期期限影响其利率风险的原因在于：债券价值的很大一部分是通过收回债券面值来实现的，债券期限越长，收回面值的时间越晚，其现值受利率变化的影响越大。在例3-3中，期限5年的债券在市场利率为8%时，其面值的现值为680.6元。期限10年的债券在市场利率为8%时，其面值的现值为463.2元。而在市场利率上升到12%时，期限5年的债券的面值的现值为567.4元，下降了16.6%。期限10年的债券的面值的现值为322元，下降了30.5%。显然，10年期限的债券的面值的现值受利率上升的影响更大，从而导致其利率风险更高。

表3-1给出了票面利率$i=10\%$、面值为1 000元、半年付息一次、期限20年的债券，在不同市场利率r下距离到期日不同时间时的价格水平。从表中不难看出，距到期日越近，债券价格越趋近于其面值。这一关系也可以用图3-3来表示。

表3-1 同一债券在不同市场利率水平下、距到期日不同时间的价格 单位：元

债券期限(年)	利率6%	利率8%	利率10%	利率12%	利率14%
1	1 038	1 019	1 000	982.7	964.9
5	1 170	1 081	1 000	927.5	859.5
10	1 298	1 136	1 000	887.0	788.2
15	1 392	1 173	1 000	862.4	751.8
20	1 462	1 198	1 000	849.5	733.4

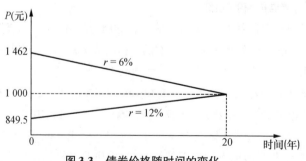

图3-3 债券价格随时间的变化

3.3 关于债券收益率的进一步讨论

3.3.1 一年内多期付息和连续复利

债券的票面利率通常是按照年度给出的,但在实际支付利息时,有时会每半年甚至每季度支付一次,这会导致债券的实际收益率与每年付息一次时有所不同。因此,在计算投资者的实际收益率时,复利区间的确定非常重要。

例 3-4 面值 1 000 元、期限为 3 年、票面利息率为 12%、一年支付一次利息的债券,其按照面值提供的年实际收益率就是 12%。如果这个债券每半年支付一次利息,则半年的票面利率是 6%(12%/2)。这样,年初 1 000 元的债券在第 6 个月月末可以得到 60 元的利息,这 60 元的利息再投资半年 6% 的债券,6 个月后可以得到 3.6 元的回报。因此,年底的总回报是 123.6 元(年中和年末的两个 60 元利息收入加上年中利息收入进行再投资的 3.6 元的利息收入),债券的有效收益率 i_e 是 12.36%。其具体计算为:

$$1 + i_e = (1 + 0.06) \times (1 + 0.06) = (1 + 0.06)^2 = 1.1236$$

$$i_e = 0.1236 = 12.36\%$$

如果每季度支付一次利息,每次的利率为 3.0%,则:

$$1 + i_e = (1 + 0.03)^4 = 1.1255$$

$$i_e = 0.1255 = 12.55\%$$

如果每月支付一次利息,每次的利率为 1.0%,则:

$$1 + i_e = (1 + 0.01)^{12} = 1.1268$$

$$i_e = 0.1268 = 12.68\%$$

一般地,如果票面年利率为 i 的债券一年支付 n 次利息,每次支付的利息为 i/n,那么,有效年利息率 i_e 满足:

$$1 + i_e = \left(1 + \frac{i}{n}\right)^n \tag{3-2}$$

当 n 趋于无穷时,$\left(1 + \frac{i}{n}\right)^n$ 趋于 e^i,因此,i_e 收敛于 $(e^i - 1)$。此时,票面利率 i 被称为连续复利。

在上例中,如果票面利率 12% 是连续复利,那么相应的有效利率为 12.75%:

$$i_e = e^i - 1 = e^{0.12} - 1 = 12.75\%$$

例 3-5 一债券的面值为 1 000 元,期限为 3 年,票面利息率为 10%。如果投资者要求的回报率为 12%,分别计算每年支付一次利息和每半年支付一次利息时债券的价值。

解 每年支付一次利息时,债券持有者每年可得到 100 元的利息收入,3 年后得到 1 000 元的本金,其价值为:

$$P = \frac{100}{1.12} + \frac{100}{1.12^2} + \frac{100}{1.12^3} + \frac{1\,000}{1.12^3}$$
$$= 89.28 + 79.72 + 71.18 + 711.78 = 951.96(元)$$

每半年支付一次利息时,每次支付 50 元利息,三年共支付 6 次利息。半年的收益率记作 y,因为投资者要求的回报率为 12%,所以:

$$(1+y)^2 = 1 + 12\%$$

解方程得:$y = 5.83\%$。

所以债券的价值为:

$$P = \frac{50}{(1+y)} + \frac{50}{(1+y)^2} + \frac{50}{(1+y)^3} + \frac{50}{(1+y)^4} + \frac{50}{(1+y)^5} + \frac{50}{(1+y)^6} + \frac{1\,000}{(1+y)^6}$$
$$= \sum_{t=1}^{6} \frac{50}{(1+y)^t} + \frac{1\,000}{(1+y)^6}$$
$$= 247.18 + 711.78 = 958.96(元)$$

每半年支付一次利息时债券的价值公式为:

$$P = \frac{I/2}{(1+y)} + \frac{I/2}{(1+y)^2} + \frac{I/2}{(1+y)^3} + \cdots + \frac{I/2}{(1+y)^{2n}} + \frac{B}{(1+y)^{2n}}$$
$$= \sum_{t=1}^{2n} \frac{I/2}{(1+y)^t} + \frac{B}{(1+y)^{2n}} \tag{3-3}$$

其中,y 表示投资者要求的半年报酬率,它与投资者要求的报酬率 r 之间的关系为:

$$(1+y)^2 = 1+r$$

注意,在这个例子中投资者要求的回报率与债券的票面利率不同,在分子中计算每半年支付一次的利息额时要用票面利率,而分母中的贴现率要采用投资者要求的半年回报率。

3.3.2 债券的到期收益率与久期

到期收益率

我们曾经指出,(3-1)式中的贴现率 r 是债券的到期收益率,即按照现值买入债券并持有至到期获得的收益率。事实上,我们通常知道的是债券的价值(价格)、票面利率和到期期限,并不知道其到期收益率是多少。

例 3-6 某债券的价格是 1 036.18 元,距到期日还有 4 年,票面利率是 6%,面值为 1 000 元,一年付息一次。它的到期收益率是多少呢?

根据(3-1)式,有:

$$1\,036.18 = \sum_{t=1}^{4} \frac{60}{(1+r)^t} + \frac{1\,000}{(1+r)^4} = 60 \times \text{PVIFA}_{r,4} + 1\,000 \times \text{PVIF}_{r,4}$$

这个等式里有一个未知数 r,就是我们要求的到期收益率。上述方程没有办法直接求解,只能用近似的方法求解。但是,我们可以借助专门的财务计算器,或者借助软件进行求解。事实上,到期收益率就是本书第 5.3 节介绍的内部收益率(internal rate of return,

IRR)。Excel 软件提供了内置函数"内部收益率",利用它我们可以非常方便地求得 $r = 4.98\%$。

久期

久期(duration)又称为债券的持续期,它的定义为:

$$久期(\text{Dur}) = \frac{\sum_{t=1}^{n} \dfrac{t \times \text{CF}_t}{(1+r)^t}}{\sum_{t=1}^{n} \dfrac{\text{CF}_t}{(1+r)^t}} = \frac{1}{P} \sum_{t=1}^{n} \frac{t \times \text{CF}_t}{(1+r)^t} \tag{3-4}$$

式中:分子是以债券各期现金流量的现值 $\dfrac{\text{CF}_t}{(1+r)^t}$ 与相应的期限 t 的乘积。分母是债券未来收益的现值,即债券的价格 P。

例 3-7 一张期限为 5 年、面值为 1 000 元、票面利率为 8%、每年付息一次的债券,在到期收益率为 10% 时的久期为 4.282 年,具体计算过程如下:

$$债券价格\ P = \frac{80}{1.10} + \frac{80}{1.10^2} + \frac{80}{1.10^3} + \frac{80}{1.10^4} + \frac{1\,080}{1.10^5}$$

$$= 72.7 + 66.1 + 60.1 + 54.6 + 670.6 = 924.1$$

$$久期的分子 = \frac{1 \times 80}{1.10} + \frac{2 \times 80}{1.10^2} + \frac{3 \times 80}{1.10^3} + \frac{4 \times 80}{1.10^4} + \frac{5 \times 1\,080}{1.10^5}$$

$$= 72.7 + 132.2 + 180.3 + 218.4 + 3\,353 = 3\,956.6$$

$$久期(\text{Dur}) = 3\,956.6/924.1 = 4.28(年)$$

久期的公式还可以写为:

$$久期(\text{Dur}) = \sum_{t=1}^{n} t \times \left[\frac{\dfrac{\text{CF}_t}{(1+r)^t}}{\sum_{t=1}^{n} \dfrac{\text{CF}_t}{(1+r)^t}} \right] = \sum_{t=1}^{n} t \times \left[\frac{\dfrac{\text{CF}_t}{(1+r)^t}}{P} \right] \tag{3-5}$$

(3-5)式表明,久期是债券各期现金流发生的时间(第 1 期、第 2 期……第 n 期)的加权平均值,每期现金流的权重是该期现金流量的现值与债券的现值(价格)之比。按照(3-5)式对久期的理解,例 3-2 中的债券的久期计算如表 3-2 所示。

表 3-2

(1) 期间	(2) 现金流量	(3) 按 10% 市场利率 折现时的现值	(4) 权重	(5) (1)×(4)
1	80	72.727	0.079	0.079
2	80	66.116	0.071	0.142
3	80	60.105	0.065	0.195
4	80	54.641	0.059	0.236
5	1 080	670.595	0.726	3.630
总计		924.184		4.282

债券现金流在时间上的分布越靠后,债券的久期就越长。零息债券的久期就是其距离到期日的时间,比如,一张期限 5 年,到期收益率也是 10% 的零息债券的久期是:$\text{Dur} = \dfrac{5 \times 1\,000/1.10^5}{1\,000/1.10^5} = 5$ 年。附息债券的久期总是小于其距离到期日的时间,因为有些利息在到期日之前就支付了。

根据我们对债券利率风险的分析,债券的期限和票面利率都影响其利率风险。久期综合了期限与票面利率这两个因素,科学地度量了债券各期现金流的平均到期时间。因此,具有同样久期的债券,尽管它们的到期期限和票面利率可能不同,但它们的价格对利率变化的反应却非常相似。事实上,久期是度量债券利率风险最重要的指标。具体来说,债券价格变动的百分比与债券的久期之间存在着以下关系:

$$\frac{\Delta P}{P} \approx -\text{Dur}\left(\frac{\Delta r}{1+r}\right) \tag{3-6}$$

式中:ΔP 为债券价格的改变量;P 为债券的初始价格;Δr 为债券到期收益率的改变量;r 为债券的到期收益率。

例 3-8 如果例 3-7 中的债券的到期收益率由 10% 下降到 9%,这一债券的价格将变化百分之多少?

解 债券的初始价格 P 为 924.2 元,初始到期收益率 r 为 10%,到期收益率的变化 Δr 为 −1%,债券的久期为 4.28 年。将上述数字代入(3-6)式,有:

$$\frac{\Delta P}{P} \approx -\text{Dur}\left(\frac{\Delta r}{1+r}\right) = -4.28 \times (-0.01/1.10) = 0.039 = 3.9\%$$

即债券的价格将上升 3.9%。

(3-6)式可以变化为:

$$\frac{\Delta P}{P} \approx -\left(\frac{\text{Dur}}{1+r}\right)\Delta r \tag{3-7}$$

(3-7)式中:$\text{Dur}_m = \left(\dfrac{\text{Dur}}{1+r}\right)$ 称为修正久期(modified duration),它反映的是债券的到期收益率变化 1% 时债券价格变化的百分比。

3.3.3 利率的期限结构

债券的期限不同,其利率通常也有所不同。一般而言,短期债券的利率小于长期债券的利率。比如,2005 年下半年发行的一年期贴现式国债的利率是 1.1429%,而平价发行的三年期国债的票面利率是 1.93%,平价发行的五年期国债的票面利率是 2.14%。[①] 在有些时候,长期债券的利率也会小于短期债券的利率。比如,由于石油危机的影响,1980 年和 1981 年美国长期债券的利率小于短期债券的利率。债券收益率与期限的关系

---

① 数据来源于中国债券网(http://www.chinabond.com.cn)。由于三年期和五年期的国债都是平价发行,所以其票面利率就是发行时的实际利率。

被称为利率的期限结构。

利率的期限结构可以分为三种类型:水平、向上倾斜和向下倾斜。水平期限结构表明长、短期债券的利率相同,向上倾斜的期限结构表明长期债券的利率高于短期债券的利率,向下倾斜的期限结构表明长期债券的利率小于短期债券的利率,图3-4(a)、图3-4(b)和图3-4(c)是这三种利率期限结构的示意图。图3-5展示了2013年我国银行间市场国债利率的期限结构。

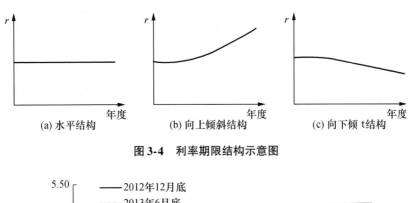

图3-4 利率期限结构示意图

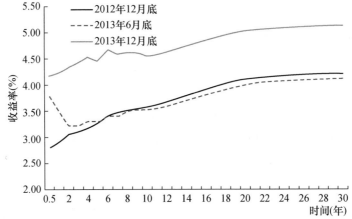

图3-5 2013年我国银行间市场国债利率期限结构变化情况
资料来源:中国人民银行公开信息。

关于利率期限结构的形成有多种理论解释,典型的有:无偏差预期理论、流动性偏好理论、市场分割理论等。限于篇幅和课程范围的原因,我们不在这里一一介绍,有兴趣的读者可以参阅专门的金融学和投资学教材。

利率的期限结构对企业债务融资和投资者进行债券投资都具有重要的作用。对筹资者来说,要根据对未来利率期限结构变化的预期,决定是借入短期债务还是长期债务。对投资者来说,则要根据对利率期限结构变化的预期决定是进行短期债券投资还是进行长期债券投资。

3.3.4 名义利率与实际利率

通货膨胀率是测定物价上涨的指标,当年通货膨胀率为5%时,意味着年末的105元钱才能购买到年初100元的商品。因此,在年通货膨胀率为5%的情况下,一个投资者年初投资100元,年末得到105元,这一收入的实际购买力只相当于年初的100元。为了正确地衡量投资者的实际投资回报,我们把货币数量增加所带来的回报称为名义利率(名义收益率),而把实际购买力增加,即扣除通货膨胀影响后的回报称为实际利率(实际收益率)。

如上所述,假设年通货膨胀率为5%,则年初100元的商品年末要105元才能买到。一张名义利率为8%、票面价值100元的一年期债券,年末的本息合计为108元,可以比年初的100元多购买2.86元(108/1.05 - 100)的商品。所以,这一债券的实际年利率是2.86%。通货膨胀率、实际利率和名义利率的关系可以用(3-8a)式表示:

$$r = \frac{1+R}{1+i} - 1 \tag{3-8a}$$

式中:R 为名义利率;r 为实际利率;i 为通货膨胀率。(3-8a)式也可写成下面的形式:

$$(1+R) = (1+i)(1+r) \tag{3-8b}$$

在通货膨胀率 i、名义利率 R 和实际利率 r 都不太大的时候,三者的关系可以近似地写为:

$$r \approx R - i \tag{3-8c}$$

在前面的案例中,$R=8\%$,$i=5\%$,利用(3-8a)式计算实际利率 r 为:

$$r = (1+0.08)/(1+0.05) - 1 = 2.86\%$$

用(3-8c)式快捷计算的实际利率 r 的近似值为3%,两者的差距为0.14%,数值并不大。

本章小结

本章讲述了债券、债券的收益率和利率等问题。主要内容有:(1)债券的基本概念与相关参数。(2)债券的价值由面值、票面利率、到期期限和市场利率(到期收益率)等因素决定。前三个因素决定了债券的现金流,是决定债券未来收益的最基本因素;最后一个因素由投资者的风险偏好等因素决定,决定债券的收益率。(3)债券的价格与利率呈反向变化,这就是债券的利率风险。在其他因素相同的情况下,票面利率高的债券利率风险较低,距到期期限短的债券利率风险低。(4)债券的到期收益率和久期:到期收益率是购入债券后将债券持有到期所得到的收益率,在计算债券价格时所用的贴现率就是到期收益率;久期是在债券现值的基础上衡量债券现金流的平均期限;久期越长,债券收回投资的平均期限越长。(5)债券的付息频率对债券价格的影响:债券的付息频率越高,债券的价格越高。(6)通货膨胀率与债券的名义利率和实际利率之间的关系:在各种利率均不太高的情况下,债券的名义利率近似等于通货膨胀率与实际利率之和。

思考题

1. 债券的价值由什么决定?为什么?
2. 债券的票面利率与到期收益率的区别是什么?
3. 为什么债券可以溢价和折价发行?
4. 什么是债券的利率风险?
5. 什么是债券的久期?它有什么意义和作用?
6. 什么是利率的期限结构?它反映了什么样的经济本质?

计算题

1. 当市场利率为12%时,面值为1 000元、票面利率为8%、每年年末付息一次、期限12年的债券的价格应是多少?

2. 某电子公司发行一期限为8年、面值1 000元、票面利息率9%、每半年付息一次的企业债券。如果你对此债券所要求的投资收益率为8%,你认为债券的发行价格应为多少?

3. 某投资者愿意以900元的价格买入一期限10年、面值1 000元、票面利率8%、每半年付息一次的企业债券,请问该投资者要求的投资收益率是多少?

4. A、B、C三个债券面值均为1 000元,期限均为5年,但还本付息方式不同,A债券为每年等额还本付息;B债券每年付息,期末一次性还本;C债券则在期末一次性还本付息。三个债券都保证按面值提供12%/年的收益率(复利),它们还本付息的现金流量如下表所示:

年度	A 债券	B 债券	C 债券
1	277.41	120.00	0
2	277.41	120.00	0
3	277.41	120.00	0
4	277.41	120.00	0
5	277.41	1 120.00	1 762.34

求:(1) 当市场利率为12%时,三个债券的久期;
(2) 当市场利率为20%时,三个债券的久期。

5. 某公司同时发行两种债券,两种债券面值都是1 000元,每年付息一次,每次付息100元。债券A还有10年到期,而债券B还有1年到期。如果市场利率是6%、7%、8%,两只债券的价格分别是多少?为什么市场利率变化时长期债券比短期债券价格变化更大?

6. 某公司的发行面值为1 000元的4年期债券,债券每年付息一次,票面利率为9%。当债券的价格分别为830元和1 100元时,债券的到期收益率是多少? 如果市场上同类债券的收益率是12%,你是否愿意为这只债券支付830元?

7. 某公司为了长期筹资发行10年期面值为1 000元的债券,票面利率定为10%,每半年付息一次。

(1) 若两年之后市场利率下降到8%,公司债券的价值应当是多少?

(2) 若两年之后市场利率上升到12%,公司债券的价值又应当是多少?

(3) 如果市场利率在两年之后下降到8%,此后一直保持8%不变,那么从第二年到债券到期,债券的价格将怎样变化?

8. 某公司1994年1月发行票面利率为5%、按年计息的30年期债券。到2007年1月,市场利率上升,债券的价格从1 000元下降到650元。

(1) 若债券最初按照1 000元面值出售,债券发行时的到期收益率是多少?

(2) 2007年1月债券的到期收益率是多少?

(3) 2007年1月时债券是折价出售的,随着债券逐步接近到期日,债券的价格会如何变化? 投资者是否会逐步获得资本利得?

9. 某债券投资者购买了年息10%的10年期债券、5年期零息债券、10年期零息债券和年息10%的无限期债券各1份,债券面值均为1 000元。购买债券时的市场利率是8%。如果第二天市场利率上升到9%,每只债券的价格变化幅度有多大?

10. 某投资者购买了期限为3年的两种债券,面值均为1 000元,到期收益率均为9%。债券A每年付息一次,票面利率为10%;债券B为零息债券,到期支付1 000元。如果市场利率保持9%不变,分别求债券A、B在第0、1、2、3年末的价格。

第4章 股票估值

4.1 普通股与优先股的基本概念

4.1.1 普通股股东的权利与义务

普通股是公司权益资本的基础。所谓"普通",是指其在利润分配和破产清算时没有任何优先权,与之对应的是具有一定优先权的优先股。在本书中,如果没有特别声明,我们用"股票"表示"普通股"。股东的权利和义务主要由《中华人民共和国公司法》(以下简称为《公司法》)界定,公司章程可以在《公司法》的框架下做进一步细化的规定。① 普通股股东主要享有如下权利:

1. 剩余收益请求权和剩余财产清偿权

作为公司的投资者,普通股股东有权按照其出资比例从公司获得投资收益。但是,他们的收益请求只有在所有其他生产要素提供者(包括企业的供应商、债权人、工人、经营者等)的收益请求及国家的税收要求得到满足之后才能实现,换言之,他们的投资收益是企业经营收入这块大蛋糕被所有其他相关人员分割完毕后的剩余部分,故称为剩余收益请求权。

在企业因故解散清算时,普通股股东有权按照其出资比例分得企业的剩余财产。同样,这种清偿权也是要在所有其他相关人员的清偿要求得到满足之后才能实现,故称为剩余财产清偿权。

2. 投票权

由于普通股股东享有的是剩余收益请求权,其投资收益的高低完全取决于企业经营业绩的好坏,是企业经营风险的主要承担者,因此,他们必然要拥有对企业重大经济行为的监督权与决策权。这种监督权与决策权主要表现在投票权上:第一是通过投票选举出公司董事组成董事会。董事会代表股东利益,负责公司的一些决策,并负责选聘公司的管理人员。第二是就公司的重大事件进行投票。需要股东投票表决的事件包括重大投资项目,重大融资活动,利润分配,公司的合并、分立、解散,公司章程的制定与修改,公司财

---

① 在本书中,除非特别声明,《公司法》是指经过第二次修订、自2006年1月1日起施行的版本。

务报告等。同时,股东还有查阅股东大会会议记录和公司的财务会计报告等权利。由此可知,股份公司的最终决策者是公司的股东,而不是公司的经营者(即管理人员)。

一般来讲,股份公司的投票权是一股一票,而不是一人一票。在选举公司董事/监事时,普通股的投票权有累计投票(cumulative voting)和非累计投票(non-cumulative voting)之分。采用累计投票选举公司董事/监事时,每个股东的选票数量是被选举人数乘以他持有的股票数量。比如,某股东持有 A 公司 100 股股票,公司准备选举 9 名董事,则他(她)拥有 900 票(=9×100),可以把持有的选票集中投在少数甚至一个候选人身上。累计投票制有助于维护小股东的利益,使他们也有可能选出代表自己的董事/监事。让我们用一个例子加以说明。假设 A 公司的股票总数为 200 股,甲股东拥有 40 股股票,占 20%,另外的大股东拥有 160 股,占 80%。现在公司要选举 5 名董事,并且得票最多的前 5 名候选人当选。甲股东总共拥有 40×5=200 票,另外的股东拥有 160×5=800 票。如果甲股东把全部选票都投给自己推举的候选人,这个候选人因此得到 200 票,将肯定当选,因为大股东无法将拥有的全部 800 票投给另外 5 个候选人,并保证他们每人得票都超过 200 票。

《公司法》第 106 条规定,股东大会选举董事/监事,可以依照公司章程的规定或者股东大会的决议,实行累积投票制。

3. 优先认股权

公司增发新股时,普通股股东有权按照其持股比例优先认购同样比例的新股。比如,某股东持有公司全部股份的万分之一,若公司决定发行 100 万股新股,则该股东有权优先认购 100 股。普通股股东可以按照自己的意愿放弃或转让这一权利。赋予普通股股东优先认股权,主要是为了保障他们在公司扩股时有机会保持自己的持股比例。

4. 股票转让权

股份公司的股东有权按照自己的意愿随时转让手中的公司股票。上市公司的股东可以在证券交易所市场转让手中的股票,非上市公司的股东只能在场外交易市场转让手中的股票。

公司的普通股股东不但拥有以上权利,还必须履行以下义务:遵守公司章程;缴纳所认缴的资本;以所缴纳的资本额为限承担公司的亏损责任;公司核准登记后,不得擅自抽回投资。

由上述权利义务关系可知,普通股股东持有的股份表示他对公司净资产的所有权;对股份公司来说,普通股股东对企业的投资构成了企业的权益资本。作为企业的所有者,普通股股东的收益只与企业的经营业绩相关联,不受任何其他投资者投入资本的保护。相反,他们的投资作为企业的权益资本,是企业承担亏损、清偿债务的保证。如果企业经营不佳,无力偿还全部债务,就必须用普通股股东投入的权益资本来偿还,以保护债权人的应得收益。因此,企业亏损,名义上是企业法人财产的损失,实际上是股东投资的减少,是股东个人(这里的个人包含作为企业所有者的法人)财产的损失。

4.1.2 普通股的几种价值

普通股的价值可分为以下几类:

(1) 票面价值。普通股的票面价值是股票票面标明的金额,其大小通常由公司章程规定。票面价值的主要作用是确定每股股票占公司股本总额的比例。我国有关法规规定股票必须有面值,部分国家允许公司发行无面值股票。

20世纪90年代初,我国股票市场刚刚建立,上市公司的股票面值不统一,存在100元面值、10元面值等多种类型。这些股票后来都经过分拆,统一为1元面值。至2008年3月,沪深两市交易的股票全部为1元面值。随着紫金矿业回归A股市场,非1元面值股票重新出现。2008年4月,在香港上市的紫金矿业登陆上海证券交易所,其股票面值为0.1元。

(2) 账面价值。普通股股票的账面价值是指公司资产负债表上每股股票对应的公司净资产,即普通股的账面股东权益与普通股股份数量之比。

(3) 清算价值。清算价值是指公司清算时每股股票所代表的实际价值,仅用于公司清算等特殊情况。公司清算时所发生的各种费用都要由公司所有者承担,并从企业的净资产中扣除,这会降低股票的清算价值。对于财务状况健康的公司来说,股票的市场价值通常高于其清算价值。但是,对于出现财务危机的公司而言,股票的市场价值可能低于其清算价值。

(4) 市场价值。股票的市场价值即它的市场价格,是在股票交易过程中形成的、为市场上大多数人所接受的价格。所谓股票估值,是指估算股票的市场价值。

票面价值、账面价值和市场价值所反映的内容不同,因此其价值水平也不同。票面价值的主要作用是确定每股股票在公司股本总额中的比例,一般一经确定就不再更改。即使在股票初始发行时票面价值与账面价值、市场价值较为接近,随着企业经营活动的开展和资产的不断增加,每股股票对应的净资产(账面价值)和市场价值将不断增加,不变的票面价值与不断增值的账面价值、市场价值之间将出现差距,而且差距将越拉越大,可以形成几倍乃至几十倍的差异。当然,如果公司发生亏损,普通股的账面价值和市场价值将不断减少。就市场价值与账面价值来说,股票的市场价值是由公司运用其资产创造收益的能力决定的,而账面价值反映的是每股股票对应的公司净资产,并不反映公司运用这些资产的能力。因此,同样的净资产(账面价值)在不同经营者手中可以产生截然不同的效果,从而产生不同的市场价值,造成股票的市场价值与账面价值的较大差异。比如,根据江苏春兰制冷设备股份有限公司1998年年度报告,该公司1998年12月31日公司普通股的票面价值为每股1元,账面价值(每股净资产)为每股6.06元,而公司流通股1998年12月31日的市场价格为每股27.00元。

4.1.3 普通股的类别

根据《公司法》规定,中国的股份公司只能发行一种普通股,所有普通股股东享有同样的权利与义务。因此,中国公司的普通股没有类别之分。但是,在英、美等国家,法律规定公司可以发行两种以上不同类型的普通股。比如,美国的遗传概念公司(Genetic Concept)在1985年上市时就发行了A、B两种普通股。其中,A种普通股面向广大投资公众发行,支付股利,但持有者五年内没有投票权。B种普通股由公司创办人持有,他们五年内享有100%投票权,但在公司具有一定的获利能力和留存收益累积到一定水平之前,不享受股利。这样,公司创办人在公司上市后的五年内拥有对公司的完全控制权,因此,A、B股的安排有助于他们实现自己对公司发展的规划,而为此付出的代价是放弃了短期股利收益。①

在我国,目前有以下几种普通股分类方法:

(1) 根据投资主体不同,分为国家股、法人股、个人股和外资股。其中国家股为有权代表国家投资的政府部门或机构以国家资产投入公司形成的股份;法人股为企业法人以其依法可支配的资产投入股份公司形成的股份,或具有法人资格的事业单位和社会团体以国家允许用于经营的资产向公司投资形成的股份;个人股为社会个人或公司内部职工以个人合法财产投入公司形成的股份;外资股为外国和港、澳、台地区投资者以购买人民币特种股票向公司投资形成的股份。严格来讲,按照投资主体分类并不体现股票的类别差异,而是体现股权持有者的差异。但在2005年4月底之前,不同类型普通股在流通权方面存在很大差异。具体来说,只有个人股股东和外资股股东手中的股票可以在交易所上市转让,国家股和法人股不能在交易所上市转让。该制度安排被称为股权分置。毋庸讳言,股权分置在一定程度上是造成我国股票市场上诸多公司治理问题的重要原因之一。为了解决国家股和法人股的流通问题,2005年5月我国启动了上市公司股权分置改革。截至2009年年底,绝大多数上市公司完成了股权分置改革,从而为我国股票市场的规范化运作铲除了一个重要制度障碍。

(2) 根据股票购买和交易的币种不同,分为A股和B股。A股为人民币普通股票,由国内投资者与合格的境外机构投资者(QFII)②用人民币购买和交易。没有获得QFII资格的境外投资者不得购买和交易A股。B股为人民币特种股票,以人民币标明股票面值,由国内外投资者用外币购买和交易。

(3) 根据股票上市地点的不同,分为H股、N股、S股和L股等。目前,我国已有数以百计的股份公司在香港、纽约、新加坡等证券交易所上市,这些公司在海外上市发行的股票分别以其上市地点的货币标明其面值并进行交易,依照其上市地点的外文缩写被称为H股(香港上市)、N股(纽约上市)、S股(新加坡上市)和L股(伦敦上市)等。

(4) 根据记名与否,分为记名股票与无记名股票。记名股票要在股票和公司股东名

---

① 转引自杨济华、周首华编著:《现代西方财务管理》,北京出版社1992年版。

② QFII is Qualified foreign institutional investor(合格的境外机构投资者)的首字缩写。在人民币没有实现完全可自由兑换、中国资本项目尚未开放的情况下,QFII是有限度地引进外资、开放资本市场的一项过渡性制度。2003年5月,瑞士银行有限公司与野村证券株式会社成为中国首批QFII。截至2012年6月8日,证监会批准了172家境外机构的QFII资格,外汇局批准了145家QFII的投资额度,累计批准投资额度272.62亿美元。

册上记载股票持有人的姓名和住所。记名股票一律用股东本名,由机构或法人持有时,记载机构或法人名称。记名股票在转让时要由持有人背书,并在公司股东名册上更改股东名称,否则受让人无法行使股东权利。无记名股票不记载股东姓名,可以任意转让,只要持有股票,即取得股东身份并可行使股东权利。

我国《公司法》规定:公司向发起人、国家授权的投资机构、法人发行的股票,应为记名股票;向社会公众发行的股票,可以为记名股票,也可以为无记名股票。

(5) 根据有无面值,还可分为有面值股票与无面值股票。

4.1.4 优先股

优先股和普通股一样是公司的权益资本,其索偿权高于普通股,但低于所有债务。优先股相对于普通股的优先权是指清算时对收入的优先索偿权和对收益的优先请求权。但是,这种优先权使得优先股股东一般没有普通股股东的投票权。

优先股的股利通常是固定的,而且先于普通股股利发放,即股份公司在没有满足优先股股利发放的情况下,不能发放普通股股利。优先股股利是用公司的税后利润发放的,不能像债务利息那样享有公司所得税收抵免的优惠。

比较优先股与债务和普通股的特点不难看出,优先股兼具两者的特征。从优先索偿权、固定股利和没有投票权的角度看,优先股具有债务的特征。而且,由于对优先股的股利支付是固定的,普通股股东可以得到财务杠杆带来的收益(或损失)。同时,优先股具有普通股股票的特征:第一,如果公司盈利状况不佳,无力支付优先股股利,优先股股东无权要求公司必须支付,公司不会因未按时支付优先股股利面临破产的威胁。第二,与普通股股利一样,优先股股利是从公司的税后利润中支付的。

优先股一般拥有事先设定的面值(清偿价值),在美国通常为每股100美元。优先股股利采用每股金额表示。比如,一股8美元,意味着其股利收益率为面值的8%。

案例 4-1

联想集团收购 IBM PC 业务发行的证券,2004 年

北京时间2004年12月8日凌晨,联想集团收购IBM全球PC业务的交易正式签约。收购总价为12.5亿美元,支付方式为6.5亿美元现金加6亿美元股票。作为收购对价的股票部分,联想集团向IBM发行的股份包括821 234 569股(占比8.9%)普通股和921 636 459股(占比10%)无投票权股份,发行价为每股2.675港元(2004年12月3日联想集团股票的收盘价格)。交易完成后,IBM将持有联想集团18.9%的股权。

无投票权股份除了不享有投票权和不能上市交易之外,享有普通股的其他所有权利。无投票权股份可以随时按照1:1的比例转换成拥有投票权的普通股,除非转换导致

其持有人成为联想集团的主要股东(指有权在公司股东大会上行使或控制行使10%或以上投票权的人士),或者导致联想集团公众股东的持股比例合计低于25%。

联想集团把向IBM发行的股份区分为基本代价股份和超额代价股份,数量分别为1 307 153 271股和435 717 757股。自收购首次交割之日起,IBM在6个月内不得出售超额代价股份,1年内不得出售基本代价股份,1年后可以出售1/3的基本代价股份,2年后可以出售2/3的基本代价股份,3年后方可出售全部基本代价股份。

由于自身的财务实力有限,联想集团向私募基金筹集资金用于收购。2005年3月30日,联想集团与三家私人股权投资公司德克萨斯太平洋集团(Texas Pacific Group,TPG)、泛大西洋投资公司(General Atlantic Partners LLC,GA)及新桥投资集团(Newbridge Capital LLC,NC)签订投资协议,向三家公司共发行2 730 000股非上市A类累积可换股优先股("优先股"),每股发行价为1 000港元,以及237 417 474份联想集团股份的非上市认股权证①。交易总额为3.5亿美元,其中TPG投资2亿美元,GA投资1亿美元,NC投资5千万美元。

优先股的年息为4.5%,分季度支付。优先股持有人可以随时选择把优先股转换成普通股。在发行满7年之后,联想集团可以随时按面值赎回优先股,优先股持有人可以随时按面值回售优先股。优先股共可转换成1 001 834 862股联想普通股,转换价格为每股2.725港元,较截至2005年3月24日(包括该日)连续30个交易日联想普通股平均收市价2.335港元溢价约16.7%。

优先股持有人享有投票权,视同它们持有的优先股已经转换为普通股。在优先股发行后的3年内,联想集团的董事会不超过12人,其中包括4位独立非执行董事和至少两位联想集团高管。TPG与NC总共可指派2位董事,GA可指派1位董事。如果联想集团的某一重大决策将显著降低优先股的价值,优先股持有人委派的董事在董事会中拥有否决权。

联想集团拟将此次募集资金3.5亿美元中的1.5亿美元用于作为收购IBM PC业务的资金,剩余资金用作公司一般用途。联想集团用大约1.5亿美元回购了IBM持有的435 717 757股无投票权股票。

资料来源:联想集团信息披露材料(http://www.lenovo.com.cn)。

4.2 普通股估值

与债券以及其他资产一样,普通股的价值是由其未来现金流量的现值决定的。因此,股票估值就是估计其未来现金流量和相应的贴现率。

---

① 认股权证的有效期为5年。每份认股权证可按每股2.725港元的价格认购1股联想普通股。认股权证作为优先股的附属证券发行,因此没有发行价。

4.2.1 普通股的现金流量与折现率

在债券定价中我们指出,债券的未来现金流就是其各期的利息收入与到期时的本金。普通股的未来现金流就是投资者在持有期内得到的、公司派发的现金股利和将股票转卖时得到的销售收入。比如,投资者买入某公司股票并持有1年,1年后将股票卖掉。投资者预计在此期间公司将派发每股0.5元的现金股利,并且1年后能以每股10元的价格将股票卖出,这就是该投资者预计投资该股票可得到的现金流量。

那么,投资者应该出多少钱购买这只股票呢？这还需要知道投资者要求的收益率,即期望收益率或者贴现率。假设贴现率是10%,那么这只股票的现值为:

$$\text{股票现值} = (0.5 + 10)/1.10 = 9.55(元)$$

因此,投资者最多愿意出资9.55元购买这只股票。

一般来讲,如果预期投资者年末得到的股利现金流为每股 DIV_1,股票的售价为 P_1,投资者对该股票所要求的期望收益率为 r,那么股票当前的价值为:

$$P_0 = (DIV_1 + P_1)/(1 + r)$$

在进行贴现时,我们要用到期望收益率 r。关于 r,我们会有贴现率、资本成本、股东所要求的期望收益率、股票的市场资本化率等不同的术语,但所有这些术语的意义、内涵是相同的。对股东来说,他投资于股票所要求的投资收益率就是他判断该股票价值时的贴现率。而对股票的发行者来说,这就是他利用普通股筹资所必须付出的成本,即股权资本成本。

4.2.2 普通股估值的股利贴现模型

如前所述,普通股的价值是其未来年度内的现金收入的现值。股票持有者的现金收入来自两个方面:一是在持有股票期间定期得到的现金股利,二是在出售股票时得到的变现收入。若以 DIV_1、DIV_2、…DIV_n 表示各期现金股利收入,以 P_n 表示第 n 期末出售股票得到的变现收入,即当时的股票价格,则股票当前的价格 P_0 可表示为:

$$P_0 = \frac{DIV_1}{(1+r)} + \frac{DIV_2}{(1+r)^2} + \cdots + \frac{DIV_n}{(1+r)^n} + \frac{P_n}{(1+r)^n}$$

$$= \sum_{t=1}^{n} \frac{DIV_t}{(1+r)^t} + \frac{P_n}{(1+r)^n} \tag{4-1}$$

例4-1 某股票预期未来三年每年每股可得到现金股利3元,三年后该股票的预期售价为每股20元,若要求的收益率为18%,求该股票目前的价值。

解 根据(4-1)式,该股票的价值为:

$$P_0 = \frac{DIV_1}{(1+r)} + \frac{DIV_2}{(1+r)^2} + \frac{DIV_3}{(1+r)^3} + \frac{P_3}{(1+r)^3}$$

$$= \frac{3}{1.18} + \frac{3}{1.18^2} + \frac{3}{1.18^3} + \frac{20}{1.18^3}$$

$$= 3 \times 2.174 + 20 \times 0.609$$
$$= 18.7(元)$$

然而，实际上当第一个投资者将股票出售后，买入这只股票的新投资者所能得到的未来现金流量是他持有股票期间所得到的公司派发的现金股利和再次出售时得到的变现收入。而对第三个投资者来说，他所能够得到的未来现金收入仍然是持有股票期间公司派发的现金股利和未来出售时的变现收入。如果将一个个投资者串联起来，我们不难发现，股票出售时的变现收入是投资者之间的现金收付，并不是发行股票的公司给股东提供的回报，这些现金收付是相互抵消的。普通股股票真正能够向投资者提供的未来现金收入，就是发行公司向股东派发的现金股利。① 考虑到这一点，普通股股票的价值为：

$$P_0 = \frac{DIV_1}{(1+r)} + \frac{DIV_2}{(1+r)^2} + \frac{DIV_3}{(1+r)^3} + \cdots$$
$$= \sum_{t=1}^{\infty} \frac{DIV_t}{(1+r)^t} \tag{4-2}$$

(4-1)式和(4-2)式就是确定普通股价值的股利贴现模型。

根据(4-2)式，随着时间趋于无穷，我们必须预测出无穷多个现金股利才能估计股票的价值。由于人们不可能逐期预测无穷多期现金流，因此，要应用模型(4-2)式估计股票价值，就需要对未来现金股利的模式做出一些假设。

4.2.3 普通股估值模型

现金股利恒定不变条件下的股票估值模型

如果股票发行公司保持现金股利发放额为一常数 DIV，股票的股利现金流就相当于每年现金流量为 DIV 的永续年金，股票的估值模型(4-2)式将变为：

$$P_0 = \frac{DIV}{(1+r)} + \frac{DIV}{(1+r)^2} + \frac{DIV}{(1+r)^3} + \cdots$$
$$= \sum_{t=1}^{\infty} \frac{DIV}{(1+r)^t}$$
$$= DIV/r \tag{4-3}$$

---

① 假设第一个投资者持有普通股股票 3 年，然后以 P_3 的价格将股票售出，他得到的现金收入为 DIV_1、DIV_2、DIV_3 和 P_3，$P_0 = \frac{DIV_1}{(1+r)^1} + \frac{DIV_2}{(1+r)^2} + \frac{DIV_3}{(1+r)^3} + \frac{P_3}{(1+r)^3}$。第二个投资者以 P_3 的价格买入股票后持有 2 年，他得到的现金流量是 DIV_4、DIV_5 和 P_5，$P_3 = \frac{DIV_4}{(1+r)^1} + \frac{DIV_5}{(1+r)^2} + \frac{P_5}{(1+r)^2}$。第三个投资者以 P_5 的价格买入股票后持有 3 年，他得到的现金流量是 DIV_6、DIV_7、DIV_8 和 P_8，$P_5 = \frac{DIV_6}{(1+r)^1} + \frac{DIV_7}{(1+r)^2} + \frac{DIV_8}{(1+r)^3} + \frac{P_8}{(1+r)^3}$。将 P_3 和 P_5 的表达式代入 P_0，有：$P_0 = \frac{DIV_1}{(1+r)^1} + \frac{DIV_2}{(1+r)^2} + \frac{DIV_3}{(1+r)^3} + \frac{DIV_4}{(1+r)^4} + \cdots + \frac{DIV_8}{(1+r)^8} + \frac{P_8}{(1+r)^8}$。

不难看出，所有的中间价格均消失了。因此，只要一直推导到无穷，股票的所有中间价格均与其产生的现金流量无关。

例 4-2 某股票每年发放常数现金股利每股 3 元,贴现率为 15%,求该股票的价格。

解 利用(4-3)式,该股票的价格为:

$$P = 3/0.15 = 20(元)$$

现金股利常增长条件下的股票估值模型

若发行公司保持股票的现金股利在基期股利 DIV_0 的基础上每年以固定的比率 g 增长,则 1 期的现金股利为:

$$\text{DIV}_1 = \text{DIV}_0(1+g)$$

2 期的现金股利为:

$$\text{DIV}_2 = \text{DIV}_1(1+g) = \text{DIV}_0(1+g)(1+g) = \text{DIV}_0(1+g)^2$$

不断重复这一过程,t 期的现金股利为:

$$\text{DIV}_t = \text{DIV}_0(1+g)^t$$

此时,股票的股利现金流是永续增长年金,根据(2-12)式股票的估值模型,(4-2)式将变为:

$$P_0 = \frac{\text{DIV}_0(1+g)}{(1+r)} + \frac{\text{DIV}_0(1+g)^2}{(1+r)^2} + \frac{\text{DIV}_0(1+g)^3}{(1+r)^3} + \frac{\text{DIV}_0(1+g)^4}{(1+r)^4} + \cdots$$

$$= \sum_{t=1}^{\infty} \frac{\text{DIV}_0(1+g)^t}{(1+r)^t} = \frac{\text{DIV}_0(1+g)}{r-g}$$

$$= \frac{\text{DIV}_1}{r-g} \qquad (4-4)$$

例 4-3 某公司刚刚派发了每股 3 元的现金股利(DIV_0),预计该公司股票的现金股利将以每年 5% 的比率永久增长,若贴现率为 15%,求该股票的价格。

解 利用(4-4)式,有:

$$P_0 = 3 \times (1+0.05)/(0.15-0.05) = 31.5(元)$$

(4-4)式的股利增长模型可以用于估计任何一个时点的股价,只要从这个时点起现金股利开始按照一个确定的增长率 g 增长。在时点 t 的股票价格为:

$$P_t = \frac{\text{DIV}_t(1+g)}{r-g} = \frac{\text{DIV}_{t+1}}{r-g} \qquad (4-5)$$

例 4-4 求例 4-3 中的股票在第 5 年的价格。

解 要知道第 5 年的股票价格 P_5,需要知道第 5 年的现金股利。由于刚刚派发的现金股利为每股 3 元,增长率为每年 5%,所以第 5 年的现金股利 DIV_5 为:

$$\text{DIV}_5 = \text{DIV}_0(1+g)^5 = 3 \times (1+0.05)^5 = 3 \times 1.2763 = 3.829(元)$$

$$P_5 = \frac{\text{DIV}_5(1+g)}{r-g} = \frac{3.829 \times (1+0.05)}{0.15-0.05} = \frac{4.02}{0.10} = 40.2(元)$$

由于(4-5)式适合于满足条件的任一时点的股票估值,将式中的下标 t 换成 $t-1$,我们有:

$$P_{t-1} = \frac{\text{DIV}_{t-1}(1+g)}{r-g} = \frac{\text{DIV}_t}{r-g}$$

因此:

$$\text{DIV}_t = P_{t-1}(r-g)$$

代入(4-5)式,有:

$$P_t = \frac{P_{t-1}(r-g)(1+g)}{r-g} = P_{t-1}(1+g)$$

一直递推下去,有:

$$P_t = P_0(1+g)^t \tag{4-6}$$

股利增长模型告诉我们,如果现金股利按照固定的比率 g 不断增长,那么股票价格也按照同样的速率比例增长。

我们用(4-6)式和例4-3关于 $P_0 = 31.5$ 元的计算结果,可以直接得到例4-4的答案:

$$P_5 = P_0(1+g)^5 = 31.5 \times (1+0.05)^5 = 31.5 \times 1.2763 = 40.2 \text{(元)}$$

细心的读者可能会发现,如果(4-4)式中现金股利的增长率 g 大于或等于贴现率 r,那么股价将变为无穷大。这是因为,如果现金股利增长率大于或等于贴现率,股利的现值就会越来越大,股票价值将是无穷大。这是一个荒谬的结果。在现实中,这种情况不可能出现,即现金股利不可能永远以大于或等于贴现率的高速度增长下去。当然,在一定期限内,现金股利有可能以较高的速度增长。只要这种高增长不持续至永远,股票价格就不会趋于无穷大。

非固定增长率(多阶段增长)条件下的股票估值模型

在这种情况下,我们允许现金股利在短期内以超常的速度增长,其增长率大于贴现率。过了高速增长期之后,现金股利要么趋于稳定,要么以一个正常的、低于贴现率的速度增长。

例4-5 A 公司预计未来 3 年不派发现金股利,第 4 年派发每股 0.5 元的现金股利,此后每年按照 5% 的速率增长,投资者对该股票要求的收益率为 15%,求 A 公司股票的价格。

解 A 公司的现金股利如图 4-1 所示。

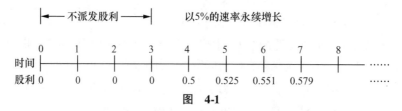

图 4-1

A 公司从第 4 年开始派发现金股利,第 3 年时公司股票的价格可以用(4-5)式计算:

$$P_3 = \text{DIV}_4/(r-g) = 0.5/(0.15-0.05) = 5(\text{元})$$

当前的股票价格 P_0 为:

$$P_0 = P_3/(1+r)^3 = 5/(1+0.15)^3 = 3.29(元)$$

A 公司股票当前的价格为 3.29 元。

例 4-6 B 公司预计未来 3 年中,第 1 年派发每股 1 元现金股利,第 2 年派发每股 2 元现金股利,第 3 年派发每股 2.5 元现金股利,此后每股现金股利按照每年 5% 的速度增长,投资者对该股票要求的收益率为 15%,求 B 公司股票的价格。

解 B 公司的现金股利如图 4-2 所示。

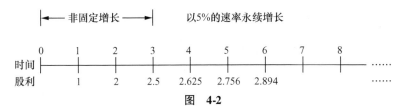

图 4-2

B 公司的现金股利从第 4 年开始等速增长,同样运用(4-5)式计算出第 3 年的股票价格 P_3:

$$P_3 = \text{DIV}_4/(r-g) = 2.625/(0.15-0.05) = 26.25(元)$$

当前的股票价格 P_0 为:

$$\begin{aligned}
P_0 &= \frac{\text{DIV}_1}{(1+r)} + \frac{\text{DIV}_2}{(1+r)^2} + \frac{\text{DIV}_3}{(1+r)^3} + \frac{P_3}{(1+r)^3} \\
&= \frac{1.00}{(1+0.15)} + \frac{2.00}{(1+0.15)^2} + \frac{2.50}{(1+0.15)^3} + \frac{26.25}{(1+0.15)^3} \\
&= 0.870 + 1.512 + 1.644 + 17.26 \\
&= 21.29(元)
\end{aligned}$$

例 4-7 C 公司预期 1 年后派发每股 0.5 元的现金股利,预计此后 5 年公司的现金股利将以每年 25%(g_1)的速率增长,其后现金股利的增长率回落到 5%(g_2),并一直持续下去。如果投资者要求的回报率为 15%,计算 C 公司股票现在的价格。

解 C 公司的现金股利如图 4-3 所示。

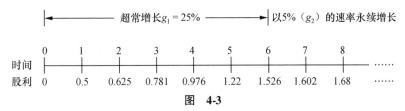

图 4-3

C 公司的现金股利从第 7 年开始等速增长,运用(4-5)式计算出第 6 年年底的股票价格 P_6:

$$P_6 = \text{DIV}_7/(r-g_2) = 1.602/(0.15-0.05) = 16.02(元)$$

当前的股票价格 P_0 为:

$$\text{股票价格} = \sum_{t=1}^{6} \frac{\text{DIV}_0(1+g_1)^t}{(1+r)^t} + \frac{P_6}{(1+r)^6}$$

$$= \sum_{t=1}^{6} \frac{0.5 \times (1+0.25)^t}{(1+0.15)^t} + \frac{16.02}{(1+0.15)^6}$$

$$= 0.435 + 0.473 + 0.514 + 0.558 + 0.607 + 0.660 + 6.927$$

$$= 10.17(\text{元})$$

C公司当前的股票价格为每股10.17元。

4.3 对股利估值模型的再讨论

4.3.1 现金股利增长率 g

如何估计现金股利增长率 g 是利用股利增长模型(4-4)式进行股票估值时面临的一个主要问题，下面我们介绍一种简化的估计方法。

假设企业收益的增长完全来自于其新增的净投资，而新增的净投资来源于股东的留存收益，而且企业保持每年利润中用于现金股利分配的比率不变，那么，下一年的股东收益与本年的股东收益之间有如下关系：

下一年股东收益 = 本年股东收益 + 本年留存收益 × 留存收益的投资收益率

(4-7)

或： $\text{EPS}_1 = \text{EPS}_0 + \text{EPS}_0 \times$ 再投资比率 × 留存收益投资收益率 (4-8)

式中 EPS 为每股收益，再投资比率为当年投资的留存收益除以当年净利润。

(4-8)式两端同除 EPS_0，有：

$$\frac{\text{EPS}_1}{\text{EPS}_0} = \frac{\text{EPS}_0}{\text{EPS}_0} + \frac{\text{EPS}_0}{\text{EPS}_0} \times \text{再投资比率} \times \text{留存收益投资收益率}$$

$$= 1 + \text{再投资比率} \times \text{留存收益投资收益率} \quad (4\text{-}9)$$

因为 $\text{DIV}_1 = \text{DIV}_0(1+g)$，所以：

$$\frac{\text{DIV}_1}{\text{DIV}_0} = 1 + g$$

设 DIV = EPS × 现金股利分配率，且现金股利分配率保持不变，有：

$$\frac{\text{DIV}_1}{\text{DIV}_0} = \frac{\text{EPS}_1 \times \text{现金股利分配率}}{\text{EPS}_0 \times \text{现金股利分配率}} = \frac{\text{EPS}_1}{\text{EPS}_0} = 1 + g$$

将 $\frac{\text{EPS}_1}{\text{EPS}_0} = 1 + g$ 代入(4-9)式左侧，(4-9)式变为：

$$1 + g = 1 + \text{再投资比率} \times \text{留存收益投资收益率}$$

$$g = \text{再投资比率} \times \text{留存收益投资收益率} \quad (4\text{-}10)$$

如果用账面净资产收益率 ROE 作为留存收益投资收益率，则有：

$$g = 再投资比率 \times ROE \tag{4-11}$$

例 4-8 设某公司股票的每股收益为 10 元,其中 6 元留在公司内进行再投资,另外 4 元用于发放现金股利,则该公司的再投资比率为 60%,现金股利分配率为 40%。若公司股票的净资产收益率(每股收益/每股账面价值)为 18%,求该公司股票的现金股利增长率 g。

解 已知重新投资比率 = 60%,ROE = 18%,运用(4-11)式,有:

$$g = 60\% \times 18\% = 10.8\%$$

该公司股票的现金股利增长率 g 为 10.8%。

对某些高速增长的企业来说,不能用上述方法直接估算其股票价值。比如,一个近期内重新投资比率为 80%、净资产收益率达 50% 的企业的现金股利增长率为:

$$g = 80\% \times 50\% = 40\%$$

一般来讲,企业只能在短时间内保持这种较高的收益增长率,一段时间之后,企业的投资机会将逐渐减少,收益增长率将下降到一个适当的水平。因此,认为该公司的现金股利将始终以这一速率增长,显然是不现实的。投资者在估算收益高速增长的公司的股票价值时,必须注意到这一点。

例 4-9 预计某公司 1 年后的每股收益为 5 元,并按照 20% 的分配比率派发每股 1 元的现金股利,公司的再投资比率为 80%。公司的净资产收益率 ROE 为 50%。从第 5 年起,公司的净资产收益率 ROE 降为 20%,再投资比率也改为 40%,而且这一状况将会永远持续下去。若投资者对公司股票要求的投资收益率为 16%,计算该公司的股票价格。

解 该公司 2—4 年的现金股利增长率 $g_1 =$ 再投资比率$_1 \times ROE_1 = 80\% \times 50\% = 40\%$,所以:

$$DIV_1 = 5 \times 20\% = 1(元)$$
$$DIV_2 = DIV_1 \times (1 + g_1) = 1 \times (1 + 40\%) = 1.4(元)$$
$$DIV_3 = DIV_1 \times (1 + g_1)^2 = 1 \times (1 + 40\%)^2 = 1.96(元)$$
$$DIV_4 = DIV_1 \times (1 + g_1)^3 = 1 \times (1 + 40\%)^3 = 2.74(元)$$

自第 5 年起,公司的净资产收益率 ROE 和再投资比率都有所下降,新的现金股利增长率 $g_2 =$ 再投资比率$_2 \times ROE_2 = 40\% \times 20\% = 8\%$,因此,此后公司股票的每股现金股利为:

$$DIV_5 = DIV_4 \times (1 + g_2) = 2.74 \times (1 + 8\%) = 2.96(元)$$
$$DIV_6 = DIV_4 \times (1 + g_2)^2 = 2.74 \times (1 + 8\%)^2 = 3.20(元)$$
……

公司股票第 3 年年底的价格 P_3 为:

$$P_3 = DIV_4/(r - g_2) = 2.74/(0.16 - 0.08) = 34.3(元)$$

公司股票当前的价格 P_0 为:

$$P_0 = \frac{\text{DIV}_1}{(1+r)} + \frac{\text{DIV}_2}{(1+r)^2} + \frac{\text{DIV}_3}{(1+r)^3} + \frac{P_3}{(1+r)^3}$$

$$= \frac{1.00}{(1+0.16)} + \frac{1.40}{(1+0.16)^2} + \frac{1.96}{(1+0.16)^3} + \frac{34.3}{(1+0.16)^3}$$

$$= 0.862 + 1.040 + 1.256 + 21.976$$

$$= 25.13(元)$$

4.3.2 股票收益率(必要报酬率)r

下面我们分析投资者进行股票投资时要求的期望收益率(贴现率)r 在股利增长模型中的含义。

属于股票持有者每年的全部投资收益并不只是现金股利,而是每股收益(EPS),即每股股票所对应的税后净利润(税后净收益/全部普通股股数)。比如,某公司共发行股票 1 亿股,2004 年税后净收益为 3 亿元,则 2004 年的每股收益为 3 元。

一个收益稳定不变的企业,如果不将任何净收益投入扩大再生产,而是全部分配给股东,那么公司每股股票收到的现金股利等于每股收益:DIV = EPS。根据(4-3)式,股票的期望收益率为:

$$r = \frac{\text{DIV}}{P_0} = \frac{\text{EPS}}{P_0}$$

如果 $P_0 = 100$,EPS = 10 元,则股票收益率 $r = 10/100 = 0.10$。这种股票被称为"收益型股票",因为其回报股东的方式主要不是公司高速增长,而是稳定、持久、高比例的现金股利。

上面的例子属于极端情形。实际上,大部分公司既注重公司增长,又注重为股东提供稳定的现金股利。这些公司因为具有良好的增长机会,因此不断将每年的部分净利润用于新的投资,为股东创造新的收益。假设公司股利增长率 g 恒定不变,那么可以应用股利增长模型(4-4)式估计股票价值,即:

$$P_0 = \frac{\text{DIV}_1}{r-g}$$

由此我们可以推出:

$$r = \text{DIV}_1/P_0 + g \tag{4-12}$$

这表明股票的期望收益率可以分为两部分:第一部分 DIV_1/P_0 被称为股利收益率,它反映的是预期现金股利给投资者带来的回报;第二部分 g 是现金股利增长带来的回报。我们在前面讨论过,对于常增长股票,由(4-6)式可知,现金股利增长的速度就是股票价格增长的速度,因此第二部分被称作资本利得收益率(价格增值收益率),反映的是股票价值的增长。

例 4-10 假设一只股票目前的价格为 40 元,预计 1 年后分配 2 元现金股利,同时预测该股票的现金股利会按照每年 10% 的速率持续增长,求该股票的期望收益率。

解 根据股利增长模型推出的(4-12)式,有:

$$r = 股利收益率 + 资本利得收益率$$
$$= DIV_1/P_0 + g$$
$$= 2/40 + 10\%$$
$$= 15\%$$

例 4-11 某公司股票股东所要求的投资回报率 $r=15\%$,预期 1 年后可分得现金股利 $DIV_1=2$ 元,此后现金股利每年以 $g=10\%$ 的速率增长。该公司 1 年后预期每股收益 $EPS_1=3.33$,公司的净资产收益率 ROE 为 25%。验证上述数据是否一致,并求公司股票当前的价格。

解 公司的股利分配率 = 2/3.33 = 60%
再投资比率 = 1 − 60% = 40%
现金股利增长率 g = 再投资比率 × ROE = 40% × 25% = 10%

上述结果表明例 4-11 中的相关数据是相互一致的。

公司股票的市场价格 P_0 为:

$$P_0 = DIV_1/(r-g) = 2.00/(0.15-0.10) = 40(元)$$

我们还可以把股票价格写成以下的形式:

$$P_0 = \frac{EPS_1}{r} + PVGO \tag{4-13}$$

(4-13)式第一项给出的是预期未来收益保持不变,且全部分配给股东情况下股票的价值。第二项则是预期未来现金股利增长给股东带来的价值,称作增长机会现值(present value of growth opportunity, PVGO)。

我们可以对例 4-11 作进一步的分析来验证(4-13)式。若仅考虑公司当前的盈利能力 EPS_1,股票当前的价值为:

$$P_0 = EPS_1/r = 3.33/0.15 = 22.2(元)$$

远小于其市场价格 40 元。两者之差就是 PVGO 的贡献。

按照 40% 的再投资率,公司第 1 年每股股票新增投资 0.4 × 3.33 = 1.333 元,从第 2 年起,这笔投资每年可增加收益 1.333 元 × 0.25 = 0.333 元,这一收益会永远持续下去,这笔投资在第一年底的净现值为:

$$\Delta NPV_1 = -1.333 + \frac{0.333}{0.15} = 0.89(元)$$

同样,第 2 年公司每股股票新增投资 0.4 × 3.33 × (1 + 0.10) = 0.4 × 3.67 = 1.47 元,比第 1 年年末增加 10%(因为 $g=0.10$),每年新增收益 1.333 × (1 + 0.10) × 0.25 = 0.333 × (1 + 0.10) = 0.367 元,这笔投资在第 2 年年底净现值为:

$$\Delta NPV_2 = -1.333 \times (1 + 0.10) + \frac{0.333 \times (1 + 0.10)}{0.15}$$

$$= \left(-1.333 + \frac{0.333}{0.15}\right) \times (1 + 0.10)$$

$$= \Delta NPV_1 \times (1 + 0.10)$$

$$= 0.89 \times (1 + 0.10)$$

$$= 0.98(元)$$

依此类推,可得:

$$\Delta NPV_3 = \Delta NPV_2 \times (1 + 0.10) = \Delta NPV_1 \times (1 + 0.10)^2 = 1.08(元)$$

……

所有这些构成公司增长潜力的价值 PVGO。

$$PVGO = \frac{\Delta NPV_1}{(1+r)} + \frac{\Delta NPV_2}{(1+r)^2} + \frac{\Delta NPV_3}{(1+r)^3} + \cdots$$

$$= \sum_{t=1}^{\infty} \frac{\Delta NPV_1(1+g)^{t-1}}{(1+r)^t}$$

$$= \frac{\Delta NPV_1}{r-g}$$

$$= \frac{0.89}{0.15 - 0.10}$$

$$= 17.8(元)$$

因此,公司股票的市场价格:

$$P_0 = \frac{EPS_1}{r} + PVGO$$

$$= 22.2 + 17.8 = 40(元)$$

与前面的计算结果正好相符。

PVGO 占股票价格的比例较高的股票称为"增长型股票"。这类股票的投资者不仅关注目前所分现金股利的多少,而且更加重视公司未来的增长前景。正因为如此,有些公司股票尽管现金股利不高,甚至完全没有现金股利,但仍具有可观的市场价格。比如,自从乔布斯1996年重返苹果公司至2011年年底,苹果公司从没有分配股利,同期苹果公司的股票市值从30亿美元高速增长到3787亿美元。苹果公司拒绝分配股利的原因是多方面的,其中一个重要原因是,发放现金股利将减少公司的资金来源,延缓公司的发展速度。

一般来讲,可利用股票价格中 PVGO 的占比对公司进行分类:

PVGO 占比较低的股票为收益型股票,公司为稳定型公司;

PVGO 占比较高的股票为增长型股票,公司为增长型公司;

PVGO <0 的股票为负增长型股票,公司为负增长型公司。

4.4　股票投资的特点

股票作为一种金融工具,其收益取决于企业的经营状况和盈利能力等多种复杂因素,而企业的经营状况和盈利能力又受到诸多因素的影响,如国内外的政治经济状况、企业管理层的素质与能力、企业所在行业的竞争状况、企业运行的法律环境,等等。这些因素的变化是个人投资者很难准确预测与控制的,因此,股票投资是一种高风险、高收益的投资。如果企业经营状况良好,投资者就可获得可观的收益;如果企业经营状况不佳,投资者的收益不但会减少,严重时还会亏损。

股票投资的另一特点是价格波动性大。由于股票价格是其未来收益现值的体现,而人们只能预测股票的未来收益,这种预期充满着不确定性,因而必然造成其价格的高度波动。尽管许多投资者都希望利用价格波动获利,但实际上,股票价格的波动趋势和方向是很难准确把握的。短期内股市中投资者们所进行的是一场零和博弈,其盈亏的可能性几乎相等。当投资者看到股价变化提供了盈利机会时,一定不要忘记这同时也为亏损提供了机会。有鉴于此,股票投资一定要谨慎而行。

案例 4-2

中国互联网股票的估值

1997—1999年是门户网站的启动阶段。1998年2月25日,中国首家大型分类查询搜索引擎横空出世,搜狐品牌由此诞生。此后,四通利方宣布并购海外最大的华人网站公司"华渊资讯",成立全球最大的华人网站"新浪网"。

由于当时的门户网站普遍没有盈利,未来的盈利模式尚且在探索之中,用现金流贴现的方法显然很难准确估计网站的价值。华尔街开始流行用销售额定价(price to sales)和注册用户定价(price to register users)的估值方法,即用网站已经实现的销售额或者注册用户的数量乘以某一个乘数来对网站进行定价。这一阶段被形象地称为"眼球经济时代"——网站能否得到融资以及融资多少取决于网站吸引用户关注的数量。

1999年7月12日,靠"中国"与"互联网"这两个当时炙手可热的概念,中华网在纳斯达克首发上市,融资8600万美元,2000年1月增发新股,又从纳斯达克募得令人炫目的3亿美元。2000年3月纳斯达克综合指数冲上5000点大关的时候,中华网的股价也被推高到令人咋舌的每股300美元,公司市值高达50多亿美元,相当于电信制造业巨头爱立信当时的市值。2000年4月13日,新浪网首次公开发行股票,第一只真正来自中国大陆的网络股登上纳斯达克。2000年7月5日,网易首次公开发行股票,登陆纳斯达克。2000年7月12日,搜狐在纳斯达克挂牌上市。国内几大门户网站纷纷进入处于"巅峰"的纳斯达克市场。

随着越来越多的门户网站开始寻求融资,网站的收入却没有像投资者预期的那样出现爆炸性的增长。投资者终于认识到建立在"眼球经济"基础之上的网站缺乏盈利基础。随之而来的是全球互联网泡沫的大破裂。2002年10月9日纳斯达克综合指数到达谷底,收盘于1 114点的低位。相对于2000年3月实现的历史高位,指数跌幅高达78%。新浪的股票在2001年10月曾达到了1.06美元的低点;搜狐的股票在2001年4月曾一度跌至60美分;网易的美国存托凭证在2001年7月曾跌至53美分。由于财务报告出错,美国东部时间2001年9月4日上午8点52分(北京时间9月4日晚上8点52分),纳斯达克股市宣布从即时起暂停网易在纳斯达克的交易。门户网站进入"幻灭的低谷"。

股神巴菲特以搜狐为例说:"分析一只股票与分析一家企业其实没有什么不同。在评估当地一家冰淇淋店时所采用的标准,也就是评估任何一家上市企业公司所需要采用的标准,包括中国互联网公司在内。"

整个2001年是互联网的寒冬,各大门户网站纷纷为越冬探索各种盈利渠道。2002年7月,国内三大门户网站先后公布了自己的第二季度财务报告,以不同的方式宣布:中国互联网已经告别了烧钱时代,开始步入盈利阶段。

2003年,中国网民创纪录地达到了6 800万。由于三大门户业绩出众,在纳斯达克曾经是每股不到一美元的"垃圾股",到2003年却涨到了数十美元一股。以短信、网络游戏和网络广告为主的门户盈利模式已经清晰。从2004年开始门户网站进入了稳定发展阶段。

国外门户网站主要的盈利渠道是广告收益,雅虎2005年超过87%的收入都来自于广告。而国内三大门户的主要收入来源是在线广告、付费体验(包括移动增值服务和网络游戏等)和在线购买(电子商务),分别对应的门户网站功能是媒体功能和服务及应用提供商功能。广告只占网站总收入的30%—40%。门户网站的收入与上网人数密切相关。据中国互联网络信息中心(CNNIC)透露,2005年中国网民数仅次于美国,居世界第二位。在成功发现自身的盈利模式之后,中国门户网站又迎来了新的喜讯——潜在用户市场开始飞速增长。

在短短的几年内,中国互联网经历了从一掷千金到一贫如洗又逐步小康的戏剧性过程。中国互联网的先锋和曾经的旗帜瀛海威告诫我们,互联网不相信眼泪,没有好的盈利模式,只能成为先烈。清晰的盈利模式是网站成功的前提。互联网企业也是经济实体,"注意力经济"、"眼球经济"等都是虚的,只有建立在切实的盈利模式基础上才能健康发展。衡量一家公司股票价值的最优方法仍然是预期未来收益的现值。

资料来源:魏聃根据博客中国(http://www.okokok.com.cn)"从新浪和搜狐比较看中国门户网站现状和未来"文章整理。

本章小结

本章讲述了股票的基本概念、特性与股票的估值模型。(1) 普通股是公司普通股股东对企业权益资本投资的代表,股票的价值是由其未来带来的现金流量的现值决定的。(2) 根据对普通股未来现金流量的不同估计方法,用于估计普通股价值的模型有固定现金股利估值模型、固定现金股利增长率估值模型和非固定现金股利增长率(多阶段增长率)估值模型。(3) 如何通过股利分配比率(利润留存比率)和净资产收益率(ROE)估计现金股利的增长率 g,以及增长机会对股票价值的影响。增长机会现值是未来增加的现金股利收益的现值。

思考题

1. 普通股股东拥有什么样的权利与义务?
2. 普通股的账面价值与市场价值分别反映了普通股股票的什么特性?
3. 固定现金股利增长率模型中的现金股利增长率 g 是否可能大于贴现率 r?为什么?
4. 普通股的增长机会现值(PVGO)的含义是什么?
5. 优先股的优先权表现在哪些方面?

计算题

1. MI 公司普通股票目前的市场价格为每股 22.50 元,该公司管理层预计年终每股现金股利为 2 元,并将以每年 10% 的速率递增,问:

(1) 股票投资者要求的投资收益率是多少?

(2) 如果投资者要求的投资收益率为 17%,他是否会购买这一股票?

2. 某投资者正在考虑是否购买 100 股 SCI 公司股票,已知 SCI 股票的 β 值为 1.65,目前市场投资组合的风险报酬率为 15.6%,问:

(1) 如果无风险收益率为 12%,SCI 公司普通股票应提供的投资回报率是多少?

(2) 给定(1)问的计算结果,如果 SCI 公司预计的年终现金股利为每股 8.50 元,并以每年 5% 的速率增长,该公司股票的价格应为多少?

3. B 公司管理层预计该公司年终每股收益为 5 元,公司的利润分配政策是将 35% 的利润作为现金股利分配。根据公司现有的投资机会,预期公司权益投资的投资收益率为 20%,利用 PVGO 模型计算公司股票的价值。如果投资者预期的投资收益率为 16%,利用股利增长模型验证你的计算结果。

4. H 公司股票目前的市场价格为 43 元,预计一年后的价格为 48 元,且这一年的现金股利为 2.84 元,计算该股票的期望收益率。

5. 先锋公司的优先股售价为 33 元,每年支付的现金股利为每股 3.6 元,问:

(1) 这一优先股的期望收益率是多少?

(2) 如果投资者要求的投资回报率为 10%,这一优先股对该投资者的价值是多少?

(3) 该投资者是否应该购买这一优先股?

6. 某投资者期望以 50 元一股的价格买入 M 公司的普通股票并持有 1 年,在获得 6 元现金股利后将其出售。如果该投资者要求的投资收益率为 15%,则 M 股票在 1 年后的售价应为多少?

7. 某投资者正在考虑是否购买 A 公司发售的三种证券:一是市场价格为 1 100 元的公司债券,该公司债券的面值为 1 000 元,期限 10 年,票面利息率 13%,每年支付一次利息。对这类公司债券,投资者要求的年投资回报率为 14%。二是面值 100 元,每年支付 13 元现金股利,市场售价为 90 元的优先股。对优先股投资者要求的投资回报率为 15%。三是面值为 25 元的普通股票,该股票去年支付的现金股利为每股 2 元,10 年来该公司普通股的每股收益由 3 元增长至 6 元,这同时也是公司现金股利永久增长趋势的最佳预测,该普通股票目前的市场价格为每股 20 元,投资者对普通股票要求的投资回报率为 20%。

要求:

(1) 根据要求的投资回报率计算三种证券的价值。

(2) 该投资者应购买哪种证券?为什么?

(3) 如果投资者对公司债券、优先股和普通股的投资回报率分别变为 12%、14% 和 18%,(1)、(2) 两问的结果将有何变化?

8. N 公司普通股去年每股股利为 1.32 元。未来可望维持 8% 的年增长率。

(1) 若该公司每股股价为 23.5 元,求股票的预期报酬率。

(2) 如果投资者对该股票的要求报酬率为 10.5%,对该投资者而言,这一股票的价值是多少?

(3) 该投资者会购买此股票吗?

9. 预计某公司股票今年每股收益将为 6 元,股东要求的报酬率为 20%,预计权益报酬率可能高达 26%,也可低至 14%,但期望值为 18%。请从长期考虑以下四种留存收益政策并计算股价:

(1) 留存比为 0;

(2) 留存比为 30%;

(3) 留存比为 60%;

(4) 留存比为 100%。

10. M 公司今年的现金股利是每股 2.5 元。预期未来三年公司的现金股利将以每年 5% 的速率增长,之后以每年 10% 的速率增长。公司未来 5 年的现金股利分别为多少?

11. 某服装公司现在的股价是 20 元,刚刚支付了每股 1 元的现金股利。如果预期现金股利将以每年 10% 的速率增长,公司股票的要求回报率是多少?一年之后公司的股价将是多少?

12. 某公司目前的现金股利水平是每股 2 元。估计未来两年公司现金股利将以每年

10%的速率增长,然后以每年7%的速率增长。公司股票的β值是1.2,无风险利率是6%,市场风险溢价为5%,你估计公司现在的股价应该是多少?

13. 某公司股价为80元,预期年底的现金股利为4元。如果股东要求的回报率是14%,市场对公司股票的定价是正确的,你预期现金股利的增长率应该是多少?

14. 投资者A预期M公司年底会发放现金股利2元,M公司股票的β值是0.9,无风险利率为5.6%,市场的风险溢价是6%。现金股利未来会按照某个固定比率增长。当前公司的股价是25元。如果市场定价是正确的,这只股票3年以后的价格是多少?

15. 某公司发行面值为100元的优先股,设定现金股利率为8%,如果当前的优先股价格分别是60元、80元、100元、120元,购买此优先股的名义回报率是多少?

16. 某矿业公司由于矿产储藏量下降导致销售额下降及成本上升。公司目前的现金股利水平是每股5元,预期未来会按照每年5%的速度递减。如果市场要求的回报率是12%,公司的股价应该是多少?

17. 股票A的β值为0.4,而股票B的β值为-0.5。如果无风险利率是9%,期望的股票市场收益率是13%,则股票A、B的期望回报率分别应该是多少?如果股票A现在的价格是25元,期望的下期现金股利为1.5元,现金股利的增长率为4%,现在的股价是均衡的吗?

第5章 资本投资与决策指标

在第1章中我们指出,资本投资决策(资本预算)是企业财务管理的三项重要任务之一。资本投资决策就是要决定企业生产什么样的产品或提供什么样的服务,以及为生产这些产品或提供相关服务需要购置什么样的固定资产。由于固定资产投资是长期性的,一旦投入就很难改变,因此,企业的资本投资决策将决定企业未来相当长一段时间内的经营状况和经营成果,乃至将决定企业是否能够生存下去。所以,资本投资决策是企业最重要的战略和财务决策,有时又称为"战略资产配置"。相比之下,虽然企业的筹资决策(包括资本结构的确定)与营运资金管理也是很重要的决策,但企业的业务和经营领域是由其资本投资决策决定的,因为不论企业如何筹资,钢铁企业的资产就是用于生产钢铁的,不能用于制造计算机芯片。在本章,我们讨论企业的资本投资决策问题。

5.1 资本投资的作用与分类

5.1.1 资本投资的作用

如前所述,资本投资是否正确,对企业的生存与发展、成功与失败,有着极其重要的意义,这是因为:

(1) 资本投资是企业创造财富,满足人类生存和发展需要的必要前提。从人类社会发展的角度看,企业之所以存在,是因为它所提供的产品与服务能够满足人类生存和发展的需要,并同时为社会创造财富。而企业要完成这一任务的基本前提,就是要不断地进行成功的资本投资活动。

(2) 资本投资是企业价值的源泉。正如我们在讨论企业的财务报表时谈到的,股东和债权人向企业投入权益资本和债务资本,其根本目的在于使自己投入的资本能够通过企业的运用增值。因此,决定企业价值的关键在于投资能否带来充分的回报,而企业的投资是否能够增值,完全取决于企业的经营者利用这些投资形成的资产创造现金收益的能力。创造现金收益的能力越强,企业的价值就越高;反之,企业的价值就越低。

上述两个方面,前者是根本,后者是表现。首先,企业提供的产品与服务只有能够满足人类生存与发展的需要,才能为社会所接受,才有可能获取利润和创造价值。其次,企业能否有效地运用所掌握的资源,运行效率如何,需要一套鉴别标准和衡量机制,而企业价值创造能力的强弱正是其运行效率高低的最好评价指标。

（3）资本投资决策决定企业及其投资者的命运。首先，资本投资决策是一个长期决策，一旦决策做出，其变化的余地和灵活性就很小。比如，企业购置一项经济使用期限为 15 年的固定资产，企业就要能够使这一资产运营 15 年，从而被这项投资决策"锁定"了。其次，资产的购置是与未来的销售相关联的，决定购置一项使用 15 年的资产，就意味着要有 15 年的销售预测，而未来 15 年有很大的不确定性，预测误差有可能造成很大的问题。比如，投资额过大，会造成巨大的资金浪费乃至投资的失败；而投资额太小，又会造成生产能力不足，从而失去部分市场和销售收入。再次，投资时机的选择难以把握。对千变万化的市场来讲，生产市场所需的产品和提供相关服务的资产必须在需要的时候及时"到位"，否则就会丧失市场机会。可是，固定资产的制造、购置和安装需要时间，这就要求企业提前做出预测，购置或制造、安装这些资产，以保证能够及时满足市场的需要。然而，做出准确的预测是困难的，很多企业都因为项目投资太迟而丧失了市场机会，特别是被竞争对手抢去了自己的市场份额。最后，资本投资需要充足的资金，企业能否为资本投资需求筹措到足够的资金也是一个重要问题。如果不能提供足够的资金，投资可能会因此走向失败。

总之，资本投资决策就是要判断所选择的投资项目能否给投资者创造出价值。许多优秀企业正确而成功的投资使它们股东价值大增，例如中国的万科与三一重工，美国的微软、英特尔、IBM 与苹果公司，等等。相反，有些企业因为错误的投资决策严重损害了股东价值。例如，美国福特汽车公司在 20 世纪 50 年代花费 2.5 亿美元研制开发了一种名为 Edsel 的小轿车，但推向市场后未能被广大消费者接受，两年多的时间内又亏损了 2 亿美元，总计损失达 4.5 亿美元。[①] 幸运的是，福特汽车公司后来设法利用生产 Edsel 汽车的设备生产出另一种汽车，从而避免了更大的损失。

5.1.2 资本投资的类别

根据投资决策的需要，企业的资本投资可以分成不同的类型。

按投资范围划分

按投资范围的不同，可分为对内投资与对外投资。

对内投资是指企业为了保证生产经营活动的正常进行和事业的发展壮大而进行的内部投资活动。对内投资又可分为维持性投资和扩张性投资两大类。维持性投资是为了保证企业现有生产经营活动的正常进行而做的投资，如设备的更新与大修等。这类投资一般不扩大企业现有的生产规模，不改变企业现在的经营方向，也不会对企业的前途产生重大影响。扩张性投资是企业为了今后的生存与发展而进行的投资，如增加固定资产、研究开发新产品等。这类投资或扩大企业的经营规模，或改变企业的经营方向，因此会对

---

① "The Edsel Dies and Ford Regroups Surviors"，*Business Week*，Nov. 28，1959.

企业的前途产生较大影响。这类投资一般数额较大，周期较长，风险也较高，并将在较长的时间内影响企业。

对外投资是指企业将自己的资产投放于企业外部的投资活动。或直接投资于其他企业，或购买各种有价证券。直接投资于其他企业，是指企业以实物、现金或工业产权等形式出资，与其他企业或投资者联合经营，企业根据出资比例或联营合同的有关规定，在接受投资的企业中享有相应的权利和承担相应的义务。在联合经营的情况下，除非合同期满，或由于特殊原因联合企业解散，出资者一般不得抽回投资。

以购买有价证券的形式进行对外资本投资，主要是进行股票投资或者可转债投资。股票/可转债投资是指投资者购买股份公司发行的股票/可转债，成为其股东/债权人的行为。企业进行股票/可转债投资的目的有以下两种。一种是财务投资：投资者通过投资获得较高的现金股利/利息收益和资本利得收益，对发行股票/可转债的公司的生产经营活动本身并不感兴趣；另一种是战略投资：通过投资成为目标公司的长期股东，希望介入其生产经营活动，甚至希望取得控股地位，直至最终彻底兼并目标公司。财务投资通常与企业的长远发展没有直接联系，相反，战略投资则大多是基于企业的长远发展战略。

对大多数企业来讲，资本投资的主要途径是对内投资。即使有些企业通过并购的方式来扩大经营规模，本质上仍是把并购当作对内投资的替代方式。我们在讨论企业并购时，还会较详细地论及此问题。

按投资决策的风险高低划分

按投资决策的风险高低，可分为以下四种类型：

(1) 依据国家法律法规或政府政策的规定，公司为开展生产经营活动必须进行的投资，如安保投资、环保投资等；

(2) 简单再生产或成本控制方面的投资，如机器设备的更新换代；

(3) 现有生产能力扩充方面的投资，如生产规模的扩大；

(4) 新产品、新领域的投资。

这四类投资的性质不同，风险状况不同，进行投资决策的依据和重要性也不同。

第一类投资是企业必须进行的投资，不存在是否接受的问题。决策时需要考虑的主要问题是怎样以最低的成本达到投资的质量要求。这类投资通常由工程技术人员对各种技术方案进行比较，选择技术上可行、财务上节约的方案。

第二类投资是企业简单再生产的问题。工程技术分析仍是这类投资分析的重要方面。同时，也必须注意投资项目的财务分析。准备用于更新换代的设备必须能够产生足够的效益以补偿投资成本，否则应考虑其他方案。这类投资决策适宜采用净现值分析等投资决策方法。

第三类投资主要与企业的未来发展相联系。这类投资与前一类投资相比，风险明显更高。决策者要对未来的需求变化、技术发展、竞争对手的经营战略等有较清楚的预测和了解，并据此做出决策。

第四类投资风险最高,事关企业的生死存亡。它要求决策者具有长远的战略眼光、丰富的经验和准确的判断,有把握未来发展变化的能力。这类决策应是企业高层管理人员倾注主要精力的地方。

按决策方案的相互影响划分

按决策方案的相互影响,可分为独立决策和互斥决策。

独立决策是指一项投资是否上马与其他投资项目的取舍无关,决策者只需根据项目本身的优劣决定项目是否上马。因此,所有独立决策投资项目如果都满足决策标准并可行的话,这些项目就都可以被接受。比如,一个企业准备推出一项新产品,同时准备对员工进行培训,如果这两个项目都是有利可图与合理的,那么该企业可以同时实施这两个项目。

互斥决策是指多个项目的决策,各项目之间具有排他性的相互影响,如果接受一个项目,就必须拒绝其他项目。对于这种决策,即使单独来看每股项目都可以接受,但总体来看只能接受一个项目,其他项目都要被拒绝。比如,在同一块土地上可以建设不同的项目,既可以建设住宅,也可以建设商场,还可以建设游乐场,但最终只能选择一个项目。

5.2 资本投资过程分析

资本投资过程是指为完成资本投资任务而采取的一系列行动。一般来说,投资过程可分为调查研究、分析预测、选择决策、事中监督和事后评价等五个阶段。

5.2.1 调查研究

调查研究是资本投资活动的开始。调查研究的主要内容是研究投资环境,考察市场状况,并分析技术能力。

投资环境研究

1. 投资环境研究的意义

企业的每一项资本投资活动都面临一定的政治、经济、法律与文化环境。投资环境的好坏直接影响着投资项目的成败得失。因此,投资环境研究对企业有着非常重要的意义。第一,研究当前的投资环境,特别是分析环境因素对不同投资项目的影响,有助于企业确定投资方向;第二,研究投资环境未来可能发生的变化,有助于企业了解在资本投资过程中环境因素如何变化及其对投资效果的影响,等等,进而帮助企业及时调整投资项目,并做好应对准备;第三,对投资环境的调查研究,还可以帮助企业合理地预测投资可能产生的经济效益和现金流量,做好未来的财务收支计划。

2. 投资环境研究的基本内容

企业面临的投资环境主要有政治环境、经济环境和法律环境。

政治环境是指投资项目所在国家和地区的政治稳定性和政策的一致性。如果投资地区政治稳定,政策连贯,则企业倾向于进行长期投资。相反,如果项目所在地区政局动荡,政策多变,则企业会慎重考虑进行长期投资,倾向于实施一些短、平、快的投资项目,以尽快收回投资成本为首要目标。另外,政府对经济干预程度的强弱,国家发展计划对企业投资方向的影响程度等因素,也都是企业在投资决策时所必须考虑的重要环境因素。

经济环境主要是指企业所面临的经济体制和经济政策。在市场经济体制下,企业作为市场活动的主体之一,可以而且也必须自己进行投资决策。企业要根据市场经济规律来选择合适的投资项目。在由计划经济体制向市场经济体制过渡的时期,企业一方面作为市场的主体参与经济活动,自主地进行投资决策;另一方面,其市场行为受到尚存的计划经济体制的种种制约。因此,企业既要根据市场经济规律选择投资项目,又要考虑计划经济体制的影响。不论投资立项,还是具体操作过程,企业都要兼顾计划经济体制和市场经济体制的双重影响,使自身的投资行为更具现实性。

经济政策是指国家为调控经济活动而采取的各种方针政策,如财税政策、金融政策、价格政策、产业政策等。

财税政策是政府在财政和税收方面所制定的各种政策和规定,它们将影响企业的投资取向、资本结构和财务风险。在市场经济条件下,包括个人、企业和政府在内的众多投资主体将资金以权益资本和债务资本的形式投入企业,并希望通过企业的经营活动取得投资回报。企业投资项目选择的成败,将决定他们投资的成败。在进行资本投资决策时,企业必须考虑国家财税政策对项目投资效益的影响。比如,国家为了鼓励某些行业、某些地区的发展,会在财政税收政策上对这些行业和地区适当倾斜,提供某种政策优惠,企业在决策时必须考虑如何利用这些优惠政策。

价格政策是指国家在价格制定、价格管理等方面的政策规定。营利性企业的经营目的是在一定的风险条件下争取最大限度的利润。如果政府对价格很少控制,商品和生产要素的价格主要由市场确定,那么企业主要根据市场供求状况和由此确定的产品价格的走势确定自己的投资方向;相反,如果政府对价格的控制较多、较严,则企业在注意市场供求可能引起的价格变化外,还必须注意政府价格政策可能产生的影响,并据此指导自己的投资决策。

金融政策是指国家在货币发行、信贷、结算、保险、国际金融等方面的各种政策。金融政策对企业投资的影响是多方面的。比如,货币发行量的大小、信贷政策的宽严,直接影响企业资金来源的多寡,从而影响企业的投资决策。我国很多企业的主要资金来源是银行贷款,而银行贷款受国家金融政策的影响相当严重,因此,企业在考虑投资的资金来源时,必须慎重考虑国家金融政策的影响。另外,国家的国际金融政策直接影响着企业的对外投资和对有关出口产品的投资选择。

产业政策是指国家为鼓励或限制某些产业的发展而制定和实施的有关政策。一般来讲,国家对鼓励发展的产业,在税收、信贷、价格等方面都会给予一定的优惠,以引导企业投资这些产业。相反,国家对限制发展的产业,则会在各方面加以限制。如果国家产业政策坚定有效,企业根据国家产业政策的指导进行投资通常会得到一些好处,而违背国家产业政策的指导,则有可能蒙受损失。

法律环境是指企业在投资过程中所受到的法律制约,如公司法、商法、证券法、税法、银行法以及其他有关法律法规。企业在进行投资决策时要考虑各种法律对投资的资金来源和投资效益的影响。如证券法、银行法等会影响投资资金的筹集,税法会影响投资收益的高低,公司法会影响企业投资建厂的组织形式,环境保护法会影响企业投资和运行成本的高低,等等。对上述法律法规约束的认真研究,有助于企业选取高效益的投资,减少可能的投资失误。比如,缺乏对环境保护法的详细了解和认识,可能会导致企业建成的投资项目因不符合环保要求而不能正常投入生产,或者导致整个投资项目处于亏损状态,给企业带来不可挽回的损失。

市场状况考察

企业在进行投资决策之前必须对投资项目的市场状况做深入细致的考察。一方面要了解市场的需求状况,包括消费者和客户对产品的偏好、市场需求总量的大小、市场的细分状态等。另一方面要了解市场的供给状况,包括市场现有的供给能力、现有厂家的潜在供给能力、可能会进入市场的企业的供给能力以及进口产品的供给能力等。只有清楚地了解市场状况,才能准确估计拟议中的投资项目的市场潜力和盈利能力,做出正确的投资决策。

技术能力分析

除对投资环境和市场状况进行调查研究外,企业在进行投资决策之前还必须分析投资项目的技术能力,考察拟议中的投资项目在技术上的可行性与实用性。企业要对投资项目可以采用的不同技术进行分析研究,既要避免采用明显落伍的技术,又要注意量力而行,不要不顾实际,盲目追求先进技术,造成人力和财力的浪费。

5.2.2 分析预测

在调查研究的基础上,企业要对调查所得到的大量数据资料进行加工整理,去粗取精,去伪存真,要对未来的各种情况做出合理假设,制定出各种投资方案,并对它们进行分析,这就是分析预测阶段要完成的任务。

分析预测阶段的主要工作有三:一是预测未来产品和生产要素的市场状况和价格水平,为分析投资的收益与成本奠定基础;二是预测投资的资金需求量,估计投资额的大小;三是评估投资的经济效益,为下一步的决策提供必要的经济指标。第一项工作是市场预测学所要讨论的问题,第二、三项工作将在下面作详细讨论。

5.2.3 选择决策

这一阶段是通过对上一阶段提出的各项方案进行比较,根据企业的经济技术实力和风险承受能力以及决策者对未来形势的期望和判断,对投资方案进行选择。在这一阶段,决策者要着重检验各种方案的可行性,特别是各种假设的合理性与可靠性,以免被一些表面效益很好,但其假设过于乐观或脱离实际的项目所迷惑。

在选择投资项目时,除要考虑每一项目的自身效益外,还要充分重视公司的战略选择。选中的投资项目应能体现公司的竞争优势,符合公司长远发展规划。否则,过分重视投资的短期效益可能导致公司失去长远发展的动力。

选择投资项目的一个重要依据是下面将要讨论的一些投资决策指标。所谓投资决策指标,是指投资决策的经济指标,是通过分析、评价投资项目的经济效益来选择投资项目的标准。这些指标虽然重要,但绝不是进行投资决策的全部依据。由于选择实质上是对未来状况的判断,因此,它在很大程度上取决于决策者自身的经验和判断能力,以及决策者的"企业家素质"。

5.2.4 事中监督

事中监督是指在投资项目兴建过程中的监督和检查工作,其目的是确保工程的正常进展和费用的合理使用,避免工期延误和资源浪费。项目兴建过程中的财务监督主要是对工程费用的控制,主管者要确定工程费用的支出额和支出时间,并通过在会计账目上及时反映工程费用的发生来实现这种控制。对发生的费用超支和工期延误情况及时进行调查,找出原因,迅速予以解决。

5.2.5 事后评价

投资项目的完工和投产不是投资过程的完结。投资者还需要分析、评价项目的运行状况和运行效果,并与预期的要求进行比较,总结经验教训。如果项目的运行结果或费用支出与预算有较大的偏离,要及时找出产生问题的原因,以便在下一次投资决策时加以改进。比如,如果发现因营运资本投入不足而影响了投资效益的发挥,那么在下一次投资分析中就要更加重视对营运资本需求量的估计;如果因对市场需求的错误预测导致投资效益不佳,那么以后就要加强对市场需求预测的研究等。

在对投资项目进行事后评价时存在着两个困难。一个困难是在评价时难以剥离意外事件的影响。预测是对未来状况的分析与判断,由于未来的不确定性,事后评价难以排除突发或意外事件的影响,难以判断预测失准的原因是预测水平不高还是意外事件(如自然灾害、国际形势的突然变化等)的影响。过分苛求预测的准确性会导致今后的预测和投资日趋保守,使公司失去活力;相反,对预测准确性的要求过于宽松,又容易导致企业的投资风险过大。另一个困难是对一个项目进行事后评价时难以排除其他项目的影响。一个投资项目往往是由多个子项目或小项目组成的,这些子项目无法一一分开进行评价,从而使人们难以对各子项目做出准确的评价,而只能对项目整体进行评价。

比如,某企业为提高服务水平和降低运输成本而进行了一项投资,该投资分为三个子项目:一是购买五辆卡车;二是修建两处物资分送中心;三是购买一台计算机用于加强物资调度和安排车辆运行计划。

一年后,公司希望对这一项目的实施结果,特别是计算机管理的效果进行考察。但是,尽管有关人员可以检查核实计算机的购买、安装、维修成本及人员培训费用,但却难以在整个投资收益中分离出计算机管理的贡献部分,从而无法对计算机的运用效果做出准确的评价。

5.3 净现值

项目的净现值(net present value, NPV)是指项目寿命周期内各年的现金流按相应的贴现率折算成现值后与初始投资额之差,它反映了项目的净经济价值。以现值或净现值评估项目/企业价值的方法被称为贴现现金流法(discounted cash flow, DCF)。所用的贴现率是项目的资本成本,也就是投资者要求的期望收益率。净现值的计算公式如下:

$$\text{NPV} = \text{CF}_0 + \sum_{t=1}^{n} \frac{\text{CF}_t}{(1+r)^t} \tag{5-1}$$

式中:NPV 表示净现值;CF_0 表示初始投资额;CF_t 表示 t 年现金流量;r 表示贴现率;n 表示投资项目的寿命周期。

如果将初始投资额看作 0 时点发生的现金流量,同时考虑到 $(1+r)^0 = 1$,则(5-1)式可以简化为:

$$\text{NPV} = \sum_{t=0}^{n} \frac{\text{CF}_t}{(1+r)^t} \tag{5-2}$$

净现值指标的决策标准是:如果投资项目的净现值大于零,接受该项目;如果投资项目的净现值小于零,放弃该项目;如果有多个互斥的投资项目相互竞争,选取净现值最大的投资项目。

例 5-1 已知投资项目 A、B 的初始投资额及各期现金流和利润额如表 5-1 所示。

表 5-1 项目 A、B 的现金流与净利润 单位:元

项目	时间(年)	0	1	2	3	4	5
A	初始投入	−20 000					
	现金流入		36 000	36 000	25 000	25 000	25 000
	现金流出		−20 000	−20 000	−18 000	−18 000	−18 000
	净现金流量		16 000	16 000	7 000	7 000	7 000
	净利润		12 000	12 000	3 000	3 000	3 000
B	初始投入	−20 000					
	现金流入		16 000	16 000	16 000	16 000	40 000
	现金流出		−10 000	−10 000	−10 000	−10 000	−10 000
	净现金流量		6 000	6 000	6 000	6 000	30 000
	净利润		2 000	2 000	2 000	2 000	26 000

若贴现率为10%,求项目A、B的净现值。

解 项目A的净现值为：

$$NPV^A = CF_0^A + \sum_{t=1}^{n} \frac{CF_t^A}{(1+r)^t}$$

$$= -20\,000 + \frac{16\,000}{1.1} + \frac{16\,000}{1.1^2} + \frac{7\,000}{1.1^3} + \frac{7\,000}{1.1^4} + \frac{7\,000}{1.1^5}$$

$$= -20\,000 + 14\,545 + 13\,223 + 5\,259 + 4\,781 + 4\,346$$

$$= 22\,154(元)$$

项目B的净现值为：

$$NPV^B = CF_0^B + \sum_{t=1}^{n} \frac{CF_t^B}{(1+r)^t}$$

$$= -20\,000 + \frac{6\,000}{1.1} + \frac{6\,000}{1.1^2} + \frac{6\,000}{1.1^3} + \frac{6\,000}{1.1^4} + \frac{30\,000}{1.1^5}$$

$$= -20\,000 + 5\,455 + 4\,959 + 4\,508 + 4\,098 + 18\,628$$

$$= 17\,648(元)$$

项目A、B的净现值均大于零,表明这两个项目均可取。如果两者只能取一个,那么应选取项目A。

如果除初始投资额外项目各期现金流均相等,那么利用年金现值系数表可简化计算过程。

例5-2 项目D的初始投资额为500 000元,寿命周期6年,每年可产生140 000元的净现金流,若贴现率为12%,求该项目的净现值。

解 项目D的净现值为：

$$NPV = -500\,000 + 140\,000 \times PVIFA_{12\%,6}$$

$$= -500\,000 + 140\,000 \times 4.111$$

$$= 75\,540(元)$$

净现值指标考虑了项目现金流的时间价值,反映了项目的经济价值,是一个较为科学的投资决策指标。

5.4 非贴现指标

本节介绍非贴现投资决策指标,包括投资回收期、平均会计利润率与平均收益率。这些指标的一个共同点是平等对待不同时间的现金流或利润,不考虑货币的时间价值。

5.4.1 投资回收期

投资回收期(payback period)是指收回全部初始投资所需要的时间,通常以年为单位。这一指标度量了收回初始投资的速度。其基本的选择标准是:在只有一个项目可供选择时,该项目的投资回收期要小于决策者规定的最高标准;如果有多个项目可供选择,在项目的投资回收期小于决策者要求的最高标准的前提下,从中选择回收期最短的项目。

投资回收期的计算相当简单,其计算公式如下:

$$\sum_{t=1}^{T} CF_t - CF_0 = 0 \tag{5-3}$$

式中:T 为投资回收期;CF_t 为 t 时期的现金流;CF_0 为初始投资额。

在项目各期现金流相等的情况下,只要用初始投资额除以一期的现金流即可。其公式为:

$$投资回收期 = \frac{初始投资额}{单期现金流量} \tag{5-4}$$

比如,某投资项目的初始投资额为 500 000 元,投资产生效益后每年可产生 150 000 元的净现金流,项目的寿命为 8 年,则该项目的投资回收期为:

$$投资回收期 = \frac{500\,000\,元}{150\,000\,元/年} = 3.33\,年$$

如果项目投产后每年产生的净现金流不等(在绝大多数情况下是这样),则需要逐年累加,最后计算出投资回收期。

例 5-3 计算例 5-1 中项目 A、B 的投资回收期。

由表 5-1 数据可知,项目 A 第一年回收了 16 000 元的资金,比初始投资额 20 000 元还少 4 000 元,需待第二年收回,其投资回收期为:

$$投资回收期^A = 1 + \frac{20\,000 - 16\,000}{16\,000} = 1.25(年)$$

项目 B 前三年共回收资金 18 000 元,比初始投资额 20 000 元还少 2 000 元,需待第四年收回,其投资回收期为:

$$投资回收期^B = 3 + \frac{20\,000 - 18\,000}{6\,000} = 3.33(年)$$

投资回收期的特点是计算简单,易于理解。这一决策原则粗略地考虑了投资的风险状况(投资回收期越长,投资风险越高;反之,投资风险则减少)。正是因为投资回收期存在这些优点,所以在很长时间内被广泛使用,目前仍然是企业家在进行投资决策时需要参考的指标之一。

投资回收期存在诸多明显的缺点。第一,投资回收期指标给予各期现金流量同等的权重,没有考虑资金的时间价值。因此,回收期指标使项目的选择更偏向于短期投资项目。第二,如果对所有的项目设置同样的投资回收期标准,那么忽视了不同项目之间的风险差异。第三,投资回收期指标只考虑了回收期之前的现金流对投资收益的贡献,没有考虑回收期之后的现金流对投资收益的贡献。第四,投资回收期指标的标准确定主观性较大。

为了改正投资回收期指标存在的第一个缺点,人们引入了贴现投资回收期指标(discount payback period)。这一指标将各期现金流贴现后再求出投资项目的投资回收期,在一定程度上解决了投资回收期指标没有考虑货币时间价值的问题。实际上,贴现回收期也大体上改正了前述第二个缺点。尽管如此,仍未能弥补后两个缺陷。

例 5-4 设贴现率为 10%,计算例 5-1 中 A、B 两个项目的贴现回收期。

解 贴现现金流计算结果如表 5-2 所示。

表 5-2   单位:元

项目	时间(年)	0	1	2	3	4	5
A	净现金流量	-20 000	16 000	16 000	7 000	7 000	7 000
	贴现现金流量		14 545	13 223	5 259	4 781	4 346
B	净现金流量	-20 000	6 000	6 000	6 000	6 000	30 000
	贴现现金流量		5 455	4 959	4 508	4 098	18 628

与现金流相比,每年的贴现现金流明显减少。项目 A 第一年的贴现现金流量为 14 545 元,第二年的贴现现金流量为 13 223 元,所以其贴现回收期为:

$$\text{贴现回收期}^A = 1 + \frac{20\,000 - 14\,545}{13\,223} = 1.41(\text{年})$$

项目 B 第一年的贴现现金流为 5 455 元,第二年的贴现现金流为 4 959 元,第三年为 4 508 元,第四年为 4 098 元,第五年为 18 628 元,所以其贴现回收期为:

$$\text{贴现回收期}^B = 4 + \frac{20\,000 - 5\,455 - 4\,959 - 4\,508 - 4\,098}{18\,628} = 4.05(\text{年})$$

显然,考虑贴现因素后,项目的投资回收期延长了。

5.4.2 平均会计利润率

平均会计利润率(average accounting rate of return,AAR)有不同的定义,但不管怎样定义,它的基本公式都是:

$$\text{平均会计利润率}(\text{AAR}) = \frac{\text{某个时期的平均会计利润}}{\text{某个平均会计价值计量值}} \tag{5-5}$$

对于投资项目,我们关于平均会计利润率的定义是:

$$\text{平均会计利润率}(\text{AAR}) = \frac{\text{项目寿命周期内的平均会计利润}}{\text{项目寿命周期内的平均账面价值}} \tag{5-6}$$

在很多情况下,我们可以用(项目初始投资额 + 项目残值)/2 作为项目寿命周期内的平均账面价值的近似值。

平均会计利润率的决策标准是:确定项目的目标平均会计利润率,如果项目的预期平均会计利润率大于它的目标平均会计利润率,那么该项目是可取的;如果低于目标平均会计利润率,那么则应拒绝该项目。在有多个项目的互斥选择中,则在所有超过目标平均会计利润率的项目中选择平均会计利润率最高的项目。

例 5-5 设某投资者准备在某一大型购物中心内开设一个品牌专卖店,需要投资 750 000 元,专卖店的经营期限为 5 年。初始投资 750 000 元在 5 年内直线折旧完毕,残值为 0。所得税税率为 30%,项目各期预计经营数据如表 5-3 所示。求这一项目的平均会计利润率。

表 5-3 预计损益表 单位:元

	第1年	第2年	第3年	第4年	第5年
销售收入	700 000	800 000	800 000	800 000	800 000
费用	500 000	550 000	550 000	550 000	550 000
折旧前利润	200 000	250 000	250 000	250 000	250 000
折旧	150 000	150 000	150 000	150 000	150 000
税前利润	50 000	100 000	100 000	100 000	100 000
所得税(30%)	15 000	30 000	30 000	30 000	30 000
净利润	35 000	70 000	70 000	70 000	70 000
净现金流量	185 000	220 000	220 000	220 000	220 000

解 此项目的平均会计利润为:

$$(35\,000 + 70\,000 + 70\,000 + 70\,000 + 70\,000)/5 = 63\,000(元)$$

项目平均账面价值为:

$$(750\,000 + 0)/2 = 375\,000(元)$$

项目平均会计利润率为:

$$AAR = 63\,000/375\,000 = 16.8\%$$

例 5-6 用例 5-1 的数据,计算项目 A、B 的平均会计利润率。

解 项目 A 的平均会计利润为:

$$\text{平均会计利润}^A = (12\,000 + 12\,000 + 3\,000 + 3\,000 + 3\,000)/5$$
$$= 6\,600(元)$$

项目 A 的初始投资额 $I = 20\,000$,残值 $S = 0$,平均账面价值 $= (I+S)/2 = 10\,000$,所以,其平均会计利润率 AAR^A 为:

$$AAR^A = 6\,600/10\,000 = 66\%$$

项目 B 的平均会计利润为:

$$\text{平均会计利润}^B = (2\,000 + 2\,000 + 2\,000 + 2\,000 + 26\,000)/5$$
$$= 6\,800(元)$$

项目 B 的初始投资额 $I = 20\,000$,残值 $S = 0$,平均账面价值 $= (I+S)/2 = 10\,000$,所以,其平均会计利润率 AAR^B 为:

$$AAR^B = 6\,800/10\,000 = 68\%$$

平均会计利润率作为投资决策指标具有简明易懂、计算简单的优点,但这一指标存在着一些明显的问题,主要表现在以下几个方面:

第一,这一指标没有考虑资金的时间价值,将不同时期发生的会计利润给予同等的价值权重。

第二,这一指标的取舍标准是人为确定的,缺乏客观标准。

第三,这一指标只是两个会计数字的比较,没有真正的经济意义。它观察的不是现金流量和市场价值,而是净利润和账面价值,因而无法告诉决策者项目对公司股票价值的影响,也无法说明项目的真实价值和收益率。

5.4.3 平均收益率

为了改善平均会计利润率指标,人们引入了平均收益率(average rate of return, ARR)指标。平均收益率指标用投资项目寿命周期内的平均年现金流量取代年平均会计利润,用初始投资额取代平均账面价值,其计算公式为:

$$平均收益率(ARR) = \frac{平均年现金流量}{初始投资额} \quad (5\text{-}7)$$

例 5-7 计算例 5-5 中专卖店投资的平均收益率和例 5-1 中项目 A、B 的平均收益率。

解 例 5-5 中专卖店的平均年现金流量为:

平均年现金流量 = (185 000 + 220 000 + 220 000 + 220 000 + 220 000)/5
= 213 000(元)

初始投资额为 750 000 元,所以,其平均收益率为:

平均收益率 = 213 000/750 000 = 28.4%

例 5-1 中项目 A 的平均年现金流量为:

平均年现金流量^A = (16 000 + 16 000 + 7 000 + 7 000 + 7 000)/5
= 10 600(元)

初始投资额为 20 000 元,所以,其平均收益率为:

平均收益率^A = 10 600/20 000 = 53%

例 5-1 中项目 B 的平均年现金流量为:

平均年现金流量^B = (6 000 + 6 000 + 6 000 + 6 000 + 30 000)/5
= 10 800(元)

初始投资额为 20 000 元,所以,其平均收益率为:

平均收益率^B = 10 800/20 000 = 54%

采用平均收益率指标虽然解决了以会计利润取代现金流的问题,但没有解决其他问题。

5.4.4 非贴现指标的主要缺陷

投资回收期、平均会计利润率和平均收益率三个指标没有考虑资金的时间价值,是非贴现指标。总结起来,非贴现指标存在以下两个主要缺陷:

(1) 非贴现指标未考虑资金的时间价值。这是非贴现指标的致命弱点。非贴现指标将不同时点上的现金流量当做具有同等价值的资金量进行比较,忽略了资金的时间价值因素。这种做法实际上夸大了投资收益的价值和项目的盈利水平,从而可能导致错误的投资决策。贴现现金流指标则将不同时点上的现金流的价值折算到同一时点(投资开始时的时点)进行比较,使不同时期的现金流在价值上真正具有可比性,为正确的投资决策打下了良好的基础。

(2) 非贴现指标难以提供科学的决策标准。不论是投资回收期指标,还是平均利润率指标,其取舍标准都是根据经验或主观判断制定的,缺乏客观依据。而贴现现金流指标的取舍标准则是以项目的资本成本为基础制定的,具有相对客观的经济意义。

5.5 内部收益率

内部收益率(internal rate of return, IRR),是使投资收益现值等于初始投资额的收益率,或者使净现值为零的贴现率,即下述方程(未知数为 IRR)的解:

$$\text{CF}_0 + \sum_{t=1}^{n} \frac{\text{CF}_t}{(1+\text{IRR})^t} = 0 \tag{5-8}$$

式中:IRR 为内部收益率,其他符号的含义与净现值公式中相同。

如果将(5-8)式的 CF_0 和 $\sum_{t=1}^{n} \frac{\text{CF}_t}{(1+\text{IRR})^t}$ 放到等式的两边,有:

$$-\text{CF}_0 = \sum_{t=1}^{n} \frac{\text{CF}_t}{(1+\text{IRR})^t} \tag{5-9}$$

这一形式与前面的债券的估值公式非常相似,$-\text{CF}_0$ 相当于债券的价值,$\sum_{t=1}^{n} \frac{\text{CF}_t}{(1+\text{IRR})^t}$ 相当于债券未来现金收益的现值。考虑到 CF_0 是初始投资额,是现金流出,所以 $-\text{CF}_0$ 大于零。对比债券估值公式不难看出,(5-9)式的含义是,如果投资者出资 CF_0 购买这一项目并持有到期,他所得到的到期收益率就是内部收益率IRR。因此,内部收益率代表投资者投资某项目所得到的实际收益率。下面我们用一个简单的例子对上述讨论作一个说明。

假设某投资者在 0 期投入 5 000 元的资金,在 1 期和 2 期分别可产生 3 500 元和 3 000 元的现金流入,可以算出,这一投资的内部收益率为20%。因为:

$$-5\,000 + \frac{3\,500}{1+0.2} + \frac{3\,000}{(1+0.2)^2} = -5\,000 + 2\,917 + 2\,083 = 0$$

因此,按照20%的收益率水平,投资者在 0 期投入的 5 000 元现金在 1 期的价值是 6 000 元(5 000×1.2)。由于投资者在 1 期得到的现金收入为 3 500 元,投资者将这一部分现金提走后,尚余 2 500 元用于继续投资,并可在 2 期为投资者带来3 000 元(2 500×1.2)的现金收入。由此可见,内部收益率所反映的恰恰是投资者的实际收益水平。如果该项目的资本成本为15%,那么其实际收益率就高于资本成本。

由于内部收益率反映的是投资者的实际投资收益,所以运用这一指标进行投资决策的标准就是:当一个项目的内部收益率大于或等于其资本成本时,采纳该项目;否则,拒绝该项目。如果存在多个互斥项目,那么在所有内部收益率大于资本成本的项目中选择内部收益率最高的项目。

求内部收益率需要解关于 IRR 的方程(5-8)式。对于这种高次方程,无法直接用简单的公式法解出。常用的求解方法有两种:一种是采用 Excel 的内置函数"内部收益率(IRR)";另一种是试错和内插法。采用试错和内插法,先用尝试的方法找出两个收益率,使得对应的净现值(即(5-5)式的左边)接近于零,其中一个净现值为正,另一个净现值为负;然后再用内插的方法求出相对准确的内部报酬率。以下两例都采用试错和内插法求解内部收益率。

例 5-8 已知项目 E 的现金流量如表 5-4 所示,求其内部收益率。

表 5-4

时期	0	1	2	3	4
现金流量	-3 000	1 500	1 200	800	300

解 对项目 E 有:

$$NPV^E = CF_0^E + \sum_{t=1}^{4} \frac{CF_t^E}{(1+IRR)^t}$$

$$= -3\,000 + \frac{1\,500}{1+IRR} + \frac{1\,200}{(1+IRR)^2} + \frac{800}{(1+IRR)^3} + \frac{300}{(1+IRR)^4}$$

先代入 IRR = 12% 尝试,有:

$$-3\,000 + \frac{1\,500}{1.12} + \frac{1\,200}{1.12^2} + \frac{800}{1.12^3} + \frac{300}{1.12^4}$$

$$= -3\,000 + 1\,339 + 957 + 569 + 191 = 56$$

再代入 IRR = 14% 尝试,有:

$$-3\,000 + \frac{1\,500}{1.14} + \frac{1\,200}{1.14^2} + \frac{800}{1.14^3} + \frac{300}{1.14^4}$$

$$= -3\,000 + 1\,316 + 923 + 540 + 177 = -44$$

由此可知,内部收益率 IRR 在 12% 到 14% 之间。

如图 5-1 所示:

$$\frac{x}{2\%} = \frac{56}{100}$$

$$x = 1.12\%$$

项目 E 的内部收益率 = 12% + 1.12% = 13.12%

当投资项目未来各期现金流量相等,且均为 CF 时,(5-8)式可写做:

$$CF_0 + CF(PVIFA_{IRR,n}) = 0$$

解出年金现值系数:

$$PVIFA_{IRR,n} = -CF_0/CF \tag{5-10}$$

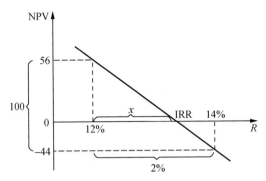

图5-1 项目E的净现值与贴现率的关系

例5-9 求例5-2中项目D的内部收益率。

解 项目D的未来各期现金流量相同,利用(5-10)式可求出:

$$PVIFA_{IRR,6} = 500\,000/140\,000 = 3.571$$

查年金现值系数表(附表4),知IRR在16%—18%之间,可用内插法求出IRR。已知$r=16\%$时,$PVIFA_{16\%,6}=3.6847$;$r=18\%$时,$PVIFA_{18\%,6}=3.4976$。有:

$$\left.\begin{array}{c}16\% \\ ?\% \\ 18\%\end{array}\right\}\left.\begin{array}{c}x\% \\ \\ \end{array}\right\}2\% \qquad \left.\begin{array}{c}3.6847 \\ 3.5714 \\ 3.4976\end{array}\right\}\left.\begin{array}{c}0.1133 \\ \\ \end{array}\right\}0.1871$$

$$\frac{x}{2}=\frac{0.1133}{0.1871} \qquad x=1.21$$

$$IRR = 16\% + 1.21\% = 17.21\%$$

内部收益率指标考虑了资金的时间价值,且易于理解,被广泛应用在企业投资决策中。

净现值和内部收益率所用的公式其实是同一个,所不同的是,净现值是用投资者要求的期望收益率作为(5-1)式中的贴现率,对未来的现金流量进行贴现。内部收益率是给定项目的净现值为0,求出(5-1)式中的贴现率。如果投资项目只是在初始阶段发生现金流出,其后始终是现金流入,即现金流量符号是按照-、+、+、+……的模式排列(前面的负号可以多于一个,但不能在出现正号以后再次出现负号),则净现值与内部收益率之间的关系如图5-2所示。

从图5-2可知,给定未来现金流,随贴现率r的增大,净现值单调下降,并在IRR处为0。根据内部收益率的决策准则,如果项目的内部收益率大于资本成本,则项目可行。根据净现值的决策准则,如果按照资本成本贴现后项目的净现值大于0,则项目可行。从图5-2可知,当资本成本小于内部收益率(位于内部收益率IRR左侧)时,贴现后项目的净现值大于0。同样,当资本成本大于内部收益率(位于内部收益率IRR右侧)时,贴现后项目的净现值小于0。所以,净现值大于零等价于内部收益率大于资本成本。进一步,在独立决策中,净现值与内部收益率两个决策指标的结论是一致的。

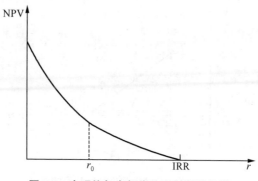

图 5-2　净现值与内部收益率之间的关系

与净现值相比,内部收益率指标存在一些重要缺陷。下面我们分三种情况进行讨论。

第一种情况是在项目的寿命周期内其现金流量会多次改变符号。在此情况下,有可能出现多个内部收益率共存的现象,而且,即使是独立决策,用内部收益率指标也可能得出错误的结论。

例 5-10　项目 F 的现金流量如表 5-5 所示。

表　5-5　　　　　　　　　　　　　　　　单位:千元

时期	0	1	2	IRR	NPV($r=10\%$)
现金流量	-100	260	-168	20% or 40%	-2.48

不难解出项目 F 的 IRR 有两个值,20% 和 40%(见图 5-3)。若项目的资本成本为 10%,则两个 IRR 之值均大于资本成本。根据内部收益率指标的判别原则,应接受这一项目。但是,这一项目的净现值为负值,应予以拒绝。显然,在这种情况下净现值指标与内部收益率指标的结论是相互矛盾的,且后者的结论是错误的。之所以出现这种情况,是因为在投资项目的寿命周期内现金流两次改变符号(先由负变正,再由正变负),使项目的净现值不再是贴现率的单调函数。

由图 5-3 可知,只有当贴现率 $20\% < r < 40\%$ 时,项目 F 才会有正的净现值,其他情况下其净现值均为负值。

即使现金流的模式非常简单——项目现金流只改变一次符号,在互斥决策中,内部收益率与净现值的决策结果也可能迥异,其原因是多方面的,参见下述第二、三种情况。

第二种情况是初始投资额不等。在两个或两个以上项目的互斥决策中,经常会遇到不同项目的初始投资额不等的情况。由于内部收益率指标完全忽视了投资规模,它会偏向于选择投资规模小的项目。

例 5-11　项目 G、H 的各期现金流量如表 5-6 所示。

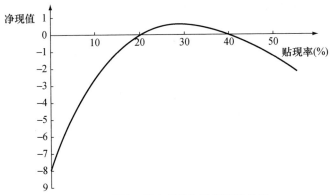

图 5-3 项目 F 的净现值与贴现率的关系

表 5-6 单位:千元

时期	0	1	2	3	IRR	NPV($r=10\%$)
项目 G	-1 000	505	505	505	24%	256
项目 H	-11 000	5 000	5 000	5 000	17%	1 435

如果两个项目 G 和 H 中只能选择一个,根据内部收益率指标,则应选取项目 G,而根据净现值指标,应选取项目 H,两者是相互矛盾的。

第三种情况是现金流发生的时间不同。虽然内部收益率与净现值都对现金流贴现,但是它们采用的贴现率不同。净现值指标采用资本成本贴现;而内部收益率指标采用内部收益率贴现。当内部收益率大于资本成本时,远期的现金流受贴现的影响偏大。由于内部收益率指标的决策原则是选择内部收益率大于资本成本的项目,因此,内部收益率指标偏向于低估期限长的项目和现金流分布靠后的项目,进而选择期限短的项目和现金流分布靠前的项目。

例 5-12 项目 I、J 的各期现金流如表 5-7 所示。

表 5-7 单位:千元

时期	0	1	2	3	4	…	IRR	NPV($r=10\%$)
项目 I	-200	110	110	110	0	…	29.9%	73.6
项目 J	-200	30	30	30	30	…	15.0%	100.0

项目 I、J 的初始投资规模完全相同,但现金流发生的时间不同。项目 I 的现金流集中在三年内发生,每年发生的数额较大;项目 J 的现金流则在项目产生效益后始终保持,但每年发生的数额较小。不难计算出,项目 I 的内部收益率为 29.9%,项目 J 的内部收益率为 15.0%。根据内部收益率进行取舍,应选取项目 I,放弃项目 J。但是,在资本成本为 0.10 时,项目 I 的净现值只有 73.6 千元,而项目 J 的净现值却达到 100.0 千元。根据净现

值进行取舍,应选取项目 J,放弃项目 I。显然,这两个结论是相互矛盾的。造成这一差异的原因是这两个项目的现金流发生的时间不同。项目 I 的现金流集中在近期发生,当贴现率较高时,近期的现金流对现值的贡献起主要作用,这时项目 I 就表现出一定的优势。当贴现率较低时,远期现金流对净现值的影响相应增加,项目 J 的优势就逐渐表现出来。图 5-4 清楚地表现了这一点。当贴现率大于 11.2% 时,项目 I 的净现值大于项目 J 的净现值,内部收益率指标的结论与净现值指标的结论一致;当贴现率小于 11.2% 时,项目 J 的净现值大于项目 I 的净现值,内部收益率指标的结论与净现值指标的结论相反。本例中采用的贴现率为 10%,小于 11.2%,故内部收益率指标的结论与净现值指标的结论相反。

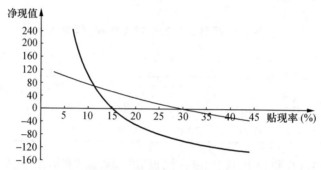

图 5-4 项目 I、J 的净现值与贴现率的关系

在第三种情况下,导致净现值指标与内部收益率指标的决策结果不一致的深层原因是,内部收益率指标假设各期现金流按照项目的内部收益率进行再投资。该假设不合理,原因包括两个方面。第一,未来投资项目的收益可能达不到当前项目的内部收益率水平,但只要未来项目的收益水平大于资本成本,那些项目仍然应该投资。第二,如果未来项目的收益水平相当于甚至高于当前项目的内部收益率,那么这种高收益项目按照资本成本去衡量,理所当然会被接受,因而没有必要、也不应该将未来项目的价值计入到当前项目之中。

第二、第三两种情况出现的问题可用现金流增量分析的办法作进一步的说明。对于第二种情况,我们可考虑用项目 H 的现金流减去项目 G 的现金流,即对项目(H-G)进行投资分析,其结果如表 5-8 所示。

表 5-8　　　　　　　　　　　　　单位:千元

时期	0	1	2	3	IRR	NPV ($r=10\%$)
项目 H	-11 000	5 000	5 000	5 000	17%	1 435
项目 G	-1 000	505	505	505	24%	256
项目(H-G)	-10 000	4 495	4 495	4 495	16.6%	1 179

项目(H-G)的内部收益率为 16.6%,大于 10% 的必要报酬率,根据内部收益率指标的决策标准可以接受。同时,这一项目的净现值为 1 179 元,大于零,同样符合净现值指

标的要求。因此,项目(H-G)是应该接受的。投资者在选择了项目 G 之后,还应继续选择项目(H-G),两者之和为 G+(H-G)=H,即应该选取项目 H。

对于第三种情况,我们可用同样的方法进行分析。如表 5-9 所示,可以得到项目(J-I)的内部收益率为 11.2%,大于 10% 的资本成本,其净现值为 26.4 千元,大于零,应予接受。

表 5-9　　　　　　　　　　　　　　　单位:千元

时期	0	1	2	3	4	…	IRR	NPV ($r=10\%$)
项目 J	-200	30	30	30	30	…	15.0%	100.0
项目 I	-200	110	110	110	0	…	29.9%	73.6
项目(J-I)	0	-80	-80	-80	30	…	11.2%	26.4

除了以上三个方面的问题之外,内部收益率指标还存在两个缺陷。第一,在某些特殊情况下,由于方程(5-8)没有实数解,因此无法采用该指标进行投资决策。第二,内部收益率指标没有区分借方和贷方。给定任何一个项目 X,假设其内部收益率大于资本成本。我们把项目 X 的全部现金流改变符号,从而得到另一个项目,记作(-X)。显然,项目(-X)的内部收益率等于项目 X 的内部收益率。这样,采用内部收益率指标进行投资决策,项目 X 与项目(-X)都是好项目。由于它们的现金流正好相反,因此,它们的净现值的符号正好相反。依照净现值标准,它们有且只有一个项目是好项目。这样,采用内部收益率指标与净现值指标得出的结论相互矛盾。

以上分析说明,尽管内部收益率指标也考虑了资金的时间价值,并且是一种常用的投资决策指标,但在某些情况下,它可能给出错误的选择。

5.6　调整的内部收益率

为了解决内部收益率存在诸多缺陷的问题,使之能更好地用于投资决策,人们引入了调整的(或修正的)内部收益率(modified internal rate of return, MIRR)指标。

调整的内部收益率为"投资成本的现值 = 投资收益终值的现值"时等式右侧所用的贴现率,即

$$\sum_{t=1}^{n} \frac{\text{COF}_t}{(1+r)^t} = \frac{\sum_{t=1}^{n} \text{CIF}_t (1+r)^{n-t}}{(1+\text{MIRR})^n} \tag{5-11}$$

式中:COF_t 为 t 时刻的流出现金流;CIF_t 为 t 时刻的流入现金流;r 为资本成本;MIRR 为调整的内部收益率;$\sum_{t=1}^{n} \text{CIF}_t(1+r)^{n-t}$ 为项目寿命周期内流入现金流的终值;$\sum_{t=1}^{n} \frac{\text{COF}_t}{(1+r)^t}$ 为投资成本的现值。

所以,(5-11)式又可写成:

$$\text{项目投资成本的现值} = \frac{\text{项目净现金流入量的终值}}{(1+\text{MIRR})^n} \qquad (5\text{-}12)$$

如果所有的投资现金流出均发生在零时刻($t=0$),第一笔现金流入量发生在 1 时刻($t=1$),则有:

$$\text{项目投资成本} = \frac{\text{项目净现金流入量的终值}}{(1+\text{MIRR})^n}$$

$$= \frac{\sum_{t=1}^{n} \text{CIF}_t (1+r)^{n-t}}{(1+\text{MIRR})^n} \qquad (5\text{-}13)$$

例 5-13 求例 5-1 中的项目 A 的 MIRR。

解 已知贴现率 $r=10\%$,项目 A 的现金流量为。

时间(年)	0	1	2	3	4	5
净现金流量	-20 000	16 000	16 000	7 000	7 000	7 000

流出现金流的现值(投资成本)为 20 000 元,$t=1$ 至 $t=5$ 的流入现金流的终值为:

$$\begin{aligned}
FV &= 16\,000 \times (1+0.10)^4 + 16\,000 \times (1+0.10)^3 \\
&\quad + 7\,000 \times (1+0.10)^2 + 7\,000 \times (1+0.10) + 7\,000 \\
&= 23\,426 + 21\,296 + 8\,470 + 7\,700 + 7\,000 = 67\,892(\text{元})
\end{aligned}$$

根据(5-11)式,有:

$$20\,000 = \frac{67\,892}{(1+\text{MIRR}^A)^5}$$

$$(1+\text{MIRR}^A)^5 = 67\,892/20\,000 = 3.3946$$

$$1+\text{MIRR}^A = 1.277$$

解出:$\text{MIRR}^A = 27.7\%$。

类似地,可以解出例 5-1 中项目 B 的调整的内部收益率 $\text{MIRR}^B = 24.83\%$。

例 5-14 在例 5-10 中,项目 F 存在多个内部收益率(IRR),从而使内部收益率作为投资决策指标产生了错误。调整的内部收益率(MIRR)则可以解决这一问题。设项目 F 的资本成本 $r=10\%$,则项目 F 的成本现值为:

$$\text{成本现值} = 100 + \frac{168}{(1+0.10)^2} = 238.8$$

$$\text{流入现金流的终值} = 260 \times 1.1 = 286$$

根据(5-12)式,有:

$$238.8 = \frac{286}{(1+\text{MIRR}^F)^2}$$

$$(1+\text{MIRR}^F)^2 = 286/238.8 = 1.198$$

$$1 + \text{MIRR}^F = 1.094$$

解出：$\text{MIRR}^F = 9.4\%$。

显然，这时 MIRR 小于资本成本 10%，不应该选择项目 F。图 5-3 和净现值计算说明，这一结论是正确的。

如果设项目 F 的资本成本 $r = 30\%$，则项目 F 的成本现值为：

$$\text{成本现值} = 100 + \frac{168}{(1+0.30)^2} = 199.4$$

$$\text{流入现金流的终值} = 260 \times 1.3 = 338$$

根据(5-12)式，有：

$$199.4 = \frac{338}{(1+\text{MIRR}^F)^2}$$

$$(1+\text{MIRR}^F)^2 = 338/199.4 = 1.695$$

$$1 + \text{MIRR}^F = 1.302$$

解出：$\text{MIRR}^F = 30.2\%$。

这时 MIRR^F 大于资本成本 30% 的必要报酬率，应该选择项目 F。图 5-3 和净现值计算同样说明，这一结论也是正确的。

由以上分析可知，与内部收益率（IRR）相比，调整的内部收益率（MIRR）假设所有的投资收益均按照项目的资本成本进行再投资，从而使其关于再投资收益率的假设合理化，进而解决了内部收益率的一个重要缺陷——5.5 节中的第三种情况。同时，调整的内部收益率也解决了同时存在多个内部收益率的问题——5.5 节中的第一种情况。但是，与内部收益率一样，调整的内部收益率也忽视了投资规模。

5.7 现值指数

现值指数（present index，PI）是投资项目未来各期收益的现值与初始投资额之比。

$$\text{现值指数（PI）} = \frac{\text{未来收益现值}}{\text{初始投资额}} \tag{5-14}$$

现值指数指标的决策准则是：当项目的现值指数大于 1 时，选取该项目；当项目的现值指数小于 1 时，放弃该项目；当有多个互斥项目并存时，在现值指数大于 1 的项目中选取现值指数最大的项目。

例 5-15　计算例 5-1 中项目 A、B 的现值指数。

解　由例 5-1 数据可知，项目 A 的投资收益的现值为：

$$\text{PV}^A = \frac{16\,000}{1.1} + \frac{16\,000}{1.1^2} + \frac{7\,000}{1.1^3} + \frac{7\,000}{1.1^4} + \frac{7\,000}{1.1^5}$$

$$= 14\,545 + 13\,223 + 5\,259 + 4\,781 + 4\,346$$

$$= 42\,154$$

项目 A 的初始投资额为 20 000,其现值指数为:

$$PI^A = \frac{42\,154}{20\,000} = 2.1$$

同理,可计算出项目 B 的现值指数为 1.88。

现值指数指标与净现值指标所使用的数据相同,都是项目的初始投资额和投资收益的现值,但使用方法不同。现值指数度量投资收益现值与初始投资额的相对大小,而净现值是投资收益现值与初始投资额的差。在独立决策中,现值指数与净现值的决策效果完全等价。在互斥决策中,如果各备选项目的初始投资额相同,现值指数与净现值的决策结论也一致。但是,如果初始投资额不同,两者可能会给出不同的结论。

例如,在前面的例子中,项目 I 与项目 J 的初始投资额相同,均为 200 千元,它们的投资净现值分别为 73.6 千元和 100 千元,现值指数分别为 0.368 和 0.5。显然,现值指数高者净现值也高,现值指数低者净现值也低,不论用现值指数,还是用净现值,都将给出同样的结论。而项目 G 与项目 H 的初始投资额不同,一个为 1 000 元,另一个为 11 000 元,净现值分别为 256 元和 1 435 元,现值指数分别为 1.256 和 1.13。显然,现值指数高者净现值低,现值指数低者净现值高,不同的决策指标将给出不同的结论。

如前所述,现值指数刻画的是投资收益的相对值,考虑的是项目投资使用资金的效率,因此,它特别适用于资本限量条件下的投资决策。

5.8 资本限量条件下的投资决策

在本章前面的讨论中,我们都假设企业用于投资的资金总量不受任何限制。实际上,由于种种原因,企业可能会因资金总量有限而不能接受所有好项目——净现值为正的投资项目。在投资选择中,如何使有限的资金发挥出最大的效益,就是资本限量条件下的投资决策问题。

资本限量产生的原因

一般来讲,导致资本限量的主要原因包括:

第一,企业由于种种原因无法筹措到足够的资金。比如,企业股票的市场价格过低,使企业不愿用发行股票的方法筹措资金。而进一步依靠债务资金,又会造成企业的资本结构失衡,加大企业的财务风险。又比如,某些非公众公司主要靠企业内部集资发展,受到内部集资能力的限制,企业在一段时间内无法筹措到投资所需的全部资金,等等。

第二,企业规模扩张过快,缺乏足够的管理人员来管理不断增加的投资项目。同时,企业规模的迅速增大也会造成管理效率的降低,从而使企业最高管理层不得不暂时限制企业规模的扩张,限制企业的筹资数量。

第三,在我国,由于长期资本市场尚未发展成熟,当国家对信贷市场采取严厉的宏观调控时,部分企业就无法正常地筹措资金。

利用净现值和现值指数进行资本限量决策

如果企业拥有多个投资机会,首先找出其中所有净现值大于零的项目,然后对这些项目进行适当的组合,从中找出净现值或加权现值指数最大的项目组合作为投资对象。

例 5-16 有下述五个投资项目,投资期限均为 5 年,贴现率均为 10%,其收益状况与有关决策指标如表 5-10 所示。

表 5-10 单位:元;现值指数除外

项目	初始投资额	年净现金流入量	净现值	现值指数
A	400 000	121 347	60 000	1.15
B	250 000	74 532	32 100	1.13
C	350 000	102 485	38 500	1.11
D	300 000	85 470	24 000	1.08
E	100 000	23 752	−10 000	0.90

若企业可运用的投资资金为 60 万元,问企业应选择哪些项目?

解 显然,上述投资项目中,项目 E 的净现值小于零,应放弃。在余下的四个项目中,项目 A 的净现值和现值指数最高,似应首先考虑。但项目 A 所需初始投资额为 40 万元,一旦选择项目 A 后,余下的资金将不足以投资 B、C、D 中的任何一个项目,只能用于银行存款或进行证券投资。一般来讲,这类投资的净现值为零,现值指数为 1。为了分析的方便,我们将这类投资作为项目 F。考虑到项目 F 和企业的资金约束后,可以选择的项目组合如表 5-11 所示。

表 5-11 单位:元;现值指数除外

投资组合	初始投资额	净现值	加权现值指数
A、F	600 000	60 000	1.10
B、C	600 000	70 600	1.12
B、D、F	600 000	56 500	1.09

表 5-11 中投资组合的净现值容易计算,只要将相应项目的净现值直接相加即可。投资组合的加权现值指数是用组合中每一项目的现值指数与这一项目的投资额在总投资额中所占的比例(即权重)相乘,然后再相加得到。例如,组合 A、F 的加权现值指数计算过程如下:

$$PI(A,F) = \frac{400\,000}{600\,000} \times 1.15 + \frac{200\,000}{600\,000} \times 1.00 = 1.10$$

显然,投资组合 B、C 的净现值和加权现值指数最大,故应选取投资组合 B、C。

利用线性规划进行资本限量决策

如果投资项目间的组合关系较为复杂,或者涉及多期现金流量的综合平衡的问题,可利用线性规划辅助进行资本限量决策。

例 5-17 用线性规划方法解决例 5-16 的项目选择问题。

解 线性规划的目标函数是投资组合的净现值 NPV。

$$NPV = 60\,000X_A + 32\,100X_B + 38\,500X_C + 24\,000X_D$$

其约束条件为:

(1) 0 期投资总额不超过 60 万元

$$400\,000X_A + 250\,000X_B + 350\,000X_C + 300\,000X_D \leq 600\,000$$

(2) 各项目的投资比例不超过 1,不小于 0

$$0 \leq X_A \leq 1.0,\ 0 \leq X_B \leq 1.0,\ 0 \leq X_C \leq 1.0,\ 0 < X_D \leq 1.0$$

总起来有:

$$\text{Max}: NPV = 60\,000X_A + 32\,100X_B + 38\,500X_C + 24\,000X_D$$

$$\text{s. t. } 400\,000X_A + 250\,000X_B + 350\,000X_C + 300\,000X_D \leq 600\,000$$

$$0 \leq X_A \leq 1.0,\ 0 \leq X_B \leq 1.0,\ 0 \leq X_C \leq 1.0,\ 0 \leq X_D \leq 1.0$$

解这个线性规划问题,就可选择出正确的投资组合。

通常,投资项目不能任意分割——投资者要么接受一个项目,要么放弃一个项目。这时,就必须采用整数规划,即将前述线性规划问题中的约束条件 2 改为 $X_i = 0$ 或 $X_i = 1$ ($i = A, B, C, D$),即

$$\text{Max}: NPV = 60\,000X_A + 32\,100X_B + 38\,500X_C + 24\,000X_D$$

$$\text{s. t. } 400\,000X_A + 250\,000X_B + 350\,000X_C + 300\,000X_D \leq 600\,000$$

$$X_i = 0 \text{ 或 } X_i = 1 (i = A, B, C, D)$$

案例 5-1

楚河汉界桥项目的投资分析

公元 20××年××月,吴国市公开招标,决定修建楚河汉界桥。作为潜在的投资者之一,××公司对该项目收益作了初步分析。

公司同吴国市的合作预计为 15 年。如果承揽该项目,公司可以收取大桥通行费收入、附属土地开发及其他收入和现有收费站收入。虽然公司早期可能需要投入 1 亿元,但是可以要求项目的收入优先用于支付公司每年 13% 的回报。

虽然项目可能每年给公司带来 1 300 万元的收入,但是由于税收的关系,公司的实际收入显然要低于这个数字。公司查阅了相关资料,发现营业税及附加为 5.55%,所得税

税率为4.78%,由于需要从银行借款,折现率采用6%的银行借款利率。由此公司得到对项目初步分析的数据如表5-12、表5-13所示:

表5-12 主要会计指标　　　　　　　　　　　　　　　　　　　　　单位:万元

年　度	1	2	3	4	5	6	7	8
回报收入	780	1 300	1 300	1 300	1 300	1 300	1 300	1 300
税金附加	43	72	72	72	72	72	72	72
摊销	400	666	666	666	666	666	666	666
摊销余额	5 600	8 934	8 268	7 602	6 936	6 270	5 604	4 938
税前收益	337	562	562	562	562	562	562	562
会计收益率(%)	5.62	5.85	6.29	6.80	7.39	8.10	8.96	10.03
利息支出	287	478	478	478	478	478	478	478
所得税	17	28	28	28	28	28	28	28

年　度	9	10	11	12	13	14	15	16
回报收入	1 300	1 300	1 300	1 300	1 300	1 300	1 300	520
税金附加	72	72	72	72	72	72	72	72
摊销	666	666	666	666	666	666	676	276
摊销余额	4 272	3 606	2 940	2 274	1 608	942	276	
税前收益	562	562	562	562	562	562	562	562
会计收益率(%)	11.38	13.16	15.59	19.12	24.71	34.95	59.66	77.90
利息支出	478	478	478	478	478	478	478	191
所得税	28	28	28	28	28	28	28	8

表5-13 主要经济指标　　　　　　　　　　　　　　　　　　　　　单位:万元

年　度	1	2	3—15	16
投入资金	6 000	4 000		
投资回报	780	1 300	1 300	520
营业税及附加	43	72	72	29
所得税	17	28	28	8
公司现金流入	−5 280	−2 800	1 200	483
净现值		NPV = 2 174		
现值指数		PI = 1.291		
内部收益率		IRR = 10.18%		
回收期(年)		回收期 PBP = 8.33		折现回收期 DPBP = 10.95

从最初的分析来看,公司的投资回收期相对较长,达到了近11年,内部收益率只有10.18%,并且公司每年1 300万元的投资收益只是由路桥收费优先支付,还存在较大的风险。公司有必要修正投资方案来改进投资收益。

公司通过观察发现,同类投资项目的收益方式主要有三种:第一,在大桥预期车流量较有保证,因此过桥收费收入稳定的情况下,一般采取直接获取大桥收费经营权的收益方式;第二,当大桥预期车流量不是很稳定时,通常采取直接向当地政府财政部门按期收取财政补贴的收益方式;第三,也可以将第一种收益方式与第二种结合,当经营大桥收费收入低于合同规定最低收入时,由政府财政部门进行财政补贴。

此外,公司可能分享未来的增长收入,还可能享有附属土地开发和沿线服务设施经营等权益,分享项目未来增值收益。因此有必要分析公司修改投资收益方式之后的收益情况。

提高项目投资收益率的修改方案(方案1)

公司以向项目单位购买该项目未来15年优先收益权的方式提供建设资金1亿元。项目收入优先用于支付公司根据方案每年应该收取的投资回报2 100万元,共计15年。这样得到的投资收益情况如表5-14和表5-15所示:

表5-14 投资方案的调整

内部收益率	年投资回报(万元)	收益期(年)	回收期(年)	净现值(万元)	现值指数
10.18%	1 300	15	8.33	2 174	1.291
19%	2 100	15	5.86	6 975	2.03

表5-15 调整后方案的投资收益情况   单位:万元

年度	1	2	3—15	16
投入资金	6 000	4 000		
投资回报	1 260	2 100	2 100	840
营业税及附加	70	117	117	47
所得税	166	277	277	108
公司现金流入	-4 976	-2 294	1 706	685
净现值	净现值 NPV=6 975		现值指数 PI=2.03	
内部收益率		IRR=19%		
回收期(年)		PBP=5.86		

通过投资方式的调整,内部收益率上升到了19%,而回收期则下降到了5.68年。项目现在看起来吸引力很大了。

规避风险的投资收益方案(方案2)

从吴国市现有的城市布局来看,直接经营大桥收费可能存在较大的经营风险,该项目比较理想的投资收益方式显然是通过协议每年定期收取投资回报。公司可以向合作单位吴国市财政局购买楚河汉界桥项目未来15年的优先收益权,而后由公司统一向吴国市财政局集中收取过桥费。

这种方式虽然收益有限,但是避免了公司经营的风险,是一个可以拥有较高获利的保守方案。

规避风险且分享项目未来增值收益的投资收益方案(方案3)

基于吴国市市政中心东移的城市发展战略,不排除未来该区域成为城市中心区的可能性,因此该投资项目存在较大增值潜力。公司可以向合作单位吴国市财政局购买楚河汉界桥项目未来15年的50%优先收益权。由吴国市财政局每年支付投资回报1 300万元,同时收取投资项目每年收入的 50% 作为收益。

经过比较,公司发现方案 3 既能保证公司每年稳定的 13% 的投资收益率,同时又能分享投资项目未来可能的增值收益。最终公司决定按照方案 3 投标。

资料来源:魏聃根据价值中国网(http://www.chinavalue.net)上资料改写。

本章小结

本章讲述了资本投资决策的基本决策过程和决策指标。(1)讲述了净现值(NPV)、内部收益率(IRR)、投资回收期、平均会计利润率、平均收益率、现值指数(PI)以及调整的内部收益率(MIRR)等决策指标,以及上述决策指标的意义、计算方法及其在投资决策中的判别标准。(2)分析了贴现指标与非贴现指标的利弊,比较了净现值指标与内部收益率指标的异同,指出了内部收益率指标可能存在的问题。本章的讨论表明,净现值指标反映的是一个投资项目的价值与它的成本之差,决策者应该选择净现值大于零的投资项目以实现公司价值或股东财富最大化的目标。作为直接衡量投资价值增长与否的指标,净现值指标是最恰当的投资决策指标。(3)分析了调整的内部收益率指标,这一指标在一定程度上可以克服内部收益率指标存在的一些缺陷。

思考题

1. 为什么投资活动是企业面临的一项最为重要的经营活动?
2. 按照投资的风险程度,可以将企业的投资活动分为几类?这样分类的意义何在?
3. 投资决策过程可分为几个步骤?
4. 净现值指标与内部收益率指标的联系与区别是什么?
5. 内部收益率指标存在着哪些缺陷?产生这些缺陷的原因是什么?
6. 投资回收期指标存在着哪些缺陷?贴现投资回收期克服了投资回收期指标的哪一种缺陷?
7. 现值指数指标与净现值指标之间的联系与区别是什么?
8. 为什么净现值指标是最恰当的投资决策指标?

计算题

1. 某公司考虑扩大其现有产品的生产能力,预期项目的初始投资额为 195 万元,未来 6 年内每年可产生 45 万元的净现金流入,已知项目的贴现率为 9%,要求:

(1) 计算该项目的净现值、内部收益率和现值指数。

(2) 判断该项目是否应该进行。

2. 某项目初始投资额为 10 万元,未来 10 年内每年可产生 18 000 元的净现金流入,要求计算:

(1) 贴现率为 10% 时投资项目的净现值;

(2) 贴现率为 15% 时投资项目的净现值;

(3) 这一项目的内部收益率。

3. 河海公司有 A、B 两个投资项目可供选择,它们的现金流量状况如下所示(单位:元):

年 度	项目 A	项目 B
0	−50 000	−50 000
1	15 625	0
2	15 625	0
3	15 625	0
4	15 625	0
5	15 625	100 000

已知贴现率为 10%,计算:

(1) 两个项目的投资回收期;

(2) 两个项目的净现值;

(3) 两个项目的内部收益率;

(4) 两个项目的调整的内部收益率 MIRR。

4. N 公司的资本成本是 11.5%,现在公司准备上马一个项目。初始投入是 200 万元,预计第一年可以回收资金 235 万元;但第二年要对设备进行维护和改造,估计会损失现金 65 万元;到第三年预计公司还能回收资金 300 万元,同时项目终结。不考虑设备残值,这个项目的净现值是多少?

5. 利吉汽车公司准备上马小汽车 T 和小汽车 P 两种产品。估计的现金流分别如下表所示。公司的资本成本是 14%,请计算两个项目的 NPV、IRR 和 MIRR,并对是否接受项目做出判断(单位:万元):

年度	小汽车 T 项目	小汽车 P 项目
0	−17 100	−22 430
1	5 100	7 500
2	5 100	7 500
3	5 100	7 500
4	5 100	7 500
5	5 100	7 500

6. 乐哈哈饮水公司正在考虑两个相互排斥的项目,现金流分布如下表所示(单位:万元)。公司的资本成本是10%。问公司较好的项目的内部收益率是多少?

年度	S	L
0	−1 000	−1 000
1	900	0
2	250	250
3	10	400
4	10	800

7. 项目 S 需要投入 100 万元,预计未来 5 年每年都能得到相同的收益。如果项目的 IRR 是 10%,而公司的资本成本是 8%,那么项目 S 的 MIRR 是多少?

8. 某化工企业准备上马一个项目,公司首先要花 900 万元订购设备,一年后设备运达还要再支付 150 万元安装调试。假设投产后 5 年内公司每年都能得到 350 万元的收入。如果公司的资本成本是 13.5%,这个项目的 NPV 和 IRR 各是多少? 公司可能需要对造成的环境污染进行赔偿,生产过程中每年的赔偿额达到多少公司就会放弃这个项目?

9. 东方公司准备开发一个房地产项目,如果开发成休闲中心,先期的投入会比较高,但是未来的收益也很可观。如果开发成写字楼用于出租,收益会很稳定,但是收益水平较低。两种可能的现金流列于下表(单位:万元)。两个项目的 IRR 分别是多少? 如果公司的资本成本是10%,你建议公司选择哪个项目? 如果资本成本是15%呢?

	0	1	2	3	4	5	6	7
休闲中心	−300	−387	−193	−100	600	600	850	−150
写字楼	−405	140	140	140	140	140	140	140

10. 宏祥出租汽车公司准备购买一批出租车。假设出租车 5 年之内要报废。公司也可以选择在车还没有报废之前就把车卖掉。具体每年的收入和二手车的价值如下表所示(单位:元)。假定公司的资本成本是10%,公司是否应当让车到期后报废? 如果不是,公司应该在第几年把车卖掉?

	0	1	2	3	4	5
运营收益	−22 000	6 500	6 500	6 500	6 500	6 500
二手车残值	22 000	18 000	14 000	11 000	7 000	0

第6章 资本预算分析

6.1 项目现金流分析

项目的现金流是决定项目是否可行的关键因素之一,对项目现金流量的分析是资本投资决策的基础。

6.1.1 项目现金流量的构成

一个项目的现金流由初始现金流、营业现金流和终结现金流三部分构成。

1. 初始现金流

初始现金流是指为使项目建成并投入运行而发生的有关现金流,是项目的投资支出。它由以下几个部分构成:

(1) 固定资产投资。包括固定资产的购置成本或建造费用,以及运输成本、安装成本等。

(2) 净营运资本投入。为使项目投入生产经营,除固定资产投资外,企业还需要购买原材料、预支工资和各项费用等,因而需要投资者投入净营运资本。

(3) 其他费用。与项目运转相关的各项可能的费用支出,如职工培训费、谈判费、注册费等。

(4) 原有固定资产变现收入和清理费用。如果投资项目是现有固定资产的更新,则初始现金流量还包括原有固定资产的变现收入和清理费用。如果原有固定资产清理起来很困难,清理费用会很高。

2. 营业现金流

营业现金流是指项目投入运行后,在整个经营寿命期间因生产经营活动而产生的现金流。这些现金流通常是按照会计年度计算的,由以下三个部分组成:

(1) 产品或服务销售所得到的现金流入。

(2) 各项营业现金支出,如原材料购置费用、职工工资支出、燃料动力费用支出、销售费用支出、期间费用等。

(3) 税金支出。

如果各年销售收入均为现金收入,则营业净现金流可用下式计算:

年净现金流 = 年销售收入 – 付现成本 – 税收支出

或：
年净现金流 = 息税前收益 + 折旧 – 税收支出

在项目不考虑负债和利息支出的情况下：
年净现金流 = 净利润 + 折旧

其中付现成本是指不包括折旧等非现金成本在内的各项成本费用支出。关于营业现金流的计算与分析，本章后面将详细讨论。

3. 终结现金流

终结现金流是指项目终结时所发生的各种现金流，主要包括固定资产的变现收入，投资时垫支的营运资本的收回，停止使用的土地的变现收入，以及为结束项目而发生的各种清理费用等。

例 6-1 设某项目的固定资产投资额为 800 000 元，净营运资本投资额为 200 000 元。预计项目的运营时间为 8 年，终结时固定资产变价收入为 150 000 元，清理及有关终结费用为 100 000 元，初始时投入的营运资本在项目终结时可全部收回。另外，预计项目投入运营后每年可产生 400 000 元的销售收入，并发生 150 000 元的付现成本。该企业的所得税税率为 30%，采用直线折旧。同时，出于税收方面的考虑，折旧时设固定资产的残值为零。这样，每年的固定资产折旧额为 100 000 元(800 000/8)。现金流图和计算过程分别如图 6-1 和表 6-1 所示。

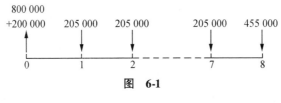

图 6-1

表 6-1 单位：元

年度	0	1	2	3	……	7	8
固定资产投资(1)	-800 000				……		
营运资本投资(2)	-200 000				……		
销售收入(3)		400 000	400 000	400 000	……	400 000	400 000
付现成本(4)		150 000	150 000	150 000	……	150 000	150 000
折旧(5)		100 000	100 000	100 000	……	100 000	100 000
税前利润(6) (6) = (3) - (4) - (5)		150 000	150 000	150 000	……	150 000	150 000
所得税(7) (7) = (6) ×30%		45 000	45 000	45 000	……	45 000	45 000
税后净利润(8) (8) = (6) - (7)		105 000	105 000	105 000	……	105 000	105 000

(续表)

年度	0	1	2	3	……	7	8
固定资产变价收入*(9)					……		150 000
营运资本收回(10)					……		200 000
终结清理费用(11)					……		-100 000
净现金流（12）	-1 000 000	205 000	205 000	205 000	……	205 000	455 000

* 为简单计,不考虑固定资产变现收入引起的所得税支出。

为了便于计算,我们近似地假定投资支出在 0 时刻一次性付出,且营业现金流量则分别出现在第 1—8 年的年底。

6.1.2　项目现金流分析与价值评估:一个案例

在分析和评估项目的现金流时,我们需要对项目进行预测,可以利用编制预测财务报表的方法预测项目现金流。

例 6-2　假设 A 公司准备投资生产一种新产品,市场调研报告表明,该产品的市场寿命期限为 6 年。预计该产品的销售量第 1 年为 50 000 件,第 2 年和第 3 年 55 000 件,第 4 年为 45 000 件,第 5 年为 30 000 件,第 6 年为 20 000 件,此后项目终结。预计产品单价第 1 年为每件 200 元,此后每年上涨 5%,与同期通货膨胀率相同。

为生产这一新产品,需要购置新设备,其价值(包括运费和安装费)为 1 200 万元。设备的使用年限为 6 年,按照零残值采用直线折旧法折旧,每年折旧额为 200 万元(1 200/6)。预计设备在项目终结时可按照 60 万元的价格转卖。

生产这一产品需要的场地可利用企业现有的一座闲置厂房。为适应生产新产品的要求,需要对厂房进行适当的维修与改造,预计本项费用为 100 万元。如果这一厂房不作为新产品的生产场地,可以出租给相邻的另一家企业做库房用,年租金为 50 万元,租期为 6 年。如果厂房用于出租,其必要的维修改造费用由承租方承担。

产品的原材料费用预计第 1 年为每件 50 元,以后按照每年 5% 的通货膨胀率上涨。据相关部门测算,为保证生产和销售的正常进行,需要的原材料库存为 12 天的销售额,在产品和产成品的库存价值为 20 天的销售额。企业购买原材料的平均付款期为 30 天,企业发出产品后的平均收款期为 60 天。

据生产部门测算,产品第 1 年的直接人工为每件 25 元,燃料动力费用为每件 5 元,在项目生命期内按照 5% 的通货膨胀率上涨。由于新产品在企业总体生产经营活动中所占的比例很低,企业的销售、管理和其他间接费用并不会因新产品的投产而发生显著变化,因此投产后新产品每年只产生 10 万元额外的销售和管理费用。但根据公司内部的成本考核标准,新产品要按照销售额的 2% 来分担间接费用。

根据资本市场上的反映,这一新产品项目的税后资本成本与公司当前的资本成本相同,为10%,同期企业银行贷款的利率为每年6%。公司所得税税率为30%。公司为此项目支付了15万元的可行性研究费用。项目的基本数据如表6-2所示。

表6-2 新产品项目的基本数据摘要

项目	单位或价值	类型	时间
预期年销售量(件)	50 000,55 000,55 000,45 000,30 000,20 000	收入	1—6年
单价	第1年200元,以后每年上涨5%	收入	1—6年
设备成本	12 000 000元	资产	现在
折旧(直线法,零残值)	每年2 000 000元(12 000 000/6)	费用	1—6年
设备转售价值	600 000元	收入	第6年末
单位原材料成本	第1年50元,以后每年上涨5%	费用	1—6年
原材料库存	12天的销售额	资产	现在
应付账款	40天的采购额	资产	现在
应收账款	60天的销售额	资产	现在
在产品和产成品库存	20天的销售额	资产	现在
单位直接人工成本	第1年25元,以后每年上涨5%	费用	1—6年
单位燃料与动力成本	第1年5元,以后每年上涨5%	费用	1—6年
支出销售和管理费用	每年100 000元	费用	1—6年
分摊间接费用(元)	销售额的1%	费用	1—6年
公司所得税税率	30%	费用	1—6年
税后资本成本	10%		不在现金流中
银行贷款利率	6%		不在现金流中
厂房对外出租租金	500 000元	损失	1—6年
可行性研究费用	150 000元	费用	已经发生

根据上面的资料,我们分析项目的现金流量。

首先,分析项目的初始现金流,在这一项目中,初始现金流包括以下三项:

(1) 购置及运输和安装设备的投资共1 200万元。

(2) 为产生项目第1年的销售收入所必须事先投入的营运资本。因为:

$$营运资本需求 = 应收账款 + 存货 - 应付账款$$

其中,应收账款等于60天的销售收入;原材料存货为12天的生产量,而原材料单价是产品售价的25%(50/200),所以其存货价值等于3天的销售收入;在产品和产成品存货是20天的销售收入,总的存货为23天(3+20)的销售收入;应付账款等于40天的采购额,同样由于原材料单价是产品售价的25%,40天的采购额相当于10天的销售收入。由于预计第1年的销售量是50 000件,销售单价是200元,所以第1年的销售收入是1 000万元,平均每天的销售收入为27 397元(10 000 000/365)。因此,应收账款需要占用164.4万元(60×27 397元)的资金,存货需要占用63.0万元(23×27 397元)的资金,应付账款

为27.4万元(10×27 397元)。因此,初始营运资本需求为:

$$营运资本需求 = 164.4 + 63.0 - 27.4 = 200(万元)$$

我们还可以以一种更为方便的方法计算营运资本需求。因为应收账款等于60天的销售收入,存货等于23天的销售收入,应付账款等于10天的销售收入,所以,营运资本需求等于60天加23天再减去10天,即73天的销售收入,相当于全年销售收入的20%(73/365)。所以:

$$营运资本需求 = 0.20 \times 1\,000 = 200(万元)$$

(3) 为了维修改造厂房支出的100万元。

因此,项目所需的全部初始现金流 = 1 200 + 200 + 100 = 1 500(万元)。

为进行这一项目企业还支付了15万元的可行性研究费用,但从现金流量的角度看,不管项目是否进行,这笔费用都已经发生了,属于沉没成本,与目前的决策无关。关于沉没成本,我们将在6.2.3小节讨论。

其次,分析项目的经营现金流。表6-3的1至15行实际上就是项目的预计损益表。通过对销售收入、各种成本和税收的分析,表6-3的15行给出了项目各期的税后利润,16行是项目在各期产生的经营现金流。但这并不是在经营过程中发生的全部现金流。首先,我们要考虑在经营过程中是否有资本投资需求的发生。根据前面的资料我们知道,在项目经营过程中没有新的固定资产投资发生,但由于在整个项目寿命周期内,产品的销售收入在变化,所以营运资本需求会发生相应的变化。其次,还要注意到这个项目占用了公司可用于出租的厂房,使企业每年损失了50万元的租金收入。

表6-3 新产品项目的现金流分析

	0	1	2	3	4	5	6
A. 收入							
1. 预期销售量(件)		50 000	55 000	55 000	45 000	30 000	20 000
2. 单价,每年上涨5%(元)		200.0	210.0	220.5	231.5	242.1	255.3
3. 销售收入(行1×行2)(万元)		1 000	1 155	1 213	1 042	726	511
B. 经营费用							
4. 单位材料成本,每年上涨5%(元)		50.00	52.50	55.13	57.88	60.78	63.81
5. 材料成本总额(行1×行4)(万元)		250	289	303	260	182	128
6. 单位人工成本,每年上涨5%(元)		25.00	26.25	27.56	28.94	30.39	31.91
7. 人工成本总额(行1×行6)(万元)		125	144	152	130	92	64
8. 燃料动力成本,每年上涨5%(元)		5.0	5.25	5.51	5.79	6.08	6.38

(续表)

	0	1	2	3	4	5	6
9. 燃动成本总额(行1×行8)(万元)		25	29	30	26	18	13
10. 折旧(万元)		200	200	200	200	200	200
11. 销售和管理费用(万元)		10	10	10	10	10	10
12. 经营费用总额(行5+行7+行9+行10+行11)(万元)		660	672	695	626	502	415
C. 经营利润							
13. 税前利润(行3−行12)(万元)		340	483	518	416	224	96
14. 减所得税(30%)(万元)		102	145	155	125	67	29
15. 税后利润(万元)		238	338	363	291	157	67
D. 项目产生的经营现金流							
16. 项目现金流(行15+行10)(万元)		438	538	563	491	357	267
E. 营运资本需求的变化							
17. 下一年销售收入的增加额(万元)	1 000	155	58	(171)	(316)	(215)	(511)
18. 下一年新增营运资本需求(行17×0.20)(万元)	200	31	12	(34)	(63)	(43)	(102)
F. 租金损失							
19. 年租金损失(万元)		50	50	50	50	50	50
G. 资本支出							
20. 设备的购置与安装(万元)	1 200						
21. 厂房维修(万元)	100						
22. 设备残值(税后)收回(万元)							42
H. 项目现金流							
23. 项目现金流(行16−行18−行19−行20−行21+行22)(万元)	−1 500	357	476	547	504	350	361

表6-3的17行和18行分别列出了下一年销售收入的变化额和相应营运资本需求的变化额。比如,预计第1年的销售收入为1 000万元,第2年的销售收入为1 155万元,第2年比第1年销售收入增加了155万元,按照20%计,需要增加31万元的营运资本。

损失的租金收入表面上看似乎与项目无关。但实际上,如果不进行新产品项目,为生产新产品所占用的厂房确实可以为企业带来每年50万元的现金收入(租金),所以每年50万元的租金损失是项目的实际现金损失,需要计入,在表6-3的19行列出。相反,在间接费用方面,项目每年按照销售收入的1%分摊的间接费用(不论多少)与项目无关,不是项目的现金流出,只有因为新产品项目多发生的每年10万元的销售和管理费用才是真正与项目有关的现金流。所以,在表6-3的11行,我们只列出了这10万元的费用。

最后,分析项目终结现金流,包括固定资产的变现收入和营运资本的收回。固定资产的变卖价值为60万元,由于其账面价值在项目终结时为0,因此60万元的变现价值为营业外收入,需要按照30%的税率交纳18万元的公司所得税,税后净收入为42万元。营运资本的收回为102万元(18行)。

表6-3是关于新产品项目的全部现金流的计算过程。其实,项目的现金流可以用公式表示如下:

$$\begin{aligned}
\text{项目现金流} &= \text{营业现金流} - \text{营运资本需求的变化} \\
&\quad - \text{固定资产的增量投资} \\
&= \text{息税前收益} \times (1 - \text{所得税税率}) + \text{折旧} \\
&\quad - \text{营运资本需求的变化} - \text{固定资产的增量投资}
\end{aligned} \quad (6-1)$$

如前所述,融资成本在项目的贴现率中考虑,所以项目现金流的分析不考虑融资成本。(6-1)式的第1项是经营活动产生的税后利润,第2项是折旧,第3项和第4项是每一期项目在营运资本和固定资产上的净投资支出(为负时表示资金流入)。(6-1)式归纳了项目从投资到终结的所有现金流,表6-3正是按照该公式计算的全部现金流。

已知项目的资本成本为10%,所以,用10%折现,项目的净现值为:

$$\begin{aligned}
\text{NPV} &= -1\,500 + \frac{357}{1.10} + \frac{476}{1.10^2} + \frac{547}{1.10^3} + \frac{504}{1.10^4} + \frac{350}{1.10^5} + \frac{361}{1.10^6} \\
&= -1\,500 + 341 + 393 + 411 + 344 + 217 + 204 = 410(\text{万元})
\end{aligned}$$

虽然我们给出企业的银行贷款利率是6%,但在后面讨论资本成本时我们将指出,项目的贴现率应该是其资本成本,而不是企业的银行贷款利率。因为银行贷款利率是银行根据企业的整体风险水平确定的投资收益率,而不是根据项目风险确定的投资收益率。

6.2 估计项目现金流时要注意的几个问题

估计项目现金流是一件比较复杂的工作,人们容易犯各种各样的错误。本节我们讨论现金流估计中的几点注意事项。

6.2.1 增量现金流原则

在增量的基础上估计现金流是投资决策分析中一个非常重要的原则。所谓增量现金流,是一个项目导致的企业现金流的改变量,或者,相对于放弃项目,企业接受项目条件下的现金流增量。在绝大多数情况下,一个投资项目不是孤立发生的,它会对公司的其他业务产生影响。这种影响被称为项目的副作用。副作用有两种基本类型——协同效应与侵蚀作用。如果新项目对公司原有业务产生积极的影响,那么称新项目与原有业务之间产生了协同效应。协同效应的来源非常广泛,包括技术进步、规模效应、范围经济、采购成本下降以及市场地位上升等。例如,作为一款划时代的产品,苹果公司 2007 年推出的智能手机 iPhone 很快风靡全球。2010 年面市的 iPad 是苹果公司的又一杰作,奠定了消费电子新宠平板电脑的标准。iPad 作为苹果公司的新产品,与 iPhone 之间存在大量的协同效应。第一,由于二者共用操作系统,因此可以共用大部分应用软件,这不但会降低升级操作系统在单位产品上的分摊成本,而且有助于完善苹果公司构建的生态链,进一步增强其市场地位。第二,由于二者共用芯片等硬件,因此无论是苹果公司自己研发的还是从外部采购的硬件,成本都将显著降低。第三,由于制造技术相近,而且两种产品都由富士康代工装配,因此 iPad 的推出有助于提升苹果公司在与富士康谈判中的谈判地位。

如果新项目对公司原有业务产生消极的影响,那么称新项目对原有业务具有侵蚀作用。企业推出具有替代性的新产品常常会降低被替代的老产品的市场需求,减少老产品的现金流。例如,2001 年 11 月苹果公司推出了 MP3 播放器 iPod,从而为这家老牌 IT 企业注入了新的活力。由于苹果公司 2007 年 6 月底推出的 iPhone 涵盖了 iPod 的所有功能,因此,iPhone 的面市不可避免地会侵蚀 iPod 的市场(参见图 6-2)。事实上,尽管苹果公司在最初的型号之外陆续推出了包括 Mini、Nano、Shuffle 和 Touch 在内的各种改进型,但是终究未能阻止 iPod 的销量下滑。2008 财年 iPod 销量增速大幅下降,2009 财年销量开始下降,2010 财年和 2011 财年更是加速下降。

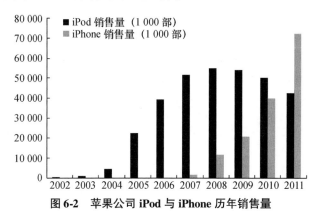

图 6-2 苹果公司 iPod 与 iPhone 历年销售量

注:横轴为财年,从上一年 10 月初至当年 9 月底。

在估计项目的现金流量时,不要忽视其副作用。无论是协同效应,还是侵蚀作用,都要记入到项目的现金流之中。值得一提的是,企业在计量侵蚀作用时,必须特别谨慎。在激烈的市场竞争中,即使一个企业为了保护老产品的现金流决定不推新产品,竞争对手也会推出新产品并挤占其老产品的市场份额。所以,在考虑本企业新产品挤占老产品市场的同时,还应该考虑老产品受竞争对手影响而产生的损失。在前述苹果公司的例子中,

2008年之后iPod销售下滑,部分原因是新产品iPhone产生的侵蚀作用,更重要的原因则是智能手机时代的来临。智能手机是技术进步的必然结果,它的到来不依任何单个企业的意志为转移,只不过苹果公司走在了智能手机供应商队伍的最前列而已。

6.2.2 折旧的影响

折旧虽然不是现金流,但是可以通过减少税收支出增加公司的现金流,即具有税盾作用(tax shield)。具体而言,折旧的税盾作用是指,折旧作为成本项目从企业销售收入中扣除,因此降低了企业的应纳所得税额,从而减少了企业的所得税支出。在例6-2中,如果不扣除折旧,企业每年的税前利润将增加200万元,需多交纳60万元($200 \times 30\%$)的公司所得税,营业现金流将相应地减少60万元。由此可见,尽管折旧本身不是现金流,但它会影响企业的现金流。提取的折旧额越高,企业的实际现金量就越大,尽管企业的账面利润会因此而降低。

对企业来说,每一项固定资产的原值是确定的,对应的折旧总额也是固定的。采用不同折旧方法虽然不能改变折旧总额,但是可以改变折旧额的时间分布。相对于直线折旧法,加速折旧具有推迟纳税的功能。采用加速折旧导致企业的折旧额分布靠前,从而使企业的现金流也分布靠前。考虑到资金的时间价值,这对企业是有利的。

例6-3 假设例6-2中项目1 200万元的固定资产原值按照第1年和第2年各300万元,第3年和第4年各200万元,第5年和第6年各100万元的方法加速折旧,重新计算项目的现金流量及其净现值。

解 由于折旧方法不影响销售收入和其他成本费用,利用表6-3的结果,我们得到改变折旧方法后的表6-4。

表6-4 加速折旧情况下新产品项目的现金流量

	0	1	2	3	4	5	6
1. 销售收入(万元)		1 000	1 155	1 213	1 042	726	511
2. 材料成本总额(万元)		250	289	303	260	182	128
3. 人工成本总额(万元)		175	144	152	130	92	64
4. 燃动成本总额(万元)		25	29	30	26	18	13
5. 折旧(万元)		300	300	200	200	100	100
6. 销售和管理费用(万元)		10	10	10	10	10	10
7. 经营费用总额(行2+行3+行4+行5+行6)(万元)		760	772	695	626	402	315
8. 税前利润(行1-行7)(万元)		240	383	518	416	324	196
9. 减所得税(30%)(万元)		72	115	155	125	97	59
10. 税后利润(万元)		168	268	363	291	227	137

(续表)

	0	1	2	3	4	5	6
11. 下一年新增营运资本需求(万元)	200	31	12	(34)	(63)	(43)	(110)
12. 年租金损失(万元)		50	50	50	50	50	50
13. 设备的购置与安装(万元)	1 200						
14. 厂房维修(万元)	100						
15. 设备残值(税后)收回(万元)							42
16. 项目现金流(行10+行5-行11-行12-行14+行15)(万元)	-1 500	387	506	547	504	320	339

从表 6-4 可看到,采用加速折旧之后,第 1 年和第 2 年由于折旧额从 200 万元增加到 300 万元,税后利润分别由 238 万元和 338 万元下降到 168 万元和 268 万元,但项目产生的现金流分别由 357 万元和 476 万元上升到 387 万元和 506 万元。而第 5 年和第 6 年由于折旧额从 200 万元减少到 100 万元,税后利润分别由 157 万元和 67 万元上升到 227 万元和 137 万元,但项目产生的现金流分别由直线折旧时的 350 万元和 361 万元下降到 320 万元和 339 万元。这些都清楚地显示了不同折旧方法对税后利润和现金流量的影响。用 10% 的资本成本折现,项目的净现值为:

$$NPV = -1\,500 + \frac{387}{1.10} + \frac{506}{1.10^2} + \frac{547}{1.10^3} + \frac{504}{1.10^4} + \frac{320}{1.10^5} + \frac{339}{1.10^6}$$

$$= -1\,500 + 352 + 418 + 411 + 344 + 199 + 192 = 416(万元)$$

可见,加速折旧因其推迟纳税的功能提升了项目的净现值。

6.2.3 沉没成本的影响

沉没成本是指已经使用掉且无法收回的成本。根据增量现金流原则,沉没成本不影响项目的现金流,因此不影响项目的投资决策。投资者在进行投资决策时要考虑的是当前的投资是否有利可图,而不是过去已花掉了多少钱。比如,某企业为一项投资已经花费了 50 万元,要使工程全部完工还要追加 50 万元投资,但项目完工后的收益现值只有 45 万元,这时企业应果断地放弃该项目。如果因为觉得已经为这一项目付出了 50 万元,不忍半途而废,而坚持完成这一项目,则只能招致更大的损失。因为马上放弃这一项目,损失额是 50 万元;如果坚持完成该项目,则除原来损失的 50 万元外,还要加上新的投资损失 5 万元(45 万元 - 50 万元)。相反,如果投资完成后项目的收益现值为 70 万元,则应坚持完成该项目,而不应因为总投资额为 100 万元但收益现值只有 70 万元而放弃它。因为目前企业面临的不是投资 100 万元、收益现值 70 万元的项目,而是投资 50 万元、收益现值 70 万元、净现值 20 万元的项目。

例 6-2 中 15 万元的咨询费用,就属于沉没成本。因为不论企业决定是否采纳新产品项目,15 万元的咨询费都已支付,与当前的决策无关。所以,在例 6-2 的现金流分析中,我们没有计入咨询费用。

沉没成本在投资决策中是一个重要误区。许多已经知道决策失误的项目之所以能够最终建成并一直亏损下去,其中的原因之一就是决策者们总是念念不忘已经"洒掉的牛奶"。

6.2.4 机会成本的影响

在计算项目的现金流量时,不仅要考虑交易产生的明显的现金流,还要考虑没有交易的隐藏的"机会成本"。所谓机会成本(opportunity cost),是指当把一定的经济资源用于某一项目时,同时放弃的其他用途产生的潜在收益中的最大值,又称为"替代性成本",反映了人们常说的"有得必有失"。机会成本是选择的产物,如果决策者不能选择,就不存在机会成本。孟子曰:"鱼,我所欲也,熊掌亦我所欲也;二者不可得兼,舍鱼而取熊掌者也……"孟子选择熊掌的机会成本是鱼。

例 6-2 中新产品项目需要占用现有的闲置厂房,乍一看,"闲置"的厂房表面上不会产生任何现金流。但是,如果企业不是将闲置厂房用于新产品项目,而是将其对外出租,每年可得到 50 万元的租金收入。企业将其用于新产品项目,就丧失了可能获得的租金收入。这部分损失,就是闲置厂房的机会成本,应作为现金流在投资决策中加以考虑。

有时,机会成本表现得非常隐蔽。比如,企业的部分生产能力空闲,暂时又别无他用,机会成本似乎为零。但是,空闲的生产能力可能是企业将来开发其他项目所必需的。如果现在将其占用,势必会影响企业未来项目的开发,因此其机会成本不为零。

6.2.5 分摊费用的计算

企业的新投资项目都会产生分摊费用(如分摊的各种管理费用和行政费用等),会计上这些费用被计入新项目的产品成本,并相应地降低其利润。但是,在分析项目的现金流时,要仔细甄别这些分摊费用,判断每一项分摊费用是否应该计入项目的现金流。根据增量现金流原则,那些确因本投资项目而产生的分摊费用,如增加管理人员或行政人员的费用,应计入投资项目的现金流;反之,那些原来就要发生的,因本项目投资后分摊过来的费用,如总部管理人员的有关支出,则不应计入本项目的现金流。

例 6-1 中因新产品项目增加的 10 万元营销和管理费用是直接与该项目相关的费用支出,所以列为现金流。按照该项目销售收入 1% 分摊在项目上的间接费用,与该项目是否进行无关,只是会计处理结果,所以不应计入现金流。

6.2.6 营运资本需求的收回

项目投资除固定资产投资外,还要投入营运资本。在项目进行期间和项目终结时,投入的营运资本能够以现金的形式收回。因此,每一笔营运资本在项目的现金流分析中应被记录两次:一次是它投入项目时,记作现金流出;另一次是在从项目中收回时,记作现金流入。如果忽略了营运资本的收回,将会扭曲投资决策指标。

在例6-2中,营运资本需求的变化就反映了这一点。在第1年至第3年,项目的销售收入逐年增加,营运资本需求也逐渐增大,所以从项目投资时(0时点)到第2年,都需要逐步增加营运资本的投入,表现为现金流出。从第4年到第6年,项目的销售收入逐年减小,营运资本需求逐渐减小,所以不断地有营运资本从项目中退出,表现为现金流入。

6.2.7 通货膨胀的影响

在通货膨胀期间,不论是项目的收入还是支出都会受其影响。比如,存货的计价有先进先出(FIFO)和后进先出(LIFO)两种计价方法。在通货膨胀期间,后进的物资价格较高,先进的物资价格较低。使用同一批物资,若按先进先出法计价,则成本较低,利润较高,纳税额也较大,使企业的实际现金流减少。若按后进先出法计价,则成本较高,利润较低,纳税额减少,使企业的实际现金流增加。由于企业要考虑的是实际现金流的大小,采用何种存货计价方法在通货膨胀期间就显得非常重要。另外,因通货膨胀造成的货币贬值,将极大地影响投资者的投资收益现值。因此,在通货膨胀期间应认真分析项目的现金流,并在计算投资指标时加以考虑。

在计算投资指标时,对通货膨胀的影响通常有两种处理方法:一是调整投资项目的现金流,以扣除通货膨胀的影响(如按不变价格计算现金流);二是调整贴现率,以抵消通货膨胀带来的现金流增加的影响(如采用"贴现率 = 无通货膨胀时的贴现率 + 通货膨胀率"的方法)。例6-2中对通货膨胀的处理,实际上是假设10%的资本成本中包含了对通货膨胀因素的考虑。

6.2.8 其他因素

除上述因素外,计算项目的现金流时还有一些因素需要注意。如在进行工期较长的大型建设工程项目和生产项目(如船舶制造、飞机制造)时,订货方是否分期预付货款以及如何预付货款,都会影响现金的实际流入时间,从而对其时间价值产生影响。又比如,企业的投资项目能否得到税收、贷款等方面的优惠,也会影响投资项目的现金流,需要在投资分析中加以考虑,等等。

6.3 几种典型的资本投资决策

6.3.1 设备更新决策

例6-4 某企业5年前购置一设备,价值75万元,购置时预期使用寿命为15年,残值为零。该设备进行直线折旧,目前已提折旧 25 万元,账面净值为 50 万元。利用该设备,企业每年产生的销售额为 100 万元,相应的生产成本(指原材料消耗、劳动力工资等)为 70 万元。现在市场上出现了一种新设备,价值 120 万元(含运输、安装、调试等所有费用),使用寿命 10 年,预计 10 年后残值为 20 万元(新设备也使用直线折旧)。由于技术先进、效率高,该设备预期可使产品销售收入由原来的每年 100 万元增加到 110 万元(假设产品产量增加,同时增加的产量又均可在市场上销出),同时可使生产成本由每年 70 万元下降到 50 万元。如果现在将旧设备出售,估计售价为 10 万元。若该公司的资本成本为 10%,所得税税率为 40%,问该企业是否应该更新设备?

解 该问题可用差量比较法来解决,即先比较两种设备产生的现金流的差值,然后计算其现值。

初始投资额:新设备需支出 120 万元,同时出售旧设备可得款 10 万元。由于旧设备的售价低于其账面价值 40 万元,企业可因此少交所得税 40×40% = 16 万元,因此,购买新设备的实际初始支出额为:

$$1\,200\,000 - 100\,000 - 160\,000 = 940\,000(元)$$

中间各期现金流比较过程如表 6-5 所示。

表 6-5 单位:元

	1—10 年 旧设备(1)	1—10 年 新设备(2)	1—10 年 两者之差 (3) = (2) − (1)
销售收入	1 000 000	1 100 000	100 000
生产(付现)成本	−700 000	−500 000	200 000
折旧	−50 000	−100 000	−50 000
税前利润	250 000	500 000	250 000
所得税(40%)	−100 000	−200 000	−100 000
税后利润	150 000	300 000	150 000
经营现金流	200 000	400 000	200 000

第 10 年末新设备变价收入 20 万元。

更新设备投资的净现值为:

$$NPV = -940\,000 + (PVIFA_{10\%,10}) \times 200\,000 + (PVIF_{10\%,10}) \times 200\,000$$

$$= -940\,000 + 6.145 \times 200\,000 + 0.386 \times 200\,000$$

$$= 366\,200(元)$$

由于更新设备的净现值大于零,故应该更新设备。

另外,我们也可以通过比较新、旧设备的净现值来确定是否更新设备。

继续使用旧设备,其现金流如表 6-5 第 1 列所示,净现值为:

$$NPV_{旧} = (PVIFA_{10\%,10}) \times 200\,000 = 6.145 \times 200\,000 = 1\,229\,000(元)$$

采用新设备,其初始投资额与残值计算与前面的差量分析相同,1—10 年现金流分析如表 6-5 第 2 列所示,其净现值为:

$$NPV_{新} = -940\,000 + (PVIFA_{10\%,10}) \times 400\,000 + (PVIF_{10\%,10}) \times 200\,000$$
$$= -940\,000 + 6.145 \times 400\,000 + 0.386 \times 200\,000$$
$$= 1\,595\,200(元)$$

两者之差为:$\Delta NPV = NPV_{新} - NPV_{旧} = 1\,595\,200 - 1\,229\,000 = 366\,200(元)$

由于采用新设备的净现值大于继续使用旧设备的净现值,故应采用新设备。

6.3.2 设备比较决策

为完成同样的生产任务,企业可以选择不同的设备。究竟选用什么样的设备更合理,需要进行设备的比较。严格来讲,比较设备时要考虑每种设备的成本和收益。但在有些情况下,我们可以假设不同设备带来的收益是相同的,只需比较不同设备花费的成本高低即可。

例 6-5 假设没有通货膨胀,现有 A、B 两种设备,它们的生产能力、工作内容和产生的效益都完全相同,但所代表的技术水平不同。A 设备是一种先进设备,售价 40 万元,使用年限为 5 年,每年所需的各项支出为 61 000 元。B 设备是一种"经济"类设备,售价为 25 万元,使用年限 3 年,每年所需的各项支出为 86 000 元。若贴现率为 8%,问应选择哪一设备?

解 A、B 两种设备创造的收益完全相同,因此,只比较它们的成本高低即可。A、B 两设备支出状况如表 6-6 所示。

表 6-6 单位:元

	0	1	2	3	4	5
A 设备	400 000	61 000	61 000	61 000	61 000	61 000
B 设备	250 000	86 000	86 000	86 000	0	0

由于两设备的使用寿命不同,因此不能直接比较它们的成本现值,而需要将成本现值转化为等价年金(equivalent annuity, EA)后再比较。

$$A 设备的成本现值 = 400\,000 + 61\,000 \times (PVIFA_{8\%,5})$$
$$= 400\,000 + 61\,000 \times 3.993$$
$$= 643\,573(元)$$

其等价年金 $EA_A = 643\,573/(PVIFA_{8\%,5}) = 643\,573/3.993 = 161\,175(元)$

$$B 设备的成本现值 = 250\,000 + 86\,000 \times (PVIFA_{8\%,3})$$
$$= 250\,000 + 86\,000 \times 2.577$$
$$= 471\,622(元)$$

其等价年金 $EA_B = 471\,622/(PVIFA_{8\%,3}) = 471\,622/2.577 = 183\,012(元)$

由于 B 设备的等价年金(成本)高于 A 设备的等价年金(成本),故应选取 A 设备。

上例中,由于两种设备的使用年限不同,即口径不同,因此不能直接比较两种设备的成本。通过使用等价年金,我们把设备的总成本转化成年度成本,从而统一了口径。

等价年金是投资决策中的一个重要概念。一列现金流的等价年金是一个特定的年金,该年金与现金流具有相同期限、相同贴现率和相同现值。在没有通货膨胀的情况下,等价年金为不变年金,如上例;如果存在通货膨胀,那么等价年金为增长年金,其增长率为通货膨胀率。等价年金的概念旨在把一列现金流或一个现值转化成具有相同现值的年金,便于我们比较不同投资方案,被广泛应用于不同使用年限设备的选型、设备更新、设备购买/租赁等投资决策中。

6.4 不确定性条件下的资本投资分析

在前面的分析中,我们忽略了资本投资决策中的不确定性(风险)问题。但在现实生活中,投资的不确定性是无法避免的。当存在不确定性时,未来的现金流量是不确定的,再按照前面现金流量确定的假设计算投资指标就有可能做出错误的决策。下一章我们将较为详细地讨论风险的问题。在这一节,我们先讨论如何在不确定条件下进行资本投资决策。

6.4.1 期望值决策

在不确定条件下进行资本投资决策最简单且最方便的方法,是用现金流量的期望值作为实际值的代表,比较各方案期望值的大小,从中选出合适的投资方案。

例 6-6 在修建防洪堤时,由于洪水漫过防洪堤造成的损失,与漫过防洪堤的洪水数量有关,而漫过的洪水量又与堤坝的高度有关。因此,在进行投资决策时,决策者可以根据堤坝高度来估计可能造成的损失。表 6-7 根据 50 年的资料确定了堤坝高度、修建费用和洪水漫堤后造成的损失的期望值的数据,其中堤坝高度是指坝顶相对正常水位的高度。

假定 15 年后将修建新的防洪工程,因此,防洪堤的有效工作年限为 15 年。若投资贴现率为 12%,修多高的防洪堤最经济?

表 6-7

堤坝高度(米)	最高水位超过正常水位 x 米的年数	最高水位超过正常水位 x 米的概率	水位超出堤身 x 米时的损失(元)	x 米高堤坝的建造费用(元)
0.0	24	0.48	0	0
0.5	12	0.24	100 000	100 000
1.0	8	0.16	150 000	210 000
1.5	3	0.06	200 000	330 000
2.0	2	0.04	300 000	450 000
2.5	1	0.02	400 000	550 000
总计	50	1.00		

解 根据表6-7中的数据我们知道,任何一种方案都存在着不确定性。比如,修建1米高的堤坝,洪水超出堤坝0.5米的可能性是6%(因洪水高出正常水位1.5米的可能性为6%),洪水超过堤坝1米的可能性为4%,洪水超出堤坝1.5米的可能性为2%,这些都是不确定性。

为了进行决策,首先计算各方案的等价年金。

(1) 方案1:修建高0.5米防洪堤的等价年金:

$r=0.12, n=15$ 的现值为100 000元的投资的等价年金为:

$$100\,000 \times \frac{1}{6.811} = 14\,682(元)$$

每年因洪水漫堤造成的损失的期望值为:

$$E(x) = 0.16 \times 100\,000 + 0.06 \times 150\,000 + 0.04 \times 200\,000 \\ + 0.02 \times 300\,000 = 39\,000(元)$$

每年的总成本 = 14 682 + 39 000 = 53 682(元)。

(2) 方案2:修建高1.0米防洪堤的等价年金为:

$$210\,000 \times \frac{1}{6.811} = 30\,832(元)$$

$$年损失期望值 = 0.06 \times 100\,000 + 0.04 \times 150\,000 \\ + 0.02 \times 200\,000 = 16\,000(元)$$

每年的总成本 = 30 832 + 16 000 = 46 832(元)

依此类推,有表6-8。

表 6-8

堤高 x(米)	投资的等价年金(元)	每年损失期望值(元)	年成本合计期望值(元)
0.0	0	80 000	80 000
0.5	14 682	39 000	53 682
1.0	30 832	16 000	46 832
1.5	48 451	7 000	55 451
2.0	66 069	2 000	68 069
2.5	80 752	0	80 752

由表6-8可知,修建1米高的防洪堤等年成本期望值最低,最经济。按期望值决策,应选择修建1米高的防洪堤。

上例中我们再一次采用了等价年金的概念。由于不同方案的使用年限固定为15年,因此并非使用等价年金不可。事实上,我们可以直接计算每一种方案的总成本,即期望损失现金流的现值加上建设堤坝的投资,然后进行比较。当然,最终结论不变。

例6-7 某产品的销售前景预测如表6-9所示:

表 6-9

概率	经济状况	现金流量(元)				
		0	1	2	3	4
0.3	好	-10 000	5 000	7 000	7 000	6 000
0.5	一般	-10 000	2 000	4 000	4 000	4 000
0.2	差	-10 000	1 000	1 000	2 000	3 000

当投资贴现率 $r=0.10$ 时,投资净现值的期望值 $E(\text{NPV})$ 为:

$$E(\text{NPV}) = 0.3 \times \left[-10\,000 + \frac{5\,000}{1.10} + \frac{7\,000}{1.10^2} + \frac{7\,000}{1.10^3} + \frac{6\,000}{1.10^4} \right]$$

$$+ 0.5 \times \left[-10\,000 + \frac{2\,000}{1.10} + \frac{4\,000}{1.10^2} + \frac{4\,000}{1.10^3} + \frac{4\,000}{1.10^4} \right]$$

$$+ 0.2 \times \left[-10\,000 + \frac{1\,000}{1.10} + \frac{1\,000}{1.10^2} + \frac{2\,000}{1.10^3} + \frac{3\,000}{1.10^4} \right]$$

$$= 2\,394 (\text{元})$$

由于投资的期望值大于零,可以接受该项投资。

期望值决策法简单易行,但实质上尚未脱离确定性投资分析的藩篱。这种决策方法只考虑期望值大小,未考虑可能围绕期望值出现的偏离及其分布状况。因此,它实际上也未考虑投资风险对决策的影响和人们对待风险的态度,容易导致错误的决策。

例6-8 某项投资有3/4的可能收入5 000元,1/4的可能收入1 000元,收入的期望值为4 000元。另一项投资则可稳获3 500元的收益。相比之下,投资者应选择哪项投资呢?

从图6-3可看出,对具有图中效用函数曲线所示的投资者来说,尽管第一项投资的收入期望值(4 000元)较高,但它为投资者所带来的效用 $U(C)$ 却小于第二项投资带来的效用 $U(D)$。投资者应选择第二项期望值较低的投资。可见,简单的期望值决策不能反映投资者的风险偏好——他们对待风险的态度。

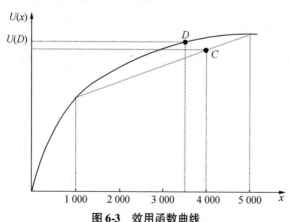

图6-3 效用函数曲线

对于项目现金流普遍存在风险的问题,金融学的基本解决之道是,把投资风险反映到贴现率中,通过调整贴现率来正确估计项目价值(参见本书第 9 章)。

6.4.2 单变量分析与情景分析

理论上,一般而言,净现值大于零的项目就是好项目。但是,由于未来存在不确定性,事前分析的好项目可能最终演变成失败的项目。因此,对关心风险的企业来说,在资本预算中仅仅分析净现值等预算指标是远远不够的。企业通常还必须了解项目的风险状况,例如,项目成败的主要影响因素是什么? 最好和最坏的情况是什么? 在什么情况下企业才能不亏本? 只有从多方面分析了项目的风险之后,企业才能真正做到运筹帷幄。从不同角度分析项目的风险正是本节的主题。

敏感性分析

敏感性分析(sensitivity analysis)是分析每个主要变量对项目价值的影响。在进行敏感性分析时,首先选择一个主要变量作为分析变量,同时固定其他所有变量,然后改变分析变量的值,观察投资决策指标(如 NPV)随之变化的情况。如果投资决策指标对分析变量的微小变化有较大的反应,说明分析变量对投资结果有较大影响,分析变量预测值的准确性对投资决策非常关键,即分析变量的预测风险较高。反之,如果投资决策指标对分析变量的变化反应不明显,则说明分析变量对投资结果的影响不大,其预测值即使出现了较大的偏差,也不会对投资效益产生根本性的影响,其预测风险较低。下面我们用一个例子说明敏感性分析的方法与作用。

例 6-9 设某投资项目的初始投资额为 40 万元,寿命 5 年,其各项指标的预测值如表 6-10 第 I 部分所示。

表 6-10 金额单位:元

I. 项目基本数据		II. 项目预算		
	预期状况		第 0 年	第 1—5 年
销售量(件)	12 000	投资额	400 000	
产品单价(元/件)	80	销售额		960 000
变动成本(元/件)	60	变动成本		720 000
固定成本(元/年)	100 000	固定成本		100 000
		折旧		80 000
其他参数		税前利润		60 000
投资额(元)	400 000	所得税		19 800
项目寿命(年)	5	税后利润		40 200
项目残值(元)	0	净现金流	−400 000	120 200
所得税税率	33.0%	净现值	33 294	
贴现率	12.0%	内部收益率	15.3%	

企业采用直线折旧,项目结束时设备残值为零,贴现率为 12%,企业所得税税率为 33%。

根据以上数据,不难计算得出,在预期状况下,第1—5年项目每年的现金流为120 200元。然后,根据净现值公式,计算出项目的净现值如下:

$$NPV = -400\,000 + \sum_{t=1}^{5} \frac{120\,200}{(1+12\%)^t} = 33\,294(元)$$

相应地,内部收益率 IRR = 15.3%。计算结果如表6-10第Ⅱ部分所示。

下面我们对项目进行敏感性分析。首先,就项目的主要变量,估计出最差的状况和最好的状况,结果如表6-11所示。然后,分析每个变量对项目净现值和内部收益率的影响。

表 6-11

	基本状况	最差状况	最优状况
销售量(件)	12 000	11 000	13 000
产品单价(元)	80	75	85
变动成本(元/件)	60	62	58
固定成本(元/年)	100 000	110 000	90 000

依次改变销售量、固定成本、产品单价和变动成本,同时固定其他变量,考察当分析变量处于最差状况和最优状况时,项目的净现值和内部收益率会受到怎样的影响。计算结果如表6-12所示。

表6-12 敏感性分析

	Ⅰ. 项目对销售量的敏感性			
	销售量(件)	年现金流(元)	净现值(元)	内部收益率
预期状况	12 000	120 200	33 294	15.3%
最差状况	11 000	106 800	−15 010	10.5%
最优状况	13 000	133 600	81 598	19.9%
	Ⅱ. 项目对固定成本的敏感性			
	固定成本(元)	年现金流(元)	净现值(元)	内部收益率
预期状况	100 000	120 200	33 294	15.3%
最差状况	110 000	113 500	9 142	12.9%
最优状况	90 000	126 900	57 446	17.7%
	Ⅲ. 项目对产品单价的敏感性			
	产品单价(元)	年现金流(元)	净现值(元)	内部收益率
预期状况	80	120 200	33 294	15.3%
最差状况	75	80 000	−111 618	0.0%
最优状况	85	160 400	178 206	28.8%
	Ⅳ. 项目对可变成本的敏感性			
	变动成本(元)	年现金流(元)	净现值(元)	内部收益率
预期状况	60	120 200	33 294	15.3%
最差状况	64	88 040	−82 636	3.3%
最优状况	56	152 360	149 224	26.2%

分析表明,在四个变量中,项目对固定成本的变化最不敏感。即使固定成本达到最高值,只要其他变量保持不变,项目的净现值仍大于零。相反,项目对产品单价和变动成本的变化最敏感,一旦产品单价不理想或者变动成本较高,投资项目将蒙受很大损失。因此,投资者必须十分注意对产品销售单价与变动成本的预测,因为这两个因素的预测值准确与否将极大地影响投资效益。

上例说明,通过敏感性分析,投资者可以找出对投资结果影响最大的变量,并对这些变量作进一步分析,尽可能降低这些变量的预测误差。

盈亏平衡分析(break-even analysis)

除了敏感性分析之外,人们还常常从另外一个角度思考项目效益对销售量的敏感性,即分析当销售量为多少时项目的净现值等于零,这就是盈亏平衡分析,相应的销售量称为盈亏平衡点。

为了完成盈亏平衡分析,首先要分析项目流入现金流的现值和流出现金流的现值与销售量的关系,然后确定盈亏平衡点——找出某个特定销售量,使得流入现金流的现值等于流出现金流的现值,即项目的净现值等于零。

下面我们分析例6-9的盈亏平衡点。如图6-4所示,两条直线分别代表流入现金流的现值、流出现金流的现值随销售量变化的关系,它们相交于销售量等于11 311件处,交点就是盈亏平衡点。

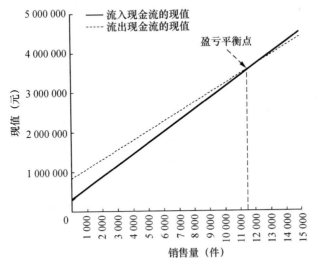

图6-4 盈亏平衡点

公司财务中的盈亏平衡是指项目净现值的平衡。企业在投资决策中经常使用会计盈亏平衡分析。会计盈亏平衡是指企业利润的平衡,即企业的销售收入和总成本相等,或者企业既不盈利也不亏损的状态。通过会计盈亏平衡分析,我们可以了解:当情况发展为如何时企业才能盈利？或反过来，当情况发展到多糟糕的地步企业才会发生亏损？

为了与现值盈亏平衡对比，下面我们分析例6-9中的会计盈亏平衡。如图6-5所示，两条直线分别代表销售收入、成本随销售量变化的关系，它们相交于销售量等于9 000件处，交点就是会计盈亏平衡点。其中，

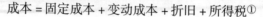

成本 = 固定成本 + 变动成本 + 折旧 + 所得税①

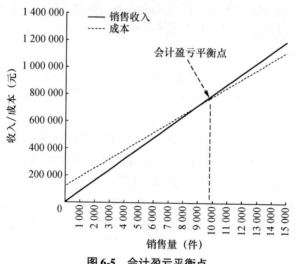

图6-5 会计盈亏平衡点

细心的读者应该已经发现，会计盈亏平衡点销售量(9 000件)小于现值盈亏平衡点销售量(11 311件)，其原因是，会计上的利润指标没有扣除资本成本，从而导致会计盈亏平衡忽略了货币的时间价值。对企业来说，如果一个项目正好实现会计盈亏平衡，那么，由于损失了资本的时间价值，项目的净现值仍然小于零，项目仍然不能实现现值盈亏平衡。

为了更好地理解会计盈亏平衡，下面我们讨论它与营业杠杆的关系。

当企业处于会计盈亏平衡时，企业的税前利润为零，即：

$$PQ_0 - (F + VQ_0) = 0$$

其中，P为产品的销售价格，Q_0为产品销售量，V为单位产品的变动成本，F为固定成本(含折旧)。

把上式变形后得到：

$$Q_0 = F/(P - V) \tag{6-2}$$

上式表明，会计盈亏平衡是由企业的成本结构所决定的。固定成本在总成本中所占的比例越高，会计盈亏平衡销售量就越大。(请用上式计算例8-11中的会计盈亏平衡。)

---

① 当企业亏损因而税前利润为负数时，我们假设公司所得税仍然等于税前利润乘以税率，因此也为负数，这样假设的基础是，项目的亏损可以抵消企业其他业务的盈利，从而减少企业其他业务的应纳税所得额。

情景分析

无论是敏感性分析还是盈亏平衡分析,都属于单变量分析。单变量分析描述单个变量的变化对项目效益的影响。遗憾的是,现实世界是复杂的,不同变量的变化很可能不是完全独立的,项目的效益偏离预期常常是多个变量交织在一起共同影响的结果。例如,例6-9中销售量与产品单价就是一对相互关联的变量,两者常常呈反向变化。因此,我们做资本预算时需要将两者联系起来考虑。

针对多变量相互作用、共同影响项目效益的问题,情景分析(scenario analysis)提供了一种解决方案,它通过分析未来的几种可能的结果来进行预测。情景分析不求精确刻画未来的每一种可能性,而是选择分析几种有代表性的、可相互替代的"情景"。一般来说,情景分析要分析基本状况、最佳状况和最差状况这三种状况。所谓基本状况,是指投资项目的市场规模、市场份额、产品价格、成本等变量等于期望值的状态。最佳状况和最差状况,则分别代表最乐观的预期状况和最悲观的预期状况。经验表明分析三种情景是最佳选择,情景太多反而会导致分析模糊。

进行情景分析,首先要清晰地描绘出各种情景,并给每一种情景赋予出现的概率。然后,分析每一种情景下项目的现金流和净现值等决策指标。最后,把各种情景下项目的净现值按照出现概率加权,从而最终得到项目的净现值。

下面分析例6-9的项目的悲观情景。假设未来出现比较严重的经济衰退,导致产品需求不振,且大幅降低销售价格后,需求仍然达不到预期水平。同时,经济衰退导致变动成本和固定成本都小幅下降。相关假设与项目现金流预测见表6-13。结果表明,如果出现经济衰退的不利情景,项目将受到严重不良影响,其净现值下降为-116 448元,内部收益率仅为-0.6%。

表6-13 情景分析:经济衰退

	第1—5年的现金流预测	
	基本状况	经济衰退
销售额(元)	960 000	825 000
变动成本(元)	720 000	649 000
固定成本(元)	100 000	98 000
折旧(元)	80 000	80 000
税前利润(元)	60 000	-2 000
所得税(元)	19 800	-660
税后利润(元)	40 200	-1 340
净现金流(元)	120 200	78 660
净现值(元)	33 294	-116 448
内部收益率(%)	15.3%	-0.6%

(续表)

	变量假设	
	基本状况	经济衰退
销售量(件)	12 000	11 000
产品单价(元/件)	80	75
变动成本(元/件)	60	59
固定成本(元/年)	100 000	98 000

6.4.3 蒙特卡洛仿真分析

蒙特卡洛仿真方法(Monte Carlo methods)是一种利用重复随机抽样来计算结果的算法。针对多变量相互作用、共同影响项目效益的问题,仿真分析(simulation analysis)提供了另一种解决方案。如果说情景分析只探索未来少数几种可能性,那么决策者利用蒙特卡洛仿真分析则可以探索巨量的、各种各样的投资结果,并了解投资收益的整体分布状况。

蒙特卡洛仿真分析是利用计算机技术,通过建立仿真模型,模拟各种条件下项目发展的全过程,并利用重复随机抽样方法得到计算结果。决策者根据这些结果了解投资收益的分布状况,进而做出决策。蒙特卡洛仿真分析主要有以下几个步骤:

第一步:建模

第一步是建立一个关于投资方案的模型,供计算机进行仿真使用。模型主要刻画投资方案中各个主要变量的变化规律及其交互作用。投资项目的主要变量通常包括市场规模、市场份额、产品价格、变动成本和固定成本等。

建立模型的过程,是投资者对各变量相互影响、相互作用的认识过程。它有助于投资者更深刻、更实际地了解投资过程和风险状况,有助于加深投资分析的深度。

第二步:确定概率分布

计算机在进行仿真运算时,需要按一定的概率分布产生各个变量预测误差的随机数,供模拟各种可能发生的情况之用。因此,建立了模型之后,需要确定各种变量预测误差的概率分布。

例如,预测企业销售量(市场规模)为 2 300 吨,而实际销售量在 2 070 吨至 2 530 吨之间变化,即预测误差最多为 ±10%。计算机在仿真运算时按照预先设定的概率分布确定误差。图 6-6(a)、(b)分别给出了两种不同的概率分布。确定概率分布的根据是对历史资料的分析、市场调查结果以及必要的理论推导。

第三步:模拟现金流量

建立模型和确定预测误差的概率分布之后,就可以进行计算机模拟运算了。模拟过程开始之前,运算者要输入必要的初始变量,包括第一年的变量预测值、各变量预测误差

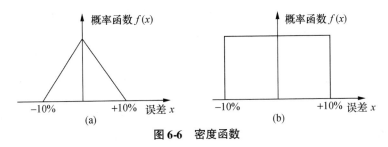

图 6-6 密度函数

的分布函数以及必要的约束条件等。在此之后,计算机根据给定的分布函数,产生出各变量的预测误差,并根据仿真模型计算出相应的现金流量和净现值。经过反复模拟,产生出净现值的分布函数。图 6-7(a)、(b)是关于某项目现金流量的仿真模拟结果。

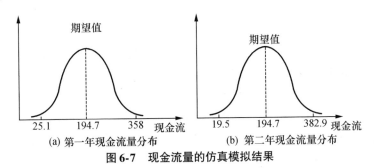

图 6-7 现金流量的仿真模拟结果

图 6-7(a)表明,第一年的期望收益为 194.7 万元,有 95% 的可能落在 25.1 万元与 358 万元之间。

6.5 关于资本投资决策的几点讨论

6.5.1 专业化发展与多元化经营

企业投资是以专业化发展为主还是以多元化经营为主?这是企业决策者必须回答的问题。一般来讲,专业化发展有利于企业的生产规模达到规模经济的要求,有利于企业利用规模优势进行市场竞争,也有利于企业成为本行业中的主导企业,还有利于企业集中精力发展,避免因人力、物力和财力分散造成的竞争力不足。另外,专业化发展的企业比较容易管理。但是,专业化发展也有经营活动单一、风险集中的缺点。一旦主营业务出现问题,整个企业都将陷入危机。

与专业化发展相比,多元化经营具有风险分散的优点。但多元化经营的缺点同样明显,主要表现在以下几个方面:第一,如果企业没有足够的实力,就难以在多个经营项目上都达到规模经济的要求,而且可能在哪一个方向上都达不到规模经济的要求,从而在竞争中处于不利的地位。第二,多元化经营导致企业精力分散,不利于企业在某一领域内形成突破性发展。第三,实行多元化经营的企业必然要进入新领域发展。由于对新领域缺乏了解和经验(与该领域内的老企业相比总是如此),企业容易发生种种难以预测的失误并因此蒙受损失。第四,多元化经营的企业需要大量精通不同行业管理的专门人才,同时也要求高层管理人员有很强的管理多种行业的能力,因此管理难度较大。因此,企业在进行投资决策时需要慎重对待多元化经营。

实质上,多元化经营不符合企业股东的根本利益。虽然股东确实需要通过多元化投资来分散风险,但是,在证券市场发达的环境中,他们可以方便地通过同时投资于不同行业的企业来实现风险分数。

6.5.2 投资收益(净现值)的来源

经济学原理告诉我们,在完全竞争的市场中各项生产要素各自得到应得的回报,资本所有者得不到超额利润,即投资项目的净现值为零,或者投资收益率恰好等于资本成本。这是因为,一旦出现好的投资机会,大量投资者就会蜂拥而入,使可能存在的超额利润迅速消失。在激烈竞争的市场中,项目投资的超额收益,或者经济租金(economic rents),只能来自于企业的竞争优势。所谓竞争优势,是导致企业在竞争中能够获得超额投资收益的特质。因此,如果企业通过投资分析计算出项目的净现值大于零,决策者不应轻信分析结果,因为分析得出的"好"项目可能只不过是错误预测的结果。决策者必须明确地回答,企业的竞争优势何在?

根据战略大师迈克尔·波特的企业战略理论,企业的竞争优势主要体现在两个方面——成本领先(cost leadership)与产品差异化(differentiation)。

一个企业具有成本领先的竞争优势,是指该企业的成本低于同行业的其他企业。企业可以通过规模经济、提高管理水平、加快技术进步来降低企业的生产成本和经营成本。例如,本世纪前十年,因为突出的存货管理与供应链管理水平、直销模式和高效的制造能力,戴尔公司在个人计算机制造业中具有明显的成本领先优势。

产品的差异化是指某企业的产品具有其他同类产品所不具备的某种特性,这种特性可以是产品本身性能上的特殊之处,也可以是产品质量或售后服务方面的过人之处,并且这种特性被客户广泛重视。产品的差异化使得客户的购买选择不仅仅取决于产品价格的高低,还取决于产品所具有的差异化特质,从而为企业利用差异化谋取超额利润创造了机会。例如,产品差异化是苹果公司的主要竞争优势之一。众所周知,与同类产品相比,苹果公司的个人消费电子与通信产品(例如 iPod、iPhone 与 iPad)的产品价格明显偏高。苹果公司的这些产品之所以在世界各地广受追捧,是因为它们的差异化特质,包括简约而精美的外观设计、极其人性化的操作系统与完善的产品生态链等。

总之,当投资分析表明某投资项目具有正的净现值时,不要轻信计算结果,而是要深入寻找净现值的来源。只有找到了合理来源,投资分析结果才真正可信。

案例 6-1

南方日用化学品公司资本预算分析

2001年4月14日上午,南方日用化学品公司正在召开会议,讨论产品开发及其资本支出预算等有关问题。南方公司成立于1990年,是生产洗涤用品的专业公司。目前公司正生产"彩霞"牌和"绿波"牌系列洗涤用品,两种产品在东北地区都占有很大的市场份额,且近年来,这两种产品的销售收入大幅增长,其销售市场已经从东北延伸到全国各地。

面对日益激烈的商业竞争和层出不穷的科技创新,南方公司投入大量资金进行新产品的研究和开发工作,经过两年不懈努力,终于试制成功一种新型、高浓缩液体洗涤剂——"红雨"牌液体洗涤剂。该产品采用国际最新技术、生物可降解配方制成,与传统的粉状洗涤剂相比,具有用量少、去污力强、使用方便以及容易保管等优点。

参加会议的有公司董事长、总经理、研究开发部经理、财务部经理等有关人员。会上,研发部经理首先介绍了新产品的特点、作用、研究开发费用以及开发项目的现金流量等。他指出,生产"红雨"牌液体洗涤剂的原始投资为500 000元,其中新产品市场调研费用100 000元,购置专用设备、包装用品设备等投资400 000元。预计设备使用年限15年,期满无残值,按15年计算新产品的现金流量。与公司一贯奉行的经营方针一致,鉴于15年以后的现金流量具有极大的不确定性,因此不予考虑。

表6-14是研发部经理列示的"红雨"牌洗涤剂投产后的增量现金流与公司的现金流,其中增量现金流已经计入了新产品投产后对原来两种产品销量的影响。

表6-14 开发"红雨"产品后,预测的公司现金流与项目产生的增量现金流

年份	预测的公司现金流(元)	预测的项目产生的增量现金流(元)
1	56 000	50 000
2	56 000	50 000
3	56 000	50 000
4	56 000	50 000
5	56 000	50 000
6	70 000	63 000
7	70 000	63 000
8	70 000	63 000
9	70 000	63 000
10	70 000	63 000
11	50 000	45 000
12	50 000	45 000
13	50 000	45 000
14	50 000	45 000
15	50 000	45 000

研发部经理介绍完毕后,会议展开了讨论。在分析了市场状况、投资机会以及行业发展水平的基础上,确定项目投资的机会成本为10%。

公司财务部经理首先提出疑问:"红雨"牌洗涤剂开发项目资本预算中为什么没有包括厂房和其他设备支出?研发部经理解释道:"目前,'彩霞'系列洗涤剂的生产设备利用率仅为60%,由于这些设备完全适用于生产'红雨'牌液体洗涤剂,故除专用设备和加工包装用品所用的设备外,不需再增加其他设备。预计'红雨'牌洗涤剂生产线全部开机后,只需要10%的工厂生产能力。"

公司总经理问道:"开发新产品投产后是否应考虑流动资金?"研发部经理解释说:"新产品投产后,每年需追加流动资金40 000元。由于这项资金每年年初借,年末还,一直保留在公司,所以不需将此项费用列入项目现金流。"

接着,公司董事长指出,生产新产品占用了公司的剩余生产能力,如果将这部分剩余能力出租,公司每年将得到20 000元租金收入。因此新产品投资收入应该与租金收入相对比。但他又指出,南方公司一直奉行严格的设备管理政策,不允许出租厂房设备等固定资产。按此政策,公司有可能接受新项目,这与正常的投资项目决策方法有所不同。

讨论仍在进行,主要集中的问题是:如何分析严格的设备管理政策对投资项目收益的影响?如何分析新产品市场调研费和追加的流动资金对项目的影响?如何确定合理的长期投资策略?

资料来源:中央广播电视大学开放教育本科会计学专业《财务案例研究》课程网络教学资料。

本章小结

本章讲述了如何进行现金流量分析,运用现金流量分析和投资决策指标对相关投资项目进行投资分析和投资决策。(1)项目的现金流量可以分为初始现金流量、经营现金流量和终结现金流量,通过预测分析和预计损益表可以求出预测的经营现金流量。(2)现金流量分析要以相关现金流量为基础,讨论折旧、沉没成本、机会成本、分摊费用、净营运资本和融资成本对项目现金流量的影响。(3)设备更新决策、设备比较决策和资本限量决策是常见的资本预算决策,等值年金比较是设备更新决策和设备比较决策中常用的方法。(4)不确定条件下的资本预算可以采用期望值方法、敏感性分析、情景分析和蒙特卡洛仿真分析等决策方法。(5)讨论了投资决策中的专业化发展与多元化经营、净现值的来源等基本问题,并特别指出项目的净现值来源于企业的竞争优势。

思考题

1. 项目的相关现金流量指什么?

2. 如何分析项目的经营现金流量?
3. 为什么沉没成本与当前的投资决策无关? 举出一个现实中沉没成本的例子。
4. 为什么在项目现金流量分析中不需要考虑融资成本?
5. 为什么在计算经营现金流量时要考虑净营运资本的变化?
6. 比较调整贴现率方法与调整现金流量方法的异同。
7. 什么是敏感性分析?
8. 什么是情景分析? 情景分析与敏感性分析有什么异同?
9. 投资项目为什么会有净现值?
10. 如何理解多元化经营与专业化经营?

计算题

1. 欣荣企业准备将目前的人工操作的设备替换为完全自动化的电子控制设备,有关财务信息如下:

现有的人工操作设备	自动化电子控制设备
设备保养费用:每年 5 000 元	设备购置成本:55 000元
设备人工费用:每年 10 000 元	设备安装费用:5 000 元
设备维修费用:每年 5 000 元	设备保养费用:每年 6 000 元
设备原始价值:30 000 元	设备维修费用:每年 2 000 元
设备预期使用年限:10 年	设备预期使用年限:5 年
已经使用年限:5 年	设备预期残值:0 元
预期残值:0 元	折旧方法:直线折旧
折旧方法:直线折旧	
目前残值:10 000 元	
公司所得税税率:34%	

要求:(1) 分析这一投资项目的现金流量;

(2) 设贴现率为15%,计算项目的净现值。

2. 大兴公司考虑在两个作用完全相同,但使用期限和使用成本不同的设备之间进行选择,两个设备的现金流如下:

单位:元

年　度	项目 A	项目 B
0	−20 000	−20 000
1	12 590	6 625
2	12 590	6 625
3	12 590	6 625

(续表)

年　度	项目 A	项目 B
4		6 625
5		6 625
6		6 625
7		6 625
8		6 625
9		6 625

若贴现率为 10%,求:

(1) 每一项目的投资回收期。

(2) 每一项目的净现值。

(3) 每一项目的内部报酬率。

(4) 这两个项目是否直接可比?

(5) 对这两个项目进行比较,决定选取哪一个项目。

3. 大兴公司正在考虑用一台更有效率的新设备取代目前正在使用的、效率较低的旧设备。旧设备目前的账面净值为 100 000 元,变现价值为 60 000 元。旧设备还可使用 5 年,在此时期内可按照 0 残值和直线折旧方法提取折旧。准备替换旧设备的新设备的购买成本为 300 000 元,使用期限 5 年,预计 5 年后可按照 50 000 元的价格出售,由于新设备可以减少废品和节约材料,每年可产生 90 000 元的税前现金流量。假定大兴公司决定按照 0 残值和直线折旧方法在未来 5 年内对新设备提取折旧,并在 5 年后按照 50 000 元的价格将该设备售出。已知公司所得税税率为 34%,贴现率为 15%,求:

(1) 项目的投资回收期;

(2) 项目的净现值;

(3) 项目的现值指数;

(4) 项目的内部报酬率。

4. 为了提高设备使用效率,UA 公司准备出售正在使用的两台具有同样功能的设备中的一台。这两台设备的功能相同,但购买年限不同。其中新设备目前可按 50 000 元的价格出售,其运行成本为每年 2 000 元,5 年后该设备需要大修,预计大修费用 20 000 元。此后该设备可以继续使用 5 年,但运行费用将上升至每年 3 000 元,随后(即第 10 年)该设备将按照 5 000 元的价格出售。旧设备目前可按 25 000 元的价格出售,但如花费 20 000 元进行大修后,该设备还可以继续使用 5 年,随后可以 5 000 元的价格出售。

为简单计,设两台设备目前的账面价值均为 0 元,公司所得税税率为 35%,贴现率为 12%,问 UA 公司应出售哪台设备? 为什么?

5. 河海公司目前有 7 个投资项目可供选择,每一项目的投资额与现值指数如下:

项 目	投资额(元)	现值指数
A	4 000 000	1.18
B	3 000 000	1.08
C	5 000 000	1.33
D	6 000 000	1.31
E	4 000 000	1.19
F	6 000 000	1.20
G	4 000 000	1.18

河海公司目前可用于投资的总金额为 12 000 000 元,根据资本限量决策的方法,选出河海公司的最优投资方案组合。

6. B 公司正在两台具有同样功能,但不同使用寿命和不同购置成本和运行费用的设备间进行选择,两台设备的成本数据如下:

单位:元

年 度	设备 A	设备 B
0	40 000	50 000
1	10 000	8 000
2	10 000	8 000
3	10 000 + 重置费用	8 000
4		8 000 + 重置费用

问:若贴现率为 6%,B 公司应购买哪台设备?

7. H 公司有两个互斥的风险投资项目,这两个项目的初始投资额均为 10 000 元,期限均为 5 年,两个项目 1—5 年的现金流量及发生概率如下:

项目 A		项目 B	
概率	现金流量(元)	概率	现金流量(元)
0.15	4 000	0.15	2 000
0.70	5 000	0.70	6 000
0.15	6 000	0.15	10 000

由于项目 B 的风险高于项目 A,H 公司决策项目 B 适用的风险贴现率为 15%,项目 A 适用的风险贴现率为 12%,要求:

(1) 计算每一项目的期望现金流量。
(2) 计算每一项目的净现值。

8. N 公司有两个互斥的风险投资项目,两个项目各年的期望现金流量和约当系数如下:

期望现金流量(元)			约当系数		
年度	项目 A	项目 B	年度	项目 A	项目 B
0	-50 000	-50 000	0	1.00	1.00
1	15 000	20 000	1	0.95	0.90
2	15 000	25 000	2	0.85	0.85
3	15 000	25 000	3	0.80	0.80
4	45 000	30 000	4	0.70	0.75

已知无风险贴现率为6%,计算两个项目的净现值,并决定应接受哪个项目。

第7章 风险、收益与证券市场理论

美国次贷危机经过2007年的发酵后,在2008年全面爆发。2008年3月中旬,为了避免美国第五大投资银行贝尔斯登公司破产,美联储决定让纽约联邦储备银行通过摩根大通银行向其提供应急资金。7月13日,美国财政部和联邦储备委员会宣布救助两大住房抵押贷款融资机构房利美和房地美。9月7日,为避免金融危机的扩散失控,美国联邦政府宣布接管房利美和房地美。9月15日,美国第四大投资银行雷曼兄弟宣布将申请破产保护。次日,美联储授权纽约联邦储备银行向濒临破产的美国国际集团(AIG)——全球最大的保险公司——提供850亿美元紧急贷款。

2008年第四季度,面临全球金融体系崩溃的风险,美联储、欧洲发达国家的中央银行和其他央行共计购买了2.5万亿美元的政府债券和高风险私人资产,这是有史以来西方国家采取的规模最大的流动性注入行动,也是最重大的货币政策行动。欧洲发达国家和美国政府还通过购买银行新发行的优先股的方式向银行系统追加了1.5万亿美元的资本。

"股市有风险,入市需谨慎。"在次贷危机中,全球主要股票市场都出现了暴跌。主要股指大多在2009年3月9日这一天到达谷底,相对于2007年10月的历史高位,下跌幅度超过50%,唯一例外的是英国金融时报指数,其下跌幅度为47.37%。跌幅最大的是上证综合指数,从2007年10月16日的6 124点下跌到2008年10月28日的1 665点,跌幅超过72%。

7.1 风险及其衡量

7.1.1 风险

人们常常把风险(risk)定义为不确定性(uncertainty)对主体的影响。不确定性是指事件的未来结果可能会偏离预期,决策者无法事先确知最终将会出现哪一种结果。

不确定性可以进一步分为两种类型:第一种是完全不确定性,第二种是风险型不确定性。完全不确定性是指不但可能出现的结果是不确定的,而且人们全然不知可能出现哪些结果以及这些结果出现的概率分布。所谓风险型不确定性,是指虽然最终将出现哪种结果是不确定的,但所有可能出现的结果和这些结果出现的可能性——其概率分布状况事先是已知的或可以估计的。比如,某汽车企业准备将一款新型轿车在明年投放市场,生产者虽然不能确切地知道这款新车明年投放市场后的收益状况,但根据对历史数据的分析、市场调研和经验判断,他们认为:如果这一款新车能够为市场所欢迎,则收益率可达50%;如果销售状况一般,则收益率为20%;如果不大受欢迎,则收益率为-20%。同时,根据对明年轿车流行趋势的分析,生产者认为这款新车明年会流行的概率为60%,销售一般的概率为20%,不受欢迎的概率为20%。汽车企业面临的不确定性就是风险型不确定性。本书后面讨论的不确定性为风险型不确定性。

几乎所有投资都存在风险,即使是还本付息安全性最高的国债投资,同样存在着由于通货膨胀率的不确定性所带来的风险。尽管国债的利息率中已经包含了预期的通货膨胀补偿,但这一补偿是否能正好抵消通货膨胀的影响仍然是不确定的。

7.1.2 风险的度量

对投资活动来说,风险是与投资收益的可能结果和结果发生的概率分布相联系的。因此,对风险的衡量与计算,要从投资收益的概率分析入手。

概率分布

概率是指随机事件发生的可能性。投资活动可能产生的种种收益可以看作一个个随机事件,其出现或发生的可能性,可以用相应的概率描述。概率分布则是指一项活动可能出现的所有结果的概率的集合。比如,掷硬币这一活动会有两种可能结果出现,一种结果是硬币铸有面值的一面朝上,另一种结果是图案朝上,两种结果出现的概率各占50%。这两个概率作为一个整体,反映了掷硬币这一活动可能出现的结果的概率分布。

概率分布分为离散型分布和连续型分布两种。离散型分布是指分布中的概率是可数的,如上面举的掷硬币的例子;连续型分布是指分布中的概率是不可数的。表7-1、表7-2给出的是两个离散型分布的例子,分布图分别如图7-1、图7-2所示;图7-3、图7-4则分别给出了两个连续型分布的图例。

表7-1 投资项目 A 的收益分布

收益额(万元)	概率
40	0.10
50	0.20
60	0.40
70	0.20
80	0.10

表7-2 投资项目 B 的收益分布

收益额(万元)	概率
30	0.10
40	0.10
50	0.20
60	0.20
70	0.20
80	0.10
90	0.10

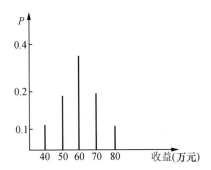

图7-1 投资项目A的收益分布图

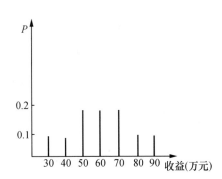

图7-2 投资项目B的收益分布图

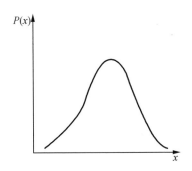

图7-3 连续分布示意图

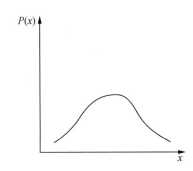

图7-4 连续分布示意图

期望值

投资的期望收益率,即投资收益的期望值,是指所有可能的收益的加权平均,权重为收益出现的概率。离散型概率分布的期望值按下面的公式计算:

$$E(X) = \sum_{i=1}^{n} X_i(P(X_i)) \quad (7\text{-}1)$$

式中:$E(X)$为期望值;X_i为第i种可能出现的事件;$P(X_i)$为第i种事件的概率;n表示可能出现的事件的个数。

利用表7-1和表7-2的数据,可计算出投资项目A、B的期望收益率:

$$E(X_A) = 40 \times 0.10 + 50 \times 0.20 + 60 \times 0.40$$
$$+ 70 \times 0.20 + 80 \times 0.10 = 60(万元)$$
$$E(X_B) = 30 \times 0.10 + 40 \times 0.10 + 50 \times 0.20 + 60 \times 0.20$$
$$+ 70 \times 0.20 + 80 \times 0.10 + 90 \times 0.10 = 60(万元)$$

期望值反映了同一事件大量发生或多次重复发生所产生的结果的统计平均。

方差和标准差

方差和标准差被用来描述各种可能的结果相对于期望值的离散程度。方差通常记作$\text{Var}(X)$或σ_X^2,标准差记作σ_X,标准差是方差的算术平方根。根据定义,方差可用下式计算:

$$\mathrm{Var}(X) = \sum_{i=1}^{n} P[X_i - E(X)]^2 = E[X - E(X)]^2$$
$$= E(X^2) - E(X)^2 \tag{7-2}$$

式中：$\mathrm{Var}(X)$ 为方差，X_i 和 n 的定义同前。

标准差为：

$$\sigma_X = \sqrt{\mathrm{Var}(X)} \tag{7-3}$$

根据(7-2)式和(7-3)式，可计算出表 7-1、表 7-2 所示概率分布的方差和标准差。

$$\mathrm{Var}(X_A) = (40-60)^2 \times 0.10 + (50-60)^2 \times 0.20 + (60-60)^2$$
$$\times 0.40 + (70-60)^2 \times 0.20 + (80-60)^2 \times 0.10 = 120$$
$$\sigma_A = \sqrt{120} = 10.95 \approx 11$$
$$\mathrm{Var}(X_B) = (30-60)^2 \times 0.10 + (40-60)^2 \times 0.10$$
$$+ (50-60)^2 \times 0.20 + (60-60)^2 \times 0.20 + (70-60)^2$$
$$\times 0.20 + (80-60)^2 \times 0.10 + (90-60)^2 \times 0.10 = 300$$
$$\sigma_B = \sqrt{300} = 17.32 \approx 17$$

方差和标准差越大，说明各种可能的结果相对其期望值的离散程度越大，即风险越大。由于方差和标准差的这种特性，尽管它们不是度量资产风险的唯一指标，从马科维茨(Markowitz,1952)开始，方差（或标准差）被广泛用来度量资产风险。项目 A 与项目 B 相比较，项目 B 的方差和标准差较高，说明其风险大于项目 A。

7.2 风险与效用

7.2.1 效用函数

效用函数是经济学中用于描述某种收益或财富为人们带来的效用多少的一种分析方法。效用理论与风险分析的结合，有助于我们对风险决策问题进行进一步的研究。

根据收益或财富的增加与人们因此而得到的效用增加间的关系，效用函数可分为三种：第一种的形状如图 7-5(a)曲线所示，是边际效用递减的效用函数。这种效用函数表明，人们的效用虽然随着收益或财富的增加而增加，但增加的速率却是逐渐减慢的。比如，对一个收入不高的人，每月增加 100 元收入可以使他的效用比从前有一个较大的提高，但随着其收入的不断增加，每增加 100 元收入使其效用的增加幅度将逐渐减小。这种效用函数的数学特征为：

$$U'(X) > 0; \quad U''(X) < 0$$

式中：U 表示效用；X 表示收益或财富的数额。

第二种效用函数的形状如图 7-5(b)曲线所示，是边际效用递增的效用函数。具有这

种效用函数的人,其效用不但随着收益或财富的增加而增加,而且增加的速率也逐渐加快,其数学特征为:

$$U'(X) > 0; \quad U''(X) > 0$$

第三种效用函数是边际效用不变的效用函数,形状如图 7-5(c)曲线所示。具有这种效用函数的人,其效用随收益或财富的增加以常数增加,即增加的速率不变,其数学特征为:

$$U'(X) > 0; \quad U''(X) = 0$$

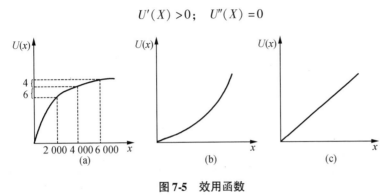

图 7-5 效用函数

7.2.2 风险偏好

根据人们的效用函数的不同,可以将其对待风险的态度分为风险回避者、风险爱好者和风险中立者三类。

风险回避者

风险回避者的效用函数是边际效用递减的。对于他们来说,损失 1 000 元财富所导致的效用损失,要多于同等数量的财富增加所带来的效用增加额。如图 7-5a 中曲线所示,当这一投资者的财富由 4 000 元增加至 6 000 元时,财富增加了 2 000 元,效用增加了 4 个单位;而当这一投资者的财富由 4 000 元减少至 2 000 元时,财富减少了 2 000 元,效用却减少了 6 个单位。因此,这类投资者希望投资收益的可能变化偏离期望值越少越好。一个收益完全确定的投资,比一个具有相同期望值,但结果不确定的投资给风险回避者带来的效用要高。风险回避者喜欢平稳,不喜欢动荡。为了使他们能够承担风险,必须给予一定的风险报酬。

比如,某项投资的收益有两种可能,分别为 9 元和 11 元,其发生概率各为 50%,期望收益为 10 元。根据图 7-6 所示,这项投资的效用期望值为 $0.5U(9) + 0.5U(11)$,如图中 C 点所示。这时,风险回避者是不会同意出资 10 元进行这项投资的。因为确定的 10 元钱收益可带来的效用如图中 D 点所示,高于投资期望收益所带来的效用期望 C。只有当投资的支出额下降到 K 元,其效用大小 $U(K)$(效用曲线上的 M 点)与投资收益带来的期望效用相等时,风险回避型的投资者才会同意出资 K 元进行这项投资。投资者的投资支出 K 与期望收益 10 元之间的差额 $\pi = 10 - K$ 称为风险补偿,又称为风险报酬,是为了促使风险回避者从事这项风险投资所必须付出的代价。若投资收益为随机变量 x,则风

补偿为 $\pi = E(x) - K$。$E(x)$ 是投资的期望收益。风险补偿的大小,随风险回避者效用曲线的不同而不同。

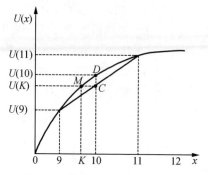

图 7-6　效用函数(风险回避者)

风险回避者选择投资项目的基本准则是:在期望收益相同时,选择风险较小的项目;在风险状况相同时,选择期望收益较高的项目。

比如,有 A、B 两个投资项目,项目 A 的可能收益为 1 000 元和 3 000 元,发生概率各为 50%,期望收益为 2 000 元。项目 B 的可能收益为 0 元和 4 000 元,发生概率也各为 50%,期望收益也为 2 000 元。尽管两者的期望收益相同,但项目 B 的投资风险大于 A。从图 7-7 可以看出,项目 A 的期望效用大于项目 B 的期望效用,投资者将选择项目 A。

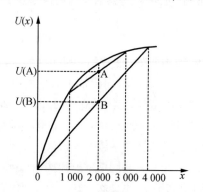

图 7-7　效用函数(风险回避者)

风险爱好者

与风险回避者恰好相反,风险爱好者的效用函数是边际效用递增的,如图 7-8 曲线所示。他们是冒险精神很强的投资者,喜欢收益的动荡甚于喜欢收益的稳定。他们选择投资项目的基本原则是:当期望收益相同时,选择风险大的项目,因为这将给他们带来更大的效用。如图 7-8 所示,同样是 A、B 两个项目,对风险爱好者来说,项目 B 的效用更高,因此他们将选择项目 B,而不是项目 A。

风险中立者

风险中立者的效用函数是线性函数,其边际效用是常数,他们既不回避风险,也不主

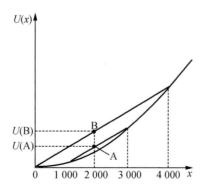

图 7-8 效用函数(风险爱好者)

动追求风险。他们进行投资决策的唯一标准是期望收益的大小,而不管其风险状况如何,因为所有期望收益相同的投资将给他们带来同样的效用。

7.3 投资组合的风险与收益

7.3.1 投资组合的风险与收益

投资者通常不会把自己的全部资金投资于一种资产,而是同时投资多种资产。多种资产构成的集合称为投资组合。如果投资组合中的全部资产均为证券,这种投资组合也称为证券资产组合或证券组合。

两项资产构成的投资组合的收益

投资组合的期望收益率是组合中每种资产的收益率的加权平均,权重为投资比例——每种资产的价值占投资组合总价值的比例。比如,一个投资者持有收益率为15%的股票和收益率为10%的企业债券,投资比例分别为40%和60%,则他的投资组合的期望收益率$E(R_P)$为:

$$E(R_P) = 15\% \times 40\% + 10\% \times 60\% = 12\%$$

一个由N项资产构成的资产组合的期望收益率$E(R_P)$为:

$$E(R_P) = W_1R_1 + W_1R_2 + \cdots + W_nR_n = \sum_{i=1}^{n} W_iR_i \tag{7-4}$$

式中:W_i为资产i在资产组合中所占的价值比例;R_i为资产i的收益率。

两项资产构成的投资组合的风险

与度量单项资产的风险一样,我们也用方差或标准差来度量投资组合的风险。设资产1和资产2的期望收益为R_1和R_2,标准差为σ_1和σ_2,则由资产1和资产2构成的投资组合的方差Var_P或σ_P^2为:

$$\text{Var}_P = W_1^2\sigma_1^2 + W_2^2\sigma_2^2 + 2W_1W_2\rho_{12}\sigma_1\sigma_2$$

标准差为：

$$\sigma_P = \sqrt{\text{Var}_P}$$

式中：ρ_{12} 为资产 1 和资产 2 的收益间的相关系数；$\rho_{12}\sigma_1\sigma_2$ 称为协方差；相关系数与协方差反映了资产 1 和资产 2 的收益间的相对运动状况。下面我们用一个例子来说明投资组合的标准差与单项资产的标准差之间的关系。

例 7-1 设有两项资产 G 和 H，G 的期望收益率为 20%，收益率标准差为 40%，H 的期望收益率为 12%，收益率标准差为 13.3，相关系数为 ρ_{GH}，投资者将 1/4 的资金投资于资产 G，3/4 的资金投资于资产 H，该投资组合的期望收益率为：

$$E(1/4 R_G + 3/4 R_H) = 1/4 \times 20\% + 3/4 \times 12\% = 14\%$$

收益率标准差为：

$$\sigma_{GH} = \sqrt{\left(\frac{1}{4}\right)^2 \times (40\%)^2 + \left(\frac{3}{4}\right)^2 \times (13.3\%)^2 + 2 \times \left(\frac{1}{4}\right) \times \left(\frac{3}{4}\right) \rho_{GH} \times 40\% \times 13.3\%}$$

$$= \sqrt{2\% + 2\%\rho_{GH}}$$

从上述期望收益和收益率标准差的计算中可以看出，投资组合的期望收益率与资产收益率之间的相关系数无关，不论资产 G 与资产 H 的收益率之间的相关系数为何，按既定比例组合起来的投资组合的期望收益率都是 14%。而投资组合的收益率标准差则与不同资产收益率之间的相关系数有关。因此，投资组合的风险大小，不仅与单项资产的风险大小(标准差的大小)有关，而且与资产收益率的相关系数有关。在例 7-1 中，相关系数 ρ_{GH} 的变化将改变投资组合的风险状况。

若 $\rho_{GH} = 1.0$，即资产 G 与资产 H 完全正相关，投资组合的收益率标准差为：

$$\sigma_{GH} = \sqrt{2\% + 2\% \times 1.0} = 20\%$$

若 $\rho_{GH} = -1.0$，即资产 G 与资产 H 完全负相关，投资组合的标准差为：

$$\sigma_{GH} = \sqrt{2\% + 2\% \times (-1.0)} = 0$$

若 $\rho_{GH} = 0$，即资产 G 与资产 H 不相关，投资组合的标准差为：

$$\sigma_{GH} = \sqrt{2\% + 2\% \times 0} = 14.14\%$$

若 $\rho_{GH} = -0.4$，即资产 G 与资产 H 不完全负相关，投资组合的标准差为：

$$\sigma_{GH} = \sqrt{2\% + 2\% \times (-0.4)} = 11\%$$

图 7-9 描绘了 $\rho_{GH} = 1.0$，$\rho_{GH} = -1.0$ 和 $\rho_{GH} = -0.4$ 时，由 G 和 H 构成的各种投资组合的标准差与期望收益率。

图 7-9 表明，在以标准差和收益率为坐标轴的二维平面上，由两项资产 G 和 H 组成的所有投资组合构成一条曲线[①]。当资产 G 和资产 H 的收益率相关系数等于 1 和 -1 时，前述曲线分别退化为一条直线和两条射线构成的折线。

从图 7-9 可知，在投资比例不变的情况下，投资组合的风险(标准差)随相关系数 ρ 的

---

① 除了退化的特殊情形，该曲线一般为一条双曲线的一支。你能证明该结论吗？

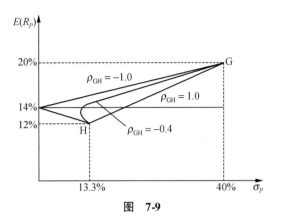

图 7-9

减小而减小。当 $\rho_{GH} = 1.0$ 时,两项资产的收益变化的方向完全相同,因此不能分散掉任何风险。这时投资组合的标准差为 20%。当 $\rho_{GH} = -1.0$ 时,两项资产的收益变化的方向正好完全相反,可以把风险完全抵消掉,这时投资组合的标准差为 0。当相关系数介于 +1 和 -1 之间时,资产的收益率之间存在着一定的相关关系,可以分散掉部分风险。比如,当 $\rho_{GH} = -0.4$ 时,投资组合的标准差为 11%,低于完全正相关时的 20%,而此时投资组合的期望收益率始终保持为 14%。这说明,投资者可以通过将不完全正相关的投资组合在一起来降低风险。

多项资产构成的投资组合的风险与收益

对一个由 N 项资产组成的投资组合,其期望收益与收益率标准差的计算如下:

期望收益:
$$E(R_P) = \sum_{i=1}^{N} W_i R_i \tag{7-5}$$

标准差:
$$\sigma_P = \sqrt{\sum_{i=1}^{N} W_i^2 \sigma_i^2 + \sum_{i=1}^{N} \sum_{j \neq i}^{N} W_i W_j \sigma_i \sigma_j \rho_{ij}} \tag{7-6}$$

图 7-10 描绘了多项资产构成的投资组合集合,它是一个平面区域,其形状如同半个打破了的蛋壳。其左边界是一条双曲线的一支,是边界上任意两个不同投资组合构成的全部投资组合的集合。

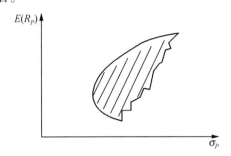

图 7-10 多项资产构成的投资组合集合

7.3.2 系统风险与非系统风险

单独持有一项资产时,投资者根据资产的实际收益水平围绕期望收益的波动大小来衡量资产的风险状况,波动越大,风险越高。然而,当一项资产被纳入由众多资产组成的风险充分分散的投资组合中后,情况就起了变化。这时,投资者关心的不再是每一项资产本身的收益波动,而是整个投资组合的收益波动。在资产组合内,一项资产的收益波动可能会被部分分散掉。对整个投资组合来说,决定其风险大小的最关键因素不是每一项资产的总风险,而是它对整个投资组合风险的贡献,即那些无法在投资组合内被分散的风险。因此,每一项资产的风险根据能否被分散掉可分为两个部分:系统风险和非系统风险。

系统风险

系统风险(systematic risk)是指资产风险中无法通过投资组合分散掉的风险,又称不可分散风险(undiversifiable risk)或市场风险(market risk)。一项资产的系统风险的大小取决于两个方面:一是该资产的总风险的大小,二是该资产的收益与市场中其他资产收益的相关性。由前面投资组合收益率标准差的计算可知,这种相关性越强(相关系数越接近于+1),投资组合的分散化作用就越弱。因此,在总风险一定的前提下,一项资产与市场上其他资产的收益相关性越强,系统风险越大;相关性越弱,系统风险越小。

系统风险主要由系统风险因素的变化引起,这些因素的变化将影响绝大多数企业或资产的收益和价值。系统风险因素包括国家政策、宏观经济(例如 GDP 的增速、经济的周期性与通货膨胀率等)、国内政治以及国际政治经济,等等。由于系统风险是由那些对经济全局产生影响的因素构成的,因此不可能通过持有大量资产的办法分散掉。当然,系统风险因素对不同企业、不同资产的影响不同,有些企业或资产受系统风险因素的影响较大,有些则较小。

非系统风险

非系统风险(unsystematic risk)是指资产风险中可以通过投资组合分散掉的风险,又称可分散风险(diversifiable risk)或个别风险(unique risk)。非系统风险因素只影响个别企业或少数企业,由每个企业自身的经营状况和财务状况决定,不会影响大多数企业。非系统风险由经营风险和财务风险组成。经营风险是指某个企业,或企业的某些投资项目的经营条件发生变化对企业盈利能力和资产价值产生的影响。经营风险可以是内部原因或外部原因导致的。内部原因是指由企业本身经营管理不善造成的盈利波动,如决策失误、管理不善;职工素质不高;管理人员水平低,缺乏应变能力等。外部原因是指由于企业外部的某些因素变化对企业经营收益的影响,如政府产业政策的调整、竞争对手的壮大、顾客购买偏好的转移等。财务风险是指企业因借入资金而增加股东收益的不确定性。关于财务风险的讨论,参见本书第 12 章资本结构分析。

风险分散

非系统风险因素对投资组合的影响远远小于对单项资产的影响,这是因为非系统风险因素只影响少数资产,而这些资产只占投资组合的一小部分。当投资组合充分分散时,非系统风险对投资组合的影响几乎可以忽略不计,即非系统风险被分散掉了。一般来说,资产组合中的资产数目越多,非系统风险的分散就越彻底。资产组合的风险分散效应,可以从资产组合收益率方差和标准差的计算公式中推导出来。

由 N 项资产组成的资产组合的方差公式为:

$$\mathrm{Var}(X_P) = \sum_{i=1}^{N} W_i^2 \sigma_i^2 + \sum_{i=1}^{N} \sum_{j \neq i}^{N} W_i W_j \sigma_i \sigma_j \rho_{ij}$$

式中:第一项只与各单项资产的收益率方差有关,反映了单项资产各自的收益率波动状况,为非系统风险;第二项与不同资产的收益率协方差有关,反映了各项资产收益率的相关性和共同运动,为系统风险。设投资者进行等比例投资,即 $W_i = 1/N, i = 1,2,3,\cdots,N$,则有:

$$\begin{aligned}\mathrm{Var}(X_P) &= \sum_{i=1}^{N} \left(\frac{1}{N}\right)^2 \sigma_i^2 + \sum_{i=1}^{N} \sum_{j \neq i}^{N} \left(\frac{1}{N}\right)^2 \sigma_i \sigma_j \rho_{ij} \\ &= \left(\frac{1}{N}\right)^2 \sum_{i=1}^{N} \sigma_i^2 + \left(\frac{1}{N}\right)^2 \sum_{i=1}^{N} \sum_{j \neq i}^{N} \sigma_i \sigma_j \rho_{ij}\end{aligned}$$

先考虑第一项,令 $\bar{\sigma}^2 = \frac{1}{N} \sum_{i=1}^{N} \sigma_i^2$,$\bar{\sigma}^2$ 代表 N 项资产收益率方差的平均值,则有:

$$\left(\frac{1}{N}\right)^2 \sum_{i=1}^{N} \sigma_i^2 = \frac{1}{N} \bar{\sigma}^2$$

显然,当 $N \to \infty$ 时,$(1/N)(\bar{\sigma}^2) \to 0$。这表明,当资产组合中的资产数目增多时,组合收益率中的非系统风险将逐渐消失。

第二项为系统风险。用 $\overline{\mathrm{COV}}$ 表示所有资产收益率协方差的平均值,则第二项变为:

$$\left(\frac{1}{N}\right)^2 \sum_{i=1}^{N} \sum_{j \neq i}^{N} \sigma_i \sigma_j \rho_{ij} = \frac{N^2 - N}{N^2} \overline{\mathrm{COV}} = \left(1 - \frac{1}{N}\right) \overline{\mathrm{COV}}$$

当 $N \to \infty$ 时,$(1 - (1/N)) \to 1$。假设平均协方差 $\overline{\mathrm{COV}}$ 不随 N 变化,那么,随着投资组合中的资产数目增加,协方差项并不趋于零,而是趋于其平均值。平均协方差代表了所有资产收益率的共同运动趋势,反映了系统风险。

认识和理解系统风险与非系统风险的区别非常重要。对投资者来说,可以通过多元化投资和增加投资项目来分散风险,但只能分散非系统风险,不能消除系统风险。因此,希望通过多元化投资来消除所有风险是不可能的。另外,当投资组合中的资产数目比较少时,增加资产数目能显著提高风险分散的效果。当投资组合中的资产数目比较多时,继续增加资产数目,对提高风险分散效果的作用会逐渐减弱。一般来讲,当投资组合中的资产数目增加到15—20个时,绝大部分非系统风险都已被消除,继续增加资产数目对降低非系统风险已没有太大意义。图7-11显示了资产数目与风险分散效果之间的关系。

尽管通过构造投资组合可以分散非系统风险,达到降低风险的目的,但这一做法通常更适用于证券投资。如果企业希望通过构建多项无关的业务来分散风险,必须慎重行

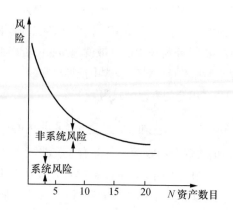

图 7-11 投资组合的系统风险与非系统风险

事。证券投资组合具有以下两个特点:第一,证券投资的交易费用很低。投资者可以用很低的交易成本购入多种证券,同时也可以用很低的交易成本更换投资组合中的证券。第二,证券投资者本人不直接参与证券发行人(企业)的生产经营活动,因此,尽管证券投资者可能同时持有十几个乃至几十个公司发行的证券,但不存在经营方向过多,人力、财力和物力不足的问题。然而,当企业经营者希望通过业务多元化来分散风险时,证券投资的上述两个特点都不复存在。一是企业的每一项业务都需要较高的投入,当企业因为业务选择失误而变更业务时,通常要付出巨大的成本。二是企业需要经营自己投资的每一项业务。由于企业所能利用的资源有限,当投资项目的数量和行业过多(这是通过投资组合分散风险的必要条件)时,必然会导致人力、财力和物力的紧张与不足,甚至导致经营失败。

一个市场分散风险的能力取决于市场上所有证券的收益率之间的相关性。如果市场上不同证券的收益率有很强的相关性,那么该市场的风险分散效应将十分有限。反之,如果市场上不同证券的收益率之间的相关性较弱,那么该市场将有较好的风险分散效果。

Meir Staman(1987)分析了纽约股票交易所上市股票的分散化效果,结果如图 7-12 所示。纽约股票交易所上市股票的收益率标准差平均略低于 50%。当随机选择的投资组合包含的股票数量为 8 只时,平均的收益率标准差就降低到了 24.98%,约为单只股票的一半水平。这表明纽约股票交易所的上市股票具有良好的分散化效果。作为对比,图 7-12 中还提供了一种虚拟情形——假设所有股票的收益率都不相关。

施东晖(1996)研究了上海股票市场的风险分散效果。[①] 结果表明,系统风险在上海股市居主导地位,占总风险的 80% 左右。这意味着在上海股市进行多元化投资最多只能分散掉大约 20% 的风险,降低风险的效果不甚理想。与之相比,在发达国家的股市中,非系统风险通常占主导地位,例如在美国、英国、法国、德国、加拿大和瑞士股市中,系统风险

---

① 施东晖:"上海股票市场风险性实证研究",《经济研究》,1996 年第 10 期。

分别只占总风险的26.8%、34.5%、32.7%、36.8%、20.0%和23.9%（施东晖,1996;张人骥,1998）。由此可见,在发展初期,我国的股票市场是极其不成熟的。不过,近年来,我国股票市场的风险结构有了较大改善。例如,张人骥等(2000,2003)和宋增基等(2004)的研究显示,在1993—2000年期间,系统风险在我国股市总风险中所占比例呈现逐年下降趋势(图7-13)。

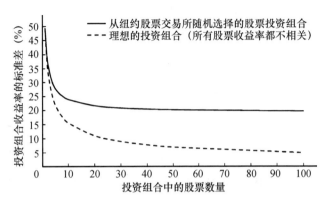

图7-12　从纽约股票交易所上市股票中随机选择的投资组合的分散化效果

资料来源:Staman, M. ,"How Many Stocks Make a Diversified Portfolio?" ,*Journal of Financial and Quantitative Analysis*,22(3),1987,pp. 353—364。

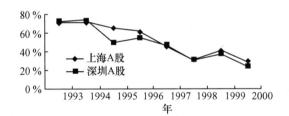

图7-13　A股市场系统风险/总风险年度值

资料来源:张人骥等,"分割市场中的系统风险的长期趋势与传递效应",《数量经济技术经济研究》,2003年第9期。

7.3.3　最小方差组合与有效资产组合集合

由图7-10可知,多项资产构成的投资组合集合是σ_P-$E(R_P)$平面上的一个区域,区域内的每一点都是一项资产或一个投资组合。但是,对投资者来说,这些组合并非都值得投资。如图7-14中的S点,与A点相比,两者的期望收益率相同,但S点的风险高于A点;与B点相比,两者的风险相同,但S点的期望收益率小于B点。如果投资者可以承受S点的风险,则他会选取B点所代表的投资组合,因为这样可以在同等风险条件下获得更高的期望收益率;如果投资者认为S点的投资收益率较理想,他将选取A点的投资组合,因为这样可以在同等收益水平下承担较低的风险。因此,不论投资者作何种选择,他都不会选择 S 点的投资组合作为投资对象。

由此可见,在众多投资组合中,只有一部分投资组合可以成为投资者的投资对象,这些投资组合被称为投资组合有效前沿(efficient frontier),或有效投资组合集合。有效前沿由那些在同样风险条件下具有最高的期望收益率的投资组合构成。在图 7-14 中的所有资产组合中,组合 A 是方差(标准差)最小的组合,称为最小方差组合。有效前沿是投资组合集合的左边界位于最小方差组合之上的部分,即粗实线表示的曲线 ABC。

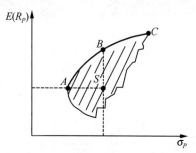

图 7-14 投资组合的收益与风险的关系

例 7-2 在例 7-1 中,假设相关系数 $\rho_{GH}=0$,求最小方差组合。

解 已知两项资产 G 和 H 的期望收益率分别为 20% 和 12%,标准差分别为 40% 和 13.3%,相关系数为 0。

求最小方差组合,就是确定投资组合权重使得投资组合的风险(标准差)最小。由于只有 G、H 两种资产,因此我们可以将问题写为:

最小化:$\sigma_P^2 = W_G^2\sigma_G^2 + W_H^2\sigma_H^2 + 2\rho_{GH}W_G W_H \sigma_G \sigma_H$

条件:$W_G + W_H = 1$

将 $\rho_{GH}=0$ 和 $W_H = 1 - W_G$ 代入 σ_P^2 的方程,有:

$$\sigma_P^2 = W_G^2\sigma_G^2 + (1-W_G)^2\sigma_H^2 = (\sigma_G^2 + \sigma_H^2)W_G^2 + (1-2W_G)\sigma_H^2$$

代入具体的数值,得到:

$$\sigma_P^2 = 0.0177 - 0.0354 W_G + 0.1777 W_G^2$$

求最小方差组合

$$\frac{\partial \sigma_P}{\partial W_G} = 0.354 W_G - 0.0354 = 0$$

$$W_G = 0.10 = 10\%$$

$$W_H = 1 - W_G = 1 - 0.10 = 0.90$$

因此,最小方差组合为 10% 的资产 G 与 90% 的资产 H 构成的组合。

7.3.4 投资者对投资组合的投资选择

只有风险资产时的投资选择

如前所述,在全部由风险资产构成的资产组合集合中,只有位于有效前沿上的资产才有可能成为投资者的投资对象。具体来讲,不同的投资者将根据自己的风险偏好(由风险-收益无差异曲线表示)来选择投资组合。如图 7-15 所示,无差异曲线Ⅰ、Ⅱ分别与有效前沿相切于 A、B 两点,表明在这两点上的投资组合所代表的风险-收益替代关系与投资者 1、2 所要求的风险-收益替代关系相同,故投资者 1 将选择有效前沿 A 点的投资组合,投资者 2 将选择有效前沿 B 点的投资组合。

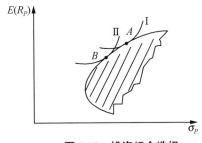

图 7-15　投资组合选择

资本市场线与投资选择

如果在资本市场上除风险资产外,还存在着无风险资产(通常以短期国债投资作为无风险资产的近似),则无风险资产与风险资产将构成一种新的投资组合集合,它不同于单纯由风险资产构成的投资组合集合。图 7-16 显示了这一投资组合集合的构造过程。

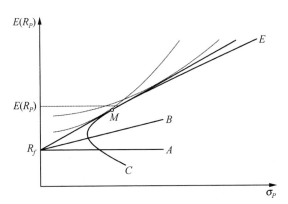

图 7-16　存在无风险资产条件下的投资组合有效前沿

图 7-16 中 R_f 点代表无风险资产 F,其期望收益为 R_f,标准差 $\sigma_f = 0$。曲线 CME 代表由风险资产构成的投资组合集合的有效前沿。无风险资产 F 可以与风险资产组合 A、B、M 组成不同的投资组合集合,分别用射线 R_fA、R_fB 和 R_fM 表示,其中射线 R_fM 是有效前沿过 R_f 点的切线,M 为切点。在这几个投资组合中,R_fA 和 R_fB 显然是无效率的,因为在同样的风险程度下,投资组合集合 R_fM 可以提供更高的期望收益。在存在无风险资产的条件下,新的投资组合的有效前沿是投资组合集合 R_fM。投资者根据自己的风险-收益偏好在其上选择投资组合,如图 7-16 所示。

市场组合与资本市场线

假设投资者都是同质的,即所有投资者对股票市场具有相同预期,投资者之间的差异仅仅体现在风险-收益的偏好的不同。这样,对所有投资者来说,图 7-16 中的有效前沿和投资组合 M 都相同,因此,投资者持有的风险资产组合完全一致,都是投资组合 M。在市场均衡状态下,投资组合 M 是市场上所有风险资产构成的投资组合,被称为"市场组合"(market portfolio)。在实践中,人们常常采用股票市场上具有广泛代表性的指数作为市场组合的近似替代,例如,美国股票市场的标普 500 指数。

在上一段的假设下,有效前沿 $R_f M$ 被称为资本市场线(capital market line,CML),其方程为:

$$E(R_P) = R_f + \frac{E(R_M) - R_f}{\sigma_M}\sigma_P \tag{7-7}$$

式中:$E(R_P)$ 为投资组合的期望收益率;$E(R_M)$ 为市场组合的期望收益率;σ_P 为投资组合的标准差;σ_M 为市场组合的标准差。

图 7-16 表明,不论风险-收益偏好如何,均衡状态下投资者的风险-收益边际替代率都相同,均等于资本市场线的斜率。

由于市场组合与投资者个人的风险-收益偏好无关,因此,投资者在资本市场上的投资行为可分为两步:第一步,不考虑自己的风险-收益偏好,确定市场组合;第二步,在确定市场组合之后,根据自身的风险-收益偏好,确定投资组合中无风险资产与风险资产(市场组合)的投资比例。

7.4 证券市场上收益与风险的关系

7.4.1 系统风险与贝塔系数

个别证券资产的贝塔系数

我们已经知道,资产的全部风险可分为系统风险与非系统风险。非系统风险可以通过资产组合分散掉,系统风险则无法通过分散化消除。因此,对于一个投资组合来说,重要的是组合收益率的风险,而不是其中每一资产的个别风险。当投资者考虑是否要在已有的投资组合中加入新资产时,应该重点考虑新资产对投资组合系统风险的贡献。

每一资产的系统风险可以用其贝塔系数来衡量。贝塔系数的定义如下:

$$\beta_i = \frac{\text{COV}(R_i, R_M)}{\text{Var}(R_M)} \tag{7-8}$$

其中,β_i 表示第 i 种资产的贝塔系数。下标 M 表示市场组合,$\text{Var}(R_M)$ 表示市场组合的收益率方差,它度量了市场组合的风险。由于市场组合是完全分散的投资组合,因此,$\text{Var}(R_M)$ 也度量了市场组合的系统风险。$\text{COV}(R_i, R_M)$ 表示第 i 种资产与市场组合的收益率协方差,它度量了第 i 种资产对市场组合系统风险的贡献。

贝塔系数的定义(7-8)式表明,它对系统风险的度量是相对的,标杆是市场组合风险。换言之,它度量资产的收益率相对于市场组合收益率变化的敏感性。如果$\beta=0.5$,那么该资产的系统风险只相当于市场组合风险的一半。换句话说,如果市场组合的风险报酬上升10%,该资产的风险报酬只上升5%;如果市场组合的风险报酬下降10%,该资产的风险报酬也只下降5%。如果$\beta=2$,那么该资产的系统风险相当于市场组合风险的两倍。如果市场组合的风险报酬上升10%,该资产的风险报酬将上升20%;而如果整个市场资产组合的风险报酬下降10%,该资产的风险报酬也将下降20%。

利用(7-8)式,不难发现市场组合的贝塔系数等于1。

作为资产系统风险的量度指标,贝塔系数在投资分析中有着重要的意义。由于估计贝塔系数需要数据支持,一般来讲,只有交易活跃的证券类资产,如上市公司股票,才能直接估计其贝塔系数。尽管如此,由于上市公司股票代表公司的投资价值,通过对股票贝塔系数的估计,可以了解股票的风险大小,这对股票投资具有重要意义。同时,这些贝塔系数还间接反映了公司所处行业的风险状况,对企业选择投资方向、判断风险大小有一定的指导意义。在国内外,有专业的咨询机构估计并公布上市公司股票的贝塔系数。表 7-3 提供了部分美国大公司股票的贝塔系数。

表7-3 部分美国大公司股票的贝塔系数

公司名称(股票代码)	贝塔系数	公司名称(股票代码)	贝塔系数
苹果(AAPL)	0.91	美国电话电报(T)	0.45
微软(MSFT)	1.06	埃克森·美孚(XOM)	0.76
谷歌(GOOG)	1.13	雪佛龙(CVX)	1.03
英特尔(INTC)	1.07	巴雷克黄金(ABX)	0.27
可口可乐(KO)	0.43	美国银行(BAC)	1.87
麦当劳(MCD)	0.24	花旗银行(C)	1.98
强生制药(JNJ)	0.51	摩根大通银行(JPM)	1.66
耐克(NKE)	0.85	高盛(GS)	1.63
宝洁(PG)	0.32	摩根士丹利(MS)	1.96
沃尔玛(WMT)	0.40	波音(BA)	1.11
通用电气(GE)	1.49	美国铝业(AA)	1.99
伯克希尔·哈撒韦 A 股(BRK-A)	0.25	福特汽车(F)	1.81

资料来源:雅虎财经网站(http://finance.yahoo.com/),2012 年 7 月 14 日。雅虎财经采用五年(月收益率)数据估计贝塔系数,市场组合采用标普 500 指数。

投资组合的贝塔系数

根据贝塔系数的定义(7-8),投资组合的贝塔系数等于组合中各单项资产的贝塔系数的加权平均,权重为单项资产在投资组合中的投资比例。

$$\beta_P = \sum_{i=1}^{n} W_i \beta_i \tag{7-9}$$

式中:β_P 为投资组合 P 的 β 系数;W_i 为投资组合 P 中资产 i 的投资比例;β_i 为资产 i 的

贝塔系数。

比如,某一投资组合由五项资产组成,各项资产的贝塔系数分别为 0.9、0.9、1.1、1.2 和 1.4,每项资产各占组合价值的 1/5。则:

$$\beta_P = (0.9 + 0.9 + 1.1 + 1.2 + 1.4)/5 = 1.1$$

如果将 $\beta = 1.4$ 的资产换成一项 $\beta = 0.6$ 的资产,则投资组合的 β 系数变为:

$$\beta_P = (0.9 + 0.9 + 1.1 + 1.2 + 0.6)/5 = 0.94$$

这表明,通过改变投资组合中的资产,可以改变投资组合的系统风险。

由于市场组合的贝塔系数等于1,因此,市场上所有风险资产贝塔系数按资产价值加权的平均值等于1。如果一种资产的贝塔系数大于1,那么它的系统风险高于市场平均水平;反之,如果一种资产的贝塔系数小于1,那么它的系统风险低于市场平均水平。

影响贝塔系数的因素

贝塔系数的大小主要反映了资产系统风险的高低。影响贝塔系数的另一个因素是企业的财务风险,根据第 12 章对企业财务风险的分析可知,企业的资产负债率越高,财务风险就越大,其股票贝塔系数也就越大。除上述两个因素外,如企业的规模、增长速度、资产流动性等因素也会影响贝塔系数。

表 7-4 给出了我国一些上市公司的贝塔系数。

表 7-4 我国 A 股部分上市公司的贝塔系数

公司名称(股票代码)	贝塔系数	公司名称(股票代码)	贝塔系数
中国神华(601088)	1.41	中国国航(601111)	1.21
中国石油(601857)	0.64	民生银行(600016)	1.31
紫金矿业(601899)	1.36	招商银行(600036)	1.42
万科 A(000002)	1.25	交通银行(601328)	1.27
深振业 A(000006)	1.17	工商银行(601398)	1.01
招商地产(000024)	1.57	建设银行(601939)	1.04
金融街(000402)	1.17	中国银行(601988)	0.83
南方航空(600029)	1.22	中信银行(601998)	1.44
东方航空(600115)	1.14	王府井(600859)	0.34
海南航空(600221)	0.51	苏宁电器(002024)	0.64

注:采用 2010 年周数据计算,市场指数采用上证综合指数。

7.4.2 资本资产定价模型

在马科维茨建立的现代投资组合理论的基础上,多位金融学家于 20 世纪 60 年代发现了资本资产定价模型(Capital Assets Pricing Model,CAPM)[①]。CAPM 告诉我们,在一系

[①] William Sharpe (1964), John Lintner (1965), Jan Mossin (1966) 与 Jack L. Treynor 各自独立地发现了 CAPM。Jack L. Treynor 的相关文章没有发表。

列假设下,资产的期望收益率与其贝塔系数间存在下述简单关系①:

$$E(R_i) = R_f + \beta_i [E(R_M) - R_f] \tag{7-10}$$

式中:$E(R_i)$为资产 i 的期望收益率;R_f为无风险利率;$E(R_M)$为市场组合的期望收益率;β_i为资产 i 的贝塔系数。

CAPM 说明,资产的期望收益率取决于下述三个因素:

(1) 无风险利率 R_f,它表示资金的纯粹时间价值。

(2) 市场组合的期望风险报酬率 $[E(R_M) - R_f]$,简称为"市场风险报酬"(market risk premium,MRP)。由于 $E(R_M)$是市场组合的期望收益率,R_f是无风险收益率,故市场风险报酬反映了单位系统风险应得的报酬。

(3) 资产的贝塔系数。

上述分析表明,资产的收益只有两个来源:一是资金的纯粹时间价值;二是投资者因承担系统风险应得的风险报酬。对投资组合的贝塔系数的讨论说明,不仅单项资产满足 CAPM,而且所有投资组合都满足 CAPM。

CAPM 说明,证券的期望收益率主要依赖于其系统风险,与其非系统风险无关。我们可以这样来直观地理解该重要结果:在证券投资中,通过多元化投资来分散风险几乎没有成本,因此,人们可以轻而易举地消除资产的非系统风险,进一步,承担这类风险就不应得到风险报酬。与此相反,系统风险无法通过多元化投资的方法来消除,它是投资者必须承担的风险。为了吸引人们承担系统风险,就必须给予相应的风险报酬。

证券市场线

证券市场线是 CAPM 的几何图示。用纵轴表示证券的期望收益率 $E(R_i)$,用横轴表示贝塔系数,我们在此平面上描绘各种证券与投资组合。CAPM 说明,所有证券和投资组合都将落在一条直线上,直线的方程为 CAPM,这条直线被称为证券市场线(security market line,SML)。证券市场线在纵轴上的截距为无风险收益率 R_f,其斜率为市场风险报酬 $[E(R_M) - R_f]$。图 7-17 描绘了证券市场线。

市场风险报酬

在实践中应用 CAPM 时,我们必须确定市场风险报酬水平。如前所述,风险报酬是投资者因承担系统风险而获得的额外报酬,市场风险报酬则是市场上所有风险资产的平均风险报酬。理论上,风险报酬产生的根源是投资者对风险的厌恶,市场风险报酬的大小取决于投资者的平均风险厌恶程度等多种因素。自 20 世纪 80 年代以来,学术界从未停止对市场风险报酬的研究,然而,迄今为止金融学理论没有告诉我们市场风险报酬的确切大小。关于市场风险报酬究竟是多少的问题,学术界和实务界都远未

---

① CAPM 的假设如下:(1) 投资者具有均值-方差偏好,厌恶风险;(2) 投资者是同质的;他们对资产收益、收益率标准差和相关系数的预期相同;(3) 市场没有税收和交易成本;(4) 所有投资者可以按照无风险利率进行借贷;(5) 资产是无限可分的;(6) 每个投资者是价格接受者,投资者之间是完全竞争的;(7) 不存在信息不对称。金融学家对 CAPM 的后续研究表明,上述假设大多不是本质的,去掉这些假设,适当修改后的模型仍然成立。

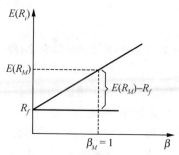

图 7-17 证券市场线示意图

达成一致意见。

古人云,观今宜鉴古。估计市场风险报酬的一种主要方法是统计历史的市场风险报酬。表 7-5 给出了几个不同来源的美国股票平均风险报酬。虽然不同学者的估计结果不完全相同,但是差异并不大。

表 7-5 1926—2005 年美国股票的平均风险报酬

来源(作者)		Ibbotson	Shiller	Damodaran	Siegel
股票收益率 －长期国债收益率	几何平均	4.9%	5.5%	5.1%	4.6%
	算术平均	6.5%	7.0%	6.7%	6.1%
股票收益率 －短期国债收益率	几何平均	6.7%	6.0%	6.3%	6.2%
	算术平均	8.5%	7.7%	8.2%	8.2%

数据来源:Ibbotson Associates (2006), "Stocks, Bonds, Bills, and Inflation, Valuation Edition." 2006 Yearbook; Siegel, J. J. (2005), "Perspectives on the Equity Risk Premium," *Financial Analysts Journal*, 61(6), pp. 61–71; Dimson, E., P. Marsh and M. Staunton (2007), "The Worldwide Equity Premium: A Smaller Puzzle." in Mehra, R., *Handbook of Investments: Equity Risk Premium*, Elsevier. 根据网页公开信息(http://aida.econ.yale.edu/~shiller/data.htm 和 http://pages.stern.nyu.edu/~adamodar/)整理。

关于股票的历史风险报酬,我们需要注意两个问题。第一,不同股票市场,同一股市的不同历史时期,统计得出的历史风险报酬并不相同,甚至相差很远。因此,历史没有给我们提供统一的答案。第二,中国股市刚刚建立 20 年,历史较短,而且同期中国政治、经济体制处于快速变革之中,因此,中国股市的历史风险报酬对确定预期的风险报酬不具有实质意义。

估计市场风险报酬的第二种方法是问卷调查,调查对象为财务专业人士,包括金融学教授和公司财务总监。遗憾的是,调查结果很不稳定,不同年份的调查结果可能迥异,而且几乎所有的调查结果的分布都很分散。此外,教授们预测的市场风险报酬的平均值或者中位值显著高于财务总监的预测结果。[①]

估计市场风险报酬的第三种方法是利用股票指数估计隐含的市场风险报酬。假设股票指数是合理的,采用股利贴现模型或其他估值模型,估计出股票指数隐含的股权资本成本(估计方法与例4-10非常类似),然后减去无风险利率,从而得到股票指数隐含的市场风险报酬。现有研究表明,隐含的市场风险报酬随时间波动剧烈,稳定性差。[②]

总之,估计预期的市场风险报酬是一项极其困难的工作,不存在学术界或实务界一直认可的市场风险报酬水平。

资本资产定价模型的简单应用

利用资本资产定价模型,可以根据已知贝塔系数估计某证券的期望收益率;也可以利用已知行业的贝塔系数,估计该行业的期望收益率。

例7-3 已知某公司股票的贝塔系数为1.2,无风险收益率 R_f 为8%,市场风险报酬为6%。求该股票的资本成本。

解 根据资本资产定价模型,该股票的期望收益率为:

$$E(R_i) = R_f + \beta_i [E(R_M) - R_f]$$
$$= 8\% + 1.2 \times 6\%$$
$$= 0.152 = 15.2\%$$

反过来,如果已知某证券的期望收益率,那么,可以利用CAPM计算该证券的贝塔系数。在例7-3中,如果已知股票的期望收益率为12%,那么,根据CAPM,有

$$12\% = 8\% + \beta_j \times 6\%$$
$$\beta_j = 4\%/6\% = 2/3 = 0.667$$

即,该股票的贝塔系数等于0.667。

除了被用于估计资本成本外,CAPM模型还被广泛应用于资产管理及其业绩评价。

资本资产定价模型的实证检验

CAPM深刻地洞悉了投资收益的来源,使人们可以更好地理解投资收益的本质,从而在金融学领域得到了广泛的应用,该模型的主要贡献者之一 William F. Sharpe 也因此获得了1990年度的诺贝尔经济学奖。

自从CAPM问世以来,学术界就非常关注它在现实中的有效性,许多金融学家从各个角度进行了实证检验。20世纪70年代,学者们主要检验了证券市场线的性质,实证结

[①] 对财务总监的调查结果参见 Graham, J. R., and C. R. Harvey, "The Equity Risk Premium in January 2007: Evidence from the Global CFO Outlook Survey", *Journal of Financial Risk Management*, 4(2), 2007, pp. 46—61。对金融学教授的调查结果参见 Welch, I., "A Different Way to Estimate the Equity Premium (for CAPM and One-Factor Model Use Only)", SSRN n. 1077876, 2007。

[②] 关于隐含的市场风险报酬,参见 J. Claus and J. Thomas, "Equity Premia as Low as Three Percent? Evidence from Analysts' Earnings Forecasts for Domestic and International Stocks", *Journal of Finance*, 56(5), October 2001, pp. 1629—1666;以及 W. R. Gebhardt, C. M. C. Lee, and B. Swaminathan, "Toward an Implied Cost of Capital", *Journal of Accounting Research*, 39(1), 2001, pp. 135—176。

果支持 CAPM。[①] 然而,20 世纪 80 年代以后,CAPM 的有效性受到了多方面的质疑。第一,部分研究发现贝塔系数与证券收益率之间不存在统计上的显著关系。例如:Fama 和 French(1992)发现,对指数波动贡献较大的股票,即贝塔系数较大的股票,没有获得更高的收益率。在控制了公司规模之后,收益率和贝塔系数呈负相关。[②] 第二,用贝塔系数度量的市场风险不是系统风险的唯一来源,存在其他系统风险因素——宏观经济变量。[③] 第三,证券收益率还受到非系统性风险的影响,例如公司规模。[④]

总之,一方面,CAPM 是使用最广泛的金融学模型之一;另一方面,关于 CAPM 的有效性,学术界至今仍存在广泛的争议。

7.4.3 套利定价理论

Ross(1976)提出的套利定价理论(arbitrage pricing theory,APT)是多因素模型。[⑤] 与 CAPM 主张投资收益来自于市场风险这一个因素不同,APT 认为投资收益的来源包括多个系统因素。

下面我们扼要介绍 APT 模型。假设决定证券收益的系统因素有 k 个,记作 $F_j, j = 1, 2, \cdots, k$。证券 i 的收益率可以表达成:

$$R_i = R_f + \beta_{i1}(R_{F1} - R_f) + \beta_{i2}(R_{F2} - R_f) + \cdots + \beta_{ik}(R_{Fk} - R_f) + \varepsilon_i \quad (7\text{-}11)$$

其中,R_f 为无风险利率,R_{Fj} 表示第 j 个因素的收益率,$(R_{Fj} - R_f)$ 表示其风险报酬。β_{ij} 称为因素贝塔系数,表示证券 i 的第 j 个因素系统风险的大小。ε_i 是噪声项,其期望值为 0。假设因素与噪声项满足下述条件:

(1) 不同因素之间相互独立;
(2) 每个因素和噪声项之间相互独立;
(3) 不同证券的噪声项之间相互独立。

(7-11)式表明,证券的风险包括两部分:一部分是系统风险,来源于 k 个因素的变化。因为这些因素影响所有证券的收益,因此它们的波动产生的风险为系统风险。另一部分是非系统风险,来源于噪声项的波动。在上述条件下,每一个噪声项只影响一种证券,与其他证券的收益率无关,因此,噪声项是非系统风险。事实上,利用上述条件,容易得到证

[①] Black, F., M. C. Jensen, and M. Scholes, "The Capital Asset Pricing Model: Some Empirical Tests", in M. Jensen ed., *Studies in the Theory of Capital Markets*, New York: Praeger Publishers, 1972, pp. 79—121; Fama, E. F., and J. D. MacBeth, "Risk, Return, and Equilibrium: Empirical Tests", *Journal of Political Economy*, 81(3), 1973, pp. 607—636.

[②] Fama, E. F. and K. R. French, "The Cross-Section of Expected Stock Returns", *Journal of Finance*, 47(2), 1992, pp. 427—465.

[③] Chen, Nai-fu, R. Roll, and S. A. Ross, "Economic Forces and the Stock Market", *Journal of Business*, 59(3), 1986, pp. 383—403.

[④] Lakonishok, J., and A. Shapiro, "Systematic Risk, Total Risk and Size as Determinants of Stock Market Returns", *Journal of Banking and Finance*, 10, 1986, pp. 115—132.

[⑤] Ross S. A., "The Arbitrage Theory of Capital Assets Pricing", *Journal of Economic Theory*, 13, 1976, pp. 343—362.

券的收益率方差和协方差：

$$\sigma_i^2 = \beta_{i1}^2 \sigma_{F1}^2 + \beta_{i2}^2 \sigma_{F2}^2 + \cdots + \beta_{ik}^2 \sigma_{Fk}^2 + \sigma_{\epsilon i}^2$$

$$\sigma_{ij} = \beta_{i1}\beta_{j1} \sigma_{F1}^2 + \beta_{i2}\beta_{j2} \sigma_{F2}^2 + \cdots + \beta_{ik}\beta_{jk} \sigma_{Fk}^2$$

对(7-11)式求期望值，得到：

$$E(R_i) = R_f + \beta_{i1}[E(R_{F1}) - R_f] + \beta_{i2}[E(R_{F2}) - R_f] + \cdots + \beta_{ik}[E(R_{Fk}) - R_f] \quad (7-12)$$

上式告诉我们，证券的风险报酬由其因素贝塔系数决定。① 显然，形式上这是 CAPM 的拓展。正如 CAPM 对投资组合成立一样，(7-12)式也对投资组合成立，不过其中的贝塔系数替换成投资组合的贝塔系数，后者等于投资组合中所有资产的贝塔系数的价值加权平均。

需要注意的是，APT 本身没有告诉我们存在哪些系统因素。学术界常常从宏观经济指标和行业指标中探寻系统因素。在多因素模型中，在 CAPM 中居核心地位的市场指数可能是其中一个系统因素，也可能不是。例如，Chen、Roll 和 Ross（1986）提出的五因素模型就不包括市场指数，这五个系统因素是②：

（1）行业生产增长率；
（2）预期的通货膨胀率；
（3）未预期的通货膨胀率；
（4）未预期的、长期公司债券与长期国债的收益率之差的变化；
（5）未预期的、长期国债与短期国债的收益率之差的变化。

在 APT 框架下构建多因素模型来估计证券收益率的关键是找到一组合适的系统因素，这常常需要借助相对复杂的计量经济学方法。而且，根据模型的要求，这些系统因素必须是正交的，即相互独立。在确定了系统因素之后，需要估计这些因素的风险报酬。最后，估计证券的贝塔系数向量。完成了这些工作之后，就可以利用(7-12)来计算证券的风险报酬或期望收益率。

就现有研究成果来看，CAPM 与 APT 各有千秋。在实务界，CAPM 明显更受青睐。

7.4.4 FF 三因素模型

金融学家通过实证分析发现小公司股票和价值型股票（账面价值与市场价值之比较高的股票）具有较高的收益率，在此基础上，Fama 和 Fench 提出了决定股票收益的 FF 三

---

① 套利定价理论之所以如此命名，是因为如果证券的价格偏高或偏低，导致其期望收益率背离方程(7-11)，那么，投资者可以通过构建投资组合来实现套利。关于套利的概念，参见本书第12章第3节。
② Chen, Nai-fu, R. Roll, and S. A. Ross,"Economic Forces and the Stock Market", *Journal of Business*, 59(3), 1986, pp. 383—403.

因素模型。① 他们用市场因素、公司规模因素,以及股票账面价值与市场价值之比(简称账面-市值比)因素来解释股票收益。具体来说,FF 三因素模型是:

$$R_i = R_f + \beta_{iM}(R_M - R_f) + \beta_{iS} \cdot \text{SMB} + \cdots + \beta_{iH} \cdot \text{HML} + \varepsilon_i \tag{7-13}$$

其中,R_M 表示市场组合的收益率,SMB 表示小公司股票的收益率减去大公司股票的收益率,HML 表示"账面-市值比"较高的股票与"账面-市值比"较低的股票的收益率之差,其他符号同上节。

形式上,FF 三因素模型似乎属于 APT,然而,它一般被归入实证模型的范畴。在 APT 模型中,解释股票收益的因素是系统因素。可是,在 FF 三因素模型中,除市场因素之外的两个因素——公司规模因素与账面-市值比因素——是否属于系统因素,学术界尚存在严重分歧。迄今为止,没有一种令人信服的理论能够解释为什么这两个因素是驱动股票价格运动的基本力量。尽管现有实证结果说明 FF 三因素模型比 CAPM 能更好地解释股票收益率,并且它也因此获得了广泛的应用,但是,为 FF 三因素模型建立一个坚实的理论基础仍然是摆在模型支持者面前的一个重要难题。如果没有理论基础,那么 FF 三因素模型难以摆脱"数据挖掘"(data mining)的质疑。

7.5 有效市场假说

7.5.1 有效市场的概念与有效市场中的价格行为

通常来说,证券市场的有效性(efficiency)包含两个不同概念。一个是证券市场运营的有效性(operational efficiency),它是指证券市场能够以最低成本为参与者提供他们需要的各种产品与服务。另一个是证券价格反映信息的有效性,具体来说,有效(证券)市场(efficient market)是指证券价格能够以很快的速度反映各种影响价格的信息。在本书中,除非特别声明,证券市场的有效性均针对信息而非运营。

如果证券市场不是有效市场,即价格不能快速反映所有的信息,那么证券的价格就会偏离其内在价值。由于投资者的投资决策和发行人的许多决策都基于证券的价格,因此,无效的证券市场会扭曲投资者和发行人的决策,进而扭曲证券市场的资产配置功能。

为了更直观地认识有效市场,我们先通过一个虚拟的例子来考察有效市场中证券价格如何反映信息。

假设某公司通过多年的秘密研发,开发出一种具有良好市场前景和盈利能力的新产品(如同 2007 年苹果公司推出的 iPhone),这种新产品将大幅提升公司的股东价值。在公

---

① Fama, E. F., and K. R. French, "The Cross-Section of Expected Stock Returns", *Journal of Finance*, 47(2), 1992, pp. 427—465; Fama, E. F., and K. R. French, "Common Risk Factors in Returns of Stocks and Bonds", *Journal of Financial Economics*, 33(1), 1993, pp. 3—56.

布这一消息之前,公司股票价格反映的只是该公司目前的盈利能力和一般增长潜力的价值,并没有反映该新产品研发成功所产生的巨大价值。图 7-18 描绘了股票价格对信息冲击作出反应的几种典型模式,其中,信息发布的时间是第 0 日。

假设证券市场是有效市场。当公司公布研发成功的消息时,其股票的价格将迅速上涨,瞬间就将新产品带来的价值增量完全反映出来(图 7-18 中的实线)。投资者从公开场合了解到这条消息后再买入该公司股票不可能获取超额利润,因为股票价格已经迅速做出了调整。

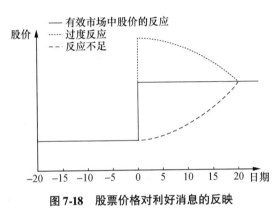

图 7-18 股票价格对利好消息的反映

如果股票市场不是有效市场,那么股票价格对信息冲击作出的反应通常呈现出两种典型形态。一种形态是股价起初表现为反应过度(overaction),然后逐渐调整,参见图 7-18。在本例中,对于公司新产品研发成功的意外消息,股价最初上涨的幅度超过消息本身代表的股票价值增量。然后,部分投资者意识到这一点并开始出售股票,股票价格因而逐渐回调,直到等于其内在价值。另一种形态是股价表现为反应不足(underaction),参见图 7-18。在本例中,对于公司新产品研发成功的意外消息,股价开始缓慢上涨,因此,需要经历一段较长的时间,股票价格才能反映出其内在价值。

值得注意的是,无论是过度反应还是反应不足,市场都存在套利机会。如果股价反应过度,那么"聪明"的投资者可以在股票价格超过其内在价值时卖空股票,并且在股价逐渐回调到内在价值之后,买进同等数量的股票,因此获得超额利润。如果股价反应不足,那么"聪明"的投资者在获知消息之后,立即买进股票,并且在股价逐渐上涨到内在价值之后,卖出全部股票,便可获得超额利润。

7.5.2 有效市场假说的三种形式

在总结当时研究成果的基础上,Fama(1965)提出了有效市场假说(efficient-market hypothesis,EMH)。简而言之,有效市场假说断言证券市场是(信息)有效市场。根据证券价格对不同信息的反应情况,Fama(1965)将证券市场的有效程度分为三个层次:弱有效(weak-form)市场、半强有效(semi-strong-form)市场和强有效(strong-form)市场。

弱有效市场

证券市场是弱有效市场的条件是，证券的价格反映了其历史价格包含的全部信息。根据该定义，在弱有效市场中，基于证券今天的价格预测其未来价格，等价于在今天及之前的全部历史价格的基础上进行预测。[①] 或者说，我们在给定证券今天价格的前提下预测证券的未来价格，预测结果与我们是否了解证券的历史价格无关。因此，在弱有效市场中，技术分析（technical analysis）方法没有意义，因为它是通过研究证券价格的历史形态来推断其未来走势。另外，在没有交叉的两个时间段上，证券价格的改变量相互独立。

用 r_t 表示股票第 t 期的收益率，即 $r_t = (P_t - P_{t-1} + D_t)/P_t$，其中 P_t 为第 t 期末的价格，D_t 为第 t 期分配的每股股利。把 $\{r_t\}$ 看作随机变量序列，在弱有效市场中，其序列自相关系数（serial correlation coefficient）等于零，即股票后一期的收益率与前一期的收益率无关。如果股票收益率序列的自相关系数大于零，那么股票价格表现出惯性，即在前一期价格涨幅高于期望水平的条件下，后一期价格涨幅高于期望水平的概率大于50%。相反，如果股票收益率序列的自相关系数小于零，那么股票价格表现出反转趋势，即在前一期价格涨幅高于期望水平的条件下，后一期价格涨幅高于期望水平的概率小于50%。在弱有效市场中，股票价格走势既不会表现出惯性，也不会呈现为反转。

如果把股票价格看作随机过程，人们常常用随机游走（random walk）来形容弱有效市场中的股票价格。称股票价格 $\{P_t\}$ 是随机游走，如果它满足下述条件：

$$P_t = P_{t-1} + 期望收益 + \epsilon_t \tag{7-14}$$

其中 ϵ_t 是噪声项，且独立同分布，期望值为零。

(7-14)式说明，股票的增值或股票价格的改变量包括两部分：一部分是期望收益部分，它是非随机的，反映了股票投资者要求的报酬；另一部分是随机误差，它反映了股票的风险，即信息冲击对股票的影响。正是因为随机误差的存在，股票价格才不可预测。

严格地说，弱有效市场仅仅要求(7-14)式中的噪声项 ϵ_t 相互独立，并不要求它同分布。因此，股价是随机游走的，其要求高于弱有效市场的要求。尽管存在这样的差异，人们一般还是把弱有效市场与股票价格的随机游走等同起来。

为了判断股票市场是否为弱有效市场，金融学家常常检验股票价格的自相关系数与随机游走。大量证据表明，股价自相关系数绝对值接近于零（不显著异于零）时，股票价格与随机游走模型吻合。考虑到股票买卖的交易成本，投资者几乎不可能利用股价的自相关性或通过分析股票价格的历史走势获得超额收益。Fama（1965）总结了美国股票市场的市场有效性的早期证据，Malkiel（2011）则为广大读者提供了一本市场有效性方面引人入胜的通俗读物。总之，现有证据基本支持弱有效市场假说。

许多以技术分析为主题的书籍和频频在媒体上曝光的股评家常常给投资者推荐一些简单又"实用"的技术分析投资方法，例如波浪理论。在他们的吹捧之下，这些理

[①] 弱有效市场的定义等价于要求证券的价格过程是马尔科夫过程，如果用离散随机过程来表述，即是：$E(P_{t+1}|P_0,P_1\cdots P_{t-1},P_t) = E(P_{t+1}|P_t)$，其中 $E(\cdot|\cdot)$ 表示条件期望，P_t 表示 t 时刻的证券价格。

论与方法似乎可以让投资者一夜暴富。即使我们好意揣测,这些理论与方法也只不过是他们的错觉。试想一下,如果他们真的有如此神奇的投资方法,他们还会把它告诉你吗?

半强有效市场

半强有效市场的有效程度高于弱有效市场。在半强有效市场上,证券价格能够瞬间反映所有公开信息。由于历史股价包含的信息属于公开信息,因此,半强有效市场一定是弱有效市场。在半强有效市场上,各种信息一经公布,证券价格将迅速调整到其内在价值的水平上,以反映新信息带来的价值增量。任何利用公开信息预测的证券价格未来走势对投资者都没有意义,投资者无法通过分析公开信息来获取超额利润。

在股票投资中,有一种常用方法叫基本面分析(fundamental analysis)。所谓基本面分析,是通过分析宏观经济、行业和上市公司来评估股票的基本面价值或内在价值(intrinsic value)[1]。在基本面分析中,投资者一般需要分析公司的财务报表、管理层、竞争者、竞争优势与产品市场等方面。投资者可能基于基本面分析结果进行股票投资决策,买入被市场低估的股票——价格低于基本面价值的股票,卖出被市场高估的股票——价格高于基本面价值的股票。这种投资方法被称为价值投资(value invest)。著名的投资大师沃伦·巴菲特(Warren Buffett)就是典型的价值投资者,参见案例7-1"巴菲特的价值投资与有效市场理论"。由于基本面分析使用的都是公开信息,因此,在半强有效市场中,价值投资不能稳定地获得超额收益,通过掷飞镖选择的投资组合不必逊色于聪明勤奋的证券分析师的推荐。

公司会定期公布季报、半年报和年报,这些报告提供了企业运营的重要数据。此外,企业还会不定期发布公告披露重大事项,包括重大投资项目、融资、分配、回购、并购、重组、关键管理人员变动等。在半强有效市场中,在公司发布这些事件消息之后,股票价格将立即反映事件信息对公司股票价值的影响。如果我们把第 t 日定义为从第 $(t-1)$ 日股票交易休盘到第 t 日休盘的时间段,那么,第 t 日的新消息只影响当日的股价,不会影响之后的股价,当然也不会影响之前的股价,因为那时新消息尚未公开。

检验股票市场是否为半有效市场的主要方法为事件研究(event study),它是一种实证研究方法——研究人员选择事件消息公布前后一段时间作为时间窗口,分析窗口期内股票收益率的异常情况。如果市场是半强有效市场,那么事件公告只影响公告当日的股票收益率。如果事件公告显著影响公告日之后的股票收益率,那么实证结果不支持半强有效市场。如果事件公告日之前股票收益率出现异常变动,那么消息可能提前泄露,并且提前获知消息的投资者利用消息进行了交易。

分析股票收益率的异常情况就是度量股票的异常收益率(abnormal return, AR)。为此,首先要估计股票的正常收益率,即没有事件影响情况下股票的收益率。金融学家常用

---

[1] 公司的基本面价值或内在价值是指其未来现金流的现值。

两种方法度量正常收益率:一种是用市场的平均收益率,即市场指数的收益率。此时股票的异常收益率为:

$$AR = R - R_M \tag{7-15}$$

其中,R 为估计期内股票的实际收益率,R_M 为同期市场指数的实际收益率。

另一种是采用 CAPM 估计正常收益率,此时股票的异常收益率为:

$$AR = R - (\alpha + \beta R_M) \tag{7-16}$$

其中,α 与 β 是采用 CAPM 模型估计股票的收益率得到的截距项和贝塔系数。

在事件研究中,窗口期内每一个交易日的异常收益之和被称为累积异常收益(cumulative abnormal return,CAR),它度量了事件对股票收益率的总体影响。

金融学家对公司的大量事件进行了事件研究,如重大投资公告、盈利公告、分红公告、公司并购、新股发行、股票回购、管理人员薪酬变更等,以检验市场的半强有效性。早期的研究结果大都支持半强有效市场。例如,Keown 和 Pinkerton(1981)就考察了公司收购公告发布时,目标公司股价的反应(图 7-19)。我们看到,在要约收购的公告发布前,目标公司的股价已经开始上升,原因可能是市场已经获悉了一些相关信息;公告正式发布后,股价迅速上扬,并且公告后股价没有延续上升的趋势,也未向下调整。这表明,目标公司的股价对信息反应迅速而且充分,实证结果支持半强有效市场假说。

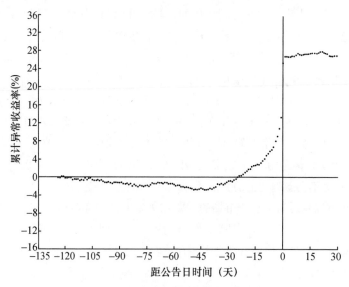

图 7-19　收购公告的股票累积异常收益

20 世纪 80 年代中期之后,尤其是 90 年代之后,不少事件研究的结果表明股价没能迅速反映事件的影响。金融学家对于此类实证结果的解读存在广泛的争议。本章后面将更加详细地介绍相关内容。

案例 7-1

巴菲特的价值投资与有效市场理论

如果在全球评选一位价值投资的最佳代表,那么非沃伦·巴菲特(1930—)莫属。自从 1956 年成立巴菲特合伙企业(伯克希尔公司的前身)以来,巴菲特的投资生涯取得了辉煌成就。他于 1964 年的 1 美元投资,至 2011 年年底升值到了 5 364 美元,年复合收益率高达 19.80%。标普 500 指数(包括股利)同期仅增长了 63.5 倍,收益率不过 9.20%。参见图 7-20。他本人因为成功的投资长期稳居《福布斯》全球富豪榜前三甲。

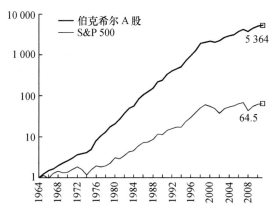

图 7-20 伯克希尔公司的 A 股与标普 500 指数走势比较,1964—2011 年

我们不禁要问,投资巨擘巴菲特成功的秘诀是什么?毫无疑问,成功的投资始于正确的选股。1978 年巴菲特在给股东的信中介绍了伯克希尔公司选择股票的四条标准:

(1) 公司业务容易理解;
(2) 公司具有可持续的竞争优势;
(3) 公司拥有值得信赖的一流管理团队;
(4) 股票价格便宜。

巴菲特许多成功的股票投资都符合以上标准,例如可口可乐、吉列、华盛顿邮报、车险公司(Geico)、中国石油(H 股),等等。

巴菲特的投资理念是"在市场上以青蛙的价格购买王子",因此他投资的前提是能够比较准确地评估投资对象的价值。显然,公司的业务越简单,估值误差就越小。正因为如此,他只投资业务容易理解的公司。鉴于科技公司的业务高深莫测,他敬而远之,即使是其好友比尔·盖茨创立和管理的微软公司,他也未曾染指。1998 年,科技股泡沫刚刚吹起的时候,巴菲特告诉股东们:"我尊重比尔·盖茨,但不会投资微软公司,因为我不知道 10 年后微软是什么样子。"

如果要说有例外的话,那么唯一的例外是 2011 年伯克希尔公司重金投资了蓝色巨人 IBM。从 3 月至年底,伯克希尔公司斥资 107 亿美元收购了 IBM 5.5% 的股票。不过,在巴菲特眼里，与其说IBM是科技公司，不如说它是另一个可口可乐。IBM与可口可乐都是成熟企业，业绩优秀且高度稳定，在各自的领域里都具有压倒性的竞争优势，而且IBM提供的IT服务对企业客户具有强大的粘性，正如可乐之于普通消费者。

巴菲特对自己的投资业绩深感自豪，并且认为伯克希尔公司的存在是对有效市场理论的挑战。在1988年写给股东的信中，他写道："……看到市场经常是有效的，许多学者、投资专家和公司经理就认为市场总是有效的……格雷汉姆·纽曼公司[①]与伯克希尔公司63年的套利经历说明有效市场理论是多么愚蠢。"他欢迎任何人对他们的投资组合业绩进行公平的实证检验，因为检验要求的所有条件都已经满足，他指出：

(1) 在两家公司长达63年的投资记录中，他们交易了数以百计的证券；

(2) 他们的投资业绩不是几次幸运经历导致的结果；

(3) 他们无须探索隐蔽的事实，也不必培养对产品和管理的敏锐洞察力，他们只需要仔细分析高度公开的事件；

(4) 他们的投资组合包罗万象，而且不是事后选择的。

巴菲特说："……盲从的学生和轻信的投资专家全盘接受了有效市场理论，这对我们和格雷汉姆的其他追随者来说是桩极大的好事。无论是在财务、智力还是体力方面的竞赛中，如果你的对手被传授这样的理念——努力尝试一下都毫无用处，那么你已经拥有了巨大的优势。从自私的角度来看，格雷汉姆的粉丝们应该向商学院捐助讲席教授，以保证他们永远教授有效市场理论。"

资料来源：伯克希尔公司年报与其他公开材料。

强有效市场

在强有效市场中，证券价格能够快速反映影响价格的所有信息，包括公开信息与私有信息。强有效市场是对市场信息效率的最严格的假设。显然，强有效市场一定是半强有效市场。在强有效市场中，不仅普通投资者不能利用公开信息，而且知情人员不能通过内幕交易来稳定地谋取超额收益。所谓内幕交易，是指知情人员或非法获取内幕信息的人员直接或间接利用内幕信息，通过买卖证券获取非法利益。内幕信息是指证券交易活动中，涉及公司的经营、财务或者对公司证券市场价格有重大影响的尚未公开的信息。例如，上马或下马重要投资项目；股票发行与股票回购；红利分配预案；公司增减资本；公司合并、分立、破产；公司重大涉讼情况等。内幕信息是公司层面最重要的私有信息。

证券市场是否为强有效市场，基本上不需要通过实证检验来判断，因为答案肯定是否定的。看看在那些负责任的国家中，证券监管部门怎样不遗余力地打击内幕交易，我们就不难明白其原因。以美国为例，作为主要证券监管机构，美国证监会(The U. S. Securities and Exchange Commission, SEC)的一项主要使命，就是通过监管市场主体的

[①] 格雷汉姆·纽曼公司是巴菲特的老师、证券分析师本杰明·格雷汉姆(Benjamin Graham)与杰里·纽曼(Jerry Newman)组建的投资公司。据巴菲特估计，该公司在1926—1956年期间的年复合收益率超过20%。1954—1956年巴菲特受雇于该公司从事投资工作。

信息披露来保护广大投资者的利益,而打击的重点就是内幕交易。假使证券市场是强有效市场,证券监管部门还有必要打击内幕交易吗?知情人员还有必要冒着锒铛入狱的危险进行内幕交易吗?

7.5.3 行为金融学对有效市场假说的挑战

关于有效市场假说,学术界存在颇多争议。为了进一步探讨市场是否有效的问题,我们先要了解市场有效的基本条件。

市场有效的根本条件

如果市场有效,那么市场到底为什么有效?Shleifer(2000)[1]总结出了市场有效的三个条件:即(1)投资者理性;(2)投资者非理性行为的独立性;(3)市场存在套利的力量。只要这三个条件中的任何一个成立,那么市场将是有效的。下面我们扼要地介绍这三个条件。

(1) 投资者理性

在此,理性包括两层含义。第一,当投资者接收到新信息时,投资者会及时根据贝叶斯法则(Bayes' law)更新自己对股价的估计。第二,投资者的决策满足期望效用最大化的条件。

假设泰山公司准备发布一条利好消息。消息发布之前,其股价为20元,消息给公司股票价值带来的增量为2元。消息发布后,所有投资者都将立即更新对股票价值的估计,把股票价值从20元调整到22元。如果股价低于22元,投资者都不会卖出;而且,试图买入股票的投资者也不会认为22元的股价超过了股票的内在价值。因此,利好消息发布后,股票价格将会迅速在22元/股的水平上达到新的市场均衡。

上述例子简单地说明,如果所有投资者都是理性的,那么市场将是有效市场。投资者理性是市场有效的充分条件,但不是必要条件。

(2) 投资者非理性行为的独立性

毋庸置疑,所有投资者都为理性人是一个非常苛刻的要求,无论多么发达的市场都难以满足。谁会相信股票投资者在交易股票之前都充分利用了所了解的一切相关信息,采用科学方法估计了股票的价值?

如果非理性投资者的行为偏差高度相关,例如,或者都是过度乐观,或者都是过度悲观,那么,投资者的非理性行为将破坏市场有效性。在前述泰山公司的例子中,如果市场上除了理性投资者之外,还有部分投资者过于乐观,这部分投资者估计利好消息对股票价值的影响超过2元/股,因而认为22元的价格是对股票价值的低估。他们的交易行为会把股价推高到22元之上,从而导致均衡股价高于股票的内在价值——有效市场条件下的均衡股价,从而破坏了市场的有效性。相反,如果市场上除了理性投资者之外,还有部分投资者过于悲观,这部分投资者估计利好消息对股票价值的影响小于2元/股,因而认为

---

[1] Shleifer, A., *Inefficient Markets: An Introduction to Behavior Finauce*, Oxford University Press, 2000。

22元的价格是对股票价值的高估。他们的交易行为会把股价压低到22元之下,从而导致均衡股价低于股票的内在价值——有效市场条件下的均衡股价,从而也破坏了市场的有效性。

但是,投资者的非理性行为未必破坏市场有效性。如果不同投资者的行为偏差相互独立,而不是高度相关,那么有效市场假说仍然成立。在前述泰山公司的例子中,如果非理性投资者的行为相互独立,那么过于乐观的投资者与过于悲观的投资者将共存于市场,而且在大样本条件下,他们形成的两种相反的力量大致相当。悲观的投资者将会卖出泰山股票,乐观的投资者将会是泰山股票的主要持有者。两种力量相互抵消,泰山股票最终的均衡价格仍然是22元,市场有效性得以维持。

(3) 市场存在套利的力量

如果市场存在足够强大的套利的力量,即使非理性投资者的行为偏差高度相关,市场仍然会是有效的。市场上存在一些专业投资者,他们寻找机会利用价格偏差进行套利(arbitrage)——买进被市场低估的股票,卖出没有被低估或被高估的股票。人们把他们称为套利者(arbitrager)。

作为理性投资者,套利者是纠正市场价格偏差的重要力量。当证券的市场价格因为投资者的非理性行为变得偏高(低)的时候,套利者在利益的驱使下,就会选择卖出(买入)证券。如果套利的力量足够强大,只要证券价格的偏差没有被完全纠正,套利者就会继续交易证券,直到其价格回归到内在价值的水平。市场之所以有效,是因为存在许多绝顶聪明的套利者,他们不相信市场有效,但他们的行为能够提高市场的有效性。

巴菲特自称套利者,因为他热衷于"以青蛙的价格购买王子"(参见案例7-1"巴菲特的价值投资与有效市场理论")。市场上还有一类专业套利者——对冲基金(hedge fund),它们通常采用私募的形式,其投资者是机构和富人。对冲基金主要利用杠杆化和对冲(hedge)、卖空等策略,在股票、债券、外汇、期货和期权等市场上交易各种证券,其获利机会多来自于证券价格偏差。著名的对冲基金管理公司有乔治·索罗斯(George Soros)创立的索罗斯基金管理公司、朱里安·罗伯逊(Julian Robertson)创立的老虎管理公司、约翰·梅里韦泽(John Meriwether)创立的长期资本管理公司(LTCM)。亚洲金融危机之后,尤其是1998年俄罗斯金融危机之后,老虎管理公司与长期资本管理公司均出现了重大交易失误,导致各自旗下的主要基金严重亏损、濒临破产。这两家曾经红极一时的对冲基金管理公司最终分别于1999年和2000年进行了清算。

行为金融学的不同观点

与新古典金融学不同,80年代末兴起的行为金融学主张,有效市场假说依赖的三个条件都不成立,即:

(1) 不是所有投资者都是理性的;

(2) 投资者的非理性行为之间存在相关性;

(3) 套利的价格纠偏机制失灵。

行为金融学(behavioral finance)研究社会、认知与情感因素对个人和机构的金融决策的影响,及其在资产价格、收益和资源配置方面的后果。行为金融学关注的重点是人类的有限理性,采用的方法是把心理学的研究成果引入新古典金融模型,研究的核心问题是解释市场参与者为什么会犯系统性错误,正是这些错误影响了资产价格与收益,并导致了市场的无效性。此外,行为金融学还研究套利者(理性投资者)如何利用市场无效性进行套利。

下面详细介绍行为金融学的三个基本主张。

(1) 不是所有投资者都是理性的

学术界早就认识到人们在决策中并非总是理性的,并在20世纪50年代提出了有限理性(bounded rationality)的概念。有限理性是指在决策中,个人的理性会受到多方面的限制,包括决策者拥有的信息、认知的局限与有限的决策时间(参见综述文献 Conlisk,1996[①])。大量证据表明,投资者的非理性行为在现实中普遍存在。

购买彩票是一种典型的不理性行为。众所周知,作为一项投资,买彩票的净现值绝对小于零。可是那么多人热衷于购买彩票,极端的甚至因此倾家荡产,其行为无论如何是与理性背道而驰的。

面对纷繁复杂的问题,当人们因为信息和技术的限制难以用理性模型予以解决时,常常会求助于经验,采用基于经验的启发式方法(heuristic)以简化问题,加快求解的速度。启发式方法在大多数情况下效果良好,但是在某些情况下会导致系统性错误。例如,对许多个人投资者来说,采用现金流贴现的方法估计股票价值是一件非常复杂、艰巨的工作,他们因此可能放弃该方法,转而采用简单的市盈率进行估值。实际上,许多投资者并不真正理解市盈率的局限,他们常常把市盈率当作一个经验法则(a rule of thumb)。类似地,许多经理热衷于采用回收期、内部收益率作为投资决策标准,实际上也可能是把它们当作净现值的简化替代标准。

(2) 投资者的非理性行为之间存在相关性

行为金融学认为,投资者不但表现出非理性,而且有时候其非理性行为具有一定相关性,甚至高度相关性。这种相关性的主要根源是人们在认知心理方面的偏差。心理学确认了许多认知偏差,行为金融学的研究表明,部分认知偏差会导致投资者系统性的非理性行为。

在前述彩票例子中,彩民们之所以"明知故犯",部分原因是他们高估了小概率事件(中大奖)的发生概率。行为金融学的研究表明,这是一种系统性偏差。[②]

启发式方法带来的另一个系统性误差是外推偏误(extrapolation bias)。所谓外推偏误,是指人们在预测未来趋势时常常假设未来会延续过去的趋势。部分投资者常常采用

---

① 参见关于有限理性的综述文献:Conlisk, J. ,"Why Bounded Rationality?",*Journal of Economic Literature*,34(2),1996,pp.669—700。

② 前景理论(prospect theory)为该现象提供了一种投资者行为偏差的解释,参见:Kahneman, D. , and A. Tversky,"Prospect Theory: An Analysis of Decision Under Risk", *Econometrica*,47,1979,pp.263—291。

外推法。如果股市近期显著上涨(下跌)了,投资者常常认为未来继续上涨(下跌)的可能性较大,因而买入(卖出)股票的意愿增强。这经常是导致股市泡沫的重要原因之一。在基金投资中,投资者表现出更愿意购买上一期收益较高的基金。投资者在预期公司盈利与增长速度时,也常常采用外推法。

(3) 套利的价格纠偏机制失灵

行为金融学不否定市场上存在套利的力量,但是认为套利存在局限,导致它作为价格纠偏机制有时候可能失效。证券价格偏离其内在价值未必总是有利可图的好机会,其原因是,利用价格偏差的套利策略存在风险,这可能使得套利策略失去了吸引力。在这种情况下,套利者不愿意进行套利,证券的价格偏差也就得不到修正。

套利的风险主要包括基本面风险(fundamental risk)与噪声交易者风险(noise trader risk)。基本面风险是指影响证券价值的基本面因素发生意外变化带来的风险。

例如,泰山股票的内在价值为 20 元/股,但是过于乐观的投资者高估了泰山公司的增长速度,从而把股价推高至 25 元/股。套利者发现股价被高估,因此通过卖空泰山股票进行套利。但是,此时泰山公司意外公布了一条重大利好消息,它的一个关键研发项目获得了巨大成功。该消息把股价推升至 30 元/股,导致套利者不但没有盈利,反而每股亏损了 5 元(= 30 - 25)。

噪声交易者是指非理性投资者,他们的非理性交易短期内可能进一步扩大证券的价格偏差,从而使得套利者的套利交易出现亏损而不是盈利,这就是噪声交易者风险。[①] 在上段的例子中,即使泰山公司的基本面没有发生变化,在套利者建立了套利头寸之后,过于乐观的投资者也可能进一步把股价推升至 30 元/股甚至更高,从而导致套利者亏损(参见案例 7-2 "长期资本管理公司的衰落")。

案例 7-2

长期资本管理公司的衰落

> 祸常发于所忽之中,而乱常起于不足疑之事。
>
> ——方孝孺《深虑论》

长期资本管理公司(Long-Term Capital Management, L. P. ,LTCM)成立于 1994 年 2 月,旗下的对冲基金名为长期资本投资组合(Long-Term Capital Portfolio, L. P. ,LTCP),初始募集资本为 10 亿美元,后来又募集了 20 亿美元资本。约翰·梅里韦泽(John Meriwether)是 LTCM 的创始人兼负责人,他 1974 年进入所罗门兄弟公司,几年后开始从事开创性

---

① De Long, J. B., A. Shleifer, L. Summers and R. Waldmann, "Noise Trader Risk in Financial Markets", *Journal of Political Economy*, 98, 1990a, pp. 703—738; Shleifer, A., and R. Vishny, "The Limits of Arbitrage", *Journal of Finance*, 52: 35—55.

的固定收入证券套利业务,并且创建了固定收入证券套利部。在1991年离开该公司之前,他担任公司副总,负责全球固定收入证券交易、套利与外汇业务。LTCM的其他几个创始人都是梅里韦泽在所罗门兄弟公司的老部下,他们离开所罗门兄弟公司之前都已身居高位。1990—1993年,所罗门公司的利润主要来自于固定收入证券套利部。LTCM的合伙人除了来自投行界的老兵之外,还有多名来自商学院的资产定价专家,尤其是期权定价专家。美国的《机构投资者》杂志把LTCM称为全球最好的金融师资队伍,其系主任就是梅里伟泽。

在LTCM成立后的三年半中,LTCP的资产规模快速上升。至1997年8月底,资产负债表上的总资产为1264亿美元,表外头寸的名义总金额将近1万亿美元。基金净资产达到了67亿美元。主管们自己在基金中的投资从1.46亿美元增长到了16亿美元。从1994年至1997年,LTCP扣除基金管理费后的净收益率分别为19.9%、42.8%、40.8%与17.1%,收益率之高远超基金主管们的预期。

LTCM主要从事债券市场、外汇市场与股票市场的套利业务。LTCM采用马科维茨的投资组合有效前沿模型进行资产配置,基于复杂的金融模型、通过对冲降低投资组合的系统风险。事实上,LTCM要求基金的投资组合在股票、债券和外汇方面的系统风险都极其小,他们称之为"三维净零贝塔系数"。

LTCM设定的基金风险水平是:净资产的年标准差为净资产的20%。1997年9月,基金净值的日标准差为0.45亿美元,折算成年标准差为7.20亿美元,相对于67亿美元的资本而言,风险水平仅为10.7%,远低于公司20%的长期风险目标。主管们认为基金拥有的资本超过了风险管理的要求和流动性的要求,因此,1997年年底LTCP向投资者分配了约27亿美元的资本,使基金的资本回到了与其风险和流动性需求相适应的水平上来。分配导致基金的杠杆比例从19上升到28,分配后基金的净资产约为48亿美元。

1997年年底的分配是LTCM最后一次狂欢。1998年5月和6月,LTCP严重亏损,毛收益率分别为-6.7%和-10.1%。亏损分布于许多头寸,没有哪个头寸的损失特别突出。因为基金头寸的基本面风险具有分散的特征,所以主管们对亏损面之宽感到异常吃惊。而且,他们找不到明显的偶发事件来解释基金糟糕的表现。当时,国际金融市场总的来说风平浪静,全球主要股市都在创造历史新高,即使是经历了1996—1997年亚洲金融危机的新兴市场看起来也十分稳定。幸运的是,7月前20日基金增长了7.5%。7月22日,市场定价又一次向不利方向移动,到月底基金亏掉了当月曾经获得的全部利润。

8月的情况没有任何好转,亏损几乎每天都大面积地发生。8月17日,俄罗斯让卢布大幅贬值,并延期偿付2810亿卢布(约合135亿美元)的国债。LTCP在俄罗斯的政府信用上只有少量头寸,因此基金在这些头寸上的直接损失很少。但是,俄罗斯国债违约事件引起了全球金融市场的恐慌,投资者纷纷抛弃信用等级低的债券,买入信用等级高的债券,从而导致信用利差显著扩大。8月21日是LTCM历史上最糟糕的一天,许多交易都大幅度地向不利方向移动。LTCM估计LTCP当天亏损约5.5亿美元,资本金下降到了29.5亿美元。8月份基金共亏损19亿美元,自年初以来累计损失了52%的资本。到8月31日,基金只剩下了22.8亿美元资本,而基金的资产为1250亿美元,杠杆比例高达55倍。

根据LTCM的观点,基金在8月份的损失如此巨大,自宇宙诞生以来也不应发生一次。从8月份的情况来看,交易之间的相关系数几乎等于1——LTCM在每次赌博中都输了,骰子不再是随机地掷出的。

自6月底以来,为了降低基金的风险,LTCM多次削减资产头寸,但保留甚至稍许增加了那些定价已经进入极端偏差的交易。可是,主管们认定的极端价格偏差不但没有缩小,反而快速扩大。8月下旬,梅里韦泽为了防止基金倒闭曾经四处筹集股权投资,一再向潜在投资者强调:LTCP的投资组合多好啊,价格偏差之高非常罕见。可是投资者们大都不为所动,因为他们知道,在极端市场条件下,价格偏差没有最大,只有更大。

纽约联邦储备银行由于担心LTCM的倒闭对全球金融市场造成太大的冲击,于9月23日组织了一次紧急救援,16家银行向LTCM投资36.25亿美元,换取90%的LTCM股权。到9月28日,基金净值下跌到了4亿美元,濒临破产边缘。从年初到9月底基金已经损失了92%的资本,共计44亿美元,其中的19亿美元属于LTCM的合伙人。

1999年年底,LTCM公司与LTCP基金被清算,梅里韦泽开始设立名为JWM Partners的对冲基金,继续探索、追逐市场价格偏差。

资料来源:Harvard Business School Cases: Long-term capital management, L. P. (A-D); Philippe jorion, "Risk Management Lessons from Long-Term Capital Management", *European Financial Management*, 6, 2000, pp. 277—300; Roger Lowenstein, *When Genius Failed: The Rise and Fall of Long-Term Capital Management*, Random House, Inc, 2000.

挑战有效市场假说的证据

从20世纪80年代开始,越来越多的实证研究发现了与有效市场假说不相符的证据,它们被称为"异象"(anomaly)。本节我们介绍其中几种异象。

(1) 规模效应与价值效应

Banz(1981)的实证研究发现,在1931—1975年期间,进行了风险调整之后,纽约股票交易所交易的小公司股票的月收益率高于大公司股票的月收益率,二者之差平均为1%。[1] 该现象被称为规模效应(size effect)或者小公司效应(small firm effect)。许多金融学家采用其他国家股票市场的数据进行分析,发现在20世纪的前70—80年里规模效应普遍存在。例如,陈信元等(2001)发现上海股票市场存在规模效应。[2]

Basu(1977)采用市盈率来预测股票收益,通过分析1956—1971年的1400家美国公司,发现在进行了风险调整之后,低市盈率股票的年收益率比高市盈率股票的年收益率高7%。[3] 随后的许多研究发现,高股利收益率(D/P)的股票或者高账面价值/市值比(B/

---

[1] Reinganum(1981)发现了与Banz(1981)类似的结果。Banz, R., "The Relationship Between Return and Market Value of Common Stock", *Journal of Financial Economics*, 9, 1981, pp. 3—18; Reinganum, M. R., "Misspecification of Capital Asset Pricing: Empirical Anomalies Based on Earnings, Yields and Market Values", *Journal of Financial Economics*, 9, 1981, pp. 19—46.

[2] 陈信元、张田余、陈冬华:"预期股票收益的横截面多因素分析:来自中国证券市场的经验证据",《金融研究》,2001年第6期,第22—35页。

[3] Basu, S., "Investment Performance of Common Stocks in Relation to Their Price-Earning Ratios: A Test of the Efficient Market Hypothesis," *Journal of Finance*, 32(3), 1977, pp. 663—682.

M)的股票都具有偏高的收益率。这些研究成果所揭示的现象被称为价值效应(value effect),该现象普遍存在于其他主要股票市场。例如,陈信元等(2001)发现上海股票市场存在价值溢价。

在综合了规模效应与价值效应的基础上,Fama 和 French(1992)提出了著名的三因素模型(参见7.4.4节)。

(2) 股价漂移

股价漂移(drift)是指,在事件公告披露后,股票价格对公告的信息内涵反应不足,经过一段时间之后,事件对股票价值的影响才能在股价上完全反映出来(参见图7-18)。股价漂移与有效市场假说不一致。早在20世纪60年代末,金融学家就已经发现,公司发布盈余公告之后,股价出现漂移,而不是迅速调整到位。Ball(1978)总结了早期发现的大量相关证据。[1] 近期的研究表明,在极端利好或极端利空的盈余公告之后股价表现出明显漂移。

除了盈余公告之外,学术界还在其他事件公告中发现存在股价漂移现象。例如,公司发布公开市场股票回购公告之后,其股价也表现出长时间漂移。一般认为,事件公告之后的股价漂移反映了投资者的保守行为。

(3) 孪生股票

有些公司的股票同时在两个股票市场上市,这些股票被称为孪生股票。孪生股票有两种基本成因。一种成因是,一家公司选择在两个不同证券市场上市。例如,同时发行 A 股和 B 股的中国公司(A/B 股公司),同时发行 A 股和 H 股的中国公司(A/H 股公司)。工、农、中、建等四大国有控股上市银行和中石油、中石化都是 A/H 股公司。除了交易场所差异之外,A/H 股公司发行的 A 股和 H 股完全相同,两类股东拥有相同的投票权、分配权和索偿权。如果有效市场假说成立,那么同一个公司的 A 股、H 股的价格相同。可是,众所周知,A/H 股公司的 A 股价格与 H 股价格常常出现严重背离。

孪生股票的另一种成因是,两家在不同市场上市的公司合并成一家公司,但是仍然保留在两个市场的上市地位。例如,荷兰注册的皇家荷兰石油公司与英国注册的壳牌运输公司于1907年合并成皇家荷兰壳牌公司(Royal Dutch Shell PLC),两家公司的业务虽然进行了整合,但是皇家荷兰石油公司在荷兰的上市地位和壳牌公司在英国的上市地位都被保留下来,两家公司按照60∶40的比例分配集团公司的净资产及其派发的股利。皇家荷兰石油公司的股票主要在荷兰和纽约股票交易所交易,壳牌公司的绝大部分股票在伦敦交易。

如果市场是有效的,那么,皇家荷兰石油公司与壳牌公司的股票市值之比等于60∶40,否则,投资者可以通过买进被相对低估的股票并卖空被相对高估的股票进行套利。

---

[1] Ball, R., "Anomalies in Relationships Between Securities' Yields and Yield-Surrogates", *Journal of Financial Economics*,6(2—3),1978,pp.103—126.

然而，Froot 和 Dabora(1999)发现，两只股票的市值之比很少维持在60∶40 的比例水平，绝大多数时候都偏离了该平价比例，而且有时候偏差还很大(参见图 7-21)。① 许多孪生股票都存在类似的价格偏差现象，例如必和必拓(BHP Billiton)、力拓(Rio Tinto)、联合利华(Unilever)和史克必成(Smithkline Beecham)等公司的股票。孪生股票的价格偏离平价关系的事实与有效市场假说不吻合。研究还发现孪生股票的价格偏离在很大程度上是由上市地股票市场指数的协同运动(co-movement)引起的，噪声交易者风险限制了套利在纠正股价偏差上的功效。

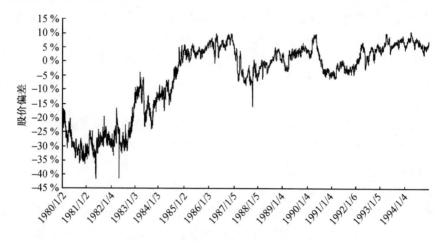

图 7-21　皇家荷兰壳牌公司的股价偏差

数据来源：Froot and Dabora(1999)。

(4) 惯性效应(momentum effect)与反转效应(contrarian effect)

DeBondt 和 Thaler(1985)比较了美国股票市场过去3—5 年风险调整收益率低的股票与风险调整收益率高的股票未来3—5 年的收益率②，发现过去收益率低的股票未来的收益率要好于过去收益率高的股票，而且这个结果不能用风险补偿来解释。也就是说，如果投资者根据过去的股票收益率来构造投资策略，买进过去3—5 年风险调整收益率低的股票，卖空风险调整收益率高的股票，那么未来5 年会赢得超额收益。该现象被称为股价的(长期)反转效应。

Jegadeesh 和 Titman (1993)通过比较美国股票市场过去1 年风险调整收益率低的股票与风险调整收益率高的股票未来1 年的收益率，发现过去收益率高的股票未来的收益

---

① Froot, K. A., and E. M. Dabora, "How are Stock Prices Affected by the Location of Trade?", *Journal of Financial Economics*, 53, 1999, pp. 189—216.

② DeBondt, W., and R. Thaler, "Does the Stock Market Overreact?", *Journal of Finance*, 40(3), 1985, pp. 793—805.

率要好于过去收益率低的股票,而且该结果不能用风险报酬来解释。① 该现象被称为股价的惯性效应。

惯性效应与反转效应不仅存在于美国的股票市场,而且存在于世界上其他主要股票市场。例如,肖军、徐信忠(2004)检验了中国 A 股市场价值反转投资策略的有效性;周琳杰(2002)发现中国 A 股市场短期惯性策略可以获利。

(5) 股市泡沫

股市泡沫(bubble)是指股票市场中许多股票的价格严重高于其内在价值的现象。股市泡沫常常伴随着很大的成交量。泡沫破灭的时候,股价会出现雪崩式下跌。由于股票价值受许多复杂因素的影响,且难以准确估计,因此人们一般要等到泡沫破灭后才能真正认定股市泡沫。

股市泡沫不是罕见现象。20 世纪美国出现过两次严重的股市泡沫:一次是出现在大萧条(the Great Depression)前夕,另一次是 2000 年年初破灭的互联网泡沫(the dot-com bubble)②。日本股市在 20 世纪 80 年代末出现了一次严重的泡沫。1989 年 12 月 29 日,日经 225 指数报收于 38 916 点,创下了历史最高点位。此后,股价一落千丈,至 1992 年 8 月,指数跌破 15 000 点。2011 年,指数的波动范围是 8 160—10 842 点。

中国股市的历史虽短,但是已经出现过极其严重的泡沫。2005 年上证综合指数报收于 1 161 点,2007 年 10 月 16 日指数收盘价创下历史最高的 6 092 点。此后,指数开始崩盘,在次贷危机的影响下,于 2008 年 10 月跌破 2 000 点(参见图 7-22)。

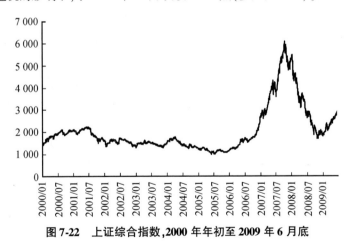

图 7-22　上证综合指数,2000 年年初至 2009 年 6 月底

关于股市泡沫的成因,学术界可谓众说纷纭。③ 解释股市泡沫的行为金融学理论至

---

① Jegadeesh, N., and S. Titman, "Returns to Buying Winners and Selling Losers: Implications for Stock Market Efficiency," *Journal of Finance*, 48(1), 1993, pp. 65—91.

② Ofek, E., and M. Richardson, "DotCom Mania: The Rise and Fall of Internet Stocks", *Journal of Finance*, 58(3), 2002, pp. 1113—1138.

③ Shiller, R. J., *Irrational Exuberance*, Princeton University Press, 2000.

少有三个:一个是古老的大傻子理论(greater fool theory)。在该理论的框架下,过度乐观的投机者(傻子)明知股票被市场高估了,但仍会购买股票,因为他们期待未来以更高的价格把股票卖给其他投机者(大傻子)。只要市场上不断有更大的傻子为前一拨傻子的投机行为埋单,那么泡沫就会越吹越大,直至市场上最大的傻子接手股票。此后,股价开始下跌,泡沫随之破灭。第二个理论是本章前面介绍过的外推偏误。在股票市场经历了一段时间的上涨之后,由于投资者采用外推法预测股票价格,因此预测股价未来将继续上涨,这样越来越多的投资者进入市场,股票价格随之越来越高,直至严重脱离其基本面。解释股市泡沫的第三个行为金融学理论是羊群行为(herd behavior)。羊群行为描述在没有计划和组织的情况下群体中的个体如何采取一致行动。在股票市场中,如果投资者根据市场趋势的方向采用相似的技术分析方法来决定买卖交易,那么就会产生羊群效应。对于机构投资者来说,由于投资经理的业绩评价常常与同行的业绩挂钩,因此,部分经理可能有动机采取与同行一致的行动,这样也会产生羊群效应。为了自身利益的最大化,在已知股价被市场高估的情况下,投资经理可能理性地加入到投机队伍之中,只要这样做利大于弊。

值得注意的是,股市泡沫的形成未必一定以投资者非理性为前提。[1] 泡沫可能是理性的,即使投资者能够正确估计股票价值,泡沫也可能产生。

(6) 上市公司更名

在公司业务没有变化的情况下,上市公司更名几乎没有信息含量,如果有效市场假说成立,那么更名不会对公司股价产生显著影响。然而,现实却不然。Cooper、Dimitrov 和 Rau (2001)发现,在互联网泡沫兴起的1998—1999年间,美国有147家小公司把公司名字改成".com"类型,更名公告的平均事件异常收益高达74%。[2] 同时,几乎没有互联网业务的公司子样本的事件异常收益更高。具有讽刺意味的是,Cooper 等(2005)发现,在互联网泡沫开始破灭之时,从2000年8月至2001年9月,许多公司去掉了名称中的".com",这些更名公告的平均事件异常收益约为70%。[3] 而且,无论是尚未放弃互联网业务的公司的子样本,还是几年前才在名字中加上".com"的公司子样本,事件异常收益都接近70%。刘力和田雅静(2004)针对无信息含量的股票更名公告事件进行研究,结果发现中国股票市场上股票价格对无信息事件具有显著的公告效应。[4]

受篇幅的限制,我们不可能穷尽挑战有效市场假说的所有证据,以上只不过是其中

---

[1] Froot, K. A. ,and M. Obstfeld, "Intrinsic Bubbles:The Case of Stock Prices" ,*American Economic Review* ,81 (5) ,1991,pp. 1189—1214.

[2] Cooper, M. J. , O. Dimitrov, and P. R. Rau, "A Rose. com by Any Other Name" , *Journal of Finance* ,56(6) , 2001,pp. 2371—2388.

[3] Cooper, M. J. ,A. Khorana,I. Osobov and P. R. Rau, "Managerial Actions in Response to a Market Downturn: Valuation Effects of Name Changes in the Dot. com Decline" , *Journal of Corporate Finance*, 11(1—2) ,2005,pp. 319—335.

[4] 刘力、田雅静:"没有信息,也有反应:中国 A 股市场股票名称变更事件的市场反应研究",《世界经济》,2004年第1期,第44—50页。

的几种而已,其他证据还有很多。例如,刘力等(2002)发现中国市场投资者对上市公司的预计亏损公告过度反应。① 关于这些证据,有三点需要说明。第一,到目前为止,对有效市场的实证检验都需要附加金融理论或统计的假设条件,因此,从严格的逻辑意义上说,这些检验结果不能否定有效市场假说的存在。我们只能说实证检验结果支持或不支持有效市场假说,而如何解释这些现象则需要更深层次的金融学理论。第二,部分实证现象缺乏充分的稳健性。事实上,金融学家曾经发现的许多异象已经消失了。例如,采用20世纪80年代之后的数据进行实证分析,发现规模效应已经基本消失。部分学者认为,股价长期反转效应并非独立的现象,而是小公司效应的另一种表现。第三,对异象的解读存在广泛争议。行为金融学派从认知偏差和套利局限等角度来解释,而新古典金融学派则更愿意在投资者理性的假设下探寻异象背后的原因。同时,几乎每个异象都存在多种行为金融学的解释。至于谁是谁非,可谓莫衷一是。

有效市场假说与公司财务

有效市场假说不仅是金融学中的一个重要理论,而且与公司财务实践息息相关。证券市场是否是有效市场,会显著影响公司的财务活动。本节我们将介绍这方面的内容。

(1) 相信证券的市场价格

有效市场假说告诉我们,证券的市场价格是多数投资者对各种信息进行综合分析判断的结果,反映了他们根据已有信息对该证券价值的估计,是对证券价值的最佳判断。因此,投资者要相信市场价格,既不必担心某只股票的现金股利"太低"而其价格"太高",也不必怀疑某只具有很好"成长性"的股票"被低估了"。有效市场不会高估或低估股票的价格。

在有效市场中,价格反映了所有信息,反映了投资者对信息的评估。这对公司改善管理具有重要意义,因为管理层可以从价格中解读市场对公司决策的反映。2008年1月20日中国平安公告再融资计划,其A股价格在随后的两个交易日连续跌停,下跌幅度远远高于市场指数。参见案例7-3"中国平安的天量再融资计划"。如果市场是有效的,那么中国平安的股价的走势表明,投资者认为融资计划不但不能提高,相反会严重损害股东价值。如果中国平安的管理层相信市场是有效的,那么为了保护广大股东的利益,应该重新审视再融资计划,与主要机构投资者进行充分沟通,采取果断措施打消投资者的疑虑,发布澄清信息说明融资的具体用途,或者干脆决定取消再融资计划。②

---

① 刘力、王征、张峥:"Subsequent Excess Returns After 'Loss Warning' Announcement in China Stock Market", Global Finance Association 9th Annual Conference, May 27—29, 2002, Beijing(载《金融学前沿问题探讨》,北京大学出版社2002年版,第412—423页)。

② 尽管包括诺安基金和大成基金在内的多家机构股东投反对票,中国平安还是在3月5日召开的股东大会上通过了再融资计划。但是,次贷危机的全面爆发挤破了A股市场的巨大泡沫,中国平安的股价随之暴跌,震惊A股市场的再融资计划最终未能成行。假如中国平安成功实施了再融资计划,又假如它利用募集资金进一步收购了富通的股权,后果将不堪设想。

案例 7-3

中国平安的天量再融资计划

2008年1月20日(周日),中国平安保险(集团)股份有限公司(以下简称中国平安)发布再融资公告,拟公开增发不超过12亿股,发行价格不低于公告招股意向书前20个交易日公司股票均价或前一交易日的股票均价。同时拟发行不超过412亿元分离交易可转债,投资者每认购100元面值的债券,可以获得中国平安派发的认购0.5股A股的认股权证。按照1月18日的收盘价98.21元/股计算,发行12亿股将融资1179亿元,加上可转债融资412亿元,中国平安这次的融资总额将接近1600亿元。若该再融资方案最终得以实施,将创下A股市场融资规模的新纪录。

中国平安表示,募集资金将全部用于充实公司资本金以及获有关监管部门批准的投资项目,主要考虑与保险、银行和资产管理等核心业务的战略匹配,及能够为公司业务的规模扩展和经营能力提高带来明显益处等方面。非同寻常的是,中国平安没有公布募集资金的具体用途。中国平安的融资方案尚需3月5日召开的股东大会的批准与中国证监会、中国保监会等监管部门的批准。

作为H股上市公司,中国平安于2007年2月底在A股上市,以33.8元/股的价格发行了11.5亿股,募集资金总额为388.7亿元。发行价格略高于发行前夕的H股市场价格,对应的全面摊薄发行市盈率为76.18倍。

对于中国平安的再融资,市场反应颇为消极。事实上,公告后其A股价格连续两个交易日(1月21日与22日)跌停,跌幅远高于沪深300指数,参见图7-23(图中的H股价格已换算成人民币计价。为便于比较,指数已做标准化调整)。从1月21日至25日,中国平安的A股、H股与沪深300指数、恒生指数的收益率分别为-17.94%、-6.06%、-6.22%与-0.32%,它们从1月21日至2月15日的收益率分别为-22.66%、-19.08%、-11.10%与0.07%。显然,公告后中国平安的A股和H股的表现远不如市场指数。

对于中国平安的再融资,投资者疑虑重重。第一,中国平安A股上市不到一年就进行巨额再融资,投资者担心此类再融资会导致A股市场失血。第二,中国平安没有公布具体的募集资金用途,投资者难以进行有效的评估。第三,中国平安只在A股市场而不在H股市场再融资的做法,引起投资者不安。投资者担心,上市公司一方面在A股市场高价融资,另一方面在H股市场低价增持,利用两个市场的价差进行套利的操作成为"常用手法"。

关于募集资金用途,坊间传闻中国平安将在国内参股银行业或者在国际上进行跨国收购。由于旗下的平安发展银行和平安银行不具备其一直渴望的全国性银行牌照,中国平安很可能继续参股商业银行。中国平安近期与国内多家银行传出并购传闻。不过,市场猜测中国平安募集资金的最可能用途是继续进行跨国收购。中国平安2007年11月底发布公告称,当月已斥资18.1亿欧元(约198亿元人民币)入股国外金融集团富通(Fortis SA/NV),成为其最大单一股东,持股比例为4.18%。市场推测中国平安可能继续收购富

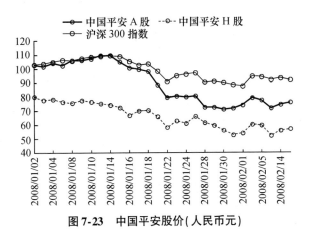

图 7-23　中国平安股价(人民币元)

通集团的股权。

资料来源:"中国平安引发'扩容恐惧症'",《证券时报》2008 年 1 月 22 日,以及中国平安公开披露材料。

证券市场的效率是以其对信息的迅速且完全的反应为基础的,而这种迅速、完全的反应又取决于投资者的辛勤劳动和努力。投资者越是努力发现每一条信息中对证券价格的影响因素,并试图加以利用,证券价格对信息的反应就越迅速、越完全,市场就越有效率;反之,市场的效率就可能降低。因此,投资者对赚钱机会的孜孜以求和辛勤劳作,大大提高了证券市场的效率,也使投资者在证券市场上赚钱更加艰难。

(2) 公司基本面决定股价

在有效市场上,股票价格不偏不倚地反映了市场上的所有信息,因此股价是由公司的基本面决定的,它等于股票的内在价值。所以,只有能够改变公司基本面的公司行为才能影响股价,不改变公司基本面的公司行为则不能影响股价。

众所周知,有些公司通过盈余管理[①]来改变公司对外披露的会计利润。盈余管理的方法包括会计政策的变更、应计项目的管理等。如果盈余管理本身不改变公司的现金流,只是虚增利润或者隐瞒利润,那么就不能改变股价,因为投资者能够基于公司的披露信息识别会计上的假象。事实上,现有的实证研究表明,公司改变折旧方法和存货计值方法,以及并购的会计处理方法选择都不会影响股价。

需要注意的是,前面我们假设投资者不会被会计假象迷惑,该假设有时不能成立。如果公司故意采用非常隐秘甚至违法的方法欺骗投资者,即使是专业的财务分析师也未必能够立即识破。无论是国际还是国内市场,上市公司财务造假的行为都不罕见,而且常

---

① 盈余管理(earnings management)是指企业管理人员在遵循会计准则的基础上,通过有目的地控制对外财务报告过程,获取某些私人利益的会计信息披露管理。

常需要经历较长时间造假行为才被揭露出来。美国的安然(Enron)、世通(WorldCom),中国的蓝田股份、银广厦等公司,都曾爆出震惊市场的财务欺诈丑闻。

与会计上的盈余管理相似,公司的某些财务行为也不改变公司的基本面,因此也不能影响股价。股票分拆就属于这样的财务行为。① 所谓股票分拆,是把一股股票分拆成多股股票。在 A 股市场上虽然没有直接的股票分拆,但是公司扩张股本的常用方式——公积金转增股本实质上等同于股票分拆(参见第 13 章公司分配政策)。2011 年 2 月 26 日,TCL 集团董事会决议公告将实施每 10 股转增 10 股的分配方案,该分配方案等价于把 TCL 集团的每 1 股股票拆成 2 股。转增后,TCL 集团的股份总量虽然加倍了,但是其基本面没有任何实质变化,因此 TCL 的股权市值不会因为转增行为发生改变。对于股东来说,虽然转增导致他们的股份数量增加,但是不会改变他们持有的 TCL 集团股权的比例,因此他们持有的股票的市值也不会因为公司的转增行为而变化。

(3) 股票发行决策

在股票发行决策中,发行时机与发行数量都与市场有效性有关。

研究公司融资获得的一个重要实证结果是,无论首次公开发行还是增发股票,公司倾向于选择发行的时机,这就是股权融资的择时发行现象。当管理层认为股价比较高时,他们愿意发行股票;相反,当管理层认为股价偏低时,他们常常会在股票发行决策上犹豫不决,甚至暂时放弃发行股票(参见第 10 章第 2 节有关择时发行的内容)。

如前所述,在有效市场中,股票价格反映公司基本面的价值,因此股票不会被市场高估或者低估。管理层认为股价较高或者较低都不过是自己的错觉,故择时发行缺乏理论基础,同时也是徒劳无益的。

股权融资的另一个决策是发行数量。市场上的一个常见现象是,在上市前夕,公司管理层发现市场条件不好,因此决定降低发行价格,同时减少发行数量。例如,谷歌决定于 2004 年 8 月 19 日上市,由于投资者认购不踊跃,于是在上市前 1 天下调发行价格区间——把发行价格范围从 108—135 美元下调至 85—95 美元,并把发行数量从 2 570 万股下调至 1 960 万股。最终的发行价为 85 美元/股,融资金额从 36 亿美元缩水至 16.7 亿美元。

若市场是有效的,则股票价格完全由公司的基本面决定,与发行数量无关。因此,股票的需求价格弹性为无穷大。② 在给定的价格上,公司如果能卖出 100 万股,就能卖出 1 000 万股,也就能卖出 1 亿股。所以,公司不应期冀削减股票发行数量可以提高发行价格。

---

① 以下的讨论假设股票分拆行为没有传递信息的作用。

② 在经济学中,商品价格由供给与需求决定,因此商品的供给会影响价格。在金融学中,在微观层面上,资产的价值由其基本面唯一决定,单个资产的供给量不会影响其价格。换个角度来看,由于资产间具有很好的替代性,每个公司发行的股票数量的多少对整个市场的影响几乎可以忽略不计,故每种股票的需求弹性为无穷大。

(4) 不要投机

为了降低公司的市场风险,许多公司采用金融工具,尤其是衍生工具进行风险管理。例如,为了降低铜价波动的巨大风险,江西铜业①通过交易铜期货进行套期保值。但是,少数公司在利用衍生工具进行风险管理的同时,偶尔也会进行投机交易。投机交易的规模大于风险管理的要求,投机者寻求从商品或资产价格的上涨或下跌中直接获利。投机者之所以进行投机,是因为他们希望通过预测资产价格的未来走势获得超额利润。

A 股上市公司另一类典型的投机交易是买卖股票。不少上市公司在一段时间内拥有大量的富余资金,管理层试图通过短期交易股票获得超额收益。

在有效市场上,投资者有可能偶然在几次投资中取得超乎常理的丰厚利润,但超额利润的取得只是因为运气好而已。根据有效市场假说,投资者无法依靠某种方法长期、稳定地取得超额收益。所以,投资者不要指望通过投机获得超额收益。不仅如此,投机活动的巨大风险可能给投机者带来重大亏损,甚至导致公司破产。放眼国内外,这样的例子俯拾皆是。1993 年,德国金属公司(Metallgesellschaft AG)因成品油期货交易亏损 15 亿德国马克(合 8.57 亿美元);1995 年,巴林银行(Baring Bank)的交易员尼克·李森(Nick Leeson)投机日经指数期货,累计亏损 9.16 亿英镑,导致这家百年老店倒闭;2008 年年初,法国兴业银行(Societe Generale Group)交易员热罗姆·盖维耶尔(Jerome Kerviel)擅自投机欧洲股指期货,导致该行累计损失 49 亿欧元;2004 年,中航油新加坡公司因原油期权交易累计亏损 8.94 亿新元(合 5.5 亿美元),并申请破产保护;2008 年,中信泰富因外汇期权投机损失 155 亿港元。

本章小结

本章讲述了风险、收益、资产组合理论和资本资产定价模型。(1) 在金融学中,人们用期望值和标准差(方差)来衡量收益与风险,风险是指实际结果相对于期望值的偏离。(2) 根据风险偏好的不同,人们的效用函数可以分为风险回避、风险中性和风险爱好三类,不同的风险偏好决定了投资者不同的投资行为。(3) 平均来讲,承担风险可以得到相应的报酬,而且风险越高,回报也越高。反过来说,风险性资产的潜在回报越高,其风险也越大。(4) 资产组合的期望收益是构成该组合的所有资产的期望收益的加权平均,资产组合的风险(方差)由构成该组合的所有资产的方差及协方差(相关系数)决定。(5) 个别资产的风险可以分为系统风险与非系统风险,其中非系统风险可以通过构造资产组合予以分散,即资产组合具有分散风险的作用。(6) 资产组合集合中同样风险、(标准差)

---

① 江西铜业是我国最大的金属铜供应商,其主要业务是铜的开采、冶炼、加工与贸易。

期望收益最高,或同样收益、风险(标准差)最小的那一部分构成资产组合的效率前沿,投资者只在资产组合的效率前沿上进行投资选择。(7)在很多背景假设之下我们得到了资本市场线(CML),这是由无风险资产与风险资产共同构成的资产组合集合的效率前沿。(8)在几乎同样的假设之下我们可以得出资本资产定价模型,它告诉我们,由于非系统风险可以无成本地分散掉,所以只有系统风险才能得到风险报酬,一项资产相对于市场资产组合的系统风险可以用它的 β 系数来衡量。(9)有效市场假说是金融学(包括公司财务)中一个非常重要的理论假说。简要地说,有效市场是指证券价格对相关信息的反应速度和全面程度。根据历史信息、公开信息和内幕信息的分类,有效市场可以分为弱有效市场、半强有效市场和强有效市场。对有效市场假说的检验得出的结果是不完全一致的,因此对有效市场是否成立存在着争论。虽然对于有效市场假说存在着种种争议,但相对于实物投资市场来说,资本市场还是更有效率一些。

思考题

1. 什么是投资收益的风险?用什么来衡量投资收益的风险?
2. 什么是系统风险?什么是非系统风险?
3. 投资者的效用函数与投资者的风险偏好间的关系是什么?
4. 什么样的风险偏好者才需要得到投资的风险报酬?为什么?
5. 什么是有效率资产组合集合?
6. β 系数的定义是什么? β 系数用来衡量什么性质的风险?
7. 资本资产定价模型(CAPM)的意义和作用是什么?
8. 什么是有效市场假说?
9. 弱有效市场、半强有效市场和强有效市场是如何定义的?
10. 实证研究发现了许多与有效市场假说不一致的现象,有效市场假说对我们还有什么意义?

计算题

1. 根据下列数据计算项目 A、B 的期望收益、标准差和标准离差率。

项目 A		项目 B	
概率	收益(元)	概率	收益(元)
0.10	15 000	0.15	30 000
0.20	25 000	0.35	60 000
0.40	30 000	0.35	80 000
0.20	35 000	0.15	110 000
0.10	45 000		

2. 根据下列数据计算项目 A、B、C 的期望收益和标准差,并讨论以项目 C 的收益的标准差来衡量风险是否合适?为什么?

项目 A		项目 B		项目 C	
概率	收益(元)	概率	收益(元)	概率	收益(元)
0.05	1 000	0.10	1 000	0.10	4 000
0.20	6 000	0.40	7 000	0.40	5 000
0.50	8 000	0.40	9 000	0.30	10 000
0.20	10 000	0.10	15 000	0.15	15 000
0.05	15 000			0.05	22 000

3. 已知某股票的 β 值为 1.2,无风险收益率为 6%,市场组合的期望收益率为 16%,计算该股票的期望收益率。

4. 市场组合的期望收益率为 12.8%,其风险报酬率为 4.3%,T 公司、L 公司和 M 公司股票的 β 值分别为 0.864、0.693 和 0.575,计算这三家公司股票的期望收益率。

5. 无风险利率为 4%,市场组合的期望收益率为 12%。请根据资本资产定价模型,回答下述问题并作简要的解释:

(1) 画出期望收益率与 β 值之间的关系图。

(2) 市场组合的风险报酬率是多少?

(3) 如果某证券的 β 值为 1.5,该证券的期望收益率应为多少?

(4) 如果某项投资的 β 值为 0.8,期望收益率为 9.8%,这一投资项目是否有正的净现值?

(5) 如果市场对某证券要求的期望收益率为 11.2%,这一证券的 β 值是多少?

6. L 公司股票的 β 值为 1.0,并有很大的个别风险,如果市场组合的期望收益率为 20%,无风险收益率为 10%,则 L 公司股票的期望收益率为:

(1) 10%;

(2) 20%;

(3) 由于有很大的个别风险,所以应高于 20%。

请对你的答案进行必要的解释。

7. 如果将证券的期望收益率 r 写作 $r = \alpha + \beta \cdot r_m$,其中 r_m 为市场组合的期望收益率。根据资本资产定价模型,下面哪一个答案是正确的?

(1) $\alpha = 0$;

(2) $\alpha = r_f$;

(3) $\alpha = (1-\beta)r_f$;

(4) $\alpha = (1-r_f)$。

8. 有人说:"具有正的标准差的证券必然有大于无风险收益率的期望收益率,否则不会有投资者投资这一证券。"根据资本资产定价模型,这一说法对吗?为什么?

第8章 金融市场与企业筹资

8.1 金融市场与金融机构

市场将卖方与买方联系起来,进行产品、服务和资源的交换,使资源达到最有效的利用。市场可分为要素市场、产品市场与金融市场。其中,要素市场一方面配置土地、劳动与资本等生产要素,另一方面向生产要素提供者分配收入,如租金、工资、利息、利润等;产品市场向需求者提供产品和服务,生产要素提供者得到的收入大部分花费在产品市场上;金融市场则是创造、发行和交易金融产品的场所,将资金的供应者与需求者联系起来。

8.1.1 金融市场

要素提供者获得的所有收入并不都用于消费,相当一部分收入转化为储蓄,一些企业与机构在不同时期也会将资金储备用于未来的支付或作为长期投资之用,这些个人与机构就形成了资金的盈余方。同时,许多企业(机构)与个人又面临着资金短缺,希望能够得到资金从事生产与消费,它们是资金的短缺者。资金的盈余者与短缺者的同时存在,导致了金融市场的产生。

金融市场是融通货币资金的场所,它使得资金从盈余者手中向短缺者手中流动。在这一市场上,筹资者(资金的短缺者)将自己手中的投资机会和资金需求转换成不同的金融产品(如股票、债券等),供广大投资者选择、购买,从而筹措到所需资金。同时,投资者还可根据需要将手中的金融产品转换成现金。金融市场为金融产品提供了流动的机会和场所。

根据交易对象的不同,金融市场分为外汇市场、资金市场和黄金市场。其中,外汇市场和黄金市场分别从事外汇和黄金交易,而资金市场则主要从事资金的融通与交易。

根据资金使用期限的不同,资金市场可分为短期资金市场和长期资金市场。短期资金市场又称货币市场,是偿还期在一年以下的资金融通市场,包括短期证券市场、短期借贷市场、票据贴现与承兑市场和同业拆借市场等。长期资金市场又称资本市场,是使用期限在一年以上的资金融通市场,包括长期证券市场和长期借贷市场。

根据功能的不同,证券市场又可分为初级市场和次级市场。初级市场是筹资者发行新证券筹集资金的市场,又叫做一级市场和发行市场。在一级市场上,筹资者通过发行股票、债券等金融产品供投资者购买,投资者购买这些金融产品的资金流入到筹资者手中,筹资者因此筹措到所需要的资金。次级市场是已发行证券的交易市场,又叫做二级市场和交易市场。在二级市场上,老投资者将手中的证券转让给新投资者,证券在新老投资者之间交换,并不直接涉及筹资活动。二级市场根据其性质不同又分为场内交易市场与场外交易市场。场内交易是指集中在证券交易所内进行的有组织的交易,主要是上市公司股票和各种上市债券的交易。场外交易是指在证券交易所之外,在证券商柜台上进行的交易,多为非上市的证券或一些已上市证券的特殊交易。

8.1.2 金融机构

在一个完美(perfect)的金融市场上,信息成本和交易成本为零。投资者可以免费得到在初级市场和二级市场上等待出售的任何证券的相关信息,也可以免费得到其他投资者或筹资者有意买进或准备卖出的证券的相关信息,不存在信息不对称。同时,所有准备交易的证券都可以分解至所有投资者都可以接受的任意理想数额,不存在交易成本。在这种情况下,作为金融中介的金融机构没有存在的必要。

然而,实际的金融市场并不是完美的。在投资者与筹资者之间、投资者相互之间,存在着信息不对称,他们无法及时、充分地得到与证券交易相关的信息,准备出售的证券也并不能分解成任何投资者都可以接受的理想数额。这时,金融中介机构便应运而生,它们促进和帮助资金供求双方、证券买卖双方相互沟通,并最终完成交易。比如,投资银行可以从准备发行股票的企业那里将待发行的股票全部买下,在将其拆分后出售给众多最终投资者。因此,金融机构在金融市场上扮演着重要的角色。金融市场上的金融机构主要包括商业银行、投资银行、证券公司、保险公司和投资基金、养老基金、医疗保险基金等各类基金。

商业银行的主要职能包括信用和支付中介、信用创造和金融服务等几个方面。作为信用中介,商业银行通过其负债业务把社会上的各种闲散资金集中到银行(吸收存款),再通过其资产业务,把集中起来的资金投向包括企业在内的社会经济各部门(发放贷款)。商业银行作为货币资本的贷出者和借入者实现了货币资本的融通。作为支付中介,商业银行还执行着货币经营的职能。通过存款在账户上的转移,代理客户支付;在存款的基础上,为客户兑付现款等,成为工商业团体和个人的货币保管者、出纳者和支付代理人。另外,商业银行还在信用创造和提供金融服务方面发挥着重要的作用。我国银行体系由政策性银行、国有商业银行、城市商业银行、农村商业合作银行、农村信用合作社、外资银行组成。截至2011年年底,我国银行业金融机构共有法人机构3 800家,包括2家政策性银行及国家开发银行、5家大型商业银行、12家股份制商业银行、144家城市商业银行、212家农村商业银行、190家农村合作银行、2 265家农村信用社、1家邮政储蓄银行、4家金融资产管理公司、40家外资法人金融机构、66家信托公司,以及其他非银行金融机构。银行业金融机构资产总额为113.3万亿元,各项存款余额为82.7万亿元,各项贷款余额为 58.2 万亿元。①

投资银行是金融市场上非常重要、影响力很大的一类金融机构,它的主要功能包括在一级市场上帮助筹资者发行股票、债券等筹资工具来筹措资金;在二级市场上作为投资者的经纪人,帮助投资者进行证券交易;协助进行企业重组和并购活动;提供咨询和投资管理服务等。目前,我国的投资银行业务主要由各类证券公司来完成。截至 2011 年年底,我国共有从事投资银行业务的证券公司 109 家,总资产规模合计 1.57 万亿元,净资产规模合计为 6 303 亿元,相对于国外竞争对手而言平均规模有限。过去几年,国内证券公司进行了整合和重组,从 2005 年至 2011 年,证券公司数量减少了 24 家。

保险公司和各类基金是金融市场上主要的机构投资者。这些机构从广大投保人和基金投资者手中聚集了大量的资金。为了满足投保人和基金投资者的要求,这些筹得的资金必须得到妥善的运用,实现保值增值。而证券市场是这些资金最主要的投资场所之一。截至 2011 年年底,我国已有国有保险控股集团 10 家、保险公司 120 家(其中寿险公司 61 家)、保险资产管理公司 11 家、2 554 家保险专业中介公司。保险行业总资产达到了 6.01 万亿元。② 全国共有基金管理公司 66 家,共管理证券投资基金 914 只,其中封闭式基金 54 只,总基金规模约 21 880 亿元。③ 随着我国社会主义市场经济的发展和证券市场的完善,这些机构投资者将在证券市场上发挥越来越重要的作用。

8.2 资金来源的类别

8.2.1 资金来源的分类

根据不同的分类方法,资金的来源可以分成不同的类别。

权益筹资与债务筹资

根据企业资金来源的性质,企业的资金来源可分为权益资本(equity)和债务(借入)资本(debt capital)。权益资本是由企业所有者(股东)向企业投入的资金。对于权益资本,企业可以长期使用,无须偿还。根据《公司法》和现行财务制度的有关规定,企业的权益资本包括股本(实收资本)、资本公积金、盈余公积金和未分配利润。债务资本是由企业债权人向企业投入的资金。对这一类资金,企业需依约使用,按期偿还。它包括各种借款、应付债券和应付票据等。有些借入资本可按事先的约定转化为权益资本,如可转换公司债。

直接筹资与间接筹资

根据筹资者与投资者之间的经济关系的不同,可将筹资行为分为直接筹资和间接筹

---

① 数据来自中国银行业监督管理委员会网站(http://www.cbrc.gov.cn)。
② 数据来自中国保险监督管理委员会网站(http://www.circ.gov.cn)。
③ 数据来自天相投资顾问有限公司数据库。

资。直接筹资是指筹资者直接从最终投资者手中获得资金,投资者与筹资者之间建立起直接的借贷关系或权益资本投资关系。直接筹资主要通过筹资者发行股票或债券来完成。间接筹资是指筹资者通过金融中介机构进行的筹资活动。在这种筹资方式下,投资者并不直接投资于企业等筹资者,不与筹资者发生直接的经济关系,而是将手中多余的资金以存款等形式投资于有关的金融机构(如银行等),由这些金融机构以借款等形式将其集中起来投资于企业等筹资者。

内部筹资与外部筹资

内部筹资是指在企业内部通过计提折旧或留存利润等方式获得资金。计提折旧并不增加企业的资金规模,只是资金的转化形态。某一特定经营期间折旧资金来源的数量取决于当期企业折旧资产的规模和折旧政策。留存利润将增加企业的资金总量,它的数量由企业的可分配利润和股利政策决定。内部筹资是在企业内部"自然"形成的,因此也被称为"自然融资来源"。它一般不需花费筹资费用。

外部筹资是指企业向其外部筹集资金,如发行股票、债券,向银行申请贷款等。它一般都要发生筹资费用。

8.2.2 中国企业的长期筹资

长期以来,我国企业的资金来源主要依赖于间接筹资。如表8-1、表8-2、表8-3所示,2011年全国固定资产投资总额高达311 485亿元,其中贷款增加额为74 700亿元,而同年股票市场筹资总额为5 814亿元(其中境内A、B股筹资总额只有5 073亿元),只相当于贷款增加额的7.8%;全国企业债券的发行总额为21 851亿元,增加额为11 635亿元,企业债券净筹资额仅相当于贷款增加额的15.6%。2011年我国企业外部融资中直接融资的比例只有18.9%,而国际清算银行公布的数据表明,发达国家直接融资比重多数在50%以上,美国企业外部融资中直接融资的比重更是达到70%以上。

表8-1　1992—2011中国企业境内外股票市场融资与固定资产投资情况　　金额单位:亿元

年份	境内外筹资额	固定资产投资额	境内外筹资额占固定资产投资额的比例(%)	境内筹资额	固定资产投资额	境内筹资额占固定资产投资额的比例(%)
1992	94.1	8 080.1	1.16	94.1	8 080.1	1.16
1993	375.5	13 072.3	2.87	314.5	13 072.3	2.41
1994	326.8	17 042.1	1.92	138.1	17 042.1	0.81
1995	150.3	20 019.3	0.75	118.9	20 019.3	0.59
1996	425.1	22 913.5	1.86	341.5	22 913.5	1.49
1997	1 293.8	24 941.1	5.19	933.8	24 941.1	3.74
1998	841.5	28 406.2	2.96	803.6	28 406.2	2.83
1999	944.6	29 854.7	3.16	897.4	29 854.7	3.01

(续表)

年份	境内外筹资额	固定资产投资额	境内外筹资额占固定资产投资额的比例(%)	境内筹资额	固定资产投资额	境内外筹资额占固定资产投资额的比例(%)
2000	2 103.2	32 917.7	6.39	1 541.0	32 917.7	4.68
2001	1 252.3	37 213.5	3.37	1 182.1	37 213.5	3.18
2002	961.8	43 499.9	2.21	779.8	43 499.9	1.79
2003	1 357.8	55 566.6	2.44	823.1	55 566.6	1.48
2004	1 510.9	70 477.4	2.14	862.9	70 477.4	1.22
2005	1 882.5	88 773.6	2.12	338.1	88 773.6	0.38
2006	5 594.3	109 998.2	5.09	2 463.7	109 998.2	2.24
2007	8 680.2	137 323.9	6.32	7 723.0	137 323.9	5.62
2008	3 852.2	172 828.4	2.23	3 535.0	172 828.4	2.05
2009	6 124.7	224 598.8	2.73	5 051.5	224 598.8	2.25
2010	11 971.9	251 683.8	4.76	9 606.3	251 683.8	3.82
2011	5 814.2	311 485.1	1.87	5 073.1	311 485.1	1.63

注:境内筹资额包括A、B股筹资。
数据来源:《中国统计年鉴2012》、《中国证券期货统计年鉴2012》。

过去20年里,我国境内股票市场快速发展,尤其是2005年之后。表8-2给出了1993年至2011年中国境内股票筹资额与银行贷款增加额的比例。受股票市场波动等因素的影响,境内股票筹资额及其与银行存款增加额的比例起伏较大。尽管如此,我国股市已经取得了长足的发展,已经成为我国企业外部筹资的重要方式之一。

表8-2 境内股票筹资额与银行贷款增加额的比例 金额单位:亿元

年份	境内筹资额	贷款增加额	境内筹资额与银行贷款增加额的比例(%)
1993	314.5	6 335.4	4.96
1994	138.1	7 216.6	1.91
1995	118.9	9 339.8	1.27
1996	341.5	10 683.3	3.20
1997	933.8	10 712.5	8.72
1998	803.6	11 490.9	6.99
1999	897.4	10 846.4	8.27
2000	1 541.0	13 346.4	11.55
2001	1 182.1	12 439.4	9.50
2002	779.8	18 979.2	4.11
2003	823.1	27 702.3	2.97

(续表)

年份	境内筹资额	贷款增加额	境内筹资额与银行贷款增加额的比例（%）
2004	862.7	19 201.6	4.49
2005	338.1	16 492.6	2.05
2006	2 463.7	30 594.9	8.05
2007	7 723.0	36 405.6	21.21
2008	3 535.0	41 703.7	8.48
2009	5 051.5	95 940.0	5.27
2010	9 606.3	79 510.7	12.08
2011	5 073.1	74 700.0	6.79

注：境内筹资额为A股发行、配股筹资额。因早年A、B股配股筹资难以分开，故本表中的该指标由A股发行筹资额和A、B股配股筹资额构成。用这一百分比来反映证券市场的筹资情况，反映了直接融资与间接融资的比例。

数据来源：《中国证券期货统计年鉴2012》。

2004年之前，我国企业债券融资发展缓慢。2005年之后，企业债券市场迅猛发展。表8-3显示，2005年企业债总发行额与净发行额双双突破2 000亿元，此前发行额最多的一年是1992年，不过491亿元。2009年企业债券发行额突破万亿元大关，达到了15 864亿元；2011年更是高达21 850亿元。从2009年至2011年，企业债券净发行额连续三年过万亿元。在A股市场持续低迷的2008—2011年，企业债券市场为企业外部融资提供了一条重要渠道。

表8-3　1986—2011年中国企业债券发行与筹资状况　　单位：亿元

年份	发行额	兑付额	期末余额	增加额	年份	发行额	兑付额	期末余额	增加额
1986	100.0	16.2	83.8	83.8	1999	158.0	56.5	778.6	101.5
1987	30.0	27.4	86.4	2.6	2000	83.0	—	861.6	83.0
1988	75.4	46.7	115.0	28.7	2001	147.0	—	1 008.6	147.0
1989	75.3	43.9	146.4	31.3	2002	325.0	—	1 333.6	325.0
1990	126.4	77.3	195.4	49.1	2003	358.0	774.6	917.0	-416.6
1991	250.0	114.3	331.1	135.7	2004	327.0	—	1 244.0	327.0
1992	683.7	192.8	822.0	491.0	2005	2 046.5	37.0	3 253.5	2 009.5
1993	235.8	255.5	802.4	-19.6	2006	3 938.3	1 672.4	5 532.9	2 265.9
1994	161.8	282.0	682.1	-120.3	2007	5 058.5	2 880.9	7 683.3	2 177.6
1995	300.8	336.3	646.6	-35.5	2008	8 435.4	3 277.8	12 850.6	5 157.6
1996	268.9	317.8	597.7	-48.9	2009	15 864.4	4 309.1	24 405.9	11 555.3
1997	255.2	219.8	521.0	35.4	2010	15 491.5	5 099.2	34 671.7	10 392.2
1998	147.9	105.3	676.9	42.6	2011	21 850.7	10 215.6	46 456.8	11 635.1

数据来源：《中国证券期货统计年鉴2012》。

表8-4是我国企业股票市场与债券市场融资额度的比较。2004年之前,企业债券市场的融资额均远远小于股票市场的融资额,六年内企业债融资额平均只占股票融资额的19%。2005年,企业债券融资额首次超过股票市场融资额。2008—2011年,企业债券融资额远远超过股票市场融资额。在发达国家,债券市场规模一般都远远大于股票市场规模。

表8-4 1999—2004年企业债融资与股票市场融资比较 单位:亿元

年份	企业债发行额	股票筹资额	年份	企业债发行额	股票筹资额
1999	158.0	944.6	2006	3 938.3	5 554.3
2000	83.0	2 103.2	2007	5 059.0	8 680.2
2001	147.0	1 252.3	2008	8 435.4	3 852.2
2002	325.0	920.3	2009	15 864.0	6 124.7
2003	358.0	1 177.2	2010	15 491.5	11 971.9
2004	327.0	1 301.9	2011	21 850.7	5 814.2
2005	2 046.5	1 882.5			

注:此处的股票筹资额包括可转换债筹资额。
数据来源:《中国统计摘要2012》。

8.3 企业筹资的性质与目的

8.3.1 筹资与价值创造

由于筹资只是一种交换行为,所以,筹资通常不会创造价值。在前几章关于企业长期投资活动(资本预算)的讨论中我们知道,通过投资净现值大于零的项目,企业可以为投资者创造价值。净现值大于零意味着投资项目的实际回报水平超过了投资者对该投资项目所要求的回报水平,因此,按照投资者要求的投资回报率对项目的未来收益折现,会导致投资者投资价值的增加。在筹资时,筹资者按照投资者要求的投资回报率①用未来的投资收益交换投资者现在的资金投入,这一过程不会导致价值增加。当筹到的资金被用于具体的投资项目并取得成功,创造出的收益超过了投资者要求的回报率时,价值才被创造出来,而这些增加的价值为投资者所获得。由此,尽管没有筹资就没有投资,但价值是在投资过程中而不是在筹资过程中创造的。

值得指出的是,筹资尽管不能创造价值,但如果筹资活动不是一个公平的交换,那么它会导致价值转移。假设一家公司发行在外的普通股股票为100万股,该公司股票的实际价值只有每股10元,公司股东权益的总价值为1 000万元。假设该公司以每股15元的

---

① 也就是资本成本,关于这一点我们将在下一章仔细讨论。

价格成功发行100万股新股。新股发行后,公司股东权益的总价值为2500万元,即发行前的股东权益总价值1000万元加上发行收入1500万元。总股份数为200万股,每股股票的价值为12.5元。新股东(购买新股的投资者)以每股15元的价格买入了每股价值只有12.5元的股票,每股损失了2.5元;老股东手中的股票的价值则由每股10元上升至每股12.5元,每股获利2.5元。但是,公司老股东的价值的增加不是价值创造的结果,而是从新股东那里转移而来。在企业发行股票筹资之前,公司老股东手中的100万股股票的价值1000万元加上准备购买公司股票的新股东手中的1500万元现金,相应的价值总额是2500万元。筹资完成之后,企业新老股东所拥有的总价值依然是2500万元,并没有增加。筹资前公司老股东所拥有的股票价值只有1000万元,筹资完成之后变成了1250万元。筹资前新股东所拥有的现金价值是1500万元,筹资完成之后其手中股票的价值只有1250万元。显然,老股东价值的增加就是新股东价值的减少,在筹资过程中总价值并没有增加,只是在新老股东间发生了价值转移。同理,如果股票的发行价格低于其价值,则会发生由老股东向新股东的价值转移。

筹资活动中的价值转移不仅仅发生在新老股东之间,也可能发生在股东与债权人之间。当公司通过发行股票筹资时,公司的资产负债率与债权人的投资风险随之降低,债权人要求的投资回报率(折现率)也会相应降低,进而导致债务资本价值上升,公司的股权价值因而向公司债权人转移。同样,当公司过度负债时,债权人的投资风险大幅提高,债权价值将向股东转移。

8.3.2 筹资的目的

一般来讲,企业筹资的目的是获取投资所需的资金。但实际上,企业的筹资目的还可以细化为以下几点:

设立筹资

根据我国企业财务制度和《公司法》的有关规定,股份公司在设立时,必须有法定的资本金(股本),并且不低于国家规定的限额。企业的权益资本除法律另有规定者外,在企业存续期间,不得以任何方式抽走。也就是说,企业的设立,是以筹措一定数量的资金为前提的。因此,要建立企业,就需要通过不同的方式筹措一定数量的资本金(股本)。

扩张筹资

企业为扩大生产经营规模或范围而进行的筹资为扩张性筹资。这是企业最为普遍的筹资动机,要求企业认真研究投资的方向和规模,进行可行性分析,评估有关投资项目的经济效益。

不难看出,企业设立筹资和扩张筹资的实际目的还是为了进行项目投资。

偿债筹资

偿债筹资是企业为了偿还到期债务而筹集资金。偿债筹资有两种情形:一是调整性偿债筹资,即企业生产经营活动产生和积累的现金虽然能够支付到期债务,但为了调整原有资本结构仍然进行必要的外部筹资,以使资本结构更加合理,这是一种主动的筹资策略。二是恶化性偿债筹资,即企业现有支付能力已不足以偿付到期旧债,而被迫对外筹资还债,这表明企业的财务状况已经恶化。

混合筹资

混合筹资是企业因同时需要长期资金和现金而进行的筹资活动。通过这种筹资,企业既扩大了资产规模,又偿还了部分旧债,也就是说,它混合了扩张和偿债两种筹资目的。

生存性筹资

企业由于经营不善等原因,可能会陷于资金周转困难的财务困境。为了度过财务困境,获得未来的发展空间,企业需要筹措资金以保证生存。比如,美国 MCI 长途电话公司在 1972 年 6 月上市后不久,就由于种种原因陷入了经营困境。1975 年,MCI 的收入为 680 万美元,亏损为 3 870 万美元。1975 年 9 月,公司的净资产为负的 2 750 万美元,累积经营亏损额为 8 730 万美元,股票价格跌到每股 1 美元以下。在这种严重的财务困境中,公司依靠发行附认股权证的普通股、附认股权证的优先股和可转换债券筹得经营所需的资金才度过了困境,并取得了后来的发展。

8.4 筹资决策与资本预算决策的比较

资本预算决策(长期投资决策)与筹资决策是企业财务管理中的两大基本决策。由于这两类决策的性质不同、面对的市场条件不同,因此,这两类决策具有以下几个方面的不同特性:

第一,资本预算决策与筹资决策的目的不同。资本预算决策决定着企业创造收益的能力的大小,从而决定着企业价值和股东财富的高低,因此,资本预算决策的主要目的是追求企业价值的最大化。筹资决策决定着企业能否获得资本预算项目所需的资金以及这些资金的成本的高低,其主要目的是建立起合适的资本结构,以便能够以合理的成本为企业投资需求及其他必要的资金需求筹得足够的资金。

第二,投资决策与筹资决策的市场条件不同。资本市场是一个近乎完全竞争的市场,在这个市场上有众多的投资者和筹资者(即资金的供给方与需求方)。每一个投资者都希望自己的投资在同样的风险条件下能够获得较高的收益,而每一个筹资者也都希望能以合理的成本筹得所需的资金。由于资金供需双方的人数都很多,任何一方的任何个体都无法形成垄断,因此资本市场是一个接近完全竞争的市场。竞争的结果使得各类资本形成了各自的价格,这些价格是公开的,投资者和筹资者都可以了解得到。因此,在资本市场上,筹资者通常只能按照市场上形成的资金成本筹得所需的资金,既难以人为地降低资本成本,又不容易犯筹资成本过高的错误。在投资方面,由于产品市场和服务市场都可以形成各种各样的进入障碍,因此,有眼光、有实力的投资者可以充分利用自己的能力和机会,在一定时期内形成自己的竞争优势,获取超额利润。如果投资者选错了投资方向,将可能蒙受巨大的损失。

第三,投资决策与筹资决策的选择范围的大小不同。企业的筹资渠道和可供选择的金融工具种类繁多,而且不断有新的金融工具被创造出来。从资金来源的渠道看,有国家资金、银行资金、非银行金融机构资金、其他企业或事业单位资金、个人资金、国外资金等。从资金来源的性质看,可分为权益资金和债务资金。权益资金的来源可分为利用企业的留存收益、对外发行股票、私募等不同方式;股票还有普通股与优先股之分。债务资金的来源有借款与发行债券之分,借款和债券本身还可以进一步细分。近年来各种创新金融工具大量涌现,使金融工具的种类大为丰富。这种种不同的金融工具,是为吸引不同的投资者而创造出来的。筹资者要清楚地了解各种金融工具的性质、特点、功能和作用等,要认真考虑不同筹资方式和筹资渠道的利弊,以及它们对公司价值和公司经营成果的影响。只有这样,企业才能很好地选择和运用这些金融工具。相比而言,受自身能力和经营范围的约束,企业在投资方面的选择远不如筹资方面的选择丰富和广泛。

第四,投资决策与筹资决策的变更成本不同。投资决策一经做出即付诸实践,通常很难变更,即使变更,其代价也较高昂。这是因为,建设中的厂房很难推倒重建,已完成的广告宣传所产生的影响很难改变,已购置的机器设备不论是退货还是转手都要蒙受相当大的损失,等等。相比而言,筹资决策的变更容易得多。如果企业认为资本结构中权益资本的比例太高,可以通过发行债券、回购股票(或增发股利)的方法减少权益资本,增加债务资本;如果企业认为资本结构中债务资本的比例太高,则可以反其道而行之。在发达的金融市场和证券市场中,这种变更的成本相对较低。

本章小结

本章讨论了金融市场的基本问题。(1)金融市场是资金融通的场所,是投资者与筹资者交换的场所;金融机构为投资者与筹资者之间的交换提供服务和帮助。(2)直接融资是最终投资者与筹资者之间的直接交换,而在间接融资中最终投资者与筹资者之间通过中介相联系,两者之间没有直接的经济关系。(3)筹资是筹资者用未来的收益与投资者现在的资金投入相交换,这种交换本身并不创造价值,但不公平的交换有可能在投资者与筹资者之间发生价值转移。(4)筹资决策与资本预算决策在目的、市场条件、决策变更成本等方面均存在着差异。

思考题

1. 金融市场的作用是什么?
2. 金融机构在企业筹资中的作用是什么?主要的金融机构有哪几种类别?
3. 比较直接筹资和间接筹资,并尝试解释直接筹资在我国发展缓慢的原因。

4. 比较企业筹资决策与资本预算决策,两者与价值创造是什么关系?
5. 为什么说在有效的金融市场上,筹资活动本身并不创造价值?
6. 分析我国企业债券市场发展缓慢的原因。
7. 某上市公司通过股权融资获得了10亿元的资金,其权益资本或净资产也因此增加了10亿元,该公司是否因此为它的股东创造出了新的价值?为什么?
8. 某公司在创业板上市,其股票的每股账面价值为2元,上市后股票的市场价值为每股5元。如果股票市场是有效率的市场,该公司的创业股东是否因为创业板上市而使自己的财富得到了增加?为什么?
9. 我国有关部门曾经规定,企业必须达到一定的盈利水平才能在股票市场上再融资。那么,亏损企业进行股权再融资就一定会损害股东利益吗?为什么?
10. 筹资决策和资本预算决策有什么差异?

第9章 资本成本

资本成本是指筹资者为了筹集和使用资金而付出的代价,如向权益资本提供者(股东)分配的股利,向债务资本提供者支付的利息等。资本结构是指企业总资本中债务资本与权益资本的比例。在企业财务决策中,资本成本和资本结构具有关键作用。为了追求股东价值最大化,公司应该尽量降低资本成本,其前提是合理地确定资本结构并正确地估算相应的资本成本。公司在进行投资决策时,作为贴现率的资本成本是最重要的参数之一。

9.1 资本成本的概念

9.1.1 资本成本与必要报酬率

企业的资本是指那些企业需要向资金提供者提供回报的资金来源,包括权益资本和债务资本。权益资本是股东(所有者)投入的资金,包括普通股股本、普通股溢价发行形成的资本公积、历年留存收益(或称保留盈余)形成的盈余公积,以及优先股股东投入的资金等。债务资本包括债券和各种银行贷款,企业要为这些资金来源支付利息。债务资本不包括各种应付项(如应付账款),因为企业不需要为这些资金支付利息,没有直接的成本。

作为资本的拥有者和供给者,投资者向资本的需求者提供资金的实质是一种投资活动。当筹资者发行股票或债券筹资时,投资者购买这些股票和债券的行为是投资行为。投资应该得到相应的收益,投资者对投资收益的要求就是本书前面讲到的"必要报酬率"或"投资者要求的回报率"。比如,如果一项投资的必要报酬率为10%,那么,只有当这一项目的收益率超过10%时,它才能为投资者产生正的净现值。因此,只有投资者认为项目所产生的收益率大于等于10%时,他们才会对这一项目进行投资。从另一个角度来看,投资方的必要报酬率就是筹资方的资本成本,因为筹资方必须从这一项目中赚取10%的回报,才能满足项目投资者的投资回报要求。因此,资本成本与投资者收益是同一个问题的两个方面。在讨论投资问题时,我们强调的是投资收益;在讨论筹资问题时,我们强调的是资本成本。

投资收益的高低主要取决于投资风险的大小。风险越大,投资者要求的回报率越高。所以,资本成本的高低与项目的风险大小密切相关。如果项目不能够为投资者提供相应风险条件下合理的投资回报率(必要报酬率),投资者将不会对项目进行投资,筹资者就筹措不到相应的资金。资本成本不是由筹资者决定的,而是由市场决定的。筹资者不顾项目风险的大小和投资者的回报要求,想当然地确定一个自己可以接受的资本成本,并据此去筹措资金的做法是没有根据的,也是荒唐的。

企业的资本来自于债务与股东权益两个渠道。这两类不同来源的资本所承担的风险不同,要求的必要报酬率也不同,因此它们的成本也不同。根据企业与债权人签订的债务合同,企业必须按时按量向债权人还本付息。而股东的投资回报(净利润)则没有任何保障,他们所得到的只是剩余收益,即企业的销售收入对除股东之外所有利益集团分配完毕后的剩余部分。企业的销售收入在扣除各项成本之后,首先用于支付债权人应得的利息收入,剩余部分扣除企业所得税后才是股东的收益(净利润)。显然,与债权人相比,股东承担的投资风险更大。因此,股东要求的投资回报率必然高于债权人。在第7章的表7-1中我们清楚地看到,股票投资的平均收益率为13.3%,超过美国短期国债收益率的风险报酬为9.5%。而长期公司债投资的平均收益率只有5.9%,超过美国短期国债收益率的风险报酬仅为2.1%,远低于股票投资的平均回报。从资本成本的角度看,这说明债务资本的成本要低于权益资本的成本。

9.1.2 真正的筹资决策者是股东而不是企业

筹资者的筹资成本不仅包括向投资者提供的报酬这种直接的资本成本,而且还包括为筹措资金而发生的筹资费用,主要是股票和债券的发行成本。企业为了发行股票和债券,要支付给投资银行、会计师事务所、律师事务所、资产评估机构等中介机构各种费用,要承受由发行价格低估而带来的损失,这些都是企业的筹资成本,并且会对资本成本产生影响。我们也将讨论考虑发行成本后资本成本的变化。

虽然我们常说企业筹资,但真正的筹资决策者不是抽象的企业,而是企业的股东。在第1章绪论中我们指出,企业是由不同的利益集团或利益相关者通过一系列契约(合同)联结在一起的一个"集合"。股东作为企业的权益资本出资者,承担主要的投资风险,他们是企业法理上的决策者。我国《公司法》第103条明确规定,股东大会负责"对公司增加或者减少注册资本做出决议;对发行公司债券做出决议";第138条和第139条规定,公司发行股票要由股东大会做出决议。这些规定表明,企业筹资的最终决策者是股东,而不是抽象的"企业",也不是企业的董事会或管理层。

不仅筹资决策是企业的股东做出的,而且资本成本(包括发行费用)也是由企业股东承担的。企业的息税前收益是属于债务资本投资者和权益资本投资者(股东)的投资收益,但债权人先于股东获取利息收入,剩余部分在交纳企业所得税后才成为股东的净利润。不难看出,如果企业不借入债务资本,则企业不必向债权人支付利息,所有息税前收益在交纳企业所得税后成为股东的净利润。因此,债务的资本成本显然是由股东承担的。

如果企业依靠发行新股来筹资,则新进入的股东将按照同股同权的原则与老股东一起分享未来的净利润,这一成本当然也是由企业原股东承担的。所以,我们在讨论企业的资本成本时,必须时刻牢记是从企业股东的角度判断成本大小的。

9.2 个别资本成本

9.2.1 普通股成本

金融学提供了多种估计普通股成本的方法,本节我们介绍几种常用方法。

利用股利贴现模型估算普通股成本

股利贴现模型(4-2)式可以用来估计普通股的资本成本。为了叙述方便,我们把(4-2)式列示如下:

$$P_E = \sum_{t=1}^{\infty} \frac{\text{DIV}_t}{(1+R_E)^t} \tag{9-1}$$

式中:P_E 为普通股市价;DIV_t 为各期的预期现金股利;R_E 为普通股的资本成本。

由于普通股每期支付的现金股利起伏不定,所以,我们无法直接利用未来收益折现的办法,根据普通股市价倒算出普通股的资本成本 R_E。为了估算普通股成本,我们需要做一些必要的假设和简化。

(1) 每期支付固定的现金股利

如果假设企业每年支付固定数额的现金股利 DIV,则(9-1)式变为:

$$P_E = \frac{\text{DIV}}{R_E}$$

所以:

$$R_E = \frac{\text{DIV}}{P_E} \tag{9-2}$$

例 9-1 设某公司发行普通股筹资,发行价格为每股 15 元,每年支付固定现金股利 3 元,根据(9-2)式,该普通股的资本成本为:

$$R_E = \frac{\text{DIV}}{P_E} = \frac{3}{15} = 20\%$$

(2) 现金股利按照固定比例增长——常增长模型

如果公司股票的现金股利随时间的推移,按固定速率 g 增长,则(9-1)式变为:

$$P_E = \frac{\text{DIV}_1}{R_E - g}$$

普通股成本 R_E 为:

$$R_E = \frac{\text{DIV}_1}{P_E} + g \tag{9-3}$$

式中:DIV_1 为第 1 期支付的现金股利;g 为现金股利增长率。

例9-2 某公司普通股的现金股利按照每年5%的固定速率增长,目前该公司普通股股票的市价为每股20元,DIV_1为每股2元,该普通股的资本成本为:

$$R_E = \frac{2}{20} + 5\% = 15\%$$

利用股利贴现模型估计普通股的资本成本具有简单、明了的优点,但也存在着一些明显的问题。第一,这种方法只适用于派发现金股利的公司,如果公司不派发或很少派发现金股利,这种方法就无法使用。第二,这种方法对股利的估计,特别是对股利增长率的估计非常敏感。在常增长模型中,股利增长率增加一个百分点,普通股资本成本就增加一个百分点,而且第1期现金股利DIV_1的估计值会影响普通股资本成本的估计值。同时,这种方法是基于历史数据估计未来,如果企业未来发生很大的变化,这种方法所估计出的结果将不适用。因此,无论是固定现金股利假设还是固定现金股利增长率假设,都只相对适用于那些具有稳定股利发放历史的企业。第三,这种方法没有直接考虑投资风险的大小。尽管存在上述问题,这种方法仍然有意义。比如,当我们观察到一个上市公司每年支付的现金股利很少,只有每股0.2元,而且在可以预期的将来该公司的业绩和现金股利支付不会明显改善,如果投资者对该公司股票的投资回报率要求为10%(这就是该上市公司筹措普通股的资本成本),则我们可以预期该公司发行股票的价格应该在2元左右。如果该公司股票的市场价格远高于2元,我们就可以判断该公司股票被高估了。

资本资产定价模型方法

我们还可以利用第7章介绍的资本资产定价模型(CAPM)来估算普通股的资本成本。利用CAPM计算普通股资本成本的过程可分为以下四步:

(1) 估计无风险利率R_f,例如,可用短期政府债券利率(在我国有时也用银行的短期贷款利率)代替;

(2) 估计该公司股票的β_i系数;

(3) 估计股票市场的"平均"风险报酬率$(R_M - R_f)$;

(4) 将上述数据代入资本资产定价模型,求出该股票的期望收益率R_{Ei},即它的资本成本为:

$$R_{Ei} = R_f + \beta_i(R_M - R_f) \tag{9-4}$$

例9-3 已知某公司股票的β系数为0.7,市场回报率$R_M = 15\%$,无风险利率$R_f = 6\%$,则这家公司普通股的资本成本为:

$$R_E = 6\% + 0.7 \times (15\% - 6\%) = 12.3\%$$

利用CAPM方法估计普通股资本成本具有两个优点:一是明确考虑了普通股投资的风险;二是适用于那些股利发放不稳定的公司。但这一方法的缺点也很明显:一是它需要对市场的风险报酬和股票的贝塔系数进行估计,这种估计的误差会影响普通股资本成本估计的准确性;二是上述所有参数都是基于历史数据估计出来的,而我们要估计的资本成本是未来的,如果公司未来相对于过去会发生很大的变化,则利用历史数据估计出的资本成本将无法代表未来的期望资本成本;三是对于非上市公司来说,我们无法直接估计其股票的贝塔系数,需要用与其相似的上市公司的股票贝塔系数作为近似替代,但我们不一定能够找到真正相似的公司。

债券成本加风险溢酬方法

如果企业或投资者对资本资产定价模型的实用性缺乏信心,或因数据原因无法利用资本资产定价模型,也可以利用债券成本加一定风险溢酬的方法来估算普通股成本。我们知道,投资者承担的风险越高,要求的投资收益也就越高。由于普通股的投资风险大于公司债券的投资风险,因此我们可以在公司债券收益率的基础上附加一定的风险溢酬,作为普通股股东要求的投资收益率,即普通股的资本成本。

$$普通股资本成本 = 债券资本成本 + 风险溢酬 \qquad (9\text{-}5)$$

例 9-4 已知某公司债券的成本为 8%,根据该公司普通股的风险状况,人们认为应在债券收益的基础上增加 5% 的风险溢酬,所以该公司普通股的资本成本为:

$$R_E = 8\% + 5\% = 13\%$$

在实际中,我们可以同时运用上述几种方法来估计普通股成本。如果几种方法得出的结果较为接近,则表明估计的结果较为合理;如果几种方法同时运用得出的结果相差较大,则需要进一步分析问题,找出原因。

9.2.2 债务成本与优先股成本

债务成本

企业的债务融资有银行借款和企业债券两种方式。当企业从银行取得借款时,向银行支付的利息等于其借款额乘以银行确定的利率,因此,银行给企业规定的利率就是企业的债务成本。

当企业发行债券融资时,投资者要求的回报率由债券的到期收益率来反映,债券的资本成本就是其到期收益率。需要注意的是,我们不能简单地把债券的票面利率当作债务的资本成本。在第 3 章中我们看到,当公司折价或溢价而不是平价发行债券时,债券的票面利率不等于其到期收益率。如果债券在发行时没有大幅溢价或折价,债券的票面利率大体上可以反映债券发行时的资本成本。债券发行一段时间之后,市场情况和企业的情况都可能发生很大的变化,债券的市场价格也会与发行价格产生较大偏差。这时,如果企业准备通过发行类似的新债券筹措资金,则待发行债券的资本成本更接近已发行债券的到期收益率,而不是其票面利率。

与普通股不同,债券的成本通常可以直接或间接地观察到。对于已经发行债券的企业,债券的到期收益率就是其资本成本。对于没有发行债券的企业,我们可以通过观察类似企业的债券的到期收益率来估计其资本成本。特别地,如果企业已对债券进行了评级,那么,通过观察同样级别的已流通债券的到期收益率,就可以知道将要发行的债券的资本成本。

由于债券的资本成本是它的到期收益率,我们可以利用(3-1)式求出债券的到期收益率。

$$P_D = \sum_{t=1}^{n} \frac{I}{(1+R_D)^t} + \frac{B}{(1+R_D)^n} \qquad (9\text{-}6)$$

式中:P_D 为债券的市场价格;I 为债券每年的利息收入;B 为债券面值;R_D 为债券的到期收益率,即债券的资本成本。

例 9-5 公司折价发行面值 1 000 元、票面利率 10% 的 10 年期债券,发行价格为 905 元,计算该债券的资本成本。

利用(9-6)式,有:

$$905 = \sum_{t=1}^{10} \frac{100}{(1+R_D)^t} + \frac{1\,000}{(1+R_D)^{10}}$$

采用 Excel 的内置函数"内部收益率"(IRR)或者"单变量求解"方法,不难估算出债券的到期收益率(资本成本)$R_D = 11.66\%$。

上面讨论的债务资本成本都是税前的。在例 9-5 中,企业按照 905 元的价格发行了面值为 1 000 元、期限为 10 年的债券,每年每张债券要支付 100 元的利息,因此,税前资本成本为 11.66%。但是,如果考虑税后成本,结果将发生变化。假设企业不借入上述资金,而是由股东投入相应的资本。那么,股东每投入 905 元,每年就可以节约 100 元的利息支出。但是,节约下来的 100 元不会全部转化为净利润,因为节约下来的利息支出只能作为税前利润,交纳企业所得税后的剩余才是净利润。设企业所得税税率为 T_C,则这 100 元中属于股东的净利润为 $100(1-T_C)$ 元。比如,当企业的所得税税率为 30% 时,股东能够得到的净利润只有 70 元。因此,从企业的角度看,借入 905 元的债务资本后,每年不需要真正拿出 100 元付给债权人,而只需要拿出 70 元就够了。因为如果不支付这 100 元的利息,企业就要向政府交纳 30 元的所得税,股东实际上只能得到 70 元。债权人每年确实拿到了 100 元的利息收入,但这笔利息收入本质上是由两个不同的主体支付的。一是企业支付的 70 元,二是政府从所得税收入中拿出的 30 元(即政府允许企业将利息作为成本列支,从而少收了 30 元的企业所得税)。这样,债务的税后成本不是 R_D,而是 $R_D(1-T_C)$。债务的这种效应被称为税收屏蔽效应或税盾效应。

在资本预算的现金流量分析中,如果贴现的对象是(企业所得税)税后现金流量,那么,相应的贴现率(资本成本)也应该采用税后资本成本,这样两者才能一致起来。

优先股成本

由于优先股每年支付的现金股利是固定的,且没有期限,是一种永续的融资(投资),所以其成本不难估计。优先股的成本等于优先股的现金股利除以优先股的发行价格,用公式表示为:

$$R_P = \frac{\text{DIV}_P}{P_P} \qquad (9\text{-}7)$$

式中:R_P 为优先股成本;DIV_P 为优先股每期支付的固定的现金股利;P_P 为优先股发行价格。

例 9-6 某公司发行优先股,发行价格 10 元,每股每年支付固定现金股利 1.5 元,优先股成本为:

$$R_P = 1.5/10 = 15\%$$

与债券不同的是,优先股的股利是从公司税后利润中支付的,没有税盾作用。

9.3 发行费用对资本成本的影响

我们在前面曾经指出,发行股票和债券需要一定的发行费用,这些发行费用会对资本成本产生一定的影响。比如,如果发行股票需要支付的各项发行费用占发行收入的 5%,则投资者购买企业股票所支出的 1 亿元投资中,企业只能得到 9 500 万元。企业需要用这 9 500 万元的资金为投资者创造出 1 亿元投资所要求的必要报酬,这无疑增大了企业的资本成本。如果投资者要求的必要报酬率是 15%,1 亿元的投资每年的回报是 1 500 万元。企业要用手中得到的 9 500 万元创造出 1 500 万元的收益,其投资收益率要达到 1 500/9 500 = 15.79%。这表明,企业只有使资本的投资收益率达到 15.79%,才能满足投资者 15% 的必要报酬率要求。

考虑发行成本后,企业的实际筹资额将小于名义筹资额。设股票的发行费用率为 f_E,发行价格为 P_E,则每股实际发行收入为 $P_E(1-f_E)$。这样,(9-1)式变为:

$$P_E(1-f_E) = \sum_{t=1}^{\infty} \frac{\text{DIV}_t}{(1+R_E)^t} \tag{9-8}$$

按照固定股利模型,普通股的资本成本确定公式为:

$$P_E(1-f_E) = \frac{\text{DIV}}{R_E}$$

资本成本为:

$$R_E = \frac{\text{DIV}}{P_E(1-f_E)} \tag{9-9}$$

同理,按照固定股利增长模型得到的普通股资本成本为:

$$R_E = \frac{\text{DIV}_1}{P_E(1-f_E)} + g \tag{9-10}$$

例 9-7 如果例 9-1 中公司普通股股票的发行费用率为 3%,计算其资本成本。

已知该公司普通股发行价格为每股 15 元,每年支付固定现金股利 3 元,再考虑 3% 的发行费用率,根据(9-9)式,该普通股的资本成本为:

$$R_E = \frac{\text{DIV}}{P_E(1-f_E)} = \frac{3}{15 \times (1-0.03)} = 20.62\%$$

例 9-8 如果例 9-2 中公司普通股股票的发行费用率为 5%,计算其资本成本。

已知该公司普通股的现金股利按照每年 5% 的固定速率增长,目前该公司普通股股票的市价为每股 20 元,DIV_1 为每股 2 元,再考虑 5% 的发行费用率,根据(9-10)式,该普通股的资本成本为:

$$R_E = \frac{2}{20 \times (1 - 0.05)} + 5\% = 15.53\%$$

债券发行同样会有发行费用,发行费用率对债务资本成本的影响与对普通股资本成本的影响是相同的。设债券的发行费用率为 f_D,则(9-6)式变为:

$$P_D(1 - f_D) = \sum_{t=1}^{n} \frac{I}{(1 + R_D)^t} + \frac{B}{(1 + R_D)^n} \tag{9-11}$$

我们需要利用(9-11)式解出债券的资本成本 R_D。

例 9-9　如果例 9-5 中公司债券的发行费用率为 2%,计算该债券的资本成本。

已知该公司债是面值 1 000 元、票面利息率 10% 的 10 年期债券,发行价格为 905 元,发行费用率是 2%。利用(9-11)式,有:

$$905 \times (1 - 0.02) = \sum_{t=1}^{10} \frac{100}{(1 + R_D)^t} + \frac{1\,000}{(1 + R_D)^{10}}$$

$$887 = \sum_{t=1}^{10} \frac{100}{(1 + R_D)^t} + \frac{1\,000}{(1 + R_D)^{10}}$$

同样采用 Excel 的内置函数"内部收益率"(IRR)或者"单变量求解"方案,可以求得此时债券的到期收益率(资本成本)R_D 为 12%。

如果考虑公司的所得税税率 $T_C = 30\%$,则该债券的税后资本成本为:

$$R_D(1 - T_C) = 12\% \times (1 - 30\%) = 8.4\%$$

优先股发行时也会有发行费用。发行费用对优先股资本成本的影响与对普通股的影响类似。(9-7)式变为:

$$R_P = \frac{\mathrm{DIV}_P}{P_P(1 - f_P)} \tag{9-12}$$

式中:f_P 为优先股的发行费用率。

9.4　加权平均资本成本

企业的资本包括权益和债务,这两类资本的比例称为企业的资本结构。企业在考虑资本成本时,不仅要考虑各类资本的资本成本,而且要考虑企业的总体资本成本,即加权平均资本成本。

9.4.1　加权平均资本成本

加权平均资本成本(weighted average cost of capital,WACC)是公司各类资本的成本与该类资本在企业总资本中所占的比例(权重)的乘积之和,常见的资本包括普通股、优先股和长期负债等。加权平均资本成本(WACC)由下式确定:

$$\mathrm{WACC} = \sum_{i=1}^{n} W_i R_i \tag{9-13}$$

式中:W_i为第i种资本占总资本的比重;R_i为第i种资本的(税后)资本成本。

需要特别强调的是,在本章中,加权平均资本成本的概念都是指税后的,即上述公式中各种资本的成本都是税后资本成本。

当企业只有权益资本E和债务资本D两种资本时,企业的资本总额为$(D+E)$,债务资本和权益资本分别占的比例为$W_D = \dfrac{D}{D+E}$和$W_E = \dfrac{E}{D+E}$。此时,公式(9-13)简化为:

$$\text{WACC} = \dfrac{D}{D+E}R_D(1-T_C) + \dfrac{E}{D+E}R_E \qquad (9-14)$$

其中,T_C表示公司所得税税率。

加权平均资本成本不仅与各类资本的成本大小有关,而且与资本结构有关。资本结构不但影响各类资本在企业总资本中所占的比例,而且还影响各类资本成本的大小。因此,我们在讨论加权平均资本成本时,总是假定企业已确定了目标资本结构,并且保持资本结构的稳定。

例 9-10 根据表 9-1 所示的兴达公司资本结构和个别资本成本,计算该公司的加权平均资本成本。

表 9-1

资本形式	数额(万元)	比重(W_i)	个别资本成本
负债	800	40%	6%(税后)
普通股	1 200	60%	15%

兴达公司的加权平均资本成本(WACC)为:

$$\text{WACC} = 40\% \times 6\% + 60\% \times 15\% = 11.4\%$$

即该公司总资本由40%的税后成本为6%的负债和60%的成本为15%的普通股构成,其加权平均资本成本为11.4%。

(9-13)式中各类资本在资本总额中的权重是根据各类资本的市值计算出来的,一般不能采用资本的账面价值计算。由于权益资本的账面价值常常与其市场价值存在较大的差距(这种差距有时可达数倍之多),因此按照账面价值计算的加权平均资本成本与实际成本相差很远。只有当资本的市场价值与它的账面价值相近时,才可以用账面价值计算的权重作为资本市值权重的近似值。

加权平均资本成本表示的是,企业在目前的资本结构下,为了保证普通股投资者的投资物有所值,利用现有资本必须赚取的总体资本回报率,同时也是企业进行与现有经营业务具有相同风险的投资的必要报酬率。因此,如果企业要对现有业务进行扩张,或者上马与现有业务相同风险的其他投资项目,就应该用加权平均资本成本作为项目的贴现率。

我们指出过,加权平均资本成本的计算和运用要求资本结构的相对稳定。在某些情况下，企业可能会设定目标资本结构，并试图保持资本结构的稳定。即使如此，现实中企业的实际资本结构也会经常偏离目标资本结构。比如，当股票市场处于牛市、股票价格较高时，股东可能会倾向于股权融资，从而造成权益资本比例的增大。另外，为保持资本结构不变，企业同时采用多种形式筹资很可能是不现实和不经济的。由于筹资要产生一定的费用，如果每次筹资都按既定比例筹措一定权益资本和债务资本，很可能会导致每类资本的筹资额都很小，从而使筹资费用占很大的比例。这种做法十分不经济，有时甚至不可能。比如，在股票市场的发行管制条件下，企业很难做到在任何时候都按照自己的愿望发行任意数量的股票。因此，企业往往会交替使用债权筹资和股权筹资，以期在长期内保持一个合理的资本结构，同时使每次筹资都达到规模经济。

但是，如果决策者不清楚资本成本的概念，企业交替使用不同的筹资方式可能会造成对资本成本的错误判断。比如，假设例9-10中的兴达公司准备筹资1 000万元进行A项目的投资，虽然该公司希望保持目前的资本结构不变，但考虑到筹资的经济性，公司决定这次筹资完全采用债权筹资。假设债务的成本仍为6%，而A项目的内部收益率为8%，由于A项目的内部收益率大于所筹资金的资本成本，似乎可以接受A项目并进行投资。但是，半年后该公司又找到了一个内部收益率为13%的B项目，需要投资1 500万元，由于公司需要保持债务资本与权益资本的比例为2/3，因此这次公司决定采用普通股筹资。考虑到普通股的资本成本为15%，大于B项目的内部报酬率，因此，该公司只好放弃B项目。如果决策过程真是这样的话，那么，为什么半年前兴达公司可以接受一个内部报酬率为8%的投资项目，而半年后却要拒绝一个内部报酬率为13%的投资项目？表面上看，问题的原因在于半年前所筹资金的成本低，半年后所筹资金的成本高，所以A项目可以接受，B项目只好拒绝。实质上，兴达公司半年前筹措到的所谓低成本资金的成本并不低，因为兴达公司需要保持既定的目标资本结构，在进行债务筹资后必然要进行权益筹资。因此，半年前的低成本资金是以半年后的高成本资金为代价的，两者加权平均之后，资本成本为11.4%。所以，从整体上看，企业的资本成本既不是债务资本成本6%，也不是普通股资本成本15%，而是加权平均资本成本11.4%。由此可知，投资者在进行投资决策分析时，应该将企业看作一个长期生存和发展的实体，从长远的角度，以加权平均资本成本作为计算投资项目净现值的贴现率，而不是以某一次筹资的个别资本成本作为贴现率。

9.4.2 影响加权平均资本成本的因素

从加权平均资本成本的定义来看，影响企业加权平均资本成本的主要因素有二：一是个别资本成本；二是企业的资本结构。具体来讲，个别资本成本和资本结构又主要受利率水平、税收政策、公司的融资政策、利润分配政策和投资政策等因素的影响。

利率水平的高低无疑是影响企业资本成本最为重要的因素之一。利率越高，企业的各类资本成本也越高。

政府的税收政策和法律规定也会对资本成本产生影响。由于负债具有税盾效应,所以所得税税率的高低会影响企业的税后债务资本成本,进而影响到其他资本成本。除公司所得税外,政府的其他税收政策也可能影响企业的资本成本。比如,较低的资本利得税率会起到鼓励投资者购买股票的作用,从而在一定程度上降低权益资本成本。

公司的融资政策直接影响各类资本在资本总额中的比例,同时也会影响各类资本的个别成本。税后利润是企业的一项重要资金来源,在企业资金需求一定的条件下,企业留存的利润越多,对外部资金的需求就越少。相反,如果将大部分利润分配给股东,企业就有可能需要依靠发行新股来筹措权益资本,这将导致筹资费用的发生。

我们曾指出,从投资的角度看,资本成本是投资者所要求的投资回报率,而投资者要求的投资回报率的高低,与投资项目的风险大小密切相关。因此,企业筹资的资本成本在很大程度上取决于企业所筹措的资金的用途,即企业投资项目的选择。当企业投资于高风险项目时,其筹资的资本成本就高;当企业投资于低风险项目时,其筹资的资本成本就低。

在上述各种影响资本成本的因素中,市场的利率水平和政府的税收政策是企业无法控制的因素,而公司的融资政策、利润分配政策和投资方向的选择等在一定程度上是企业可以自己控制的因素。

9.5 关于资本成本的进一步讨论

9.5.1 短期负债对加权平均资本成本的影响

前面在讨论加权平均资本成本时,我们只是笼统地提及债务资本成本,并没有具体区分长期负债和短期负债(流动负债)。在正常情况下,企业的长期负债是以长期银行贷款或长期企业债券的形式取得的,这些都属于债务资本,而且是企业的主要债务资本来源。因此,有时我们计算企业加权平均资本成本时只考虑长期债务资本成本。

企业的短期负债可分为两类,一类是各种应付款,另一类是短期银行借款或企业发行的短期融资券。在正常的付款期内,企业不必为应付款支付额外的费用。因此,在正常情况下应付款是一种无偿的资金来源,不属于债务资本,在计算企业的加权平均资本成本时也不应考虑。

与应付款不同,短期银行借款和企业发行的短期融资券是要支付利息的,这些资金来源属于债务资本。如果这种短期负债是临时性的,或者这种短期负债可以与企业持有的短期投资大致相互抵消,则忽略这些短期负债的成本对企业的实际资本成本不会造成太大的影响或误差。比如,一个企业在向银行借入短期借款的同时还持有相似数量的短期证券投资,则可以不必将短期借款成本纳入加权平均资本成本,因为从净值上看,企业并不是一个短期的负债者(即短期债务和短期债权互相抵消后的净值约等于0,甚至大于0)。

但是,如果企业长期背负数量较多的短期借款(如占到企业负债与权益之和的10%以上),短期借款已成为企业的一种长期性的重要资金来源,则必须考虑短期借款成本对企业加权平均资本成本的影响。对我国的大多数企业来说,短期借款是企业最重要的债务资金来源。以中国上市公司为例,2004年上市公司短期借款与总资产之比的中位数为17%,长期借款与短期借款之比的中位数为10%(即每100元短期借款对应着10元的长期借款),短期借款与全部资本(短期借款+长期借款+权益资本)之比的中位数为23.2%,长期借款与全部资本(短期借款+长期借款+权益资本)之比的中位数为5.77%。这清楚地表明,短期借款是中国上市公司最主要的债务资本来源,其数量和重要性都远远超过了长期债务。因此,在计算中国企业的加权平均资本成本时,必须考虑短期借款的资本成本。

9.5.2 折旧资金的成本

折旧被列入企业经营成本,但折旧并不是企业的一项现金流出。事实上,折旧资金是留在企业内部、可以供企业使用的资金。企业内部产生的现金流量可由下式表现:

$$\text{内部现金流量} = \text{净利润} - \text{现金股利} + \text{折旧} = \text{留存收益} + \text{折旧} \tag{9-15}$$

可见,折旧与留存收益同样是企业的内部资金来源,在某些情况下甚至是企业的主要资金来源。与长期负债、留存收益和发行新股不同,折旧资金的来源渠道不够明确,有时候,人们甚至将折旧看作一种无成本的资金(资本)来源。但是,这种看法是错误的。任何资金(资本)都是有其相应来源的,也都是有成本的,折旧资金也不例外。

在很多情况下,我们说折旧是用来更新固定资产的。如果企业希望永久存续下去,它就必须不断地补充或更新由于物理和经济损耗而减少的固定资产。但是,企业也可以不补充和更新固定资产,而是将其分配给原固定资产的投资者。

折旧是属于投资者的现金流入。也就是说,投资者投资于某一项目,不但要获取收益,而且要收回投资的本金。利润和利息是投资者取得投资收益的方式,而折旧是投资者收回投资本金的方式。因此,在企业投资一个项目并使之正常运转后,它每年从这一项目提取的折旧可以返还给投资者,即企业的债权人和股东。如果企业将折旧资金返回给投资者,它大体可以按照企业资本结构的比例返还给股东和债权人,否则企业的资本结构将发生变化。企业的债权人和股东得到收回的折旧资金后,又可以按照自己的意愿投资于其他渠道以获得投资收益。如果企业不把折旧资金返还给股东和债权人,而是用于固定资产更新或新项目的投资①,这就相当于企业的股东和债权人将自己的资金按企业资本结构的比例再一次投入企业,他们当然也会要求相应的投资收益,这种投资收益的要求就

---

① 实际上固定资产更新本身就是一种新项目的投资,因为在进行投资项目分析时我们一般只考虑项目在一个投资期内的效益,并不考虑其不断更新、长期存续的效益。这也是为什么我们在进行项目的现金流量分析时将折旧看作流入投资者手中的现金流量的原因。

构成了企业的资本成本。因此,企业的折旧资金是有成本的,而这一成本就是企业的加权平均资本成本。

但是,在计算企业的加权平均资本成本时,不能把折旧作为一项资本来源,因为折旧不是独立于股权资本和债务资本之外的第三类资本,折旧的价值属于企业的投资者——股东和债权人。

9.5.3 资本结构或经营风险变化后的加权平均资本成本

在我们将加权平均资本成本作为项目评估的贴现率时,其隐含的假设有二:一是新项目的资本结构保持不变;二是新的投资项目的风险与企业目前的整体经营风险大致相当。如果新的投资项目与企业目前的经营风险相差较大,或者项目的资本结构与企业目前的资本结构有显著差异,则不宜再直接使用企业的加权平均资本成本作为该项目的贴现率。

企业的资本结构改变后,不但加权平均资本成本中各类资本成本的权重发生了变化,各类资本成本本身也要发生变化。由本书第12章的讨论可知,企业的经营风险与其资本结构无关,但股东的财务风险与企业资本结构相关。企业的负债比例越高,股东的财务风险也越大,权益资本成本随之增大。但是,债务资本的增加可以产生税盾效应,从而导致企业加权平均资本成本的降低。因此,资本结构的变化将会导致个别资本成本和加权平均资本成本的改变。

由于加权平均资本成本随企业或投资项目的资本结构和经营风险的变化而变化,我们在计算和运用加权平均资本成本时,必须注意根据实际情况对资本成本进行必要的调整。比如,当新项目的风险状况显著异于企业现有业务的风险状况时,如果仍然沿用公司目前的加权平均资本成本作为新项目资本预算的贴现率,显然会造成对新项目贴现率的错误估计。如果项目的系统风险大于公司现有业务的系统风险,用公司的加权平均资本成本作为贴现率可能会导致错误地接受不该接受的项目;反之,如果项目的系统风险小于公司现有业务的系统风险,用公司的加权平均资本成本作为贴现率可能会导致错误地拒绝不该拒绝的项目。这时,可以利用资本资产定价模型(CAPM)或其他方法直接确定项目的资本成本。

我国一些企业在进行项目评估时,有时会用银行贷款利率作为项目的折现率,这种做法显然是错误的。原因有三:第一,长期以来,我国的银行贷款利率处于受管制状态。我国不同企业的经营状况、风险状况和偿债能力差别巨大,而银行贷款利率对所有企业几乎是统一的,即使有一点浮动(如30%),也无法与贷款企业之间巨大的风险差异相对应。因此,银行贷款利率在很多时候不能反映贷款者的实际风险状况。第二,即使银行贷款利率与贷款者的风险状况相适应,这一债务成本也是针对整个企业的,是以企业的全部权益资本和经营能力(包括资产的变现能力)为保证的,并不是针对所投资的具体项目的,所以它不能反映项目本身的风险状况。第三,即使有些贷款是针对具体投资项目提供的,贷款利率也不会是项目的资本成本。这是因为,项目资本除了贷款之外,一定还有项目方提供的股权资本,因此贷款只是项目的部分资本。如果采用贷款利率作为项目的资本成本,相当于忽略了项目的其他资本来源,通常会低估项目的资本成本,高估项目的价值。

9.6 资本成本与投资决策

9.6.1 加权平均资本成本与投资决策

加权平均资本成本经常被作为贴现率来计算项目的净现值。利用加权平均资本成本作为贴现率的含义是,如果项目的资本来源中债务资本与权益资本各占一定的比例,那么相应的加权平均资本成本就是这两类(或多类)投资者所要求的平均投资收益率。如果项目能够产生足够的投资收益,既能满足债权人的投资收益要求,又能满足股东的投资收益要求,则这个项目按照加权平均资本成本贴现的净现值必然大于或等于零,这个项目就是可行的。

理论上,可以严格证明,用项目(公司)的加权平均资本成本贴现其自由现金流,所得的现值就是项目(公司)的价值。用项目(公司)的价值减去其债务价值,就得到了项目(公司)的股东权益价值。这种估值方法被称为加权平均资本成本法(WACC方法)或自由现金流贴现法(FCF方法),是各种现金流贴现法中应用最广泛的一种。自由现金流是在全股权融资假设下公司的资本现金流,换言之,自由现金流剔除了公司的利息税盾。

下面采用一个简单的案例来说明这种方法。

例9-11 T公司是一家运输公司,负责城市间的长途汽车货运,该公司按照账面价值和市场价值核算的资产负债表如表9-2、表9-3所示。

表9-2 按照账面价值核算的资产负债表　　　　　　　　　　　单位:万元

资　　产		负债与权益	
资产价值	3 000	负债	1 000
		权益	2 000
资产总计	3 000	负债与权益总计	3 000

表9-3 按照市场价值核算的资产负债表　　　　　　　　　　　单位:万元

资　　产		负债与权益	
资产价值	4 000	负债	1 000
		权益	3 000
资产总计	4 000	负债与权益总计	4 000

为简单计,假设负债中没有应付项,均为债务资本,年利率为8%(假设这就是债务资本成本),股东要求的必要报酬率为14%,公司所得税税率为30%。目前公司运行状况良好,息税前收益为680万元,预计这种状况将永远维持下去。公司目前发行在外的股票为200万股,市场价格为每股15元。

我们曾指出,在计算加权平均资本成本时要根据市场价值,而不是账面价值计算资本结构。由于T公司当前的市场价值为4 000万元,所以其实际资产负债率是25%,而不是账面价值所显示的33%。同样,权益资本的期望收益率 $R_E=14\%$ 也是基于股票的市场价格每股15元而考虑的。因此,T公司的加权平均资本成本为:

$$WACC = 8\% \times (1-0.30) \times 0.25 + 14\% \times 0.75 = 11.9\%$$

下面我们以WACC为贴现率,用现值法来评估T公司的价值(如表9-4所示)。

表9-4 T公司的自由现金流　　　　　　　　　　　　　　　单位:万元

科目	金额
息税前收益(EBIT)	680
减去:所得税(税率30%)	-204
息前税后收益(EBIAT)	476
加上:折旧	100
减去:投资支出	-100
自由现金流(FCF)	476

表9-4表明,T公司可产生永久年金性自由现金流FCF=476万元,按11.9%的贴现率贴现,其现值为:

$$PV = \frac{FCF}{WACC} = \frac{476}{0.119} = 4\,000(万元)$$

即T公司的价值等于4 000万元。如果将公司的账面价值作为公司的初始投资额,将各项成本和收益作为投资分析时的期望值,则对这一公司的投资的净现值为1 000万元。由于T公司的债务为1 000万元,因此其股东权益价值为3 000万元(=4 000 -1 000)。

读者不难发现,上述自由现金流的估计(见表9-4)相当于将T公司当作一个全部由权益资本投资的企业,完全没有涉及债务的利息支出及其税盾效应。但是,WACC估值法没有忽视债务的税盾效应,而是将其影响反映在加权平均资本成本(WACC = 11.9%)之中。计算WACC采用的是债务的税后成本,因而包含了债务的税盾效应。

当然,在本例中,我们也可以直接估算T公司股东权益的价值。根据表9-5,T公司每年的税后利润为420万元,因此,股东权益价值为:

$$E = \frac{NI}{R_E} = \frac{420}{0.14} = 3\,000(万元)$$

表 9-5	单位:万元
息税前收益	680
利息支出	80
税前利润	600
所得税(税率30%)	180
税后利润	420

股东权益的价值 E(3 000 万元)与债务资本价值 D(1 000 万元)之和就是 T 公司的价值,与按照加权平均资本成本 WACC 计算的结果相同。

在本例中,由于事先给定了 T 公司的价值,因此,我们可以方便地估计其资产负债率,进而求出 WACC。在现实中,我们不可能事先知道公司价值,否则就没有必要做价值评估了。但是,许多公司的财务政策都会设定目标财务杠杆比例,因而可以直接用来估计 WACC。

9.6.2　调整现值(APV)方法[①]

APV 方法案例

例 9-12　某项目需要 3 000 万元的初始投资,10 年内每年可产生 600 万元的税后净现金流量,权益资本对这一项目所要求的投资收益率为 12%。下面我们采用 APV 方法对该项目的净现值进行分析。

首先,计算项目的全部资金来源均为权益资本时的基本净现值:

$$\text{NPV} = -3\,000 + \sum_{t=1}^{10} \frac{600}{1.12^t} = 390(万元)$$

然后,讨论不同融资因素对投资项目净现值的影响。

(1) 股票发行费用的影响。假设企业要通过发行股票来取得这 3 000 万元的投资,并且发行成本相当于筹资额的 4%。这样,为了筹措到 3 000 万元资金,公司发行的股票总金额应为 3 125 万元[3 000/(1-4%)],多出的 125 万元是发行费用支出。从项目的基本 NPV 中减去股票发行成本,可以得到这个项目的调整净现值 APV。

APV = 基本净现值 - 发行成本 = 390 - 125 = 265(万元)

(2) 债务融资的影响。假设公司的目标资本结构为 $D/E=1$,则公司可借入 1 500 万元的债务资本,它将产生利息支付的税收屏蔽作用。设债务资本的利率为 8%,期限为 10 年,债务的发行成本为 0,公司所得税税率为 30%,公司从第 6 年起每年年末等额归还债务本金,利息的税收屏蔽作用按照债务利息率 8% 贴现,则债务资本给这个项目带来的税收屏蔽价值如表 9-6 所示:

[①] Brealey, R. A., and S. C. Myers, *Principle of Corporate Finance*, McGraw-Hill, 1996; Luehrman, A. T., "Using APV: A Better Tool for Valuing Operations", *Harvard Business Review*, May June, 1997.

表 9-6 债务资本的税收屏蔽价值　　　　　　　　　　　　单位:元

年度	年初债务余额	利息支出	利息税盾	现值系数	税盾现值
1	15 000 000	1 200 000	360 000	0.926	333 360
2	15 000 000	1 200 000	360 000	0.857	308 520
3	15 000 000	1 200 000	360 000	0.794	285 840
4	15 000 000	1 200 000	360 000	0.735	264 600
5	15 000 000	1 200 000	360 000	0.681	245 160
6	15 000 000	1 200 000	360 000	0.630	226 800
7	12 000 000	960 000	288 000	0.583	167 904
8	9 000 000	720 000	216 000	0.540	116 640
9	6 000 000	480 000	144 000	0.500	72 000
10	3 000 000	240 000	72 000	0.463	33 336
现值总计					2 054 160

由表 9-6 的计算可知,10 年内共可产生现值约 205 万元的税盾。

在投资项目的净现值中加上税盾所增加的现值 205 万元,该项目的调整净现值为:

$$APV = 基本净现值 - 发行成本 + 债务的税收屏蔽$$
$$= 390 - 125/2 + 205 = 532.5(万元)$$

APV 方法的基本步骤

由例 9-12 可以看出,APV 方法的基本思想是"分而治之"。这种方法是先计算全股权融资情形下的项目价值,然后针对债务融资的利弊进行调整。其基本步骤可概括如下:

(1) 将待考察的项目当做一个全部由权益融资组成的独立公司,并计算其基本净现值。

(2) 分析影响项目净现值的每一个融资因素(如证券的发行成本、债务的税盾、财务危机成本,等等),计算它们对这个"公司"成本或收益的影响的现值。

(3) 将所有融资因素影响的现值加总并调整"公司"的基本净现值。

以上步骤可用公式表示为:

$$项目调整现值 = 基本净现值 + \sum 融资因素影响现值 \qquad (9-16)$$

因此,与 WACC 方法不同,APV 方法不仅能告诉我们项目的净现值是多少,而且给出了不同融资因素对项目净现值的影响,从而为调整不同融资因素来改变项目的净现值提供了可能。下面,我们继续讨论例 9-11 中 T 公司的例子,以说明 APV 方法的运用,并与 WACC 方法进行比较。

1. 基本净现值的计算

设 T 公司的资本成本(即无负债时的权益资本成本)为 12.53%[①],设 T 公司的初始投资为 3 000 万元,产生的永续年净现金流量为 476 万元,所以,T 公司的基本净现值 NPV_{base} 为:

$$NPV_{base} = -3\,000 + 476/0.1253 = -3\,000 + 3\,800 = 800(万元)$$

T 公司的价值 $PV_T = 476/0.1253 = 3\,800(万元)$

2. 融资因素的影响

这里,为了与 WACC 方法的估值结果进行比较,我们忽略发行费用等融资因素对项目净现值的影响,仅讨论如何计算债务的税盾现值。

由于 T 公司借入了一笔本金 1 000 万元、年利息率 8% 的贷款,公司的所得税税率为 30%,所以,这笔借款每年可产生 24 万元(1 000 × 0.08 × 0.30)的税盾。下面我们考虑 T 公司两种不同的借款政策对税盾现值的影响。

(1) 固定债务资本额。依据这一政策,不管未来的状况如何,T 公司始终保持 1 000 万元的借款。因此,公司 24 万元的税盾效应将长期保持下去。假设 T 公司永续经营,由于税盾与固定支付相联系,所以 8% 的债务成本应该是一个合理的折现率。因此,税收屏蔽的现值 PV_{Tax} 为:

$$PV_{Tax} = 24/0.08 = 300(万元)$$

这时,T 公司的 APV 为:

$$APV = NPV_{base} + PV_{Tax} = 800 + 300 = 1\,100(万元)$$

T 公司调整后的全部价值 PV_T 为:

$$PV_T = 3\,800 + 300 = 4\,100(万元)$$

(2) 固定债务资本比率(固定资本结构)。依据这一政策,T 公司将根据自身实际表现和相应的市场价值的变化,每期调整债务额,使债务资本额与由项目的未来预期收益决定的市场价值保持一个固定的比率(25%),即固定的资本结构。这意味着未来的实际债务资本额在项目开始后是不确定的,它们依赖于项目的实际业绩,这也意味着未来的利息支付流会随着实际项目现金流量的变动而变动,而且其风险与项目的经营风险一致。

由于第 1 年的初始债务资本额 1 000 万元是确定的,因此第 1 年的税盾 24 万元也是相对确定的,用 8% 的利率折现,其现值为:

---

① 如果公司在资产负债率为 25% 时的权益资本成本 R_E 和加权平均资本成本 WACC 分别为例 9-11 中的 14% 和 11.9%,则无负债时的权益资本成本即为 12.53%。Milles 和 Ezzell 给出了下述关于 WACC 的修正公式:$WACC = R - R_D T_C \left(\dfrac{D}{D+E}\right)\left(\dfrac{1+R}{1+R_D}\right)$,式中 R 为无负债时的权益资本成本。据此公式,代入 WACC = 11.9%,$\left(\dfrac{D}{D+E}\right) = 25\%$,$T_C = 30\%$,$R_D = 8\%$,不难计算出 R = 12.53%。如果直接利用有税收时的 MM 命题二,$R_{SL} = R_{EU} + (R_{EU} - R_D)(D/E)(1-T)$,可解出 $R_{EU} = 12\%$,小于 Milles 和 Ezzell 公式解出的值。有兴趣的读者可参阅 Brealey and Myers, *Principle of Corporate Finance*, McGraw-Hill, 1996, pp. 533—535。

$$PV_{Tax1} = 24/1.08 = 22.22(万元)$$

第 2 年的税盾现金流取决于第 1 年的实际收益和项目相应的市场价值。比如,如果第 1 年的实际税后收益为 500 万元,则项目的价值上升为 4 200 万元(500/0.119)[①],按 25% 的债务资本比率,债务资本额将上升到 1 050 万元,相应的税盾将为 25.2 万元。如果第 1 年的实际税后收益为 450 万元,则项目的价值将下降为 3 781 万元(450/0.119),债务额下降为 945 万元,税盾下降为 22.7 万元。如果第 1 年的实际收益与预期收益相同,则一切不发生变化。

由以上分析可知,依据 0 期对项目(T 公司)未来收益的期望值 476 万元的判断,未来各期 T 公司的价值为 4 000 万元,债务资本额为 1 000 万元,税盾的期望值为 24 万元。但除第 1 年外,以后各期的实际税盾依赖于前一年的实际收益,故税盾的风险程度与项目本身的经营风险程度相同,因此,对第 2 年以后的税盾的期望值应采用项目本身的贴现率(12.53%)贴现。所以,第 2 年的税收屏蔽期望值的现值为:

$$PV_{Tax2} = \frac{24}{1.1253 \times 1.08} = 19.75(万元)$$

第 3 年税收屏蔽的现值为:

$$PV_{Tax3} = \frac{24}{1.1253^2 \times 1.08} = 17.55(万元)$$

以此类推。

为简单计,我们可以对所有各期的税盾期望值用项目本身的贴现率 R 贴现,然后再乘以系数 $(1+R)/(1+i)$,式中 i 为债务资本成本。本例中,$R = 12.53\%$,$i = 8\%$。即:

$$PV_{Tax1} = \frac{24}{1.1253} \times \frac{1.1253}{1.08} = 22.22(万元)$$

$$PV_{Tax2} = \frac{24}{1.1253^2} \times \frac{1.1253}{1.08} = 19.75(万元)$$

$$PV_{Tax3} = \frac{24}{1.1253^3} \times \frac{1.1253}{1.08} = 17.55(万元)$$

所以,根据固定资本结构假设,T 公司的税盾现值为:

$$PV_{Tax} = \frac{T \times i \times D}{R} \times \frac{1+R}{1+i} = \frac{24}{0.1253} \times \frac{1.1253}{1.08} = 200(万元)$$

所以,调整后的 APV 为:

$$APV = NPV_{base} + PV_{Tax} = 800 + 200 = 1\,000(万元)$$

在固定资本结构的规则下,计算税盾现值的步骤为:

第一,用项目的机会成本对支付的利息折现,因为未来的税盾与实际现金流量相关。

第二,将结果乘以系数 $(1+R)/(1+i)$,因为税盾在接受项目的第 1 期是固定的。

综合上面的结果和本章第一节对于 WACC 方法的讨论,以三种方法计算出的 T 公司

[①] 此处应该用 25% 资产负债率时的加权平均资本成本 11.9% 贴现。

的调整现值分别为：

(1) APV方法(固定债务资本额):1 100万元

(2) APV方法(固定债务资本比率):1 000万元

(3) WACC方法:1 000万元

(2)、(3)两种方法的结论是一致的,这是因为WACC方法的基本假设是企业的资本结构(也即固定债务资本比率)保持不变,即假设公司每期根据其市场价值调整负债额,以保持债务资本比率不变。所以,WACC方法与固定债务资本比率的APV方法的计算结果相同。

与固定债务资本额相比,假设债务资本比率不变与现实更加吻合。不论从最优资本结构还是从权益资本的实际负债能力来看,企业通常不应也不可能始终保持固定的债务资本额,而应该适当调整债务资本额,以保持较为合理的资本结构。

最后,讨论一下资本机会成本与加权平均资本成本这两个概念的区别。资本机会成本是指资本市场对具有同等风险程度的投资项目(资产)所要求的期望收益率,它的大小取决于项目现金流的风险,即企业的经营风险。而加权平均资本成本是调整后的资本成本,它反映了投资项目的各种资本的融资成本的综合影响。总之,资本机会成本是从资本市场角度来看的,没有考虑项目融资对项目净现金流的影响。而加权平均资本成本是从项目本身的角度来看的,它已在一定程度上反映了融资活动对项目资本成本的影响。在计算项目基本净现值时,我们考虑项目全部为权益融资,所以用资本机会成本折现。

APV方法与项目的临界收益率

APV方法不但可以分别讨论各项融资因素对项目NPV的贡献,而且还可以用于讨论项目处于盈亏平衡点时的现金流量和内部收益率。我们仍以例9-11为例,讨论APV为0时的现金流量和内部收益率。

$$APV = [(年自由现金流量)/R] + 初始投资额 + 税盾现值$$
$$= (FCF/0.1253) - 3\,000 + PV_{Tax} = 0$$

由于APV=0,所以项目实际价值是3 000万元而不是4 000万元,按25%的债务资本比率要求,此项目只能支持750万元而不是1 000万元的债务资本。即债务资本额下降了25%,相应地,税盾的现值也要降低25%,从200万元下降为150万元。

由APV=(FCF/0.1253)-3 000+150=0,得出FCF=357万元,即3 000万元初始投资的11.9%。这说明,当项目的资本机会成本为12.53%、债务资本比率为25%、债务利息率为8%、公司所得税税率为30%时,项目的内部收益率IRR达到11.9%即可实现盈亏平衡。如果IRR大于11.9%,项目的APV即大于0。这一内部收益率也可称为项目的调整资本成本(adjusted cost of capital),它同时反映了项目本身的风险程度和项目债务融资所产生的税盾效应。因此,如果利用调整的资本成本贴现得到的项目的NPV大于0,则项目就是可以接受的。

本章小结

本章讨论了资本成本问题。(1) 资本成本与资本投资者要求的投资回报率(必要报酬率)是同一概念从不同角度的描述,决定资本成本大小的是投资者,而不是筹资者。(2) 债券的资本成本是按照债券发行价格计算出的到期收益率;优先股的资本成本是优先股的每股现金股利除以优先股的发行价格;普通股的资本成本是普通股股东要求的必要报酬率,可以用资本资产定价模型(CAPM)等方法估计。(3) 发行费用是证券发行价格与筹资者实际筹资收入的差额,发行费用的存在增大了资本成本。(4) 加权平均资本成本是各类资本以其在企业资本总额中的价值比例为权重,乘以各类资本的资本成本后相加的结果。(5) 由于资本成本是投资者的必要报酬率,所以项目的风险大小、资本投资者自身承担的风险大小决定投资者要求的报酬率,从而决定资本成本。(6) 如果企业的短期借款在企业债务资金来源中占有较大的比例,则在考虑企业资本成本时必须考虑短期借款的影响。(7) 当企业的经营风险变化时,企业的加权平均资本成本也相应发生变化。(8) 加权平均资本成本法(WACC方法):如果企业(项目)有目标资本结构,那么,用企业(项目)的加权平均资本成本(WACC)贴现其自由现金流所得的现值,就是企业(项目)的价值。(9) 调整净现值方法(APV)是从全股权融资出发计算项目的基本净现值,然后再考虑不同筹资方式带来的各种价值效应对项目基本净现值的影响,最后得到在既定融资方案下项目的实际净现值。

思考题

1. 为什么要计算公司的资本成本?
2. 资本成本与投资者要求的回报率之间是什么关系?为什么?
3. 什么是加权平均资本成本?
4. 什么是边际资本成本?
5. 有哪些公司不可控制的因素会影响资本成本的高低?
6. 公司所得税税率对公司资本成本有什么影响?
7. 什么是调整净现值(APV)方法?它的特点是什么?
8. 调整净现值(APV)方法与企业加权平均资本成本的关系是什么?
9. 为什么要考虑折旧资金的资本成本?如何考虑折旧资金的资本成本?

计算题

1. 计算下列情况下的融资成本:

(1) 发行 10 年期债券:面值 1 000 元,票面利率 11%,发行成本为发行价格 1 125 元的 5%,企业所得税税率为 34%;

(2) 增发普通股:该公司每股净资产的账面价值为 15 元,上一年度现金股利为每股 1.8 元,每股盈利在可预见的未来将维持 7% 的增长率,目前公司普通股的股价为每股 27.5 元,预计股票发行价格与股价相同,发行成本为发行收入的 5%;

(3) 发行优先股:面值 150 元,现金股利率为 9%。发行成本为其当前价格 175 元的 12%。

2. M 公司现有资本结构如下:

单位:元

负债	525 000
优先股	225 000
普通股	450 000

若保持此资本结构不变,计算 M 公司在下列两种情况下的总投资额:

(1) 运用 300 000 元的留存收益;

(2) 运用 100 000 元的留存收益并发行价值 600 000 元的普通股。

3. W 公司的优先股市价为 36 元,每股现金股利为 2.5 元,发行价格为 32.5 元,计算该优先股的资本成本。

4. Z 公司正在考虑进行一项新投资,并准备通过发行债券筹措 33% 的所需资金。已知债券面值为 1 000 元,出售净价为 945 元,票面利率为 12%,期限为 15 年。公司所得税税率为 34%。Z 公司发行该债券的税后成本是多少?

5. Y 公司计划发行优先股,售价为 105 元,扣除成本后公司净得 98 元,现金股利按面值 100 元的 14% 支付,公司所得税税率为 34%。求该优先股的资本成本。

6. B 公司普通股股价为每股 58 元,公司每年将 50% 的税后利润用于支付现金股利,最近一期的现金股利为每股 4 元,而五年前的每股收益(每股税后利润)为 5 元,预计公司税后利润未来的年增长率仍将维持过去五年的速度不变。公司如果发行新股,发行成本预计为 8%,请计算:

(1) 利用税后利润筹资的权益资本成本;

(2) 利用发行新普通股筹资的权益资本成本。

7. P 公司普通股股价为每股 21.5 元,去年每股现金股利为 0.7 元,发行新股的成本是发行价的 10%,新股发行后每股现金股利和每股收益都将维持 15% 的年增长率。求 P 公司按市价发行普通股的资本成本。

8. C 公司资本结构如下:

融资类型	未来融资百分比
债券(期限16年,面值1 000元,票面利率8%)	38%
优先股(5 000股,面值15元,股利1.5元)	15%
普通股	47%

各自的发行成本分别为:债券为售价的5%,普通股为每股1.21元,优先股为每股1.00元。普通股去年的现金股利为每股2.50元且将维持6%的年增长率,公司所得税税率为34%,债券售价为1 035元,优先股为19元,普通股为35元,预计公司将有500 000元的税后利润可作为权益资本来源,请计算:

(1) 利用税后利润可筹措到的资金总额的上限及相应的WACC;

(2) 利用发行普通股筹资时的WACC。

9. 某公司的税后净利润、现金股利和股票价格期望年增长率均为9%,已知该公司股票的价格为每股30元,公司年底将每股支付2.4元的现金股利。问该公司保留盈余(留存收益)的资本成本是多少?

10. S公司是一家无负债公司,其普通股票的β值为1.5,问:

(1) 如果市场组合的期望收益率$E(R_m)$为14%,无风险收益率R_f为6%,S公司的权益资本成本是多少?

(2) 如果S公司普通股票的β值为0.9,该公司是否应该接受一个期望收益率为15%的投资项目?

11. B公司计划发行期限为20年、票面利息率为10%、每半年付息一次、面值为1 000元的企业债券。如果该债券的发行价格为每张920元,公司所得税税率为40%,请计算该债券的税后成本。

第 10 章 权益资本筹资

10.1 创业融资

10.1.1 创业企业与创业资本

关于创业企业,如果仔细追究其字面意义,人们或许可以给出多种不同的解释和定义。这一节所谈的创业企业,是指创业者个人(一个人或一个团队)白手起家完全独立创建的企业(刘健均,2003)。① 这种创业企业的创业者通常拥有一些独到的产品或服务设想、技术应用基础等,但却只有很少的资金。

企业创立不久,创业者需要筹措必要的资金以实现自己的设想和企业的发展。创业企业几乎不可能得到债权融资,因为它们既没有成熟企业那种成功的产品和稳定的市场,又没有相应的设备与资产,更缺乏融资方面的信用。因为对以债权方式投资于创业企业的债权人来说,如果创业企业经营失败,他们几乎注定血本无归。如果创业企业经营成功,实现了很大的创业价值,他们也只能收回贷款本息,无法分享企业创造的大量价值。因此,对创业企业进行债权投资显然是风险与收益高度不对称的,一般不被投资者所接受。

创业企业最重要的资金来源就是所谓的创业资本(venture capital)。创业资本投资的创业企业通常具有四个基本特点:第一,企业的历史很短,且规模较小。第二,企业发展速度快,或者具有良好的发展前景。第三,企业无形资产比例高,有形资产相对较少。从历史来看,创业资本大多非常青睐那些处于发展初期的高科技公司。第四,企业内部人与外部投资者之间的信息不对称问题比较严重。如果企业管理欠规范,那么信息不对称问题可能尤其突出。正是因为这些特点,所以创业企业通常具有高风险。同时,这些特点在很大程度上影响乃至决定了创业企业的融资方式。

创业资本对创业企业的投资通常具有以下三个基本特性:(1) 以股权的方式投资于创业企业,实现"风险共担,收益共享"。(2) 积极参与所投资的创业企业的创业过程,不但为创业企业提供资金,而且可能参与创业企业的管理,以弥补创业者管理经验的不足,

---

① 刘健均著:《创业投资:原理与方略》,中国经济出版社 2003 年版,第 13—16 页。

并控制创业企业的风险。(3)在创业企业获得成功后,创业资本通常选择在适当的时机转让股权以实现资本增值。①

10.1.2 创业企业的融资活动

商业计划书与创业者素质

创业企业进行创业融资最关键的步骤,就是写好商业计划书并得到创业资本家的信任。一般来讲,处于创业期的创业企业的商业计划书包括如下内容②:(1)概述:对企业的业务计划进行整体介绍,以吸引创业资本家的注意,使他们愿意深入研究这个业务计划的内容。概述部分要明确说明公司的业务和目标,产品或服务是什么,产品或服务有什么独特的竞争优势,企业管理层的素质和相关经验,投资五年后的盈利预测,所需资金的数额及使用方式。(2)产品或服务:精确描述拟推出的产品或服务的用途和好处,有关产品的专利、商标、著作权和政府批文。(3)市场:详细说明现在和将来的市场状况,提供充分的市场调查数据和相关假设,描述市场的变化趋势和增长潜力,说明每个细分市场及客户。(4)竞争:分析现有的和将来的竞争者,他们的优势和劣势,以及相应的本企业的优势和战胜竞争对手的方法。如果是进入一个已有竞争的市场,要分析竞争对手如何应对本公司的进入;如果是开辟一个新市场,要预测潜在对手将如何跟进。(5)营销:对每一细分目标市场做出相应的营销计划,其内容包括如何接触客户、争取客户使用公司的产品或服务并保持市场占有率。(6)运营:对产品生产,要说明生产过程的原材料、工艺、质量控制、人力安排;对提供服务,要说明如何运作,需要什么资源和支持。(7)管理层:强调管理层的经验、能力和专长。管理团队最好同时配备擅长于技术和产品开发、营销、财务和行政管理、生产运作管理和全面管理的专业人员。(8)财务预测:公司目前的财务报表,投资五年后的预测财务报表(前两年的营业收入和费用支出采用现金流量表的月报方式预测,后三年可以采用年报预测),投资所需要的资金以及使用方式。(9)附录:支持上述信息的材料,如管理层手册、销售手册、产品图纸等。

对创业资本家来说,他们对业务计划书最重视的是:产品的独特性、详尽的市场分析、现实的财务预测、明确的投资回收方式以及一支高效的管理队伍。因此,创业者提出的业务计划书应该突出以上内容,使之具有说服力和可信度。

另外,创业资本家十分重视创业者(创业企业管理层)的素质,创业者必须能够证实自身的能力和诚信。事在人为,特别是对于只有未来的创业企业,只有拥有了高素质、讲诚信、有能力的人才,才有可能从无到有、从小到大地取得成功。

创业企业的融资发展

假设有三个创业者 A、B 和 C 共同筹措了 10 万元资金,在 2005 年 6 月建立了一家名为"明天"的创业企业,它只有 10 万元现金和一个关于产品的设想,其资产负债表如表 10-1

---

① 刘健均著:《创业投资:原理与方略》,中国经济出版社 2003 年版,第 25 页。
② 盛力军著:《风险投资:操作、机制与策略》,上海远东出版社 1999 年版,第 52—57 页。

所示。随着资金的消耗,"明天"企业需要新的资金投入。这时,创业者对他们的产品有了比较清晰的认识,他们准备好了商业计划书,其中详尽地讨论与分析了取得成功所需要的产品、市场、技术和资源。于是,他们将商业计划书提供给了相应的创业资本家,并且向创业资本家证明了他们的诚信。

表10-1 刚创业时"明天"公司的资产负债表　　　　　　　　　　单位:万元

资产		权益资本	
现金	10	创业者A、B和C	10

"明天"企业的商业计划书打动了"种子"创业投资公司。"种子"公司对"明天"企业的创业者的素质和诚信也感到满意,认为该企业值得投资,并同意向"明天"企业投资100万元。作为交换,创业者交出50%的股权并接受"种子"投资公司的代表进入"明天"公司的董事会。"明天"公司完成初次融资后的资产负债表如表10-2所示。

表10-2 初次融资后"明天"公司的资产负债表　　　　　　　　　单位:万元

资产		权益资本	
现金	100	创业者A、B和C	100
无形资产	100	"种子"创业投资公司	100
总计	200	总计	200

表10-2表示"种子"创业投资公司承认"明天"公司创业者们的创业计划与他们的诚信物有所值,超过了他们初始投资(10万元)90万元。

创业投资公司通常不会一次提供创业企业所需的全部资金,而是分阶段逐步投入。假设经过1年的工作和努力,"明天"公司完成了产品的设计和试制,同时几乎用完了第一次融资所得的资金,需要再融资以进行批量生产、市场测试与推广。"明天"公司认为新的资金需求为500万元,并向创业投资公司进行新一轮融资。假设二次融资获得了成功,其中200万元来自原来的创业投资公司"种子"公司,其余300万元来自另一家创业投资公司。二次融资后"明天"公司的资产负债表如表10-3所示。

表10-3 二次融资后"明天"公司的资产负债表　　　　　　　　　单位:万元

资产		权益资本	
现金	500	创业者A、B和C	500
其他有形资产	100	"种子"投资公司的初次投资	500
无形资产	900	"种子"投资公司的二次投资	200
		另一家创业投资公司的投资	300
总计	1 500	总计	1 500

二次融资后新进入的资金获得了"明天"公司1/3的股权,根据这一股权比例和投入的资金额度,"明天"公司的价值达到了1 500万元。二次融资后公司创业者的权益价值

增加到500万元,"种子"创业投资公司初次融资时投入的100万元权益资本也增值到500万元,新投入的创业资本按照账面价值计量,也是500万元。

如果"明天"公司经过二次融资后取得预期的良好发展,企业很有可能实现股票市场上市。创业资本将选择适当的时机,通过上市、收购兼并或其他方式退出公司,兑现可观的投资收益。

10.1.3 如何理解创业企业的价值增值

在前面的案例中,通过一系列的融资活动,"明天"公司创业者的权益资本迅速增值(如果"明天"公司最终能够成功上市,资本增值会更加可观)。应该如何理解创业者权益资本的增值呢?是不是融资活动创造了价值呢?答案是否定的。

正如我们在讨论融资活动的特性时所指出的,融资是投资者和融资者之间的一种交易,是投资者用现在的投资换取融资者未来的收益,这种交换不能创造价值。"明天"公司通过融资活动不断提升其价值,是其价值通过融资活动得到市场或新投资者的承认,而不是被融资活动创造出来。初次融资时,"种子"创业投资公司之所以同意以100万元的资金换取"明天"公司50%的股权,是因为其决策者认为"明天"公司未来收益的期望价值达到了200万元或更多。二次融资时,"种子"创业投资公司和另一家创业投资公司同意用500万元获得"明天"公司1/3的股权,也是基于类似的道理。如果不是这样,这些投资者就不会投入相应的资金来购买"明天"公司的股权。因此,并不是融资活动本身增加了"明天"公司创业者的股权价值,而是"明天"公司创业者提出的业务理念具有良好的市场价值,并通过融资活动得到了创业投资者的承认。

10.1.4 创业资本市场

在国际上,创业资本的资金主要来源包括养老金(pension funds)、保险公司、大型企业、富有的个人和家庭、基金会/捐赠基金、银行等金融机构等。这些创业资本对相关国家和地区的经济发展起到了重要的推动作用,美国硅谷企业的发展就是创业资本推动企业和经济发展的一个成功典型。

早在20世纪80年代中期,我国就出现了创业投资公司。[①] 但是,在此后很长一段时间里,创业投资发展缓慢。至20世纪末,创业投资的总体规模很小,远远不能满足我国众多创业企业的需要。21世纪初以来,尤其是2006年之后,我国的创业投资增长迅速。图10-1提供了2002—2012年中国创业投资市场的投资总量。我国创业投资的蓬勃发展,一方面得益于中小版和创业板的推出为创业投资机构提供了良好的退出渠道。另一方面,近年来,社保基金、政府财政、上市公司、民企以及富人逐步形成了重要的创业投资群体。同时,新的监管政策放宽了保险资金、社保资金、券商直投以及公募基金参与股权投资的

---

① 1985年1月11日,我国第一家专营新技术风险投资的企业——中国新技术企业投资公司在北京成立。

限制,使得人民币基金队伍迅速壮大。至 2012 年,人民币基金在创业投资新募基金的资金总额中占比已近四分之三。

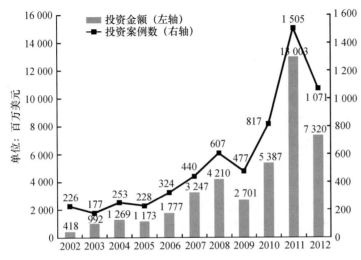

图 10-1　中国创业投资市场投资总量比较,2002—2012 年

资料来源:《ZeroZipo 清科——2013 年中国创业投资年度研究报告》。

2012 年,中国创投市场发生的 1 071 起投资广泛分布于 23 个行业。无论从投资案例数还是投资金额来看,互联网、生物技术/医疗健康、电信及增值业务、机械制造均排名前四位。这四个行业的创业投资案例数分别为 162、124、103 和 101 起,投资金额分别为 15.79、7.26、5.45 和 5.22 亿美元。

案例 10-1

亚信的发展与创业投资

天使投资,挖掘第一桶金

1993 年,留美多年的田溯宁和他的创业伙伴敏感地发现,Internet 技术的发展有可能带来巨大的商机。1994 年,以著名华侨、地产开发商刘耀伦先生的 50 万美元天使投资为基础,田溯宁、丁健等几名中国留学生在美国达拉斯创建了 Internet 公司——亚信(AsiaInfo),刘耀伦先生出任董事长,总裁田溯宁、技术总监丁健为公司董事。

1995 年 3 月,亚信总部移师北京,定名亚信科技(中国)有限公司。当时,美国 Sprint 公司正负责建设 ChinaNET,亚信顺利承接了北京、上海两个节点的工程,并随之获得了大量相关业务,亚信开始步入发展轨道。但由于资金的匮乏,亚信的发展受到了很大的制约,随之而来的一次融资计划也未能顺利实施。

创业基金助力,成功跃迁

1997年1月,亚信的主要创业者对公司未来三年的发展规划达成共识,一致同意引入创业投资、外部投资人的经验和帮助、职业经理人(尤其是财务总监),以帮助公司摆脱发展资金、内部管理以及治理结构等方面的困境。

1997年6月,亚信邀请美国投资银行 Robertson Stephens & Company 作为融资中介,帮助完善公司的商业计划书,研究公司的市场、竞争、产品、核心竞争力等,并确定了近十家创业投资机构作为目标。最后,亚信确定 Warburg Pincus(华平)、ChinaVest(中创)、Fidelity(富达)三家作为联合投资者,促成了当时亚洲最大的一次技术融资。

从亚信方面来看,华平在美国高科技投资领域声誉良好,可以给予亚信技术、管理支持;中创1985年便进入中国,熟悉国内情况,易于沟通;富达在华尔街无人不晓,对企业未来的融资会有帮助。三家公司不仅优势互补,且能相互平衡和制约。从投资方的角度来看,亚信富于创业激情和实际经验的创业者、领先的市场地位以及扎实的业务模式着实令他们眼前一亮,比起众多单纯从事技术研发的IT企业,亚信直接切入到产品和市场中间,强调技术应用,其实践模式似乎更切合国内IT产业的实际状况。此时阻止这家公司发展的主要问题在于资金和内部管理,而这正是投资方可以提供的资源……

根据亚信业务发展的实际需要,这一轮的融资额为1800万美元,其中华平1000万美元,中创600万美元,富达200万美元,投资方式为一次性注入。但在企业价值评估这个敏感问题上,投、融资双方存在很大的分歧。创业者认为亚信的投资前企业价值(pre-money valuation)为9000万美元,而投资方认定的合理价格远低于此。华平做出的估价大致在4000万至5000万美元之间。但是,双方都不愿轻易放弃这个机会,各自权衡得失,愿意采取一些变通的策略来实现合作。

首先,亚信做出了退让,同意在相同的融资额度下出让更多的股权给华平公司。双方在1997年年底达成协议,先以创业者对亚信的估价和已经确定的1800万美元投资额为基础,计算投资后双方在企业中相应的股权比例(华平、中创和富达分别占10%、6%、2%);同时,为投资方设立一个期权,如果1998、1999两年亚信实现的 EBITDA 没有达到当时商业计划书中的预计指标,相应按比例增加投资方的股份;否则,双方股份保持不变。

投资后的发展表明,创业者确实高估了公司预期收益。于是,在约定期限之前,亚信主动提出变更股权。最后的调整在2000年度财务审计完成后开始进行,华平1000万美元的投资所占股份由原来的10%调整为20%,中创和富达分别上升到12%、4%。可见,这种根据企业一定时期内的实际绩效指标相应调整投、融资双方股权比例的方法收到了良好的效果。在激励与约束并重的前提下,投资方能够对创业团队的能力和业绩进行事后评估,解决了投资初期企业估值的分歧问题。

投资合同中还特别对创业投资方权益作了规定。华平、中创派代表进入亚信董事会,每月召开一次例会。此时,亚信最初投资人刘耀伦先生仍然担任董事长,担任董事的3位创业者是田溯宁、丁健、刘亚东。此外,按照美国创业投资的一般标准,在重大决策中投资方拥有一票否决权(veto rights),亚信每年的预算、再融资计划、兼并收购运作以及公司重大经营方向的变更都必须得到创业资金投资方的同意;未经许可,创业者不能提前出售股权。

融资后,在创业投资方的协助之下,亚信很快完成了四件工作:第一,引入CFO。新任CFO迅速理顺了公司财务,亚信的内部管理逐步得到完善。第二,完善了已有员工的股票期权计划,各项细节得到了清晰的解释。第三,重点提升软件开发业务,对公司的战略方向进行部分调整。第四,整体性地规划了企业的市场营销框架,使之更好地实现内外部协调。

这次前后持续一年的融资,使亚信成为一个规范化的现代高新技术企业。从1998年开始,亚信承建了中国主要的骨干网络,亚信的名字已经成为国内IT业的代名词。

联手战略创业投资,冲刺NASDAQ

1999年4月,公司高层开始考虑挂牌上市的问题。为保险起见,亚信决定以新一次融资作为上市的铺垫,并如愿找到了一个战略型创投公司Intel Capital。这是一家典型的战略型创业投资机构,除了遵循一般的创业投资原则,Intel Capital还强调被投资公司的业务发展是否符合Intel本身的发展战略。亚信无疑是非常合适的投资对象,而Intel的加盟也将极大地帮助亚信实现产品升级、开阔市场思路。双方很快达成协议,Intel投资2 000万美元,获得亚信8%的股份。假设最初投资计划不变,亚信仅依靠这笔资金便可以支撑到2000年年底,也就是公司预期盈利的时间。作为对Intel Capital投资利益的保护,双方约定:如果亚信公司被其他公司兼并收购,则Intel Capital将选择退出,并有权要求亚信公司以预先商定的年回报率回购Intel Capital在亚信的股份。

这次合作使亚信为下一步的IPO做好了充分准备。2000年3月3日,亚信在美国NASDAQ成功上市。亚信估价12亿美元,当日超额认购50倍,共计融资1.38亿美金。由此,创业投资机构的股权成为流通资本,随时可以变现退出。

资料来源:摘自ZeroZipo清科创业投资研究中心,《中国创投经典案例:亚信走过最完整的融资历程》,作者黄洁。

10.2 首次公开发行(IPO)融资

公司通过公开募集股份成为上市公司的行为称为首次公开发行(initial public offering,IPO),或者上市。我国股票市场的历史虽然短暂,但是发展很快。截至2012年年底,A股市场共有2 469家上市公司。表10-4提供了2000—2011年中国IPO募集情况,同期IPO共发行2 485亿股,募集资金19 511亿元。事实上,2007年之后,中国已成为全球最大的IPO市场之一。

表 10-4　2000—2011 年中国 IPO 募集情况

年份	发行量(亿股)	募集资金(亿元)
2000	145.7	812.4
2001	93.0	534.3
2002	134.2	517.0
2003	83.6	453.5
2004	54.9	353.4
2005	13.8	56.7
2006	351.1	1 572.2
2007	413.3	4 590.6
2008	114.9	1 034.4
2009	260.4	1 879.0
2010	561.3	4 882.6
2011	258.8	2 825.1

数据来源:《中国证券期货统计年鉴 2012》。

10.2.1　公开募集设立股份有限公司

企业发展到一定程度,需要的资金量很大。这时,一方面,少数人的资金已不足以维持企业规模的扩张与发展;另一方面,企业的创业者们也不希望他们所有的个人财富(或绝大部分的个人财富)都投入到一个企业中,从而使自己的投资风险过分集中。为了解决企业发展的资金需求和创业者投资风险分散的问题,通过公开募集权益资本的方式建立股份有限公司是一种较好的选择。

根据我国《公司法》的规定,以公开募集的方式成立股份有限公司需要具备的主要条件为:(1) 发起人在五人以上,其中须有过半数的发起人在中国境内有住所。(2) 经过国务院授权的部门或者省级人民政府批准。(3) 公司注册资本不低于人民币 1 000 万元。(4) 发起人认购的股份不得少于公司股份总数的 35%。(5) 发起人以工业产权、非专利技术作价出资的金额不得超过股份有限公司注册资本的 20%。

企业上市的目的多种多样,根据美国市场的问卷调查结果[①],排在前列的上市目的包括五个方面:第一,创造公众股以备将来收购之用;第二,建立股权的市场价格;第三,提高公司的知名度;第四,降低资本成本;第五,拓宽股权分布范围。许多中国企业上市的目的之一是筹措更多资金以扩大企业规模。此外,公司上市能够显著提高股票流动性,有利于老股东变现自己在公司中的股权,有利于创业股东的投资组合多样化。

上市是许多企业成长历程中的关键一步。成为上市公司后,企业将发生许多根本性

---

① Graham, J. R., and C. R. Harvey, "The Theory and Practice of Corporate Finance: Evidence from the Field", *Journal of Financial Economics*, 30, 2001, pp. 187—243.

的变化,主要有:(1) 由一个只对为数不多的有限责任股东负责的非公众公司,变成了一个要对广大的公众投资者(非特定投资人)负责的公众公司。(2) 必须定期向公众公开披露各种财务和非财务信息(如企业财务报表、各种重大事项等)。(3) 企业的决策层将是股东大会和董事会。一个健全的董事会要有一定比例的独立董事,即使企业的创始股东仍占有控股地位,企业的决策层也不可能完全由他们的代表组成。这往往将导致企业的经营决策趋于一定程度的民主化。(4) 企业的各类职能部门将相对健全,以保证公司管理工作的有效进行。总之,企业必须在资本规模、经营管理、经营业绩等方面达到一定的水平,才能成为上市公司;上市后,企业将处于公众的公开监督之下,其公司治理结构达到一定的标准。上市会为企业的经营管理和未来发展带来一定的好处,但也会带来相应的成本和弊端,例如合规、财务审计与信息披露等成本。企业在决定是否上市之前,其所有者必须认真衡量由此带来的利弊。

由于上市公司涉及公众投资者的利益和更复杂的监管问题,因此,对公司上市的资格和条件的要求比公开募集设立股份有限公司更严格。我国《证券法》规定,申请股票上市交易应符合下述条件:(1) 股票经国务院证券监督管理机构核准已公开发行;(2) 公司股本总额不少于人民币3 000万元;(3) 公开发行的股份达到公司股份总数的25%以上;公司股本总额超过人民币4亿元的,公开发行股份的比例为10%以上;(4) 公司在最近三年内无重大违法行为,财务会计报告无虚假记载。《证券法》同时还规定,在报请国务院证券监督管理机构批准后,证券交易所可以规定高于前面规定的上市条件。

10.2.2 股票首次公开发行的主要工作

基本程序与主要工作

我国监管公司首次公开发行的主要法律、法规包括《公司法》、《证券法》、《首次公开发行股票并上市管理办法》(证监会令第32号)和《中国证券监督管理委员会行政许可实施程序规定》(证监会令第66号)以及证监会发行监管部发行股票审核工作流程等。

根据我国法律法规的规定和实际操作的需要,企业首先要进行股份制改组,设立股份有限公司,经过一段时间辅导并满足开业三年以上、连续三年盈利等基本条件,由主承销商推荐,经证监会核准后才能向社会公开发行股票并成为上市公司。

企业通过首次公开发行上市的基本程序包括设立股份有限公司,改制运行、辅导及验收,制作正式申报材料并提交证监会核准和向社会公开发行股票并向交易所申请上市等四个阶段。

公司设立阶段:制定发行上市的整体方案;选聘包括主承销商、具有证券业从业资格的会计审计机构、资产评估机构、律师事务所等在内的中介机构;召开中介机构协调会议,讨论上市整体方案并协调各方的工作内容和进度;由相关中介机构对公司的资信、资产、财务状况等进行审定、评估,并就有关事项出具评估报告;签订发起人协议和公司章程草案;按照隶属关系向省级以上政府提出发起设立股份有限公司的申请并报送申请材料;发起人出资;公司创立并注册登记。

改制运行、辅导及验收阶段:主承销商对股份公司进行上市前的辅导工作,并帮助其完成包括设立规范的组织机构、设置人员以及建立股份公司新账等各项工作;主承销商提请地方证券管理部门对公司改制情况、主承销商的辅导工作进行验收,并通过验收。

制作正式申报材料阶段:按照要求制作公开发行股票的申请材料;主承销商按要求履行内核程序,保荐人推荐,向中国证监会发行监管部报送公开发行股票的正式申请材料、申请材料的核对意见及其申请材料核对表;证监会发行监管部组织初审,并出具反馈初审意见;按初审反馈意见对申请材料进行修改、补充和说明,并以公司名义回函,将有关修改、补充后的文件一并报送中国证监会发行监管部;中国证监会发行监管部将申请材料交股票发行审核委员会核准;通过股票发行审核委员会核准。

向社会公开发行股票并申请上市阶段:主承销商向至少 10 家机构投资者发出询价函及其有关材料,进行市场询价;取得机构投资者的询价结果后,将询价的有关材料随同发行定价分析报告一并报送中国证监会发行监管部;中国证监会核定股票发行价格,并出具向社会公开发行股票的批文;股份公司按照有关要求进行信息披露;公开发行股票;经证券交易所同意后,社会公众股股票上市交易。

整个程序如图 10-2 所示。

重要申报文件

股份公司申请公开发行股票应当报送一系列申请文件供有关部门或机构审批之用。我国《公司法》规定的主要报送文件包括:批准设立公司的文件,公司章程,经营估算书,发起人姓名或者名称,发起人认购的股份数、出资种类及验资证明,招股说明书,代收股款银行的名称及地址,承销机构名称及有关协议。我国《证券法》规定的主要申报文件包括:上市报告书,申请上市的股东大会决议,公司章程,公司营业执照,经法定验证机构验证的公司最近三年或者公司成立以来的财务会计报告,法律意见书,证券公司的推荐书和最近一次的招股说明书。

关于具体申报文件的种类、内容及格式,中国证监会有专门规定。

招股说明书

股份公司公开发行股票,应按照中国证监会规定的格式制作招股说明书,它是公司公开发行股票并上市的最重要的文件之一。招股说明书由封面、目录、正文、附录和备查文件五部分组成。招股说明书的正文包括:概览,本次发行概况,风险因素,发行人基本情况,业务和技术,同业竞争和关联交易,董事、监事、高级管理人员与核心技术人员,公司治理结构,财务会计信息,业务发展目标,募股资金运用,发行定价及股利分配政策,其他重要事项,董事及有关中介机构声明等内容。招股说明书的附录是招股说明书不可分割的组成部分,主要包括审计报告、财务报告全文以及发行人编制的盈利预测报告和注册会计师的盈利预测审核报告(如有)。发行人应将整套发行申请文件及发行人认为相关的其他文件作为备查文件,在招股说明书中列示其目录,并告知投资者查阅的时间、地点、电话

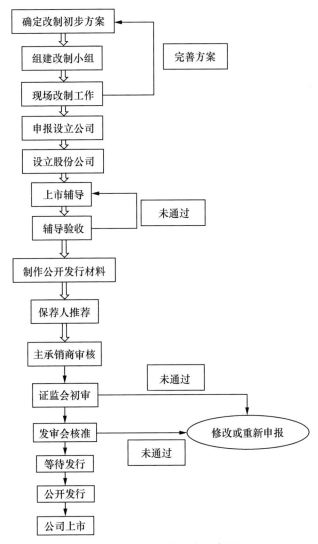

图 10-2　改制上市程序示意图

和联系人。

为保证股票发行申请的效率,公开发行股票的申请文件应当统一、规范。中国证监会制定了一系列"公开发行证券的公司信息披露内容与格式准则(规则)",其中第 1 号准则就是关于招股说明书的。

股票发行的核准

我国《证券法》第 10 条规定:"公开发行证券,必须符合法律、行政法规规定的条件,并依法报经国务院证券监督管理机构或者国务院授权的部门核准;未经依法核准,任何单位和个人不得公开发行证券。"目前负责股票发行审核工作的机构是中国证监会。《证券法》第 23 条规定,核准程序应当公开,并依法接受监督。

为保证审核工作的效率和公正,《证券法》还对发行审核的期限和审核人员的行为规范做出了相应规定。《证券法》第 24 条规定:"国务院证券监督管理机构或者国务院授权的部门应当自受理证券发行申请文件之日起三个月内,依照法定条件和法定程序做出予以核准或者不予核准的决定……不予核准的,应当说明理由。"第 23 条规定:"参与审核和核准股票发行申请的人员,不得与发行申请人有利害关系,不得直接或者间接接受发行申请人的馈赠,不得持有所核准的发行申请的股票,不得私下与发行申请人进行接触。"

根据中国证监会发行监管部的规定,股票发行审核程序分为十个环节①:

(1) 材料受理、分发环节

中国证监会受理部门工作人员根据《中国证券监督管理委员会行政许可实施程序规定》(证监会令第 66 号)和《首次公开发行股票并上市管理办法》(证监会令第 32 号)等规则的要求,依法受理首发申请文件,并按程序转发行监管部。发行监管部综合处收到申请文件后将其分发审核一处、审核二处,同时送国家发改委征求意见。审核一处、审核二处根据发行人的行业、公务回避的有关要求以及审核人员的工作量等确定审核人员。

(2) 见面会环节

见面会旨在建立发行人与发行监管部的初步沟通机制。会上由发行人简要介绍企业基本情况,发行监管部部门负责人介绍发行审核的程序、标准、理念及纪律要求等。见面会按照申请文件受理顺序安排,一般安排在星期一,由综合处通知相关发行人及其保荐机构。见面会参会人员包括发行人代表,发行监管部部门负责人,综合处、审核一处和审核二处负责人等。

(3) 问核环节

问核机制旨在督促、提醒保荐机构及其保荐代表人做好尽职调查工作,安排在反馈会前后进行,参加人员包括问核项目的审核一处和审核二处的审核人员、两名签字保荐代表人和保荐机构的相关负责人。

(4) 反馈会环节

审核一处、审核二处审核人员审阅发行人申请文件后,从非财务和财务两个角度撰写审核报告,提交反馈会讨论。反馈会主要讨论初步审核中关注的主要问题,确定需要发行人补充披露、解释说明以及中介机构进一步核查落实的问题。

反馈会按照申请文件受理顺序安排,一般安排在星期三,由综合处组织并负责记录,参会人员有审核一处、审核二处审核人员和处室负责人等。反馈会后将形成书面意见,履行内部程序后反馈给保荐机构。反馈意见发出前不安排发行人及其中介机构与审核人员沟通(问核程序除外)。

---

① 2013 年年初,证监会发行监管部向社会公开了发行股票审核工作流程。以下关于股票发行审核程序的内容摘自《中国证监会发行监管部首次公开发行股票审核工作流程》。

保荐机构收到反馈意见后,组织发行人及相关中介机构按照要求落实并进行回复。综合处收到反馈意见回复材料进行登记后转审核一处、审核二处。审核人员按要求对申请文件以及回复材料进行审核。

发行人及其中介机构收到反馈意见后,在准备回复材料过程中如有疑问可与审核人员进行沟通,如有必要也可与处室负责人、部门负责人进行沟通。

审核过程中如发生或发现应予披露的事项,发行人及其中介机构应及时报告发行监管部并补充、修改相关材料。初审工作结束后,将形成初审报告(初稿)提交初审会讨论。

(5) 预先披露环节

反馈意见落实完毕、国家发改委意见等相关政府部门意见齐备、财务资料未过有效期的将安排预先披露。具备条件的项目由综合处通知保荐机构报送发审会材料与预先披露的招股说明书(申报稿)。发行监管部收到相关材料后安排预先披露,并按受理顺序安排初审会。

(6) 初审会环节

初审会由审核人员汇报发行人的基本情况、初步审核中发现的主要问题及其落实情况。初审会由综合处组织并负责记录,发行监管部部门负责人、审核一处和审核二处负责人、审核人员、综合处以及发审委委员(按小组)参加。初审会一般安排在星期二和星期四。

根据初审会讨论情况,审核人员修改、完善初审报告。初审报告是发行监管部初审工作的总结,履行内部程序后转发审会审核。

初审会讨论决定提交发审会审核的,发行监管部在初审会结束后出具初审报告,并书面告知保荐机构需要进一步说明的事项以及做好上发审会的准备工作。初审会讨论后认为发行人尚有需要进一步落实的重大问题、暂不提交发审会审核的,将再次发出书面反馈意见。

(7) 发审会环节

发审委制度是发行审核中的专家决策机制。2013 年年初发审委委员共 25 人,分三个组,发审委处按工作量安排各组发审委委员参加初审会和发审会,并建立了相应的回避制度、承诺制度。发审委通过召开发审会进行审核工作。发审会以投票方式对首发申请进行表决,提出审核意见。每次会议由 7 名委员参会,独立进行表决,同意票数达到 5 票为通过。发审委委员投票表决采用记名投票方式,会前有工作底稿,会上有录音。

发审会由发审委工作处组织,按时间顺序安排,发行人代表、项目签字保荐代表人、发审委委员、审核一处、审核二处审核人员、发审委工作处人员参加。

发审会召开 5 天前中国证监会发布会议公告,公布发审会审核的发行人名单、会议时间、参会发审委委员名单等。发审会先由委员发表审核意见,发行人聆询时间为 45 分钟,聆询结束后由委员投票表决。发审会认为发行人有需要进一步落实的问题的,将形成书面审核意见,履行内部程序后发给保荐机构。

(8) 封卷环节

发行人的首发申请通过发审会审核后,需要进行封卷工作,即将申请文件原件重新归类后存档备查。封卷工作在落实发审委意见后进行。如没有发审委意见需要落实,则在通过发审会审核后即进行封卷。

(9) 会后事项环节

会后事项是指发行人首发申请通过发审会审核后、招股说明书刊登前发生的可能影响本次发行及对投资者作出投资决策有重大影响的应予披露的事项。存在会后事项的,发行人及其中介机构应按规定向综合处提交相关说明。须履行会后事项程序的,综合处接收相关材料后转审核一处、审核二处。审核人员按要求及时提出处理意见。按照会后事项相关规定需要重新提交发审会审核的需要履行内部工作程序。如申请文件没有封卷,则会后事项与封卷可同时进行。

(10) 核准发行环节

在发行审核方面,《证券法》还规定,国务院证券监督管理机构或者国务院授权的部门对已做出的核准或者审批股票发行的决定,发现不符合法律、行政法规规定的,应当予以撤销;尚未发行股票的,停止发行;已经发行股票的,股票持有人可以参照发行价格并加算银行同期存款利息,要求发行人返还。

10.2.3　股票的承销方式

股票承销有包销和代销两种方式。包销是指承销商将发行人的全部股票(或其他证券)按照协议全部购入或者在承销期结束时将售后剩余股票全部自行购入的承销方式。代销是指承销商代发行人发售股票(或其他证券),在承销期结束时,将未售出的股票全部退还给发行人的承销方式。

显然,代销的方式对承销商来说风险较小,所代销的股票如果在承销期结束时不能全部售出也不会承担任何经济责任或承受经济损失,但其所获收入也较低。包销的方式对发行人较有利,因为发行风险已全部转嫁给了承销商,但发行费用相对代销而言要高;承销商如果承销成功,其收入相应较高。无论国内还是国外,包销已经成为流行的发行方式,很少有公司采用代销的方式发行股票。

当股票发行规模较大时,承销的风险也较大,单独一家承销商往往难以胜任。我国《证券法》第 32 条规定,向不特定对象公开发行的证券票面总值超过人民币 5 000 万元的,应当由承销团承销。承销团应当由主承销和参与承销的证券公司组成。主承销商的产生一般由发行人按照公开竞争的原则通过竞标或协商的方式确定。

为保证承销工作的顺利进行和三公原则的实现,我国《证券法》第 29 条规定,发行人有权依法自主选择承销商,证券公司不得以不正当竞争手段招揽股票承销业务。同时,发行人与承销人之间还应签订代销或包销协议。《证券法》第 26 条规定,代销、包销的期限最短不少于 10 日,最长不超过 90 日。

10.2.4　股票首次公开发行的价格

股票首次公开发行中,确定发行价格是一项十分重要同时非常困难的工作。价格定得过低,创业股东和发起人股东的利益将受到较大损害;价格定得过高,固然对创业股东和发起人股东有利,但会损害新股东的利益,而且会造成股票发行困难,影响股票上市后的价格表现,从长远看也会对公司全体股东带来不利影响。因此,如何妥善地处理新股定价问题,就成为发行人和承销商十分关注和必须认真解决的一个问题。

公司股票首次发行的价格往往高于其每股净资产(即溢价发行),有时甚至高出很多。一般来讲,这是一种正常现象。股票的内在价值由其未来可能带来的期望现金收益的现值决定。股票的发行价格则是发行人与承销商在价值的基础上,针对股票流动性带来的便利、市场供求关系等因素进行调整的结果。不论是发行人、承销商,还是投资者(特别是机构投资者),它们对股票价格的基本判断都源自对股票未来可能带来的现金收益的预期。发行人在招股说明书中向投资者展示的主要内容,就是对企业未来的收益和风险的说明,而这正是发行人和投资者双方的定价基础。

每股净资产反映的是权益资本的账面价值,不包括企业通过多年发展形成的营销网络、产品竞争力、广阔的市场前景、人力资源和有效的管理能力等种种无形资产。可是,这些无形资产往往是发行企业最重要的资产之一。无形资产的价值越大,企业的实际价值与其账面价值的偏离就越大。一旦公司成为上市公司,这些无形资产和创业成果将由包括公众股东在内的全体股东共同分享,首次公开发行的新股的认购者,当然要为此支付相应的价格,这就是首次发行新股常常要溢价发行,甚至高溢价发行的原因。

对已上市的公司来说,其股票价格是投资者对公司股票投资价值判断的均衡表现。在投资者较为理性的情况下,股票价格大体上反映了上市公司的投资价值。如果两个业务相近的企业具有相同的资本结构、经营前景和盈利状况,则它们的股票具有相近的市盈率。事实上,投资者在判断首次公开发行公司的股票发行价格的高低时,一般会参照那些已经上市的相似公司的股票市盈率。因此,公司设定首次公开发行股票的价格时,会把已上市的同类公司的市盈率指标当作一个重要的参考依据。

我国现行的新股发行方式是网下配售与网上定价发行相结合。网下配售的对象为符合条件的机构投资者与个人投资者。网上定价发行是利用上海证券交易所或深圳证券交易所的交易网络,由新股发行主承销商以事先确定的价格或者价格区间在证券交易所挂牌销售,投资者通过证券营业部交易系统申购的发行方式。网上定价发行与网下配售须同时进行,并且采用相同的发行价格。在网下配售中,当发行价格以上的有效申购总量大于网下配售数量时,应当对发行价格以上的全部有效申购进行同比例配售。在网上发行中,当有效申购总量大于网上发行数量时,采用中签的方式进行配售。

从2004年年底开始,我国首次公开发行股票试行询价制度。2004年12月11日,中国证监会发布了《关于首次公开发行股票试行询价制度若干问题的通知》(证监发行字

[2004]162号)及配套文件《股票发行审核标准备忘录第18号——对首次公开发行股票询价对象条件和行为的监管要求》,规定首次公开发行股票的公司及其保荐机构应通过向询价对象询价的方式确定股票发行价格,从而确定了股票发行询价制度。2006年9月18日,中国证监会发布了《证券发行与承销管理办法》(证监会令第37号)(以下简称《管理办法》)。2012年5月18日,中国证监会公布《关于修改〈证券发行与承销管理办法〉的决定》(证监会令第78号),对《管理办法》做了修订。《管理办法》对首次公开发行股票的询价、定价以及股票配售等环节进行了规范,整合了《关于首次公开发行股票试行询价制度若干问题的通知》和《对首次公开发行股票询价对象条件和行为的监管要求》的主要内容,并在目前询价制度实践的基础上进行了完善。

询价制度的出台对证券市场的发展具有重大意义,标志着我国首次公开发行股票市场化定价机制的初步建立。询价制度改革和完善了股票发行机制,机构投资者拥有了股票发行定价的话语权,减少了发行定价的主观性和随意性,使股票发行价格更好地体现了市场供求的状况,有利于更好地发挥资本市场资源配置的功能。

根据《管理办法》,首次公开发行股票,可以通过向询价对象询价的方式确定股票发行价格,也可以通过发行人与主承销商自主协商直接定价等其他合法可行的方式确定发行价格,发行人应在发行公告中说明发行股票的定价方式。此外,《管理办法》对网下配售和网上发行之间的双向回拨机制、公开发行前的战略投资者股份配售、超额配售选择权等机制都做了具体规定。

10.2.5 股票首次公开发行的折价现象

新股首次公开发行的定价是非常困难的。高定价虽然有可能使公司原股东在发行同样数量股份(让出同样比例的未来收益权和控制权)的情况下筹措到更多的资金,看上去对公司原股东有利,但是会影响股票的认购率,可能造成销售困难,甚至会导致发行失败。1999年中国海洋石油公司在香港发行H股失败就是一例。另一方面,定价过高即使能够发行成功,也可能会对公司股票上市后的价格表现和公司的形象产生不利影响。定价过低,发行公司的老股东将遭受价值的损失。

由于缺乏判断股票发行价格高低的绝对标准,因此金融学采用与市场价格比较的指标来判断,例如,新股上市的首日收益率。首日收益率是指新股上市首日的收盘价超过其发行价的百分比。大量研究表明,平均来讲,公司首次公开发行的首日收益率常常超过10%。因此,新股的折价(underpricing,低定价)是一个国际、国内股票市场普遍存在的问题。比如,Ibbostson、Sindelar和Ritter(1994)研究了美国1960年至1987年间9 000只首次发行股票的样本,发现首日收益率平均为16%。[①] 刘力和李文德(2000)对中国A股市场1990至1999年IPO股票的研究显示,首日收益率平均高达143%。表10-5给出了相关国

---

① Ibbostson,R. G.,J. L. Sindelar,and J. R. Ritter, "The Market's Problems with the Pricing of Initial Public Offerings", *Journal of Applied Corporate Finance*, 7(1), Spring 1994, pp. 66—74.

家和地区股票低价发行的情况。

表10-5 新股首次发行折价的国际性统计

国家/地区	样本规模	样本期间	首日收益率(%)
土耳其	355	1990—2011	10.3
马来西亚	413	1980—2009	62.6
中国内地	2102	1990—2010	137.4
丹麦	164	1984—2011	7.4
巴西	275	1979—2011	33.1
日本	3136	1970—2011	40.2
比利时	114	1984—2006	13.5
以色列	348	1990—2006	13.8
加拿大	696	1971—2010	6.7
中国台湾	1312	1980—2006	37.2
西班牙	128	1986—2006	10.9
希腊	373	1976—2011	50.8
芬兰	162	1971—2006	17.2
法国	697	1983—2010	10.5
英国	4877	1959—2011	16.1
美国	12340	1960—2012	16.8
中国香港	1259	1980—2010	15.4
泰国	459	1987—2007	36.6
荷兰	181	1982—2006	10.2
奥地利	102	1971—2010	6.3
智利	65	1982—2006	8.4
葡萄牙	28	1992—2006	11.6
韩国	1593	1980—2010	61.6
意大利	273	1985—2009	16.4
新加坡	591	1973—2011	26.1
新西兰	214	1979—2006	20.3
瑞士	159	1983—2008	28.0
瑞典	374	1980—2011	27.2
墨西哥	88	1987—1994	15.9
德国	736	1978—2011	24.2
澳大利亚	1562	1976—2011	21.8

资料来源:J. Ritter 根据数据整理(http://bear.warrington.ufl.edu/ritter/Int.pdf)。

首次公开发行折价的现象对发行企业的原股东显然不利,因此成为公司财务中被广泛研究的问题之一。金融学家从信息不对称、资本市场制度、所有权与控制权以及行为金融学等角度提出了多种理论试图解释该现象。下面扼要介绍其中几种理论。

"赢者诅咒"(winner's curse)理论。[1] 当首次发行的新股定价较低时,希望购买的投资者的数量较多;当首次发行的新股定价较高时,希望购买的投资者的数量较少。这意味着,定价低时投资者买到新股的可能性较低,定价高时投资者买到新股的可能性较高。假设部分投资者为知情者,他们知道哪些新股的定价相对较低,哪些新股的定价相对较高,他们会专门认购定价相对较低的新股,同时拒绝认购定价相对偏高的新股。其他不知情的投资者,由于无法区分哪些新股定价低,哪些新股定价高,只能认购所有新股。这样,定价低的新股认购者多(知情者和不知情者都认购),定价高的新股认购者少(只有不知情者认购)。而且,知情者买到的都是定价低的首发新股,不知情者则既买到定价低的新股,又买到定价高的新股。显然,不知情者买到高定价新股的比例要高于买到低定价新股的比例,而且高定价的新股全部为不知情的投资者所购买。这种现象被称为"赢者诅咒",即对不知情的投资者来说,买到新股时更可能买到的是不该买的高价新股,而不是应该购买的低价新股。长此以往,不知情的投资者会发现自己在首发新股的投资中处于不利地位,如果新股发行平均来说不存在折价,这些投资者的新股投资将是亏损交易,因而会退出新股投资。为了避免这一现象的发生,吸引不知情的投资者参与新股认购,承销商使所有新股的定价平均偏低。

公司质量信号传递模型(signaling hypothesis)。[2] 该模型假设,关于公司的股票价值,发行人与投资者之间存在信息不对称,发行人具有的信息更加准确。发行人折价发行股票是向投资者传递公司价值的信息,以表明该公司具有更高的价值。一旦投资者了解了发行人的真实价值,发行公司就能够通过未来的股票增发弥补它们在首次公开发行中的损失。低价值公司模仿高价值公司会付出很高的代价,因为它们不能改变是"坏公司"的事实。这一假说的解释能力似乎并不充分,因为折价的代价很高,增发股票可能要等待较长时间,发行人能否如愿取得回报具有很大的不确定性,而且发行人还可以采用其他方式来传递信息。

行为金融的解释认为,新股首次公开发行出现的折价不是新股定价过低,而是市场对新股的估价有误,投资者愿意以高于内在价值的价格购买新股。比如,有研究认为,承销商在承销新股时出售的是一个概念,而不是一个已证明的事实,因此新股总是给人以希望。投资者的代表性偏见会导致由"概念"引起的对首发新股的高定价。比如20世纪90

---

[1] Rock, K., "Why New Issues Are Underpriced", *Journal of Financial Economics*, 15, 1986.

[2] Allen, F., and G. R. Faulhaber, "Signaling by Underpricing in the IPO Market", *Journal of Financial Economics*, 23, 1989, pp. 303—323; Grinblatt, M., and Hwang, C. Y., "Signaling and the Pricing of Unseasoned New Issue", *Journal of Finance*, 44, 1989, pp. 393—420; Welch, I., "Seasoned Offerings, Imitation Costs and the Underpricing of Initial Public Offerings", *Journal of Finance*, 44(2), 1989, pp. 421—449.

年代早期,新的软件公司通常都会被标榜为"下一个微软",从而在上市后得到投资者的追捧,短时间内二级市场定价过高。Ritter(1991)[①]认为,新股首日超额收益是投资者对新股增长潜力的估计过度乐观,而不是发行人和承销商有意的折价使得首日收益率过高。市场的误定价可能是由于投资者跟风炒作、过度乐观或投机泡沫的存在。Loughran 和 Ritter(1995)[②]对新股发行后三年的长期收益的研究表明,按照发行价格购买首发新股持有三年的收益低于按照市场价格投资同类已上市股票的收益,这说明新股的发行价格并不低,从而在一定程度上验证了投资泡沫的存在。

由表 10-5 可以看出,与国际水平相比,我国首次公开发行新股的折价幅度最大,高达 137%。图 10-3 提供了 A 股市场首次公开发行股票的年平均首日收益率。A 股市场的高折价发行现象反映了我国股票市场流通股投资者的非理性导致二级市场股价畸高,严重偏离股票的实际投资价值,同时反映了早期监管部门严格限制股票首次公开发行的市盈率,使发行价格无法随二级市场价格变化。表 10-6 显示,A 股市场二级市场市盈率水平多数时候都远远高于发行市盈率。

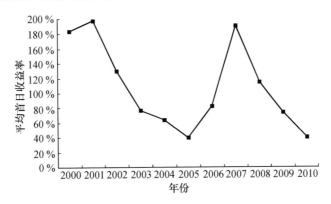

图 10-3　中国 A 股市场首次发行(IPO)的平均首日收益率,2000—2010 年
数据来源:J. Ritter 根据数据整理(http://bear.warrington.ufl.edu/ritter/)。

表 10-6　中国 A 股市场二级市场平均市盈率统计

年度	沪市	深市	年度	沪市	深市
1993	42.5	57.5	1996	31.3	9.8
1994	23.5	44.2	1997	39.9	38.9
1995	15.7	10.7	1998	34.4	42.7

---

① Ritter J., "The Long Run Performance of Initial Public Offerings", *Journal of Finance*, 46(1), 1991, pp. 3—27.
② Loughran, T., and Ritter, J., "The New Issue Puzzle", *Journal of Finance*, 50(1), 1995, pp. 23—51.

(续表)

年度	沪市	深市	年度	沪市	深市
1999	38.1	32.3	2006	16.4	17.0
2000	38.1	37.6	2007	33.4	33.6
2001	59.1	58.8	2008	59.2	72.1
2002	37.6	40.8	2009	14.9	17.1
2003	34.5	38.2	2010	28.8	46.9
2004	36.6	37.4	2011	21.6	45.3
2005	24.2	25.6	2012	13.4	23.5

资料来源:《中国证券期货统计年鉴2012》。

10.2.6 承销商的作用与发行方案的设计

承销商的作用

在公司首次公开发行股票的过程中,承销商(投资银行)起着非常重要的作用。在我国,承销商不仅担负着公司股票的发行工作,而且还帮助公司进行股份制改造,设计股权结构,转换会计制度,安排发行时间表;帮助选择会计师事务所和资产评估机构;帮助准备全套申报文件,特别是招股说明书;帮助发行人与政府有关部门沟通;确定具体的发行时间、发行方式及组织承销团;帮助向证券交易所提出上市申请,进行上市辅导,组织实施方案、发行及上市。此外,承销商还要提供各种售后服务,例如增资扩股、分红派息等。因此,股票发行是否成功,不但取决于发行人自身的状况,也与承销商的能力和经验密切相关。

承销商在确定股票发行价格方面同样具有重要作用。当公司上市时,很多投资者难以依据其能力和经验判断股票的价值。对众多购买数量不多的个人投资者来说,对股票价值进行深入的研究更存在着投入产出的不对称性。这些投资者在很大程度上依赖于承销商对股票价值的判断。承销商必须对新股定价做出负责任的判断。如果它们把价格定得过高并且发行成功,虽然会得到发行者的青睐,但却会损害广大投资者的利益。相反,如果承销商把价格定得过低,虽然会使投资者受益,但却损害了发行公司原股东的利益。不论是投资者,还是发行人,都是承销商赖以生存的基础。没有投资者,承销商就失去了筹资来源,进而会失去承销业务。没有发行人的信任,承销商也无法向投资者提供投资对象,投资者也会离它而去。正是由于这种相互制约的关系,承销商为了能够长期生存,必须努力做到对新股的公平定价,平衡发行人与投资者的利益。这不但符合发行人和投资者的利益,也符合承销商自身的利益。

发行人在选择承销商时应考虑以下几个因素:

(1) 承销商的资本实力。由于承销商是以包销方式承销公司股票的,因此,其资本实力决定着其承担包销风险的能力。资本实力不足的承销商在发行不利的情况下可能无力买下剩余的股票。

（2）工作经验。这种经验既包括进行承销工作的经验，也包括对发行公司及其所在行业的了解。由于目前我国公司股票的发行与公司股份制改造工作往往是同步进行的，所以只有对企业状况了解比较透彻的承销商才能胜任公司改制的任务。

（3）专业人员水平。承销商拥有足够的高水平的专业人员，对股票发行工作的成功非常重要。

（4）组织协调能力。由于承销商要同时协调会计师事务所、资产评估机构、律师事务所以及承销团成员等各方面的关系，因此其协调能力尤为重要。

（5）机构网络。承销商与各方面的关系是否通畅，销售网络是否发达，对发行成功与否也会产生较大的影响。

（6）研究能力。由于目前我国的证券市场和证券发行工作处于尚不完善的阶段，在公司股份制改造和股票发行中会不断地涌现出新的问题。研究能力较强的承销商可以为客户提供更好的服务。

根据美国市场问卷调查的结果，美国公司上市时，选择承销商最重视的因素依次为[1]：

- 承销商的总体声誉；
- 研究部门/分析师的质量和声誉；
- 承销商的行业经验与关系；
- 市场营销、交易席位与流动性支持；
- 承销商的机构投资者客户群；
- 定价与估值承诺。

发行方案的设计

承销商在帮助发行人设计发行方案时，通常按照如下步骤进行：

（1）在企业得到有关方面对其进行股份制改造、公开发行股票的承诺后，受企业邀请进入企业了解情况。

（2）根据企业的基本情况，协助企业进行股份制改造，重点放在股权设置、会计调整及某些疑难问题上。

（3）帮助企业邀请审计机构和资产评估机构进行审计和资产评估。

（4）帮助企业准备全套初审申请文件。

（5）对申请上市的企业进行上市前的辅导。

（6）在企业初审通过后，帮助企业制定发行方案，并准备全套审核文件。

（7）发行审核委员会审核通过后，帮助企业按照国家规定公布招股说明书，路演，确定发行价格，并正式向公众发售股票。

---

[1] Graham, J. R., and C. R. Harvey, "The Theory and Practice of Corporate Finance: Evidence from the Field", *Journal of Financial Economics*, 30, 2001, pp. 187—243.

发行方案的设计涉及许多问题,但最重要的是处理好建立一个规范化的股份公司时遇到的一些特殊问题,如股权结构设置、历史遗留问题、关联交易、某些资产的剥离,以及发行价格和发行时机的确定,等等。

10.3 普通股的再融资

上市公司的普通股再融资有三种方式:增发股票、配股与非公开发行。增发股票与配股都属于公开发行。上市公司的再融资还包括发行可转换公司债券。监管我国上市公司再融资的法律法规包括《证券法》、《公司法》、《上市公司证券发行管理办法》以及《证券发行与承销管理办法》。

增发(seasoned equity offering,SEO)是指上市公司向不特定对象公开募集股份筹措权益资本的行为。向不特定对象公开募集,是指不论是否是准备增发的上市公司的股东,都可以申请购买上市公司发行的股票。配股(right offer)是指向股权登记日登记在册的股东按其持股比例配售新股,其他投资者无权购买。

在沪深市场上,增发和配股是上市公司再融资的重要形式。表10-7提供了2000—2011年中国A股市场配股、增发的募集资金数量。2001年之前,配股是A股市场最重要的股权再融资方式,通过配股募集资金的数量远远超过增发(含非公开发行)。2002年之后,增发的重要性不断上升,通过增发募集资金的数量快速增长,而配股则处于停滞不前甚至倒退的状态。从2002年至2011年,配股的募集资金总额仅为2 588亿元,而增发共募集资金16 956亿元,为前者的6.5倍。

表10-7 2000—2011年中国A股市场配股、增发的募集资金数量   单位:亿元

年份	增发(含非公开发行)	配股
2000	166.7	519.5
2001	217.2	430.6
2002	164.7	56.6
2003	110.7	74.8
2004	168.7	104.5
2005	278.8	2.6
2006	847.1	4.3
2007	2 850.1	227.7
2008	2 271.8	151.6
2009	3 019.9	106.0
2010	2 549.8	1 438.3
2011	4 694.9	422.0

数据来源:《中国证券期货统计年鉴2012》。

非公开发行股票,又称为定向增发,是指上市公司采用非公开方式,向特定对象发行

股票的行为。证券公司承销上市公司发行的股票,应当采用包销或者代销的方式。上市公司非公开发行股票未采用自行销售方式或者上市公司配股的,应当采用代销方式。

10.3.1 发行股票的条件

在国际资本市场上,对上市公司发行股票通常没有限制,只要企业如实披露了自己的经营和财务状况以及筹资目的,并且有足够的投资者愿意按照发行人可以接受的价格购买新股,上市公司就可以发行股票。国际上不乏处于亏损和财务困境中的公司通过发行股票渡过难关的例子(见案例10-2)。但是,长期以来,我国上市公司发行股票,都要满足一定的限制性条件。总体来说,限制性条件在不断放宽甚至取消。比如,我国《公司法》曾经规定,股份有限公司申请发行新股,应当符合下述条件:(1) 前一次发行的股份已募足,并间隔一年以上;(2) 公司在最近三年内连续盈利,并可向股东支付股利;(3) 公司在最近三年内财务会计文件无虚假记载;(4) 公司预期利润率可达同期银行存款利率。显然,这种限制性规定使得遇到财务困境的公司无法通过发行新股来摆脱困境。经修改后于2006年1月1日开始实行的新《公司法》,已经取消了上述限制性规定,从而为处于财务困境中的公司通过发行普通股筹措资金提供了可能。

中国证监会颁布的、于2006年5月8日起施行的《上市公司证券发行管理办法》(本节以下简称为《管理办法》)规定了上市公司发行证券的一般条件和具体条件。一般条件包括:上市公司的组织机构健全,盈利能力具有可持续性,财务状况良好,财务会计文件无虚假记载,募集资金的数额和使用应当符合有关规定,等等。下面扼要介绍三种融资方式的具体限制性条件。

配股

《管理办法》第12条规定,上市公司配股,除应满足前述一般条件之外,还应当符合下列规定:

(一) 拟配售股份数量不超过本次配售股份前股本总额的百分之三十;

(二) 控股股东应当在股东大会召开前公开承诺认配股份的数量;

(三) 采用证券法规定的代销方式发行。

控股股东不履行认配股份的承诺,或者代销期限届满,原股东认购股票的数量未达到拟配售数量百分之七十的,发行人应当按照发行价并加算银行同期存款利息返还已经认购的股东。

增发股票

《管理办法》第13条规定,上市公司增发股票,除应满足前述一般条件之外,还应当符合下列规定:

(一) 最近三个会计年度加权平均净资产收益率平均不低于百分之六。扣除非经常性损益后的净利润与扣除前的净利润相比,以低者作为加权平均净资产收益率的计算依据;

（二）除金融类企业外，最近一期末不存在持有金额较大的交易性金融资产和可供出售的金融资产、借予他人款项、委托理财等财务性投资的情形；

（三）发行价格应不低于公告招股意向书前二十个交易日公司股票均价或前一个交易日的均价。

非公开发行

《管理办法》第 37 条规定了非公开发行股票的特定对象应当满足下述条件：

（一）特定对象符合股东大会决议规定的条件；

（二）发行对象不超过十名。

发行对象为境外战略投资者的，应当经国务院相关部门事先批准。

《管理办法》第 38 条规定，上市公司非公开发行股票，应当符合下列规定：

（一）发行价格不低于定价基准日前二十个交易日公司股票均价的百分之九十；

（二）本次发行的股份自发行结束之日起，十二个月内不得转让；控股股东、实际控制人及其控制的企业认购的股份，三十六个月内不得转让；

（三）募集资金使用符合有关规定；

（四）本次发行将导致上市公司控制权发生变化的，还应当符合中国证监会的其他规定。

案例 10-2

MCI 的危机融资

MCI 由 William McGowan 于 1968 年 8 月创建。其后不久，美国联邦通信委员会（FCC）推出了新政策，允许更多竞争对手在长途电信市场上和 AT&T 展开竞争。1971 年 6 月，FCC 正式推出的政策允许有资质的新公司提供专业长途电信服务，主要包括为电信大客户提供专线（例如专用电话线）服务。1972 年 6 月，MCI 准备开始构建它的电话通信网络。

为了获得必要的资金，MCI 以每股 5 美元的价格发行了 600 万股普通股，扣除费用和佣金后的净筹资额为 2 710 万美元（筹资费用率 9%），并获得了 6 400 万美元的银团贷款。银行贷款的利率是在银行优惠利率的基础上向上浮动 $3\frac{3}{4}\%$，另外每年还要为未使用的贷款额度支付 0.5% 的费用。另外，一些私人投资者同意购买 MCI 发行的、期限为 5 年、年利率为 7.5% 的（附认股权证的）次级债券，MCI 因此获得 645 万美元的债券发行收入。

到 1974 年 3 月 31 日，MCI 的通信系统已经拥有 2 280 英里的传送线路，连接着 15 个主要的大城市。但是，这与公司 1972 年计划的 11 600 英里的通信系统还差很远。MCI 需要通过 AT&T 的设施将其在其他地区的用户连接到其在大城市的交换中心。由于 AT&T 有效地阻止了提供全面的互联互通服务，MCI 难以获得较多的服务收入。1973 年年底，

MCI 就此提出追究 AT&T 的法律责任和赔偿,并暂停了所有的基础设施建设。在此期间,MCI 于 1974 年 3 月开始了针对 AT&T 的反垄断诉讼,FCC 要求 AT&T 从 1974 年起为 MCI 提供全方位的内部互联服务。此后,MCI 恢复了网络建设工作。

1975 财政年度,MCI 的收入为 680 万美元,亏损为 3 870 万美元。到 1975 年 9 月,尽管 MCI 已拥有可以连接 30 个主要大城市的 5 100 英里通信网络,但它的净资产是 −2 750 万美元,累积经营亏损达到 8 730 万美元,公司的股票价格跌破每股 1 美元。此时,MCI 已用尽了其所有贷款额度,不得不重新协商以前的贷款协议以延缓利息的偿付,并且还需要对那些已经到期而无法还本(技术性违约)的贷款协议进行重新谈判。为了应对这场财务危机,MCI 于 1975 年 12 月增发了 960 万股普通股,每股含一份期限为 5 年、行权价格为 1.25 美元的认股权证。通过增发 MCI 公司得到了 820 万美元的净发行收入(即每股股票加认股权证的发行价格为 0.85 美元,而发行前公司股票的市场价格为 0.875 美元),从而得以生存下来。

MCI 于 1976 年出现了转机。公司于 1974 年冬天推出的"Execunet"业务(为那些无法承受专线服务费用的小型商业用户提供长途电话服务,与标准长途呼叫服务类似,客户可以随机地连接 MCI 的传送线路)开始产生巨大的收入,并且改变了公司的财务状况。1976 财年,公司的销售收入增加到 2 840 万美元,1977 财年进一步增加到 6 280 万美元(大约一半来自 Execunet 业务)。曾经一度停止支付的银团贷款利息,也于 1976 年 8 月恢复支付。正当 MCI 在 1976 年 11 月第一次盈利 10 万美元的时候,FCC 通过了一项法律,限制为现有用户提供 Execunet 服务(这项规定直到 1978 年 5 月才完全撤销)。这项规定使 Execunet 的业务增长放缓,但是没有阻止 MCI 的发展。1977 财年和 1978 财年,收入增长率放缓至 18%。但随着 FCC 撤销对 Execunet 服务的限制,MCI 的销售收入增长率很快就超过了 50%。从 1977 年 3 月至 1981 年 3 月,公司员工数量翻了 3 番,由 605 人增长到 1980 人;同期厂房设备的价值由 1.366 亿美元增加到了 4.1 亿美元。更重要的是,MCI 的盈利能力增长迅速。持续的增长使公司的税后净收益由 1977 财年的 170 万美元亏损转为 1981 财年的 2 110 万美元利润。截止到 1981 财年末,MCI 用完了它所有的亏损税收抵免,股东权益也转为正的 1.48 亿美元。

资料来源:Kester,W. C.,R. S. Ruback,and P. Tufano,2005,*Case Problems in Finance*,12th edition,McGraw-Hill/Irwin.

10.3.2 发行股票的价格

上市公司发行股票的定价相对于首次公开发行的定价要容易一些,因为公司股票已经上市了,有了相应的市场价格,发行人可以参照公司股票二级市场的价格定价。但是,由于种种原因,公司股票的市场价格不一定时刻反映公司股票的内在价值。如果公司股票的市场价格显著低于股票的内在价值,那么按照市场价格定价就会导致老股东的损失。

配股

在采用配股的方式增发新股时,只要所有股东都按照配股比例认购新股,新股定价的高低就不会影响股东的财富。

设某公司已发行在外的普通股股票为1 000万股,每股面值1元,每股市场价格20元。现公司需要筹措2 800万元的新权益资本。为此,该公司决定按照每10股配售2股的方式向原股东配股,配股价格为每股14元,这一价格显然低于该公司股票目前的市场价格。

配股后公司股东权益的总价值为22 800万元(1 000万股×20元/股+2 800万元),每股股票的价值为19元(22 800万元/1 200万股)。

假设某股东原持有该公司股票100股,总价值2 000元,当该股东按照配股价格买入应配售的20股股票后,他付出了280元。但按照配股后的股票价格计算,他所持有的股票价值为2 280元(120股×19元/股),与他原有的股票价值和新投入的资金价值之和相同。如果该公司按照每10股配售2.5股、每股配股价11.2元向公司原股东配售新股,配股后该股东股票总数为125股,他购入的股票的价值依然为280元,按照配股后的股票价格计算,他持有的股票价值为2 280元(125股×18.24元/股)。配股前后公司价值和每股股票价值计算如表10-8所示。

表10-8 配股价格对公司股价和股东价值的影响

	10股配2股,配股价14元	10股配2.5股,配股价11.2元
配股前		
普通股股数(万股)	1 000	1 000
股票价格(元/股)	20	20
股东权益价值(万元)	20 000	20 000
配股后		
新增普通股股数(万股)	200	250
新增权益资本(万元)	2 800	2 800
全部普通股股数(万股)	1 200	1 250
股东权益价值(万元)	22 800	22 800
股票价格(元/股)	22 800/1 200 = 19.00	22 800/1 250 = 18.24
配股权价值(元)*	20 - 19.00 = 1.00	20 - 18.24 = 1.76

* 此处配股权价值是按照每股股票的配股权价值计算的。当每10股配售2股时,如果考虑到每配1股需要5股原股票,则每配售1股的配股权价值为1.00×5=5.00元,与配股价14元和配股后股票价值19元之差相同。

如果公司老股东可以按照合理的价格出售配股权,新股东购入配股权后再按照配股价购入新股,则新股东和老股东同样都不会遭受损失。比如,在10股配2股、每股配股价14元的情况下,一个新股东按照每份5元(按照每配售1股新股计算,不是按每股所含的配股权计算,参见表10-8注)的价格购入配股权,再按照每股14元的价格购入新股,总共支出19元,所得的股票价值亦为19元。公司老股东由于未进行配股,其持有的股票数量未增加。如果原来有 100 股，价值 2 000 元，配股后依然只有 100 股，由于股票价格下降至每股 19 元，其所持有的股票价值总计为 1 900 元，较配股前减少了 100 元。由于该股东可以通过出售 100 股股票所含的 20 股新股的配股权收入 100 元，所以该股东的实际财富并未遭受损失。

由以上分析可知，如果公司股票的市场价格是股票内在价值的反映，且所有股东均按配股价格完成配股，或老股东可以以合理的价格出售手中的配股权，则配股价格的高低会影响配股后股票市场价格的高低，但不会影响股东实际财富。因此，上市公司可以设定较低的配股价格，这样，既容易完成配股筹资的任务，又不会损害公司股东的利益。

但是，如果公司的配股价格偏离了股票的内在价值，部分股东不参加配股，且配股权不能售出，那么，配股将导致一部分股东受益而另一部分股东受损的结果。

在前面的例子中，如果某些股东因故不能参与配股，其配股权又无法售出，则当部分股东按照低于股票市场价格的配股价配股后，由于股票价格的下跌，不能参与配股的股东将遭受损失。假设拥有 50% 股份的股东无法配股，则按照 10 股配 2 股的方案，公司将实际配股 100 万股，配股后公司总价值为 21 400 万元(20 000 + 100 × 14)，公司股票总数为 1 100 万股，平均每股价值为 19.45 元 (21 400/1 100)，那些未能参加配股的股东由于配股产生的稀释效应每股损失 0.55 元。相反，如果公司的配股价格高于股票的内在价值，这时，如果部分股东放弃配股，而另一部分股东参与配股，则参与配股的股东将蒙受损失。

长期以来，由于股票的供给与需求失衡，加之股票市场炒作之风盛行，我国许多上市公司流通股的市场价格超出其内在价值很多。在这类公司讨论配股方案时，非流通股股东作为大股东支持配股增资，但又不参加配股，并将自己的配股权按照一定的价格转让给其他投资者（称为转配股）。如果配股价定得偏高，就会导致大股东侵害流通股股东利益的结果。对于这一现象，流通股股东早就有所察觉，1998 年以后开始出现了企业配股失败，或配股股份未能全部售出而由承销商买进的现象。为了防止控股股东利用配股侵害中小股东的利益，《管理办法》第 12 条规定，上市公司配股，控股股东应当在股东大会召开前公开承诺认配股份的数量。

增发股票

与配股不同，采用向社会公开募集的方式增发新股时，新股的定价如果不能合理地反映股票的价值，必然会造成新老股东之间的财富转移。

比如，某公司发行在外的普通股股票为 1 000 万股，股票的内在价值为每股 10 元，公司股东权益的总价值为 10 000 万元。如果公司股票的市场价格为 12 元/股，公司按照这一价格向社会公开发行 200 万股新股，可以筹集 2 400 万元资金。增发后公司股东权益的总价值为 12 400 万元，总股份数为 1 200 万股，平均每股价值为 10.33 元/股(12 400 万元/1 200 万股)。这样，公司老股东的每股价值增加了 0.33 元，而新股东则每股损失了 1.67 元，发生了由公司新股东向老股东的价值转移。

相反，如果公司股票的市场价格是每股 8 元，公司按照这一价格向社会公开发行 200

万股新股,可以筹得1 600万元的资金。增发后公司股东权益的总价值为11 600万元,总股份数为1 200万股,平均每股价值为9.67元/股(11 600万元/1 200万股)。这样,公司老股东的每股价值减少了0.33元,而新股东的每股价值则增加了1.67元,发生了由公司老股东向新股东的价值转移。

由此可见,在增发新股时,合理定价成为确保公司新老股东权益的最重要的一环。《管理办法》第13条规定,上市公司增发股票,发行价格应不低于公告招股意向书前二十个交易日的公司股票均价或前一个交易日的均价。这说明,监管部门希望上市公司依据市场价格确定增发价格。

非公开发行

与公开增发相比,监管部门一方面放松了对非公开增发股票的发行价格的限制,但另一方面,则限制了非公开增发的股份的流通,这在一定程度上体现了权力与义务的对等。《管理办法》第38条规定,上市公司非公开发行股票,发行价格不低于定价基准日前二十个交易日公司股票均价的百分之九十。非公开发行的股份自发行结束之日起,十二个月内不得转让;控股股东、实际控制人及其控制的企业认购的股份,三十六个月内不得转让。

10.3.3 增发新股的负面市场反应及其解释

公司的经营目标是股东财富的最大化。依据这一目标,公司应该选择具有正的净现值的投资项目,并在拥有这些项目之后,安排筹资(包括权益资本筹资)。因此,公司宣布进行外部筹资应该表明公司具有净现值为正的投资项目,公司的价值应该上升,公司股票的价格也应该上涨。但实际结果却与此相反,大量研究表明,上市公司宣布以向社会公开募集的方式增发新股会造成公司股票价格的下跌。比如,Asquith和Mullins(1986)[1]、Masulis和Korwar(1986)[2]以及Mikkelson和Partch(1986)[3]的研究表明,美国市场上以包销方式进行的增发在公告日存在显著的负向反应,公告前日和公告当日两日异常收益率约为-3%。刘力、王汀汀和王震(2003)对中国A股市场1998年1月到2001年12月之间97家增发新股公司的研究显示,公司董事会增发公告发布前一日和公告当日两日的异常收益率为-2.8%,与国外的相关研究结果基本相同。在这一研究的总共97个样本中,增发公告发布前一日和公告当日两日内股票价格下跌的公司数为84家,股票价格上涨的公司只有13家。这说明,在中国A股市场上增发新股导致股价下跌是普遍现象。

对增发股票所产生的市场反应,大体有以下几种解释:

---

[1] Asquith, P. and D.W. Mullins, Jr., "Equity Issues and Stock Price Dilution", *Journal of Financial Economics*, 15, 1986, pp. 61—89.

[2] Masulis, R.W. and A.N. Korwar, "Seasoned Equity Offerings: An Empirical Investigation", *Journal of Financial Economics*, 15, 1986, pp. 91—118.

[3] Mikkelson, W.M. and M.M. Partch, "Valuation Effects of Security Offerings and the Issuance Process", *Journal of Financial Economics*, 15, 1986, pp. 31—60.

信息不对称

假设公司管理层对公司股票价值有更清晰的了解,他们知道什么时候公司股票的价格被高估了,什么时候被低估了。从公司老股东的利益出发,在公司股票价格被高估时,公司将试图增发新股,以实现从新股东向老股东的财富转移。而在公司股票价格被低估时,公司不会增发新股,以避免从老股东向新股东的价值转移。然而,市场上的投资者是理性的,他们会意识到这一问题,进而将公司增发股票的信息解读为公司的股票被市场高估,并调低公司股票的价格。有关信息不对称解释的详细内容,参见第14章第6节优序融资理论。

代理问题与现金流效应

公司内部人(经理人和有控制权的大股东)掌握着比外部投资者更多的关于公司的信息,他们选择企业财务杠杆的行为往往被市场理解为传递公司状况的信号。增发会降低公司的财务杠杆率,增大经理人控制的自由现金流,使代理问题更为严重(Ross,1977[1];Leland and Pyle,1977[2];Heinkel,1982[3])。Miller和Rock(1985)[4]认为,任何融资规模超出预期的融资行为向外界传达的信息都是公司现金流短缺,因此,不管证券发行是减小还是提高财务杠杆比率,都会对市场产生负面影响。因此,发行规模越大,市场的负反应越强烈。

价格压力假设

Kalay和Shimrat(1986)[5]指出,公司股票是比较独特的商品,不存在其他类似的替代品,所以其需求曲线是向下倾斜的,因此,供给的上升必然伴随价格的下降。但是,如果把股票看成是收益和风险的一种组合形式,那么证券市场可以提供很多类似的组合,那么证券的需求曲线就可能是水平的。

财富再分配假说

未预期的新股发行降低了企业杠杆水平和债务的风险,在债务利息水平不变的情况下,债务风险的降低导致债务成本的降低、债务价值的提高。因此增发新股会导致财富从股东手中转移到债权人手中,导致股权价值的下降和股票价格的下跌。

股权分置(二元股权结构)导致的大股东圈钱假说

2005年股权分置改革之前,中国A股市场的上市公司普遍存在着非流通股与流通股

---

[1] Ross, S., "The Determination of Financial Structure: The Incentive-signaling Approach", *Bell Journal of Economics*, 8, 1977, pp. 23—40.

[2] Leland, H., and D. Pyle, "Informational Asymmetries, Financial Structure and Financial Intermediation", *Journal of Finance*, 32(2), 1977, pp. 371—387.

[3] Heinkel, R., "A Theory of Capital Structure Relevance under Imperfect Information", *Journal of Finance*, 37(5), 1982, pp. 1141—1150.

[4] Miller, M., and K. Rock, "Dividend Policy under Asymmetric Information", *Journal of Finance*, 40(4), 1985, pp. 1031—1051.

[5] Kalay, A., and A. Shimrat, "Firm Value and Seasoned Equity Issues: Price Pressure, Wealth Redistribution, or Negative Information", *Journal of Financial Economics*, 19, 1986, pp. 109—126.

两种不同的股份,其中流通股具有流通权,可以在交易所自由交易。非流通股不具备流通权,不能在交易所自由交易。占总股权比例30%左右的流通股不但具有很好的流动性,而且还有利用其流动性通过炒作获利的可能。流动性所带来的这两种便利显然是具有价值的。前者属于流动性价值,后者则属于股票流动性带来的投机价值,二者共同构成流通股的流通权价值。由于流通股占公司股票总数的比例较低,与全流通的情况相比,相对较少的流通股数量缓解了流通股股价畸高时股价下跌的压力,降低了流通股股东在炒作获利时的风险,从而使流通股所具有的投机价值远高于全流通的情况。[1] 由于流通股的流通权具有上述价值,因此流通股的价格高于非流通股的价值。如果流通股投资者的非理性投资行为进一步推高了流通股的价格,那么二者的差距将进一步拉大。

在公司首次公开发行(IPO)时,受发行定价机制的制约,发行价格无法体现流通股的流通权价值。但在增发时,由于已经有流通股股票的二级市场价格作为参照,流通权价值可以在增发价格当中体现出来,增发后非流通股股东将分享这种价格差异收入的主要部分。而且,只要价格差异和非流通股股东分享到的比例足够大,即使增发资金的使用会带来负的净现值,增发股票同样会给非流通股股东带来好处。相反,对流通股股东来说,股票的增发不但会发生由流通股向非流通股的价值转移,而且还会导致流通股的数量和比例的增大。流通股数量的增加不但会使流通股在总股本中所占的比例增大,从而相应稀释了现有流通股的流通权价值,而且由于流通股数量增多,还会降低流通股价格的波动率,从而降低了流通权的投机价值。[2] 因此,增发一方面可以使非流通股股东获得好处,另一方面会降低流通股所包含的流通权价值,这对流通股股东显然是不利的。预期到这一情况,流通股股东会将增发看作对他们不利的信号,从而调低对股票价格的预期。[3]

10.4　发行普通股筹资的成本

公开发行证券筹资会产生一定的发行成本。发行成本的高低是决定选择哪种筹资方式的一个重要因素。发行普通股筹资所面临的发行成本种类较多,包括价差(支付给

---

[1]　Hong, Scheinkman and Xiong(2004)在研究美国受限股票相对于流通股的折价问题时建立了一个基于投资者过度自信的行为金融学模型。根据这一模型,在投资者的异质性信念与卖空约束同时存在时(这正是中国股票市场的现实),股票的持有者在持有股票的同时也就拥有了一份将股票卖给更高股价投资者而获利的选择权(option)。这个选择权的价值体现在股票的价格中,被称为股票价格中的投机成分。这一投机成分类似于刘力、王汀汀和王震(2003)所提出的流通权的投机价值。同时,Hong, Scheinkman and Xiong(2004)的模型指出,由于选择权的价值与股票价格的波动率正相关,股票价格的波动率越大,股票价格被高估的可能性就越大,股票价格中投机成分的价值(即选择权的价值,在前述的研究中这被作为股票价格泡沫的代表)也就越高。这一结论对分析中国A股增发折价问题同样有着重要的参考价值。

Harrison Hong, Jose Scheinkman, and Wei Xiong, "Asset Float and Speculative Bubbles", working paper, Princeton University, 2004.

[2]　注释[1]中Hong, Scheinkman and Xiong(2004)与刘力等(2003)都给出了这样的分析与推论。

[3]　这一段讨论参见刘力、王汀汀、王震:"中国A股上市公司增发公告的负价格效应及其二元股权结构解释",《金融研究》,2003年第8期,第60—71页。

承销商的承销费)、其他直接费用、间接费用、股票价格的事件异常收益和首次发行的折价等。

价差是指股票发行价格与发行者实际得到的每股发行收入的差额,这一差额就是发行企业支付给承销商的(部分)发行费用。根据发行数量的不同,这笔费用将从发行收入的百分之几到百分之十几不等。

其他直接成本是指发行引起的除支付给承销商的发行费用外的其他直接成本,包括申请过程所发生的申请费用、公关费用、律师费用、审计和资产评估费用等。

间接成本是指为发行普通股发生的,没有列在招股说明书中或无法精确衡量和区分的相关费用,如公司为发行投入的研究时间、管理层投入的时间和精力等。

股票价格异常收益是指增发新股时股票价格下跌给现有公司股东造成的财富损失。我们前面谈到的中外新股增发时,股票价格异常收益大约为 -3%。

首次发行的折价即前面谈到的股票发行价格低于其内在价值给公司老股东造成的损失。

表10-9 是1990—1994 年五年间美国公司进行股票首次公开发行(IPO)、新股增发(SEO)、普通债券和可转换债券发行中直接成本占发行收入的百分比。表10-10 是1990—1994 年五年间美国公司进行股票首次公开发行(IPO)中直接成本和间接成本占发行收入的百分比。表10-11 是2006—2012 年中国 A 股上市公司首次公开发行的承销费用占发行收入的百分比。

由表10-9 数据可以看出,在首次公开发行(IPO)、新股增发(SEO)、普通债券和可转换债券这几种筹资方式中,首次公开发行(IPO)的直接成本最高,新股增发(SEO)次之,可转换债券再次之,发行普通债券最低。股票首次公开发行的规模小于1 000 万美元时,直接成本可占到筹资总额的16.96%,即在1 000 万美元的发行收入中,筹资者只能拿到约830 万美元,其余170 万美元用于支付承销商(投资银行)的承销费和其他直接费用。从表10-9 中还可以看到,即使发行规模超过1 亿美元,直接成本仍在7%左右。

表10-10 在给出美国公司首次公开发行的直接成本的基础上,还给出了相应的折价幅度。不难看出,在考虑了折价这一间接成本后,美国公司股票首次公开发行的成本要增加一倍左右。

表10-11 给出了2006—2012 年中国 A 股上市公司首次公开发行的承销费用和总费用占发行收入的比例。从表中可以清楚地看出,承销费用和总费用占筹资额的比例随筹资额的增加而降低。另外,不同公司的发行费用率差异较大,高的可以达到百分之二十几。这样高的发行费用率会极大地增加公司的融资成本,降低股东的投资收益。比如,同是在1999 年9 月首次公开发行的上海浦东发展银行和宇通客车股份有限公司,它们的直接发行费用分别为人民币4 400 万元和1 021 万元。虽然看上去宇通客车股份有限公司的发行费用较少,但由于其发行额远小于上海浦东发展银行,其发行费用占发行收入的比例

表 10-9 美国公司进行股票首次公开发行（IPO）、新股增发（SEO）、普通债券和可转换债券发行中直接成本占发行收入的百分比（1990—1994）

发行收入（百万美元）	普通股 首次公开发行(IPO)				普通股 增发新股(SEO)				债券 可转换债券				债券 普通债券			
	发行笔数	毛差价	其他直接费用	总直接费用	发行笔数	毛差价	其他直接费用	总直接费用	发行笔数	毛差价	其他直接费用	总直接费用	发行笔数	毛差价	其他直接费用	总直接费用
2—9.99	337	9.05%	7.91%	16.96%	167	7.72%	5.56%	13.28%	4	6.07%	2.68%	8.75%	32	2.07%	2.32%	4.39%
10—19.99	389	7.24%	4.39%	11.63%	310	6.23%	2.49%	8.72%	14	5.48%	3.18%	8.66%	78	1.36%	1.40%	2.46%
20—39.99	533	7.01%	2.69%	9.70%	425	5.60%	1.33%	6.93%	18	4.16%	1.95%	6.11%	89	1.54%	0.88%	2.42%
40—59.99	215	6.96%	1.76%	8.72%	261	5.05%	0.82%	5.87%	28	3.26%	1.04%	4.305	90	0.72%	0.60%	1.32%
60—79.99	79	6.74%	1.46%	8.20%	143	4.57%	0.61%	5.18%	47	2.64%	0.59%	3.23%	92	1.76%	0.58%	2.34%
80—99.99	51	6.47%	1.44%	7.91%	71	4.25%	048%	4.73%	13	2.43%	0.61%	3.04%	112	1.55%	0.61%	2.16%
100—199.99	106	6.03%	1.03%	7.06%	152	3.85%	0.37%	4.22%	57	2.34%	0.42%	2.76%	409	1.77%	0.54%	2.31%
200—499.99	47	5.67%	0.86%	6.63%	55	3.26%	0.21%	4.47%	27	1.99%	0.19%	2.18%	170	1.79%	0.40%	2.19%
500及以上	10	5.21%	0.51%	5.72%	9	3.03%	0.12%	3.15%	3	2.00%	0.09%	2.09%	20	1.39%	0.25%	1.64%
总计	1767	7.31%	3.69%	11.00%	1593	5.44%	1.67%	7.11%	211	2.92%	0.87%	3.79%	1092	1.62%	0.62%	2.24%

资料来源：Inmoo Lee, Scott Lochhead, Jay Ritter, and Quanshui Zhou, "The Costs of Raising Capital", Journal of Financial Research, 19, Spring 1996。转引自罗斯等著：《公司理财》（精要版）第6版, 机械工业出版社2004年版。

表 10-10　美国公司进行股票首次公开发行(IPO)中直接成本和发行折价占发行收入的百分比(1990—1994)

发行收入 (百万美元)	发行笔数	毛差价	其他直接费用	总直接费用	发行折价
2—9.99	337	9.05%	7.91%	16.96%	16.36%
10—19.99	389	7.24%	4.39%	11.63%	9.65%
20—39.99	533	7.01%	2.69%	9.70%	12.48%
40—59.99	215	6.96%	1.76%	8.72%	13.65%
60—79.99	79	6.74%	1.46%	8.20%	11.31%
80—99.99	51	6.47%	1.44%	7.91%	8.91%
100—199.99	100	6.03%	1.03%	7.06%	7.16%
200—499.99	47	5.67%	0.86%	6.53%	5.70%
500 及以上	10	5.21%	0.51%	5.72%	7.53%
总计	1 767	7.31%	3.69%	11.00%	12.05%

资料来源:Inmoo Lee, Scott Lochhead, Jay Ritter, and Quanshui Zhou, "The Costs of Raising Capital", *Journal of Financial Research*, 19, Spring 1996。转引自罗斯等著:《公司理财》(精要版)第6版,机械工业出版社2004年版。

表 10-11　中国 A 股上市公司首次公开发行承销费用占发行收入的比例(2006—2012 年)

筹资金额(百万元)	样本数	平均费用率(加权平均)	平均承销费用率(加权平均)
0—50	1	23.23%	10.34%
50—100	1	14.30%	10.87%
100—200	63	9.80%	6.76%
200—300	110	8.96%	6.38%
300—400	132	8.44%	6.36%
400—500	145	7.59%	5.85%
500—750	259	6.71%	5.30%
750—1 000	141	6.03%	4.97%
1 000—10 000	265	4.02%	3.43%
10 000 以上	31	1.80%	1.56%
总计或平均	1 148	3.74%	3.08%

注:本表中承销费用包括承销保荐费、审计验资费、律师费以及信息披露费。
数据来源:Wind 资讯。

要远大于上海浦东发展银行。上海浦东发展银行1999年9月发行新股4亿股,发行价格为每股10元,发行费用为每股0.11元,发行费用占发行额的1.1%,而宇通客车股份有限公司1999年9月发行新股只有4 500万股,发行价格为每股5.94元,发行费用为每股0.227元,发行费用占发行额的3.82%,是上海浦东发展银行的三倍还多。这种直接成本意味着,股东向发行人投入的资金不能全部用于公司的生产经营活动,但股东将按照其全部投资成本向上市公司要求必要的投资回报,这加大了上市公司的经营难度。以宇通客车股份有限公司为例,假设该公司股东要求的投资收益率为8%,由于股东每投入100元公司只能得到96.18元,因此,该公司必须用96.18元为股东产生8元的税后利润,这就要求其实际收益率要达到8.3%以上。

10.5 发行普通股筹资的利弊

10.5.1 发行普通股筹资的优点

发行普通股筹资具有如下一些优点:

第一,普通股作为公司主要的权益资本是对企业的永久性投入,没有到期期限,因此具有使用稳定、安全的特点。对公司老股东来讲,新进入的投资者与他们承担同样的风险。相对于债务融资,普通股融资使得老股东承担的风险较低。

第二,普通股股东的投资回报为税后利润,与利息相比,不具有强制性。即企业有利润、有能力时可以向股东分配利润,而当企业分配能力不足时,可以减少分配甚至暂时停止分配利润,利息支出不具备这种灵活性。

第三,通过上市,公司可以大大提高知名度。

第四,由于监管部门对公司上市有严格的要求,因此,公司上市要求得到批准是对公司经营状况和信誉的肯定,有助于提高公司在市场上的信誉水平,对公司进一步筹资(如申请银行借款)和开展商业活动有很大的帮助。

第五,公司上市不但可筹得大量资金,同时还会产生大量对公司密切关注的公众股东,对于那些生产消费品或从事服务业的上市公司来说,公众股东可能成为公司未来的客户。

10.5.2 发行普通股筹资的弊端

尽管存在着上述优点,但公开发行股票筹资也存在着明显的缺点,主要有:

第一,公开发行股票会产生大量的直接成本。

第二,公开发行股票还会产生大量的隐性成本。隐性成本可能来自于信息不对称情况下的逆向选择,也可能来自于经理与股东之间的代理成本。参见本章10.3.3小节。

第三,为了对广大投资者负责,上市公司负有严格的信息披露义务。上市公司必须定期和不定期地向社会公布公司的财务报表、投资计划以及种种与公司经营活动有关的"重大事项"。信息披露的作用之一是提高公司的透明度,减少上市公司与投资者之间的信息不对称。但是,透明度的增加会相应降低公司经营活动的隐蔽性,使公司的竞争对手更容易了解公司的经营动向,对公司的市场竞争地位带来不利影响。

第四,可能会稀释老股东的控制权。如果公司老股东不能按原持股比例购入增发的普通股,则必然会有新股东进入公司,从而导致公司老股东的持股比例下降。新股东的加入会稀释老股东拥有的投票权。

10.6 优先股筹资

10.6.1 优先股简介

至 2012 年年底,虽然《公司法》和《证券法》都给未来建立优先股制度预留了一定空间,但是均未明确赋予优先股以合法地位,因此,我国 A 股市场的上市公司迄今尚未发行优先股。因此本节以美国相关制度为背景进行介绍。

优先股的性质

优先股是介于普通股与公司债之间的一种筹资工具,兼具二者的特点。优先股股东对公司的投资在公司注册成立后不得抽回,其投资收益从公司的税后利润中提取。在公司清算时优先股股东对公司财产的要求权排在公司债权人之后。从公司资本结构上看,优先股属于公司的权益资本。这些都表明优先股具有股票的部分性质。

另一方面,与普通股相比,优先股股东在利润分配和财产清偿方面又有优先于普通股股东的权利。在利润分配上,股份公司要在支付优先股股东应得的股利之后,才能向普通股股东支付股利。另外,优先股股利通常是按照其面值的固定比例支付的,一般不随公司经营业绩变化。当公司因故解散清算时,在偿清全部债务和清算费用之后,优先股股东有权按照股票面值先于普通股股东分配公司的剩余资产。这些优先于普通股的权利,说明优先股具有公司债的部分性质。

优先股具有面值,而且其面值有着重要意义。第一,优先股的面值代表着优先股股东在公司清算时应得的资产数额;第二,优先股的面值是计算优先股股利的基础。

优先股的权利

优先股具有如下权利:

(1) 利润分配权。优先股股东在利润分配上有优先于普通股股东的权利。一些国家的股份公司的章程规定,在公司未发放优先股股利之前,不得发放普通股股利。有时,为了保护优先股股东的利益,公司还规定在某些特殊情况下不得发放普通股股利。例如,有些公司规定,当流动比率低于某一临界水平时,不得发放普通股股利,以使公司能够保留较多的现金供经营之用。

(2) 剩余财产请求权。当公司因经营不善而破产时,在偿还全部债务和付清清理费用之后,如有剩余资产,优先股股东有权按票面价值先于普通股股东得到偿还。

(3) 投票权。优先股股东的管理权限受到严格的限制。通常,在股东大会上,优先股股东没有表决权,但是,当公司研究与优先股有关的问题时有权参加表决。

10.6.2 优先股的分类

与普通股不同,优先股的种类较多,不同类型的优先股在某些具体权利上有一定区别。

累积优先股与非累积优先股

累积优先股是指欠发的股利可以累积到以后的年度一起发放,积欠的股利一般不计利息。公司只有在发放完积欠的全部优先股股利后,才能发放普通股股利。例如,某公司因经营不善,某年未能发放每股 10 元的优先股股利(优先股的面值为 100 元,股利率为 10%)。次年公司经营状况好转,盈利增加,有能力支付优先股股利和发放普通股股利。公司首先需要发放每股 20 元的优先股股利(其中 10 元为前一年积欠的股利),然后才有权发放普通股股利。

非累积优先股是指欠发的股利不再补发的优先股。若公司某年因故无力支付优先股股利,今后盈利时,只需付清当年的优先股股利,就可以发放普通股股利,以前积欠的优先股股利不再补发。如上例,次年公司在发放当年每股 10 元的优先股股利后就可以发放普通股股利。

参加优先股与非参加优先股

参加优先股是指优先股股东在获取定额股利后,还有权与普通股股东一起参加剩余利润的分配。其特点是,在股份公司的利润增大时,优先股股东除可按固定股利率分取股利外,尚可分得额外红利。参加分配优先股股票由于参与利润分配方式不同,又可分为全部参加分配的优先股和部分参加分配的优先股。

全部参加分配的优先股股东有权与普通股股东共享本期剩余利润。例如:某股份公司发行普通股股票 10 万股,同时还发行了每股面值 10 元、年股利率 8%(即每股每年分得 0.8 元的优先股股利)的全部参加分配优先股 15 000 股。公司某年有足够的税后利润用于现金股利发放,公司决定在发放优先股股利的基础上,同时对普通股发放每股 1.2 元的现金股利。这时,全部参加分配的优先股可以分两次分得现金股利。

优先股第一次分配的股利为:

$$15\,000 \times 0.8 = 12\,000 (元)$$

优先股第二次分配的股利为:

$$(1.2 - 0.8) \times 15\,000 = 6\,000 (元)$$

普通股股东分配的股利为:

$$100\,000 \times 1.2 = 120\,000 (元)$$

优先股股东分得的股利为 18 000 元,普通股股东分得的股利为 120 000 元,优先股股票同普通股股票分得的每股现金股利相同,均为 1.2 元。

部分参加分配的优先股股东有权按规定额度与普通股股东共同参加利润分配。上例中,若优先股规定按每股 1 元参加剩余利润分配,则:

优先股第一次分配的股利为：
$$15\,000 \times 0.8 = 12\,000(元)$$
优先股第二次分配的股利为：
$$(1.0 - 0.8) \times 15\,000 = 3\,000(元)$$
优先股的股利总计为 15 000 元，优先股每股股利为 1.0 元，低于普通股每股 1.2 元的现金股利。

不参加分配的优先股按固定股利率分配现金股利，不能参加剩余利润分配。

可转换优先股与不可转换优先股

可转换优先股的股东，有权根据优先股发行的规定，在将来一定时期内将优先股转换为普通股。如果普通股价格上升，优先股股东可行使转股的权利，从中获利。如果普通股价格下跌，优先股股东便不行使转股的权利，继续享受优先股的股利。可转换优先股使其股东处于很有利的地位：在公司经营不稳定时受到保护，在公司业绩良好时分享公司的经营成果。但这种优先股在出售时价格较高，公司发行可转换优先股可筹到更多的资金，普通股股东不会因为公司发行这种金融工具遭到利益侵害。

可赎回优先股与不可赎回优先股

可赎回优先股是指发行人按照发行时的规定，可在将来某一时期按规定的价格赎回发行的优先股。这种优先股的权利与可转换优先股恰恰相反，可转换优先股的转股选择权属于优先股股东，可赎回优先股的赎回选择权属于发行人。由于这一原因，这种优先股的价格低于没有可赎回条款的优先股。

有表决权优先股与无表决权优先股

有表决权优先股是指优先股股东有权参与公司的管理，能够参加股东大会并选举董事，其表决权根据发行时的规定有所不同：

(1) 永久表决权。优先股股东与普通股股东具有同等地位，能永久参加股东大会，选举董事人选。但有些国家公司章程规定优先股股东每股票数仅为普通股股东的一定百分比。

(2) 临时表决权。在某些特定情况下授予优先股股东的表决权。例如，在优先股股利未能按时下发、拖欠严重时，优先股股东对公司经营就有一定的表决权。

(3) 特别表决权。在公司准备增加资产时，可能给予优先股股东一定的表决权，以保护他们的利益，特别是他们的各项优先权。

股利可调整优先股

股利可调整优先股是指股利率可以调整的优先股。其特点在于股利率不是固定的，是可以进行调整的。发行可调整优先股的目的在于调整股东权益。这种股利率变化与股份公司的经营状况无关，通常与市场基准利率挂钩。

10.6.3 优先股筹资的利弊

优先股筹资的主要优点是：

(1) 优先股的发行不会稀释原有普通股股东的控制权。

(2) 优先股是公司的权益资本,不是公司的负债,不会像公司债那样成为公司的强制性约束。公司在无力支付优先股股利时,可以拖欠,不会因此加剧公司资金周转的困难。

(3) 发行优先股不必以资产作为抵押,从而保护了公司的抵押融资能力。

(4) 有些国家对机构投资者投资优先股获得的股利收入在税收方面给予一定的优惠,从而降低了它们投资优先股的成本,也相应地降低了优先股的筹资成本。

(5) 优先股没有固定的到期日,不用偿还本金。公司发行优先股事实上等于使用无限期贷款,无偿还本金义务,也无须做再筹资计划。但是,大多数优先股又附有赎回条款,从而提高了发行人的灵活性。公司可以在财务状况较差时发行优先股,在财务状况好转后赎回。优先股既有利于公司解决资金短缺,又有利于公司控制资本结构。

优先股筹资的弊端主要表现在:

(1) 成本较高。债券利息属于税前成本,可以通过减少应纳税所得额减少所得税支出。而优先股股利是从税后利润中支出,没有税盾的作用,因而成本较高。

(2) 优先股在股利分配、资产清算等方面拥有优先权,因此在公司经营不稳定时会影响普通股股东的收益。

(3) 可能形成较重的财务负担。优先股要求支付固定股利,但又不能在税前扣除。当盈利下降时,优先股的股利可能会加重公司的财务负担,公司有时不得不延期支付,这将有损于公司形象。

(4) 优先股的限制较多。发行优先股时通常有许多限制条款,例如,对普通股现金股利支付的限制、对公司借债的限制等。

案例 10-3

中海油海外上市悲喜录

中国海洋石油股份有限公司(中海油)的母公司是中国海洋石油总公司(中海油总公司)。中海油总公司于1982年由国务院成立,全面负责中国海洋石油及天然气的勘探、开发作业管理,是中国第三大国有石油企业(前两家分别是中石油和中石化)。经过1999年重组后,中海油总公司拥有中海油91.5%的股权。中海油是中国主要的原油及天然气生产商,截至2000年9月30日,其净储量为18亿桶油当量,每日净生产量为24.318万桶油当量。中海油拥有45个油气资产的权益,生产作业主要集中于渤海湾、南海西部、南海东部和东海四个主要区域。在中国石油的三巨头中,中海油具有独特的魅力:体型最佳(包袱最轻,资产质量最好)、容貌最美(管理层的国际化程度最高,能够和国际投资者直接沟通)、魅力最大(独家拥有中国海洋石油勘探开发的专营权,盈利能力最强,而且拥有独立定价权,产品可以直接销往海外),是最早向国际资本市场发起冲刺的中国石油公司。

1999年之后,中国企业境外融资需求越来越大。1999年计划在香港上市的山东国电和黑龙江农垦北大荒等境内企业均未能按计划推出,政府于是加大了对准备在境外上市的公司的支持力度,使中海油能够以红筹股的方式包装上市。作为一家去香港上市的境内公司,中海油与1997年上市的中国移动一样在概念上有所突破。中海油绝大部分油田分布在中国近海,其上市意味着将国有矿产资源的部分权益出售给境外投资者,这是很大的突破。

考虑到香港特区政府即将发售盈富基金与中国移动配售新股对市场的冲击,中海油决定抢先上市,并聘请了所罗门美邦、第一波士顿、中银国际等三家著名投资银行为承销团。1999年9月,中海油计划发行20亿股新股,招股价介于8.46—9.61港元,集资25.6亿美元。中海油从1999年9月底开始全球路演,没料到的是,遇上美股下跌和国际市场油价下跌两个不利因素,投资者对中海油的路演反应冷淡。10月14日,中海油宣布将集资规模缩减为10亿美元,招股价降低为每股6.98港元。然而,一直到路演结束仍不能达到最低目标,中海油于是决定暂停上市计划。

有关人士分析,中海油1999年招股失败的主要原因包括以下几个方面:一是招股时机选择不当。当时全球主要股市狂跌(道琼斯指数一周之内跌去700点,香港恒生指数也下挫813点),国际油价低迷(油价由9月的每桶24美元下降到10月的每桶21美元),香港特区政府准备发售盈富基金和中国移动配售新股对市场流动性带来了一定的不利影响,以及中资企业受广信、粤海事件冲击公信力降至最低。这些因素都不利于中海油的IPO。二是定价失误。石油公司上市定价主要基于探明储量的估值、公司经营管理与资金运用等综合因素,同时参照市场上可比公司的价格确定,具有很大的弹性。但从市场反应来看,中海油1999年的IPO定价偏高。发现市场反应冷淡后被动降价,属于策略不当。三是承销团销售能力不足和市场定位失误。承销商认为亚洲市场不熟悉原油行业,将推销新股的重点放在美国。虽然美国的石油行业非常发达,美国股市也最能够接受石油公司,但美国投资者看到亚洲投资者的冷淡,也转而踌躇不前,遂使中海油初次上市失败。

中海油延迟招股是1999年数家上市受挫的红筹国企中规模最大的一家。中海油放弃招股,对即将在香港上市的多家境内公司产生了不利影响。尤其是随后要在香港上市的中石油和中石化,其上市之路是否还能顺利走下去引起了不少人的忧虑。

2000年4月,中石油在历经坎坷之后成功登陆境外资本市场。在中石油赢得开门红后,6月21、22日,中国联通也在纽约和香港成功上市,共融资64.31亿美元,创下中国境内公司境外融资金额的新记录。10月19日,中石化在香港、伦敦和纽约成功上市,融资34.6亿美元。10月底,早已在香港上市的中国移动收购境内包括京、津、沪在内7省市的移动业务,总收购价值328.4亿美元,募集资金75.5亿美元。2000年中石油、中国联通、中石化、中移动的连番上市集资,共募集资金约200亿美元。如此大规模集资,在国际资本市场也不多见。

此后,中海油将海外上市一事再次提上了日程。为保证上市成功,中海油更换了除中银国际之外的全部主承销商。进入2001年,中海油的上市准备已经到了最后阶段,为了确保招股成功,中海油做足了准备,但仍不敢有丝毫大意。在招股价方面,中海油是压低底线,以求必成。中海油此次计划发行16.4亿股,缩水了近4亿股;市盈率为7—8倍,还不到上次的1/3;计划募集资金14亿美元,也只是上次的60%左右。

中海油这次非常重视寻找国际战略投资者的支持。2000年10月,中海油通过配售引入新加坡国家投资公司、美国国际集团、亚洲基建基金、美邦保险香港、美邦保险百慕大、和记黄埔、港灯等八大战略投资者，它们合计共持有5.57亿股中海油股份，占扩大后已发行股本的6.96%，共筹集4.6亿美元。2000年11月份，壳牌石油又以2—3亿美元入股中海油。在经营业绩方面，中海油2000年的产量在9500万至9600万桶之间，2000年前9个月，中海油的利润约为80亿元人民币，预计2001年的净利润为12亿美元。中海油还有65%的储量没有得到开发，只要有足够的资金投入，产量将以每年13%—14%的复合增长率上升。国际基金经理们大多对中海油给予了正面的评价。

由于中石油和中石化已经先期上市，因此作为后来者的中海油为了吸引投资者的注意，可谓使出了浑身解数。在三大石化企业中，中海油是唯一以500股作为买卖单位的，中石油和中石化的股票每手均为2000股。之所以如此安排，是因为中海油招股价区间最低价为5.19港元，而中石油和中石化2001年2月2日收盘价仅为1.33港元和1.13港元，相比之下中海油是高价股，恐难吸引散户。为增加吸引力，中海油决定向港交所申请以500股为一手的买卖单位，以缩短同中石油和中石化两家公司之间的股价差距。在中海油的招股宣传片中，背景音乐节奏明快，以海洋的颜色作为主调，给观众一个生机勃勃的感觉。"GROWN"（增长）这个字在开首、结尾和中场出现了三四次之多。可见中海油极其重视集团充满生机和活力的特征。

虽然是第二次公开招股，中海油的路演推介过程也并非风平浪静。由于投资者比较了解中海油的管理层经验、素质以及公司的管理运作方式，因此不担心上述问题及企业办社会、人员剥离等问题，它们关心的主要问题是中海油海上对外专营权。为此，中海油以及承销团反复向投资者解释中国政府主管部门的明文规定。此外，闹得沸沸扬扬的还有东海天然气项目。某海外通讯社报道说，中国政府因为要先察看中石油的"西气东输"项目能否满足到上海的需要后，才考虑增加更多供应商，所以把中海油由东往西输送天然气项目延后至2003年实施。对此，中海油执行董事兼总裁傅成玉澄清说，中海油东海天然气项目同西气东输计划并不冲突。国家计委明确表示，中海油所从事的海上天然气的勘探、开发与西气东输同为我国石油工业的重点项目，两者的发展没有矛盾，东海天然气的勘探、开发将优先发展。

在历经波折之后，2001年2月底，中海油如愿登陆境外资本市场。

随着中海油正式挂牌香港联交所，2001年国企境外上市的序幕正式拉开。专家预测，始于2000年的这轮中国概念股集资高潮在2001年仍将持续。众多欧美投资银行对于2001年的中国概念股行情做出了较为乐观的预期。在中国宏观经济保持稳定高速增长的支撑下，在中国年内有望加入WTO的预期下，中国概念股的销售或许会进入一个扎实而稳健的阶段。

面对国企境外上市浪潮，有专家提醒要"冷静"。上市成功仅仅是进入国际资本市场的第一步，上市的目的不仅是在国际市场上筹集资金，而是要使国企真正成为具有国际竞争力的企业。

专家认为，2001年希望在境外上市的中国电信、中银集团及中国网通是否能够获得成功，不完全取决于它们如何包装、如何宣传，还取决于已经在境外资本市场上市的大型国企能否真正转换运作机制、走向市场。国企境外上市应注意可能面对的困难与问题。

首先，境内企业能否在境外资本市场上市，关键既不是各种关系与公关，也不是如何包装，而是企业本身的业绩。股东重视的不是公司的过去,而是公司现在的业绩,未来的发展前途,健全的法规、透明度高的信息披露以及严格的监督制度。

表10-12 中海油两次IPO主要数据比较一览

	第一次招股	第二次招股
时　间	1999年10月	2001年2月
发行股数	22亿股	16.42亿股
国际配售股数	20亿股	15.6亿股
占总发行股数比例	90.9%	95%
香港公开发售股数	2亿股	8 200万股
占总发行股数比例	9.1%	5%
招股价(港元)	8.46元—9.61元	5.19元—6.47元
集资总额	186亿元—211亿元	85.2亿元—106.2亿元
市盈率(P/E)	21.48—24.04倍	4.3—5.3倍(2000年) 6.8—8.0倍(2001年)
保荐人	所罗门美邦、中银国际	第一波士顿、美林、中银国际

数据来源:戚娟娟,2001年,"中海油上市悲喜录",《中国企业家》2001年第4期。

资料来源:"中海油上市:丑小鸭如何蜕变成了金凤凰",《世界经理人》2004年3月25日。

案例思考题

1. 中海油第一次IPO失败的原因有哪些?
2. IPO定价的分析在本案例中可以有哪些启示?
3. 根据中海油后来(包括现在)的市场表现,讨论为什么IPO存在着许多困难。

案例10-4

IPO时机、定价与成本——建设银行香港联交所上市

一、建行背景

建行的历史可以追溯到1954年,成立时的名称是中国人民建设银行,当时是财政部下属的一家国有独资银行,负责管理和分配根据国家经济计划拨给建设项目和基础建设相关项目的政府资金。1979年,中国人民建设银行成为一家国务院直属的金融机构,并逐渐承担了更多商业银行的职能。

随着国家开发银行在1994年成立,承接了中国人民建设银行的政策性贷款职能,中国人民建设银行逐渐成为一家综合性的商业银行。1996年,中国人民建设银行更名为中

国建设银行。

中国建设银行股份有限公司是2004年9月从中国建设银行分立出来的。在银监会批准之后,中国建设银行、中国建投与汇金公司于2004年9月15日签署分立协议。根据此份协议,中国建设银行分立为中国建设银行股份有限公司和中国建投。

中国建设银行股份有限公司(以下简称建行)是一家在中国市场处于领先地位的股份制商业银行,为客户提供全面的商业银行产品与服务。截至2005年6月30日止,该行总资产达人民币42 241亿元(5 218亿美元),贷款总额达人民币23 744亿元(2 933亿美元),存款总额达人民币37 813亿元(4 671亿美元)。建行主要经营领域包括公司银行业务、个人银行业务和资金业务,多种产品和服务(如基本建设贷款、住房按揭贷款和银行卡业务等)在中国银行业居于市场领先地位。

建行拥有广泛的客户基础,与多个大型企业集团及中国经济战略性行业的主导企业保持银行业务联系,营销网络覆盖全国的主要地区,设有约14 250家分支机构,在香港、法兰克福、约翰内斯堡和汉城等地设有分行,在纽约和伦敦设有代表处,并在香港拥有一家子银行建新银行有限公司(该公司已于2005年11月2日起更名为中国建设银行(亚洲)有限公司,简称"建行亚洲")。

在《银行家》杂志根据2004年12月31日总资产的全球银行排名中,建行名列第35位。2005年,建行被《银行家》杂志评选为年度"中国最佳银行",是本年度中国银行业中唯一获此殊荣的银行。多家国际评级机构对建设银行均给出了较高的信用评级,最新评级如表10-13所示:

表10-13　国际评级机构对建设银行的信用评级

评级机构	长期	短期	展望	财务实力
标准普尔	BBB+	A-2	稳定	C
穆迪	A2	P-1	稳定	D-
惠誉	A-	F2	稳定	D

二、上市过程

(一) 基础分析

基础分析,是指拟上市企业的保荐人或承销商通过尽职调查、研究企业现状,和企业一起解决历史遗留问题,挖掘未来增长潜力,引进新的管理体制与机制,并制定未来业务发展战略与计划(包括引进战略投资者)。经过这一重组过程,企业价值得到充分提升,并达到上市的监管与披露标准。在此基础上,承销商分析企业的业务发展前景和未来财务表现等多种影响企业未来价值的基本要素,与市场可比公司做出对比,同时考虑国际资本市场环境,对拟上市企业的价值做出一个初步的估计。上市银行估值水平的高低通常主要看市净率(每股市价/每股净资产)指标的高低。

建行承销商根据企业重组改制的进展及战略投资者的引入,给出了较好估值。经过基础分析后,承销商分析师的研究报告给予建行的估值范围普遍为1.8倍至2.0倍的市净率,显著高于当时亚洲其他新兴市场上市银行的市净率水平,与全球一流的商业银行如汇丰银行、花旗银行1.9倍至2.0倍的市净率相当。

(二) 市场调查

市场调查是承销商向投资者介绍拟上市公司的投资潜力及其估值分析,投资者根据承销商的推介以及自己的研究,对公司的估值做出初步判断,并反馈给承销商和发行人。如果投资者认可公司的发展前景,他们可能接受较高的估值;反之,他们接受的估值水平较低,甚至拒绝参与认购拟上市公司的股票。

在建行发行前的市场调查中,国际投资者普遍认可建行重组改制的成效以及引进美国银行作为战略合作伙伴的积极作用,看好建设银行的投资潜力,因此建行和主承销商在市场调查后将首次发行价格区间定为每股1.80港元至2.25港元,对应2005年市净率1.59倍至1.90倍。考虑到投资者出价一般有一定的折扣,建行上市后股价可能有所上升,发行价格区间的高端意味着建行的市场估值水平高于许多一流可比公司。

(三) 路演定价

管理层同投资者进行一对一路演和最后定价是境外发行定价过程中最后也是最重要的一环。对许多海外长线机构投资者而言,管理层的能力和表现是公司股票长期增值最根本的保证。如果管理层推介效果良好,投资者将能接受在发行价格区间里更高的价格,认购也会更踊跃。如果条件允许,在路演过程中甚至可以提高发行价格区间。

对于建设银行境外上市,由于投资者看好中国经济和银行业的发展前景,肯定建行重组改制的成效以及引进国际知名企业作为战略投资者的积极意义,认可建行管理层所推介的投资亮点,路演第一周市场反应热烈,建行管理层和承销商最终决定将发行价格区间提高至每股1.90港元至2.40港元,对应的2005年市净率为1.66倍至2.0倍市净率。

由于路演推介效果理想,建行最后定价在2.35港元,接近调整后价格区间的高端,市净率约为1.96倍,比国际一流商业银行汇丰银行股票当时1.87倍的市净率高5%,表明定价取得成功。建行绿鞋期权实施后(即实施15%的超额配售选择权后)的融资规模达到92亿美元,创下了多项辉煌纪录:是有史以来融资规模最大的中国境内公司公开发行上市,有史以来全球最大的商业银行IPO,有史以来全球第六大IPO,以及近五年半全球最大IPO。

与其他大型国企境外上市案例类似,建行的重组改制,包括建立有效的激励约束机制、引进国际知名企业作为战略投资者,成功地实现了国有资产的保值增值,建行的国有发起人股在重组上市过程中获得了135%的回报。建行的成功定价及上市也从一个侧面反映了近年来随着经济的发展,中国境内企业在国际资本市场的整体估值水平获得了显著提升。

三、主要数据

建设银行招股说明书可以在香港联交所网站 http://www.hkex.com.hk 找到。

(一) 财务预测

表 10-14　建设银行上市前财务预测　　　　　　　　　　人民币:百万元

	财务预测(12月底)				
	2002	2003	2004	2005F	2006F
利息收入	116 554	132 471	147 196	170 346	186 527
贷款	85 767	101 554	110 603	129 406	142 346
银行同业	8 711	7 644	8 146	7 983	7 903
投资	21 428	22 794	28 196	32 707	35 978
其他	648	479	251	250	300
利息支出	−37 688	−41 532	−45 708	−53 183	−58 256
存款	−34 511	−39 103	−43 051	−49 509	−54 460
同业拆借	−3 002	−2 045	−1 805	−1 715	−1 680
其他	−175	−384	−852	−1 960	−2 116
净利息收入	78 866	90 939	101 488	117 163	128 271
非利息收入	6 333	7 665	12 488	13 112	14 817
净服务及佣金收入	3 662	4 581	6 471	8 736	9 697
股息收入	1 049	952	777	650	600
其他收入	1 622	2 132	5 240	3 727	4 520
总营运收入	85 199	98 604	113 976	130 275	143 088
营运支出	−37 366	−45 289	−46 960	−52 126	−56 556
商业税项和其他支出	−5 334	−5 516	−6 459	−7 482	−8 251
商业税	5.80%	5.10%	5.20%	5.30%	5.30%
拨备前利润	42 499	47 799	60 557	70 668	78 281
拨备	−20 097	−10 162	−9 358	−12 996	−11 397
贷款	−19 602	−9 662	−6 109	−10 996	−9 897
其他	−495	−500	−3 249	−2 000	−1 500
税前利润	22 402	37 637	51 199	57 671	66 884
税项	−11 068	−8 640	−2 159	−12 111	−22 072
税率	49.40%	23.00%	4.20%	21.00%	33.00%

(续表)

	财务预测(12月底)				
	2002	2003	2004	2005F	2006F
净利润	11 334	28 997	49 040	45 560	44 812
增长率	−1.20%	155.80%	69.10%	−7.10%	−1.60%
经常性净利润	11 334	28 997	33 560	37 760	44 812
增长率	155.80%	15.70%	12.50%	18.70%	
发行股数(百万)	186 230	186 230	194 230	224 694	224 694
每股盈利(人民币)	0.06	0.16	0.25	0.2	0.2
增长率	—	156%	62%	−20%	−2%
每股经常性盈利(人民币)	0.06	0.16	0.17	0.17	0.2
增长率	—	156%	11%	−3%	19%
每股账面值(人民币)	−0.72	1.01	1.01	1.33	1.46

(二) 定价

建设银行发行价格为2.35元,市净率1.96倍。与其他已经上市银行的比较结果如下:

表10-15 与内地同业的比较

银行	代码	市值(人民币百万元)	股价/账面值
浦东银行	600000	32 495	2.4
华夏银行	600015	17 808	1.9
招商银行	600036	64 613	2.9
民生银行	600016	34 532	2.7
深圳发展银行	000001	11 208	2.6
交通银行*	3328	147 718	2.5
平均			2.5

* 交通银行在香港上市,其市值计价单位为港币。

表10-16 与香港上市银行的比较

银行	代码	市值(港币百万元)	股价/账面值
汇丰控股	0005	1 397 899	1.9
中银香港	2388	161 235	2.4
东亚银行	0023	34 417	1.6
工银亚洲	0349	11 044	1.2
平均			1.8

(三) 承销

1. 承销团

联席牵头经办人:中国国际金融(香港)有限公司,摩根士丹利添惠亚洲有限公司,瑞士信贷第一波士顿(香港)有限公司,建银国际金融有限公司

副牵头经办人:法国巴黎百富勤融资有限公司,中信资本市场有限公司,香港上海汇丰银行有限公司,东英亚洲有限公司

副经办人:美国银行(亚洲)有限公司,招商证券(香港)有限公司,招银国际金融有限公司,国泰君安证券(香港)有限公司,申银万国融资(香港)有限公司,南华证券投资有限公司,大福证券有限公司

2. 承销费用:佣金及开支

招股说明书中对承销费用说明如下:

香港承销商将收取香港发售股份的应付发售价的2.5%作为总承销佣金,并从中支付任何分承销佣金。至于重新分配至国际发售的未获认购的香港发售股份,本行将按适用于国际发售的比率支付一笔承销佣金,该笔佣金将会支付给联席账簿管理人及有关承销商(香港承销商除外)。

佣金及费用总额,连同上市费用、证监会交易征费、投资者赔偿征费、香港联交所交易费、法律及其他专业费用,以及印刷及其他与全球发售有关的开支,预计共约为16.67亿港元(假设发售价为2.15港元,即本行指示性发售价范围的中位数,无行使超额配股权)。

(四) 投资者反应

建设银行最终以每股2.35港元的发行价公开发售了12%股份,最终筹资额达到92亿美元。这次发售收到了大约10倍于计划发售额的认购申请,来自机构投资者的认购额是600亿美元。

四、上市后股价

(一) 上市后一个月的交易价格

表 10-17　　　　　　　　　　　　　　　　　　　　　　单位:港元

日期	当日最高	当日最低	收市价
27/10/2005	2.375	2.350	2.350
28/10/2005	2.350	2.300	2.350
31/10/2005	2.350	2.325	2.350
01/11/2005	2.350	2.325	2.350
02/11/2005	2.350	2.325	2.325
03/11/2005	2.350	2.325	2.350

(续表)

日期	当日最高	当日最低	收市价
04/11/2005	2.350	2.325	2.350
07/11/2005	2.350	2.325	2.350
08/11/2005	2.350	2.325	2.350
09/11/2005	2.450	2.325	2.450
10/11/2005	2.500	2.425	2.500
11/11/2005	2.525	2.475	2.500
14/11/2005	2.500	2.450	2.475
15/11/2005	2.475	2.425	2.450
16/11/2005	2.475	2.450	2.450
17/11/2005	2.475	2.425	2.475
18/11/2005	2.500	2.450	2.500
21/11/2005	2.550	2.475	2.525
22/11/2005	2.550	2.475	2.525
23/11/2005	2.525	2.500	2.525
24/11/2005	2.575	2.500	2.550
25/11/2005	2.575	2.525	2.575

(二) 建设银行(0939)价格走势图

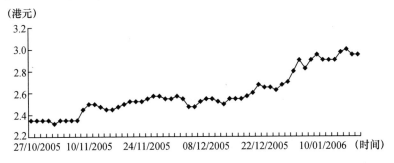

图 10-4　建设银行收市价

资料来源:王汀汀根据相关资料编写。

本章小结

本章讲述了权益资本融资。(1)创业资本是对处于初创阶段企业的权益资本投资,它不仅给创业者带来资金,还带来经验与管理,并在企业创业成功后变现退出。(2) 创业者和创业资本的价值在融资过程中的不断增加是它们所创业绩的(未来收益)价值在资本市场上的体现,不是资本魔方的变化。(3) 股份公司首次向公众投资者公开发行股票称为股票的首次公开发行(IPO),首次公开发行股票的公司必须满足一定的条件,并按照相应的程序进行操作。(4) 股票首次公开发行通常要委托投资银行等中介机构提供各项服务,并支付相应费用,这些费用构成股票首次公开发行的直接成本。同时,股票的首次公开发行普遍存在着明显的折价现象,这是股票首次公开发行的最大的成本之一。对IPO折价的解释包括"赢者诅咒"、"信号传递"以及"行为金融"等多种。(5) 配股、增发股票和非公开发行股票都是上市公司进行股权再融资的手段。配股是对现有股东按照股权持有比例发行股票,增发股票是对所有潜在投资者发行股票。配股和增发股票同样要履行必要的手续,并由投资银行等中介机构提供服务。非公开发行股票是上市公司采用非公开方式,向特定对象发行股票的行为。2005年之后,上市公司开始流行非公开发行。相对于配股和增发股票,非公开发行股票的监管条件要宽松得多。(6) 股票的首次公开发行和股权再融资的定价如果偏离了股票的合理价值,会造成新老股东之间的价值转移,从而影响他们的财富。(7) 上市公司增发股票通常会导致股票价格的下跌,此现象存在多种解释,较典型的解释是信号传递效应。(8) 优先股是一种权益资本,其持有人先于普通股股东取得固定回报,在公司清算时也先于普通股股东获得清偿。截至2012年年底,我国尚未明确赋予优先股合法地位。

思考题

1. 什么是创业投资?如何解释创业资本的增值?
2. 普通股股东的基本权利与义务是什么?
3. 优先股股东的基本权利与义务是什么?
4. 什么是股票发行的包销与代销?
5. 为什么发行普通股筹资的成本较高?
6. 股票首次公开发行的价格超过原股东股票的每股账面价值这一现象是否合理?为什么?
7. 什么是股票首次公开发行(IPO)的折价现象?哪些理论可以解释这一现象?
8. 处于财务困境中的上市公司可以公开发行新股融资吗?为什么?
9. 用"稀释效应"解释增发新股公告导致股票价格下跌的现象的缺陷是什么?
10. 什么是股票发行的信号传递效应?

计算题

1. 创业者用"中西结合治疗乙肝"的专利和药品开发计划书获得了A公司200万元

的风险投资,双方合作成立了"新星药业公司"。作为交换,A 公司获得"新星药业公司" 40% 的股权。

经过 1 年的工作和努力,该项目完成了药品临床试验,同时需要再融资以进行批量生产和市场推广。新的资金需求为 1 000 万元,新的融资来自另一家风险投资公司 B。B 公司获得公司 50% 的股权。

请编制初次融资和二次融资后的资产负债表。

2. "明天"公司刚刚进行 IPO 并顺利上市。此次对外发行股票为 10 000 股,每股发行价格 15 元。发行直接成本为筹资额的 5%。股票上市首日的收盘价格为 17 元。计算明天公司此次股票发行的折价成本和全部成本。

3. B 公司欲通过配股方式发行普通股,已知配股前公司普通股为 50 万股,公司计划以每股 30 元的配股价配售 10 万股新股,此后市场股价为每股 40 元,同样忽略发行费用和市场炒作因素,问配股前 B 公司的股价是多少?

4. L 公司准备通过配股筹措 1 200 万元的资金。目前该公司发行在外的普通股为 100 万股,市场价格为每股 84 元,公司准备以每股 60 元的价格配售新股。问:

(1) 为筹措到所需的资金,公司需要配售多少股股票?

(2) 如果每 1 股股票有 1 个配股权,为得到 1 股新股需要多少配股权?

(3) 每个配股权的价值是多少?

5. H 公司准备通过配股筹措 3 500 万元的资金。目前该公司发行在外的普通股为 200 万股,市场价格为每股 50 元,公司准备以每股 35 元的价格配售新股。问:

(1) 为筹措到所需的资金,公司需要配售多少股股票?

(2) 如果每 1 股股票有 1 个配股权,为得到 1 股新股需要多少配股权?

(3) 每个配股权的价值是多少?

6. 假设 A 公司有 10 000 股普通股,每股价值 40 元,公司股票的市场价值为 40 万元。假设公司分别按 40 元、20 元和 10 元的价格发行 5 000 股新股。计算每一种发行价格对现有股票价格产生的影响。

7. C 公司正在考虑一项配股发行。公司现有股票的每股价格为 25 元,共有 10 万股发行在外的普通股。公司将以每股 20 元的价格发行 10 000 股新股。

(1) 除权后的股价是多少?

(2) 公司新的市场价值是多少?

8. 某公司股票目前的市场价格为 45 元,为了筹集资金,公司要进行配股。要购买一股新的股票,股东必须花 10 元和 3 份配股权。

(1) 股票除权价格是多少?

(2) 每个配股权的价值是多少?

(3) 股价下跌出现在什么时候?为什么?

9. 某公司的股东权益状况如下表所示:

单位:元

普通股(面值每股2元)	130 000
股本溢价	195 000
留存收益	1 040 000
总计	1 365 000

(1) 该公司发行在外的股份有多少股?

(2) 该公司股票的发行价格是多少?

(3) 该公司每股股票的账面价值(每股净资产)是多少?

第 11 章 债务与租赁融资

债券是债务人发行的,承诺向债权人定期支付利息和偿还本金的一种有价证券。债券作为长期债务资金的主要来源,在企业债务筹资中起着举足轻重的作用。在第 3 章,我们讨论了债券的估值问题。本章讲述债券融资的相关问题。

11.1 债券筹资

11.1.1 债券的分类

根据不同的标准,公司债券可以分为不同的类别。

有担保债券和无担保债券

(1) 有担保债券

有担保债券是指以一定的公司财产作为担保而发行的公司债券。根据担保形式的不同,又可进一步分为抵押债券、质押债券和保证债券。

① 抵押债券是发行人以土地、房屋、设备等不动产作为还本付息的抵押担保物发行的债券。当债务人到期无力还本付息时,债权人有权处理抵押品作为抵偿。当某一抵押物的价值大于所担保的债权的价值时,其余额部分可以再次作为发行新债券的抵押品,从而产生所谓顺位抵押债券,即把具有同一抵押物的公司债券根据要求清偿的优先顺序分为第一顺位抵押债券、第二顺位抵押债券等。当抵押物处理后,所得价款按抵押顺位分配,抵押顺位在前者具有优先分配权。

② 质押债券是指公司以其持有的动产和有关权利(如各种有价证券)作为质押品而发行的公司债券。发行这类债券的债务人通常要将其作为抵押品的动产或有价证券交由债权人或委托有关信托机构保管,当债务人无力偿债时,由债权人直接处理或由信托机构代为处理作为质押的资产并用于偿债。由于这种质押债券的质押品本身的价值不够稳定,有时还与发行人的资信状况密切相关(如当作为质押的有价证券是发行人的子公司的股票或债券时),所以,这类债券的投资者在购买债券时,不但要了解债券发行人的资信状况,而且要了解作为质押品的有价证券本身的资信状况和价值的稳定性。

③ 保证债券是指由第三方担保偿还本息的债券。根据我国《担保法》的规定,"具有代为清偿债务能力的法人、其他组织或者公民,可以作保证人","国家机关不得为保证人,但经

国务院批准为使用外国政府或者国际经济组织贷款进行转贷的除外"。在实际操作中,企业债券多由其他企业或银行(包括非银行金融机构)作为保证人,保证人的经济实力越强,债券的可靠性越高,其中由政府出面保证的债券称为政府保证债券,其可靠性最高。

(2) 无担保债券

无担保债券是一种没有载明具体资产抵押品作为担保,仅凭企业信誉而发行的公司债,故又称"信用公司债"。这类债券按其信用程度的高低,又可以划分为信用债券、从属信用公司债和收益债券三种。

① 信用债券。由于信用公司债发行时没有以具体的资产作为担保,投资者仅凭公司的盈利能力作为其保证,一旦公司清算,信用债券持有者便成为企业的一般债权人。尽管信用公司债没有担保,但其持有者仍受到债券契约规定的各种限制性条款的保护,特别是限制抵押条款,这一条款限制公司将其资产抵押给其他债权人,由此使投资者相信借款企业的资产将完整无损。

② 从属信用公司债。它是指收益和资产的求偿权次于其他债务的公司债。一旦公司破产清算,只有当有担保和无担保的债权人得到全部偿付之后,从属信用公司债的持有者才有可能从剩余财产中得到偿付。但在清算时,从属信用公司债持有人的求偿权仍居于优先股股东和普通股股东之前。

由于从属信用公司债在公司清算时处于所有现在及未来债务之后,因此,优先债权人在评估一家公司的财务状况时,通常将其视同股东权益处理。与优先股相比,优先股股利不能抵税,而从属信用公司债的利息可以抵税,因而较受发行公司欢迎。从理论上讲,由于其求偿权的性质,从属信用公司债的报酬必须高于一般信用公司债的报酬,才足以吸引投资者。从属信用公司债经常附有可转换条款,可以转换为普通股。从债权人的角度看,不论从属信用公司债是否转换为普通股,公司的股东权益不变。

③ 收益债券。只有在公司获利时,才支付利息给债券持有人的债券,称为收益债券。收益债券具有累积性质,即某一特定年度的未付利息可以积累起来。如果公司确实盈利,它必须在盈利许可范围内支付累积利息,但累积期限一般不超过3年。显然,这种债券给予投资者以固定报酬的允诺相对较弱。尽管如此,收益债券的求偿权仍然处于优先股和普通股以及任何从属信用公司债之前。收益债券的利息除可以抵税外,还可以与优先股和普通股股利一样,只有当企业盈利时才予支付。

可转换债券与不可转换债券

可转换债券是指根据债券合同规定,债券持有人可以在一定时期内按照事先规定的转换比率或转换价格将其转换为普通股股票的公司债券。债券持有者可以在条件有利的时候将可转换债券转换成公司普通股股票,而在条件不利时则不进行转换。由于这种债券给了债权人更多的选择权利,因此其利息成本低于不可转换债券。

可赎回债券和不可赎回债券

可赎回债券是发行公司可以按照发行时规定的条款,依一定的条件和价格在公司认为合适的时间提前赎回的债券。一般来讲,债券的赎回价格要高于债券面值,高出的部分称为"赎回溢价",赎回溢价可按不同的方式确定。比如,某债券的年利息额为 I,在发行后的第 t 年被赎回,其赎回溢价为:

$$P = I - t\left(\frac{I}{N}\right)$$

式中:N 为债券期限;t 为债券赎回的时间。若债券的面值为 1 000 元,利息率为 10%,期限为 10 年的可赎回债券若在发行后第 5 年赎回,则其赎回溢价为:

$$100 - 5 \times (100/10) = 50 \text{ 元}$$

因此,债券的发行公司在第 5 年可以按照每张债券 1 050 元的价格从债权人手中提前赎回债券。

可赎回债券关于提前赎回债券的规定是对债券发行公司有利的,但同时却有可能损害债权人的利益。比如,若公司发行债券后市场利率降低,公司可利用债券的可赎回性,采用换债的方法提前赎回利息较高的债券,而代之以利息较低的债券。而如果市场利率在债券发行后进一步上升,发行公司可以不提前赎回债券,继续享受低利息的好处。这样,利息变动风险将完全由债权人承担。当然,为了弥补债权人的损失,可赎回债券的投资收益要高于同样条件的不可赎回债券。

浮动利率债券与固定利率债券

固定利率债券的利息率在整个债券期限内是固定的,大多数债券都属于固定利率债券。浮动利率债券的利息率在整个债券期限内是随市场利率变化而变化的。这种债券在发行时,规定好一定的期限和相对于某一具有代表性的基准利率(如 LIBOR——伦敦银行间同业拆借利率)之上的利率差,债券发行者实际支付的利息将随基准利率水平的变化而变化。在利率频繁变动的时期,不论是债券的发行者还是购买者,都对利率的长期趋势感到难以把握,担心因债券利率固定而在市场利率变化时蒙受损失。解决这一问题的方法之一是利用短期负债,但是,如果债务人需要长期使用资金,就面临着需要不断进行短期负债展期的问题,这在一定程度上增大了筹资风险。浮动利率债券是解决上述问题的另一有效途径。由于债券利率随市场利率水平变化而变化,浮动利率债券的发行方与购买方同时避免了对债券利率固定而产生的担心。

其他类型的债券

(1) 附认股权债券

附认股权债券是指在发行正常债券的同时,附有一份认股权证。认股权证是一种允许债券持有人按照某一特定的价格,购买一定数额普通股的长期选择权。它通常被用来作为给予债券持有者的一种优惠而随附债券发行,以吸引潜在的购买者。

(2) 零息债券

零息债券是折价发行、债券期限内票面利息率为零的债券。其特点是债券持有者以低于债券面值的价格(折价)购入债券,在债券有效期内不领取利息,待债券到期时按面值领回债券本金。零息债券的本金实际上就是债券的全部本息和。比如,某公司于 1982

年发行期限为10年的零息债券,债券面值1 000元,发行价225元,债券持有者可于1992年按债券面值从债券发行者处领取1 000元债券本金。按复利计算,这一零息债券相当于面值225元、利息率为16%、按面值发行的附息债券。

对债券投资者来说,零息债券有以下两个优点:一是它可以在一个确定的时间集中向投资者提供一笔收入,适合那些在未来某一时期有大笔支出的投资者投资;二是它避免了债券利息的再投资问题,减少了投资者的再投资风险。上述优点使其对某些投资者很具吸引力。对债券发行者来说,零息债券除因其特有的性质可以吸引投资者购买外,还具有在整个债券期限内不需发生任何现金流出的特点。但是,零息债券也存在缺点:一是对债权人来说,由于所有投资收益都只能在债券到期时实现,所以其价格波动大于附息债券;二是对发行者来说,在债券到期时需要为还债支付大量的资金,其数额通常远大于企业在发行零息债券时所筹措到的资金。

(3) 记名债券和无记名债券

根据债券的票面上是否记名,可以将债券分为记名债券和无记名债券。

记名债券是指在债券票面上注明债权人姓名,同时在发行公司的债权人名册上进行登记的债券。转让记名债券时,除要交付债券外,还要在债券上背书和在公司债权人名册上更换债权人姓名。投资者须凭印鉴领取本息。这种债券的优点是比较安全,缺点是转让时手续复杂。无记名债券是指在债券票面上未注明债权人姓名,也不用在债权人名册上登记债权人姓名的债券。无记名债券在转让后立即生效,无须背书,因而比较方便。

除上述分类外,公司债券还可按发行区域的不同分为国内债券与国际债券;按发行主体的不同分为政府债券、金融债券和企业债券;按期限长短分为长期债券、中期债券和短期债券,等等。这里不一一赘述。

11.1.2 债券的发行

私募发行与公募发行

债券可以私募发行,也可以公募发行。私募发行是指发行者面向少数特定投资者发行,其发行对象通常是与发行者关系密切的投资者。私募发行对象分为两类:一类是富有的个人投资者;另一类是与本发行单位有密切业务往来的企业、公司、金融机构等。私募发行有如下特点:① 私募发行一般多为直接销售,不通过中介人,不必向证券管理机构办理发行注册手续,可以节省开支和降低发行费用;② 发行额的多少与确定的投资人有密切的关系;③ 由于私募发行时不需发行注册,所以一般也不允许流通转让;④ 由于私募发行的转让等受到限制,且安全性一般低于公募发行,因此其收益率较高。

公募发行是发行者公开向不特定投资者发行证券的一种方式,也是公司债券最主要的发行方式。为了保护公众投资者的利益,在我国公募发行要有较高的信用级别,要经过发行申请并得到批准。与私募发行相比,公募发行有如下特点:① 发行范围广,面对投资者众多,发行难度大,要有承销商作为中介人帮助发行;② 发行人必须按规定向证券管理机构办理发行注册手续,必须在发行说明书中记载有关发行者详细而真实的情况,供投资人了解,不得有任何欺诈行为,否则将承担法律责任;③ 债券可以上市转让流通;④ 利率一般低于私募发行债券。

债券的发行条件与审批程序

为保证债权人的投资安全和国家正常的经济秩序,企业发行债券必须符合一定的条件并履行必要的审批程序。我国的债券发行主要受《公司法》和国务院1993年8月发布的《企业债券管理条例》①的约束。2006年5月7日之前,企业发行可转换公司债,主要受国务院证券委1997年7月发布的《可转换公司债券管理暂行办法》与证监会2001年4月发布的《上市公司发行可转换公司债券实施办法》的约束。2006年5月8日之后,《可转换公司债券管理暂行办法》与《上市公司发行可转换公司债券实施办法》被废止,企业发行可转换公司债,主要受《上市公司证券发行管理办法》的约束。

根据我国《证券法》的规定,发行公司债券必须符合下列条件:

(1) 股份有限公司的净资产额不低于人民币3 000万元,有限责任公司的净资产额不低于人民币6 000万元;

(2) 累计债券总额不超过公司净资产额的40%;

(3) 最近三年平均可分配利润足以支付公司债券一年的利息;

(4) 筹集的资金投向符合国家产业政策;

(5) 债券的利率不得超过国务院限定的利率水平;

(6) 国务院规定的其他条件。

公司向国务院证券管理部门申请批准发行公司债券,应当提交下列文件:

(1) 公司营业执照;

(2) 公司章程;

(3) 公司债券募集办法;

(4) 资产评估报告和验资报告;

(5) 国务院授权部门或者国务院证券监督管理机构规定的其他文件。

我国《公司法》规定,公司以实物券方式发行公司债券,必须在债券上载明公司名称、债券票面金额、利率、偿还期限等事项,并由法定代表人签名,公司盖章。

我国《公司法》还规定,发行公司债券的申请批准后,应当公告公司债券募集办法。公司债券募集办法中应当载明公司名称、债券总额和债券的票面金额、债券的利率、还本付息的期限和方式、债券发行的起止日期、公司的净资产额、已发行的尚未到期的公司债券总额以及公司债券的承销机构等主要事项。

---

① 2011年1月8日发布的《国务院关于废止和修改部分行政法规的决定》将《企业债券管理条例》第二十六条修改为:"未经批准发行或者变相发行企业债券的,以及未通过证券经营机构发行企业债券的,责令停止发行活动,退还非法所筹资金,处以相当于非法所筹资金金额百分之五以下的罚款。"

债券的发行

与股票发行类似,企业债券的发行也是通过投资银行(证券公司)进行的。在债券发行规模较大时,也要组织由主承销商牵头的承销团共同销售。同时,发债企业要向公众发布债券发行公告,公告《公司法》规定披露的有关事项和其他事项。

比如,2002年中国广东核电集团有限公司发行了总额人民币40亿元、期限15年的企业债券。负责该债券发行的主承销商是国家开发银行,副主承销商是大亚湾核电财务有限公司与华夏证券有限公司、国泰君安证券股份有限公司等10家证券公司。此外,还有光大证券有限责任公司等8家证券公司作为分销商参与此次承销工作。

11.1.3 债券合同

债券合同的基本内容

债券合同是明确记载债券发行者与投资者双方所拥有的权利与义务的法律文件,该文件通常要规定以下内容:① 债券的形式;② 抵押条款;③ 发行数量;④ 限制性条款;⑤ 关于债券提前赎回的规定;⑥ 债券的偿还方式,等等。表11-1是一个典型的美国债券所具有的基本条款。

表11-1 典型美国债券的基本条款

条 目		含 义
发行额	10 000万美元	公司发行价值1亿美元的债券
发行日期	10/21/1995	债券将在1995年10月21日发售
到期日	12/31/2024	债券的期限为30年
面值	1 000美元	到期时每张债券债权人将得到1 000美元本金
票面利率	10.50%	面值1 000美元,每年每张债券可得到105美元的利息
发行价	100%	按照面值的100%发行,即按照面值发行
到期收益率	10.50%	如果持有债券至到期日,年收益率为10.50%
付息日	12/31,6/30	在这两天可得到52.50美元的利息
担保	无	债券为信用债券
偿债基金	从2005开始按年度提取	偿债基金的提取额将能够支付面值的80%,本金将在到期时支付
赎回条款	在12/31/2005前不可赎回,赎回价格为1 100美元	这是一个延迟的可赎回债券,2005年12月31日之后公司可按照每张债券1 100美元的价格买回债券
债券级别	Moody's Aaa	Moody公司的最高级别,违约风险最低

资料来源:引自Stephen A. Ross等著,*Corporate Finance*, 6th ed., McGraw-Hill, 2002, p.564。

我国国务院发布的《企业债券管理条例》要求债券发行者必须制订发行章程,发行章程应包括下列内容:① 企业的名称、住所、经营范围、法定代表人;② 企业近三年的生产经营状况和有关业务发展的基本情况;③ 财务报告;④ 企业自有资产净值;⑤ 筹集资金的用途;⑥ 效益预测;⑦ 发行对象、时间、期限、方式;⑧ 债券的种类及期限;⑨ 债券的利率;⑩ 债券总面额;⑪ 还本付息方式;⑫ 审批机关要求载明的其他事项。

表 11-2 是我国北京能源投资(集团)有限公司 2005 年公司债券发行公告中所公告的债券基本特性。

表 11-2　北京能源投资(集团)有限公司 2005 年公司债券的基本特性

债券名称	2005 年北京能源投资(集团)有限公司公司债券(简称"05 京能债")
发行总额	人民币 20 亿元
债券期限	本期债券分为两个品种,其中 5 年期 15 亿元,7 年期 5 亿元
票面利率	本期债券为固定利率债券,5 年期品种票面利率为 4.80%,7 年期品种票面利率为 4.95%,在债券存续期内固定不变;本期债券采用单利按年计息,不计复利,逾期不另计利息
还本付息方式	每年付息一次,到期一次还本,最后一期利息随本金的兑付一起支付
发行价格	本期债券面值 100 元,平价发行,以 1 000 元为一个认购单位,认购金额必须是 1 000 元的整数倍
债券形式	采用实名制记账方式,投资人认购的债券在中央国债登记结算有限责任公司开立的一级托管账户或在本期债券的二级托管人处开立的二级托管账户中托管记载
发行期限	6 个工作日,自 2005 年 7 月 6 日至 2005 年 7 月 13 日
发行首日	本期债券发行期限的第 1 日,即 2005 年 7 月 6 日
发行范围及对象	本期债券通过承销团成员设置的发行网点及在北京市、黑龙江省、上海市、浙江省和湖北省设置的零售营业网点公开发行,持有中华人民共和国居民身份证的公民(军人持军人有效证件)、境内法人和境内非法人机构均可购买(国家法律、法规禁止购买者除外)
起息日	本期债券的起息日为发行首日,即 2005 年 7 月 6 日,以后本期债券存续期内每年的 7 月 6 日为该计息年度的起息日
计息期限	5 年期品种的计息期限从 2005 年 7 月 6 日至 2010 年 7 月 5 日,7 年期品种的计息期限从 2005 年 7 月 6 日至 2012 年 7 月 5 日,该期限内每年的 7 月 6 日至次年的 7 月 5 日为一个计息年度
付息首日	5 年期品种的付息首日为 2006 年至 2010 年每年的 7 月 6 日,7 年期品种的付息首日为 2006 年至 2012 年每年的 7 月 6 日,如遇法定节假日或休息日,则顺延至其后第一个工作日
付息期限	自付息首日起的 20 个工作日
兑付首日	5 年期品种的兑付首日为 2010 年 7 月 6 日,7 年期品种的兑付首日为 2012 年 7 月 6 日,如遇法定节假日或休息日,则顺延至其后第一个工作日
兑付期限	自兑付首日起的 20 个工作日
本息兑付方式	通过债券托管机构办理
信用级别	经联合资信评估有限公司综合评定,本期债券的信用级别为 AAA 级
债券担保	本期债券由中国农业银行提供无条件不可撤销连带责任保证担保
承销方式	本期债券由国泰君安证券股份有限公司担任主承销商的承销团,以余额包销的方式承销

（续表）

上市安排	本期债券发行结束后6个月内,发行人将积极向有关主管部门提出本期债券上市申请,经批准后在上海证券交易所或深圳证券交易所挂牌上市
税务提示	根据国家税收法律、法规,投资者投资本期债券所获利息收入应缴纳的所得税由投资者承担

债券合同中的限制性条款

为保护债权人的合法权益不受债券发行者的侵害,债券合同中都定有严格的限制性条款来限制债券发行者的行为,这些限制性条款主要表现为:

(1) 对发行新债的限制。企业在未偿还旧债的情况下发行新债,可能会使其资产负债率等重要财务指标恶化,增大其财务风险,从而使债权人的清偿风险增大。如果处理不当,债权人可能会因此而蒙受损失。为了避免这种情况的发生,债券合同对公司发行新债的条件可以有严格的规定。比如,要求发行公司的某些重要财务比率(如资产负债率、流动比率、速动比率、利息保障倍数等)达到较高的水平;要求公司新债权人的清偿顺位必须排在老债权人之后;要求公司必须建立偿债基金;限制公司出售其资产;要求公司定期接受中立服务机构的审计,等等。

(2) 对支付现金股利的限制。公司支付现金股利会减少其现金持有量,降低其流动比率和速动比率,削弱其偿债能力。在公司遇到财务危机时,公司管理层还可能通过支付现金股利向股东转移公司财产,损害债权人的利益。因此,债券合同对发行公司支付现金股利的条件有严格的规定。比如,要求公司必须达到一定的盈利水平,并具有较好的流动比率和速动比率时才能发放现金股利。为了限制发行公司以其他形式向股东支付现金,债券合同通常还要对股票回购或有关减资行为做出限制。

(3) 对公司投资行为的限制。企业可以通过其投资行为的变化来改变其经营风险。对债券发行公司投资行为的限制可以有效地防止其故意投资于某些高风险项目来提高企业的经营风险和财务风险,损害债权人的利益。这些限制包括禁止对某些高风险的股票和债券投资,禁止对某些非正常经营项目的投资,对企业现有资产进行有效的保护,等等。

(4) 对企业并购的限制。在某些情况下,企业并购会增强企业的实力,降低其经营风险,对企业的债权人有一定的好处。但是,并购也可能增大企业的经营风险和财务风险,损害其债权人的利益。比如,当公司A兼并了一家资产负债率很高的公司B后,公司A的资产负债率将会因此而增大,从而使公司A的债权人的利益受到侵害。又比如,当公司A收购了一家负债期限较短的公司C后,由于公司A要先归还原公司C所欠的债务(因其期限较短),故公司A的原债权人的偿还顺位被降低了。为了防止这种现象的发生,债券合同中要对发行公司的企业并购行为做出必要的限制。

由以上分析不难看出,债券合同中的限制性条款在很大程度上限制了发行公司发行债券后的行为。因此,企业在发行债券筹资时,必须事先考虑到这些限制性条款可能带来的不利影响。另外,这些限制性条款也说明,虽然公司债权人不能直接干涉公司的经营决策,但他们可以通过债券合同中的限制性条款对发行公司的经营决策施加影响,因此,债权人不能干涉公司经营决策的观点不是绝对的,而是有条件的。表 11-3 列出了一些典型的财务限制性条款。

表 11-3 债券合同中的财务限制性条款介绍(部分)

财务限制性条款	内容
对债务的限制	(1) 对增加债务金额的限制
	(2) 对财务比率(流动比率、速动比率、资产负债率、权益/债务比率)的限制
	(3) 对利息支付的限制(如对利息保障倍数的规定)
	(4) 对子公司借款的限制
对利润分配的限制	(1) 对普通股和优先股现金股利分配的限制
	(2) 对股票回购的限制
对营运资本的限制	(1) 维持型限制,保证营运资本保持在规定的水平之上
	(2) 条件型限制,当营运资本达不到规定水平时,不得进行所限定的行为
对投资的限制	(1) 一律禁止投资
	(2) 投资规模不能超过限定的金额
	(3) 只能在规定的项目范围内投资
	(4) 在资本结构不超过一定范围时才能投资

目前我国的公司债券在限制性条款方面体现得不够清晰,在向公众投资者发布的公司债券发行公告/公司章程中,很少甚至没有体现有关的限制性条款。许多公司债券的发行公告/章程中都没有限制性条款,特别是缺少对公司继续举债和投资项目的限制[①],对债券持有人的保护不够充分。

11.2 债券的评级

债券评级是由债券信用评级机构根据债券发行者的要求及提供的有关资料,通过调查、预测、比较、分析等手段,对拟发行的债券的风险,即债券发行者按期按量偿付债券本息的清偿能力和清偿愿望做出独立判断,并赋予债券相应的等级标志。债券的等级反映了投资于该债券的安全程度,或该债券的风险大小。

---

① 对投资的限制不是仅指对债券募集资金使用方向的限制,这在债券发行公告中是有的。更重要的是对债券发行公司其他投资项目的限制,以避免因公司进行较高风险的投资而将投资风险转嫁于债券持有人。事实上债券章程与债券发行公告并没有很大差异,一些债券章程中也没有体现出对投资者的良好的保护性条款。

债券的信用评级最早源于美国,目前世界上最著名的债券评级公司,如穆迪公司(Moody's)和标准-普尔公司(Standard & Poor's),均为美国公司。我国的债券评级工作是近年来才开展起来的。中国人民银行规定,凡是向社会公开发行的企业债券,需由中国人民银行及其分行指定的资信评估机构或公正机构进行评估。国务院1993年8月2日发布的《企业债券管理条例》规定,发行人可以向经认可的债券评级机构申请信用评级。

本小节将介绍穆迪、标准-普尔和中诚信国际信用评级有限责任公司的等级标准,并简单介绍国外通行的评级程序和评级方法。

11.2.1 债券的等级标准

国外通常根据债券的风险状况,由A至D分成不同的等级。表11-4给出了标准-普尔公司、穆迪公司和中诚信国际信用评级有限责任公司(以下简称为"中诚信")关于债券等级标准的划分及各等级的定义。

为进一步对债券的偿债能力做出更细致的评价,评级公司都在基本级别的基础上采用了更加细化的子级别。穆迪公司利用在每一级别后加1、2、3的做法来将自Aa级至Caa级之间的一个级别细化为三个子级别,其顺序是A1优于A2,A2优于A3。标准-普尔公司将其从AA级别到CCC级别的债券用+号或-号将一个级别细化为三个子级别,如A+、A和A-,其中A+优于A,A优于A-。中诚信公司也利用+号或-号对每一个级别进行细分,其含义与标准-普尔公司相同。

在上述级别当中,标准-普尔公司和穆迪公司的前四个级别(即标准-普尔的AAA级至BBB级,穆迪的Aaa至Baa级)是投资级的债券。但AAA(Aaa)级和AA(Aa)级由于安全性很高,风险很低,故投资收益也很低。A级和BBB(Baa)级的风险比前两个级别高,因此投资收益也较高。BB(Ba)、B、CCC(Caa)、CC(Ca)和C几个级别为投机性债券,也称为垃圾债券,债券发行者有较大可能无法还本付息,这种债券能否按时得到本息有很大的不确定性。而D(C)级别的债券则已处于违约状态。中诚信采用的是三等十级制,一等为投资级别,包括AAA、AA、A和BBB四个等级;二等为投机级别,包括BB、B、CCC和CC四个级别;三等包括C和D两个级别。

11.2.2 债券的评级程序

债券评级由债券发行者向债券评级机构提出申请(又称评级委托)开始。申请人在提出申请的同时,应向评级机构提供准备好的评级资料。这些资料包括:① 发行概要;② 发行债券的用途;③ 长期负债与股东权益的构成;④ 企业状况介绍;⑤ 财务数据;⑥ 债券的发行条件。其中企业介绍与财务数据是最为重要的资料。企业介绍包括企业的历史沿革、经营目标、组织结构、经营者状况、经营活动内容、市场销售状况、企业财务政

表 11-4 穆迪公司、标准-普尔公司和中诚信国际信用评级有限责任公司长期债券的等级标准

穆迪公司（Moody's）		标准-普尔公司（Standard & Poor's）		中诚信国际信用评级有限责任公司	
级别	级别说明	级别	级别说明	级别	级别说明
Aaa	最高质量，最小信用风险	AAA	偿还债务能力极强，为标准-普尔给予的最高评级	AAA	最高信用质量，违约风险最低，有极强的支付能力，根本不受不利经济环境和不确定性因素的影响
Aa	高质量，非常低的信用风险	AA	偿还债务能力很强，与最高评级差别很小	AA	很高信用质量，违约风险很低，该级别有很低的支付能力，受不利经济环境影响的程度不大
A	中上等级，低信用风险	A	偿还债务能力较强，但相对于较高评级的债务/发债人，其偿债能力较易受外在环境及经济状况变动等不利因素的影响	A	高信用质量，违约风险低，支付能力较强，受不利经济环境和不确定性因素的影响比上两个等级大
Baa	有一定的信用风险，中等级别，可能具有一定的投机性	BBB	目前有足够偿债能力，但在恶劣的经济条件或外在环境下其偿债能力可能较脆弱	BBB	不错的信用质量，违约风险一般，遇到不利经济环境或不确定因素时很可能受到损失，此级别是最低的投资级别
Ba	具有投机因素，明显具有信用风险	BB	相对于其他投机级评级，违约的可能性最低，但持续的重大不稳定情况或恶劣的商业、金融、经济条件可能令发债人没有足够能力偿还债务	BB	一般资信质量，违约风险较高，有一定财务或业务风险，在业务或财务上有其他选择，不利经济环境和不确定性因素发生时会遭受较大打击
B	投机性级别，高信用风险	B	违约可能性较"BB"级高，发债人有能力偿还债务，但恶劣的商业、金融、经济情况可能削弱发债人偿还债务的能力及意愿	B	高投机性。有较大可能违约，也许目前的支付能力没有问题，但长期情况要依赖于良好的经济环境，在不利经济环境发生时会遭受很大打击

(续表)

穆迪公司(Moody's)		标准—普尔公司(Standard & Poor's)		中诚信国际信用评级有限公司	
级别	级别说明	级别	级别说明	级别	级别说明
Caa	状况差,很高的信用风险	CCC	目前有可能违约,发债人须依赖良好的商业、金融或经济条件才有能力偿还债务。如果商业、金融、经济条件恶化,发债人可能会违约	CCC	这儿级别具有较高失败的危险。违约的可能性很大,该级别的支付能力非常依赖于有利的经济环境
Ca	高度投机,可能在近期内违约,可以回收一些本金和利息	CC	目前违约的可能性较高。目前正在受监察。在受监察期内,监管机构有权审定某一债务较其他债务有优先偿付权	CC	
				C	
C	最低级别,通常已违约,本金和利息回收的可能性和比例很小	C			
		SD/D	当债务到期而发债人未能按期偿还债务时,纵使宽限期未满,标准一普尔亦不会给予"D"评级,除非标准一普尔相信债款可于宽限期内清还。此外,如正在申请破产或已做出类似行动以致债务的偿付受阻时,标准一普尔亦会给予"D"评级。当发债人有选择地对某些债务类别违约时,标准一普尔会给予"SD"评级(选择性违约)	D	表示已违约或破产,并已丧失了支付能力

资料来源:根据 S&P 网站资料"评级符号的定义"(http://www2.standardandpoors.com/),Moody's Investor Service(http://www.moodys.com/)中"long term obligation ratings"资料,中诚信国际信用评级有限公司(http://www.ccxi.com.cn/)"等级的定义"资料整理。

策等;财务数据则反映了企业在过去 5 至 10 年间的实际数据和未来 5 年的预测数据。对于债券发行者提供的上述资料,评级机构负有保密义务,对其中尚未公开的部分,只能用于评级目的,一律不得用于评级机构之外,评级负责部门以外的人员也不得利用。另外,在公布评级结果时如需公布评级依据,则所公布的资料只限于企业已公布的资料。

债券发行者提出评级申请并提供有关资料后,负责小组用 1 至 2 周时间对其进行研究,将需要向发行债券者提出质询的事项列表,然后,负责小组访问预定发行债券者,就必要事项进行面谈,经过最后分析,向评级委员会(由 5 至 7 人组成)提交评级方案。评级委员会经过投票决定级别,并通知预定发行债券者,求得同意。预定发行债券者如果同意,则该级别成为最终级别,预定发行债券者即可开始启动债券发行工作。如预定发行债券者不同意评级机构决定的级别,可提出理由申请变更级别,但变更申请仅限一次。评级机构要考虑预定发行债券者提出的变更理由,重新进行审查,再度表决。评级委员会做出的第二次决定是不可变更的。接受这一结果,则可依第二次决定的级别进行发行债券准备,如仍不同意第二次决定的级别,则需要变更筹集资金的方法,或者缩小投资计划。债券发行人所同意的级别,自发行债券起,到偿还完毕,评级机构要经常进行跟踪,在必要时可变更级别,并通知投资者。

11.2.3　评级分析

债券级别是定性分析与定量分析相结合的结果,评级委员会的成员依靠自己的经验、学识和判断力,就评级对象的产业特点、经营状况、财务状况和债券合同等进行深入分析,以确定债券的信用级别。比如,穆迪公司的工业债券评级主要从行业前景、国家的政治和商业管制环境、企业管理层的能力和对待风险的态度、企业的经营状况和竞争地位、企业的财务状况和资金来源、公司结构、公司各种债务和权益的偿还次序、母公司对债务合同的承诺程度,以及特殊事件风险等八个方面进行分析。

案例 11-1

中诚信国际信用评级有限责任公司评级方法简介

一、"中诚信国际"评级方法的特征

"中诚信国际"的评级方法除注重长期性这一各评级公司评级方法的首要特征之外,还具有以下三大特征:

第一,个体评级和支持评级相制约。个体评级的核心是信用质量分析,即从深层次考察评级对象的内在财务实力。但是,个体评级并未着重考察评级对象的所有者或债务担保人等外部偿债保障因素的影响。支持评级则主要衡量评级对象从外部得到支付保障的程度。强有力的外部偿债支持可以弥补评级对象自身财务实力的不足。外部偿债保障因素对信用等级的最终确定有着重要的影响。

第二,历史考察和未来预测相统一。评级最重要的是预测未来的违约风险。预测评级对象的未来经营和财务状况时,需要考察其历史经营业绩、在所属行业内的竞争优势和劣势以及管理层的经营能力。这就要求评价评级对象的历史经营周期特征以及其对未来财务状况的影响。

第三,质的分析和量的分析相结合。以定性为主的经营风险分析和以定量为主的财务风险分析共同构成了"中诚信国际"信用分析的两大基本模块。两者是互为一体的关系,即在对经营风险做出主观判断时需要有定量的数据作支持;同样,在分析财务状况时,需要有定性的财务理论作指导,并在经营状况的分析结果基础上对未来的财务业绩做出预测。

二、"中诚信国际"评级方法框架

"中诚信国际"关于企业信用等级的确定建立在两块基石之上:一是个体评级,二是支持评级。两者在等级的最后确定阶段起着同等重要的作用。"中诚信国际"企业信用评级方法如图11-1所示:

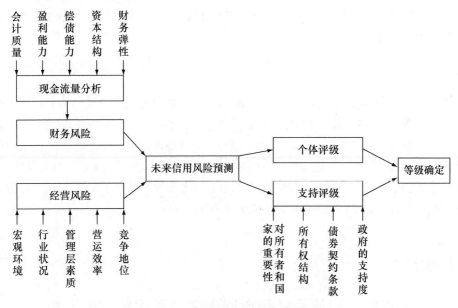

图11-1 "中诚信国际"评级方法框架

个体评级包括经营风险状况分析和财务风险状况分析,其中经营风险状况分析包括:宏观环境(经济环境、产业政策和法律制度)分析,行业和周边环境(行业的主要经济特征、行业的竞争环境、行业所处的生命周期阶段和周边经济环境)分析,管理层素质(历史业绩、经营战略和财务政策)分析,经营效率分析和竞争地位分析。通过以上分析要明确以下几个问题:评级对象具有何种竞争优势以及竞争优势能否持久? 经营成功的关键点在哪里? 在所属行业内存在哪些弱势以及是否已做出努力来改善它? 是否按照竞争战略来指导企业活动,如研发、营销等?

财务风险状况分析包括:财务报告质量(会计政策、披露水平、会计资料的真实性和审计意见)分析,获利能力分析,偿债能力分析,资本结构分析和财务弹性分析。

支持评级是中诚信国际信用评级有限责任公司结合中国国情创建的一个全新的评级理念,目的是评估评级对象在需要资金时得到外部支持的可能性。在某些情况下,评级对象未必能够凭借本身的财务实力发行债券,还需要政府和担保人对其偿债能力作支持。但是,随着我国社会主义市场经济体制改革的不断深化,这种明确/不明确的政府支持会越来越少。

支持评级包括如下内容:评级对象或所属行业对所有者或国家的重要性,所有权结构,债券契约条款和支付直接支持的性质与程度。其中对债券契约条款的分析首先考察发行条件,其次是担保条款,再次是偿债准备金,然后是偿债的优先次序,最后是抵押条款。

资料来源:根据中诚信国际信用评级有限责任公司的企业评级方法整理(http://www.ccxi.com.cn/)。

11.2.4 债券评级的作用

穆迪公司认为,债券评级的作用是"通过一个简单的符号系统,向投资者提供一个关于债券信用风险的客观、独立的观点,这一观点可作为投资者进行债券风险研究的参考,但并不是投资者自身风险研究的替代"。[①] 债券评级衡量的是在债券有效期内发生损失的期望,它包括:(1)债券发行者违约的可能;(2)债券发行者违约后投资者损失的大小。由于每种债券是否会违约与违约后给投资者造成的实际损失事前难以准确估计,因此,债券评级只是向投资者提供关于债券违约的参考。表 11-5 是 1981—2012 年美国公司平均累积违约率。总体来看,高级别债券违约的可能性低于低级别债券,但是,债券的级别并不能保证投资者不受损失。另外,在不同的时期和地点,同一级别债券的实际违约率也会有一定的差异。

表 11-5 美国公司平均累积违约率(1981—2012 年)

发行后年度	AAA	AA	A	BBB	BB	B	CCC/C
1	0.00%	0.04%	0.08%	0.25%	0.93%	4.42%	27.75%
2	0.04%	0.09%	0.22%	0.68%	2.83%	9.97%	38.21%
3	0.16%	0.19%	0.40%	1.14%	5.13%	14.78%	44.17%

---

① Moody's Investors Service, November 1997.

(续表)

发行后年度	AAA	AA	A	BBB	BB	B	CCC/C
4	0.29%	0.33%	0.61%	1.74%	7.30%	18.54%	48.03%
5	0.42%	0.48%	0.82%	2.37%	9.23%	21.42%	51.04%
6	0.55%	0.65%	1.05%	3.00%	11.15%	23.77%	52.38%
7	0.60%	0.80%	1.32%	3.56%	12.77%	25.71%	53.46%
8	0.69%	0.93%	1.57%	4.14%	14.24%	27.26%	54.27%
9	0.78%	1.04%	1.84%	4.71%	15.56%	28.63%	55.34%
10	0.88%	1.16%	2.12%	5.27%	16.73%	29.91%	56.11%
11	0.93%	1.27%	2.36%	5.83%	17.68%	31.00%	56.85%
12	0.98%	1.36%	2.58%	6.28%	18.53%	31.86%	57.68%
13	1.04%	1.47%	2.79%	6.71%	19.24%	32.66%	58.58%
14	1.16%	1.56%	2.98%	7.16%	19.82%	33.38%	59.38%
15	1.28%	1.67%	3.21%	7.62%	20.49%	34.10%	59.38%

资料来源：Standard & Poor's, 2012 Annual U. S. Corporate Default Study And Rating Transitions, 标准－普尔公司官方网站。

对投资者来说，债券评级的作用主要表现在以下几个方面：

(1) 减少投资的不确定性，提高市场的有效性。由于市场是不完善的，债券评级可以帮助投资者了解债券风险的大小，增加信息的传递，减少投资的不确定性，提高市场的有效性。

(2) 拓宽投资者的眼界。即便是专业的投资者，也不可能对所有潜在的投资机会都有所了解。专业债券评级公司的工作，可以帮助一般的专业投资者对特定债券的性质有更广泛和更深入的了解。

(3) 作为投资者选择投资对象的标准。对许多投资者来说，其投资对象往往有一定的限制，比如，某些机构投资者(如养老基金)只能投资于某一级别之上的债券。因此，债券级别是投资者选择投资对象的重要依据。

(4) 作为投资者确定风险报酬的依据。由于债券级别反映了债券违约可能的大小，投资者根据这种可能判断债券风险的大小，进而确定自己所要求的风险报酬。

对筹资者来说，债券评级有以下作用：

(1) 更广泛地进入金融市场。由于债券级别是一个为广大投资者认同的关于债券信用风险的指标，通过债券评级可以使许多对发债企业不了解的投资者也敢于购买相关债券，大大地扩大了债券投资者的范围。在国际经济日益全球化的今天，语言、文化以至于会计制度等方面的差异使得国际投资者难以亲身了解发债企业，而债券级别这一共同语言使得债券发行者有可能吸引更多的投资者。

(2) 增大了发行者的筹资灵活性。债券评级使得债券发行变得相对容易，发行成本也大为降低，这些都使得债券发行更经济，也更频繁。

11.3 债券的偿还

债券的偿还方式有到期一次性偿还和分期偿还两种方式。一次性偿还是指除按期支付利息外,债券的本金在债券到期时一次性付清。这种偿还方式一方面会使企业在偿还债券本金时承担巨额资金支出的压力,另一方面不利于债权人对债务人的监督。

分期偿还是指在债券的有效期内,债务人分期偿还债券本金的偿还方式。这种偿还方式可以减轻发行公司在期末偿还债券本金时的资金压力。分期偿还通常采用建立偿债基金的办法进行。偿债基金是指债券发行人在债券到期之前,每年按债券发行总额的一定比例提取资金,并交信托人保管,作为分期偿还债券本金之用。比如,如果某公司在1999年1月发行了一笔面值1 000万元、期限20年、票面利率为8%、每年付息一次的长期债券,该债券从2005年1月起每年偿还5%的本金,余下的本金在到期时一次偿还。按照这一偿债计划,20年间该公司偿还债务本金的数额如表11-6所示。

表 11-6

年度	2000	2001	2002	2003	2004	2005	2006	2007	2008	2009
本金偿还额（万元）	0	0	0	0	0	50	50	50	50	50
年度	2010	2011	2012	2013	2014	2015	2016	2017	2018	2019
本金偿还额（万元）	50	50	50	50	50	50	50	50	50	300

建立偿债基金除有利于发行公司分期还债外,还有利于加强债权人对债务人的监督并降低债权人的投资风险。这是因为:第一,如果债务人不能按期提取偿债基金,则说明债务人在偿债方面出现了某些问题,债权人可以预先采取某些应对措施;第二,偿债基金的建立使得债权人可以较早地收回部分本金,降低了债权人因债务人后期经营不善而可能无力偿债所造成的损失。在前例中,债务人各年偿还金额如表11-7所示。

表 11-7

年度	利息偿还额（万元）	本金偿还额（万元）	利息与本金合计(万元)
2000	80	0	80
2001	80	0	80
2002	80	0	80
2003	80	0	80
2004	80	0	80
2005	80	50	130

(续表)

年度	利息偿还额（万元）	本金偿还额（万元）	利息与本金合计(万元)
2006	76	50	126
2007	72	50	122
2008	68	50	118
2009	64	50	114
2010	60	50	110
2011	56	50	106
2012	52	50	102
2013	48	50	98
2014	44	50	94
2015	40	50	90
2016	36	50	86
2017	32	50	82
2018	28	50	78
2019	24	300	324
总计	1 100	1 000	2 100

注:为简单计,在本表的计算中我们假设偿债基金每年按照面值偿还债券本金。

采用分期偿还方式时,有两种方法选择偿还对象:一是采用抽签的方法决定每期的具体偿还对象,二是在证券市场上直接购回公司债券。按照第一种方法,被选中的债权人必须接受发行公司的偿还,带有一定的强制性。第二种方法不带强制性,对债权人也比较公平。

11.4 换债

换债是企业用新发行的债券取代尚未到期的旧债券的行为。公司换债是为了用新的、约束和限制条件较宽松的新债券取代条件较为苛刻的旧债券,特别是希望用息票率较低,从而成本较低的新债券来取代旧债券,以降低公司的筹资成本。

11.4.1 换债的评估

公司换债实质上是一项投资决策。换债者需要比较新老债务的成本,以新债确能节约债务成本作为决定是否换债的出发点。

企业是否进行换债的决策依据为：

$$\text{NPV} = \sum_{t=1}^{n} \frac{\Delta \text{CFAT}_t}{(1+R_i)^t} - \Delta \text{CFAT}_0 \tag{11-1}$$

式中:ΔCFAT_t 为因换债而增加的税后现金流;R_i 为新债券的税后成本;ΔCFAT_0 为因换债而发生的税后支出。

显然,当 NPV > 0 时,应当换债;当 NPV < 0 时,不应换债;当 NPV = 0 时,可换可不换。

例 11-1 某公司现有发行在外的可赎回债券 1 000 万元,票面利率 16%,每年付息一次,距到期日还有 5 年,赎回条件为按 1 050 元的价格购回面值为 1 000 元的债券。由于目前市场上同样等级的 5 年期债券的票面利率仅为 10%,故公司准备用换债的方式以新债代替旧债。已知公司的所得税税率为 40%。

解 该公司的换债活动将发生以下各项现金流动:

(1) 为赎回旧债,公司需发行 1 050 万元的新债,故有:发行新债收入 1 050 万元。

(2) 由于赎回旧债的支出比旧债面值高出 50 万元,这 50 万元可作为当期费用列支,可节约 20 万元(50×0.4)的所得税支出,故有:节税收入 20 万元。

(3) 为赎回旧债,公司需支付 1 050 万元的现金,故有:赎回旧债支出 1 050 万元。

(4) 利用新债替换旧债后,每年可节约利息支出:

$$R_{旧}B_{旧} - R_{新}B_{新} = 0.16 \times 1\,000 - 0.10 \times 1\,050 = 55(万元)$$

税后实际节约利息支出为 $55 \times (1 - 0.4) = 33(万元)$。

(5) 利用新债替换旧债,5 年后还本时需多归还 50 万元本金。

根据(1)、(2)和(3),有:$\Delta CFAT_0 = 1\,050 + 20 - 1\,050 = 20(万元)$。

根据(4)、(5),有:$\Delta CFAT_t = 33(万元) \quad (t = 1,2,3,4)$

$$\Delta CFAT_5 = 33 - 50(万元)$$

新债券的税后成本 $R = 0.10 \times (1 - 0.4) = 0.06$。

$$NPV = \sum_{t=1}^{5} \frac{\Delta CFAT_t}{(1+R)^t} - \Delta CFAT_0$$

$$= \sum_{t=1}^{5} \frac{33}{(1+0.06)^t} - \frac{50}{(1+0.06)^5} + 20$$

$$= 139 - 37.36 + 20 = 121.64(万元)$$

由于换债得到的净现值大于零,故应进行换债。

值得指出的是,上述讨论是简化后的结果,没有考虑发行新债的发行费用,也没有考虑新旧债券同时存在时的额外利息支出(企业不可能在发行新债的同时完成旧债回收的工作,而是要首先发行新债,再利用发行收入逐步收回旧债,因此换债企业必然在一段时间内同时持有新、旧两种债券,从而增大自身的利息支出)。考虑这些因素后,换债的成本将增大,净现值将减少。

11.4.2 可赎回条款与换债

可赎回条款在换债中的作用

在例 11-1 中,当债务人可以用已发行债券的可赎回条款,按照 1 050 元的价格赎回债券时,换债对债务人是有利的。但是,如果已发行的债券没有可赎回条款,则换债不会给债务人带来好处。

由债券估值的基本知识我们知道,当市场利率变化时,债券的价值也将随之变化。在例 11-1 中,假设公司在发行债券时,债券的市场利率是 16%,债券按照面值发行。不考虑发行费用,公司筹措到 1 000 万元的资金,债权人每年可得到 160 万元的利息收入,债券到期时还可得到 1 000 万元的本金。现在市场利率降到了 10%,债券还有 5 年到期。根据债券的估值公式(3-1),这一债券的市场价值为:

$$P_{旧} = \sum_{t=1}^{5} \frac{160}{(1+0.10)^t} + \frac{1\,000}{(1+0.10)^5}$$
$$= 606.4 + 620.9 = 1\,227.3(万元)$$

如果公司进行换债,需要发行 1 227.3 万元的票面利率为 10% 的新债,这一新债的价值为:

$$P_{新} = \sum_{t=1}^{5} \frac{122.73}{(1+0.10)^t} + \frac{1\,227.3}{(1+0.10)^5}$$
$$= 465.2 + 762.1 = 1\,227.3(万元)$$

可以看到,新债和旧债的价值是相同的。债权人没有遭受损失,债务人也没有得到好处。按照例 11-1 中的分析方法,如果该公司进行换债,将发生以下各项现金流量:

(1) 为赎回旧债,公司需发行 1 227.3 万元的新债。故有发行新债收入 1 227.3 万元。

(2) 由于赎回旧债的支出比旧债面值高出 227.3 万元,这 227.3 万元可作为当期费用列支,可节约 90.9 万元(227.3×0.4)的所得税支出,故有节税收入 90.9 万元。

(3) 为赎回旧债,公司需支付 1 227.3 万元的现金,故有赎回旧债支出 1 227.3 万元。

(4) 利用新债替换旧债后,每年可节约利息支出:

$$R_{旧}B_{旧} - R_{新}B_{新} = 0.16 \times 1\,000 - 0.10 \times 1\,227.3 = 37.3(万元)$$

税后实际节约利息支出为 $37.3 \times (1-0.4) = 22.38(万元)$。

(5) 利用新债替换旧债,5 年后还本时需多归还 227.3 万元本金。

根据(1)、(2)和(3),有:$\Delta CFAT_0 = 1\,227.3 + 90.9 - 1\,227.3 = 90.9(万元)$。

根据(4)、(5),有:$\Delta CFAT_t = 22.38(万元) \quad (t=1,2,3,4)$

$$\Delta CFAT_5 = 22.38 - 227.3(万元)$$

新债券税后成本 $R = 0.10 \times (1-0.4) = 0.06$。

$$NPV = \sum_{t=1}^{5} \frac{\Delta CFAT_t}{(1+R)^t} - \Delta CFAT_0$$
$$= \sum_{t=1}^{5} \frac{22.38}{(1+0.06)^t} - \frac{227.3}{(1+0.06)^5} + 90.9$$
$$= 94.27 - 169.86 + 90.9 = 15.31(万元)$$

这 15.31 万元的净现值,主要是换债的税盾带来的,只相当于发行新债总额 1 227.3 万元的 1.24%。如果考虑到债券发行和赎回所发生的发行费用等支出,实际上这种换债不能带来正的净现值,甚至可能得不偿失。

但是,如果旧债有前述可赎回条款,则根据赎回价格,旧债的价值只有 1 050 万元,远小于它没有赎回条款时的市场价值 1 227.3 万元。这时,对债务人来说,相当于用 1 050 万元的价格买回了价值 1 227.3 万元的债券,当然得到了好处。例 11-1 也告诉我们,这时净现值可提高到 121.64 万元,是发行新债总额 1 050 万元的 11.6%。

上述分析告诉我们,只有当债券具有可赎回条款,且在可赎回条款的赎回价格低于债券的市场价值一定幅度时,换债才可能为债务人带来好处。所以,债务人可以用一种很简便的方法判断是否需要换债,如果准备被置换的债务的赎回价格与新债的发行费用、旧债赎回的操作费用、重复的利息支出等各项换债成本之和小于没有赎回条款情况下旧债的市场价值,可以考虑换债,否则就不需要进行换债。

11.5 长期借款筹资

借款是企业筹措资金的重要方式之一。根据期限的不同,借款分为短期借款、中期借款和长期借款。按我国《贷款通则》的规定,借款期限在一年以下的为短期借款,借款期限在一年以上(含一年)五年以下的为中期借款,借款期限在五年以上(含五年)的为长期借款。

11.5.1 长期借款的分类

按照不同的标准,可对长期借款进行不同的分类。

(1) 按照用途不同,可分为基本建设借款、技术改造借款、项目借款、并购借款和房地产借款等。

(2) 根据借款人获得借款时是否提供担保,可分为信用贷款和担保贷款。

信用贷款是指借款人不提供任何担保,仅凭自身的信誉而得到的贷款。担保贷款是指借款人向贷款人提供某种担保而获得的贷款。根据担保方式的不同,担保贷款又分为:

保证贷款,即以第三方承诺在借款人不能偿还所借款项时,按约定承担一般保证责任或连带责任为前提而发放的贷款。

抵押贷款,即由借款人或第三方的财产作为抵押物而发放的贷款。在我国,抵押方式应符合我国《担保法》中的有关规定。

质押贷款,即以借款人或第三方的动产或权利作为质押物而发放的贷款。在我国,质押方式应符合《担保法》中的有关规定。

目前我国向企业提供的中、长期贷款基本上都属于担保贷款,比如中国建设银行在《中国建设银行固定资产贷款办法》中规定,"建设银行发放固定资产贷款要求借款人按有关规定提供担保"。

(3) 根据提供贷款的机构和单位的不同,可分为政策性银行贷款、商业银行贷款和其他金融机构贷款。

政策性银行贷款是指由执行国家政策性贷款业务的银行提供的贷款,目前我国已建立的政策性银行有进出口银行、国家开发银行等。

商业银行贷款是指由商业银行出于盈利目的而提供的贷款。

其他金融机构贷款是指除商业银行外其他可从事贷款业务的金融机构(如信托投资公司、保险公司、企业集团财务公司、金融租赁公司、城乡信用合作社等)提供的贷款。

11.5.2 借款条件及程序

现以长期银行借款为主,介绍企业办理长期借款的基本程序。

企业提出申请

企业需要贷款,应当向主办银行或者其他银行的经办机构直接申请。借款人应当填写包括借款金额、借款用途、偿还能力及还款方式等主要内容的《借款申请书》,并提供相关资料。

企业申请借款必须符合贷款原则和条件。

根据《中华人民共和国商业银行法》,商业银行以安全性、流动性、效益性为经营原则。

《贷款通则》第十七条规定,借款人应当是经工商行政管理机关(或主管机关)核准登记的企(事)业法人、其他经济组织、个体工商户或具有中华人民共和国国籍的具有完全民事行为能力的自然人。借款人申请贷款,应当具备产品有市场、生产经营有效益、不挤占挪用信贷资金、恪守信用等基本条件,并且应当符合以下要求:

(1) 有按期还本付息的能力,原应付贷款利息和到期贷款已清偿;没有清偿的,已经做了贷款人认可的偿还计划。

(2) 除自然人和不需要经工商部门核准登记的事业法人外,应当经过工商部门办理年检手续。

(3) 已开立基本账户或一般存款账户。

(4) 除国务院规定外,有限责任公司和股份有限公司对外股本权益性投资累计额未超过其净资产总额的50%。

(5) 借款人的资产负债率符合贷款人的要求。

(6) 申请中期、长期贷款的,新建项目的企业法人所有者权益与项目所需总投资的比例不低于国家规定的投资项目的资本金比例。

银行进行审批

银行针对企业的借款申请,应当根据借款人的领导者素质、经济实力、资金结构、履约情况、经营效益和发展前景等因素,评定借款人的信用等级。评级可由贷款人独立进行,内部掌握,也可由有权部门批准的评估机构进行。

贷款人受理借款人申请后,应当对借款人的信用等级以及借款的合法性、安全性、盈利性等情况进行调查,核实抵押物、质物、保证人情况,测定贷款的风险度。

在信用评级与贷款调查的基础上,银行审查人员将对调查人员提供的资料进行核实、评定,复测贷款风险度,提出意见,按规定权限报批。

签订借款合同

银行审核批准借款申请后,与借款企业可进一步协商贷款的具体条件,签订正式的借款合同,明确规定贷款的类型、用途、金额、利率、期限、还款方式,借、贷双方的权利和义务,违约责任和双方认为需要约定的其他事项。

企业取得借款

借款合同生效后,银行可在核定的贷款指标范围内,根据用款计划和实际需要,一次或分次将贷款转入企业的存款结算户,以便企业支用借款。

企业偿还借款

企业应按借款合同的规定按期付息还本。企业偿还贷款的方式通常有三种:① 到期日一次偿还。在这种方式下,还款集中,借款企业需于贷款到期日前做好准备,以保证全部清偿到期贷款;② 定期偿还相等份额的本金,即在到期日之前定期(如每一年或二年)偿还相同的金额,至贷款到期日还清全部本金;③ 分批偿还,每批金额不等,便于企业灵活安排。

一般来讲,企业可以提前还款,但应提前一定日期通知贷款人。贷款人有权按提前还款部分的应收利息的一定比例计收补偿费。提前还款的金额首先用来偿还最后到期的贷款,按照倒序还款。经贷款人同意提前还款的部分,借款人不得要求再次提用。

贷款到期经银行催收,如果借款企业不予偿付,银行可按合同规定,从借款企业的存款账户中扣还贷款本息及加收的利息。

借款企业如因暂时财务困难,需延期偿还贷款时,应向银行提交延期还贷计划,经银行审查核实,续签合同,但通常要加收利息。

11.5.3 保护性条款

一般性保护条款

一般性保护条款应用于大多数借款合同,但其内容会根据具体情况有所不同,主要包括:① 对借款企业流动资金保有量的规定,其目的在于保持借款企业资金的流动性和偿债能力;② 对支付现金股利和回购股票的限制,其目的在于限制现金外流;③ 对资本支出规模的限制,其目的在于减少企业日后不得不变卖资产以还债的可能性,并着眼于保持企业资金的流动性;④ 限制其他长期债务,其目的在于防止其他贷款人取得对企业资产的优先求偿权。

例行性保护条款

例行性保护条款作为例行常规,在大多数借款合同中都会出现,主要包括:① 借款企业定期向银行提交财务报表,其目的在于及时掌握企业的财务状况;② 不准在正常情况下出售较多资产,以保持企业正常的生产经营能力;③ 按期清偿应缴纳的税金和其他到期负债,以防止被罚款造成现金流失;④ 不准以任何资产作为其他承诺的担保或抵押,以避免或有负债;⑤ 不准贴现应收票据或出售应收账款;⑥ 限制租赁固定资产的规模,以防止企业负担巨额租金从而削弱其偿债能力,同时也防止企业以租赁固定资产的办法摆脱对其资本支出的限制。

特殊性保护条款

特殊性保护条款是针对某些特殊情况而出现在部分借款合同中的,主要包括:① 贷款专款专用;② 不准企业投资于短期内不能收回资金的项目;③ 限制企业高级职员的薪金和奖金总额;④ 要求企业主要管理者在合同有效期内担任主要管理职务;⑤ 要求企业主要管理者购买人身保险,等等。

我国典型贷款合同中的保护性条款介绍[①]

我国的典型贷款合同中对债权人(银行)的保护性条款主要体现在以下几类条款中:

一是担保条款。该条款要求借款人采取由第三方提供连带责任还款保证,提供抵押担保和提供质押担保中的一种或几种对贷款进行担保,并另行签订《保证合同》、《抵押合同》和《质押合同》。

二是保险条款。该条款要求借款人将贷款项下与项目或贸易有关的设备、工程建设、货物运输以及项目运营期间的风险在贷款人同意的保险公司投保,投保险种应符合贷款人的要求,保险金额不小于贷款本金。同时,借款人应当向贷款人转让保险权益,并将保险单正本在该合同生效后的规定日期内交付贷款人。在贷款合同项下贷款本金、利息和费用偿清之前,借款人不得以任何理由中断保险,如借款人中断保险,贷款人有权续保或代为投保,费用由借款人承担。借款人对贷款人因保险中断而蒙受的一切损失负全部责任。

三是声明与承诺条款。其中声明的主要内容包括:

(1) 借款人依法注册并合法存在。

(2) 借款人已获得签署该合同所需要的授权。

(3) 借款人向贷款人提供的所有文件、资料、报表和凭证等是准确、真实、完整和有效的。

(4) 借款人未隐瞒任何已发生或正在发生的、有可能影响对其履约能力判断的下列情况:① 与借款人或其主要领导人有牵连的重大违纪、违法或被索赔事件;② 借款人在其他合同项下的违约事件;③ 借款人承担的债务、或有债务或向第三人提供的抵押、质押担保;④ 未了结的诉讼、仲裁案件;⑤ 其他可能影响借款人财务状况和偿债能力的情况。

承诺的主要内容包括:

(1) 按贷款人的要求每月提供最新财务报表;每年第一季度提供经审计的上年年度

---

① 根据某银行典型中长期贷款合同整理。

财务报表;按贷款人要求随时提供包括但不限于借款人的经营状况、财务状况之报告、报表等文件和资料。

(2) 如果借款人已经或将与本贷款合同保证人就其保证义务签订反担保协议或类似协议,该协议将不会损害贷款人在本贷款合同项下的任何权利。

(3) 接受贷款人的信贷检查与监督,并给予足够的协助和配合。

(4) 借款人减少注册资本或进行重大产权变动和经营方式的调整(包括但不限于与外商合资、合作;分立、合并、兼并、被兼并;重组、组建或改建为股份制公司;进行租赁、承包、联营、托管等经营方式的变更),需事先通知贷款人。如果上述行为将对借款人的偿债能力产生不利影响,须征得贷款人的同意。

(5) 借款人不以降低其偿债能力的方式处置自有资产。借款人对第三人提供保证或以自身资产设置抵押、质押担保时,将及时通知贷款人,并承诺其担保的债务总额不高于其自身净资产的若干倍。

(6) 借款人对贷款人债务的清偿顺序优先于借款人股东对其的贷款,并且不亚于借款人对其他债权人所负的同类债务。

借款人在其他银行申请贷款或增加其他债务前,应取得贷款人的书面同意。(此项规定作为选择条款,主要适用于事业单位贷款)

(7) 借款人承诺当发生如下事件时将及时通知贷款人:

① 该合同或其他任何合同项下发生违约事件;

② 借款人发生隶属关系的变更、高级管理人员的变动、公司章程的修改以及内部组织机构的重大调整;

③ 借款人经营出现困难和财务状况发生恶化;

④ 借款人涉及重大诉讼或仲裁案件;

⑤ 借款人发生其他影响其偿债能力的情形。

(8) 借款人不迟于每一笔本息到期前若干天存入足额资金以备支付。

(9) 借款人在本贷款项下的有关结算业务应在贷款人或贷款人银行的其他分支机构办理,其结算业务量达到贷款人的要求。

(10) 在有关会计年度的税后净利润为零或负数,或者税后利润不足以弥补以往会计年度累计亏损的情况下,或者税前利润未用于清偿借款人在该会计年度内应清偿的本金、利息和费用,或者税前利润不足以清偿下一期本金、利息和费用时,借款人不以任何形式向股东分配股息、红利。

由以上保护性条款可以看出,我国银行贷款合同对债务人的投资活动、并购活动、资金分配活动和信息提供等方面都有相关约束和要求。但借款人增加借款需要征得贷款人同意只作为适用于事业单位借款的选择性条款,而企业借款可以不列入这一条款,说明我国银行贷款合同在对企业债务人增加债务方面的约束明显不够。

11.5.4 长期借款筹资的利弊

长期借款筹资的优点

(1) 筹资速度快。与发行股票和发行债券相比,借款筹资的速度较快。长期借款筹资是借贷双方的权利义务关系,一般不涉及广大投资公众。因此,这种筹资活动只要借贷双方通过协商达成一致,签订借款合同后企业即可筹到所需资金,不需要通过审批、承销发行等一系列程序,故筹资速度较快。

(2) 筹资成本低。借款筹资的利息可以在缴纳所得税前支付,可以减少企业的实际利息负担,因此其成本远低于股票筹资。另外,由于长期借款筹资不涉及审批、发行等问题,其交易成本低于发行债券筹资。

(3) 灵活性大。由于长期借款是企业与债权人双方直接协商的结果,因此,无论是借款的期限、数额、利率及其他条件都较容易根据双方的实际情况商定或变更,具有较大的灵活性。

长期借款筹资的缺点

(1) 风险大。与权益筹资相比,长期借款需要按期还本付息,如果企业因经营不善或资金周转困难而不能按期还本付息,企业将面临破产的可能。

(2) 约束强。长期借款合同对企业的各项行为有严格的约束,在一定情况下将可能妨碍企业正常的生产经营活动。

(3) 筹资数额有限。银行一般都不愿进行巨额的长期借款。因此,利用银行借款筹资都有一定的上限,不像股票、债券那样可以一次筹到大笔资金。

11.6 租赁融资

11.6.1 租赁的分类及特点

根据租赁的期限和双方权利义务关系的不同,租赁活动可分为经营租赁和融资租赁两大类。

经营租赁

经营租赁又称服务租赁,是由出租人向承租人出租设备,并提供设备维修保养和人员培训等的服务性业务。经营租赁通常为短期租赁。

承租企业采用经营租赁的目的,主要不在融通资金,而是为了获得设备的短期使用以及出租人提供的专门技术服务。从承租企业无须先筹资再购买设备即可享有设备使用权的角度来看,经营租赁也有短期筹资的功效。

经营租赁具有如下特点:

(1) 承租企业根据需要可随时向出租人提出租赁资产;

(2) 租赁期较短,不涉及长期的固定义务,而出租人在一次租赁期内只能收回租赁设备的部分投资,一个设备需要经过多次出租才能收回投资并产生利润;

(3) 在租赁期内承租人可预先通知出租人终止租赁合同,这对承租企业比较有利;

(4) 出租人提供专门服务;

(5) 由于租赁期短,出租人承担租赁设备的风险,并负责设备的维修保养等服务,故收取的租赁费较高;

(6) 租赁期满或合同中止时,租赁设备由出租人收回。

经营租赁的交易过程如图11-2所示。

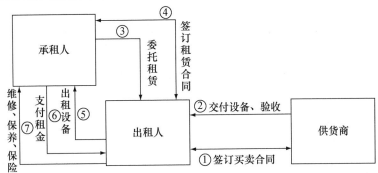

图 11-2　经营租赁的交易过程

资料来源:陈闽、廖辉著:《租赁管理》,上海人民出版社1995年版。

融资租赁

1. 融资租赁的含义

融资租赁又称财务租赁或金融租赁,是由租赁公司按照承租企业的要求融资购买设备,并在契约或合同规定的较长期限内提供给承租企业使用的信用性业务,是一种不可撤销的、完全付清的中长期融资形式,是现代租赁的主要类型。通过融资租赁,承租企业以"融物"的形式达到了融资的目的。一般融资的对象是资金,而融资租赁集融资与融物于一身,实际上相当于一项与设备有关的贷款业务,是承租企业筹集长期借入资金的一种特殊方式。

2. 融资租赁的交易过程与特点

融资租赁的交易过程如图11-3所示。

融资租赁为长期租赁,可适应承租企业对设备的长期需要,其主要特点有:

(1) 涉及三方当事人,即由承租企业向租赁公司(出租人)提出申请,由租赁公司代为融资,承租人直接与供货商洽谈选定设备,再由出租人出面购进设备租给承租人使用;

(2) 涉及两个或两个以上合同,即出租人与承租人之间的租赁合同、出租人与供货商之间的买卖合同,如果出租人资金不足,可能还要有出租人与金融机构之间的贷款合同;

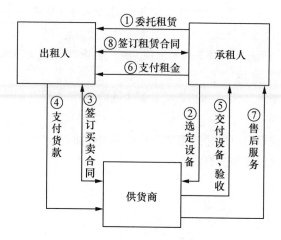

图 11-3　融资租赁的交易过程

资料来源:陈闽、廖辉著:《租赁管理》,上海人民出版社 1995 年版。

(3) 租赁合同比较稳定,在规定的租期内非经双方同意,任何一方不得中途解约,这有利于维护双方的利益;

(4) 租赁期限较长,大多为设备耐用年限的一半以上,基本租期的设备只租给一个特定的客户使用,出租人可在一次租期内完全收回投资并盈利;

(5) 由承租企业负责设备的维修保养和保险,但无权自行拆卸改装;

(6) 租赁期满时,按事先约定的办法处置设备,一般有退还或续租、留购三种选择,通常由承租企业留购。

3. 融资租赁的形式

融资租赁按其业务特点的不同,可分为如下三种具体形式:

(1) 直接租赁。由出租人向设备制造商购进设备后直接出租给承租人使用,是融资租赁的典型形式。普通的直接租赁一般由出租人与承租人之间的租赁合同和出租人与供货商之间的买卖合同两项合同构成。

(2) 售后租回(回租)。在这种形式下,制造企业按照协议先将其资产卖给租赁公司,再作为承租企业将所售资产租回使用,并按期向租赁公司支付租金。采用这种融资租赁形式,承租企业因出售资产而获得了一笔现金,同时因将资产租回而保留了资产的使用权。这与抵押贷款有些相似。售后租回的交易结构如图 11-4 所示。

(3) 杠杆租赁。杠杆租赁是国际上比较流行的一种融资租赁形式。它一般要涉及承租人、出租人和贷款人三方当事人。从承租人的角度来看,它与其他融资租赁形式并无区别,同样是按合同的规定,在租期内获得资产的使用权,按期支付租金。但对于出租人却不同,出租人只垫支购买资产所需现金的一部分(一般为 20%—40%),其余部分(为 60%—80%)则以租赁设备的第一抵押权、租赁合同及收取租金的受让权为担保向贷款人借资支付。因此,在这种情况下,租赁公司既是出租人又是借款人,据此既要收取租金又

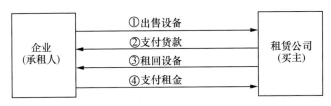

图 11-4　回租的交易结构

要支付债务。这种融资租赁形式,由于租赁收益一般大于借款成本支出,出租人借款购物可获得财务杠杆利益,故被称为杠杆租赁。

11.6.2　租赁的程序

不同的租赁业务有不同的具体租赁程序。融资租赁程序比较复杂,现简要介绍如下:

选择租赁公司

企业决定采用租赁方式获取某项设备的使用权时,首先需了解各家租赁公司的经营范围、业务能力、资信情况,以及与其他金融机构(如银行)的关系,取得租赁公司的融资条件和租赁费率等资料,并加以分析比较,从中择优选择。

办理租赁委托

企业选定租赁公司后,便可向其提出申请,办理委托。这时,承租企业需填写"租赁申请书",说明所需设备的具体要求,同时还要向租赁公司提供财务状况文件,包括资产负债表、损益表和现金流量表等资料。

签订购货协议

由承租企业与租赁公司的一方或双方合作,组织选定设备供应厂商,并与其进行技术和商务谈判,在此基础上签订购货协议。

签订租赁合同

租赁合同系由承租企业与租赁公司签订。它是租赁业务的重要文件,具有法律效力。

办理验货与保险

承租企业按购货协议收到租赁设备时,要进行验收,验收合格后签发交货及验收证书,并提交租赁公司,租赁公司据以向供应厂商支付设备价款。同时,承租企业向保险公司办理投保事宜。

支付租金

承租企业在租赁期内按合同规定的租金数额、支付方式等,向租赁公司支付租金。

合同期满处理设备

融资租赁合同期满时,承租企业根据合同约定,对设备续租、退租或留购。

11.6.3 租赁决策

租赁与购买决策

融资租赁的承租方通过签订租赁合同,在租赁期内按期支付租金获得资产的使用权。从现金流量的表现形式上看,这与承租方事先借入一笔资金购买资产,然后再逐年归还借款本息的做法是完全一致的(见图11-5)。显然,承租方需要在借款购买和融资租赁间做出比较和选择。

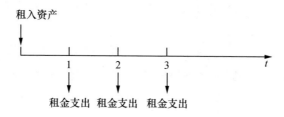

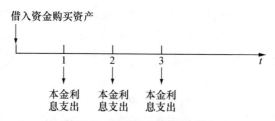

图 11-5 融资租赁与借款购买

租赁与借款购买决策就是要比较两种筹资方式的成本高低,其基本步骤是:

(1) 计算借款购买的成本现值;
(2) 计算融资租赁的成本现值;
(3) 比较两种筹资方式的成本现值,选择现值较低者。

例 11-2 新华公司准备添置一台自动化加工设备,设备价值 15 万元,使用期限 5 年,无残值。新华公司债务利息率为 10%(税前),所得税税率为 40%。新华公司应以借款购买还是融资租赁方式取得该设备?

由以上数据,新华公司按照从第一年起每年等额还本付息的条件借款购买设备的现金流量分析如表 11-8 所示。

表 11-8 在计算借款购买成本时,按照等年金还款方式计算现金流量,考虑到新华公司的所得税税率为 40%,故其税后债务成本为 10% × (1 − 0.4) = 6%。借款购买的现金流出现值为:

$$PV_{GM} = \frac{21\,596}{1+0.06} + \frac{22\,552}{(1+0.06)^2} + \frac{23\,633}{(1+0.06)^3} + \frac{24\,822}{(1+0.06)^4} + \frac{26\,130}{(1+0.06)^5}$$

$$= 20\,374 + 20\,071 + 19\,843 + 19\,661 + 19\,526$$

$$= 99\,475(元)$$

表 11-8 借款购买设备的现金流量分析表

单位:元

年度 (1)	利息支出 (2)	本金支出 (3)	全部债务支出 (4)=(2)+(3)	借款余额 (5)	折旧 (6)	可减税支出 (7)=(2)+(6)	税金减免 (8)=0.4×(7)	净现金流出 (9)=(4)-(8)
1	15 000	24 569	39 569	125 431	30 000	45 000	18 000	21 569
2	12 543	27 026	39 569	98 405	30 000	42 543	17 017	22 552
3	9 841	29 728	39 569	68 677	30 000	39 841	15 936	23 633
4	6 868	32 701	39 569	35 976	30 000	36 868	14 747	24 822
5	3 598	35 976	39 547*	0	30 000	33 598	13 439	26 130
总计		150 000						

* 因四舍五入误差,第 5 年全部债务支出额与前 4 年略有偏差。

若新华公司准备以融资租赁的方式获得这一设备的使用权,需在每年年初支付 35 000 元的租金(先付租金),其现金流量分析如表 11-9 所示。

表 11-9　融资租赁现金流量分析　　　　　　　　　　　　　　单位:元

年　度 (1)	租金支出 (2)	税收减免 (3)=0.4×(2)	净现金流出 (4)=(2)-(3)
0	35 000	14 000	21 000
1	35 000	14 000	21 000
2	35 000	14 000	21 000
3	35 000	14 000	21 000
4	35 000	14 000	21 000
总　计	175 000	70 000	

根据表 11-9 的数据,可计算出融资租赁的现金支出成本现值为:

$$PV_{ZL} = \sum_{t=0}^{4} \frac{21\,000}{(1+0.06)^t} = 21\,000 + \sum_{t=1}^{4} \frac{21\,000}{(1+0.06)^t}$$
$$= 93\,765(元)$$

比较借款购买与融资租赁的成本现值:

$$PV_{GM} - PV_{ZL} = 5\,710(元)$$

由于借款购买的成本高于融资租赁,故新华公司应采用融资租赁的方式使用该设备。

租金的确定

在租赁筹资方式下,承租企业需按合同规定支付租金。租金的数额和支付方式对承租企业的未来财务状况具有直接的影响,因此是租赁筹资决策的重要依据。

1. 决定租金的因素

融资租赁每期支付租金的多少,取决于下列几项因素:

(1) 租赁设备的购置成本,包括设备的买价、运杂费和途中保险费等。

(2) 预计租赁设备的残值,指设备租赁期满时预计可变现净值。

(3) 利息,指租赁公司为承租企业购置设备融资而应计的利息。

(4) 租赁手续费,包括租赁公司承办租赁设备的营业费用以及一定的盈利。租赁手续费的高低一般无固定标准,通常由承租企业与租赁公司协商确定,按设备成本的一定比率计算。

(5) 租赁期限。一般而言,租赁期限的长短影响租金总额,进而也影响到每期租金的数额。

(6) 租金的支付方式。租金的支付方式也影响每期租金的多少,一般而言,租金支付次数越多,每次的支付额越小。支付租金的方式有很多种:① 按支付间隔期,分为年付、半年付、季付和月付;② 按在期初和期末支付,分为先付和后付;③ 按每次是否等额支付,分为等额支付和不等额支付。在实务中,承租企业与租赁公司商定的租金支付方式,大多为后付等额年金。

2. 出租方确定租金的原则

出租方在确定租金时,同样必须进行必要的收益分析,以保证收取的租金能够收回成本,并赚取必要的利润。下面我们作一个简单的说明。

设准备出租的设备的价格为 P_0,租赁公司的税前债务成本为 R_D,权益成本为 R_E,资产负债率为 D/A,加权平均资本成本 $\text{WACC} = (D/A) \times R_D \times (1-T) + [1-(D/A)] \times R_E$,设备年折旧额为 Dep,公司所得税税率为 T,设备寿命为 n,公司每年收取的租金为 L_t,租赁公司因出租设备每年可得到的净现金流入量为:

$$CF_t = (L_t - \text{Dep}_t) \times (1-T) + \text{Dep}_t$$
$$= L_t \times (1-T) + T \times \text{Dep}_t$$

其出租收益的净现值 NPV_{LOR} 为:

$$\text{NPV}_{\text{LOR}} = -P_0 + \sum_{t=1}^{n} \frac{L_t \times (1-T) + T \times \text{Dep}_t}{(1+\text{WACC})^t}$$

即租赁公司应选择适当的 L_t,使 NPV_{LOR} 大于零。

例 11-3 若有 $P_0 = 3\,000\,000$ 元,$R_D = 8\%$,$R_E = 10.3\%$,$D/A = 0.6$,$n = 5$ 年,$T = 40\%$,则:

$$\text{WACC} = 0.6 \times 8\% \times (1-0.4) + 0.4 \times 10.3\% = 7\%$$
$$\text{Dep} = 600\,000(元)(直线折旧)$$

则:
$$\text{NPV}_{\text{LOR}} = -3\,000\,000 + \sum_{t=1}^{5} \frac{L_t \times (1-0.4) + 0.4 \times 600\,000}{(1+0.07)^t}$$
$$= -3\,000\,000 + 4.1 \times (0.6L_t + 240\,000)$$
$$= 2.46L_t - 2\,016\,000$$

令 $\text{NPV}_{\text{LOR}} = 0$,则 $L_t = 819\,512$ 元,即出租方至少每年收取约 82 万元的租金才能保证租赁活动的盈亏平衡。

3. 确定租金的方法

租金的计算方法很多,名称也不统一。目前,国际上流行的租金计算方法主要有平均分摊法、等额年金法、附加率法、浮动利率法。我国融资租赁实务中,大多采用平均分摊法和等额年金法。

(1) 平均分摊法

平均分摊法是先以商定的利息率和手续费率计算出租赁期间的利息和手续费,然后连同设备成本按支付次数平均。这种方法没有充分考虑时间价值因素。每次应付租金的计算公式可列示如下:

$$L = \frac{(C-S) + I + F}{N} \qquad (11\text{-}2)$$

式中:L 为每次支付的租金;C 为租赁设备的购置成本;S 为租赁设备的预计残值;I

为租赁期间的利息;F 为租赁期间的手续费;N 为租赁期。

例 11-4 某企业于 2004 年 1 月 1 日从租赁公司租入一套设备,价值 50 万元,租期为 5 年,预计租赁期满时的残值为 1.5 万元,归租赁公司所有。年利率为 9%,租赁手续费率为设备价值的 2%,租金每年年末支付一次。该套设备租赁每次支付租金可计算如下:

$$L = \frac{(C-S)+I+F}{N}$$

$$= \frac{(50-1.5)+[50\times(1+9\%)^5-50]+50\times 2\%}{5}$$

$$= 15.3(万元)$$

(2) 等额年金法

等额年金法是运用年金现值的计算原理计算每期应付租金的方法。在这种方法下,通常要根据综合利率和手续费率确定一个租费率,作为贴现率。

对后付年金现值的计算公式进行推导,可得到计算后付等额租金方式下每年年末支付租金的公式:

$$L = \frac{PVL_n}{PVIFL_{i,n}} \tag{11-3}$$

式中:L 表示每年支付的租金;PVL_n 表示等额租金现值;$PVIFL_{i,n}$ 表示等额租金的现值系数;n 表示支付租金的期数;i 表示租费率。

例 11-5 根据前例资料,假定设备残值归属承租企业,租费率为 11%,则承租企业每年年末支付的租金计算如下:

$$L = \frac{50}{PVIFL_{11\%,5}} = \frac{50}{3.696} = 13.53(万元)$$

此例如果为先付等额租金方式,则每年年初支付的租金为:

$$L = \frac{50}{PVIFL_{11\%,4}+1} = \frac{50}{3.102+1} = \frac{50}{4.102} = 12.19(万元)$$

11.6.4 租赁融资的利弊

租赁融资的优点

(1) 能迅速获得所需资产。租赁往往比借款购置设备更迅速、更灵活,由于租赁是筹资与设备购置同时进行,可以缩短设备的购进、安装时间,使企业尽快形成生产能力,有利于企业尽快占领市场,打开销路。

(2) 租赁可提供一种新的资金来源。有些企业,由于种种原因,如负债比率过高,不能向外界筹集大量资金。在这种情况下,采用租赁的形式可使企业在资金不足又急需设备时,不付出大量资金就能及时得到所需设备。

(3) 租赁可保存企业的借款能力。一些融资租赁类型并不表现在企业的资产负债表上,因此不构成企业负债的增加,不改变企业的资本结构,也不削弱企业的借款能力。

（4）租赁集资限制较少。如前所述，债券和长期借款都定有相当多的限制条款，虽然类似的限制在租赁公司中也有，但一般比较少。

（5）租赁能减少设备陈旧过时的风险。当今，科学技术在迅速发展，固定资产更新周期日趋缩短。企业设备陈旧、过时的风险很大，利用租赁集资可减少这一风险。特别是经营租赁，由于其租赁期限较短，期满将设备归还出租人。如果在设备租赁期内有更好的设备出现，承租人可以提前终止租赁合同，重新租赁新的设备。因此，设备陈旧过时的风险主要由出租人承担。

（6）租金在整个租期内分摊，不用到期归还大量本金。许多借款都在到期日一次偿还本金，这会给财务基础较弱的公司造成相当大的困难，有时会造成不能偿付的风险。而租赁则把这种风险在整个租期内分摊，可适当减少不能偿付的风险。

（7）租金可在税前扣除，能减少企业所得税上交额。

租赁融资的缺点

租赁融资的主要缺点是资金成本较高。一般来说，租赁融资的内含利率要高于借款融资的利息率。在企业处于财务困境时，固定的租金支出也会构成企业一项较沉重的负担。另外，采用租赁不能享有设备残值，这也可以看作是一种损失。

案例 11-2

卡特彼勒融资租赁公司

2004年4月26日，卡特彼勒（中国）融资租赁有限公司在北京正式成立。同年11月16日，在上海的 Bauma China 2004 展会上，该公司拿下了首批融资租赁合同，这在融资租赁还远不发达的中国引起了财经媒体的广泛关注。这家在国际上声名显赫的公司究竟是何方神圣？它的主营业务又是怎样开展的呢？

美国卡特彼勒公司的历史可以追溯到19世纪末，当时美国农业机械设备发展很快，卡特彼勒最初就是生产拖拉机整机和其他一些农用机械的公司。第二次世界大战期间，由于战争的需要，公司开始制造履带设备。也正是在那个时期，卡特彼勒的履带和拖拉机生产得到了很大发展。随着市场对发动机、发电机的需求，卡特彼勒的产品系列扩展到发动机和发电机。

2004年卡特彼勒的销售收入达302.5亿美元，利润达20.3亿美元。卡特彼勒的产品和组件由设在美国的49家工厂和设在全球22个其他国家的59家工厂生产。大约有一半的销售额来自美国境外的客户，这使卡特彼勒得以保持其全球供货商和美国主要出口商的稳固地位。现在，卡特彼勒是世界上最大的土方工程机械、矿业设备和建筑机械生产商，也是全世界柴油机和天然气发动机的主要供应商。

支持卡特彼勒飞速发展并奠定其竞争优势的是它的融资租赁业务。融资租赁可以形象地比喻为"借鸡生蛋，卖蛋买鸡"。设备购买商通过租借设备的方式来维持生产或扩大发展,从而产生效益,再把生产所得的资金用来偿还租金并最终获得设备的所有权。对于设备的需求方而言,融资租赁表面上是借物,而实质上还是借资,只是融资的方式是一种较为独特的企业营销模式。而对于像卡特彼勒这样的设备制造商来讲,它可以为设备的需求方提供资金。或者说使用它的资金,就意味着要购买它的设备。通过为资金需求方用融资租赁的办法提供资金支持,卡特彼勒将它的产品打入了原来不可想象的广阔市场。

相比传统营销模式,融资租赁因在资金流和物流方面均为客户带来了更大的价值,从而迅速取代传统的融资采购模式,成为大部分需要设备投资的客户的优先选择。

在资金流方面,与传统融资方式相比,无论客户是通过自身滚动发展积累资金,还是用其他方法筹措资金,门槛都相对较高,获取资金相对不易。而固定资产投资则需要较大的资金投入,设备更新改造任务十分繁重,为此需要资金大笔进出。而融资租赁可以减轻客户购置设备时一次性巨额现金支付的压力,花少量首付就可取得设备的使用权,用设备改造后的未来综合收益偿还租金。便捷融资(物),分期还款,就是融资租赁区别于传统营销方式的最明显特征。

除此之外,融资租赁在给客户带来税收好处、避免设备陈旧风险、改善企业现金流的功能等方面的优势也十分明显。企业可通过加大税前扣除、缩短折旧期限的方式,在获取税收好处的同时,避免因设备陈旧带来的账面损失,大大减少设备购置、使用过程中自有资金的实际流出额。

融资租赁的特别之处还在于将融资与采购融为一体,帮助客户及时、轻松地更新设备,以提高生产效率与竞争力,大大提高项目建设的效率;通过融资租赁内含的维护保养协议,将设备维护保养的物资、时间、人力支持成本降到最低。与相关设备的提供商保持良好的长期融资租赁关系也就成了设备需求方的自然选择。

为了支持融资租赁业务的顺利开展,卡特彼勒公司始终保持大量的可用现金流量,以便为客户提供足够的资金支持。有了雄厚的资金作保障,再加上卡特彼勒赖以成名的庞大的代理商网络(全球有超过1 689家卡特彼勒代理点为客户提供设备、维修及财务方面的服务)。在过去十年间,经股票分割调整后卡特彼勒的季度股息成长近1 000%。

目前,卡特彼勒公司在1997年全球最大的500家公司中排名第198位,在美国排名第68位,全球各行业最受赞赏公司评选中列工农业设备领域的第一名。

卡特彼勒在中国的业务在最近两年也有了长足发展。1972年,时任美国总统的尼克松带给了中国一次跨越太平洋的世纪握手。3年后,卡特彼勒做成了在中国的第一单买卖:把38台吊管机卖给了当时的石油部。1979年,卡特彼勒正式开始了在中国的业务。到目前为止,卡特彼勒已经在北京和上海建立了办事机构,并在中国建立了四家合资生产厂和两个全资子公司。2005年上半年,卡特彼勒在华销售业绩中,以融资租赁方式实现的销售占到全部销售业务的67%。

资料来源:魏聃根据卡特彼勒公司网站资料(http://china.cal.com)及相关新闻报道整理。

本章小结

本章讲述了债务与租赁融资。(1)债券是债务人发行的,承诺向债权人定期支付利息和偿还本金的一种有价证券,根据债券合同条款的不同,债券可以分为很多种类别。(2)企业发行债券必须满足一定的条件并履行必要的发行程序。(3)债券合同(合约)是债券最重要的文件之一,合同中的约束性条款反映了债权人对自身权利义务的要求和债务人对债权人投资安全的必要的保护,对债务人缺乏必要约束的债券合同将给债权人的投资带来很大的风险。(4)债券评级是债券发行的一个重要环节,债券评级是由专业的中介机构进行的,债券评级使得债权人可以了解债券的风险与收益情况,为自己的投资决策提供参考。(5)大多数债券评级将债券分为9个大的级别,从投资风险和收益的关系来看,可以分为最高等级(最安全)、投资级别、投机级别和极端投机级别几大类。(6)债券评级要从宏观经济形势、行业前景、企业经营管理状况、财务状况、债务合同等多个方面评价债券的投资收益与风险的关系。(7)债券可以有按期付息、到期一次性还本,按期等额还本付息,按期付息、债券发行一段时间后分期还本等多种偿还方式。(8)换债是指发行新债替换目前尚未到期的旧债的行为,还债的目的是节约债务的利息支出,降低债券的资本成本。(9)债券的可赎回条款是指债务人有权在债券到期之前按照事先规定的价格提前赎回债券的权利。(10)银行长期借款也是企业的长期债务资本的一项重要来源。(11)融资租赁是以租赁的方式筹措资金,本质上与借款融资相同,具有租赁期长、承租方不得随意提前解除租赁合同、出租方可以通过一次租赁收回全部投资并获取相应利润等特点。

思考题

1. 什么是企业债券?债券的基本特性是什么?
2. 什么是可赎回债券?可赎回债券有什么特点?
3. 某企业债券具有如下特点:① 期限3年;② 年票面利息率6%;③ 到期一次还本付息。问这一企业债券是否具有零息债券的特点?为什么?
4. 债券合同为什么要对债务人的行为做出种种约束?这种约束是否是对企业经营行为的干预?为什么?
5. 债券信用评级的作用是什么?
6. 企业为什么会考虑换债?满足什么条件时换债对企业才有利可图?
7. 什么是融资租赁?什么是经营租赁?两者的主要区别是什么?
8. 企业向银行借款和发行企业债券都是债务融资,这两种融资方式的主要区别是什么?

计算题

1. 计算利息率为 16%、面值为 100 000 元的 7 年期等额分期还款贷款每年的本息支付额。

2. 小小公司决定购买一个价值 200 万元的设备。公司可以采用融资租赁或者从银行贷款的办法。融资租赁来的资产不必计入公司的资产账户。在购买设备之前,小小公司有流动资产 300 万元、固定资产 500 万元,债务 400 万元,权益 400 万元。请问:如果小小公司购买设备,公司的债务比例会如何变化?在贷款和融资租赁两种情况下,公司的财务风险会有所不同吗?

3. C 公司欲向 D 公司购买一生产设备,现款价格为 400 000 元,C 公司的开户银行可为其融资,条件是在第 4 年年末一次付清本息,利率为年复利 14%。D 公司也已表示可提供分期付款售货,货款 4 年内付清,每年的支付额为 140 106 元。请问 C 公司应选择哪种融资方式?

4. 某公司借入一笔数额 100 000 元、利率 15%、期限 5 年的贷款,该贷款的偿还条件是:前 4 年每年按同样数额和利率,但期限为 30 年的贷款计算的等额还本付息额还款,余款在第 5 年年末一次性付清。请计算各年的实际还款额。

5. 3 年前 R 公司发行了期限 30 年的长期企业债券 5 000 万元,利息率为 7%,可按 108 元的价格回购。由于债券是折价发行,扣除发行成本后公司实际募得 4 800 万元。折价及发行成本采用直线法在 30 年内摊销。由于目前利息率下降,R 公司欲以 27 年期、利息率为 6% 的 5 000 万元债券取而代之。扣除发行成本,公司此次发行可募得 4 860 万元资金,发行成本中有 100 万元按照直线法在 27 年内摊销,另有 40 万元可在当年作为费用处理,两种债券共存的交替期是一个月。假设公司边际税率是 34%,请问这一方案是否可行?

6. S 公司欲添置某设备,它可以采用借款购买的方式,也可以以租赁的方式获得,相关数据如下:

借款购买:	
购买价格(元)	20 000
使用时间(年)	4
残值(估计)(元)	4 000
折旧和税收前年现金成本节省(元)	12 000
4 年期等额偿还的分期付款贷款利息率(%)	10
租赁:	
年租金(4 年期租赁)(元)	6 000
不包括在租约中的年经营费用(元)	1 000
公司所得税税率(%)	50

请问 S 公司应该用购买还是租赁的方式取得该设备?

第12章 资本结构分析

企业的资本分为由股东(所有者)投入的权益资本和由债权人投入的债务资本。所谓资本结构,是指债务资本与权益资本的比例,或债务资本与资本总额的比例。通过负债经营,企业可以扩大资本来源,减少税收支出(税盾效应),但也同时增加了财务风险。本章将讨论资本结构对企业价值的影响,以及企业应如何确定自己的资本结构等问题。

12.1 营业风险与财务风险

12.1.1 营业风险与营业杠杆

营业风险

由于企业的债权人和股东都对企业进行了资本投入,他们都要求得到相应的投资回报,因此,我们定义企业全部投资者(指企业全部资本的投入者,包括债务资本投资者和权益资本投资者)的投资收益率(return of invested capital,ROIC)为:

$$\text{全部资本投资者投资收益率(ROIC)} = \frac{\text{股东净收益} + \text{债权人收益}}{\text{债务资本} + \text{权益资本}} \tag{12-1}$$

式中:股东净收益指属于股东的税后净利润;债权人收益为企业的利息支出。

营业风险,又称经营风险或商业风险,是指企业全部资本投资者投资收益的不确定性,即 ROIC 的不确定性。当企业的债务资本为 0 时,企业的资本投资者仅剩下企业的股东,ROIC 转化为企业的权益投资收益率 ROE。我们在第 6 章中指出,企业的息税前收益(EBIT)包括了企业向债权人支付的利息、向政府交纳的公司所得税和向股东提供的税后利润,它反映的是属于资本投资者的报酬。因此,EBIT 越稳定,资本投资者的收益也越稳定;反之,则资本投资者的收益的波动性增大。所以息税前收益的波动性反映了资本投资者面临的营业风险。另外,息税前收益只受企业生产经营状况的影响,与企业的负债状况,即企业的资本结构无关,该特性便于我们比较不同行业的营业风险的大小。

影响公司营业风险的因素很多,主要有以下几种:

(1) 市场因素。市场因素又可分为产品市场因素与要素市场因素。如果产品市场需求稳定,要素市场的要素价格稳定,那么公司产品的生产成本与售价都比较稳定,则企业的营业风险也比较小;反之,企业的营业风险就较高。

(2) 企业因素。营业风险的大小还和企业本身的应变能力与调整能力有关。有些企业能够迅速地随产品需求和生产要素价格的变化调整所生产的产品品种和产品结构,以保证销售收入和产品成本相对稳定,这类企业营业风险就较低;反之,有些企业不善于或不便于迅速调整产品品种与产品结构,这类企业营业风险就较高。

(3) 成本结构因素。公司产品的成本结构,即产品成本中固定成本与变动成本的比例关系,是影响公司营业风险的主要因素之一。固定成本比例越大,企业的营业风险也越大;固定成本比例越小,营业风险也越小。关于这一点,我们将在营业杠杆的讨论中作进一步分析。

(4) 行业因素。不同行业的产品需求和要素供给的状况存在很大的差异。企业所处的行业不同,受产品市场因素和要素市场因素的影响不同,产品成本中固定成本与变动成本的比例不同,行业内竞争状况不同,受宏观经济形势和国家政策变化的影响不同,受国际经济形势变化的影响不同,等等,这些显然都会影响到企业营业风险的大小。比如,在很长一段时间内,电信行业受到国家政策的强烈保护,一家公司居于绝对垄断地位,其营业风险远小于其他竞争较为激烈的行业;相反,在家电等竞争性行业中,企业的营业风险较高。

上述因素在不同方面、从不同角度影响着企业的营业风险。

营业杠杆

企业生产经营成本中固定成本与变动成本的比例,对息税前收益的变化与销售收入的变化之间的关系会产生重要影响,这种影响由营业杠杆来反映。营业杠杆(operating leverage)定义为息税前收益的相对变动与销售额相对变动之比,也就是息税前收益对销售额的弹性,一般用营业杠杆系数 DOL 衡量,用公式表示如下:

$$\text{营业杠杆(DOL)} = \frac{\text{息税前收益变动率}}{\text{销售收入变动率}} = \frac{\Delta \text{EBIT}/\text{EBIT}}{\Delta S/S} \tag{12-2}$$

式中:EBIT 表示息税前收益;S 表示销售收入;ΔEBIT 表示 EBIT 的改变量;ΔS 表示销售收入的改变量。

营业杠杆的定义表明,营业杠杆越大,销售收入的相对变动引起息税前收益的相对变动也越大,营业风险也越大。

由于销售收入 $S = PQ$,

$$\text{EBIT} = \text{销售收入} - \text{总成本(不含利息支出)}$$
$$= PQ - (VQ + F) = (P - V)Q - F$$
$$\Delta \text{EBIT} = (P - V)\Delta Q$$
$$\Delta S = P\Delta Q$$

所以,营业杠杆可用固定成本和变动成本表达为:

$$\begin{aligned} \text{DOL} &= \frac{\Delta \text{EBIT}/\text{EBIT}}{\Delta S/S} \\ &= \frac{(P-V)\Delta Q/[(P-V)Q - F]}{P\Delta Q/PQ} = \frac{(P-V)Q}{(P-V)Q - F} \end{aligned} \tag{12-3}$$

式中：P 表示产品的销售价格；Q 表示产品销售量；V 表示单位产品的变动成本；F 表示固定成本(含折旧)；S 表示销售收入。

由转化后的(12-3)式可以看出，成本构成是营业杠杆的主要决定因素。固定成本较高的企业，比如技术、设备密集型企业，由于固定成本的比例高，因此营业杠杆也较大。固定成本较低的企业，如劳动密集型企业，由于变动成本比例高，因此营业杠杆较低。

在其他因素不变的条件下，营业杠杆越高，销售收入的波动导致企业息税前收益的波动越大。

利用 $EBIT = (P-V)Q - F$，我们可以求出企业盈亏平衡点。如果企业完全没有负债，利息支出为0，则息税前收益 EBIT 与税前收益 EBT 相等，EBIT = 0 时的销售量或销售收入就是企业的盈亏平衡点：

$$EBIT = (P-V)Q - F = 0$$
$$Q_{BE} = \frac{F}{P-V} \tag{12-4}$$

如果企业的负债不为0，其利息支出为 I，则考虑利息支出后企业的盈亏平衡点变为：

$$EBIT = (P-V)Q - F = I$$
$$Q_{BE} = \frac{F+I}{P-V} \tag{12-5}$$

例 12-1 已知某产品的市场售价为每件10元，该产品的生产方案有两种：方案1采用一般设备，所用人员较多，产品生产的固定成本为60 000元，变动成本为每件6元；方案2采用较先进的自动化设备，所用人员较少，产品生产的固定成本为120 000元，变动成本为每件4元。又知这两种市场方案的投资额相同，均为500 000元。企业所得税税率为30%的A企业准备生产该产品。假设A企业的全部资本均为权益资本，则两种方案对应的产品销售收入与EBIT和ROE的变化状况如表12-1所示：

表 12-1

概率	销售量 (件)	销售收入 (元)	生产方案1				生产方案2			
			总成本	EBIT	NI	ROE	总成本	EBIT	NI	ROE
0.05	10 000	100 000	120 000	−20 000	−14 000	−2.8%	160 000	−60 000	−42 000	−8.4%
0.10	15 000	150 000	150 000	0	0	0	180 000	−30 000	−21 000	−4.2%
0.15	20 000	200 000	180 000	20 000	14 000	2.8%	200 000	0	0	0
0.40	25 000	250 000	210 000	40 000	28 000	5.6%	220 000	30 000	21 000	4.2%
0.15	30 000	300 000	240 000	60 000	42 000	8.4%	240 000	60 000	42 000	8.4%
0.10	35 000	350 000	270 000	80 000	56 000	11.2%	260 000	90 000	63 000	12.6%
0.05	40 000	400 000	300 000	100 000	70 000	14.0%	280 000	120 000	84 000	16.8%
期望值	25 000	250 000		40 000	28 000	5.6%		30 000	21 000	4.2%
标准差		70 711		28 284		4.0%		42 426		6.0%

由表12-1不难看出，方案1的息税前收益 EBIT 和股东权益收益率的标准差均小于

方案 2,表明其营业风险低于方案 2。① 方案 1 的盈亏平衡点的销售量为 15 000 件,方案 2 的盈亏平衡点的销售量为 20 000 件。当销售量为 25 000 件时,方案 1 和方案 2 对应的营业杠杆分别为:

$$\mathrm{DOL}_1 = \frac{Q(P-V)}{Q(P-V)-F} = \frac{25\,000 \times (10-6)}{25\,000 \times (10-6) - 60\,000} = 2.5$$

$$\mathrm{DOL}_2 = \frac{Q(P-V)}{Q(P-V)-F} = \frac{25\,000 \times (10-4)}{25\,000 \times (10-4) - 120\,000} = 5.0$$

上述盈亏平衡点和营业杠杆如图 12-1 所示:

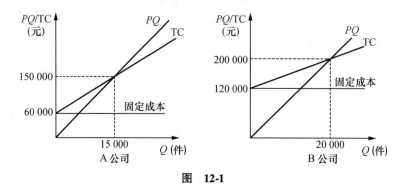

图 12-1

需要指出的是,在运用营业杠杆时,要注意以下两个问题:

(1) 行业不同,营业杠杆也不同。一般来讲,重工业、资本密集型产业的固定成本比重高,营业杠杆也较大。比较不同企业的营业杠杆时,应注意其所在行业,不能只看绝对数值的大小。

(2) 营业杠杆是影响营业风险的一个重要因素,但不是唯一因素。如前所述,营业风险还受诸如产品因素、企业自身因素、市场因素等诸多条件的影响。一个低营业杠杆的企业可能因为其他因素的不稳定而导致营业风险增加,而高营业杠杆的企业也可以通过稳定其他因素来降低企业的营业风险。

12.1.2 财务风险与财务杠杆

财务风险

财务风险是指由于企业负债经营给股东收益带来的风险。我们知道,由于产品市场和要素市场的不确定性,股东面临着一定程度的营业风险。如果企业的资本全部由股东投入,则股东只承受营业风险,如例 6-4 所示。但是,如果企业引入了部分债务资本,由于债权人在投资收益的分配上优先于公司股东,所以,相对于作为股东收益的税后利润而言,债权人的投资收益利息是固定的,从而增加了股东收益的不确定性。这种因负债经营

---

① 本例选择的数据较为特殊,使我们看到在这一情况下,尽管方案 1 的风险小于方案 2,但方案 2 的期望收益却低于方案 1。因此,在条件不适合的情况下,盲目增大投资风险并不一定会带来投资期望收益的增加。

而产生的风险,就是财务风险。

例 12-2 续例 12-1,假设经过比较后,A 企业决定利用方案 1 生产该产品。A 企业有表 12-2 所示的三种筹资方案。若债务利率为 5%,三种筹资方案的运营结果如表 12-3 所示。

表 12-2

	筹资总额(元)	债务总额(元)	权益资本(元)	股票数量(股)	负债比率(%)
筹资方案 1	500 000	0	500 000	250 000	0
筹资方案 2	500 000	100 000	400 000	200 000	20
筹资方案 3	500 000	200 000	300 000	150 000	40

表 12-3

	销售收入	EBIT	利息支出	所得税	NI	ROA[①]	EPS	ROE
	100 000	-20 000	0	-6 000	-14 000	-4.0%	-0.056	-2.8%
	150 000	0	0	0	0	0	0.000	0
	200 000	20 000	0	6 000	14 000	4.0%	0.056	2.8%
筹资方案 1	250 000	40 000	0	12 000	28 000	8.0%	0.112	5.6%
	300 000	60 000	0	18 000	42 000	12.0%	0.168	8.4%
	350 000	80 000	0	24 000	56 000	16.0%	0.224	11.2%
	400 000	100 000	0	30 000	70 000	20.0%	0.280	14.0%
期望值	250 000	40 000			28 000	8.0%	0.112	5.6%
标准差	70 711	28 284			19 799	5.7%	0.079	4.0%
	100 000	-20 000	5 000	-7 500	-17 500	-4.0%	-0.088	-4.4%
	150 000	0	5 000	-1 500	-3 500	0.0%	-0.018	-0.9%
	200 000	20 000	5 000	4 500	10 500	4.0%	0.053	2.6%
筹资方案 2	250 000	40 000	5 000	10 500	24 500	8.0%	0.122	6.1%
	300 000	60 000	5 000	16 500	38 500	12.0%	0.192	9.6%
	350 000	80 000	5 000	22 500	52 500	16.0%	0.262	13.1%
	400 000	100 000	5 000	28 500	66 500	20.0%	0.332	16.6%
期望值	250 000	40 000			24 500	8.0%	0.123	6.1%
标准差	70 711	28 284			19 799	5.7%	0.099	5.0%
	100 000	-20 000	10 000	-9 000	-21 000	-4.0%	-0.140	-7.0%
	150 000	0	10 000	-3 000	-7 000	-0.0%	-0.047	-2.3%
	200 000	20 000	10 000	3 000	7 000	4.0%	0.047	2.3%
筹资方案 3	250 000	40 000	10 000	9 000	21 000	8.0%	0.140	7.0%
	300 000	60 000	10 000	15 000	35 000	12.0%	0.233	11.7%
	350 000	80 000	10 000	21 000	49 000	16.0%	0.327	16.3%
	400 000	100 000	10 000	27 000	63 000	20.0%	0.420	21.0%
期望值	250 000	40 000			21 000	8.0%	0.140	7.0%
标准差	70 711	28 284			19 799	5.7%	0.132	6.6%

[①] 此处,我们把 ROA 定义为:ROA = EBIT/总资产。分子没有采用净利润,而是采用 EBIT,是为了与分母的总资产相匹配。

由表 12-3 不难看出,在营业风险不变(销售收入和成本的变化状况均未改变)的情况下,随着公司资本结构中债务比率的提高,股东权益收益率 ROE 的期望值增大,但 ROE 的波动(标准差)也同时增大,说明股东收益的风险增大。与无负债时相比,负债经营后新增的风险即为财务风险。

由表 12-3 还可看出,如果市场情况有利,增加负债可以提高 ROE。比如,当实际销售收入为 300 000 元时,不负债时(筹资方案 1)的 ROE 为 8.4%;如果将负债率增加为 40%(筹资方案 3),ROE 上升至 11.7%。但是,ROE 的增加是以增加财务风险为代价的。如果市场情况不利,实际销售收入不是 300 000 元,而是 150 000 元,则不负债时(筹资方案 1)的 ROE 为 0,负债率为 40%(筹资方案 3)时的 ROE 则降至 -2.3%。

财务杠杆

负债经营导致的财务风险可以用财务杠杆来反映,财务杠杆通常用财务杠杆系数 DFL 衡量:

$$财务杠杆(\text{DFL}) = \frac{\Delta \text{EPS}/\text{EPS}}{\Delta \text{EBIT}/\text{EBIT}} \tag{12-6}$$

式中 EPS 表示每股税后收益。由(12-6)式可以看出,财务杠杆表示每股税后收益(EPS)的相对变动与息税前收益(EBIT)的相对变动之比,也就是息税前收益变动 1% 而引起每股税后收益变动的百分比。

令 T_c 为公司所得税税率,I 为利息支出,N 为股票数量,有:

$$\text{EPS} = (1/N) \times (\text{EBIT} - I) \times (1 - T_c)$$

$$\Delta \text{EPS} = (1/N) \times (1 - T_c) \times \Delta \text{EBIT}$$

$$\Delta \text{EPS}/\text{EPS} = [(1 - T_c)\Delta \text{EBIT}/N]/[(1 - T_c)(\text{EBIT} - I)/N]$$

$$= \Delta \text{EBIT}/(\text{EBIT} - I)$$

$$\text{DFL} = (\Delta \text{EPS}/\text{EPS})/(\Delta \text{EBIT}/\text{EBIT})$$

$$= [\Delta \text{EBIT}/(\text{EBIT} - I)]/(\Delta \text{EBIT}/\text{EBIT})$$

$$= \text{EBIT}/(\text{EBIT} - I) \tag{12-7}$$

利用(12-7)式,我们分别计算出例 12-2 中销售收入为 250 000 元时三种筹资方案的 DFL。

$$\text{DFL}_1 = 40\,000/(40\,000 - 0) = 1.00$$

$$\text{DFL}_2 = 40\,000/(40\,000 - 5\,000) = 1.14$$

$$\text{DFL}_3 = 40\,000/(40\,000 - 10\,000) = 1.33$$

由上述结果不难看出,负债比率越高,财务杠杆越大,财务风险也越大。上述三个筹资方案中 ROE(EPS)与 EBIT 的关系如图 12-2 所示。

由图 12-2 可以看出,方案 1 的 ROE(EPS)随 EBIT 的变化最为平缓,方案 3 的 ROE(EPS)随 EBIT 的变化最为强烈。当 EBIT 较低(但大于 0)时,方案 1 不会出现亏损,方案 3 则发生亏损;但当 EBIT 较高时,方案 1 的每股收益最低(相应的股东权益收益率 ROE

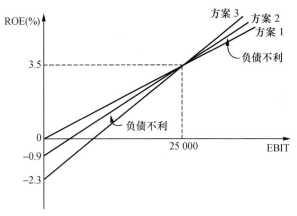

图 12-2 公司财务杠杆对股权风险的影响

也最低),方案 3 的每股收益最高(相应的股东权益收益率 ROE 也最高)。

由图 12-2 还可以看到,方案 1、方案 2 和方案 3 三个方案相比,当销售收入大于 212 500 元时,负债经营可以提高权益收益率,而当销售收入小于 212 500 元时,负债经营将降低权益收益率,这一现象同样体现在表 12-3 中。[①] 由于该项目的资本总额为 500 000 元,当 EBIT 小于 25 000 元时,EBIT 与资本总额之比小于 5%的债务利率;而当 EBIT 大于 25 000 元时,EBIT 与资本总额之比大于 5%的债务利率。由此我们知道,只有当 EBIT 与企业资本总额之比大于债务利息率时,负债经营才能提高股东的权益收益率 ROE。反之,负债经营会降低股东的权益收益率 ROE。这是因为,EBIT 与项目资本总额之比反映了企业利用资本创造收益的能力,而债务利率反映了债权人为其投资要求的回报率。当 EBIT 与资本总额之比大于债务利息率时,企业每借入 1 单位资金创造的收益高于利息支出,这一收益与利息之差扣除公司所得税后将成为股东的收益,所以可以增加企业的权益收益率。而当 EBIT 与资本总额之比小于债务利率时,企业每借入 1 单位资金创造出的收益低于利息支出,这一收益与利息的差额必须由股东用自己的收益弥补,从而导致权益收益率降低。在表 12-3 中,当 EBIT 等于 20 000 元,EBIT 与企业资本总额之比为 4%时,企业借入 100 元资金只能产生 4 元的收益,但企业却需要为此支付 5 元的利息(利率为 5%),企业股东不得不从自己的收入中拿出 1 元来弥补这一差额。[②] 而当 EBIT 等于 40 000 元,EBIT 与企业资本总额之比为 8%时,企业借入 100 元资金可以产生 8 元的收益,但企业只需要为此支付 5 元的利息(利率为 5%),余下的 3 元扣除企业所得税后将归股东所有。[③]

[①] 表 12-3 中,当 EBIT 等于 20 000 元时,负债经营的权益收益率低于无负债经营的权益收益率(方案 1 的 ROE 为 2.8%,方案 2 和方案 3 的 ROE 分别为 2.6%和 2.3%);而当 EBIT 等于 40 000 元时,负债经营的权益收益率高于无负债经营的权益收益率(方案 1 的 ROE 为 5.6%,方案 2 和方案 3 的 ROE 分别为 6.1%和 7.0%)。

[②] 由于有公司所得税效应,所以股东实际只需拿出 0.7 元。

[③] 同样由于公司所得税效应,股东实际只能得到 2.1 元。

复合杠杆

从股东的角度看,他们更关心每股收益的稳定性。为此,我们可以考察每股收益的变化幅度与销售收入的变化幅度之间的关系。从以上分析中可以看出,销售收入的变化首先通过营业杠杆影响息税前收益,再通过财务杠杆影响税后净收益,营业杠杆作用于前,财务杠杆作用于后,两者共同影响着股东权益收益率的稳定。我们用复合杠杆(DCL)表示这两者的综合影响,它是销售额变动一个百分点引起的每股税后收益变动的百分比。

$$\begin{aligned}
DCL &= (\Delta EPS/EPS)/(\Delta S/S) \\
&= [(\Delta EBIT/EBIT)/(\Delta S/S)] \\
&\quad \times [(\Delta EPS/EPS)/(\Delta EBIT/EBIT)] \\
&= DOL \times DFL \\
&= \{(P-V)Q/[(P-V)Q-F]\} \\
&\quad \times \{[(P-V)Q-F]/[(P-V)Q-F-I]\} \\
&= (P-V)Q/[(P-V)Q-F-I] \\
&= (EBIT+F)/(EBIT-I) \quad\quad\quad\quad (12\text{-}8)
\end{aligned}$$

在例 12-1 和例 12-2 中,A 公司在选择生产方案 1,资产负债率为 40%,销售收入为 250 000 元时的复合杠杆为:

$$DCL = DOL \times DFL = 2.5 \times 1.33 = 3.33$$

DCL 是 DFL 与 DOL 的乘积,企业可以运用不同的营业杠杆与财务杠杆,使两者结合得到的复合杠杆符合预期目标。

12.2 资本结构

假设 A 公司是一个无负债的公司,目前公司权益资本的价值为 10 000 元,发行在外的普通股为 1 000 股,每股价值 10 元。现在公司准备调整其资本结构,发行 5 000 元年利率为 10% 的债务(资本),并用发债收入作为特别股利发放给股东,即用 5 000 元的债务资本替换了 5 000 元的权益资本,使公司债务资本与权益资本的比由 0 变为 1。A 公司是否应该这样调整其资本结构呢?

在上一节的讨论中我们看到,当企业的 EBIT 与资本总额之比大于债务利息率时,负债经营可以提高股东的权益收益率,但权益收益率的提高是以股东财务风险的增加为代价的。资本结构的变化会给股东带来什么样的后果?这是资本结构理论讨论的主要问题之一。

顾名思义,资本结构是指企业资本的构成,常常用债务权益比或者资产负债比来度量。债务权益比是企业债务资本 D 与权益资本 E 的比值 D/E。由于企业的总资本为 $D+E$,所以负债权益比与债务资本比 $D/(D+E)$ 等价。由于企业的债务资本往往同企业的负债总额成正比,而且在实践中有时候人们不特意区别债务资本与自然负债,所以人们常常用企业的资产负债率 D/A 来度量资本结构。虽然这种近似非常常见,但必须明确的是,资本结构的本意是债务资本与权益资本的比率,或债务资本与资本总额的比率,而不是资产负债率。

资本结构理论探讨两个基本问题:第一,资本结构是否以及如何影响公司价值与股东价值?公司的经营目标是要最大化公司价值或股东价值,包括调整资本结构在内的一切公司行为,都应该以公司价值或股东价值的变化为决策依据。因此,如果资本结构影响公司价值和股东价值,我们就必须关注资本结构。第二,资本结构如何影响企业的资本成本?资本成本是资本预算的核心问题,如果资本结构影响资本成本,在资本预算中我们应当考虑资本结构。

在第 9 章中讨论企业的资本成本时我们讨论了加权平均资本成本(WACC),在只有债务资本和权益资本两种资本的情况下:

$$\text{WACC} = \frac{D}{D+E} R_D + \frac{E}{D+E} R_E$$

由于 R_D 小于 R_E,我们很容易想到增加成本较低的债务资本,减少成本较高的权益资本,就会降低企业的加权平均资本成本。比如,如果权益资本的成本为 15%,债务资本的成本为 8%。那么,同样筹措 100 万元的资金,如果全部使用权益资本,则资本成本为 15%,如果一半资金使用权益资本,另一半使用债务资本,则加权平均资本成本 WACC 应该只有 11.5%($=0.5\times15\% +0.5\times8\%$)。在未来预期现金流量不变的情况下,资本成本的降低将提升公司价值。所以,A 公司增加债务资本、减少权益资本的做法似乎是正确的。但是,上述分析只是一种直觉,而不是逻辑推理的结果,是否正确尚存在疑问。

我们先来看一个案例。假设有这样一个简单的经济环境,没有公司所得税,个人和企业都能以无风险利率借入、贷出资金。[①] A 公司面临着衰退、正常(期望)和扩张三种经济前景,相应地,A 公司创造的息税前收益(EBIT)[②]分别为 500 元、2 000 元和 3 500 元。假设 A 公司用 5 000 元年利率 10% 的债务资本替换同样数量的权益资本后,公司的普通股数量降低到 500 股,每股价值仍为 10 元。表 12-4 给出了 A 公司在无负债的情况下(资本结构改变之前,10 000 元资本全部是权益资本)和负债情况下(改变资本结构之后,用 5 000 元债务资本替换了 5 000 元的权益资本)的经营成果。

---

① 要使本案例下面的讨论完全成立,需要假设一系列严格的条件,在本例中我们暂时弱化相关条件,下一节再做完整的介绍。
② 因为假设没有公司所得税,所以息税前收益支付债务利息后就是属于股东的净利润。

表 12-4　A 公司在不同资本结构下的经营成果

资本结构状况	经济前景		
	衰退	正常(期望)	扩张
无负债时			
息税前收益(EBIT)(元)	500	2 000	3 500
净利润(元)	500	2 000	3 500
权益收益率	5%	20%	35%
每股收益(EPS)(元)	0.5	2.0	3.5
有负债时			
息税前收益(EBIT)(元)	500	2 000	3 500
利息支出(元)	−500	−500	−500
息后净利润(元)	0	1 500	3 000
权益收益率	0	30%	60%
每股收益(EPS)(元)	0	3.0	6.0

由表 12-4 可以看出,在用债务资本替换部分权益资本之后,虽然在正常和扩张的经济前景下股东的收益率高于资本结构变化之前,但在衰退的经济前景下,股东的收益率却低于资本结构变化之前。而且,股东权益收益率的波动范围由资本结构变化前的 5% 至 35% 扩大到 0 至 60%。权益收益率波动范围的增大意味着股东投资风险的增大。因此,即使表 12-4 说明 A 公司改变公司资本结构后,股东权益收益率期望值增大,我们也不能直接得出股东价值增加的结论。

那么,改变资本结构到底会不会影响公司的价值呢? 我们继续对上面的案例进行讨论。假设 A 公司没有利用债务资本替换权益资本,但有些股东希望能够用债务资本替换权益资本,以发挥财务杠杆的作用,他们会怎么办呢? 这时,他们可以通过自身的借贷投资来实现投资有财务杠杆公司的目的。比如,一个投资者按照 10% 的利率借入 1 000 元,再拿出自有资金 1 000 元,用总共 2 000 元买入 200 股 A 公司股票。在三种不同经济前景下,他的投资收益状况如表 12-5 所示。

表 12-5　投资者自制财务杠杆的投资回报

	经济前景		
	衰退	正常(期望)	扩张
无负债公司的每股收益(EPS)(元)	0.5	2.0	3.5
200 股投资的收益(元)	100	400	700
减:10% 利息率下借入 1 000 元的利息支出(元)	−100	−100	−100
净收益(元)	0	300	600
净投资(元)	1 000	1 000	1 000
投资收益率	0	30%	60%

表 12-5 说明,不论在哪种经济环境下,该投资者的投资收益与直接购买负债经营(即用 5 000 元债务资本替换 5 000 元权益资本)的 A 公司股票完全相同。这表明,即使 A 公司不改变其资本结构,希望公司负债经营的股东,通过自己借贷可以复制出与负债经营公司股东完全相同的投资收益。需要注意的是,股东个人的负债比例必须与公司的负债比例相同。在案例中,A 公司拟议中的债务权益比等于 1,股东个人全部投资中,借款与自有资金之比也是 1。

类似地,股东个人也可以通过个人借贷行为将对负债经营公司的投资还原成对无负债经营公司的投资。假设 A 公司改变了资本结构,调整后的债务权益比为 1。一个持有公司 200 股股票的股东更喜欢无负债的资本结构,他又该怎么办呢?他可以出售 100 股股票,收回 1 000 元现金,再把这 1 000 元现金按照 10% 的利率借出去,其投资收益如表 12-6 所示。显然,他的投资收益与 A 公司无负债时完全相同。

表 12-6　投资者解除公司财务杠杆行为的投资回报

	经济前景		
	衰退	正常(期望)	扩张
有负债公司的每股收益(EPS)(元)	0	3.0	6.0
100 股投资的收益(元)	0	300	600
加:10% 利息率下借出 1 000 元的利息收入(元)	100	100	100
净收益(元)	100	400	700
净投资(元)	2 000	2 000	2 000
投资收益率	5%	20%	35%

上述分析表明,不论 A 公司是否负债经营,投资者都可以根据需要创造出同样的收益模式来。因此,在假设的简单经济环境下,公司的资本结构与股东的价值无关。但是,实际的经济环境要复杂得多。在复杂的现实中,公司资本结构与公司价值或股东价值具有什么样的关系呢?如果资本结构影响公司价值或股东财富,那么,可能会存在这样一种资本结构,在这种资本结构下公司价值和股东财富达到最大值,我们称之为最优资本结构。

12.3　无公司所得税时的 MM 理论

公司资本结构与公司价值之间的关系是公司财务理论和实践中一个非常重要的课题,Modigliani 和 Miller 两位著名学者对这一问题作了开创性的研究,他们的研究成果被称为 MM 理论或 MM 定理[①],我们在上一小节讨论的案例就反映了他们的研究结果。下面介绍 MM 定理。

12.3.1　MM 定理的基本假设

MM 关于资本结构的理论建立在严格的理论分析基础之上,其基本假设如下[②]:

(1) 资本市场是完全市场(complete markets),每种资产的现金流都可以用其他资产构成的投资组合来复制;

(2) 所有投资者对每一企业未来的息税前收益 EBIT 的期望值和分布状况具有完全相同的估计,即他们对企业未来的收益和风险具有完全相同的预期(homogeneous expectations);

(3) 没有公司所得税和个人所得税;

(4) 股票和债券在完美资本市场(perfect capital markets)上交易,机构与个人都没有交易费用;

(5) 债务都是无风险的,因此所有债务的利率均为无风险利率,且机构与个人具有相同的借款/贷款利率;

(6) 市场不存在套利机会。

MM 的这些假设刻画的完美经济环境被称为"MM 世界",它与实际经济环境差别巨大。从"MM 世界"出发得出的结论,可以告诉我们现实中价值形成的本质。

12.3.2　无公司所得税时的 MM 定理 I

MM 定理 I　公司的资本结构不影响其公司价值,或者,负债经营公司的价值等于无负债经营公司的价值,即:

$$V_U = V_L \tag{12-9}$$

式中:V_U 为无负债公司的价值;V_L 为负债公司的价值。

MM 定理 I 是上一小节的案例的理论升华,它初看起来令人惊奇,实际上却不难理解。我们知道,公司价值 V 是债务资本价值 D 与权益资本价值 E 之和,即 $V = D + E$,而债务资本和权益资本的价值是它们未来全部现金收益(即债权人的利息收入与股东的现金股利收入)的现值。在没有公司所得税的前提下,公司息税前收益 EBIT 最终将分解为两部分,一部分是属于债权人的利息,另一部分是属于股东的现金股利,这一情况如图 12-3 所示。因此,公司资本结构的不同只影响 EBIT 在债权人和股东两类投资者之间的分配(即利息与现金股利的比例),而不影响 EBIT,进而也不影响公司价值的大小。

---

① F. Modigliani and M. Miller, "The Cost of Capital, Corporation Finance and the Theory of Investment", *American Economic Review*, 48(3), 1958, pp. 261—297.

② F. Modigliani and M. Miller, "The Cost of Capital, Corporation Finance and the Theory of Investment", *American Economic Review*, 48(3), 1958, pp. 261—297; Brigham, E. F., *Financial Management: Theory and Practice*, Dryden Press, 1999.

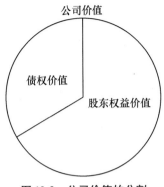

图 12-3 公司价值的分割

下述讨论有助于我们进一步理解 MM 定理 I。

设有 U、L 两家公司,除资本结构外,两者各方面的情况都完全相同,因此 EBIT 也相同,公司 U 为无负债公司,价值为 $V_U = E_U$;公司 L 为负债公司,价值为 $V_L = D_L + E_L$,负债 D_L 的利率为 10%。投资者可以任意选择这两家公司中的一家作为投资对象。

(1) 投资者投资于公司 U,获得其 1% 的股权,其结果为:

	投资额	投资收益
	$0.01 V_U$	0.01EBIT_U

(2) 投资者投资于 L 公司,分别购买 L 公司 1% 的股票和 1% 的债券,其结果为:

	投资额	投资收益
股票	$0.01 E_L$	$0.01 \times (\text{EBIT}_L - 0.1 D_L)$
债券	$0.01 D_L$	$0.01 \times (0.1 D_L)$
总计	$0.01(D_L + E_L) = 0.01 V_L$	0.01EBIT_L

由于 $\text{EBIT}_L = \text{EBIT}_U$,因此两种投资的价值应完全相同,否则将会出现套利现象(见后),所以有:

$$V_U = V_L$$

MM 定理 I 实质上说明,由于公司的总体价值是其各类投资者在公司中所拥有的价值之和,在没有公司所得税的情况下,这一价值只取决于公司创造收益(EBIT)的能力大小和风险程度(决定贴现率)的高低,与谁向公司提供资本无关,公司资本结构的差异只影响不同投资者在公司价值中的分配比例。

12.3.3 无公司所得税时的 MM 定理 II

MM 定理 II 讨论公司资本结构对其权益资本成本和加权平均资本成本的影响。

MM 定理 II 负债企业的权益资本成本 R_{EL} 等于无负债企业的权益资本成本 R_{EU} 加上一定数量的风险报酬,后者等于无负债企业的权益资本成本减去负债企业的债务资本成本后乘以负债企业的债务权益比(D_L/E_L),即:

$$R_{EL} = R_{EU} + 风险报酬$$
$$= R_{EU} + (D_L/E_L)(R_{EU} - R_D) \qquad (12\text{-}10)$$

式中：E 为权益资本的价值；D 为债务资本的价值；R_D 为债务资本成本。

MM 定理 II 指出，随着企业负债的增加，其权益资本成本（权益收益率）也随之按 (12-10) 式的规律上升。结合前一节对公司财务杠杆的分析，我们知道，虽然债务资本的成本低于权益资本的成本，但随着财务杠杆的增大——债务资本在总资本中所占比例的增加，股东承担的风险增大，权益资本成本也随之上升。权益资本成本的上升正好抵消债务资本的低成本带来的好处，企业的加权平均资本成本不变，因此企业的价值不会因债务资本的增加而增加。MM 定理 II 的一种等价形式是，公司的加权平均资本成本与其资本结构无关，或者，增加债务资本不会改变企业的加权平均资本成本。

MM 定理 II 的推导如下：

设有 U、L 两家公司，其中 U 为无负债公司，L 为负债公司，对于公司 U，公司价值就是其股东权益的价值，$V_U = E_U$，公司的资产收益率 R_{AU} 与股东权益收益率 R_{EU} 相等，即：

$$R_{AU} = R_{EU} = \frac{\text{EBIT}_U}{V_U}$$

公司 L 的资产收益率为：

$$R_{AL} = \frac{\text{EBIT}_L}{V_L} = \frac{\text{EBIT}_L}{D_L + E_L}$$

但是，因为：

$$\text{EBIT}_L = 利息支出 + 股东权益收益 = D_L \cdot R_D + E_L \cdot R_{EL}$$

所以：

$$R_{AL} = \frac{D_L R_D + E_L R_{EL}}{D_L + E_L} = \frac{D_L}{D_L + E_L} R_D + \frac{E_L}{D_L + E_L} R_{EL}$$

整理移项后有：

$$R_{EL} = R_{AL} + (D_L/E_L)(R_{AL} - R_D) \qquad (12\text{-}11)$$

根据无公司所得税时的 MM 定理 I：

$$R_{AL} = \frac{\text{EBIT}_L}{D_L + E_L} = \frac{\text{EBIT}_L}{V_L} = \frac{\text{EBIT}_U}{V_U} = R_{EU} \qquad (12\text{-}12)$$

所以，有：

$$R_{EL} = R_{EU} + (D_L/E_L)(R_{EU} - R_D) \qquad (12\text{-}13)$$

综合 MM 定理 I 和定理 II 可知，MM 资本结构无关论的基本思想是，在没有公司所得税时，增加公司的债务不能提高公司的价值，因为负债带来的好处——债务资本成本低——完全被其同时带来的权益资本成本的增加所抵消。

MM 定理 I 和 MM 定理 II 可以用图 12-4 来描述。

例 12-3 U 公司无负债，具有永续的息税前收益 EBIT——每年 125 万元，权益资本成本为 12.5%。除了负债经营之外，L 公司与 U 公司完全相同。L 公司的债务资本为 500

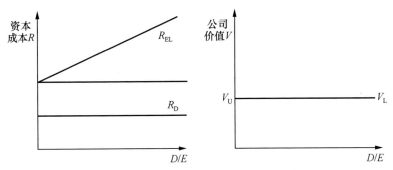

图 12-4 资本成本与财务杠杆比例的关系

万元,利率为 8%。设 MM 定理的各项假设均成立,求 U、L 两公司的价值 V_U 和 V_L,权益价值 E_U 和 E_L,权益资本成本 R_{EU} 和 R_{EL},以及 L 公司的加权平均资本成本 $WACC_L$。

解 U 公司股东权益的价值 E_U 为:

$$E_U = \frac{EBIT - R_D D_U}{R_{EU}} = \frac{125 - 0}{0.125} = 1\,000(万元)$$

U 公司的市场价值 V_U 为:

$$V_U = D_U + E_U = 0 + 1\,000 = 1\,000(万元)$$

根据 MM 定理 I,L 公司的市场价值 $V_L = V_U = 1\,000(万元)$。

L 公司权益资本的价值 $E_L = V_L - D_L = 1\,000 - 500 = 500(万元)$。

利用 MM 定理 II,L 公司的权益资本成本 R_{EL} 为:

$$\begin{aligned} R_{EL} &= R_{AL} + (D_L/E_L) \times (R_{AL} - R_D) \\ &= 12.5\% + (500/500) \times (12.5\% - 8\%) = 17\% \end{aligned}$$

L 公司的权益价值 E_L 为:

$$E_L = \frac{EBIT - R_D D}{R_{EL}} = \frac{125 - 40}{0.17} = \frac{85}{0.17} = 500(万元)$$

L 公司的加权平均资本成本 $WACC_L$ 为:

$$WACC_L = 0.5 \times R_D + 0.5 \times R_{EL} = 0.5 \times 8\% + 0.5 \times 17\% = 12.5\%$$

12.3.4 MM 定理 I 的套利分析

MM 定理 I 可以用下面例子中的套利(arbitrage)分析加以诠释。

例 12-4 继例 12-3。MM 定理 I 告诉我们,公司 U 与 L 具有相同价值。如若不然,公司 L 的权益价值不等于 500 万元,不妨假设大于 500 万元。投资者可以通过构建下述投资组合进行套利:卖空 10% 的 L 公司股票,获得收入 $10\% E_L > 50$ 万元。再按照 8% 的无风险利息率借入价值为 L 公司负债总额 500 万元的 10%,即 50 万元的债务资金。然后购入 U 公司 10% 的股票,支出 100 万元。三笔交易总计,投资者最后节余 $(10\% E_L - 50)$ 万元。具体如表 12-7 所示。

表 12-7

投资产生的现金流(万元)	投资方向	投资额(万元)
1. 卖空10%的L公司股票	$10\% E_L$	$-10\%(\text{EBIT}-R_D D)=-8.5$
2. 借入利率为8%的债务	50	$-10\% R_D D=-4.0$
3. 买入10%的U公司股票	-100	$10\% \text{EBIT}=12.5$
合计	$10\% E_L - 50$	0.0

实质上,投资者通过上述投资组合实现了套利:初始时刻获得了($10\% E_L - 50$)万元的净收入,并且投资组合未来的现金流能够实现收支平衡。① 这与 MM 定理的无套利假设矛盾,所以公司 L 的权益价值大于 500 万元的假设不成立。类似地,我们可以证明公司 L 的权益价值不小于 500 万元。综上所述,在 MM 世界里,公司 L 的权益价值一定等于 500 万元,即公司 L 与公司 U 具有相同的公司价值。

12.4 有公司所得税时的 MM 理论

MM 理论为我们讨论现实中的资本结构问题提供了一个很好的出发点。从 MM 的资本结构理论出发,通过分析现实情况与 MM 假设的差异,我们来讨论现实中公司资本结构对资本成本和公司价值的影响。通过不断地调整和修正 MM 世界的假设,使之逐渐接近现实,我们可以在一定程度上解释现实中资本结构与公司价值的关系,以及企业资本结构决策背后的逻辑。

无公司所得税时的 MM 理论假设的 MM 世界完美无缺,但现实要比 MM 世界复杂得多。例如,现实中普遍存在公司所得税,这是否会导致公司资本结构对公司价值产生影响? 这正是本节要回答的核心问题。

12.4.1 公司所得税对公司价值的影响

公司所得税的存在将改变公司现金流的分配。这是因为,公司所得税是从税前利润中扣除的,而税前利润是息税前收益 EBIT 减去利息支出 I 之差。考虑公司所得税后,企业的息税前收益不再是由债权人和股东两类投资者来分享,而是由债权人(得到利息)、政府(得到所得税)和公司股东(得到税后利润)三方来分享,情形如图 12-5 所示。由于公司价值仅为债权人收益现值与股东收益现值之和,如果不同的资本结构导致不同的公司所得税支出,那么公司的资本结构将影响公司价值。

---

① 此处描述的套利策略不依赖于卖空。如果市场不允许卖空,那么 L 公司的股东能够实施套利策略:卖出持有的 L 公司股票,同时借入债务资金,并且买入 U 公司的股票。

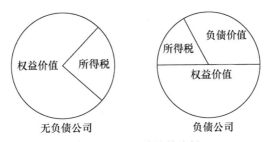

图 12-5 公司价值的分割

12.4.2 有公司所得税时的 MM 定理 I

考虑公司所得税的影响后,由于公司为债务资本支付的利息可以扣抵部分公司所得税支出,从而使有债务资本公司的 EBIT 分配给投资者(包括债权人与股东)的比例高于无债务资本的公司,故公司价值会随债务资本的增加而增大。换言之,债务资本的税盾(tax shield)效应将提升公司价值。有公司所得税时的 MM 定理 I 度量了债务资本的税盾价值。

有公司所得税时的 MM 定理 I:有债务资本公司的价值等于无债务资本公司的价值加上债务资本产生的税盾(tax shield)价值,其中税盾价值等于公司的债务资本总额乘以公司所得税税率。

$$V_L = V_U + TD \qquad (12\text{-}14)$$

式中:V_L 为负债公司的价值;V_U 为无负债公司的价值;T 为公司所得税税率;D 为负债公司的债务资本总额。

有公司所得税时的 MM 定理 I 可以用下面的例子来说明。

例 12-5 假设有 U、L 两家公司,U 公司没有债务资本,L 公司有 1 000 万元、年利率为 6% 的债务资本,除资本结构外这两家公司完全相同。它们都永久性地每年产生 200 万元的息税前收益(EBIT),都要按照 40% 的公司所得税税率纳税。U、L 两家公司的收益状况如表 12-8 所示:

表 12-8 有公司所得税时 U 公司与 L 公司的收益状况　　　　单位:万元

	U 公司	L 公司
息税前收益(EBIT)	200	200
利息支出 I	0	60
税前利润(EBT)	200	140
公司所得税(40%)	80	56
税后利润(NI)	120	84
债权人与股东收益合计	120	144
债务资本的税盾利益	0	24

由表12-8可知，L公司由于借入了1 000万元、年利息率6%的债务资本，每年支出利息60万元，同时少支付24万元的公司所得税(表12-8第5行)。少支付的税收成为股东的现金流增量，被称为税盾现金流。因为税盾现金流是由公司支付债务资本的利息产生的，所以其风险与债务资本相同。用债务资本成本6%贴现税盾现金流，其现值是：

$$\frac{24}{0.06}=400(万元)$$

公司借入债务资本后，其价值增加了400万元，它是公司债务资本产生的税盾价值。

一般地，公司的利息支出等于债务资本总额D乘以债务资本的利率i(债务资本成本)，即Di，它产生的税盾现金流为TDi(T是公司所得税税率)，用债务资本成本i贴现税盾现金流[①]，得到公司债务资本的税盾现值为：$TDi/i=TD$。

假设U公司的权益资本成本为10%，我们称之为无财务杠杆时的资本成本，则U公司的价值V_U，同时也是U公司股东权益的价值E_U为：

$$V_U=E_U=\frac{\text{EBIT}(1-T)}{R_{EU}}=\frac{200\times(1-40\%)}{0.10}=1\,200(万元)$$

根据有公司所得税时的MM定理I，L公司的市场价值V_L为：

$$V_L=V_U+TD=1\,200+40\%\times 1\,000$$
$$=1\,200+400=1\,600(万元)$$

从表12-8可以看出，L公司股东与债权人的收益合计比U公司多出了24万元，而这24万元恰好是政府所得税收入的减少额。同时，尽管L公司因借入1 000万元的债务每年要支付60万元的利息，但L公司股东的税后利润仅比U公司股东少36万元，而不是60万元。L公司的股东实质上只支付了36万元的债务利息，余下24万元由政府支付，体现为政府税收减少24万元。

事实上，引入公司所得税后，参与息税前收益EBIT分配的主体由原来的股东和债权人两家变成了股东、债权人和政府三家，如图12-6所示。在息税前收益EBIT不变的情况下，调整资本结构可以改变政府在EBIT中所分得的数额。通过增加债务资本，利用债务利息的税盾作用，减少了政府在EBIT中分得的数额，增加了股东和债权人分得的数额。由于公司价值是债务资本价值与权益资本价值之和，所以借入债务资本，利用其利息支出的税盾效应可以增加公司价值。

12.4.3 有公司所得税时的MM定理II

与无公司所得税时的MM定理I相同，有公司所得税时的MM定理I也讨论公司权益资本成本。

有公司所得税时的MM定理II：负债公司的权益资本成本等于无负债公司的权益资

[①] 严格地说，采用债务资本成本折贴现税盾现金流隐含了一个基本假设：公司的债务总量D不随时间变化。如果该假设不成立，那么债务的税盾价值未必是TD。

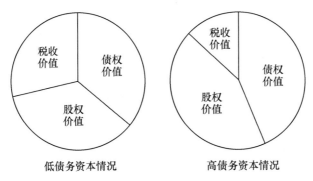

图 12-6 不同资本结构下公司价值的分割

本成本加上一定的风险补偿,即:

$$R_{EL} = R_{EU} + \frac{D}{E}(R_{EU} - R_D)(1-T) \qquad (12\text{-}15)$$

与(12-13)式相比,(12-15)式在风险补偿因子上多出了一个系数$(1-T)$(T是公司所得税税率),由于$(1-T)$小于1,所以考虑公司所得税后负债企业的权益资本成本的上升幅度要小于无公司所得税的情形。实际上,正是税盾效应降低了负债企业的债务资本成本和权益资本成本,导致了公司价值的上升。

考虑公司所得税后,公司的加权平均资本成本为:

$$\text{WACC} = (E/V)R_{EL} + (D/V)R_D(1-T) \qquad (12\text{-}16)$$

例12-6 计算例12-5中L公司的权益资本成本和加权平均资本成本。

利用有公司所得税时的MM定理Ⅱ,L公司的权益资本成本R_{EL}为:

$$\begin{aligned}R_{EL} &= R_{EU} + \frac{D}{E}(R_{EU} - R_D)(1-T) \\ &= 10\% + (1\,000/600) \times (10\% - 6\%) \times (1-40\%) \\ &= 14\%\end{aligned}$$

L公司的加权平均资本成本WACC_L为:

$$\begin{aligned}\text{WACC}_L &= (E/V)R_{EL} + (D/V)R_D(1-T) \\ &= (600/1\,600) \times 14\% + (1\,000/1\,600) \times 6\% \times (1-40\%) \\ &= 7.5\%\end{aligned}$$

由例12-6的结果可以看出,考虑公司所得税后,负债公司的加权平均资本成本与无负债公司相比下降了(由10%下降为7.5%)。

有税收时的MM定理Ⅰ和Ⅱ可以用与图12-4类似的图12-7来描述。由于存在税盾利益,图12-7中公司的加权平均资本成本随着负债权益比的上升而下降,而且公司价值随着负债权益比的上升而上升。

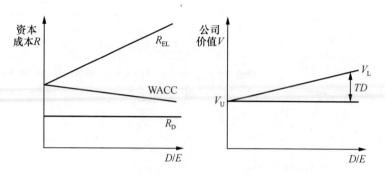

图 12-7　公司资本成本、公司价值与财务杠杆比例的关系

12.5　财务危机成本与资本结构

根据有公司所得税时的 MM 定理,公司价值随负债的增加不断增大,我们会得出一个极端而且显然不符合现实的结论,即公司的资本来源应该百分之百为债务资本,这样公司的价值才达到最大。之所以出现这种极端结论,是因为在前面关于资本结构的讨论中,我们只考虑了债务资本带来的利益——税盾效应,而没有考虑债务资本的负面影响——可能导致公司出现财务危机。

12.5.1　财务危机成本

财务危机(financial distress)是指企业在履行偿债义务方面遇到了极大困难,甚至无法履行偿债义务的状况。财务危机处理得好,企业可以度过危机,避免破产。财务危机处理得不好,企业将无法走出困境,最终走向破产。

不论企业是否会因财务危机而破产,财务危机都会给企业带来损失,这被称为财务危机成本。财务危机成本可分为直接成本、间接成本与代理成本两大类。本小节介绍直接成本与间接成本,下一小节介绍代理成本。

直接成本是指企业为处理财务危机(如进行破产清算或企业重整)支出的各项费用,如律师费、清算费等,以及企业因财务危机而造成的资产贬值损失。比如,在企业破产时,债权人可能会为争夺企业剩余资产的清偿权与清偿方式而争吵不休,使企业的破产过程一拖再拖。在此期间,企业的厂房、设备等将得不到充分利用,而且很容易贬值;企业的各项存货可能因得不到及时处理而过时,其价值也会大幅下降;另外,企业原有的技术优势、发展机会、人才资源等无形资产也会因财务危机而大量流失,这些损失有时是非常巨大的。

间接成本是指企业因发生财务危机而在经营管理方面遇到的种种困难和损失,包括为避免破产而付出的代价等各种成本的总和。比如,企业无力偿债导致债权人对企业正常经营活动的限制,原材料供应商因担心企业不能按期付款要求企业必须用现金购买货物,顾客因担心企业的生存能力而不愿购买其产品,关键管理人员和技术人员因担心失业而选择跳槽,等等。这些都会造成企业收入减少,成本上升,价值下降。另外,企业为了避免破产,可能会采取有利于企业短期生存但却会损害企业长远利益的措施。比如,降低设备的维修保养频率以节省资金,以较低价格出售优质资产以筹措资金,以降低质量、损害产品市场形象为代价来削减生产成本,优秀人才因得不到合理报酬而离开企业,等等。

财务危机的成本可能相当高昂,美国学者 Altman(1984)估计,企业因破产而发生的直接成本约等于破产前企业股权价值的20%,或者破产前企业价值的3%。① 因此,不论是债务人还是债权人,在进行筹资或投资决策时都必须考虑财务危机成本可能产生的影响。由于财务危机成本只有在财务危机发生时才会表现出来,事前只能根据有关事实和资料对财务危机成本进行判断,即对财务危机成本的期望值做出估计,并以此指导自己的筹资或投资行为。财务危机成本的期望值取决于两个因素:一是危机发生时财务危机成本的大小,二是发生危机的可能性,所以:

$$\text{期望财务危机成本} = \text{危机成本} \times \text{危机发生的概率} \tag{12-17}$$

企业的负债率越高,财务风险越大,企业发生财务危机的可能性就越大,财务危机的期望成本就越高。在其他情况相同的条件下,企业经营收益越不稳定,发生财务危机的概率越大;价值主要依赖于未来的成长性企业,其财务危机的成本很高。比如,网络公司的价值主要体现在未来的发展前景和未来的现金收益上,一旦陷入财务危机乃至破产,给清算者留下的价值将非常有限。因此,网络公司的财务危机成本通常都较高。相反,航空公司有大量的飞机等固定资产,一旦破产,其清算价值相当可观。因此,航空公司的财务危机成本较低。

12.5.2 代理成本

代理问题(agency problem)是指委托人与代理人之间因目标不一致而产生利益冲突,是现代经济学和公司财务的一个重要研究领域。由于委托人与代理人之间的利益不完全一致,契约不完善和信息不对称使委托人无法完全约束和监督代理人的行为,因此代理人可能会为追求自身利益最大化而损害委托人的利益。代理问题的两个主要表现是逆向选择和道德风险。逆向选择(adverse selection)是指代理人利用其信息优势,在不同方案中做出不利于委托人的选择。道德风险(moral hazard)是指在信息不对称的情况下,由于代理人的行为不可观察,并且代理人不用承担其行为的全部不良后果,因此代理人可能为了追求其私利不惜牺牲委托人的利益。逆向选择源于签约前的信息不对称,道德风险则源于签约后的信息不对称。显然,任何一种情况的发生,都会给委托人造成损失。不论是代理人给委托人造成的损害,还是为防止代理问题的发生或减少代理问题造成的损害而采取的措施,都必然产生一定的成本,这些成本都是代理成本(agency costs)。

---

① Altman, E., "A Further Empirical Investigation of Bankruptcy Costs," *Journal of Finance*, 39(4), 1984, pp. 1067—1089.

当债权人将资金借给企业之后,在一定程度上就失去了对资金的控制权(至少是直接控制权),只保留了相应的收益权。由于债权人与股东的利益不完全一致,他们之间的利益冲突在所难免。企业的经营控制权由代表股东利益的公司董事会和经理层掌握,当企业陷入财务危机时,股东可能会"损人利己"——为维护股东自身利益采取某些损害债权人利益的举措。下面就是几种可能:

(1) 资产替代(asset substitution)

当企业濒临破产时,由于股东与债权人在破产时的利益冲突,掌握企业控制权的股东可能更愿意选择对企业价值产生不利影响的高风险投资,该现象被称为资产替代或者风险转移(risk shifting)。[①]

例如,假设 A 企业目前的全部资产是 70 万元现金,负债为 100 万元,1 年后到期。显然,A 企业已是资不抵债,如果不采取极端措施,1 年后很可能破产。假设现在 A 企业有两个互斥的投资项目可供选择,一个是低风险项目 L,另一个是高风险项目 H。未来经济形势好或经济形势差的可能性各为 50%。两个项目的投资额均为 70 万元,投资期恰好为 1 年。如果未来经济形势好,预计项目 L 的总收益为 110 万元,项目 H 的总收益为 130 万元;如果未来的经济形势差,预计项目 L 的总收益为 50 万元,项目 H 的总收益为 0 元。A 企业选择项目 L 或项目 H 的预计结果如表 12-9 所示。为了便于计算,我们技术性地假设所有投资者都是风险中性的,即都不关心风险,并且无风险利率为 0。这样,所有资产的资本成本均为 0,项目的净现值等于项目不同时间的现金流之算术和,不需要贴现。

表 12-9　　　　　　　　　　　　　　　　　　　　单位:万元

	概率	公司价值	债务资本价值	权益资本价值
低风险项目(L)				
经济形势好	50%	110	100	10
经济形势差	50%	50	50	0
期望值		80	75	5
高风险项目(H)				
经济形势好	50%	130	100	30
经济形势差	50%	0	0	0
期望值		65	50	15
好项目(G)				
经济形势好	50%	120	100	20
经济形势差	50%	120	100	20
期望值		120	100	20

[①] Jensen, M. C. and W. H. Meckling, "Theory of the Firm: Managerial Behaviour, Agency Costs and Ownership Structure", *Journal of Financial Economics*, 3, 1976, pp.305—360.

项目 L 的净现值 $= 0.5 \times 110 + 0.5 \times 50 - 70 = 10$(万元)

项目 H 的净现值 $= 0.5 \times 130 + 0.5 \times 0 - 70 = -5$(万元)

从提高公司价值和维护债权人利益的角度看,A 企业应该选择低风险项目 L,因为项目 L 的净现值大于零,而项目 H 的净现值小于零。如果 A 企业是一个完全由权益资本投资的企业,它也会选择项目 L,因为这时公司整体价值的提高将全部属于公司股东。现在,A 企业濒临破产,其股东会选择哪个项目?如果选择项目 L,股东权益的市值为 5 万元($0.5 \times 10 + 0.5 \times 0$);如果选择项目 H,股东权益的市值为 15 万元($0.5 \times 30 + 0.5 \times 0$)。显然,项目 H 比项目 L 对股东更有利。因此,从股东利益出发,A 企业的股东将放弃对债权人和提高公司价值有利的低风险项目 L,选择对提高股东价值有利的高风险项目 H。

虽然公司资不抵债,即公司的资产绝大部分实质上都属于债权人,但是,股东握有公司的控制权,因而有权选择投资项目。本质上,股东是用债权人的资金进行投资,如果经济形势好,项目收益超过负债的部分归股东所有;如果经济形势差,项目的亏损几乎都由债权人承担。正是权利与义务的不对称性导致股东选择高风险项目。

(2) 投资不足(underinvestment)

与选择高风险的坏项目相反,有时股东在企业濒临破产时会主动放弃净现值大于零的投资项目,该现象被称为投资不足。① 投资不足的根源是,项目的收益主要归债权人,项目的相当一部分成本却要由股东承担,并且股东分得的剩余收益不足以弥补投资成本。

以前述 A 企业为例,假设它可以选择是否投资项目 G。该项目的投资额为 100 万元,项目寿命为 1 年。1 年后,无论经济形势好坏,项目的总收益均为 120 万元。项目 G 的净现值为 20 万元($=120-100$),没有风险,因此无疑是一个好项目。但是,A 企业仅有 70 万元资金,不足以投资项目 G,如果上马项目 G,需要另外筹集 30 万元资金。

假设 A 企业的股东追加投资 30 万元权益资本,使项目 G 顺利上马。1 年后,项目产生的 120 万元收益中,100 万元归债权人所有,剩下的 20 万元归股东所有。即使忽略项目 G 上马之前股东拥有的权益价值不计,股东投入了 30 万元,却仅收获 20 万元(参见表 12-9),因此,股东会拒绝出资投资项目 G。

(3) 转移资金

转移资金是指,在企业发生财务危机之际,股东为了减少自己的损失,可能会通过增发现金股利或其他分配形式尽量将公司价值转移到自己手中,给债权人留下一个空壳企业。

(4) 稀释债权

稀释债权是指,企业在未经老债权人同意,或在没有为老债权人提供有效担保的情况下借入新的债务,大幅度提高企业的资产负债率,从而削弱对老债权的保护,增加债权的风险,这同样会损害老债权人的利益。

---

① Myers, S. C. , "Determinants of corporate borrowing", *Journal of Financial Economics*, 5, 1977, pp. 147—175.

债权人是理性的,他们可以事先想象到或预料到负债企业的股东可能采取的某些损害债权人利益的做法,同时也会采取一系列的措施来限制企业股东的行为,防止他们采取预料到或未预料到的损害行动,以保护自己的利益。这些措施包括:通过尽量严格和苛刻的债务合同限制企业的经营行为,特别是筹资活动和投资活动,如限制企业发放现金股利和回购股票,限制企业出售或购买资产,限制企业进一步借债,等等;审查和监督企业的财务状况与经营活动等;提高利率以弥补可能增加的风险,等等。

上述种种措施无疑加大了签订债务合同的复杂性,使签约成本上升。同时,上述做法在保护债权人利益的同时也降低了企业的经营效率,特别是决策效率,损害了企业追求股东财富最大化的经营努力,最终损害了股东财富。这些损失都是代理成本的表现,最终将由公司股东承担。

随着企业负债权益比的上升,股东在公司中的相对利益逐渐减少,在企业发生财务危机时通过损害债权人利益来保护甚至增加自身利益的动力增加。因此,股东和债权人之间的代理成本随着企业负债权益比的上升而增大。

12.5.3 资本结构的权衡理论

最优资本结构与公司价值

债务资本利弊并存。公司使用债务资本带来的收益是其税盾价值(有公司所得税时的 MM 定理I),成本则体现为财务危机的成本。公司在选择资本结构时,通过权衡债务融资的收益与成本,最大化公司价值。这就是资本结构的权衡理论(trade-off theory)。当公司资本中债务资本达到某一数额时,债务资本的边际收益正好等于其边际成本,这时公司价值最大,相应的公司资本结构称为最优资本结构。权衡理论可用图 12-8 加以说明。

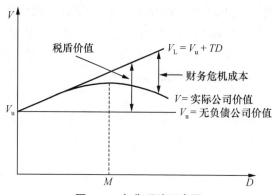

图 12-8 权衡理论示意图

由图 12-8 可以看到,当企业的债务资本较少时,财务危机成本很小,此时债务的税盾效应起主导作用,因此公司价值随着债务资本的增加而增大。但是,随着债务资本的不断增加,财务危机成本上升的速度越来越快,因此公司价值上升的速度越来越慢。当企业的债务资本上升到高于 M 点的债务水平后,债务增加带来的边际成本超过了边际收益,故公司价值随债务资本的增加而降低。在 M 点处，债务的边际成本恰好等于其边际收益，公司价值达到最大值，所以，M 点代表最优资本结构。

值得指出的是，虽然存在债务资本的收益与成本的权衡关系，但不意味着我们可以准确地计算出每个企业的最优资本结构。这是因为：第一，影响企业资本结构的因素很多，除税盾效应和财务危机成本外，还有其他因素，所以我们不能单纯依赖上述分析得出关于企业资本结构的全部结论。第二，税盾效应和财务危机成本只是为我们分析问题提供了一种有益的渠道，我们难以针对具体企业精确计量债务资本的收益与成本。

权衡理论是一种重要的资本结构理论，可以用来解释诸多实证现象，参见 12.7 节。

最优资本结构与加权平均资本成本

使公司价值最大的最优资本结构也就是使加权平均资本成本最小的资本结构。根据资本结构的权衡理论，公司加权平均资本成本与债务权益比(D/E)之间的关系如图 12-9 所示。

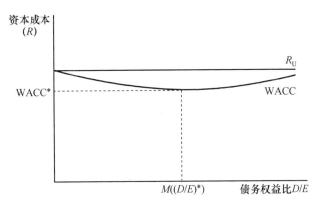

图 12-9　加权平均资本成本与财务杠杆比例的关系

由于公司债务权益比例较低时财务危机成本较低，公司债务资本的税后资本成本远低于权益资本成本，因此加权平均资本成本随着债务权益比的增大而降低。当公司负债权益比达到一定值时，债的资本成本快速上升，以至于新增债务资本产生的成本已经抵消了新增的税盾效应。这时，继续增加债务资本将会提高加权平均资本成本。所以，公司的加权平均资本成本曲线呈 U 形，图 12-9 中所显示的点 $M((D/E)^*)$ 对应的 $WACC^*$ 就是加权平均资本成本的最小值，相应的债务权益比 $G(D/E)^*$ 则是公司的最优资本结构。

最优资本结构与价值分配

考虑财务危机成本后，有权参与息税前收益 EBIT 分配的利益团体变成了四个：股东对 EBIT 的索取权(股权价值)，债权人对 EBIT 的索取权(债权价值)，政府对 EBIT 的索取权(所得税价值)和公司破产时的相关利益集团(如律师、各种清算参与者等)的索取权(财务危机成本)，这种情况如图 12-10 所示。

公司的债务权益比越高，出现财务危机和破产的可能性越大，所以如图 12-10 所示，当公司的债务权益比较低时，财务危机成本也较低，属于股东、债权人和政府的价值较高；

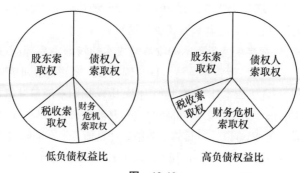

图 12-10

当公司的债务权益比较高时,财务危机成本也较高,属于股东、债权人和政府的价值较低。

根据上述分析,负债公司的价值与无负债公司的价值及税盾价值和财务危机成本的关系可以写成下式:

$$V_L = V_U + TD - 财务危机成本 \tag{12-18}$$

(12-18)式表明,负债公司的价值等于无负债公司的价值加上债务资本的税盾价值再减去债务资本带来的财务危机成本。这时的最优资本结构就是使"TD – 财务危机成本"最大的资本结构。

如果把公司现金流量 CF 带来的价值作为整体价值 V,那么:

$$V = E + D + G + B + \cdots \tag{12-19}$$

式中:E 是股东权益的价值;D 是债权人的价值;G 是政府税收的价值;B 是财务危机成本。

(12-19)式反映了 MM 定理的核心与精髓,它表明,对公司现金流量所有索取权的总价值 V 是由公司创造的现金流量决定的,与其资本结构无关。但其中每一项索取权的价值,包括股东索取权与债权人索取权的价值,都会受到资本结构的影响。所以,最优资本结构就是使股东索取权与债权人索取权的价值最大,而使其他索取权价值最小的资本结构。

12.6 优序融资理论

在讨论公司财务问题时,人们通常认为公司经理对公司的实际情况和价值的了解比外部投资者更充分,企业的许多财务决策,如股利分配政策、筹资方式的选择等,不但具有财务上的意义,还可以向市场传递信息,而投资者对信息的认识和解释将直接影响到财务决策的成本。

1984 年,Myers 和 Majluf(1984)采用逆向选择(adverse selection)模型来剖析公司的再融资行为。他们假设公司经理和外部投资者之间存在着信息不对称,分析了信息不对称对公司融资选择的影响,提出了优序融资顺序理论(pecking order theory)。[1] 在解释公司的融资行为与资本结构方面,该理论的重要性可以比肩权衡理论。本节我们扼要介绍这一理论。

Myers 和 Majluf(1984)的模型假设市场上有两类公司,它们的股票价值分别为 H 与 L,不妨分别称之为 H 类公司与 L 类公司。H 类公司的数量在两类公司中的占比为 p。两类公司在其他方面没有区别。每个公司都拥有相同的投资机会,其股权投资额为 I,净现值为 $v > 0$,假设 $v < (H-L)I/(L+v+I)$。公司如果投资项目,需要通过发行股票筹集资金。该模型有两个关键假设:

(1) 公司经理清楚地了解自己公司的权益价值,但是外部投资者不知道各个公司的股权价值,因而无法区分两类公司。

(2) 公司的管理目标是老股东的权益价值最大化。

在这些假设下,市场将出现分离均衡(separating equilibrium)[2]:L 类公司选择通过发行股票筹集项目所需资金,而 H 类公司选择不发行股票并放弃项目投资机会。要证明这是纳什均衡,只要证明两类投资者的上述选择都是各自的最佳选择。一方面,L 类公司发行股票数量占发行后公司总权益的比例为 $k = I/(L+v+I)$,进而,发行股票并投资项目为老股东产生的价值为:

$$\Delta E_{\text{old}}^L = (1-k)(L+v+I) - L = v > 0$$

因此,在均衡状态下,L 类公司发行股票优于不发行股票,故选择发行股票。

另一方面,H 类公司如果模仿 L 类公司选择发行股票,那么发行数量占发行后总股份的比例同样为 k,为老股东产生的价值为:

$$\Delta E_{\text{old}}^H = (1-k)(H+v+I) - H = v - (H-L)I/(L+v+I) < 0$$

因此,在均衡状态下,H 类公司不发行股票优于发行股票,故选择不发行股票。

分离均衡的出现说明,公司的融资行为具有向市场发送信号的作用。通过观察公司是否发行股票,外部投资者能够辨别 H 类公司与 L 类公司。如果公司选择发行股票,外部投资者就可以判断该公司为 L 类公司,因为 H 类公司通常都选择不发行股票。

本质上,H 类公司之所以放弃发行股票,是因为信息不对称导致股票发行会稀释老股东的权益价值,且稀释作用大于项目净现值。H 类公司具有净现值大于零的项目,但是放弃投资,这种现象被称为投资不足。

进一步,信息不对称之所以导致股票发行会稀释老股东的权益价值,是因为股票是信息敏感工具,即信息不对称会影响股票市场价格。虽然前面讨论的是股票,但是,只要是信息敏感工具,例如可转债和可转换优先股,其发行就会对老股东的权益价值产生稀释

---

[1] S. C. Myers and N. S. Majluf, "Corporate Financing and Investment Decisions When Firms Have Information Investor Do Not Have", *Journal of Financial Economics*, 13, June 1984, pp.187—222.

[2] 分离均衡是一类 Nash 均衡,读者如欲进一步了解分离均衡的相关内容,参见下列著作的第 13 章:Mas-Colell, A., M. D. Whinston and J. R. Green, *Microeconomic theory*. Oxford University Press, Inc,1995。

作用,因而会存在类似的分离均衡。当然,由于不同金融工具对信息的敏感程度不同,因此,在信息不对称的情况下,发行不同金融工具产生的稀释作用也不同。一种金融工具对信息越敏感,其发行产生的稀释作用就越大,公司也就越不愿意发行这种工具。所以,公司在为投资项目筹集资金时,首先选择内部融资,其次才考虑外部融资;如果需要进行外部筹资,公司将首先选择高等级债务工具,然后选择低等级债务工具,例如可转换债券与可转换优先股,最后才选择普通股票。这就是优序融资理论的核心内容。

优序融资理论可以解释公司融资与资本结构方面的一些重要实证现象。[①]

第一,公司发行信息敏感工具会导致其股价下跌,并且,发行的金融工具对信息越敏感,其价格下跌幅度就越大。

在前面的讨论中,外部投资者无法区分 H 类公司与 L 类公司,根据先验信念(prior beliefs)定价股票,因此,发行股票前夕,两类公司的股价均为 $P = pH + (1-p)(L+v)$。L 类公司一旦公告发行股票,投资者就能立即确定其类型,所以公告后的股价为 $P' = L + v$,发行公告导致股价的改变量为 $\Delta P = L + v - [pH + (1-p)(L+v)] = p(L+v-H) < 0$,即股价下跌。

价值差异 $(H-L)$ 度量了金融工具的信息敏感程度,由于公告导致 L 类公司股价下跌的幅度与 $(H-L)$ 正相关,所以,公司发行的工具对信息越敏感,其价格下跌幅度就越大。

第二,公司的财务灵活性(financial flexibility)具有的价值。

财务灵活性是指公司动用富余资金和剩余负债的能力。公司的富余资金越多,资产负债率越低,其财务灵活性就越好。如果公司具有良好的财务灵活性,在需要投资时,公司可以选择内部资金,或者通过发行高等级债务工具筹集外部资金。反之,如果公司的财务灵活性很差,那么当公司需要投资时,只能选择发行普通股。前述分析表明,公司要么选择发行股票(那样的话,老股东的权益价值可能遭到稀释),要么选择放弃投资好项目。无论是哪种情况,股东价值都会受损,其根源是公司缺少财务灵活性。所以,公司的财务灵活性可以使其减少甚至避免使用昂贵的外部资金,避免投资不足的现象,因而是有价值的。

第三,公司的盈利能力越强,其杠杆比例越低。关于本条实证推断结论的解释,请参见本章下一节的内容。

第四,由于信息披露有助于缓解信息不对称问题,公司倾向于紧接在披露盈利信息公告之后发行权益证券,这样做有助于缩小发行公告导致的股价下跌的幅度。

第五,公司根据投资机会确定其现金股利分配比率,如果内部现金流量不能满足投资需求,公司可能减少股利分配。

以上五条实证推断的结论与现实吻合得较好,得到了众多实证文献的验证。参见本章下一节的内容。

---

① Myers, S. C., "The Capital Structure Puzzle", *Journal of Finance*, 39(3), 1984, pp. 575—592.

第六,公司不存在最优目标杠杆比例和目标杠杆比例。根据优序融资理论,公司根据其财务灵活性和信息不对称程度选择是否进行外部融资、发行债务工具还是权益工具,因此,公司没有最优杠杆比例和目标杠杆比例。该结果与现实部分吻合。Graham 和 Harvey(2001)的问卷调查结果表明,在总样本中,10%的公司具有非常严格的杠杆比例,34%的公司具有比较严格的目标杠杆比例,37%的公司设定了灵活的目标杠杆比例,剩余19%的公司根本没有目标杠杆比例。[1]

与权衡理论一样,优序融资理论也不能解释所有重要的实证现象,具体来说,不能解释税收、行业对公司资本结构的影响。该理论的某些实证推断甚至与现实背道而驰。例如,根据该理论,公司的不对称信息问题越严重,优序融资倾向越强烈。一般而言,成熟行业、规模大、风险较小和无形资产较少的公司,其信息不对称问题不突出,因此它们进行股权融资的可能性较大;相反,高科技、规模小、风险较大以及无形资产较多的公司,信息不对称问题严重,因此更倾向于债务融资。遗憾的是,该结论与现实正好相反。

12.7 企业资本结构的确定

由于资本结构在一定程度上会影响公司的价值,因此,公司总是希望根据各种条件和自身的目标选择适宜的资本结构。但是,影响资本结构选择的因素很多,公司无法按照简单的方法找到最优资本结构。本节我们简单介绍公司确定资本结构时考虑的主要因素。

包括 Rajan 和 Zingales(1995)以及 Frank 和 Goyal(2004)在内的许多研究从实证的角度分析了公司资本结构的决定因素[2],虽然由于采用的样本不同,研究结果不完全一致,但是,这些研究大都确认以下五个主要因素:行业、公司规模、有形资产、盈利能力与成长性[3]。

行业

实证研究发现,行业是解释公司杠杆比例的重要因素:同行业的公司具有相近的杠杆比例,或者说,公司的杠杆比例与行业内公司杠杆比例的中位值正相关。这与权衡理论的预期相吻合。同行业的公司由于具有相似的税盾和财务危机成本,因而具有相近的最优杠杆比例。优序融资理论没有告诉我们,公司杠杆比例与行业存在明显的关系。

---

[1] Graham, J., and C. Harvey, "The Theory and Practice of Corporate Finance: Evidence from the Field", *Journal of Financial Economics*, 60, 2001, pp. 187—243.

[2] Frank, M. Z., and V. K. Goyal, "Capital Structure Decisions: Which Factors are Reliably Important?", *Financial Management*, 38(1), 2004, pp. 1—37.
Rajan, R. G., and L. Zingales, "What do We Know about Capital Structure? Some Evidence from International Data", *Journal of Finance*, 50(5), 1995, pp. 1421—1460.

[3] 杠杆比例可以采用账面价值度量,称为面值杠杆比例;也可以采用市值度量,称为市值杠杆比例。虽然这些因素对于解释两种杠杆比例都具有显著的解释力,但是对市值杠杆比例的解释力更强。

公司规模

实证研究表明,公司的杠杆比例与其规模正相关。该现象可用权衡理论解释。规模大的公司,其成熟度较高,在市场上建立了良好的信誉,因此其财务危机成本较低。根据权衡理论,这类公司的最优杠杆比例较高。优序融资理论的预期正好相反。公司规模越小,其信息不对称问题越严重,公司越有动机采用债务融资,而不是昂贵的股权融资。

有形资产

实证研究表明,公司的杠杆比例与有形资产正相关①。该结果与权衡理论的预期一致。有形资产较多的公司,财务危机的成本较低,这是因为:第一,有形资产可以用于抵押借款,而且,在公司破产时,有形资产的变现能力强于无形资产;第二,公司的有形资产越多,公司越不容易实施资产替代策略。与权衡理论相反,优序融资理论预期公司的杠杆比例与有形资产负相关。公司的有形资产越少,公司的信息不对称问题越突出,根据优序融资理论,公司越倾向于债务融资,因而其杠杆比例越高。

盈利能力

实证研究表明,公司的杠杆比例与其盈利能力负相关。公司的盈利能力越强,其破产概率和破产成本都越低,而且,利息税盾的价值越高,因此,权衡理论预期公司的杠杆比例与盈利能力正相关,这与现实正好相反。优序融资理论可以解释公司的杠杆比例与其盈利能力负相关的现象。盈利能力差的公司,其营业现金流较少,可以用于投资的内部资金较稀缺,因而进行外部融资的概率较大。根据优序融资理论,公司如果进行外部融资,将首选债务融资。所以,盈利能力差的公司,采用债务融资的可能性较大,因而具有较高的杠杆比例。

成长性

成长性是公司资本结构的决定因素,它与公司的杠杆比例负相关,即一个公司的成长性越好,其杠杆比例越低。上述现象与权衡理论的预期一致。如果公司成长性较好,那么其无形资产的比例较高,而且,当出现财务危机时,它出现资产替代和投资不足等代理问题的可能性较大,所以,这类公司具有较高的财务危机成本,因此根据权衡理论决定的最优杠杆比例较低。成长性好的公司具有更多投资机会,因而更需要筹集外部资金。根据优序融资理论,当公司需要筹集外部资金时,应该首先选择发行债务,股权融资是最后的选择,所以,与现实正好相反,优序融资理论预期公司的杠杆比例与成长性正相关。

本章小结

本章讲述了资本结构问题。(1)企业的营业风险是指企业全部资本(债务资本加权益资本)投资收益的不确定性,营业杠杆是影响营业风险的一个重要因素,其高低由企业

---

① 在实证分析中,常用有形资产与总资产的比例来衡量公司有形资产的多少。

固定成本与变动成本的比例决定。企业的财务风险是企业引入债务资本给权益资本的收益带来的不确定性,其决定因素是财务杠杆。财务杠杆由企业的利息支出占息税前收益的比例决定。(2) MM 定理认为,在 MM 世界里,公司的资本结构与公司价值无关。在有公司所得税的情况下,负债可以为股东带来税盾价值,这时公司的价值等于无负债公司的价值加上公司负债总额乘以公司所得税税率之积: $V_L = V_U + TD$。(3) 在考虑代理成本和财务风险等问题后,负债一方面为股东带来税盾价值,另一方面增大了股东的财务风险,因此公司的资本结构需要通过权衡债务的利弊来决定,此即公司资本结构的权衡理论。(4) 依据基于信息不对称的优序融资理论,企业融资应首先选择内部资金来源,然后是外部债务融资,最后才是外部的权益融资。

思考题

1. 什么是营业风险和营业杠杆?
2. 什么是财务风险和财务杠杆?
3. 营业杠杆和财务杠杆对公司股东的投资风险有什么影响?
4. 为什么 MM 定理认为在各种假设条件得到满足的前提下公司的资本成本与其资本结构无关?
5. 公司所得税对企业资本结构选择会产生什么影响?
6. 为什么代理成本会影响企业资本结构的选择?
7. 什么是财务危机成本?这一成本为什么会影响企业资本结构的选择?
8. 企业资本结构的选择会受到哪些因素影响?为什么?
9. 什么是企业筹资的顺序理论?

计算题

1. Z 公司的产成品售价是 180 元,单位变动成本是 110 元,每年固定成本为 630 000 元。

(1) 计算该产品销售量分别为 12 000、15 000 和 10 000 单位时公司的盈利或亏损。

(2) 计算上述各销量水平上的营业杠杆。

2. Y 公司的损益数据如下:

单位:元

销售额	12 000 000
变动成本	9 000 000
固定成本前收益	3 000 000
固定成本	2 000 000

（续表）

息税前收益	1 000 000
利息费用	200 000
税前利润	800 000
所得税	400 000
净利润	400 000

(1) 在这一产出水平上,营业杠杆是多少?

(2) 计算财务杠杆。

(3) 计算复合杠杆。

(4) 如果销售额增加 20%,税前利润和净利润将分别增加多少?

3. M 公司是一个无负债公司,其每年预期息税前收益为 10 000 元,股东要求的权益回报率为 16.25%,M 公司所得税税率为 35%,但没有个人所得税。设满足有公司所得税时 MM 定理所要求的市场条件。问:

(1) M 公司的价值为多少?

(2) 如果 M 公司用无负债公司价值的一半的利率为 10% 的债务资本替换掉同样数额的权益资本,问 M 公司的价值将变为多少? 其权益回报率将变为多少?

4. D 公司有一个永续的预期税息前年现金流入 1 000 元,D 公司股东的要求回报率是 20%,假设 D 公司将全部利润都付给公司股东,问:

(1) 如果 D 公司无负债,且不存在公司所得税和个人所得税,D 公司的价值为多少?

(2) 现在假设公司所得税税率为 30%,D 公司的价值为多少?

(3) 同(2),但假定 D 公司以 10% 的利率借入 1 400 元,并使权益资本成本上升为 23.89%,此时 D 公司的价值为多少?

(4) 此时,D 公司的资产负债率是多少?

5. 已知 Q 公司有两种可选择的资本结构:如果公司借入相当于公司价值 15% 的债务,其利率为 10%,权益资本成本为 18%;如果借入相当于公司价值 45% 的债务,则利率为 12%,此时的权益资本成本为 23.21%。已知 Q 公司的所得税税率为 35%,问 Q 公司应该选择何种资本结构。

6. 某公司的息税前收益(EBIT)的期望值为 600 元,如果该公司不负债,其价值(V_U)为 2 000 元。已知公司所得税税率为 40%,债务成本为 10%,如果该公司借入其价值总额 50% 的债务,即使其资本结构(D/E) = 1,利用 MM 定理:

(1) 计算该公司在不负债和负债时的权益资本成本。

(2) 计算该公司在不负债和负债时的税后加权平均资本成本。

(3) 为什么有公司所得税时负债公司的权益资本成本高于无负债公司,而加权平均资本成本却低于无负债公司?

7. 某单位准备创办一个投资额账面价值为 2 000 万元的企业,该企业按账面价值预测的息税前收益(EBIT)率为 16%。由于政府对该企业有特殊政策,企业可免交公司所得税。公司的创办人正在考虑如何筹措这笔资金。已知该企业所在行业中无负债企业的权益收益率为12%,该公司贷款利率为6%。假设MM定理成立,回答以下问题:

(1) 根据MM定理,该公司全部利用权益资本,其市场价值是多少?如果公司利用1 000万元利率为6%的债务资本,公司价值又是多少?

(2) 该公司加权平均资本成本WACC和权益资本成本在债务资本$D=0$和$D=1\,000$万元时各是多少?公司财务杠杆对公司价值是否有影响?为什么?

(3) 若公司除需按40%的税率交纳公司所得税外,其他各种条件保持不变,这时公司在$D=0$和$D=1\,000$万元时的价值各是多少?WACC和权益资本成本又各是多少?

8. U公司与L公司各方面均相同,唯一的不同之处是L公司有150万元利息率为6%的负债,两公司的财务数据如下:

单位:元

	U公司	L公司
息税前收益(EBIT)	500 000	500 000
利息支出(I)	0	90 000
税前利润	500 000	410 000
公司所得税	0	0
税后利润	500 000	410 000
权益资本成本	12.5%	12.5%
权益资本市场价值	4 000 000	3 280 000
债务资本市场价值	0	1 500 000
公司市场价值	4 000 000	4 780 000

(1) 如果一个投资者可按6%的利率借入资金,同时他还拥有15万元L公司的股票,他是否可通过借款购买U公司的股票来增加其净收益?如果可以,应该怎样做?如果不可以,为什么?

(2) 根据MM定理,上述情况怎样才会消失?

9. 某公司为一无负债公司,现有发行在外的普通股200万股,每股价格10元,投资收益率为15%。一投资者准备购买该公司1%的股份,这一投资者有三种筹资方案:① 自己拿出80%的资金,借入20%的资金;② 自己拿出60%的资金,借入40%的资金;③ 自己拿出40%的资金,借入60%的资金。设借款利率始终保持为10%,且无税时MM定理的各项条件均满足,问:在不同的筹资方案下,投资者的实际收益率是多少?

10. 鸿运公司是一个无增长企业,可永久性地每年产生200万元的息税前收益(EBIT)。鸿运公司公司债的利息率为8%,公司每年为此支付30万元的利息。研究人员认为,鸿运公司如果无负债,其权益资本成本为12%。已知公司所得税率为40%。问:目前情况下鸿运公司的价值是多少?

11. 田园公司是一个无负债公司,公司所得税税率为30%,公司的权益资本成本为20%,市场价值为600万元,发行在外的股票30万股。公司决定发行200万元年利息率为

10%的公司债来回购公司普通股股票。假设有公司所得税时MM定理的条件成立,发行公司债后田园公司股东权益的市场价值是多少?

12. 五星公司是一家无负债企业,且免交公司所得税。公司股东权益的价值为4 000万元,权益资本成本为16%。目前公司决定发行1 000万元成本为10%的公司债,并利用发行收入回购公司股票。设MM定理的条件成立,问:

(1) 五星公司回购股票后,公司的加权平均资本成本是多少?

(2) 五星公司回购股票后,公司的权益资本成本是多少?

(3) 如果五星公司需要交纳税率为40%的公司所得税,其他条件不变,(1)、(2)两问的答案将如何变化?

13. 某投资项目需要300万元的资金投入,拟议中的筹资计划有两个:计划A全部为权益资本,准备发行6万股普通股。计划B则考虑发行100万元利息率为10%的永久性债务资本筹资,余下的200万元通过发行4万股普通股来筹措。如果公司的所得税税率为40%,计算两种筹资方案的每股收益EPS相同时的息税前收益(EBIT)。

14. M公司预期它的EBIT将永远保持为每年80 000元。它的权益成本是25%,并可以以14%的利率借款。M公司目前没有债务,如果公司所得税税率为35%,公司的价值是多少? 如果M公司借入50 000元债务来回购股票,公司的价值是多少?

本章附录

Miller 模型

1977年,Miller在他的"债务与税收"[1]的论文中引入了个人所得税的公司资本结构的影响。在Miller的讨论中,除了增加了个人所得税外,其他假设仍与MM理论的假设相同。在考虑个人所得税的影响后,负债企业的现金流量CF_L可以表示为:

$$CF_L = 属于股东的现金流量 + 属于债权人的现金流量$$
$$= (EBIT - I)(1 - T_C)(1 - T_{pe}) + I(1 - T_{pd}) \quad (12\text{-}A1)$$

式中:T_C为公司所得税税率;T_{pe}为股东个人所得税税率;T_{pd}为债权人个人所得税税率。第一项为属于股东的现金流量,第二项为属于债权人的现金流量,I为利息支出。

当企业无负债时,$I=0$,(12-A1)式只剩下第一项,即:

$$CF_U = (EBIT - I)(1 - T_C)(1 - T_{pe})$$

所以,无负债企业的价值V_U为:

$$V_U = \frac{EBIT(1 - T_C)(1 - T_{pe})}{R_{EU}} \quad (12\text{-}A2)$$

---

[1] Merton H. Miller, "Debt and Taxes", *Journal of Finance*, 32(2), 1977, pp. 261—275.

重新组合(12-A1)式,有:

$$CF_L = EBIT(1-T_C)(1-T_{pe}) - I(1-T_C)(1-T_{pe}) + I(1-T_{pd}) \quad (12\text{-}A3)$$

式中第一项是无负债企业属于股东的现金流量,第二、三项是与利息支出相关的现金流量。所以第一项用无负债企业权益资本成本贴现,第二、三项用债务资本的资本成本 R_D 贴现,有:

$$V_L = \frac{EBIT(1-T_C)(1-T_{pe})}{R_{EU}} - \frac{I(1-T_C)(1-T_{pe})}{R_D} + \frac{I(1-T_{pd})}{R_D} \quad (12\text{-}A4)$$

式中第一项为无负债企业的价值 V_U,合并第二、三两项,并进行简单的整理,有:

$$V_L = V_U + \frac{I(1-T_{pd})}{R_D}\left[1 - \frac{(1-T_C)(1-T_{pe})}{(1-T_{pd})}\right] \quad (12\text{-}A5)$$

由于 $[I(1-T_{pd})/R_D]$ 为债务资本的市场价值 D①,所以:

$$V_L = V_U + \left[1 - \frac{(1-T_C)(1-T_{pe})}{(1-T_{pd})}\right]D \quad (12\text{-}A6)$$

(12-A6)式称为 Miller 模型。同时考虑公司所得税和个人所得税后,负债公司的价值与无负债公司相比增加了一项,该项的形式与(12-14)式有所不同。在(12-14)式中,增加值为 TD,而在(12-A6)式中,增加值为

$$\left[1 - \frac{(1-T_C)(1-T_{pe})}{(1-T_{pd})}\right]D$$

(12-14)式中的 TD 项大于零,而(12-A6)式中,如果 $(1-T_C)(1-T_{pe}) > (1-T_{pd})$,则增加项中 D 的系数小于零,这时负债公司的价值将低于不负债公司。所以,同时考虑公司所得税和个人所得税后,负债是否能够增加公司的价值与公司所得税和个人所得税的税率相关联。但一般来讲,$(1-T_C)(1-T_{pe}) < (1-T_{pd})$,所以负债经营可以增加公司的价值,但幅度小于仅有公司所得税时的情况。

(1) 如果 $T_C = T_{pe} = T_{pd} = 0$,则括号中的系数为 0,$V_L = V_U$,回到无税收时的 MM 定理 I。

(2) 如果 $T_C = T_{pe} = T_{pd} = T$,则括号中的系数为 T,$V_L = V_U + TD$,回到有税收时的 MM 定理 I。

(3) 如果 $T_{pe} = T_{pd}$,则括号中分子上的 $(1-T_{pe})$ 与分母上的 $(1-T_{pd})$ 相互抵消,系数变为 $1-(1-T_C) = T_C$,式(12-A6)变为 $V_L = V_U + T_C D$,回到有税收时的 MM 定理 I。

(4) 如果 $(1-T_C)(1-T_{pe}) = (1-T_{pd})$,则括号中的系数为 0,(12-A6)式再次回到无税收时的 MM 定理 I。

Miller 模型的结果如图 12-A1 所示:

由图 12-A1,Miller 模型指出,市场上所有企业都只能使用权益和负债两种筹资方式

---

① $I(1-T_{pd})$ 为债权人的税后实际收益,R_D 为债权人要求的投资收益率,而债务资本的价值为"债权人实际收益/债权人要求的投资收益率",所以债务资本的市场价值为 $D = I(1-T_{pd})/R_D$。

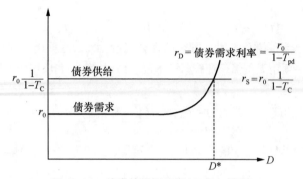

图 12-A1　债券的供需均衡(Miller 模型)

筹措资金。假设最初所有的企业都利用权益筹资,所有的投资者都是股东。后来有些企业开始利用负债的方式筹资,首先是一些无须交纳个人所得税的投资者由股东转为债权人,公司所得税的税收屏蔽价值得以实现。但是,随着公司负债的增加,需要越来越多的投资者由股东转变为债权人,这时,许多需要交纳个人所得税的投资者也要成为债权人。为了吸引这些投资者的投资,企业需要支付较高的利息以补偿投资者因交纳个人所得税而减少的收入。只要公司所得税税收屏蔽的价值高于为补偿个人所得税而支付的利息,负债经营就有利可图。但是,一旦为补偿个人所得税而额外支付的利息超过公司所得税带来的税收屏蔽的价值,企业负债就会造成损失。因此,考虑公司所得税和个人所得税的双重影响后,企业利用债务筹资总额将在企业因增加负债而得到的公司所得税的税收屏蔽价值与企业为增加这一边际负债而向债权人支付的个人所得税的利息补偿相等时(这时有$(1-T_C)(1-T_{pe})=(1-T_{pd})$)达到均衡值。对所有企业来说,市场上有一个总体的最优负债总额,但对每一个别企业来说,不存在最优资本结构。

第 13 章 分配政策

13.1 利润分配的程序

13.1.1 我国企业利润分配的一般程序

利润分配程序

根据我国《公司法》和《企业财务通则》的规定,企业利润首先应按照国家规定作相应的调整,增减有关收支项目,然后依法缴纳所得税。税后利润除国家另有规定者外,应按下列顺序分配:

(1) 弥补被没收的财产损失,支付各项税收的滞纳金和罚款。

(2) 弥补超过用税前利润抵补期限、需用税后利润弥补的亏损。

(3) 提取法定盈余公积金。企业税后利润扣除前两项后的余额,要按 10% 的比例提取法定盈余公积金,用于发展生产、弥补亏损或按规定转增资本金。法定盈余公积金已达注册资本的 50% 时,可不再提取。

(4) 提取公益金。公益金主要用于企业职工的集体福利设施支出。

(5) 向投资者分配利润。企业以前年度的未分配利润,可以并入本年度向投资者分配。

税前调整项目

按照现行财务制度和税收制度的规定,企业税前需要调整的项目主要包括:

(1) 在规定期限内经批准可以用本年利润弥补的以前年度亏损;

(2) 实行"先税后分"的办法后,企业对外投资分回的利润、股利等投资利益,在分回前已缴纳所得税的,应从税前利润总额中扣除;

(3) 企业超过国家规定在所得税前列支的费用开支以及罚款、罚息、滞纳金等,在交纳所得税前应对利润总额予以调整、追加,消除账面利润与应税利润之间的时间性差异和永久性差异;

(4) 企业用于公益、救济性的捐赠中多于年度应纳税所得额 3% 的部分。

所得税的计算与缴纳

一般来说,企业所得税是按应纳税所得额的一定比例计算的,根据前述税前利润调整项目进行调整后的企业利润总额即为应纳税所得额。按比例税率计算所得税的方法如下：

$$本期累计应纳所得税额 = 本期累计应纳税所得额 \times 适用税率 \qquad (13\text{-}1)$$

$$本期应纳所得税额 = 本期累计应纳所得税额 - 上期累计已缴所得税额 \qquad (13\text{-}2)$$

目前，我国企业所得税采用按年计征，按月或季预缴的办法，月份或季度终了后十五日预缴，年度终了后四个月汇算清缴，多退少补。除国家另有规定外，企业所得税按属地原则向所在地税务主管机关缴纳。

13.1.2 现金股利的分配流程

现金股利

现金股利是以现金的形式将净利润的一部分向股东进行分配。比如，某公司发行在外的股份数为100万股，2004年公司净利润为200万元，公司决定拿出100万元向股东发放现金股利，则股东将得到每股1元的现金。现金股利在我国有时也被称为"红利"或"股息"，本书采用"现金股利"的名称，或者简单地称为"股利"。现金股利作为公司净利润中向股东分配的一部分，没有合同保证公司每年必须支付固定的数额。股东能否得到现金股利，得到多少现金股利，取决于公司的盈利状况与公司的分配政策，并不是固定的。

现金股利的发放程序

股份公司的分配方案通常由公司董事会提出，经股东大会批准后实施。公司每年发放股利的次数，因不同的公司、不同的国家而异。比如，我国的股份公司一般一年发放一次股利，美国公司则多为一季度发放一次股利。

例13-1 2012年6月1日（星期五），招商银行股份有限公司（招商银行）发布2011年度利润分配方案实施公告，表示将于6月13日（星期三）对6月6日（星期三）休市后登记在册的全体股东派发每股0.42元（含税）的现金股利，以人民币向A股股东支付，以港币向H股股东支付。

除权（除息）日：2012年6月7日（周四）。

现金股利发放中涉及的重要日期如下：

(1) 公告日（declaration date）。股份公司董事会根据定期发放股利的周期举行董事会会议，讨论并提出股利分配方案，由公司股东大会讨论通过后，正式公布股利发放方案。然后，在发放股利之前不久，公司发布股利实施公告，内容为股利发放方案与具体日程。公告日通常是指公司发布股利实施公告的那一天。在公告日，股份公司应登记有关股利负债（应付股利）。例13-1中，6月1日即为公告日。

(2) 登记日（date-of-record）。由于实施方面的原因，自股利公告日至公司将股利实际发出要有一定的时间间隔。由于上市公司的股票在不停地交易之中，股东会随股票交易而不断易人。为了明确股利的归属，公司事先确定股权登记日，凡在股权登记日列于公司股东名单上的股东，都将获得此次发放的股利，而在这一天之后才列于公司股东名单上的股东,将得不到此次发放的股利。例13-1中,6月6日就是登记日。

(3) 除息日(ex-dividend date)。除息是指在股票交易价格中去除股息,通常总是发生在股票市场开市之时。除息日是指股票除息的那一个交易日。在除息日之前(不含除息日)股票交易价格中含有将要发放的股利,在除息日之后(含除息日)股票交易价格中不再包含股利。因此除息会导致股价下跌。

除息日与登记日的时间先后关系,取决于股票交易与过户之间的时间间隔。我国A股市场是电子交易市场,交易当天就过户,所以,除息日为登记日之后第一个交易日。例13-1中,除息日为2012年6月7日(周四)。在A股市场上,在登记日买入股票的投资者,当天休市后就会被登记为股东,因此将会获得股息。

在非电子交易市场,由于股票交易与过户之间相隔1—2个交易日,因此,只有在登记日之前1—2个交易日购买股票的投资者,才会在登记日列入公司股东名单,并享有当期股利的分配权。在这种情况下,除息日设定在登记日之前1—2个交易日。

(4) 发放日(date of payment)。股利发放日是指公司向股东支付股利的那一天,在这一天,公司可以按规定采用各种方式支付股利,并冲销股利负债。例13-1中,股利发放日为6月13日(星期三)。

在招商银行2011年度利润分配中,宣布日、登记日、除息日和发放日的顺序关系如图13-1所示。

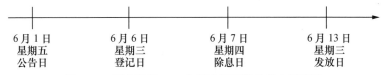

图13-1 招商银行2012年现金股利发放程序示意图

根据我国《公司法》的相关规定,我国有限责任公司和股份有限公司股利分配的程序为:公司首先提取当年利润的10%列入公司法定公积金。公司法定公积金累计额为公司注册资本的50%以上的,可以不再提取。公司的法定公积金不足以弥补以前年度亏损的,在提取法定公积金之前,应当先用当年利润弥补亏损。公司从税后利润中提取法定公积金后,经股东会或者股东大会决议,还可以从税后利润中提取任意公积金。公司弥补亏损和提取公积金后所余税后利润,有限责任公司股东按照实缴的出资比例分取红利,股份有限公司按照股东持有的股份比例分配,但股份有限公司章程规定不按持股比例分配的除外。股东会、股东大会或者董事会违反前款规定,在公司弥补亏损和提取法定公积金之前向股东分配利润的,股东必须将违反规定分配的利润退还公司。公司持有的本公司股份不得分配利润。①

---

① 《中华人民共和国公司法》第35条、第167条。

13.2 利润分配与公司价值

影响公司利润分配政策的一个核心问题是:在其他因素不变的前提下,利润分配是否会影响公司的价值? 当股份公司向股东分发现金股利时,股东得到现金收入。公司持续分配适度的现金股利有利于保持股东对企业的满意程度和企业的市场形象,但现金股利分配额过高,也会使投资者对企业的发展前景产生怀疑。因此,如何分配利润是股份公司的重要财务决策之一。

13.2.1 现金股利分配与公司筹资

税后利润是企业的一项重要的内部资金来源,企业的利润分配决策实质上就是企业将多少税后利润用于再投资的问题。图 13-2 描述了企业的资金来源及各项用途之间的关系。

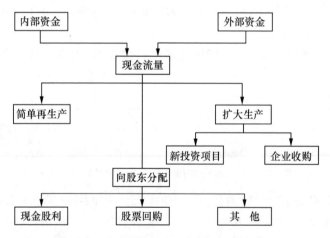

图 13-2 公司的资金来源与资金使用

资料来源:引自 George E. Pinches, *Essentials of Financial Management*, 5th ed., Addison-Wesley, 1996。

由图 13-2 可知,企业的资金来自内部和外部两个方面,其用途分为三个方面:一是维持企业的简单再生产;二是扩大再生产,即扩张企业的经营规模或经营范围,这可以通过直接投资建设新项目和收购其他企业两种方式来实现;三是用于向股东分配,包括分配现金股利与回购股票两种方式。

上述企业的资金来源与使用关系,在公司财务上表现为三个重要的决策——投资决策、筹资决策和利润分配决策,它们相互关联、相互作用,其中利润分配决策与筹资决策属于同一决策范畴。税后净利润是企业的一项重要资金来源,在投资决策不变、所需资金既定的前提下,企业将较多税后利润分配给股东,就必须从外部筹措较多资金。因此,利润分配决策是企业筹资决策的一个组成部分。企业的利润分配政策,是企业用以确定分配方式与分配金额的政策。

13.2.2 股利分配政策与公司价值无关论

关于股利分配政策与公司价值无关的讨论

在关于资本结构的讨论中,我们介绍了 MM 的资本结构理论。MM 关于资本结构的定理I指出,在一定的假设下,公司的资本结构与其价值无关。在公司股利分配政策方面,Miller 和 Modigliani(1961)提出了类似的定理。[①]

MM 股利无关性定理:在下述假设下,公司价值与其股利分配政策无关。这些假设为:

(1) 没有公司所得税和个人所得税;
(2) 没有股票的发行成本与交易成本;
(3) 投资者对股利收益与资本利得收益具有同样的偏好;
(4) 公司的投资决策与股利分配方案无关;
(5) 投资者与公司管理人员对企业未来的投资机会具有同样的信息。

下面我们用一个例子来直观地理解 MM 股利无关性定理。

例 13-2 设某公司全部资产均由股东权益构成,发行在外的普通股共 200 000 股,2001 年年底公司总价值 4 000 000 元。公司还将继续经营两年(2002 年和 2003 年),之后清算关闭。公司的权益收益率为 20%,各项财务资料如表 13-1 所示。

表 13-1　　　　　　　　　　　　　　　　单位:元

	2001 年 12 月 31 日	2002 年	2003 年
总资产	4 000 000		
股东权益	4 000 000		
净利润		800 000	920 000

2002 年年底,公司计划投资 600 000 元,该项投资 2003 年即可收回全部投资并产生 20% 的投资回报。筹资方案有三种:方案 1,从 2002 年税后利润中提取;方案 2,增发普通股;方案 3,上述两种方案的结合。公司最终考虑了两种方案:方案 1,全部资金从 2002 年的税后利润中提取,公司股东将只得到 200 000 元的现金股利;方案 2,从 2002 年的税后利润中提取 300 000 元的资金,300 000 元资金缺口靠增发新股筹集,公司股东将得到 500 000 元的现金股利。两个方案如表 13-2 所示。

[①] Miller, M. H., and F. Modigliani, "Dividend Policy, Growth and Valuation of Shares", *Journal of Business*, 34, 1961, pp. 411—433.

表 13-2　　　　　　　　　　　　　　　　　　　　　　　单位:元

	方案 1	方案 2
内部现金总额	800 000	800 000
2002 年现金股利	200 000	500 000
用于再投资的资金	600 000	300 000
2003 年投资总额	600 000	600 000
外部筹措资金金额	0	300 000

公司新老股东从方案 1、2 中所得的收益如表 13-3 所示。

表 13-3

	方案 1		方案 2	
	总量	每股股利	总量	每股股利
2002 年 现金股利(元)	200 000	1.00	500 000	2.50
2003 年 清算时全部可分配的现金构成 初始投资				
（a）老股东(元)	4 000 000		4 000 000	
（b）新股东(元)	0		300 000	
2002 年留存收益(元)	600 000		300 000	
2003 年税后净利润(元)	920 000		920 000	
减:分配给新股东的现金				
（a）初始投资(元)	0		−300 000	
（b）税后利润(初始投资的 20%)(元)	0		−60 000	
2003 年年底老股东可得到的现金(元)	5 520 000	27.60	5 160 000	25.80

由表 13-3 可知,根据方案 1,老股东在 2002 年年底每股股票可以得到 1.00 元(20 万元/20 万股)的现金股利。2003 年年底公司清算,全部价值为 2002 年年底(2003 年年初)公司股东权益价值 4 600 000 元(2001 年年底的 4 000 000 元加上 2002 年年底留下的 600 000 元净利润)加上 2003 年获得的 920 000 元(4 600 000 元 × 20%)净利润,总计 5 520 000 元,平均每股 27.60 元。因此,公司老股东 2003 年年底可以得到每股 27.60 元的现金收益。按照 20% 的贴现率计算,2001 年年底时每股股票价格为:

$$P_0 = \frac{1.00}{1+0.20} + \frac{27.60}{(1+0.20)^2} = 20(元)$$

根据方案 2,老股东在 2002 年年底和 2003 年年底每股股票分别可得到 2.50 元和 25.80 元的现金收益,按照 20% 的贴现率计算,2001 年年底时每股股票价格为:

$$P_0 = \frac{2.50}{1+0.20} + \frac{25.80}{(1+0.20)^2} = 20(元)$$

由此可见,该公司股票价格与公司 2002 年的利润分配方案无关。

在例 13-2 中,我们假设投资的收益率与股东要求的投资回报率相同,投资的净现值为零。其实,即使投资项目的净现值大于零,只要定理的假设成立,公司的价值同样与其股利政策无关。

例 13-3 新颖公司有 1 000 万元的现金可用于现金股利分配,也可以用于一个净现值为 NPV 的项目的投资。目前新颖公司的资产负债表如表 13-4 所示。

表 13-4　新颖公司的资产负债表　　　　　　　　　　　　　单位:万元

现金	1 000	负债	4 000
长期资产	9 000	股东权益	6 000 + NPV
初始投资 1 000 万元的项目的 NPV	NPV		
资产总计	10 000 + NPV	负债与股东权益合计	10 000 + NPV

如果新颖公司将现金用于股利分配,它需要通过发行普通股的方式筹措 1 000 万元的资金用于项目投资(注意,公司不能依靠增加负债获得 1 000 万元的投资资金,因为这样做公司的资本结构将发生变化)。

如果新颖公司利用 1 000 万元的现金进行项目投资而不是用于股利分配,则该公司股东权益的价值为 6 000 万元 + NPV。如果新颖公司将 1 000 万元的现金用于现金股利发放,而依靠增发新股筹措到项目投资所需的资金,则该公司老股东(即不包括因购买价值 1 000 万元的新股而成为公司股东的那部分新股东)的股东权益价值为:

老股东权益价值 = 股东权益价值 − 新股东权益价值
　　　　　　　= 6 000 万元 + NPV − 1 000 万元
　　　　　　　= 5 000 万元 + NPV

与前一种情况相比,老股东的权益价值减少了 1 000 万元,但同时他们得到了 1 000 万元的现金股利,所以其实际价值未受影响。

公司股东权益价值与利润分配政策之间的关系如图 13-3 所示。

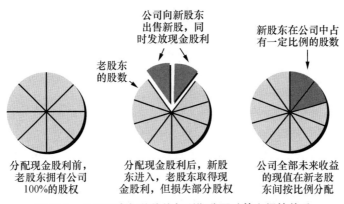

图 13-3　公司股东权益价值与利润分配政策之间的关系

由图 13-3 可以看出,在公司投资决策不变的情况下,公司的利润分配政策只会影响新老股东对未来收益现值的分配,并不影响公司股东权益价值(进而不会影响公司总体价值)的大小。如果公司减少现金股利发放,将余下的现金用于项目投资,则公司老股东从公司取得较少的当期现金收益,但将得到较多的未来现金收益。如果公司发放较多的现金股利,同时通过发行较多的新股获得所需的项目投资资金,则老股东从公司当期得到较多的现金收益,同时将得到较少的未来收益(一部分未来收益转让给了新股东)。在前一种情况下,老股东当前现金收益的减少由未来收益的增加来弥补;在后一种情形下,老股东当前现金收益的增加以未来现金收益的减少为代价。未来收益增加或减少的现值等于老股东当前收益减少或增加的价值。

图 13-3 表明,如果公司不发放或少发放现金股利,而部分老股东却希望得到较多的现金收入,他们可以通过在股票二级市场上向新股东直接出售股票而获取现金,公司发行在外的股票数量不变。如果公司一方面对外发行新股筹措资金,另一方面又向老股东派发现金股利,本质上相当于老股东直接向新股东出售了部分股票,虽然公司发行在外的股份数量增加了,但每股股票的价值被稀释了,总的股东权益价值并未发生变化。

股东可自行决定股利政策

如果 MM 股利无关性定理的假设成立,不论公司的股利政策如何,股东都可以通过买卖股票来实现自己希望的分配方案,因此,公司的股利政策不会影响股东对现金的需求和使用。

例 13-4 在例 13-2 中,我们假设公司采用方案 1,即 2002 年每股发放现金股利 1 元,将大部分利润留做投资之用。现假设有甲、乙两个股东,甲股东希望在 2002 年得到每股 2 元的现金股利,而乙股东不期望在 2002 年得到任何现金股利,而是希望在 2003 年年底一次性得到全部收入。为了实现各自的目的,甲股东可以在 2002 年现金股利分配后出售部分股票,取得现金,得到平均每股 2 元的现金收入。乙股东则可将分得的现金股利重新投资于公司股票,并在 2003 年年底得到全部现金收入。

根据例 13-2,公司的权益收益率为 20%,甲股东在 2002 年年底得到了每股 2 元的现金,其在 2003 年的投资每股减少 1 元,因此他在 2003 年年底只能得到相当于每股 26.40 元(27.60 – 1.2)的现金。相反,乙股东由于在 2002 年年底相当于每股追加了 1 元的投资,他在 2003 年年底将得到相当于每股 28.80 元(27.60 + 1.20)的现金收入。

MM 关于股利政策与公司价值无关的证明

MM 关于公司股利分配政策与公司价值无关的结论,可以用下述方法证明:

假设公司的资金来源全部为权益资本,NOI_t 为 t 期公司净收益,DIV_t 为 t 期现金股利发放额,I_t 为公司 t 期投资额,N_t 为公司 t 期发行在外的股票数量,S_t 为 t 期公司股东权益总值,P_t 为 t 期公司股票价格,R 为贴现率,有:

$$S_t = \frac{\text{DIV}_{t+1} + N_t P_{t+1}}{1 + R} \tag{13-3}$$

即 t 期公司股票的价值等于其 $t+1$ 期的股利分配额与股票市价总额的贴现值。

由于公司的资金来源与资金运用必须相等,所以有:
$$\mathrm{NOI}_{t+1} + M_{t+1}P_{t+1} = \mathrm{DIV}_{t+1} + I_{t+1}$$
式中:M_{t+1}是$t+1$期新发行的股票数量;P_{t+1}是$t+1$期新发行的股票的价格。将上式移项后有:
$$\mathrm{DIV}_{t+1} = \mathrm{NOI}_{t+1} + M_{t+1}P_{t+1} - I_{t+1}$$
代入(13-3)式,有:
$$S_t = \frac{\mathrm{NOI}_{t+1} + N_t P_{t+1} + M_{t+1}P_{t+1} - I_{t+1}}{1+R} \tag{13-4}$$
由于$t+1$期的股票总数为t期股票总数与$t+1$期新发行股票数之和,所以:
$$N_{t+1} = N_t + M_{t+1}$$
移项后有:
$$N_t = N_{t+1} - M_{t+1}$$
代入(13-4)式,有:
$$\begin{aligned}
S_t &= \frac{\mathrm{NOI}_{t+1} - I_{t+1} + (N_{t+1} - M_{t+1})P_{t+1} + M_{t+1}P_{t+1}}{1+R} \\
&= \frac{\mathrm{NOI}_{t+1} - I_{t+1} + N_{t+1}P_{t+1}}{1+R} \\
&= \frac{\mathrm{NOI}_{t+1} - I_{t+1} + S_{t+1}}{1+R}
\end{aligned} \tag{13-5}$$

在(13-5)式中没有出现股利分配额,表明只要公司的投资决策不因股利发放数量的变化而变化(即投资额I_{t+1}不变),公司股票的价值就不因股利发放额的不同而不同,即公司股利政策与公司股票的价值无关。

MM 股利无关性定理再次说明,公司股票的价值取决于公司的投资决策,而与公司如何筹措投资所需的资金无关。因此,不论企业以何种方式筹措资金,它都不应该放弃净现值为正的投资项目。

13.2.3 公司股利分配政策与公司价值的其他理论

MM 股利无关性定理与关于资本结构的 MM 定理 I 一样,都建立在一系列理想的假设之上。但现实世界与 MM 世界有很大的差异,MM 的一些假设在现实中不成立,因此,在现实世界中股利政策可能影响公司价值。对此,许多金融学者做了许多研究。

"二鸟在林"不如"一鸟在手"(birds in hand)[①]

这一观点认为,投资者对股利收益与资本利得收益的偏好是不同的。现金股利,特别是正常现金股利,是投资者有把握按时、按量得到的收入,好比手中之鸟,风险很小。资本利得要靠出售股票才能得到,股票价格的起伏不定又表明了资本利得的风险。如果股

---

① Gordon, M. J., "Optimal Investment and Financial Policy", *Journal of Finance*, 18(2), pp.264—272.

价下跌,资本利得就会减少,甚至出现损失。因此,资本利得好比林中之鸟,虽然看上去很多,但却不一定抓得到。由于资本利得风险大于股利收益的风险,人们更喜欢现金股利。投资者偏好现金股利的观点源于心理与行为的偏差①,对股利政策的解释存在一定的问题。从长远来看,不论是现金股利,还是资本利得,都需要企业的实际业绩支撑才能真正实现。尽管企业可以在短期内依靠资金的调度和安排来满足投资者多发股利的要求,但是,如果没有长期业绩的支持,必然会在一段时间之后无法保证现金股利的发放。相反,如果企业能够长期保持良好的业绩,尽管市场在一段时间里可能没有充分认识公司股票的价值,但是,从长远来看,企业的实际价值一定会反映到股票价格上来。

所得税影响

学术界的一种观点认为,股利的税赋重于资本利得的税赋,因此,公司应该减少股利发放,代之以股份回购(参见第13章第4节)。

股利的税收劣势表现在两个方面:

第一,股利的所得税税率高于资本利得的所得税税率。美国2002年税收改革之前,个人股利收入按照普通收入征税,最高边际税率为38.6%,资本利得收入的最高税率为20%。2003年之后,美国对个人股利收入和资本利得收入实行15%的统一税率,从而消除了两种收入的税率差异。

我国税法规定,上市公司向股东派发现金股利要按照20%的税率代扣代缴个人所得税。2005年6月13日之后,税务部门对个人股利收入减半征收个人所得税,因此,个人股利收入的所得税税率实际为10%。至2013年年初,我国对个人投资股票获得的资本利得收入免征个人所得税,个人投资者只需支付股票交易的交易费用和印花税。所以,从个人所得税税率的角度看,相对于回购股份,我国公司向股东分派现金股利对股东非常不利。

第二,回购股份相对于分配现金股利通常具有推迟纳税的功能。由于资本利得税是在投资者出售股票之后才缴纳,因此,投资者只要不出售股票,就不需要为资本利得收入纳税。

上述观点存在一定缺陷,对某些投资者来说,股利的税赋并非重于资本利得的税赋。第一,在美国2002年税改之前,虽然个人股利收入按照普通收入缴纳所得税,但是,美国的投资者因家庭年收入不同,个人所得税税率存在很大的差异,低收入家庭的个人所得税税率很低,他们甚至根本不需要缴纳个人所得税。第二,养老基金是美国股市的主要投资群体,而它们是免税机构。第三,对美国公司来说,股利收入相对于资本利得具有税收优势。这是因为,公司的资本利得收入全额纳税,而70%的股利收入免税,只有30%的股利收入需要纳税,因此公司股利收入的实际税率非常低。所以,对于市场上不同的投资者,

---

① 心理学研究发现,人们的心理与行为存在一定的偏差。例如,在确定的收益和不确定的收益之间,人们倾向于选择确定的收益,这种现象被称为确定性效应(certainty effect)。"二鸟在林,不如一鸟在手"的观点就是确定性效应的反映。行为金融学中的前景理论(prospect theory)诠释了确定性效应,它认为人们对损失比对获利更敏感。读者若要了解前景理论,请参见行为金融学经典文献:Kahneman, D. and A. Tversky, "Prospect Theory: An Analysis of Decision under Risk", *Econometrica*, 47(2), 1979, pp. 263—291。

股利收入与资本利得收入的税收负担不同。市场的均衡结果是,那些股利税负较轻的投资者会选择投资那些发放现金股利较多的公司,那些股利税负较重的投资者将选择投资那些少发甚至不发现金股利的公司。所以,公司不必因为税赋问题减少股利发放。

股利分配的信号传递效应

MM 关于股利分配政策与公司价值无关的讨论得以成立的基本假设之一,是投资者和公司管理人员对公司的未来发展和收益状况有相同的了解和预期。但实际上,正如我们在关于普通股筹资利弊的讨论中所指出的,投资者对公司实际状况和未来前途的了解远不如公司管理人员清晰,在他们之间存在着某种信息不对称(asymmetric information)。

一般来讲,投资者只能通过公司的财务报告和其他公开发布的信息来了解公司的经营状况和盈利能力,并据此来判断股票价格是否合理。由于公司的财务报告可以在一定程度内进行调整和润色,使之既符合有关规定,又能够给外界一个较好的印象,甚至某些提供虚假信息的财务报告也有可能逃过中立审计机关的检查。因此,人们对公司财务报告的信任程度是有限的,他们还需要从其他渠道获取信息。公司的现金股利分配,就是一条重要的信息渠道。

从长远来看,盈利能力不足和资金匮乏的企业是无法按期、按量支付现金股利的。公司现金股利的发放数额是其盈利能力的一条重要反映渠道。通常,增加现金股利发放额被看作是公司经营状况良好、盈利能力充足的象征,是一条好消息,往往会导致股价的上升。而减少现金股利发放则被看作公司经营状况恶化且前途不乐观的象征,是一条坏消息,往往会导致股价的下降。而股票市场对股利发放数额上下变动的反应是不对称的,股利下降一定数量引起的股价下跌幅度要大于股利上升同等数量造成的股价上升幅度。因此,企业通常不愿意降低现金股利分配额。

Asquith 和 Mullins(1983)对纽约证券交易所(NYSE)和美国交易所(AME)上市公司 1954 年至 1980 年间的首次股利分配进行了研究。[1] 研究发现,采用超额收益率方法,在股利公告期间(定义为股利公告前一日和公告当日)出现了 3.7% 的超额收益,表明首次股利公告具有显著的信号传递效应。

Brickley(1983)对纽约证券交易所和美国交易所的上市公司的特别指定股利(包括额外、特别和年终股利)进行了研究。[2] 他选取了 1969 年至 1979 年间 165 个特别指定股利,与比较期内的收益率相比较后发现,特别指定股利的发放可以产生显著的正向超额收益,支持信号传递效应的假说。

Dielman 与 Oppenheimer(1984)对纽约证券交易所上市公司 1969 年至 1977 年间的股

---

[1] Asquith P. and D. W. Mullins, "The Impact of Initiating Dividend Payments on Shareholders' Wealth", *Journal of Business*, 56(1), 1983, pp. 77—96.

[2] Brickley, J. A., "Shareholder Wealth, Information Signaling and the Specially Designated Dividend: An empirical study", *Journal of Financial Economics*, 12(2), 1983, pp. 187—209.

利变化进行了研究。① 他们选取那些股利政策经历了两年以上的稳定状态之后发生变化的公司为样本,将它们按照股利的增加、恢复、减少和不分配分成四类,采用随机相关系数法进行研究,发现分别对应有 3.52%、2.14%、-7.67% 和 -8.14% 的超额收益率。这一研究同样支持了股利的信号传递假说。

我国学者也对我国股票市场股利政策与股票价格变化之间的关系进行了研究。张水泉与韩德宗(1997)以 1992 年 5 月 21 日至 1996 年 5 月 31 日之间的 350 个股利分配与配股事件为样本,采用累计超额收益率法对事件前后各 20 日股票价格的变化进行了研究。② 结果发现在整个考察期及空头市场,现金股利的异常报酬率最大,股票股利次之,配股最小,而在多头市场,情形恰好相反。但他们的研究并未特别指出并讨论股利政策的信号传递效应。

陈晓、陈小悦和倪凡(1998)对 1995 年以前上市的 86 家上市公司的首次股利发放按照纯现金股利、股票股利和混合股利(既发放现金股利,又发放股票股利)分为三组,采用超额收益率方法研究了我国上市公司首次股利发放的信号传递效应。③ 研究发现,上述三类首次股利公告都可以产生大于零的超额收益,具有信号传递效应。但三类股利发放信号传递效应的显著性不同,股票股利与混合股利公告带来的超额收益的显著性水平较高,而纯现金股利的显著性较差,且扣除交易成本后超额收益完全消失。

刘力、严鸿宴等(1999)对 1993 年至 1997 年间 1 605 个股利分配样本(未区分首次股利发放与非首次股利发放),按照不分配、纯现金股利、股票股利和混合股利分为四组研究了信号传递效应。④ 结果发现,从 1993 年至 1997 年 5 年总体来看,市场对股票股利和混合股利有正向反应,在股利公告日前 2 天至后 2 天之间有明显的累计超额收益率;对不分配和纯现金股利则有负向反应,在股利公告日前后有负的超额累计收益率,其中不分配表现得非常显著,纯现金股利的显著性较差。从不同年度看,1993 年股票市场对现金股利的反应是正向的,股利公告日前后的累计超额收益率显著大于零,但自 1994 年起市场对现金股利的反应转为负向。

总体来看,国外投资者对现金股利非常重视,且将现金股利的发放与增加作为公司向市场传递的正向信号,而我国投资者则明显对现金股利持否定态度,将其作为一种负向信号看待。相反,我国投资者对股票股利持欢迎态度,将其看作一种正向信号。我国投资者的这种反应可能与上述研究期间我国股票市场正处于供不应求的状况有关。随着我国股市的迅速扩容、供需渐趋平衡,以及广大投资者日益趋向理性和成熟,上述状况在新

---

① Dielman T. E. and H. R. Oppenheimer, "An Examination of Investor Behavior during Periods of Large Dividend Changes", *Journal of Financial and Quantitative Analysis*, 19(2), 1984, pp. 197—216.
② 张水泉、韩德宗:"上海股票市场股利与配股效应的实证研究",《预测》,1997 年第 3 期。
③ 陈晓、陈小悦、倪凡:"上市公司首次股利分配的信号传递效应",《经济科学》,1998 年第 5 期,第 33—43 页。
④ 刘力、严鸿宴、赵瑜纲:"实证研究方法与股利分配对股价影响的信号传递效应",转引自厉以宁、曹凤岐主编,《跨世纪的中国投资基金业》,经济科学出版社 2000 年版。

的时期和新的研究中可能会有所变化。

13.3 公司股利政策的选择

13.3.1 影响公司股利政策的因素

股份公司在确定其股利分配政策时,除了考虑理论分析的结果外,更要考虑诸多实际因素的影响。影响公司股利分配政策的主要因素有以下几种:

各种约束

公司在确定其股利政策时,首先要考虑它所面临的各种约束。主要包括:

(1) 契约约束。公司的债务合同可能会限制公司发放现金股利。如果公司发行了优先股,优先股一般也会限制公司发放普通股股利。

(2) 法律约束。各国的法律对公司的利益分配顺序、资本充足性等方面都会进行规范,公司的股利政策必须符合这些法律。我国《公司法》规定:公司分配当年税后利润时,应当提取利润的10%列入公司法定公积金。公司法定公积金累计额为公司注册资本的50%以上的,可不再提取。公司的法定公积金不足以弥补上一年度公司亏损的,在提取法定公积金之前,应当先用当年利润弥补亏损……公司弥补亏损和提取公积金后所余利润,有限责任公司按照股东出资比例分配,股份有限公司按照股东持有的股份比例分配。

公司的投资机会

如果公司的投资机会多,对资金的需求量大,那么可能会考虑少发股利,将较多的利润用于投资和发展。相反,如果公司的投资机会少,资金需求量小,那么可能增加现金股利。因此,公司在确定股利政策时,需要对其未来的发展趋势和投资机会做出分析与判断,以作为制定股利政策的依据之一。

资本结构

股份有限公司应保持一个相对合理的资本结构。如果股利政策选取不当,将导致公司的资本结构失衡,资本成本上升。因此,公司在确定股利政策时,应全面考虑公司的资本结构,尤其是偿债能力。

信号传递

股利分配是公司向外界传递的关于公司财务状况和未来前景的一条重要信息。公司在确定股利政策时,应该考虑外界对它的反应。

对公司的控制

如果公司股东和管理人员比较重视原股东对公司的控制权,那么该公司可能会尽量少发新股,更多地利用公司的内部积累,因此,其现金股利分配的意愿较低。

13.3.2 几种典型股利政策

在实践中,公司通常采用的股利政策包括以下几种:

剩余股利政策

剩余股利政策就是以首先满足公司资金需求为出发点的股利政策。根据这一政策，公司将按如下步骤确定其股利分配额：

(1) 确定公司的最佳资本结构；

(2) 确定公司下一年度的资金需求量；

(3) 确定需要增加的股东权益数额；

(4) 公司税后利润首先用于满足公司下一年度的资金需求，剩余部分用来发放现金股利。

按照剩余股利政策，公司每年的股利分配额变化不定。

稳定股利额政策

这一政策要求公司各年发放的现金股利额保持稳定或稳中有增的态势。它以确定的现金股利分配额作为利润分配的首要目标。该股利政策有两个优点：

(1) 稳定的股利额给投资者一个稳定的预期。

(2) 许多长期投资者希望公司股利能够成为其稳定的收入来源，以便安排各项支出。稳定股利额政策有利于公司吸引这部分投资者。

在发达的资本市场中，分配股利的公司大都采用稳定股利额政策。一般来说，公司确定的稳定股利额不应太高，要留有余地，以免不可持续。如果公司的盈利短期内大幅上升，而长期盈利能力没有显著提高，那么，公司一般不会提高正常股利水平，而是考虑向股东派发一次性的特别股利(special dividend)。通常而言，只有当公司的长期盈利能力显著提高时，公司才可能提高正常股利水平。

固定股利率政策

这一政策要求公司每年按固定比例从税后利润中支付现金股利。该政策会导致公司股利分配额随利润频繁变化，所以公司很少采用。

例 13-5 三峰公司是一家零负债的公司，共发行了 600 万股普通股。长期以来，该公司的再投资比率(plowback ratio)高达 80%，税后净利润一直保持着 12% 的年增长率。自 2001 年起，由于竞争环境的变化，公司永久性地丧失了大量有利可图的投资机会，预期公司的净利润增长率将因此永久性地下降至每年 5%，但公司 2000 年度的盈利能力不受影响。据估计，2000 年度公司的税后净利润为 3 000 万元，但可选择的收益率在 14%（此为公司的普通股成本）以上的投资项目只需要 1 200 万元资金。如果公司继续保持原来 20% 的现金股利分配率，则公司 2000 年年底的留存收益将达到 2 400 万元。目前管理层正在重新考虑他们的利润分配方案。

(1) 假设三峰公司 2000 年采用剩余股利政策，并且完全利用税后利润对收益率在 14% 以上的项目进行投资，该公司 2000 年度预计的每股现金股利是多少？现金股利分配率是多少？

(2) 如果三峰公司未来将始终保持 60% 的现金股利分配率，你估计该公司普通股当前的市场价格是多少?

(3) 如果三峰公司始终保持20%的现金股利分配率,且其留存收益的平均投资收益率(ROE)将因此下降为7.5%,三峰公司普通股的价格将如何变化?

解 (1) 预计税后净利润(元)　　　　30 000 000
　　　　减:投资需求(元)　　　　　　12 000 000
　　　　剩余利润(元)　　　　　　　　18 000 000
　　　　发行在外的普通股数量(股)　　 6 000 000

每股现金股利 DPS = 18 000 000/6 000 000 = 3.0(元)

每股收益 EPS = 30 000 000/6 000 000 = 5.0(元)

现金股利分配率 = DPS/EPS = 3.0/5.0 = 60%

(2) 设2000年度的每股现金股利为DIV_1,且已知未来的现金股利增长率$g = 5\%$,股票价格P_0为:

$$P_0 = \frac{DIV_1}{k-g} = \frac{3.0}{0.14-0.05} = \frac{3.0}{0.09} = 33.33(元)$$

(3) 如果三峰公司始终保持20%的现金股利分配率,其2000年度的每股现金股利$DPS(DIV_1)$为1.0元,其现金股利增长率为:

$$g = (1.0 - 现金股利分配率) \times ROE$$
$$= (1.0 - 0.2) \times 7.5\% = 6.0\%$$

所以,这时的股票价格

$$P_0 = \frac{DIV_1}{k-g} = \frac{1.0}{0.14-0.06} = \frac{1.0}{0.08} = 12.5(元)$$

例13-5说明,如果公司将利润用于低效益的投资,公司的股票价格将明显下跌,股东将因此蒙受损失。

13.3.3　Lintner 模型

Lintner(1956)曾经提出过一个关于公司股利分配的模型。[1] 根据他的讨论,公司股利分配与下述四个因素有关:

(1) 公司具有长期的股利分配比例目标;
(2) 公司股利分配的变化与公司长期盈利能力相关联;
(3) 公司管理人员不愿意股利在增加之后又减少;
(4) 公司管理人员更重视股利的变化而不是其绝对水平。

基于上述考虑,Lintner提出了他的股利分配模型:如果公司以某一确定的"股利/收益"比率为目标值,则下一年度的股利分配额 DIV 应等于下一年度每股收益 EPS 的一

---

[1] John Lintner, "Distribution of Incomes of Corporation among Dividends, Retained Earnings, and Taxes", *American Economic Review*, 46(2), 1956, pp.97—113.

固定比例,即：

$$DIV_1 = 目标股利 = 目标比例 \times EPS_1$$

两年间的股利变化幅度为：

$$DIV_1 - DIV_0 = 目标股利变化额 = 目标比例 \times EPS_1 - DIV_0$$

由于公司管理人员不愿意减少下一年度的股利发放额,在公司收益变化时,公司只对其股利发放额作部分调整。因此,实际股利发放变化额为：

$$DIV_1 - DIV_0 = 调整率 \times 目标股利变化额$$
$$= 调整率 \times (目标比例 \times EPS_1 - DIV_0)$$

公司越不愿意改变其股利发放额,调整率越低。当调整率为零时,公司采用的是固定股利额政策；当调整率为1时,公司采用的是固定股利率政策。

13.3.4 公司的实际股利政策

由于股利政策具有重要的信息传递作用,因此会影响公司股票价格和投资者对公司未来发展的信心,所以,国外特别是美国的股份公司都非常重视公司股利政策的制定和现金股利的发放。总体来讲,美国公司大多采用稳定现金股利额的政策,尽管公司税后利润起伏较大,但现金股利额却基本上保持增长的态势。

我国上市公司股利分配的基本形式为现金股利与股票股利。2000年以前,我国上市公司倾向于不分配或少分配股利,即使分配,也偏好股票股利。2000年年底,为了规范上市公司配股行为,中国证监会提出将现金分红作为上市公司再筹资的必备条件。为了取得再筹资资格,很多上市公司开始发放现金股利。据统计,1996年至2002年间,我国所有上市公司中平均不分配比例高达43.14%；1996年至1999年间,每年大约只有30%左右的公司实施现金分配；2000年以来,每年大约有50%—65%的公司实施分配,平均派现率为50%—60%。据统计,自1990年以来,沪深两市上市公司有448家公司从未进行过任何分红派现。[1]

我国上市公司中,部分大股东控股比例高的公司,大股东以分配现金股利的方式从上市公司获取资金,导致公司实施高比例分配。个别上市公司本身经营状况不佳,却不惜通过银行贷款和增发配股筹集股利分配所需的资金。例如,厦门路桥的前两大法人股东控股高达67.8%,2002年分配方案为每10股派5元,共需要现金14750万元,然而公司期末账面现金余额只有7 615万元。股利分配率超过了100%,不但把当年的盈利全部分光,而且将以前年度盈利也拿出来分配。其背后的原因是:厦门路桥向银行贷款3亿元的本息由大股东厦门市财政局代为偿还,但必须作为债务挂在上市公司账上,待以后年度上市公司配股或增发时,大股东再将债务转为对上市公司的股权,利用寅吃卯粮的手法从上市公司变相提款。[2]

---

[1] 姜涛、程晓陵:"上市公司股利分配问题探讨",《市场周刊·研究版》,2005年11月号。
[2] 田华臣:"我国上市公司股利分配政策研究",《理论与实践》,2003年第11期。

13.4 股票股利、拆股与股票回购

13.4.1 股票股利

除现金股利外,股份公司还可以以向股东赠送股票的方式派发股利,称为股票股利,又称"送红股"。与发放现金股利不同,发放股票股利只是将公司的税后利润转化为股本金,不会导致公司的现金流出,股东权益账面价值总额也不发生变化。但发放股票股利将增加发行在外的普通股股票数量,减少每股股票拥有的股东权益价值。在美国,一般把送股比例在20%—25%的股票股利称为小额股票股利,把高于这一比例的股票股利称为大额股票股利。

假设 XYZ 公司目前流通在外的股份有 100 万股,每股价格为 21 元,公司股票的总市值为 2 100 万元(21×100)。公司按照 10% 的比例向股东派发股票股利(10 送 1),派发后公司的股票总数增加到 110 万股。在派发前后,XYZ 公司资产负债表中股东权益的构成如表 13-5 所示。

表 13-5 XYZ 公司发放股票股利前、后的股东权益状况 单位:万元

	发放股票股利之前	发放股票股利之后
普通股股本(每股面值 1 元,100 万股)	100	110
资本公积金(paid-in capital)	600	600
留存收益(retained earnings)	600	590
股东权益合计	1 300	1 300

在派发股票股利后,公司的普通股数量增加到 110 万股,普通股股本增加了 10 万元(10 万股,每股面值 1 元),总计为 110 万元。由于没有实际的现金流入和流出,股东权益总额并不受股票股利的影响,只是留存收益减少了 10 万元,剩下 590 万元。参见表 13-5。

由于发放股票股利后公司普通股总股数由 100 万股增至 110 万股,每股账面价值将由派发股票股利前的 13 元降至 11.8 元。同样,发放股票股利也会减少每股股票的市场价值。理论上,由于分配股票股利只是增加了流通中的股票数量,并没有提升股东权益的价值,所以每股股票的市值因此被稀释,股价的下跌幅度应该等于股票股利的分配比例 10%。现实中,股价的下跌幅度将取决于市场的反应程度,可能与股票股利的分配比例不完全相同。如果发放股票股利后股价的下跌幅度低于分配比例,那么股东将因此获益;如果发放股票股利后股价的下跌幅度大于分配比例,股东利益将受到损害。对公司来说,发放股票股利既不需要向股东支付现金,又可以在心理上给股东以取得了投资回报的幻觉。因此,公司在资金紧张、无力支付现金股利且具有良好增长前景的情况下,可以考虑发放股票股利。另外,一些公司在其股票价格较高、不利于中小投资者交易时,通过发放股票股利来适当降低股价,提高股票的流动性。

实质上,分配股票股利在不改变公司财务状况的同时,导致公司发行在外的股票总量增加。为了实现该目的,公司也可以实施公积金转增股本或者直接拆股。

13.4.2 公积金转增股本

顾名思义,公积金转增股本简称为转增,是公司将其资本公积金转成股本,并且增加的普通股由所有股东按比例分享。

假设 XYZ 公司实施公积金转增股本,转增比例为每 10 股转增 1 股。那么,投资者每持有 XYZ 公司 10 股普通股,转增后就变成 11 股普通股。因此,转增导致公司发行在外的总股本增加 10 万元(万股)——从 100 万元(万股)上升到 110 万元(万股)。相应地,资本公积金减少 10 万元,即从 600 万元减至 590 万元。表 13-6 提供了 XYZ 公司转增前后资产负债表中股东权益部分的构成。

表 13-6 XYZ 公司实施公积金转增股本前后的股东权益状况　　　　单位:万元

	转增之前	转增之后
普通股股本	100	110
资本公积金(paid-in capital)	600	590
留存收益(retained earnings)	600	600
股东权益合计	1 300	1 300

显然,与分配股票股利一样,转增不会改变公司的财务状况,但会增加公司发行在外的普通股总量。值得注意的是,如果公司账面上的未分配利润[①]为负或者不足,公司就不能分配股票股利,但是可以实施转增。

13.4.3 拆股

拆股(stock split)又称股票分拆,是指股份公司用新股按一定比例交换流通在外的股份的行为。[②] 例如,两股换一股的股票分拆,是指用两股新股换一股老股。从会计的角度看,股票分拆对公司的资本结构、资产的账面价值、股东权益的各账户(普通股、股本溢价、留存收益等)都不产生影响,只是使公司发行在外的股票总数增加,每股股票代表的账面价值相应地降低。[③] 因此,股票分拆与发放股票股利的作用非常相似,都是在不增加股东权益的情况下增加股票的数量。所不同的是,股票分拆导致的股票增量常常远大于发放股票股利,而且在会计处理上也略有差异。表 13-7 给出了 XYZ 公司进行 2∶1 拆股前

---

① 未分配利润是一个属于留存收益的子科目。
② 至 2012 年年底,中国 A 股市场尚未出现公司直接拆股的案例。分配股票股利和实施公积金转增股本的例子则俯拾皆是。
③ 早期中国《公司法》规定,股份公司股票的每股面值为 1 元,修订后的《公司法》已经去掉了该要求。至 2012 年年底,中国 A 股市场只有极个别股票的面值不是 1 元,如紫金矿业(601899)股票与洛阳钼业(603993)的每股面值分别为 0.1 元和 0.2 元。

后资产负债表中股东权益部分的变化状况。

表 13-7　XYZ 公司 2∶1 拆股前后的股东权益状况

	拆股之前	拆股之后
每股面值(元)	1.0	0.5
发行在外的普通股数量(万股)	100	200
普通股股本(万元)	100	100
资本公积金(paid-in capital)(万元)	600	600
留存收益(retained earnings)(万元)	600	600
股东权益合计(万元)	1 300	1 300

由表 13-7 不难看出,在会计上,拆股仅仅影响股票的数量和面值,不影响股东权益的各个科目。

实质上,分配股票股利、公积金转增股本与拆股相同,都不会实质性地改变公司的财务状况。那么,为什么公司还要进行这些活动呢?一些主要的解释如下:

(1) 降低股票价格,便于股票交易,提高股票的流动性。股票的交易价格太高不利于股票的交易,因为要完成一笔股票交易(100 股为一个交易单位)需要的资金数量很大,很多中小投资者由于没有足够的资金难以进行交易。微软公司于 1999 年进行自 1986 年上市以来的第 8 次股票分拆,分拆比例是 2∶1。微软公司宣称的分拆理由是:"微软致力于让我们的技术更广泛地为顾客所接受。同样,我们要让我们的股票更广泛地为个人所接受,而股票分拆应该有助于实现这个目标。"[①]其他一些发展迅速的美国著名公司,如沃尔玛、戴尔等自上市以来也进行过多次股票分拆。

(2) 向股票市场和广大投资者传送某种信息,对他们产生心理影响。有时,上市公司希望通过分配股票股利、转增或拆股向股市传递这样一种信息,即公司不但目前业绩好、利润高,而且还有很好的增长潜力,以至于这些活动不会减少每股收益,而且股票价格有可能在目前的高价位上进一步上升,从而增强投资者对公司的信心。

与拆股相反,企业有时也进行股票合并操作。股票合并又称合股或逆向拆股(reverse split),即公司用一股新股换取一股以上的老股(如一股换两股)。显然,股票合并将减少流通在外的股票数量,提高每股股票的面值及其代表的净资产数额,进而提高股票的市场价格。一般来说,业绩不佳、股价过低的公司才会进行股票合并,它们希望以此提高股票价格,使之达到合理的水平。

13.4.4　股票回购

股票回购

股票回购(stock repurchase)是指上市公司用现金从股东手中买回发行在外的股票的

[①] 引自斯蒂芬·A. 罗斯等著:《公司理财》(精要版)第 6 版,方红星等译,机械工业出版社 2004 年版,第 366 页。

行为,股票回购是除现金股利分配外,上市公司的另一种主要分配方式。在美国,自20世纪80年代以来,以股票回购的方式向股东支付现金变得越来越普遍和重要。[①]

股票回购可以在二级市场公开进行,也可以与特定投资者协商后从他们手中直接购回。

例13-6 某公司有发行在外的普通股股票200万股,目前公司有400万元的多余现金可用于发放额外现金股利(每股2元)或回购股票。根据公司的预测,向股东分配这400万元现金后,公司的净利润将保持为每年1000万元。按照200万股股票计算,每股收益为5元。考虑到类似公司的市盈率为6倍,预计公司发放400万元额外现金股利后公司股票的市场价格为每股30元。公司分配现金股利前夕,股价为32元。

公司也可以通过股票回购的方式向股东分配400万元。回购后公司的年净利润预测不变,仍为1000万元,但公司发行在外的股票数量将减少,相对于分配现金股利后的情形,每股收益(EPS)将提高。为了保证股票回购价格的合理,公司要预期回购后股票的市场价格,并按照这一价格回购股票。假设回购股票前后公司股票的市盈率不变,仍为6倍,则可以算出回购后公司股票的价格为每股32元,与分配现金股利之前的股价相同。[②] 因此,公司可以按照每股32元的价格回购12.5万股股票,从而向公司股东分配400万元。发放现金股利或股票回购后公司的相关财务数据如表13-8所示。

表13-8 发放现金股利与股票回购的比较 单位:元

	公司整体	每股股票
发放现金股利		发行在外200万股
现金股利	4 000 000	2.00
发放现金股利后预计年净利润	10 000 000	5.00
发放现金股利后的股票价值	60 000 000	30.00
股票回购		发行在外187.5万股
股票回购额	4 000 000	
股票回购后预计年净利润	10 000 000	5.33
股票回购后的股票价值	60 000 000	32.00

由例13-6可知,如果忽略税收和交易成本的影响,股东以现金股利和股票回购的方法得到这400万元现金的结果相同。以现金股利的方式,每个股东每股得到2元的现金

[①] Adam Dunshy, "Share Repurchases, Dividends, and Corporate Distribution Policy", unpublished manuscript, Wharton School, Nov. 29, 1994. 转引自Ross, Westerfield and Jaffe, *Corporate Finance*, McGraw-Hill, 1996。

[②] 设回购价格为 P_1,回购股票数量为 N_1,回购后的每股收益为 EPS_1,$EPS_1 = 1000$ 万元/(200万股 $- N_1$)。根据条件要求:$P_1 / EPS_1 = 6$,所以,$\frac{P_1}{1000/(200-N_1)} = 6$,整理后有:

$$P_1 \times (200 - N_1) = 6000$$

由于用于股票回购的资金为400万元,所以:

$$P_1 N_1 = 400$$

解以上两式构成的方程组,有:$P_1 = 32$元,$N_1 = 12.5$万股。

股利,同时持有价值 30 元的股票,每股股票的总价值是 32 元(30 + 2)。以股票回购的方式,向公司回售的股票每股价值是 32 元,继续持有公司股票的每股价值也是 32 元,同领取现金股利时每股股票的价值完全相同。这一案例告诉我们,如果市场是完美的,公司采取发放现金股利和股票回购两种方式进行分配没有区别。

股票回购的作用

股票回购对股份公司可能产生以下作用:

(1) 当公司偶然有一笔多余的现金需要分配,但又不希望改变现金股利分配政策时,可采用股票回购的方式向股东分发这笔现金。这时股票回购的作用类似于一笔额外现金股利。

(2) 通过股票回购,公司可以减少流通中的股票数量,能够在不增加现金需求的情况下提高未来的每股收益。但正如我们在前面所分析的,如果市场是完美的,那么这种做法不会影响股票的价值。

(3) 考虑到个人所得税的影响,进行股票回购与发放现金股利相比,可能会减少股东的税收支出,从而增加股东的税后收益。在典型的税制环境下,股票回购相对于现金股利可能具有两个方面的税收优势:第一,股东卖出股票获得的收益是用于资本利得税,而个人资本利得税的税率通常等于或者低于普通收入所得税的税率;第二,由于资本利得税是在卖出股票时缴纳,因此,股票回购具有推迟纳税的功能。比如,设某投资者持有100 股股票,其个人边际税率是 28%,如果按照每股 1 元向投资者发放现金股利,他将得到 100 元的现金股利,需要交纳 28 元的个人所得税,实际所得是 72 元。如果公司按照 50 元 1 股的价格从股东手中每 100 股回购 2 股股票,同样向股东支付了 100 元现金。若该股东是按照 30 元 1 股的价格买入公司股票的,则他的资本利得只有 40 元(每股股票的价格上升了 20 元),他只需要就这 40 元交纳个人所得税。如果资本利得税率只有 20%,则该投资者只需要交纳 8 元的个人所得税,远远低于以现金股利的方式获取 100 元收益时的 28 元。[①]

由于以股票回购的税收优势及其他原因,因此自 20 世纪 80 年代以来,美国公司的股票回购明显增多。即使如此,仍有学者认为,按照税负的原则,美国公司应该更多地采用股票回购,而不是现金股利的方式进行分配。

如前所述,中国的投资者获取现金股利要按照 20% 的税率交纳个人所得税。即使按照 2005 年 6 月 13 日财政部、国家税务总局和中国人民银行的联合通知,投资者的股息红利所得可以减半纳税,仍需要交纳 10% 的个人所得税。但是,目前我国并没有开征资本利得税,投资者通过买卖股票获取价差不需要交纳个人所得税。因此,对中国上市公司来说,如果公司股票的定价合理,股票回购相对于现金股利具有明显的税收优势。

(4) 股票回购可以迅速改变公司的资本结构。比如,公司可以通过借入资金回购股

---

① 在美国通常会有这种情况发生。

票的方式大幅度调整其资产负债率。

(5) 股票回购也可以是公司的一种投资。当公司缺少好的实业项目可以投资,且公司股票又被市场低估时,公司可以通过股票回购的方式使用公司的现金。这样既避免了错误地投资于坏的实业项目,又向股东分配了现金,让这些现金在股东手中得到更好的运用,同时还向市场传递了公司股票被市场低估的信息。大量经验研究表明,平均来讲,市场对公司的股票回购公告给予积极的反应,而且,股票回购后,公司股票的长期表现明显优于不进行股票回购的类似公司。①

定向股票回购

一般来讲,股票回购通过要约收购(tender offer)或公开市场购买(open market purchases)的方式实施,并不针对特定的投资者。但是,在某些情形下,上市公司会向特定的投资者回购股票,这种回购方式被称为"定向回购"(targeted repurchases)。公司进行定向回购的原因较多,包括为了反收购接受收购方的"绿色讹诈"(greenmail)——被收购方按照协议价格回购收购方已经收购的股票。

至2012年年底,A股上市公司很少回购股票,回购大量股票的例子屈指可数。例如,"云天化"公司2001年定向回购了大量国有股。回购前,云天化的总股本为56 818.18 万股,其中国有法人股46 818.18 万股,社会公众股10 000万股,两者占总股本的比例分别为82.4%和17.6%。2001年,云天化以每股2.83元的价格(每股净资产)回购20 000万股国有法人股,从而将国有法人的持股比例降至72.84%。回购价格与云天化发起设立时国有股每股1.01元的净资产比较,3年增值180.19%,年账面价值回报率为60.06%。如再考虑到历年分红,账面价值回报率更是高达72.27%。回购前公司的资产负债率仅为10.85%,流动资产总额为7.90亿元,其中货币资金5.24亿元,表明公司资产流动性较好,有能力进行股份回购。

本章小结

本章讲述了公司的利润构成与利润分配问题,重点讲述了公司的股利政策问题。(1) 股利分配是公司回馈股东投资的重要手段,股利分配有公告日、登记日和发放日等几个重要日期。(2) 利润分配决策本质上是公司筹资决策的组成部分,因此在完善市场和没有税收影响等假设下,不影响公司价值,正如公司的资本结构(筹资决策)不影响公司价值。公司价值取决于资金的运用而不是利润的分配。(3) 考虑到市场不完善,有理论认为公司价值与其利润分配决策相关,如"二鸟在林"不如"一鸟在手"、所得税影响理论等。(4) 公司的股利分配决策可以向市场传递信息,股利的变化会影响股票价格。(5) 公司在确定实际股利政策时要考虑许多因素,包括法律和契约的约束、公司的投资机会、

---

① Ikenberry D., J. Lakonishok, and T. Vermaelen, " Market Underreaction to Open Market Share Repurchases", *Journal of Financial Economics*, 39, 1995.

公司偿债能力、筹资的资本成本等。(6) 公司的股利政策可以分为剩余股利政策、固定股利率政策、固定股利额政策等。(7) 拆股是指公司将一股股份拆成一股以上的股份。拆股增加了流通中的股份数量,但不影响公司的财务状况。(8) 公司可以通过分配股票股利或者公积金转增资本实现拆股的目的。这两类财务活动都类似于拆股,只增加流通中的股票数量,而不实质性地影响公司的财务状况。(9) 股票回购是指公司用手中的现金从股东手中购回股票的行为,也是公司的一种分配方式。在通常情况下,以股票回购的方式向股东分配利润可以降低股东的税收负担。

思考题

1. 什么是股利分配的信号传递效应?
2. 什么是股利的宣布日、登记日与除息日?
3. 你认为企业在什么情况下应将利润用于再投资? 什么时候应将利润分配给股东?
4. MM 理论认为公司股利政策与公司价值无关的最主要的前提是什么?
5. 你认为个人所得税是否会对公司股利分配政策产生影响? 为什么?
6. 企业回购自己的股票有什么作用?
7. 与现金股利相比较,股票股利的优点是什么?

计算题

1. 某航运公司今后五年的预计盈利如下表所示:

公司未来五年的预计盈利	单位:元
年份	税后利润
1	1 400 000
2	2 000 000
3	1 800 000
4	900 000
5	2 800 000

公司现有发行在外的普通股票 100 万股,如果公司采取以下股利政策,请计算每年的每股股利:

(1) 保持 50% 的股利发放比率;

(2) 发放稳定金额的股利,使其总额为五年盈利的 50%;

(3) 除发放每股 0.50 元的固定金额小额股利外,如果任一年的利润超过 1 500 000 元,将在年末发放额外股利,其金额为超过 1 500 000 元部分的 50%。

2. 某公司计划发放 500 000 元的现金股利,现有发行在外的股票 250 000 股,每股收

益为 5 元,除息日后股票价格应为 50 元。如果公司决定不发放股票而是回购部分公司股票,则:

(1) 回购价格应为多少?

(2) 应回购多少股?

(3) 如果回购价格低于或高于问题(1)答案中的建议价格会怎样?

(4) 如果你拥有公司的 100 股股票,那么你希望公司发放现金股利还是回购股票?

3. DCA 公司发行在外的普通股为 200 万股,年净利润为 600 000 元,目前股票价格为每股 3 元,公司计划按照 10 股送 1 股的比例发放股票股利,问:

(1) 发放股票股利后股票价格为多少?

(2) 如果一个投资者在发放股利前拥有公司股票 100 股,那么发放股票股利后他所拥有的股票的总体价值有没有变化?为什么?

4. 某公司的经理们正在考虑 2007 年和 2008 年的股利政策,公司同时还计划在 2009 年终止清算。公司目前有两种方案:方案 1 是在 2007 年和 2008 年每年发放现金股利 2.55 元,2009 年发放清算股利 45.60 元;方案 2 是 2007 年发放现金股利 4.35 元,2008 年发放现金股利 4.70 元,2009 年发放清算股利 40.62 元。普通股持有者要求的投资回报率为 17%,经理们必须考虑这两个方案对股票价值的影响。

(1) 在完善市场的条件下,两种方案有无差异?

(2) 实际实施中会有什么因素影响问题(1)答案中所做的决策?

5. 星云制造公司制定了一个五年投资计划,每年所需的投资资金和可供使用的内部资金如下表所示。公司的资产负债率为 40%,公司现有发行在外的普通股股票为 125 000 股。问:如果每年均实行剩余股利政策,每年发放的现金股利为多少?

单位:元

年份	投资所需资金	用于重新投资或发放股利的内部资金
1	360 000	225 000
2	450 000	440 000
3	230 000	600 000
4	890 000	650 000
5	600 000	410 000

6. 某投资者拥有 A 公司 8% 的普通股。在 A 公司宣布一股分割为两股之前,A 公司股票的市价为 98 元。A 公司现有发行在外的普通股股票 30 000 股。

(1) 与现在的情况相比较,拆股后该投资者的财产状况会有什么变动?(假定股票价格同比例下降)

(2) A 公司财务部经理认为股票价格只会下降 45%。如果这一判断是正确的,那么投资者的收益是多少?

7. 某公司计划发放现金股利 550 000 元,现有发行在外的普通股 275 000 股,每股盈余为 6 元,股票在除息日后的价格为 45 元。如果公司不发放现金股利,而改为回购股票,那么：

(1) 回购价格为多少？

(2) 回购数目为多少股？

(3) 如果回购价格高于或低于问题(1)答案中的建议价格会怎样？

8. 八方国际公司的股东权益项目如下：

单位：美元

普通股本(每股面值1美元)	10 000
股本溢价	150 000
留存收益	552 500
所有者权益总额	712 500

(1) 如果八方国际公司股票目前的市场价格为20美元，公司宣布要发放10%的股票股利，应该分配多少股新股？

(2) 如果八方公司宣告发放25%的股票股利，应该增加多少新股？

9. RRC公司目前有100 000股股票流通在外，每股价格为70美元。假设没有市场不完美因素或纳税效果存在，在发生下列情形后，每股价格将是多少？

(1) RRC实行5:3的股票分拆。

(2) RRC派发15%的股票股利。

(3) RRC派发42.5%的股票股利。

(4) RRC实行4:7的逆向股票分拆。

(5) 确定上述4种情形下新的流通在外股数。

10. 某公司的普通股权益项目如下表所示，它在每股市场价格为20元时，宣告了8%的股票股利。这个股票股利分配对权益项目有什么影响？

单位：元

普通股本(每股面值1元)	350 000
股本溢价	1 650 000
留存收益	3 000 000
所有者权益总额	5 000 000

11. 某废弃物回收公司采用剩余股利政策。该公司认为0.8的债务权益比率是最适当的。公司刚刚结束的财务年度的利润为900万元，公司宣布其中的420万元用于发放现金股利。在公司发放现金股利后，公司的新增债务资本是多少？债务资本和权益资本总共增加多少？

12. 鸿声公司遵循严格的剩余股利政策，它的目标债务权益比率是3。

(1) 如果公司年度盈余是140 000元，在不增发新权益资本的情况下，公司资本性支出的最大可能金额是多少？

(2) 如果公司下一年度拟议的资本性支出是770 000元，鸿声公司会派发现金股利吗？如果会，是多少？

（3）鸿声公司保持了一个固定的现金股利发放率吗？为什么？

13. 如果不考虑市场不完美因素和税收的影响，当股票除息时，我们将预期价格下跌所派发股利的金额。然而，一旦我们考虑税收的影响，这就不一定是正确的。在这种情况下，除息价格可由下列模型决定：

$$(P_0 - P_X)/\text{DIV} = (1 - T_P)/(1 - T_G)$$

式中：P_0 是股票除息前的价格；P_X 是除息价格；DIV 是每股股利；T_P 是相关的个人边际税率；T_G 是资本利得的有效边际税率。

（1）如果 $T_P = T_G = 0$，当股票除息时，价格将下跌多少？

（2）如果 $T_P = 28\%$，$T_G = 0$，价格将下跌多少？

（3）如果 $T_P = 35\%$，$T_G = 28\%$，价格将下跌多少？

第14章 期权与公司财务

14.1 期权与期权交易

14.1.1 期权

期权的定义

期权,英文为 option,也可译为选择权。期权分为买权(call option,买入期权)和卖权(put option,卖出期权)。买权又称看涨期权,卖权又称看跌期权。买权/卖权赋予其持有者在给定时间或时间段按规定的价格买入/卖出一定数量某种资产的权利。

期权的要素

(1) 行权价格(exercise price 或 striking price),指期权合同中规定的购入或售出某种资产的价格。

(2) 到期日,指期权合同规定的最后有效日期(maturity date)。

(3) 标的资产,指期权合同中规定的买入或售出的资产。

(4) 期权费(option premium),指买卖双方购买或出售期权的价格,又称为期权价格。

比如,"IBM 11 月份 100 买权",就是指行权价格为 100 美元、到期日为 11 月份、标的资产为 IBM 公司普通股股票的买权。

欧式期权与美式期权

根据期权有效期的不同,期权可分为欧式期权(European style)和美式期权(American style)。欧式期权只有在到期日当天或在到期日以前某一非常有限的时间内可以行权,美式期权在到期日以前任何时刻都可以行权。

期权购买者和出售者的权利和义务

任何一个期权都有购买者(buyer)和出售者(writer)。期权的购买者在购买期权时须付出一笔费用给出售者,以获得买卖标的资产的权利。这笔付出的费用,就是期权的价格或期权费。期权的购买者付出期权费,获得购买或出售标的资产的权利,但他没有到期必须购买或出售标的资产的义务。对期权的出售者来说,如果期权的购买者行权,出售者必须向买权的持有者提供相应的资产,或接受卖权持有者手中的资产。因此,期权的购买者付出期权费后,只有权利而没有义务;期权出售者接受期权费后,只有义务而没有权利。

期权的内在价值

1. 期权在到期日的价值

上面对期权买卖双方的权利与义务的分析,实质上给出了买权和卖权在到期日的价值。一个行权价格为 K、标的资产的市场价格为 S 的买权在行权日的价值 P_C^* 为:

$$P_C^* = \begin{cases} S-K & S>K \\ 0 & S \leq K \end{cases} \tag{14-1}$$

或:

$$P_C^* = \max(0, S-K)$$

举例来说,若买权的行权价格为 100 元,标的资产的市场价格为 110 元,则买权持有者将行权,以 100 元的价格买入标的资产,再以 110 元的价格卖掉,从中获利 10 元。若标的资产的市场价格为 90 元,则买权的持有者将不行权,买权的价值为零,但不会出现其价值为负的情况。

同样道理,行权价格为 K、标的资产市场价格为 S 的卖权在行权日的价值为:

$$P_P^* = \begin{cases} 0 & S \geq K \\ K-S & S < K \end{cases} \tag{14-2}$$

或:

$$P_P^* = \max(0, K-S)$$

2. 实值期权、虚值期权和两平期权

根据期权标的资产的价格与行权价格的关系,将其分为实值状态(in-the-money)、两平状态(at-the-money)和虚值状态(out-of-the-money),亦分别称为实值期权(又称币内期权)、两平期权(又称币上期权)和虚值期权(又称币外期权)。对于买权,如果标的资产的价格大于行权价格,该期权处于实值状态;如果标的资产的价格等于行权价格,该期权处于两平状态;如果标的资产的价格小于行权价格,该期权处于虚值状态。对于卖权,如果标的资产的价格小于行权价格,该期权处于实值状态;如果标的资产的价格等于行权价格,该期权处于两平状态;如果标的资产的价格大于行权价格,该期权处于虚值状态。这一关系如表 14-1 所示。

表 14-1 期权的价值状态

价格关系	买权	卖权
$S > K$	实值	虚值
$S = K$	两平	两平
$S < K$	虚值	实值

就行权价格为 100 美元的 IBM 股票期权而言,当 IBM 股票的市场价格为 110 美元时,买权为实值期权,卖权为虚值期权;当 IBM 股票的市场价格为 90 美元时,买权为虚值期权,卖权为实值期权;当 IBM 股票的市场价格恰为 100 美元时,其买权和卖权均为两平期权。

14.1.2 期权的交易[①]

期权的类型

期权可以根据标的资产的类型进行分类。目前主要的金融期权有股票期权、外汇期权(货币期权)、股指期权、期货期权等。股票期权的标的资产是上市公司股票,主要交易所包括芝加哥期权交易所(CBOE)、纽约股票交易所(NYSE)等。一份股票期权合约的标的资产是100股票。外汇期权的主要交易所是费城交易所(PHLX)。股指期权是以股票指数为标的资产的期权,最典型的两种股指期权是芝加哥期权交易所(CBOE)的S&P100指数期权和S&P500指数期权,其中S&P100为美式期权,S&P500为欧式期权。每一合约的交易金额为特定行权价格指数的100倍,以现金结算。如S&P100买权的行权价格为700,如果在指数为712时行权,则出售方将支付期权持有者1 200美元[(712-700)×100]。期货期权的标的资产为期货合约,期货买权的持有者在行权时,将从期权的出售方获得期货合约加上期货价格超过行权价格的超额现金。

期权合约

标准的期权合约包括期权的行权价格、到期日、标的资产的数额等内容。交易所设定合约的细节,如到期日、行权价格、公司宣布发放股利时的处理、每个投资者可持有的最大头寸等。标准的期权合约有助于降低交易费用,提高交易效率,使交易更加容易、二级市场更加活跃。

在美国,通常行权价格变化区间为2.5美元、5美元、10美元等。一般的规定为:标的股票价格小于25美元,变化间隔为2.5美元;标的股票价格在25美元至200美元之间,变化间隔为5美元;标的股票价格大于200美元,变化间隔为10美元。

股票期权的到期日(maturity date)是到期月份第三个星期五后的那个星期六下午10:59(美国中部时间)。股票期权通常是在1、2、3月的基础上循环。1月份的循环包括1、4、7、10月四个月份,2月份的循环包括2、5、8、11月四个月份,3月份的循环包括3、6、9、12月四个月份。如果当前月的到期日尚未到达,则交易的期权合约包括当前月到期期权、下个月到期期权和当前月循环中的下两个到期月的期权。比如,设IBM股票期权是处于1月份循环中,1月初,交易的期权的到期月份为1、2、4、7月;1月末,交易的期权的到期月份为2、3、4、7月,等等。

当发生拆股时,股票期权的行权价格和合约包含的股票数额要进行必要的调整,行权价格按比例下调,股票数额按比例上调。

[①] 本小节的内容参考约翰·赫尔著:《期权、期货和衍生证券》,张陶伟译,华夏出版社1997年版。

期权的交易

1. 做市商

在美国,交易所内的期权交易采用做市商(market maker)制度。做市商负责向询价者提供他所要求的期权的买入价格与卖出价格,以保证期权的买卖指令可以被立即行权,从而提高了市场的流动性。

2. 期权清算公司

期权清算公司(option clear corporation, OCC)的主要作用在于确保期权的出售方按照合约条款履行义务,同时记录所有的交易头寸状况(多头与空头)。

期权清算公司由从事期权交易的会员公司组成,所有期权交易都必须通过期权清算公司的会员公司来结清。如果经纪公司本身不是期权清算公司的会员,则它必须通过期权清算公司的会员结清交易。期权清算公司的会员必须满足最低资本额的要求。

3. 保证金

为了保证客户履约,期权出售者要在其经纪人处开设一个保证金账户,经纪人要在期权清算公司的会员处开设一个保证金账户,而期权清算公司的会员要在期权清算公司处开设一个保证金账户,保证金的数额、形式与期权的行权价格及期权的类型等相关。

投资者购买期权时,需支付全额的期权费(期权价格),不允许用保证金方式购买期权;投资者出售期权时,必须在保证金账户中保持一定数量的资金。

如果投资者出售的是无保护期权,则实值期权的初始保证金为标的股票价值的30%加上期权的实值,币外(虚值)期权的初始保证金为标的股票价值的30%减去期权的币外值。

如果投资者出售的是有保护的买权(即投资者持有该股票以备将来交割),则无须交纳保证金。

例14-1 某一投资者出售4份无保护买权合约,价格为5美元,行权价格为40美元,标的股票价格为42美元(实值期权),计算该投资者应交纳的保证金。

解 保证金第一部分为:42美元×400×30% = 5 040(美元)

由于期权的实值为2美元,保证金的第二部分为:2美元×400 = 800(美元)

出售期权的收入为:5美元×400 = 2 000(美元)

仍需交纳的保证金为:5 040美元 + 800美元 − 2 000美元 = 3 840(美元)

如果投资者出售的合约为卖权合约,其虚值为2美元,则仍需交纳的保证金为:

$$5\ 040\text{美元} - 800\text{美元} - 2\ 000\text{美元} = 2\ 240(\text{美元})$$

4. 交割

在购买期权时,买方必须在下一个营业日的清晨全额支付期权价格,这笔资金存于期权清算公司。

当投资者要求行权时,首先通知其经纪人,经纪人接着通知会员公司,会员公司据此向期权清算公司发出行权指令,期权清算公司随机地选择一个持有相同期权空头的会员公司,该会员按事先订立的程序,选择某个特定的出售该期权的客户履约。

期权的场外交易

早期的期权交易是柜台交易(OTC),目前绝大多数期权是在交易所内按照标准合约交易的,但为了适应交易双方需求,OTC 交易在期权交易中仍占有一席之地。场外交易是由交易双方直接进行的期权交易,在外汇期权和利率期权交易中最普遍,其优点是期权合约具有灵活性,行权价格与到期日不必与场内交易的期权一致。

14.1.3 期权的基本损益状态

持有期权

1. 持有买权

我们知道,期权的持有者(多头)只有权利而没有义务。因此,在到期日,当标的股票的价格高于买权的行权价格时,其价值等于 $S-K$;当标的股票的价格等于或者低于买权的行权价格时,其价值为零。买权多头在到期日的支付函数(payoff)如图 14-1(a)所示。

但是,期权持有者是花费了价值为 C 的期权费购入买权的,因此,在期权一文不值时,期权持有者的最大损失为 C,而且,只有当 $S-C>K$ 时,买权的持有者才开始盈利。比如,一个行权价格为 40 美元、期权费(价格)为 4 美元的 6 个月期限的买权,如果在行权时标的股票价格低于 40 美元,则该期权一文不值,投资者的最大损失为 4 美元;如果股票价格高于 40 美元,投资者的损失开始逐步减少,盈亏平衡点为期权的行权价格与期权费之和,即 44 美元。当股票价格高于 44 美元时,投资者开始盈利,从理论上讲,其盈利水平是没有上限的。在到期日,买权多头的盈亏状况如图 14-1(b)所示。

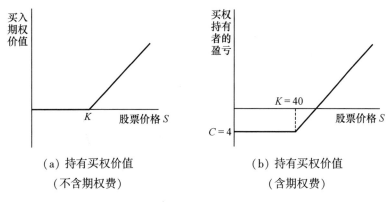

图 14-1 买权持有者的支付函数及盈亏状况

2. 持有卖权

卖权持有者的权利是按规定价格卖出标的资产。因此,在到期日,当标的股票的价格高于卖权的行权价格时,其价值为零;当标的股票的价格低于卖权的行权价格时,其价值等于 $S-K$,卖权多头在到期日的支付函数如图14-2(a)所示。

由于期权持有者花费了价值为 P 的期权费购入卖权,因此,在期权一文不值时,期权持有者的损失为 P;只有当 $K-P>S$ 时,买权的持有者才开始盈利。比如,一个行权价格为40美元、期权费(价格)为4美元的6个月期限的卖权,如果在行权时标的股票价格高于40美元,则该期权一文不值,此时投资者的损失最大,为4美元;如果股票价格小于40美元,投资者的损失开始逐步减少,盈亏平衡点为期权的行权价格与期权费之差36美元。当股票价格低于36美元时,投资者开始盈利,其盈利的上限是股票价格降为零。卖权多头在到期日的盈亏状况如图14-2(b)所示。

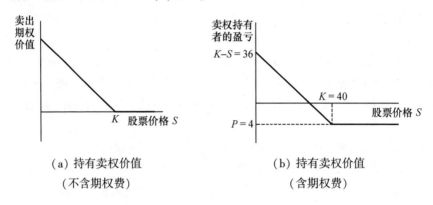

图14-2 卖权持有者的支付函数及盈亏状况

售出期权

1. 售出买权

对买权的出售方(空头)来说,在到期日,当标的资产价格等于或低于行权价格时,期权持有者不会行权;当标的股票价格高于行权价格时,期权持有者将行权,出售方的损失为 $(S-K)$。买权空头在到期日的支付函数如图14-3(a)所示。

由于出售期权一方可得到期权费,因此,在到期日,当 $S<K$,期权持有者不行权时,出售方可得到全部期权费收益 C;当 $S>K$,期权持有者开始行权时,出售方的收益将减少;当 $K-S>C$ 时,出售方开始发生亏损。比如,出售一个行权价格为40美元、期权费(价格)为4美元的6个月期限的买权,如果标的股票价格小于40美元,则该期权不会被行权,出售方将得到全部期权费4美元;如果股票价格大于40美元,该期权将被行权,出售方的收益开始逐步减少,盈亏平衡点为期权的行权价格与期权费之和的44美元。当股票价格大于44美元时,出售方开始亏损。从理论上讲,其亏损水平没有下限。买权空头在到期日的支付函数如图14-3(b)所示。

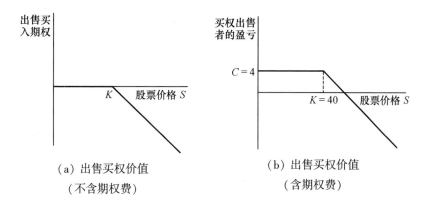

图 14-3 买权出售者的支付函数及盈亏状况

2. 出售卖权

在合约有效期内,卖权出售者(空头)有义务在对方行权时按事先规定的价格买入标的股票。在到期日,当股票价格高于行权价格时,卖权多头不会行权,出售者赚得期权费;当股票价格下跌时,卖权多头将会行权,这时期权出售者将开始蒙受损失,图 14-4(a)、图 14-4(b)给出了相应的支付函数与盈亏情况。

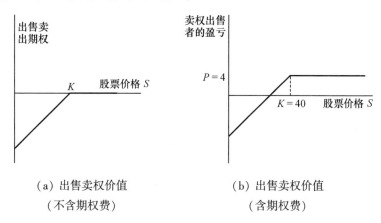

图 14-4 卖权出售者的支付函数及盈亏状况

期权与股票的组合

除基本损益状态外,期权还可以同它所对应的标的股票、同其他期权进行组合,从而得到各种形式的损益状态。下面介绍四种最简单的组合——由标的股票和一个期权构成的组合。

图 14-5(a)给出了标的股票多头与买权空头组合的盈亏情况,该组合被称为有保护的买权空头(covered call)。由于标的股票的保护,买权的出售者可避免在股票价格大幅上升时遭受巨大损失的可能。图 14-5(b)给出了标的股票空头与买权多头组合的盈亏状况,正好与前一组合相反。

同时持有标的股票头寸和相应的卖权头寸的盈亏状况如图 14-5(c)、图 14-5(d)所示。标的股票多头和卖权多头的组合被称为有保护的卖权(protective put)。由图 14-5(c)中可以看出,该组合在股票价格下跌时避免了单独的股票多头可能遭受的大额损失,在股票价格上升时则可以得到相应的收益。后一组合的盈亏状况正好与前一组合相反。

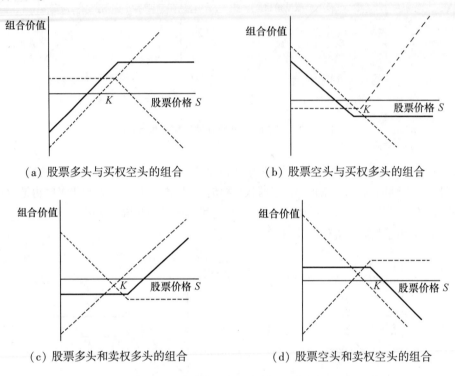

图 14-5　股票与期权组合的盈亏状况

14.2　期权的价值

14.2.1　影响期权价值的因素

正如前面指出的,对一个行权价格为 K 的股票买权来说,在到期日,如果在行权时标的股票的价格 S 小于 K,该买权将一文不值,其价值为零;如果在行权时标的股票的价格 S 大于 K,该买权的价值等于 $S-K$。因此,到期日买权的价值为 $\max(S-K,0)$。当买权的行权价格为零时(而这是不可能的),其价值等于标的股票的市场价格,因此买权的价值不会大于标的资产的价值。所以,如图 14-6 所示,买权的价值将在 0、$S-K$ 和 S 围成的区域内变化。

期权的价格受标的资产价格的稳定性、距到期日的时间、期权的行权价格、标的资产价格和无风险利率等因素的影响。

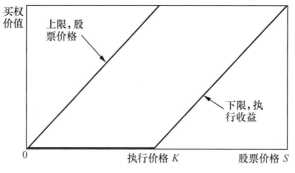

图 14-6 买权价格的上下限

标的资产价格的稳定性

由于期权的持有者只有权利而没有义务,当标的资产价格发生有利于持有者的变化时,持有者可以得到相应的好处;当标的资产价格发生不利于持有者的变化时,持有者不会遭受更多的损失。如图 14-7 所示,标的资产的价格波动越大,标的资产价格出现有利于持有者的机会就越多,而且最大值超过行权价格的幅度也越大,故期权的价值也越高,即标的资产波动状况如曲线Ⅰ时对应的期权价值大于标的资产波动状况如曲线Ⅱ时对应的期权价值。

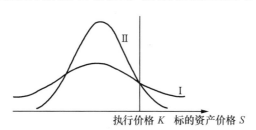

图 14-7 期权价值与标的资产价格波动性

距到期日的时间

对美式期权而言,距到期日的时间越长,标的资产发生有利于期权持有者变化的机会越多,持有者也就有更多的机会获益,因此,期权的价值越高。

一般而言,类似的关系对欧式期权不成立。但是,如果标的资产在到期日之前不分红,那么,距离到期日的时间越长,欧式期权的价值越高。

期权的行权价格

期权的行权价格越高,买权的价值越低,卖权的价值越高。

标的资产价格

在行权价格不变的情况下,标的资产的市场价格越高,买权的价值越高,卖权的价值越低。

无风险利率

无风险利率对期权价值施加两种影响:其一是影响标的资产的期望收益率,其二是影响现金流的贴现率。对卖权而言，这两种影响的方向相同，所以，无风险利率越高，卖权的价值越低。但是，对买权而言，上述两种影响的方向相反，我们无法简单地判定买权价值与无风险利率的关系。金融学的理论告诉我们，无风险利率越高，买权的价值就越高。

表14-2总结了以上各种因素对不同类型期权的价值的影响。

表14-2 一个变量增加其他变量不变时股票期权价格的变化

变量	欧式买权	欧式卖权	美式买权	美式卖权
股票价格	+	−	+	−
行权价格	−	+	−	+
到期期限	?	?	+	+
股票价格波动率	+	+	+	+
无风险利率	+	−	+	−

14.2.2 欧式期权平价关系

欧式买权、欧式卖权、标的资产和无风险债券四种金融工具是相互关联的，其中只有三种的价值是独立的，可以采用其中三种金融工具的组合表达另一种的价值，这就是欧式期权平价关系（put-call parity）。具体来说，就是：

$$C + K/(1+r_f)^T = P + S \tag{14-3}$$

其中C、P分别表示买权与卖权的价值，它们拥有相同的标的资产、相同的有效期（T）和相同的行权价格（K）；在期权到期之前标的资产不分红，其价格为S，无风险利率为r_f。

如果无风险利率r_f采用连续复利，那么欧式期权平价关系为：

$$C + Ke^{-r_f T} = P + S \tag{14-4}$$

下面采用无套利定价的方法来证明欧式期权平价关系。设投资者构造如下投资组合：出售一个行权价格为K、期限为T的股票买权，收入为C；购买具有同一标的股票、同一行权价格和同一到期日的股票卖权，支出为P；按照市价S购入标的股票，支出为S；按照无风险利率r_f借入期限为T、数额为$K/(1+r_f)^T$的资金，收入为$K/(1+r_f)^T$。这一投资组合当前的投资支出与期权到期时的收入/支出如表14-3所示。

表14-3 投资套利分析

投资行为	当前收益	到期日收益	
		$S' < K$	$S' > K$
出售买权	C	0	$K - S'$
购入卖权	$-P$	$K - S'$	0
购入标的股票	$-S$	S'	S'
借入资金	$K/(1+r_f)^T$	$-K$	$-K$
总　计	$C - P - S + K/(1+r_f)^T$	0	0

由表 14-3 可知,在期权到期日,不管标的股票的市场价格如何,上述投资组合都可以保证支出为 0。因此,这一投资组合的投资额也必须为 0,否则将存在无风险套利的机会。所以有:

$$C - P - S + K/(1 + r_f)^T = 0 \tag{14-5}$$

移项就得到(14-3)式。

下面的例子是欧式期权平价关系的一个简单应用。

例 14-2 假设股票价格为 40 美元、行权价格为 45 美元、无风险年利率为 10%、期限为 6 个月的欧式买权的价格为 3.5 美元,同样期限的欧式卖权的价格为 5.4 美元,并且标的股票在 6 个月内不分红。在这种情况下:

$$C + K/(1+r_f)^T = 3.5 + 45/(1+0.10)^{0.5} = 3.5 + 42.9 = 46.4 \text{ (美元)}$$

而:

$$P + S = 5.4 + 40 = 45.4 \text{ (美元)}$$

由于两者不相等,相对 $P + S$ 来说,$C + K/(1 + r_f)^T$ 的价格被高估了,因此存在着无风险套利的机会。正确的套利方法是买入被低估的投资组合 $P + S$,卖空被高估的投资组合 $C + K/(1 + r_f)^T$,即买入欧式卖权和标的股票,卖空欧式买权和无风险债券(即按照无风险利率借入资金),这一策略当前产生的现金流量如下:

$$C + K/(1+r_f)^T - P - S = 3.5 + 42.9 - 5.4 - 40 = 1.0 \text{ (美元)}$$

6 个月后,期权和卖出的无风险债券(相当于按无风险利率借入的资金)到期。如果到期日标的股票的价格高于 45 美元的行权价格,卖出的买权将被行权,投资者将交出手中的标的股票,收到 45 美元,而这正好用于归还到期无风险债券的本息($42.9 \times (1 + 0.10)^{0.5} = 45$),投资者没有任何额外支出。如果到期日标的股票的价格小于 45 美元的行权价格,卖出的买权将不被行权,而投资者将行权手中的卖权,卖出手中的标的股票,收到 45 美元,用于归还到期无风险债券的本息,投资者同样没有任何额外支出。由于持有这一投资组合在未来任何情况下都不会发生现金流出,因此投资者不用为最初得到的 1 元钱付出任何代价,这就是无风险套利。显然,不论一个无风险套利组合的利润本身是多么微小,但只要存在这种机会,投资者就可以通过放大这一投资组合获得非常丰厚的利润。

基于欧式期权平价关系,我们可以利用买权、卖权、标的资产和无风险债券四种金融工具中的任意三种的价值导出第四种金融工具的价值。比如:

$$P = C + K/(1+r_f)^T - S$$

这表明,持有一个卖权相当于持有一个买权和一份无风险债券,以及卖空一股股票。在例 14-2 中,我们可以推出卖权的价值 P 应当为:

$$P = C + K/(1+r_f)^T - S = 3.5 + 42.9 - 40 = 6.4 \text{ (美元)}$$

14.2.3 期权的定价

在讲述资产定价问题时,我们采用的是现金流量折现方法。但是,用这种定价方法定价期权这种衍生金融工具非常困难,其原因在于:(1) 预测现金流量很困难和复杂。

(2) 难以确定期权的资本成本。期权的风险是由行权价格与标的股票市场价格之差决定的,当标的股票价格变化时,期权的风险状况也在变化。标的股票的市场价格越高,买权的风险越低。由于期权的风险随着标的股票价格的变化不断变化,我们难以简单地确定期权的风险及其资本成本。金融学采用无套利定价的方法来确定期权的价格。

确定期权价格的基本方法——无套利定价

期权作为一种衍生金融工具,是在原生金融工具的基础上发展出来的,它的收益变化可以用其他金融工具的组合构造出来。因此,无套利定价是期权定价的基本方法。实施无套利定价一般包括两步:(1) 构造一个收益状况与期权相同的、由其他金融资产构成的资产组合;(2) 根据金融市场上的"无套利"原则,期权的价值一定与上述资产组合的价值相等。

例 14-3   设某人购入一份行权价格为 125 美元、期限 6 个月的某公司股票的欧式买权,已知目前该公司股票价格为 100 美元,6 个月的无风险利率为 4%。假设 6 个月后该公司的股票要么下跌至 50 美元,要么上升至 200 美元。

如果该公司的股票价格降至 50 美元,该买权将一文不值,价值为 0;如果该公司的股票价格升至 200 美元,买权的价值为 75 美元,如表 14-4 所示。

表 14-4

	$S' = 50$	$S' = 200$
买权价值	0	75

设另有一资产组合为:持有 1 股公司股票,同时按 8% 的年无风险利率借入 48.08 美元,则在 6 个月后的收益状况如表 14-5 所示。

表 14-5

	$S' = 50$	$S' = 200$
1 股股票	50	200
归还借款本金与利息	-50	-50
收益总计	0	150

由于在任何情况下资产组合的期末收益都正好是买权收益的 2 倍,所以 2 个买权的价值应与资产组合的价值完全相同,即:

$$2C = 1 \text{ 股股票的价格} - \text{无风险债券价格}$$
$$= 100 - 48.08 = 51.92(\text{美元})$$
$$C = 25.96(\text{美元})$$

上述分析也可理解为,投资者购入 1 股股票,出售 2 个买权,正好构成一个无风险资产组合,如表 14-6 所示。

表 14-6

项 目	初始投资收益	期末收益	
		$S' = 50$	$S' = 200$
购买 1 股股票	−100	50	200
出售 2 个买权	$2C$	0	−150
总计	$2C − 100$	50	50

由于不论期末出现何种情况,这一投资组合都可以保证得到50美元的收益,所以这是一个无风险投资组合。这一组合收益的现值为(无风险年利率为8%):

$$50/1.04 = 48.08(美元)$$

所以:

$$100 - 2C = 48.08$$
$$C = (100 - 48.08)/2 = 51.92/2 = 25.96(美元)$$

上述两种无套利分析告诉我们,买权的价格应为25.96美元。如果买权的价格高于25.96美元,则一定可以通过购买1股股票、出售2个买权,并借入48.08美元来实现无风险套利;反之,如果买权的价格低于25.96美元,通过反向操作同样可实现无风险套利。

例 14-4 设例14-3中的买权的价格为27美元,则出售2个买权,按8%的无风险利率借入48.08美元,共收入102.08美元,购买1股股票支出100美元,获净收益2.08美元。6个月后,如果股票价格为50美元,出售的2个买权将不被行权,投资者出售股票,将得到的50美元用于还债,不发生额外的现金流量。如果股票价格攀升至200美元,售出的买权将被行权,行权者在按照每股125美元的行权价格支付250美元后得到2股股票,投资者可用200美元从市场上购入1股股票,加上手中已有的1股股票,共2股股票交给买权的行权者,并用余下的50美元还债,同样可以不发生任何额外的现金流量,从而实现无风险套利。

例 14-5 假设某股票当前的价格是80美元,未来1年可能上升或下降20%,同期的无风险利率为6%,那么期限为1年、行权价格为70美元的买权价值是多少呢?

解 已知未来股票的价格要么是96美元,要么是64美元。当股票价格为64美元时,买权的价值为0。当股票价格为96美元时,买权的价值是26美元(96 − 70)。为了构造一个与未来股票价值完全相同的投资组合,我们将64美元的现值60.37美元(64/1.06)投资于无风险资产,同时还需要买入一些行权价格为70美元的买权。当股票的未来价值为64美元时,行权价格为70美元的买权的价值为0。所以,在期权到期日,如果股票价值为64美元,那么无风险资产投资与无论多少买权构成的投资组合的价值都是64美元。但是,当股票的价值为96美元时,无风险资产投资的收益是64美元,与96美元的股票价值还有32美元的差距,这一差距需要由买权投资来弥补。在期权到期日,当标的股票价值为96美元时,行权价格为70美元的买权的价值为26美元,所以需要买入1.23份(32/26)股票买权,以与股票的价值相匹配。这样,我们用60.37美元的无风险资产与1.23份股票买权构成的投资组合复制了1股股票,所以股票的价值等于投资组合的价

值,即:

$$S = 80 = 1.23 \times C + 64/1.06$$

买权价值 $C = (80 - 60.37)/1.23 = 15.96$(美元)

一般而言,为复制1股股票构造的无套利投资组合中,包含的买权数量等于 $\Delta S/\Delta C$。这里,ΔS 是可能的未来股票价格之间的差值,例14-5中为32美元($=96-64$);ΔC 是可能的买权价值之间的差值,例14-5中为26美元($=26-0$)。$\Delta S/\Delta C$ 被称作套期保值比例(hedging ratio)。

期权的风险中性定价(二叉树模型)

假设投资者是风险中性的,我们可以利用二叉树模型进一步分析股票期权的定价问题。风险中性是指投资者不关心投资的风险,只追求投资收益。在风险中性的假设下,任何投资的期望收益率或资本成本都等于无风险利率。

(1) 单期定价

设某股票当前的市场价格为 S_0,一期后价格可能上升为 S_H,也可能下降为 S_L,其价格变化的二叉树图如图14-8所示。

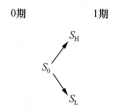

图14-8 二叉树图

在风险中性的世界里,股价上涨的概率记作 W_H,股价下跌的概率则为 $(1-W_H)$。由于投资者不关心风险,因此股票0期价格为其1期期望值按无风险利率贴现的现值,即:

$$S_0 = \frac{1}{1+r_f}[W_H S_H + (1-W_H) S_L] \tag{14-6}$$

式中:S_0 为0期时的股票价格;r_f 为无风险利率。

不难求出:

$$W_H = \frac{S_0(1+r_f) - S_L}{S_H - S_L} \tag{14-7}$$

(14-7)式定义的股价涨跌概率被称为风险中性概率。值得指出的是,尽管我们称 W_H 为股价上涨的概率,但它并不是真正意义上的概率。在(14-7)式中,W_H 的作用及其特征很像概率,因此被称为概率。学术上,W_H 常被称为假概率或伪概率(pseudo-probability)。

同样,如果一个买权未来的可能价值为 C_H 和 C_L,则它在0期的价值 C_0 为:

$$C_0 = \frac{1}{1+r_f}[W_H C_H + (1-W_H) C_L] \tag{14-8}$$

例14-6 已知某股票当前(0期)价格 $S_0 = 70$ 美元,6个月后(1期)的价格有两种可能:$S_H = 100$ 美元和 $S_L = 50$ 美元,无风险年利率 $r_f = 8\%$ (6 个月为 4%),求以该股票为标的股票、行权价格为 75 美元、期限 6 个月买权的价值。

股票价格和期权价格变化的二叉树如图 14-9 所示。

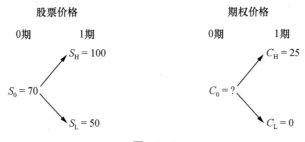

图 14-9

由(14-7)式可求出:

$$W_H = \frac{S_0(1+r_f) - S_L}{S_H - S_L} = \frac{70 \times (1+0.04) - 50}{100 - 50} = 0.456$$

代入(14-8)式,有:

$$C_0 = \frac{1}{(1+r_f)}[W_H C_H + (1-W_H)C_L]$$

$$= \frac{1}{1.04}[0.456 \times 25 + (1-0.456) \times 0] = 10.96(美元)$$

即这一买权的价值为 10.96 美元。

(2) 多期定价

例 14-7 某股票现价为 70 美元,预计未来两期其价格将上下波动 10%,每期的无风险利率为 1%,问:一个行权价格为 72 美元的买权的价值是多少?

股票价格和期权价格变化的二叉树如图 14-10 所示。

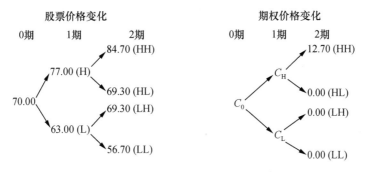

图 14-10 期权价格变化的二期二叉树图

定义 1 期至 2 期股票价格变化的概率为 W_{HH}(1 期上升,2 期也上升)、W_{HL}(1 期上升,2 期下降)、W_{LH}(1 期下降,2 期上升)和 W_{LL}(1 期下降,2 期也下降)。

利用(14-6)式,有:

$$S_H = \frac{1}{(1+r_f)}[W_{HH}S_{HH} + (1-W_{HH})S_{HL}]$$

$$S_L = \frac{1}{(1+r_f)}[W_{LH}S_{LH} + (1-W_{LH})S_{LL}]$$

可求出：

$$W_{HH} = \frac{S_H(1+r_f) - S_{HL}}{S_{HH} - S_{HL}} = \frac{77 \times (1+0.01) - 69.3}{84.7 - 69.3} = 0.55$$

$$W_{HL} = 1 - W_{HH} = 1 - 0.55 = 0.45 = W_{LH}$$

$$W_{LL} = 1 - W_{LH} = 0.55$$

用上述数据求：

$$C_H = \frac{1}{(1+r_f)}[W_{HH}C_{HH} + (1-W_{HH})C_{HL}]$$

$$= \frac{1}{1.01} \times [0.55 \times 12.7 + (1-0.55) \times 0] = 6.92(\text{美元})$$

$$C_L = \frac{1}{(1+r_f)}[W_{LH}C_{LH} + (1-W_{LH})C_{LL}]$$

$$= \frac{1}{1.01} \times [0.55 \times 0 + (1-0.55) \times 0] = 0(\text{美元})$$

不难求出，W_H 与 W_{HH} 相等，所以：

$$C_0 = \frac{1}{(1+r_f)}[W_H C_H + (1-W_H)C_L]$$

$$= \frac{1}{1.01} \times [0.55 \times 6.92 + (1-0.55) \times 0] = 3.77(\text{美元})$$

3 期乃至更多期的定价以此类推。有兴趣的读者可参阅有关的专门著作。[1]

Black-Scholes 公式

Black-Scholes 公式是用于计算欧式期权价值一个重要公式，利用它可以很方便地计算欧式期权的价值。

如果标的股票在期权到期之前不分红，那么欧式股票买权的价值为：

$$C = SN(d_1) - Ke^{-r_f T}N(d_2) \tag{14-9}$$

其中：

$$d_1 = \frac{\ln(S/K) + (r_f + \sigma^2/2)T}{\sigma\sqrt{T}} \tag{14-10}$$

$$d_2 = d_1 - \sigma\sqrt{T} \tag{14-11}$$

式中：C 为买权价格；S 为标的股票的当前市价；K 为买权的行权价格；T 为距到期日的时间；r_f 为连续复合的无风险利率；σ 为预期股票收益率的标准差，称为股票的波动率。

---

[1] John C. Hull, *Options, Futures, and Other Derivatives*, 8th ed., Prentice Hall, 2012.

(14-9)式是计算买权价值的 Black-Scholes 公式,卖权的价值可以利用欧式期权平价关系求出。

Black-Scholes 公式中,除股票波动率 σ 外,其他参数都容易确定和得到。股票波动率 σ 可以利用股票价格的历史数据来估计。由于(14-9)式中的 σ 是预期的股票波动率,而根据股票价格历史数据估计的标准差只是股票的历史波动率,因此,估计结果一般存在一定偏差,不是准确值。

例 14-8 已知如下数据:股票价格 $S=100$ 美元,行权价格 $K=110$ 美元,无风险利率 $r_f=10\%$(年利率),据到期日时间 $T=0.5$ 年(6 个月),股票波动率 $\sigma=0.60$(每年 60%)。假设标的股票不分红,求买权的价值。

解

$$d_1 = \frac{\ln(S/K) + (r_f + \sigma^2/2)T}{\sigma\sqrt{T}}$$

$$= \frac{\ln(100/110) + (0.10 + 0.6^2/2) \times 0.5}{0.6 \times \sqrt{0.5}}$$

$$= 0.105$$

$$d_2 = d_1 - \sigma\sqrt{T} = 0.105 - 0.6 \times \sqrt{0.5} = -0.319$$

查正态分布表,有:

$$N(d_1) = N(0.105) = 0.5418$$
$$N(d_2) = N(-0.319) = 0.3745$$

所以,买权的价值为:

$$C = 100 \times 0.5418 - 110e^{-0.10 \times 0.5} \times 0.3745 = 54.18 - 39.18 = 15(\text{美元})$$

14.3 从期权的角度分析股东权益和负债

期权在公司财务中具有广泛的应用,本节讨论如何从期权的角度分析股东权益和负债的价值。

公司价值由公司债和股东权益两部分构成,我们可以用期权的观点分析股东权益、公司债和公司价值之间的关系。

设某公司资产的价值为 A,同时只有唯一的面值为 D_0 的一年期零息公司债(即公司在一年后债务到期时按照面值向债权人支付现金),则一年后债务到期时,股东权益的价值 E 与公司债 D_0 和公司资产价值 A 之间的关系如图 14-11 所示。图 14-11 中,股东权益 E 随公司资产价值 A 变化的形式与图 14-1(a)所表示的买权价值 C 与标的资产价值之间的关系完全相同。

由图 14-11 可知,对有限责任公司来说,当债务到期时,如果资产价值 A 大于债务面值 D_0,股东将选择偿还债务,从而得到资产价值 A,此时股东权益的价值 $E = A - D_0$。当资

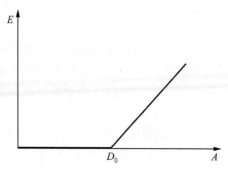

图 14-11 从期权的角度看股权

产价值 A 小于债务面值 D_0 时,股东将选择让公司破产——公司不偿还债务,资产全部转给债权人,此时股东权益的价值 $E=0$。总之,股权相当于买权,其标的资产为公司资产,行权价格为 D_0,期限为一年。

例 14-9 假设公司债券的面值 $D_0=1\,000$ 元,无风险利率为 5%,一年后企业的价值在 1 050 元至 1 100 元之间(即债券是无风险的),公司目前的价值为 980 元,计算公司股东权益的价值。

解 按照一般的方法,因为债券是无风险的,所以债券的现值 $=1\,000/1.05=952$ 元,股东权益的价值 $=980-952=38$ 元。

从期权的角度看,期权的价值就是标的资产的价值与用无风险利率计算的行权价格的现值之差。企业(资产)目前的价值是 980 元,因此针对这一标的资产的买权(股东权益)的价值就是 38 元。

事实上,公司债是有风险的。假设前例中公司的未来价值要么是 900 美元,要么是 1 100 美元,公司目前的价值仍然是 980 美元。这时,企业的负债就有风险。这时,如何估算公司股东权益和负债的价值呢?

我们知道,当公司未来的价值为 900 美元时,股东权益(相当于买权)的价值为 0;当公司未来的价值为 1 100 美元时,股东权益的价值为 100 美元。根据 14.2.2 节的有关讨论,我们知道 857.14 美元(900/1.05)无风险资产与 $\Delta S/\Delta C = 200$ 美元/100 美元 $= 2$ 个买权的组合,正好能够复制资产。因此,无风险资产的现值 857.14 美元(900/1.05),加上 2 个买权的价值 $2C_0$,等于公司资产目前的价值 980 美元,即:

$$980 = 2 \times C_0 + 857.14$$
$$C_0 = (980 - 857.14)/2 = 61.43(\text{美元})$$

C_0 就是股东权益的价值,从而债务的价值为 918.57 美元($=980-61.43$)。由于债务的面值是 1 000 美元,因此债务的收益率是 8.86%($=1\,000/918.57-1$),显著高于 5% 的无风险利率,其高出部分反映了债务的风险。

公司债有风险时,负债价值与公司价值之间的关系可以用图 14-12 来表示。同样假设价值为 A 的公司只有面值为 D_0 的一年期零息负债。在债务到期时,如果公司价值 A 大

于债务面值 D_0, 则债务的价值为 D_0, 如图中平行于横轴、等于 D_0 的黑实线所示; 如果公司价值 A 小于 D_0, 在公司股东只承担有限责任的情况下, 债务的价值为 $A - D_0$, 如图中 0 到 D_0 之间从原点出发的 45 度线所示。图 14-12 与图 14-5c 所描绘的同时持有标的资产和卖权的收益关系完全相同。因此, 债权人将钱借给有限责任公司是有风险的, 这种债权债务关系可以理解为公司股东在向债权人借入面值为 D_0 的债务的同时, 还向其出售了一个以公司资产为标的资产、行权价格为 D_0、期限为债务期限的卖权。在债务到期时, 如果资产价值 A 大于债务面值 D_0, 公司股东将放弃行使卖权的权利, 同时偿还债务 D_0; 如果资产价值 A 小于债务面值 D_0, 则股东行使卖权, 将公司资产以 D_0 的价格出售给债权人抵债, 这时, 债权人不能完全收回债权。

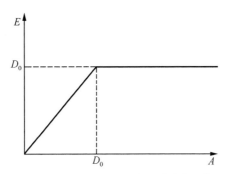

图 14-12　风险债权在到期日的支付函数

(14-3)式给出的欧式期权平价关系可以写成如下形式:

$$S = [K/(1+r_f)^T - P] + C \qquad (14-12)$$

假设企业发行期限为 T、面值为 D_0 的零息债券。这时, 公司资产 A 是标的资产, 债券面值 D_0 是行权价格, 股东权益 E 是买权的价值, 债券的期限 T 是期权的有效期。对(14-12)式中的符号根据上述定义进行变换后得到:

$$A = [D_0/(1+r_f)^T - P] + E \qquad (14-13)$$

比较(14-13)式与用市值计量的会计恒等式 $A = D + E$, 我们知道, 公司债券的价值为 $D = [D_0/(1+r_f)^T - P]$, 其中, $D_0/(1+r_f)^T$ 是无风险债券的现值, 卖权的价格 P 是考虑风险后对债券价值的调整, 即风险债券的价值等于无风险债券的价值减去以公司资产为标的资产、行权价格为 D_0、期限为 T 的卖权的价值。

根据传统的债券定价理论, 我们对债券的贴现率进行调整(增大贴现率)以反映风险的影响, 上述结果表明, 也可以运用期权定价方法对债券价值进行风险调整。

上面我们从期权的角度考察了公司证券。为了更好地理解这种分析方法, 我们在表 14-7 中做了一个简单的小结。

表 14-7　用买权和卖权分析股东与债权人的状态

股东	债权人
从买权的角度出发	
1. 股东拥有一个以公司资产为标的的、行权价格为 D_0 的买权。	1. 债权人拥有公司。 2. 债权人向公司股东出售了一个以公司资产为标的的买权。
从卖权的角度出发	
1. 股东拥有公司。 2. 股东欠债权人价值为 D_0 的债务。 3. 股东拥有一个以公司资产为标的的、行权价格为 D_0 的卖权。	1. 债权人拥有一个价值为 D_0 的债权。 2. 债权人向公司股东出售了一个以公司资产为标的、行权价格为 D_0 的卖权。

14.4　认股权证

14.4.1　认股权证的特征

认股权证(warrants)由美国电灯和能源公司(American Light & Power)于 1911 年首创,已有百余年的历史。认股权证是公司发行的一种长期股票买入选择权,它本身不是股票,既不享受股利收益,也没有投票权,但它的持有者可以在规定的时间内按照事先确定的价格从发行股票的公司购买一定数量股票。由于认股权证具有买入股票的权利,有时也称为(股票)认购权证。不难看出,认股权证具有股票买权的性质,是一种股票买权。认股权证一般是附在公司的长期债券或优先股上与它们共同发行的。

认股权证主要具有如下特征:

(1) 认股权证是一种股票买权。发行认股权证的主要目的是吸引广大投资者购买公司发行的债券或优先股票。认股权证往往是按比例配售给债券或优先股票投资者的,这样,投资者不仅能获取所购债券或优先股票的固定利息收入,而且还可能根据认股权证规定的价格在适当的时间购买普通股票。

(2) 每份认股权证所能认购的普通股股数是固定的,其固定数目应列示在认股权证上。当认股权证持有人行使认股权时,应把认股权证交回公司。

(3) 认股权证上应规定认购普通股票的价格,认购价格可以是固定的,也可以按普通股票的市场行情进行调整。行权价格像普通股票买权那样随发行公司发放股票股利或拆股进行调整。比如,某公司认股权证规定的普通股认购价格为每股 10 元,若公司进行了 1 变 2 拆股,则原认股权证对应的股票认购价格也相应降低为每股 5 元。

(4) 认股权证上还须载明认股权证的有效期限,超过有效期限后,认股权证自动失效。尽管也有无期限的认股权证,即永久有效的认股权证,但绝大多数认股权证是有限期的。

14.4.2 认股权证的价值

由于认股权证实质上是一种股票买权,因此,影响其价值的主要因素包括所认购的股票(正股)的市场价格及其波动率、认购价格(即行权价格)、有效期长短、市场利率、是否分配现金股利等。与一般股票买权不同的是:普通股票买权行权时,买权的出售方向行权方交付的股票是已经在市场上流通的股票,因而不存在股票价格的稀释效应,换言之,行权不会改变公司流通在外的股票数量;认股权证的持有者在行权时,公司向其交付的股票是新发行的股票(或者是公司回购的、已退出流通领域的库藏股)。因此,认股权证行权将增加公司流通在外的股票数量。由于认股权证的行权价格总是低于股票的市场价格(否则不会行权),因此行权必然对股票的市场价格产生稀释作用,而这反过来又会影响认股权证本身的价值。

认股权证的内在价值(底价)

认股权证的价值分为内在价值和时间价值两部分。内在价值(intrinsic value)又称认股权证的底价,在不考虑稀释效应的情况下,认股权证的底价 V_W 由下面的公式决定:

$$V_W = q \times (S_0 - K) \tag{14-14}$$

式中:V_W 为认股权证的内在价值;S_0 为普通股当前的市场价格;K 为认股权证认购公司普通股的认购价格(行权价格);q 为每张认股权证可认购的普通股数量。比如,如果公司股票的市场价格为 20 元,认股权证的认股价格为 15 元,每张认股权证可以认购 1 股普通股,则该认股权证的内在价值 V_W 为 $1 \times (20 - 15) = 5$ 元。

如果认股权证的市场价格低于其内在价值,则会出现无风险套利的机会。比如,设 $q=1$,若市场价格 V_M 低于 V_W,那么套利者可以按 V_M 的价格在市场上买入认股权证,再按照权证规定的认购价格 K 向公司购入普通股股票,总支出为 $V_M + K$;然后按市场价格出售股票,总收入为 $S_0 = V_W + K$,收入与支出之差为:

$$V_W + K - (V_M + K) = V_W - V_M > 0$$

显然,这种无风险套利机会在市场上是不可能存在的,因此,认股权证的市场价格不会低于 V_W。

与一般股票期权一样,认股权证的市场价格高于其内在价值(底价),二者之差即为认股权证的时间价值。

例 14-10 已知某股票的市场价格 $S_0 = 40$ 元,针对该股票的认股权证规定的认购价格 $K = 35$ 元,每个认股权证可认购的普通股股票数量 $q = 0.5$,则该认股权证的内在价值为:

$$V_W = q \times (S_0 - K) = 0.5 \times (40 - 35) = 2.5 (元)$$

如果这一认股权证的市场价格 $V_M = 2$ 元,则投资者可按照 2 元的价格从市场上买入 2 个认股权证,然后行权——以 35 元的价格从公司手中购入股票,总支出为 39 元。随后,投资者将购入的股票按照 40 元的市场价格卖掉,净收入为 1 元,这一收入不存在任何风险。

认股权证对股票价值的稀释效应

由于认股权证具有对股票价值的稀释效应,其实际价值会低于普通股票买权的价值,具体分析如下:

设认股权证行权前公司普通股总数为 N,认股权证数量为 M,每个认股权证可认购 q 股股票,认购价格为 K,认股权证行权前公司股东权益的总价值为 V_0。当认股权证的持有者行权时,公司需按照认购价格 K 增发 Mq 股新股,收入 MqK。因此,认股权证行权后公司股东权益的总价值变为 $V_1 = V_0 + MqK$,股票总数量变为 $N + Mq$,每股股票的价值变为:

$$S_1 = \frac{V_0 + MqK}{N + Mq} \tag{14-15}$$

例 14-11 设例 14-10 中的公司发行在外的普通股股票数量 $N = 2\,000$ 万股,发行在外的认股权证数量 $M = 400$ 万个,其他条件不变。认股权证的持有者在 $S_0 = 40$ 元时行使认股权。在行使认股权之前,公司股东权益的总价值 $V_0 = 40$ 元/股 $\times 2\,000$ 万股 $= 8$ 亿元,总股票数 $N = 2\,000$ 万股。行使认股权后,公司发行新股 $Mq = 400$ 万 $\times 0.5$ 股 $= 200$ 万股,收入 $MqK = 400$ 万 $\times 0.5 \times 35$ 元 $= 7\,000$ 万元。公司股东权益的总价值 $V_1 = 8$ 亿元 $+ 0.7$ 亿元 $= 8.7$ 亿元,普通股股票总数量为 $N + Mq = 2\,200$ 万股,股票价格为:

$$S_1 = \frac{V_0 + MqK}{N + Mq} = \frac{80\,000 + 7\,000}{2\,000 + 200} = 39.54(元)$$

稀释效应使股票价格下降了 0.46 元。考虑上述稀释后,认股权证行使认股权后的实际价值 V_W 为:

$$V_W = q \times (S_1 - K) = \frac{Nq}{N + Mq}\left(\frac{V_0}{N} - K\right) \tag{14-16}$$

显然,与一般股票买权相比,其价值被稀释了,稀释因子为 $\frac{Nq}{N + Mq}$。

需要指出的是,市场能够预期认股权证对股票价值的稀释效应,因此会事先调整股票价格,以反映公司发行了认股权证这一公开信息。

利用 Black-Scholes 公式计算认股权证的价值

例 14-12 某公司准备发行 1 000 万张面值 100 元、期限为 20 年的附认股权证公司债,每张债券附一个认股权证(即 $M = 1\,000$ 万个),另外还已知下列条件:

公司股票的市场价格 $S_0 = 35$ 元,公司发行在外的普通股数量 $N = 4\,000$ 万股,每一认股权证可认购的公司股票数量 $q = 0.2$ 股,认股权证的认购价格(行权价格)$K = 30$ 元,认股权证的有效期限 $T = 5$ 年,股票的年波动率 $\sigma = 0.50$,债券的票面利率 $i = 6\%$,债券的期望收益率 $r = 8\%$,无风险收益率 $r_f = 5\%$。

利用 Black-Scholes 公式计算该认股权证的价值 V_M,并估计附认股权证债券的发行价格。

解 由于认股权证的稀释效应,其价值低于普通股票买权。我们可以先利用 Black-

Scholes 公式求出普通股票买权的价值 C,再乘以相应的稀释因子,以得到认股权证的价值 V_W。将有关变量代入 Black-Soholes 公式有:

$$d_1 = \frac{\ln(S_0/K) + (r_f + \sigma^2/2)T}{\sigma\sqrt{T}}$$

$$= \frac{\ln(35/30) + (0.05 + 0.5^2/2) \times 5}{0.5 \times \sqrt{5}}$$

$$= 0.92$$

$$d_2 = d_1 - \sigma\sqrt{T} = 0.92 - 0.5 \times \sqrt{5} = -0.20$$

查正态分布表得:

$$N(d_1) = N(0.92) = 0.8212$$
$$N(d_2) = N(-0.20) = 0.4207$$

所以:

$$C = SN(d_1) - Ke^{-r_f T}N(d_2)$$

$$= 35 \times 0.8212 - 30 \times e^{-0.05 \times 5} \times 0.4207 = 18.9(元)$$

即一个普通股票买权的价值 C 为 18.9 元。

认股权证的稀释因子 $\frac{Nq}{N+Mq} = \frac{4\,000 \times 0.2}{4\,000 + 1\,000 \times 0.2} = 0.19$,所以一个认股权证的价格为:

$$V_W = 0.19 \times 18.9 = 3.59(元)$$

根据有关数据,不附认股权证的公司债券的价值为:

$$D = \sum_{t=1}^{20} \frac{0.06 \times 100}{(1+0.08)^t} + \frac{100}{(1+0.08)^{20}} = 58.9 + 21.5 = 80.4(元)$$

由于每张债券附有一个价值 3.59 元的认股权证,所以债券的总体价值约为 84 元 (80.4+3.59)。

14.4.3 认股权证的应用[①]

认股权证在公司中具有广泛的应用。众所周知,认股权证大量用于高管期权激励。在高管期权激励中,公司向高管发放的股票期权本质上是认股权证。

除了用于高管激励外,认股权证还被大量用于公司融资。第一,公司在发行债券或优先股时,可以附上一定数量的认股权证,以满足投资者和发行人的需要。公司采用私募方式发行时,这种情况尤其普遍。

认股权证赋予持有者在未来以既定价格买入具有较高价值的公司股票的权利。作

---

① 本节关于国际和国内认股权证的有关资料引自中国人民大学财政金融学院 2002 级金融工程专业张倩的论文《权证及其在我国的运用分析》(2005 年 8 月)。

为回报,它使得附有认股权证的公司债券或优先股的发行公司可以为它们所发行的公司债券或优先股支付较低的利息或股利。对那些有良好发展前途的企业来说,由于受实力限制,发行普通公司债券需要支付较高的利息,这对营运资金紧张的发展中企业是一个较大的压力。发行附有认股权证的公司债券,既可以吸引那些对公司的前途感兴趣但目前又不愿意直接购买公司股票的投资者,又可以减少债券利息或优先股股利的支付,缓解资金压力。另外,利用认股权证的一个边际作用是,当认股权证的持有者行权——向公司认购普通股股票时,公司又可以筹措到一笔新的资金。

例如,为了筹集长期资本,联想集团于2005年3月30日与三家私人股权投资公司德克萨斯太平洋集团(Texas Pacific Group,TPG)、通用亚特兰大投资公司(General Atlantic Partners,LLC,GA)及新桥资本(New bridge Capital LLC,NC)签订融资协议,向三家公司共发行2 730 000股非上市A类累积可换股优先股(以下简称为"优先股"),每股发行价为1 000港元,以及237 417 474份联想集团股份的非上市认股权证。交易总额为3.5亿美元。优先股的年息为4.5%,优先股持有人可以随时选择转股。在发行满7年之后,发行人可以随时按面值赎回优先股,优先股持有人可以随时按面值回售优先股。优先股共可转换成1 001 834 862股联想普通股,转股价格为每股2.725港元,较截至2005年3月24日(包括该日)止连续30个交易日联想普通股平均收市价2.335港元溢价约16.7%。认股权证的有效期为5年。每份认股权证可按每股2.725港元的价格认购1股联想普通股。

2008年9月,巴菲特执掌的伯克希尔公司注资高盛集团也采用了优先股加认股权证的形式(参见案例14-1"伯克希尔公司注资高盛集团")。

案例 14-1

伯克希尔公司注资高盛集团

2007年年底美国次贷危机爆发后,金融行业,尤其是投资银行界首当其冲成为重灾区。最先倒下的是美国第五大投资银行贝尔斯登公司。2008年3月16日,在美国联邦储备银行紧急出手,同意"包底"300亿美元贷款支持摩根大通公司后,后者宣布以总值约2.36亿美元收购濒临破产的贝尔斯登公司。此后,次贷危机愈演愈烈。9月14日,美国银行宣布以约440亿美元收购处于困境中的美国第三大投资银行美林证券。在寻求外部救援失败之后,美国第四大独立投资银行雷曼兄弟公司于9月15日宣布破产,这不啻是全球金融市场的一场大地震,各国股市随即暴跌。

至此,美国前五大独立投资银行仅剩下了高盛集团与摩根士丹利。虽然幸免遇难,但次贷危机也降低了它们的资产质量,侵蚀了它们的资本,它们面临在不利的市场条件下筹集资本的重任。正是在此环境下,2008年9月23日美国股市收盘之后,高盛集团宣布与伯克希尔公司(Berkshire Hathaway)达成注资协议:高盛集团向伯克希尔公司发行50亿美元永久优先股,股利率为10%。协议规定,高盛集团随时可以选择赎回优先股,赎回价格为优先股面值的110%。同时,作为注资协议的一部分,伯克希尔公司还获得了大量认股权证——有权在2013年10月1日之前随时以每股115美元的价格向高盛集团购买4350万股(50亿美元)普通股。同一天,高盛集团还宣布将公开募集至少25亿美元股权。

次日,高盛集团股票收盘于126.02美元,较前一天的收盘价上涨13.01美元。同期,S&P 500指数从1188.22下跌至1185.87,花旗股价下跌超过5%。当天,高盛集团进一步明确表示,将公开发行4065万股普通股,发行价为123美元,募集资金50亿美元。

2011年3月,高盛集团以56.4亿美元的代价赎回了向伯克希尔公司发行的全部优先股,其中包括1.4亿美元的应计分红。伯克希尔公司在此前获得了总共约11亿美元的现金股利。

2013年3月26日,高盛集团声明已与伯克希尔公司达成协议,后者将在2013年10月合约到期之时将持有的高盛集团认股权证及其收益转换为普通股。[①] 伯克希尔公司在高盛集团的持股比例将达到2%左右,成为后者的十大股东之一。高盛集团主席兼首席执行官布兰克费恩(Lloyd C. Blankfein)在声明中指出,"我们很高兴伯克希尔公司有意成为高盛集团的长期投资者"。此前一天高盛集团股票的收盘价为每股146.11美元。

资料来源:高盛信息披露材料。

第二,公司可以利用认股权证来实施股权再融资。20世纪70年代之前,配股是美国上市公司股权再融资的主要方式之一。美国公司实施配股时,向股东按比例发放短期认股权证,其行权价格通常显著低于股票的市场价格。80年代之后,配股在美国不再流行,但是,利用认股权证实施股权再融资的事件在全球市场上仍然时有发生。例如,为了筹集股权资本,中国工商银行控股的香港上市公司工银亚洲于2007年10月以中期分配的形式向股东发放了126 625 283份认股权证,10月15日登记在册的工银亚洲股东每持有9股股票就免费获得1份认股权证。认股权证自2007年11月7日开始上市交易,到期日为2008年11月6日。认股权证上市后,持有人可以按照每股20港元的行权价格,凭每份认股权证认购1股普通股。因为认股权证行权,工银亚洲于2007年和2008年分别增发了7 634.2万股和1 492.0万股普通股,相应地筹集了15.27亿港元和2.98亿港元股权资金。

早在20世纪90年代我国股票市场发展初期,深沪两市就曾推出过结构简单的认股权证。1992年6月沪市推出了大飞乐股票的认股权证,同年10月30日深市宝安公司向股东发行了全国第一张中长期认股权证。1995年和1996年沪市推出江苏悦达、福州东百等股票的配股权证,深市则推出厦海发、桂柳工、闽闽东等股票的配股权证。配股权证的

---

① 根据两个公司达成的协议,伯克希尔公司投资认股权证的收益将按照下述方法计算:2013年10月1日之前十个交易日高盛集团的平均股价与行权价格(每股115美元)之差。

产生主要是为了在配股过程中保护原投资人的权益,便于股东有偿转让其配股权,但因当时各种因素的制约而未能继续发展。随着证券市场的不断规范,认股权证后来逐渐淡出了沪深两市。2006年年底,随着第一只分离转债"马钢转债"的出现,认股权证再次登上了中国证券市场的舞台,参见第16.5节可转换证券。截至2012年年底,中国上市交易的认股权证数量稀少,且都是作为分离转债成分出现的。

值得注意的是,在2005年5月开始的股权分置改革中,部分上市公司的非流通股股东向流通股股东支付的对价中包含的所谓"权证"实质上是普通期权,因为这些"权证"是上市公司的不同类型股东之间的交易,而不是上市公司与股东之间的交易。参见案例14-2"认股权证与宝钢股份的股权分置改革"。

案例14-2

认股权证与宝钢股份的股权分置改革

我国长期以来存在着两种普通股——流通股与非流通股,同股不同权的格局影响了我国股票市场的正常发展。2005年5月,证监会开始解决股权分置问题。为了弥补流通股股东在非流通股转为流通股时遭受的所谓"损失",非流通股股东需要向流通股股东支付"对价"以获取流通权,"权证"于是成为支付对价的工具之一。

为了控制权证的杠杆作用对风险的放大,证监会和上交所、深交所采取了诸多措施来抑制权证的投机性。权证标的股票必须满足如下条件:最近20个交易日流通股份市值不低于10亿元;最近60个交易日股票交易累计换手率在25%以上;流通股股本不低于2亿股。因此,只有流动性好的大盘股才具备条件以权证的方式向流通股股东支付对价。在深沪两市挂牌交易的1 367家上市公司中,只有10%多一点的上市公司符合这一条件。同时,权证交易实行价格涨跌幅限制。涨跌幅计算公式为:权证涨跌幅价格=权证前一日收盘价格±标的证券前日收盘价×标的证券价格涨跌幅比例×150%×行权比例。

宝钢股份于2005年5月开始进行股权分置改革,6月向流通股股东提出了修正的对价方案,并在7月召开的临时股东大会上获得通过。作为上市公司宝钢股份的唯一非流通股股东,宝钢集团向流通股股东支付对价:流通股股东每持有10股流通股将获得宝钢集团支付的2.2股股份和1份认购权证(以下简称为"宝钢权证")。宝钢权证的行权价为4.50元,到期日为2006年8月30日,有效期为378天。8月18日,宝钢集团完成了对价(包括股份和认购权证)的支付。

宝钢权证于8月22日(星期一)开始在上交所交易。8月24日,宝钢权证最高价格达到1.98元,收盘于1.81元,涨幅高达13%,换手率达到429%。次日,宝钢权证的价格最高达到2.09元,4天的换手率达到1 063%,远远高于国际上权证年换手率1 000%的平均水平。与宝钢权证价格走势相反的是,作为宝钢权证价值根本的宝钢股份的股票价格悄然走低。8月22日,宝钢股份的股价高开低走,从最高4.74元跌至4.63元;第二天进一步下滑到4.57元收盘;到8月25日,宝钢股份股票的收盘价滑落到4.54元,接近宝钢权证的行权价格(4.50元)。尽管有 1993 年宝安权证炒作失败的前车之鉴,而且监管部门也采取了一定措施抑制权证投机,但仍然无法避免投资者对宝钢权证的盲目追捧与恶性炒作。

资料来源:宝钢股份的信息披露材料。

14.5 可转换证券

可转换证券是指由股份公司发行的,可以按一定条件转换为一定数量的公司普通股的证券,主要包括可转换债券和可转换优先股。可转换证券的可转股性实质上是内嵌于债券或优先股的认股权证,与普通认股权证不同的是,认股权证通常可以单独流通,而可转换证券的可转股性依附于债券或优先股,无法分离。① 由于可转换债券与可转换优先股的性质有很多相似之处,而且可转换债券的应用更为普遍,所以我们主要介绍可转换债券(以下简称为"可转债")的问题。

14.5.1 可转债的基本特征

转股价格和转股比率

转股价格指可转债持有者在行使转股权的有效期内,将可转债转换为普通股的价格。如某公司发行期限为 5 年的可转债,面值 1 000 元,规定可按每股 50 元面值的价格转换为公司普通股股票,50 元即为转股价格。

转股比率是一张可转债可换取的普通股股数,转股比率与转股价格的关系如下式所示:

$$转股比率 = \frac{可转债面值}{转股价格} \tag{14-17}$$

由于可转债的面值是确定的,因此,转股价格与转股比率是一个问题的两个方面,知道了一个,就知道了另一个。比如,上述面值 1 000 元、固定转股价格为 50 元的可转债的固定转股比率为 1 000 元/50(元/股) = 20 股。

转股期

转股期是指可转债持有者行使转股权的有效期限,可转债的转股期可以等于债券期限,也可以小于债券期限,如递延转股期和有限转股期。递延转股期是规定在债券发行一定年限后才可以行使转股权;有限转股期则规定只能在一定年限内行使转股权。有限转

---

① 鉴于传统可转债的转股期权与债券不能分开交易,国内外市场上出现了一种新的可转债——分离转债,它与传统可转债的主要差异是,分离转债的转股期权不依附于债券,可独立交易。中国证券市场出现的第一例分离转债是马钢股份于 2006 年 11 月发行的"06 马钢债",总发行量为 55 亿元,期限为 5 年,面值为 100 元。每张债券附送 23 份认股权证,共计 12.65 亿份认股权证。认股权证的期限也是 5 年,行权价格为 3.95 元/股,相当于"06 马钢债"募集说明书公告前二十个交易日马钢股份股票交易均价的 110%。

股期一般比债券期限短,一旦超过有限转股期,可转债就自动成为不可转换(或普通)债券。

赎回条款

可转债和可转换优先股一般都设置了赎回条款,它赋予发行企业在到期日前按约定价格提前赎回的权利,或赎回期权。一般来讲,赎回条款包括以下几个要素:

(1)不可赎回期。指从可转债发行时间起,可转债不可被赎回的一段时间,这段时间通常为1—3年。设置不可赎回期,是为了保证可转债的持有人的转股权利,防止发行者过早利用赎回权强制可转债持有人进行转股。当然,并非所有可转债都设有不可赎回期。

(2) 赎回期。可转债的不可赎回期结束后,即进入赎回期。在赎回期内,可转债的发行方可以根据规定的赎回价格赎回债券。

(3) 赎回价格。赎回价格一般高于面值,赎回价格与面值之间的差额称为赎回溢价,赎回溢价随到期日的接近逐渐减少。比如:一个期限为20年、不可赎回期为5年、面值为1 000元的可转债,可规定在赎回期的第一个5年的赎回价格为1 080元,第二个5年的赎回价格为1 050元,最后5年的赎回价格为1 020元等。

(4) 赎回条件。赎回条件可分为无条件赎回与有条件赎回。无条件赎回是指在赎回期内发行方可根据规定的赎回价格随时赎回可转债;有条件赎回是指发行方规定某些条件(主要是股票价格的下限条件),一旦满足这些条件,发行方即可按照规定价格赎回可转债。比如,山东海化公司2004年发行的5年期海化转债的赎回条款规定:"如股价持续20个交易日的收盘价高于转股价格的130%,则公司有权按照转债面值的105%赎回。"

在公司发出赎回通知之后,且在赎回截止之前,投资者有权选择转股或接受赎回。如果投资者选择把可转债转股,那么公司不得赎回。因此,赎回条款常常具有强制转股的作用——发行公司利用赎回条款强制可转债投资者转股。仍以海化转债为例,如果赎回条件满足,假定转股价格为10元,当时的股价为13.5元。只要公司宣布赎回,投资者接受赎回只能得到105元,而选择转股可以得到价值135元的股票,所以理性投资者一定会选择转股,而不是接受赎回。虽然山东海化提出赎回,但是最终结果却是投资者全部选择转股。

回售条款

回售条款规定,当公司股票价格表现不佳时,投资者有权按照既定价格将可转债出售给债券发行者,这种规定是对可转债投资者的一种保护。回售条款包括回售时间、回售价格等内容。比如,南宁化工可转债的募集说明书中规定,若该公司股票未能在距可转债到期日12个月以前(即2002年8月2日前)上市,可转债持有人有权将持有的可转债全部或部分回售给该公司。其回售价格为可转债面值加上按年利率5.60%(单利)计算的四年期利息(该债券的期限为5年),再减去该公司已支付的利息,计算公式为:

$$P_r = V \times (1 + 4 \times i) - \sum I_0$$

式中:P_r表示回售价格;V表示可转债面值(100元);i表示回售适用的利息率(即年

利率 5.60%）；$\sum I_0$ 表示公司已支付的利息（此处为 5.2 元）。

所以，南宁化工可转债的回售价格为：

$$P_r = V \times (1 + 4 \times i) - \sum I_0$$
$$= 100 \times (1 + 4 \times 5.6\%) - 5.2 = 117.2(元)$$

强制性转股条款

强制性转股条款是规定在某些条件具备后，债券的持有人必须将可转债转股的规定，可分为有条件强制性转股条款和无条件强制性转股条款。比如，南宁化工可转债的强制性转股条款规定为：

1. 到期日前有条件强制性转股

(1) 条件：本公司（南宁化工）股票上市后，如果达到以下条件，则本公司有权将剩余可转债强制性地全部或部分转换为本公司股票：

① 收盘价在 1999 年 8 月 3 日（含此日）至 2000 年 8 月 2 日（含此日）之间持续高于转股价 250% 或 250% 以上达 35 个交易日以上；

② 收盘价在 2000 年 8 月 3 日（含此日）至 2001 年 8 月 2 日（含此日）之间持续高于转股价 180% 或 180% 以上达 25 个交易日以上；

③ 收盘价在 2001 年 8 月 3 日（含此日）至 2002 年 8 月 2 日（含此日）之间持续高于转股价 100% 或 100% 以上达 15 个交易日以上；

④ 收盘价在 2002 年 8 月 3 日（含此日）至 2003 年 8 月 2 日（含此日）之间持续高于转股价 30% 或 30% 以上达 10 个交易日以上。

(2) 到期日前有条件强制性转股的转股价格。强制性转股价格为强制性转股登记日时正在生效的转股价。

(3) 到期日前有条件强制性转股手续。如本公司决定行使强制性转股，在(1)款条件满足后 10 个交易日内，本公司将在中国证监会指定的上市公司信息披露报刊上刊登强制性转股公告 3 次。公告刊登后，股价变化不影响本公司行使强制性转股的决定。

2. 到期无条件强制性转股

(1) 在可转债到期日（即 2003 年 8 月 2 日）前未转换为股票的可转债，将于到期日强制转换为本公司股票，若 2003 年 8 月 2 日并非上海证券交易所的交易日，则于该日之下一个交易日强制性转换为本公司股票。可转债持有人无权要求本公司以现金清偿可转债的本金，但转股不足 1 股的剩余可转债本公司将兑付剩余的票面金额。

(2) 转股价的调整。实施到期无条件强制性转股时，转股价将进行调整，即以可转债到期日前 30 个交易日股票收盘价的平均值及当时生效的转股价两者价格较低者作为转股价格。但重新计算的转股价格不应低于当时生效的转股价格的 80%（计算公式略）。

需要说明的是，本小节介绍的强制转股条款多见于中国证券市场的可转债。国际市场上，可转债一般不附明显的强制转股条款，发行人主要利用赎回条款强制投资者转股。

14.5.2 可转债的价值

可转债的价值

可转债的价值可以从多个角度进行审视:

(1) 转股价值。转股价值是投资者把可转债转股后得到的普通股市场价值,即:

$$C_V = P_S \times C_R \tag{14-18}$$

式中:C_V 为转股价值;P_S 为普通股股票市价;C_R 为转股率。

如果面值为 1 000 元的可转债的转股价格为 40 元,股票的市场价格为 45 元,则其转股价值为 1 125 元(45×25)。

(2) 纯粹债券价值和转股期权价值。纯粹债券价值是指可转债失去转股性能后所具有的价值,也就是将未来的利息和本金收入按照市场利率折现后的价值。比如,某可转债的票面利率为 6%,期限 20 年,市场价格 1 150 元,假设与之条件完全相同的普通债券的市场价格只有 900 元,该普通债券的价值即为相应可转债的纯粹债券价值。可转债的价值与其纯粹债券价值之差则为可转债的转股期权价值。

(3) 底价。可转债的转股价值与纯粹债券价值中的较高者为可转债的底价:

$$M_V = \max(C_V, P_D) \tag{14-19}$$

式中:M_V 是可转债的底价;P_D 是可转债的纯粹债券价值;C_V 是可转债的转股价值。

底价是可转债市场价格的下限,可转债的交易价格一般不低于其底价。如果可转债的转股价格相对于普通股市价较高,以至于可转债的转股价值低于其纯粹债权价值,那么其底价即为其纯粹债券价值;如果可转债的转股价格相对于股票的市场价格较低,以至于可转债的转股价值高于其纯粹债券价值,那么其底价为它的转股价值。

可转债的价值分析

由于可转债可以被近似地看作是普通债券与认股权证的组合,所以可转债的价值就是这两者的组合。2004 年 7 月,华菱管线公司发行面值 20 亿元的 5 年期华菱转债。初始转股价格为 5 元,全部转债可以转换成 4 亿股普通股。当时华菱管线已有股份约 18 亿股。假设没有其他债务,且公司不准备公开发行新股,则在到期日,华菱转债的纯粹债券价值与公司资产价值的关系如图 14-13(a)(与前面的图 14-12 相同)所示。当公司价值大于 20 亿元时,债券的价值即为 20 亿元;当公司价值小于 20 亿元时,债券的价值即为公司的价值(不考虑破产成本等因素)。华菱转债的转股价值与公司价值之间的关系则如图 14-13(b)所示。由于华菱管线的普通股票为 18 亿股,可转债可转换 4 亿股,所以一旦可转债全部转股,可转债的持有者将分得公司价值的 2/11,所以可转债的转股价值为公司价值的 2/11。由于投资者有权利选择转股或者不转股,所以可转债的价值应当至少等于转股价值和债券价值中较高的一个。将两者结合起来,可转债在到期日的价值的下限如图 14-14 所示。当公司价值小于 20 亿元人民币时,债券持有者得到全部公司价值,但这一价值低于债券的面值;当公司价值介于 20 亿元人民币和 110 亿元人民币之间时,债券持有者得到全部面值;当公司价值大于110亿元人民币时,可转债的持有者将债券转股,得到公司价值的2/11(大于20亿元的债券面值)。

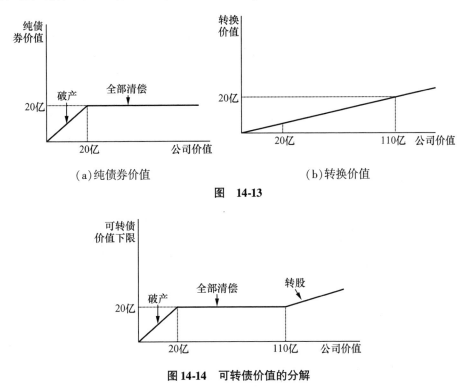

(a)纯债券价值 (b)转换价值

图 14-13

图 14-14 可转债价值的分解

在到期日前,由于可转债的买权价值包含时间价值,因此其价值与到期日时的价值略有不同,其图形如图14-15所示。

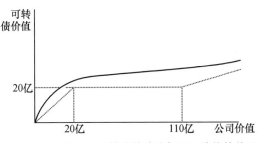

图 14-15 未到期可转债的价值与公司价值的关系

如果可转债在转股时其转股价格低于普通股票的市场价格,则可转债的转股也会产生对股价的稀释效应。但是,如果股票市场是有效市场,能够充分预计到可转债对股票价值的影响,则股票价格将在可转债转股前做出一定的调整,以反映可转债转股带来的稀释效应。

14.5.3 可转债的筹资分析

可转债筹资的动机

如前所述,可转债具有低票面利率与可转股性两大特征,而这两大特征也正是可转债发行人发行可转债的主要动机。

企业发行可转债的动机之一是取得较低的票面利率,从而可以在可转债的存续期内节约可观的利息支出。

企业发行可转债的另一个主要动机是利用可转债的可转换性进行推迟的股权融资。一般来讲,可转债发行者发行可转债的真正目的不是发行公司债券,而是要发行公司股票,但是,由于种种原因,在公司需要资金的时候恰恰不宜进行股票筹资。这时,公司可以选择发行可转债,在将来这些可转债转股时,发行者不需要归还本金,其结果相当于公司在发行可转债时发行了公司股票。

关于发行可转债的动机,存在一种典型的错误认识。部分实务界人士认为:一方面,可转债融资比普通债券融资便宜,因为可转债的票面利率通常低于同等普通债券;另一方面,可转债融资比直接发行股票便宜,因为可转债的转股价格一般显著高于发行时的股价,一旦可转债全部转股,公司相当于延迟、高价发行了股票。这些观点之所以是错误的,是因为它们仅仅比较了可转债的优点,忽视了其缺点,这样的比较不够全面。与普通债券相比,虽然可转债的利息成本较低,但是发行人为此付出了代价——给予了投资者认股权证。与直接发行股票相比,虽然可转债的转股价格高于发行时的股价,但是发行人给予了投资者转股的选择权,相当于给投资者的投资提供了保险。

从可转债的特性来看,它适合于那些或处于发展时期、或处于财务困境时期的企业作为筹资工具。这是因为,虽然这两类企业不论在本质上还是在表面上都存在巨大差异,但它们的财务状况具有很多相似之处。第一,虽然原因可能不同,但两类企业都对资金有较强烈的需求,而企业本身又都不具备足够的创造收益(资金)的能力。第二,这两类企业目前都不具备稳定的现金收益流量,现实的偿债能力较差。第三,对外部投资者而言,由于企业的未来很不确定,所以投资风险很高。由于上述特性,两类企业都难以筹措到正常的债务资金和权益资金。但是,这两类企业又确实存在着未来快速发展的潜力。因此,不但这两类企业需要进行外部融资,而且部分投资者也有兴趣投资于这两类企业,关键就在于选择适当的金融工具。可转债恰恰是一种适合于这种情况的金融工具。一方面,可转债的债券性质使投资者避免了直接进行股权投资的高风险,得到了比股东更可靠的保护;另一方面,可转债的可转股性质使得投资者在公司取得成功时可与股东一起分享收益,具有股权投资获取高额剩余收益的潜力。第四,从价值的角度看,可转债是普通债券与认股权证的组合,其中认股权证的价值与股票的波动率正相关。这两类企业发展前景的不确定性较大,其股票波动率大于正常企业,因此认股权证的价值较高。这类企业发行可转债可以得到较高的期权价值,从而增加融资收入。所以,当企业的未来具有较大的不确定性时,发行可转债对发行人和投资者都具有较大的吸引力。

对于发展中企业的股东来说,如果直接对外筹措权益资本,由于企业内部人士与外部投资者之间存在较严重的信息不对称,外部投资者对企业未来的增长潜力和收益能力的认识与公司内部人员会有较大的差异。在外部投资者看来,向发展中企业投资是一项风险很高的投资,相应的投资回报率也应该很高,从而对发展中企业的股票的定价偏低。而在公司内部人看来,企业的实际风险并没有外部投资者想象的那样高,股票的价值被市场低估了。因此,如果按照市场价格发售普通股票,那么发行价格将低于股票的内在价值,从而会稀释公司老股东的股权。在一定程度上,采用可转债筹资可以缓解信息不对称产生的不良影响。由于设定的转股价格通常显著高于股票当前的市场价格,只要债券发行价格合适,则将来可转债转股后,就相当于公司在目前以较高的价格(高于当前股票的市场价格)发行了普通股票,减少了对现有股东股权的稀释效应。

可转债的设计

由于绝大多数公司发行可转债的目的,是将其当作获得延迟权益资本的较便宜的方式,即希望投资者能在规定时间内全部转股。由于对投资者有利的任何条件通常都对公司不利,要实现上述目标比较困难。公司的财务经理必须根据可转债的特点,在债券设计方面作妥善安排。

可转债设计最主要的工作是确定债券的期限、转股价格(或转股比率)和票面利率,以及转股政策。

(1) 期限。企业家在设定可转债期限时,应主要考虑债券期限对公司财务风险的影响。由于可转债的转股期权掌握在投资者手中,而且股票市场瞬息万变,因此有可能出现投资者始终不转股的情况,此时,公司不得不还本付息。为了能够安全应对此种情形,公司在发行可转债时必须设定合理的期限。可债券融资通常用于长期项目,因此期限较长。在国际市场上,可转债的期限一般都在5—10年,期限超过10年的可转债也很普遍。

(2) 转股价格。从公司的角度来看,转股价格应尽可能高,因为价格越高,转股比率就越低,转股时公司需增发的普通股股份也就越少,这样可以减少由于转股造成的盈利稀释(dilution)。但是,如果转股价格过高,那么持有人转股的难度增加,这不但会降低可转债对投资者的吸引力,而且会提高发行人的风险。转股价格的高低可以用初始转股溢价率来衡量,它是指初始转股价格高出可转债发行时股票市价的百分比。初始转股溢价率通常为10%至30%。例如,若公司普通股股票的当前市价为每股50元,则转股价格常常设定在每股55元到65元左右。需要指出的是,可转债的初始转股溢价率还与可转债的期限有关。一般而言,可转债的期限越长,初始转股溢价率越高。

(3) 票面利率。由于可转债赋予了投资者转股期权,可转债的票面利率应比相同等级普通债券低1—3个百分点。设计可转债的主要内容之一是权衡转股价格水平与票面利率水平。可转债的转股价格越高,其票面利率就越高;转股价格越低,其票面利率就越低。此外,可转债票面利率的设定需要考虑企业的现金流情况。

(4) 转股政策。从发行目的出发,公司希望可转债的持有人能在规定的期限内自愿转股。当普通股的现金股利收入(每股现金股利乘以转股比率)大于可转债的利息收入时,或者,当转股期限将至且普通股的市价已超过转股价格时,投资者都可能自愿转股。

然而,美式买权的行权特点说明,就典型的可转债而言,投资者在债券到期之前都不会自愿转股。这可能对发行人不利,因为发行人不能及时降低公司的资产负债比例。所以,发行人从自身的利益出发,应采取措施鼓励甚至迫使投资者转股,前面讨论的强制性转股条款或赎回条款都具有如此效果。

14.5.4 可转债在中国市场的发展

在我国,深宝安[①]最先于1992年10月在国内发行了针对A股的可转债。1996年4月,国务院证券委员会提出可选择有条件的公司进行可转债的试点。1997年3月5日,国务院证券委员会公布了《可转换公司债券管理暂行办法》,为发行可转债提供了法规依据。

1998年8月,"南宁化工"和"吴江丝绸"作为非上市公司,在《可转换公司债券管理暂行办法》发布后率先发行了可转债。2000年3月,"鞍钢新轧"作为上市公司发行了价值15亿元人民币的A股可转债。自2003年以来,可转债融资在我国取得了很大的发展,包括招商银行、万科股份等一些著名上市公司都通过发行可转债进行了筹资。2010年上市公司可转债发行规模创历史记录,超过700亿元。图14-16提供了2001—2012年中国可转债发行规模。

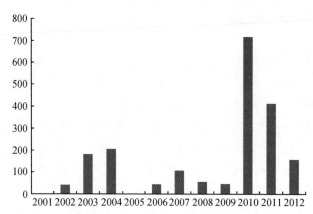

图14-16 2001—2012年中国可转债发行规模(单位:亿元)

数据来源:中国证监会年度统计数据。

中国市场公司发行可转债适用的主要法律是2006年5月中国证监会正式发布的《上市公司证券发行管理办法》(本节以下简称为《管理办法》)。《管理办法》第14条规定,公

---

① "深宝安"已更名为"中国宝安",股票代码是000009。

开发行可转债的公司,除应当符合其一般规定外,还应当符合下列规定:

(1) 最近三个会计年度加权平均净资产收益率平均不低于百分之六。扣除非经常性损益后的净利润与扣除前的净利润相比,以低者作为加权平均净资产收益率的计算依据;

(2) 发行后累计公司债券余额不超过最近一期末净资产额的百分之四十;

(3) 最近三个会计年度实现的年均可分配利润不少于公司债券一年的利息。

在《管理办法》与其他制度的约束下,中国市场的可转债与国际市场相比具有鲜明的特点:

第一,中国市场可转债的期限短,为 1—6 年(《管理办法》第 15 条)。

第二,中国市场可转债的票面利率较低,大都在 0.5%—2% 之间。

第三,中国市场可转债普遍附有转股价格修正条款。转股价格修正条款赋予发行人这样的权利:当股票价格下跌一定比例导致投资者转股的希望渺茫时,发行人向下修正转股价格以提高投资者的转股积极性。因为转股价格修正条款,中国市场可转债更像是"逼转债"。国际市场可转债一般不附类似条款。

第四,中国市场可转债普遍附有回售条款,而且发行人通常以股价下跌一定比例(触发比例)作为回售条件。由于回售条款的触发比例通常低于转股价格修正条款的触发比例,如果发行人不希望投资者回售,可以在回售条款被触发之前,向下修正转股价格以避免回售。事实上,在中国市场上,可转债转股失败的案例比较少见。[①] 国际市场上可转债的回售条款非常苛刻,大部分可转债只有发行人发生重大变化时才可以回售,例如发行人违约或控制权转移。

第五,相当一部分中国市场可转债附有担保。《管理办法》第 20 条规定,公开发行可转债,应当提供担保,除非公司最近一期末经审计的净资产不低于人民币 15 亿元。国际上,可转债很少带有担保。

第六,中国市场可转债的信用等级高,相当一部分的评级为 AAA。国际上,可转债的信用等级低,评级为 AAA 级的可转债非常罕见。

毋庸讳言,由于存在上述特色,无论是从发行人还是从投资者的角度来看,中国市场可转债严重偏离了传统可转债的范畴。因此,在应用标准的可转债理论分析中国市场可转债时,读者务必小心谨慎。

14.6 实物期权

实物期权的概念是相对金融期权而言的。金融期权是指标的资产为金融资产的期权,本章前面介绍的期权均为金融期权。标的资产为实物资产的期权被称为实物期权(real options)。

[①] 2010 年 5 月,双良节能(600481)发行了规模为 7.2 亿元的可转债。2011 年 9 月,在前期未转股的转债中,约 90.12% 的转债被投资者回售给双良节能,合计回售 648.771 万张,总面值为 6.4877 亿元。

实物期权广泛地出现在公司投资中,许多投资项目表现出期权的特性。因为期权就是选择权,所以许多与选择相关的投资决策都可以归结为实物期权问题。在公司投资中,常见的实物期权类型包括增长期权、灵活性期权以及等待期权,等等。

14.6.1 增长期权

公司的许多投资项目可以分解为序贯发生的、相互依赖的子项目,相应地,投资决策也可以分解为一系列子项目的决策。后发生的子项目以前面的子项目为基础和前提,发生在前面的子项目运行一段时间之后,公司才决定是否上马下一个子项目。公司通过前面的投资可以获得未来进一步投资的选择机会。如果不上马前面的子项目,公司就没有资格选择下一个子项目。所以,每一个子项目的价值不仅包括其自身产生的现金流的价值,而且包括下一个子项目的选择权(即增长期权)价值。例如,制药企业的新药开发项目包含临床前研究阶段和三期临床测试阶段,它就是典型的序贯决策项目,因此,新药开发项目包含了增长期权。英特尔公司相继推出的386芯片、486芯片和586芯片也构成序贯决策:它上马386芯片项目之后,就可以选择是否上马486芯片项目;同样,它上马486芯片项目之后,就可以选择是否上马586芯片项目。很难想象一个没有芯片制造业务的企业一开始就能直接上马586芯片项目。所以,英特尔公司的序列芯片开发项目包含了增长期权。

例14-13 投资项目 A 的初始投资额为2 130万元,期限为4年,各期现金流量及其现值如表14-8所示。

表14-8 项目 A 的收益状况

时间(年)	0	1	2	3	4
现金流量(万元)	−200	62.0	62.0	62.0	62.0
现值(12%)	−200	55.4	49.4	44.1	39.4

若要求的贴现率为12%,则项目的净现值为:

$$NPV_A = -200 + \sum_{t=1}^{4} \frac{62.0}{1.12^t} = -11.7(万元) < 0$$

如果在第4年可以在项目 A 的基础上进行初始投资额为550万元的项目 B 的投资(不投资项目 A 就没有选择投资项目 B 的资格),其现金流量状况如表14-9所示,折现率仍为12%。

表14-9 项目 B 的收益状况

时间(年)	4	5	6	7	8	9
净现金流量(万元)	−550	112	140	160	160	160
现值(12%)	−550	100	112	114	102	91

显然,项目 B 未来各期收益在第 4 年的现值为 519 万元,净现值为 -31 万元。假设连续复合的无风险利率为 5%。折现到 0 时点,初始投资额的现值为 $550e^{-5\%\times 4} = 450.3$ 万元,项目现金流的现值为 $519/(1.12)^4 = 329.8$ 万元,净现值为:

$$NPV = -450.3 + 329.8 = -120.5(万元)$$

这样,根据净现值指标,项目 A 和 B 均不可取。

下面我们从期权的角度重新审视项目 B。项目 B 是否上马是 4 年后的决策,其现金流的价值 S 与其他资产一样具有不确定性。4 年后,如果 S 上升到大于 550 万元的水平,那么上马项目 B 就有利可图;反之,如果 S 仍然低于 550 万元,那么公司将放弃项目 B。因此,公司应该把项目 B 看作一个买权,其标的资产当前的价值为 329.8 万元,行权价格为 550 万元,期限为 4 年。如果现在不投资项目 A,就失去了未来可能投资项目 B 的机会。所以,项目 A 的收益不仅包括未来 4 年的现金流量,而且应该包括在第 4 年投资项目 B 的买权的价值。我们可以用 Black-Scholes 公式计算这一买权的价值。

设项目 B 的价值 S 的年波动率为 50%,连续复合的无风险利率为 5%。于是买权的相关参数为:$S = 329.8, K = 550, T = 4, \sigma = 50\%, r_f = 5\%$,代入(14-10)式和(14-11)式,有:

$$d_1 = \frac{\ln(S/K) + (r_f + \sigma^2/2)T}{\sigma\sqrt{T}}$$

$$= \frac{\ln(329.8/550) + (0.05 + 0.5^2/2)\times 4}{0.5\times\sqrt{4}} = 0.188$$

$$d_2 = d_1 - \sigma\sqrt{T} = 0.188 - 0.5\times\sqrt{4} = -0.812$$

查正态分布表,有:

$$N(d_1) = N(0.188) = 0.5744$$
$$N(d_2) = N(-0.812) = 0.2084$$

根据(14-9)式,买权的价值为:

$$C = SN(d_1) - Ke^{-r_f T}N(d_2)$$
$$= 329.8\times 0.5744 - 550e^{-0.05\times 4}\times 0.2084$$
$$= 189.4 - 93.8 = 95.6(万元)$$

所以,项目 A 的总体价值为 $NPV_A + C = -11.7 + 95.6 = 83.9$(万元),因此项目 A 是一个值得投资的项目。

14.6.2 灵活性期权

项目的灵活性是一种期权,因为灵活性带来选择的机会。例如,既可以使用汽油,又可以使用液化气的双燃料汽车,其成本高于普通汽车,但是它具有更好的灵活性。由于燃料价格具有波动性,双燃料汽车的业主可以根据不同燃料的性价比决定使用哪种燃料,从而节省成本。因此,选择双燃料汽车还是同等性能的普通汽车,从资本预算的角度来决策,就是权衡增加的成本与灵活性(期权)的价值。

在净现值等决策方法中,我们总是假设一个项目一旦上马就一直实施下去。但是,在现实中,有些项目具有灵活性,可以暂停、中途改变用途或放弃。例如,在美国,调峰电厂根据电价的波动决定是关闭还是开启发电设施:当电价处于高位的时候,电厂开启发电设施发电;当电价处于低位的时候,电厂关闭发电设施。因此,调峰电厂拥有开启/关闭的选择权,它也是灵活性期权。

在项目的资本预算中,我们应该考虑灵活性的价值,因此需要利用期权定价的方法来分析项目的投资价值。

例14-14 某企业因生产 X 产品需要购置一台新设备,目前考虑的设备有两种:A 设备是专用设备,只能用于 X 产品的生产(无法转作他用),生产成本低,年运行成本为 11 万元。B 设备是通用设备,除可用于 X 产品的生产外,也可用于其他产品的生产,但在用于 X 产品的生产时与 A 设备相比生产成本高,年运行成本为 12 万元。A、B 两种设备的购置价格均为 65 万元,使用期限均为 5 年,且用于 X 产品生产时具有相同的产能。目前预计 X 产品第 1 年可带来的现金流量有两种可能:30 万元和 15 万元(未扣除 A、B 设备的运行成本),概率各为 50%。如果第 1 年的销售状况好(30 万元),第 2 年起 X 产品将一直保持良好的销售势头,现金流量在 30 万元的基础上每年递增 8 万元。如果第 1 年销售状况不好(15 万元),第 2 年起 X 产品产生的现金流量只能在 15 万元的基础上每年递增 4 万元。其现金流量及现值状况如表 14-10 所示。

表 14-10

	时间	0	1	2	3	4	5
情况好	现金流量		30	38	46	54	62
	使用 A 设备的净现金流量	−65	19	27	35	43	51
	现值(12%)	−65	17	21.5	24.9	27.3	28.9
	使用 B 设备的净现金流量	−65	18	26	34	42	50
	现值(12%)	−65	16.1	20.7	24.2	26.7	28.4
情况差	现金流量	−65	15	19	23	27	31
	使用 A 设备的净现金流量	−65	4	8	12	16	20
	现值(12%)	−65	3.6	6.4	8.5	10.2	11.3
	使用 B 设备的净现金流量	−65	3	7	11	15	19
	现值(12%)	−65	2.7	5.6	7.8	9.5	10.8

根据表 14-10,在贴现率为 12% 时,两种情况下,使用 A 设备产生的现金流(在 0 时点)的现值分别为:

情况好:$PV_{AG} = 17 + 21.5 + 24.9 + 27.3 + 28.9 = 119.6$(万元)

情况差:$PV_{AB} = 3.6 + 6.4 + 8.5 + 10.2 + 11.3 = 40$(万元)

现金流现值的期望值:$E(PV_A) = 119.6 \times 50\% + 40 \times 50\% = 79.8$(万元)

净现值:$E(NPV_A) = E(PV_A) - 65 = 79.8 - 65 = 14.8(万元)$

同理,如果贴现率为12%,那么两种情况下使用B设备产生的现金流(在0时点)的现值分别为:

情况好:$PV_{BG} = 16.1 + 20.7 + 24.2 + 26.7 + 28.4 = 116.1(万元)$

情况差:$PV_{BB} = 2.7 + 5.6 + 7.8 + 9.5 + 10.8 = 36.4(万元)$

现金流量期望值:$E(PV_B) = 116.1 \times 50\% + 36.4 \times 50\% = 76.3(万元)$

净现值:$E(NPV_B) = E(PV_B) - 65 = 76.3 - 65 = 11.3(万元)$

显然,A设备优于B设备。

考察1年后的情况。当第1年情况好时,A设备2—5年的收益折现到第1年年末的现值为 $PV_{AG} = \frac{27}{(1+0.12)} + \frac{35}{(1+0.12)^2} + \frac{43}{(1+0.12)^3} + \frac{51}{(1+0.12)^4} = 115$ 万元,B设备2—5年收益折现到第1年年末的现值为 $PV_{BG} = \frac{26}{(1+0.12)} + \frac{34}{(1+0.12)^2} + \frac{42}{(1+0.12)^3} + \frac{50}{(1+0.12)^4} = 112$ 万元。当第1年情况差时,A设备2—5年收益折现到第1年末的现值为 $PV_{AB} = \frac{8}{(1+0.12)} + \frac{12}{(1+0.12)^2} + \frac{16}{(1+0.12)^3} + \frac{20}{(1+0.12)^4} = 40.8$ 万元,B设备2—5年收益折现到第1年末的现值为 $PV_{BB} = \frac{7}{(1+0.12)} + \frac{11}{(1+0.12)^2} + \frac{15}{(1+0.12)^3} + \frac{19}{(1+0.12)^4} = 37.8$ 万元。可见不论情况好坏,A设备在1年后的收益的价值都高于B设备。1年后不同情况下A、B设备收益的比较如表14-11所示。

表14-11　1年后A、B两种设备现金流现值的比较　　　　　　　　　　单位:万元

	设备A	设备B
情况好	115.0	112.0
情况差	40.8	37.8

前面的分析实质上假设B设备只能用于生产X产品。如果考虑到B设备还具有其他用途,在情况不好时可以出售,情况可能就会发生变化。A设备是专用设备,在情况不好时也只能用于X产品的生产,所以第1年年末其市场销售价格不会超过40.8万元。由于B设备可以用于生产除X产品之外的其他产品,因此假设它在第1年年末的市场价格为52万元(相当于提取1年折旧后的账面价值)。这样,当第1年销售情况不好时,B设备的市场销售价格(52万元)超过了继续使用B设备生产X产品带来的价值(37.8万元),这时投资者将选择出售设备,从而获得52万元的收益。

上述分析表明,选用B设备相当于持有一个卖权,视X产品第1年销售情况的好坏,这个卖权在第1年年末的价值分别为:

情况好:0

情况差:52 − 37.8 = 14.2 万元

B 设备的使用价值和卖权价值关系如表 14-12 所示。

表 14-12　第 1 年末 B 设备两种用途的价值与卖权的价值　　　　　　　单位:万元

	继续生产 X 产品	出售	卖权价值
情况好	112.0	52.0	0.0
情况差	37.8	52.0	14.2

前面的计算已给出 B 设备未来收益在 0 时点的现值的期望值 S_0 为 76.3 万元。表 14-11 的数据显示,情况好时,第 1 年年末 B 设备未来收益的现值 S_H 为 112 万元,而第一年年末可以获得 18 万元的收益。情况不好时,第 1 年年末 B 设备未来收益的现值 S_L 为 37.8 万元,第一年年末可以获得 3 万元的收益。设无风险利率 r_f 为 5%,利用风险中立的二叉树定价模型((14-6)式和(14-7)式),有:

$$W_H = \frac{S_0(1+r_f) - S_L'}{S_H' - S_L'} = \frac{76.3 \times (1+0.05) - (37.8+3)}{(112+18) - (37.8+3)} = 0.4408$$

$$1 - W_H = 0.5592$$

所以,这一卖权在 0 时点的价值 P_0 为:

$$P_0 = (0.4408 \times 0 + 0.5592 \times 14.2)/1.05 = 7.94/1.05 = 7.56(万元)$$

这样,B 设备的净现值为:

$$E(NPV_B) = E(PV_B) + 卖权价值 - 初始投资额$$
$$= 76.3 + 7.56 - 65 = 18.86(万元)$$

设备 A 的净现值为:

$$E(NPV_A) = E(PV_A) - 初始投资额 = 79.8 - 65 = 14.8(万元)$$

显然,在考虑了 B 设备可以转作他用的价值后,B 设备优于 A 设备。

14.6.3　等待期权

在不确定情况下,选择投资时机非常重要。通过增长期权的讨论,我们知道,抢先进入市场可以获得未来进一步发展的机会,即获得增长期权。但是,公司有时也需要采用另外的策略,即先等待和观望,寻找到好的时机后再进行投资,这样可以防止因贸然进入而造成损失,增加投资收益。

当某种产品的市场前景很不稳定的时候,投资者可以有两种选择:一是立即投资建设生产线,准备产品的生产;二是等待一段时间,待产品市场前景相对明朗后,再决定是否投资生产。一种情形是,投资决策必须马上做出,否则将永远失去进入市场机会。从期权分析的角度看,这相当于买权(是否投资)即将到期,其持有者(公司)必须马上决定是否行权(投资或放弃)。这时,期权的时间价值已经为零,由于项目的投资额就是买权的行权价格,项目的期望收益现值就是标的资产的价值,因此,投资者可以通过比较两者大小做出决策,这就是净现值决策方法。如果项目的投资额为 500 万元,未来收益的现值大于 500 万元,表明标的资产的价值大于行权价格,即项目的净现值大于零,可以执行买权,即对项目进行投资。相反,如果未来收益的现值小于 500 万元,表明标的资产的价值小于行权价格,因而项目的净现值小于零,应该放弃买权,即不对项目进行投资。

另一种情形是,推迟投资不会导致失去进入市场的机会,投资者可以等待一段时间后再决定是否进行投资。从期权的角度看,这相当于投资者拥有一个尚未到期的买权,这时买权还具有时间价值,其持有者可以选择行权的时间。由于买权时间价值的存在,决策的结果可能异于前一种情形。

在资本预算中,等待期权普遍存在。例如,石油公司在购买了油田之后,可以根据原油价格的水平决定油田开发时机,未必马上进行开发。房地产公司在购买了土地之后,可以根据周边房价的水平和开发情况决定房产开发时机,不一定马上开发。不少房地产公司在土地拍卖中,中标价折合的楼面价甚至超过了当时周边房价的水平,如果立即开发,公司几乎肯定亏损。① 这些公司之所以愿意花高价购买土地,正是因为背后存在的等待期权。

例 14-15 已知某项目的投资额为 500 万元,投资者可以立即投资,也可以一年后投资。不论是现在投资还是一年后投资,项目的投资额不变。如果市场情况好,该项目每年可产生 60 万元的净现金流入,如果市场情况不好,该项目每年只能产生 42 万元的净现金流入,该项目的贴现率为 10%。目前该项目预测的价值为 530 万元,净现值为 30 万元。

由于每年产生的现金流量一直持续到无穷,因此无论在哪一时点,情况好时项目的价值为 600 万元,情况不好时项目的价值为 420 万元。假设无论是否投资,一年后投资者都可以知道项目的前景是好还是坏,即可以知道项目的价值是 600 万元还是 420 万元。

投资者有两种选择:一是现在投资,预计项目的净现值为 30 万元。二是一年以后再决策,如果情况好,则进行投资,得到 100 万元(= 600 万元 – 500 万元)的净现值;如果情况不好,则放弃投资,得到的净现值是 0。显然,投资者的问题是:现在就执行买入期权,从而获得 30 万元的价值,还是等到一年后再执行买入期权? 这一决策的关键是要判断买入期权现在的价值。

上述分析结果如图 14-17 所示。

这个还有一年期限的买权的价值可以用风险中立的二叉树模型来确定。

设无风险利率 r_f 为 5%,利用(14-7)式,有:

---

① 楼面价又称为楼面地价,是分摊到每平方米建筑面积的地价,等于土地出让金总额除以规划允许建造的总建筑面积。

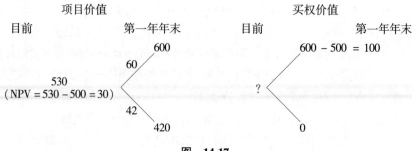

图 14-17

$$W_H = \frac{S_0(1+r_f) - S'_L}{S'_H - S'_L} = \frac{530 \times (1+0.05) - (420+42)}{(600+60) - (420+42)} = 0.4773$$

$$1 - W_H = 0.5227$$

所以，这一买权目前的价值为：

$$C_0 = \frac{1}{1+r_f}[W_H C_H + (1-W_H)C_L]$$

$$= (0.4773 \times 100 + 0.242 \times 0)/1.05 = 47.73/1.05 = 45.45(万元)$$

如果立即进行投资,相当于马上执行买权,得到的就是项目目前的净现值 30 万元。如果等待一年再决定是否行权,则买权价值为 45.45 万元。显然,投资者应该等待,而不是立即行权。这也说明,从实物期权的角度看,即使立即上马项目的净现值大于零,等待并观察也可能是更好的选择。

引入实物期权后,一个投资项目的价值等于不考虑实物期权时项目的净现值加上期权价值,即：

$$\text{投资项目的价值} = \text{不考虑实物期权时项目的净现值} + \text{期权价值} \tag{14-20}$$

在资本预算中,由于种种原因,大部分企业只采用包括净现值在内的传统方法,不愿意采用实物期权方法。原因之一是,有时我们很难定量地计算实物期权的价值。即使如此,投资决策者也应从实物期权的角度考虑项目的实际价值。在分析实物期权时,我们要注意：第一,实物期权可能会给项目带来较大的价值,忽略它会造成投资决策的失误。第二,实物期权的期限越长,其价值越高。第三,项目的风险越大,实物期权的价值越高。

案例 14-3

华菱转债的套利机会与回售风波

2004 年 7 月 16 日,华菱管线(000932.SZ)公司发行了面值 20 亿元的 5 年期华菱转债。2005 年 5 月 12 日华菱转债的收盘价为 100.59 元,如果按这个价格买入,单从债券价值来看并不合算。该转债还有 5 次付息的机会,分别为每 100 元面值付息 1 元、1.5 元、2

元、2.5元和2.5元,利息相加为9.5元,去掉20%利息税,实得利息7.6元。到期可以按面值兑付,总计为107.6元。转债2009年7月16日到期,总收益在7%左右,平均年收益大约是1.7%,还不及储蓄存款利率,但这只反映了华菱转债的纯债券价值。根据转股协议,华菱转债可以按每股5.01元的价格转成华菱管线的股票,100元面值的转债可以转成19.96股华菱管线股票。由于华菱转债不是按面值交易的,我们可以从交易价格倒算转股成本,以100.59元除以19.96股,得到转股成本为5.04元。也就是说,当华菱管线股价超过5.04元的时候,转股就有利可图了。遗憾的是,华菱管线5月12日的收盘价只有3.95元,远低于5.04元的转股成本线,显然买入华菱转债并立即转股不能套利。

但是,华菱转债的回售条款与转股价格修正条款为投资者提供了套利机会。回售条款规定:在转股期内,如果公司A股股票收盘价连续15个交易日低于当期转股价格的85%,转债持有人可按面值的107%(含当期利息)回售给公司。按照这个标准,华菱转债有可能出现回售的情况,因为目前的股价比转股价低21.16%,已经低于当期转股价格(5.01元)的85%(4.26元)。不仅如此,在从4月21日至5月12日的连续11个交易日里,股价始终低于4.26元。如果未来四个交易日股票收盘价继续低于4.26元,那么转债持有人就可以按协议回售,从而在不到1周的时间内,实现6.37%的收益率。如果华菱管线的股价在4个交易日内达到4.26元,将会破坏回售的条件。投资者只要购买华菱管线的股票,则4个交易日内的投资回报率不低于7.85%(3.95元买入,4.26元卖出)。所以,如果投资者在5月12日收盘之前购买100份华菱转债和1996份华菱管线股票,而公司不调整转股价格,4个交易日内就可以实现大约3.5%的收益。

如果华菱管线不希望因可转债回售支付大约21.5亿元的资金,根据规定,可以向下修正转股价格来避免投资者回售。但是,这会骤然大幅提高可转债的价值,投资者因此同样能够实现较高的短期收益。

2005年5月16日(星期一)晚上,并没有华菱管线公司要修正转股价格的任何消息,当天的转债收盘价是101.1元,股票的收盘价是4元,套利机会仍然存在。5月18日就是股价必须达到4.26元的最后期限。购买股票可以在两天之内得到6.5%的收益,而购买债券回售则可以在两天之内得到6.9%的收益。市场为投机者们提供了一个几乎无风险的套利机会。

5月17日,华菱管线股票在多空双方的激烈较量中大幅波动,最终收盘于3.97元,仍然低于4.26元。2005年5月18日,华菱管线公告当日暂停转股并将转股价格下调至4.5元,5月19日开始恢复转股并执行修正后的转股价。当天,华菱管线股票收盘于3.94元。

在华菱转债是否应该回售的问题上,可转债持有人和上市公司的理解大相径庭。据悉,双方对回售条款的理解差异主要在三个方面。第一是在转股期的认定上;第二是在5月18日转股价的认定上;第三则是交易日是否连续计算上。

华菱管线方认为,5月18日公司暂停转股一天。故2005年5月18日不属于转股期。但一些转债持有人引用华菱转债募集说明书上的表述,认为这是混淆了转股期和转股申请时间的概念。根据华菱募集说明书的定义,5月18日属于转股期中的非转股申请时间。双方对于交易日是否连续计算的分歧则更大。上市公司一方认为,5月18日属非转股时期,交易日不连续。因此,低于转股价85%的累计交易日应清零重新计算。转债持有人则明确表示不能认同。一家大型机构认为,这个条款的理解涉及所有的可转债。如果类似说法成立的话,则所有转债回售条款的可操作性都必须重新考量,可转债的投资风险将明显增大。

2005年5月19日,华菱管线收盘价为3.94元,高于新的转股价格的85%(3.83元),连续计算的交易日数在19日已经无可争议地中断。因此,华菱转债的命运已经维系在5月18日状况的认定上。

2005年5月30日,持有华菱转债的六家机构投资者,包括兴业基金管理有限公司、海富通基金管理有限公司、大成基金管理有限公司、长江证券有限责任公司、北京国际信托投资有限公司和中国平安保险(集团)股份有限公司联合发布关于要求华菱管线履行可转债回售义务的声明。华菱管线方面则坚称公司没有触犯回售条例,不会回售可转债。同时,华菱管线的某高管表示,5月17日、18日公司股价存在操纵行为,公司正准备向证监会提请调查。

华菱管线的"失策",在于没有抓住最后的时机在17日刊登修正转股价公告,不仅成为机构的"笑柄",还为自己惹上了无法说清的麻烦。从更广泛的意义上来说,华菱管线能以近乎无赖的方式逃过回售一劫,说明了中国资本市场的规范化建设任重而道远。

资料来源:魏聃根据相关资料编写。

本章小结

本章讨论了期权的基本概念及其在公司财务中的应用。具体讲述了:(1)期权合约的定义和构成期权合约的基本要素。(2)买入期权和卖出期权的基本损益模式。(3)决定期权价值的因素。期权的价值由标的资产的价格、期权的行权价格、距离期权到期日的时间、标的资产价格的波动性和无风险利率决定。(4)买权卖权平价。买权卖权平价关系是指买权、卖权、标的资产和无风险债券四个金融工具是相互关联的,但其中只有三个的价格是独立的,我们可以通过其中三个金融工具的组合得到另外一个的价值。(5)无风险套利原理。如何利用无风险套利原理证明买权卖权评价关系并进行期权定价。(6)如何从期权的角度理解股东权益和公司债的性质。公司股东权益相当于公司股东的一个以公司债务总额D为行权价格的针对公司总资产的买入期权;公司债则相当于公司的债权人持有一个价值为D的无风险债券,同时向公司股东出售了一个以公司债务总额D为行权价格的将公司资产卖出的卖出期权。(7)认股权证是可以在规定的期限内按照事先确定的价格买入一定数量公司普通股股票的权利凭证,可转债是可以在规定的期限内按照事先确定的价格(比例)转换成一定数量公司普通股股票的债券,它们都具有股票买入期权的特性,在公司融资中具有特殊的作用。(8)作为一种具有买入期权性质的融资工具,可转债的价值在于其买入期权的价值,通常适合于成长中和危机中的企业作为融资工具。(9)实物期权是指标的资产为实物资产而非金融资产的期权,我们可以运用期权定价的方法判断投资项目的实物期权价值。在资本预算中,常见的实物期权包括增长期权、灵活性期权与等待期权。

思考题

1. 什么是期权(合约)？它与期货(合约)的差异是什么？
2. 买权价格的下限是什么？如果一个欧式买权的价格低于其下限,你将怎样获利？
3. 期权的作用有哪些？
4. "买权的出售方和卖权的买方都希望标的股票的价格下降,所以两者的收益状况相同。"这句话对不对？举例说明。
5. 什么是实物期权？实物期权的作用是什么？
6. 什么是认股权证？它与普通股股票的区别何在？与股票期权的区别何在？
7. 认股权证在行权时为什么有可能对股票价格产生稀释效应？
8. 企业为什么选择可转债,而不选择发行普通股或公司债来筹资？
9. 可转债与认股权证的差异是什么？
10. 某公司考虑向公司股东配股 5 000 万元,承销商同意以余额包销的方式代为发行,承销费为 200 万元,问：

(1) 如果该公司同意承销商的条件,相当于该公司买入了一种什么期权？
(2) 有什么因素决定上述期权的价值？
(3) 用什么方法估算承销商的出价是否合理？

计算题

1. L 公司发行面值 100 元、现金股利率为 5% 的可转换优先股,其转股价格是每股 15 元。该公司普通股现价为每股 13.25 元。请计算这一可转换优先股的转股率和目前的转股价值。

2. 一个月前某人以 3 元的价格购买了 100 个施权价为 40 元的 B 公司认股权证,当时 B 公司股价为每股 40 元。现在 B 公司的股价已涨至每股 45 元,而 B 公司认股权证的价格则上升为 7.5 元。请分别计算投资于认股权证和投资于普通股股票的投资回报率。

3. 设某股票的当前价格为 28 元,施权价为 30 元,无风险利率 R_f 为 10%,未来股票价格有两种可能,或上升至当前价格的 1.4 倍,或下降至当前价格的 0.8 倍。利用一期二叉树模型计算这一股票的买权的价格。

4. 某股票买权的施权价为 50 元,距到期日还有 3 个月,该股票目前的价格为 32 元,股票价格的方差为 0.64,年无风险利率为 8%,3 个月内该股票无现金股利分配。计算该股票买权的价格。

5. 某可转债的面值为 1 000 元,票面利息率为 10%。该债券的转股价格为 50 元(即转股比率为20),该公司股票目前的市场价格为每股43元。如果该公司普通股票的价格以每年6%的速率上升,则5年后可转债的转股价值是多少?

6. 某公司发行了一期限为15年、面值1 000元、票面年利息率10%、转股价格为16.75元、总额1 000万元的可转债,可转债发行后该公司普通股票的市场价格为14.75元。已知同样的不可转换的公司债券的市场收益率为14%,该可转债的市场价格为970元,求:

(1) 该可转债的转股比率;

(2) 该可转债目前的转股价值;

(3) 该可转债作为普通债券的价值。

7. M公司股票买权的行权价是15元,这一期权立即行权的价值是4元,时间价值是5元。则期权和股票的市场价格分别是多少?

8. 锦江酒店集团准备在北京新建一个豪华酒店项目。公司估计最初要投资2亿元,预计未来20年内每年新酒店可以产生大约3 000万元的利润,项目的资本成本是13%。求项目的NPV(净现值)。

集团可能面临的风险是1年后一项新的税收政策会颁布。如果政策有利,新酒店未来的现金流可能是每年3 800万元;而如果政策不利,酒店的现金流可能减少为每年2 200万元。如果政策有利和不利的概率都是50%,贴现率是13%,而且一年后投资仍然可以经营20年,且无风险利率为5%,公司是否应当等待到一年后再决定是否投资?

9. S先生正考虑是否买下附近的加油站。这要花掉他300万元。但是可能在未来20年之内每年为他赚到40万元。如果他要求的回报率是13%,他是否应当购买这个加油站?

S先生意识到加油站的利润受国际油价的影响。1年之后,这个加油站有50%的可能每年给他赚50万元,也有50%的可能每年只赚30万元。如果他买下这个加油站,不论怎样,他2年后还可以以280万元的价格把加油站再卖掉。考虑到这些因素,贴现率仍然为13%,且无风险利率为5%,S先生是否应当购买这个加油站?

第 15 章 营运资金管理

15.1 营运资金管理概述

15.1.1 营运资金的概念

营运资金是企业投放在流动资产上的资金。净营运资金是指一年内可以变现的流动资产和一年内将到期的流动负债的差额,是企业在短期内可以运用的流动性资源的净额,又称为净营运资本。用公式表示为:净营运资金(净营运资本) = 流动资产 – 流动负债。企业的营运资金管理就是对全部流动资产与流动负债的管理。

流动资产

流动资产是指在一年内或者超出一年的一个营业周期内变现或者耗用的资产。根据其具体形态的不同,流动资产可分为现金及银行存款、短期投资、应收及预付款项、存货等项目。

现金是流动性最强的流动资产,包括库存现金和活期存款,可以用来立即支付各项费用、偿还债务等。持有现金可以提高企业的偿债能力和信用水平,但却无法为企业带来投资收益,因此,从有效利用资金的角度看,企业不宜大量持有现金。

短期投资是指企业持有的、随时准备变现的有价证券及其他期限在一年以内的投资。

应收款是指企业在生产经营过程中形成的各种应收未收款项,主要包括应收账款、应收票据及其他应收款。应收款实质上是卖方企业向买方企业提供的一种短期商业信贷。

预付款是企业为购买某种商品而预先支付的款项。

存货是企业为保证生产经营活动的正常进行而储存的各种资产,包括产成品、半成品、在制品、原材料、辅助材料、低值易耗品等。

另外,根据流动资产在生产经营活动中的不同形态,流动资产又可分为货币资金、储备资金、生产资金和成品资金。

流动负债

流动负债是指在一年内或长于一年的一个营业周期内到期的负债。由于流动负债是企业的短期资金来源,所以流动负债又称为企业的短期融资。流动负债具有周期短、成本低的特点,包括短期借款、应付及预收货款、应付票据、应付短期融资券、应付税金、应付股利、其他应付款和预提费用等。

根据流动负债形成的机制不同,流动负债可分为人为性流动负债和自然性流动负债两种。

人为性流动负债指需要财务管理人员的正式安排才能获得的流动负债,如短期借款、短期融资券等。自然性流动负债指在商品结算过程中因法定结算程序造成的一部分货款的支付时间晚于其形成时间而自然产生的流动负债,如应付账款、应付票据等。

15.1.2 营运资金的特性

营运资金的特点

营运资金具有如下一些特点:

(1) 周转期短。营运资金在企业生产经营过程中要从货币资金开始,经储备资金、生产资金、成品资金再回到货币资金,不断周转变化。根据营运资金的定义,这一转换过程通常在一年以内(一般只有几个月)。由于营运资金的周转期较短,对企业的影响时间也较短,因此可以用短期融资的办法加以解决。

(2) 形式多样。营运资金在周转过程中要经历企业的全部生产经营循环,它将同时以货币资金、储备资金、生产资金和成品资金等不同形态并存于企业之中,如图 15-1 所示。

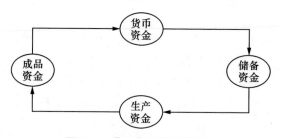

图 15-1　营运资金的不同形态

(3) 波动性。企业的营运资金数量会随着企业生产经营活动的内外部条件变化而变化,呈现出波动性。一般来讲,生产经营具有季节性的企业的资金波动性较大,非季节性企业的营运资金的波动性较小。

(4) 灵活性。企业的营运资金筹集渠道广泛,变现相对容易,具有较强的灵活性。

经营周期与现金(营运资金)周转期

产品的生产经营活动从取得存货开始,到售出产成品存货、收回现金为止。我们将取得存货到完成销售收回现金的这一段时间称为一个经营周期。

由于存货周转期是从企业购入原材料存货开始,到企业产品售出为止所经历的时间;应收账款周转期是从企业售出产品开始,到货款收回为止所经历的时间。因此,两者之和就是从取得存货开始到完成销售、收回现金的整个期间。所以,一个经营周期就是存货周转期与应收账款周转期之和。而且我们注意到,产品的生命周期从原材料存货开始,原材料进入生产过程后成为在制品存货,在制品存货加工完成后变为产成品存货,产成品销售后成为应收账款,应收账款收回后成为现金。随着这一过程的逐步推进,资产越来越接近于现金。

由于企业可以以应付账款的方式取得存货,因此,企业在取得存货时可以不支付现金,而是在一段时间后再向供货商支付现金。从取得存货到实际向供货商支付现金的这段时间,称为应付账款周转期。从支出现金到收回现金的期间,称为现金周转期,有时也称为营运资金周转期。

现金周转期与存货周转期、应收账款周转期和应付账款周转期的关系如图 15-2 所示。

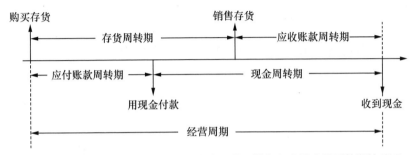

图 15-2 现金周转期与存货周转期、应收账款周转期和应付账款周转期的关系

例 15-1 下列数字是 A 公司 20××年的财务信息:

单位:百万元人民币

原材料购买量	67
原材料投入量	65
产成品销售量(赊销)	250
销售成本	180
应收账款平均余额	47
原材料存货平均余额	12
在产品平均余额	10
产成品存货平均余额	21
应付账款平均余额	14

根据上述资料计算 A 公司的生产经营周期和现金周转期。

解 原材料周转期 = 原材料平均存货/原材料使用量 × 365

$$= 12/65 \times 365 = 67(\text{天})$$

生产周期 = 在产品平均余额/销售成本 × 365 = 10/180 × 365 = 20(天)

产成品周转期间 = 产成品平均存货/销售成本 × 365
            = 21/180 × 365 = 43(天)
应收账款周转期 = 应收账款平均余额/销售收入 × 365
            = 47/250 × 365 = 69(天)
生产经营周期 = 原材料周转期 + 生产周期 + 产成品周转期间 + 应收账款周转期
            = 199(天)
应付账款周转期 = 应付账款平均余额/原材料采购量 × 365
            = 14/67 × 365 = 76(天)
现金周转期 = 生产经营周期 − 应付账款周转期 = 123(天)

值得注意的是,决定现金周转期的不同因素对现金使用效率的重要性是不同的。例如,应收账款周转期减少一天将节约68.4万元(25 000万元/365);而应付账款周转期增加一天只节约18.4万元(6 700万元/365)。

15.1.3 营运资金决策的特点及企业流动性危机

营运资金决策的特点

营运资金决策与长期投资决策和长期融资决策的主要区别有三点:一是营运资金决策多为短期决策,长期融资决策多为长期决策;二是营运资金决策是一种经常性决策,而长期融资决策为非经常性决策;三是营运资金决策的失误通常会很快影响到企业的现金周转,而长期融资决策对企业现金运用的影响通常有一个较长的时滞。

企业流动性危机

营运资金的管理直接关系到企业的偿债能力和企业的信誉,因此,营运资金管理特别强调安全性,即强调保证企业能够按期按量支付各种到期债务。

根据上述要求,企业不仅要考虑合理构造营运资金的各项组成,而且还要做好短期融资和到期债务偿还之间的平衡,即企业要有对应期限的现金来保证到期债务的偿还。特别是考虑到企业会因为到期不能偿债而陷入流动性危机(财务危机)甚至破产清算的高额成本,在营运资金管理上确保偿债能力是非常必要的。

保证偿债能力的方法之一是利用长期资金来源建立短期偿债基金(即采用保守型筹资组合)。由于长期资本的成本要高于短期资本的成本,所以在平均水平上,企业用长期资金来源建立短期存款而保持良好的流动性来避免清算风险是有代价的。但另一方面,从净营运资本(流动资产减去流动负债)和流动性比率(流动资产/流动负债)的定义可知,由于在正常情况下企业的净营运资本应大于零,其流动比率也应该大于1,而净营运资金(净营运资本)就是长期资本对企业的投入。所以,为了保持必要的流动性和短期偿债能力,企业需要将一定比例的长期资本用于流动性需要(即用于营运资本投资)。

企业过度增长与营运资金短缺

一定的经营规模需要相应数量的营运资金作保证。虽然由于规模经济效应,经营规模的扩大与其对营运资金需求并非同比例增长,但随着经营规模的大规模扩张,营运资金需求的大幅度上升则是必然的。如果营运资金的增长不足以满足企业经营规模扩张的需要,则企业的过度扩张必然带来不良的后果。我们称超出营运资金支持能力范围的经营规模的增长为过度增长。所以,管理者不但需要决定不同经营规模下的营运资金的需求水平,而且更要保证为维持这一营运资金的水平筹措到足够的资金。

在经营实践中,当企业的经营活动随市场对该企业产品的需求增大而增加时,有可能出现过度增长的问题,特别是当市场需求出乎意料地迅猛增加时,这种情况就更容易出现。面对利润丰厚的市场,企业很难抑制其强烈的扩张动机。但如果经营规模的扩张得不到相应的营运资金支持,将会出现严重的问题,甚至会导致企业走向财务失败(财务危机)。

导致过度增长的一个常见的原因是,人们总是错误地认为业务量增加所产生的新增利润自然会成为新的营运资金的来源。但事实上,在很多情况下,这一因果关系是反向的,新增业务所产生的现金流入是在营运资金的需求(增加存货、增加劳务费用支出等)增加之后才发生的,即营运资金增长在前,业务现金流入增长在后。这是因为大多数企业在从客户那里收到现金之前,为维持一定的销售额需要支付大量的成本。但是行业不同,问题和严重性也有所差异。采用赊销的制造企业(具有相对较高的存货和应收账款水平)就比提供服务马上能收到现金的服务企业(如零售商店、餐馆等)更需要事先垫付营运资金,因而也更容易出现过度增长问题。企业的流动负债是企业的短期资金来源,因此,流动负债管理实质上就是企业的短期融资管理。

在实践中,企业一般努力寻求流动资产与流动负债的平衡,尽量保持一个相对合理的净营运资金余额,并在确保安全的前提下尽量依靠成本较为低廉的短期融资满足净营运资金的需求。在现实生活中,大多数经营失败的企业,除了具有一些根本的弱点(例如缺少盈利能力)以外,其失败的直接原因就在于营运资金周转不灵,陷入流动性危机。可见,营运资金的决策问题是关系到企业生死存亡的重大问题,理应引起企业经营者们的注意。

15.2 现金

15.2.1 现金管理的目的与内容

企业持有现金的动机

企业持有现金的主要动机有以下三种:

(1)支付动机。支付动机又称为交易动机,是指企业为满足生产经营活动中的各种支付需要(如购买原材料、支付工资、偿还利息、支付现金股利等)而持有的现金。由于企业在生产经营活动中不可能始终保持现金收入与现金支出相等,因此,保持一定的现金余额以应付各种日常开支是必要的。一般来讲,企业的销售量越大,所要保持的现金余额也越大。

(2) 预防动机。预防动机是指企业保持一定的现金余额以应付意外的现金需求。企业生产经营活动中的正常现金需要可通过资金预测和计划来估算,但一些意外事件的发生将会影响和改变企业的正常现金需要量。比如,自然灾害、生产事故、客户款项不能如期支付以及国家政策的某些突然变化等,这些都会打破企业原先预计的现金收支平衡。因此,企业需要保持一定的额外现金余额来应付可能发生的意外情况。一般来讲,企业保持的用于预防动机的现金余额的多少取决于以下几个因素:① 现金收支预测的可靠程度;② 企业的临时借款能力;③ 企业其他流动资产(如有价证券等)的变现能力;④ 企业对意外事件发生的可能性大小的判断和风险承受能力。

(3) 投机动机。企业持有现金的另一个可能的动机是投机,即通过在证券市场或原材料市场上的买卖来获取价差(投机)收益。比如,当企业预计原材料价格将有较大幅度的上升时,可利用手中多余的现金以目前较低价格购入原材料,使将来价格上升时少受影响。

现金管理的内容

在控制风险的前提下减少现金存量的关键在于进行有效的现金需求预测并尽可能做到现金收支平衡。因此,企业现金管理的主要内容表现在如下三个方面:① 编制现金计划,合理估计现金需求;② 控制和调整日常现金收支,尽量做到收支匹配;③ 确定理想的现金余额。

15.2.2 现金计划

图 15-3 描绘了企业现金产生和使用的过程与渠道。面对复杂、多渠道的现金收支,为了合理、有效地安排现金收支,避免出现支付困难和多余资金的占用,企业需要编制现金计划。

现金计划是在对未来现金收支状况(发生的数量、时间)进行合理预测的基础上,对未来一定时期内现金收入和支出进行安排和平衡的一项计划。具体来说,现金收支计划是对现金收入、现金支出、净现金流量和现金余缺的规划与安排。现金收支计划是在对未来一段时间内的现金收入与支出预测的基础上编制的。

企业的现金收入由营业现金收入与其他现金收入两部分构成,营业现金收入主要指企业的产品或服务销售收入,这一数字可从企业的销售计划中获得。但是,产品销售收入并不等于真正的现金收入,在依据产品销售收入的资料编制现金计划时,要将产品销售收入转化为现金收入,此时,应注意如下问题:

(1) 区分现销与赊销。现销收入表现为当期的现金收入,赊销收入则在当期表现为应收账款,需经一定时间后才能转化为现金收入。因此,各期的实际现金收入为当期现销收入与当期收回的以前各期应收账款之和。

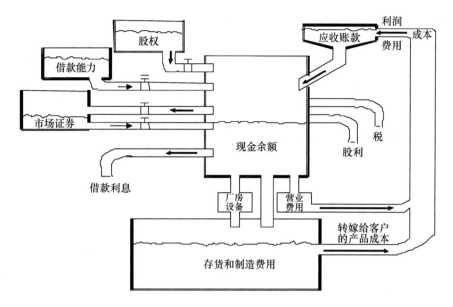

图 15-3　企业现金产生和使用的过程与渠道

资料来源:根据 J. G. Kalberg, K. L. Parinson 所著 *Corporate Liquidity：Management and Measurement*, IRWIN, 1993 中第 351 页"Lash Flow Pipeline"编辑加工,转引自北京大学光华管理学院 MBA 学生张磊的硕士论文《大企业现金管理》。

(2) 必须注意企业销售和收账过程中可能出现的有关因素的影响,如现金折扣与折让,其他现金收入则包括投资收入(利息、股利收入)、设备租赁收入、房地产租金收入等。

现金支出由营业现金支出与其他现金支出两部分组成,营业现金支出主要包括材料采购支出、直接工资支出和其他费用支出(如销售费用、管理费用等)。在确定材料采购支出时,要注意分析材料采购与销售量之间的关系,要分清现购与赊购。同销售收入相似,各期的采购现金支出由当期的现购支出和到期的应付款构成,并不完全由当期的采购数量决定。在对赊购的分析中,要特别注意分析和确定赊购的付款时间与数量,要注意材料价格变化可能产生的影响,等等。

其他现金支出主要包括固定资产投资支出、偿还债务的本金和利息支出、所得税支出、现金股利支出等。这些数据可从固定资产投资规划、筹资计划以及利润分配计划中获得。

净现金流量是指现金收入与现金支出之差,即:

$$\begin{aligned}净现金流量 &= 现金收入 - 现金支出\\ &= (营业现金收入 + 其他现金收入)\\ &\quad - (营业现金支出 + 其他现金支出)\end{aligned} \quad (15\text{-}1)$$

现金余缺是指计划期末实际现金余额与理想现金余额的差额。如果这一差额大于零,表示企业有多余的现金,可用于进行短期投资或偿还债务;如果这一差额小于零,表示

企业现金不足,需要进行筹资。现金余缺可用下述公式计划:

$$现金余缺 = 期末实际余额 - 理想现金余额$$
$$= 期初余额 + (现金收入 - 现金支出) - 理想现金余额$$
$$= 期初余额 + 净现金流量 - 理想现金余额 \quad (15\text{-}2)$$

表 15-1 是一个简化了的月现金计划,现金收入和支出均按月结算并安排。

表 15-1　月现金计划案例

月份	10	11	12	1	2	3	4	5	6	7	8
现金收入											
销售收入				70 000	87 000	100 000	115 000	125 000	114 000	92 000	75 000
其中:											
现销收入				10 000	12 000	12 000	15 000	15 000	14 000	12 000	0
应收账款	55 000	62 000	50 000	60 000	75 000	88 000	100 000	110 000	100 000	801 300	75 000
到期应收账款①											
前一个月(30%)				15 000	18 000	22 500	26 400	30 000	33 000		
前两个月(50%)				31 000	25 000	30 000	37 500	44 000	50 000		
前三个月(20%)				11 000	12 400	10 000	12 000	15 000	17 600		
现金收入总计				67 000	67 400	74 500	90 900	104 000	114 600		
现金支出											
采购应付款(一个月后付款)			64 250	76 000	85 000	93 500	88 000	75 000	64 250		
现金支付应付账款				64 250	76 000	85 000	93 500	88 000	75 000		
工资支出				3 000	10 000	8 000	8 500	6 000	4 000		
其他现金支出											
租金支出				4 000	4 000	4 000	4 000	4 000	4 000		
利息支出				1 000	500	1 200	1 500	1 500	1 500		
缴纳所得税								600	7 500		
购置固定资产						4 560			5 100		
偿还长期负债					15 000			12 000			
现金支出总计				72 250	105 500	102 760	107 500	112 100	97 100		
净现金流量				-5 250	-38 100	-28 260	-16 600	-8 100	17 500		
减:短期借款利息②					-294	-579	-751	-839			
期初现金余额				24 000	18 750	13 000	10 030	113 000	10 000		
现金余缺③				18 750	-19 350	-18 554	-7 179	1 149	26 261		
筹资需要④					29 350	28 554	17 179	8 851	-16 661		
期末余额				18 750	10 000	10 000	10 000	10 000	10 000		
累计借款					29 350	57 904	74 083	83 934	67 273		

注:① 应收账款的回收按三个月计,第一个月回收全部应收账款的30%,第二个月回收50%,第三个月回收最后20%。

② 设短期借款利息为10%。

③ 理想现金余额为10 000元,并据此计算出现金余缺。

④ 筹资需要是指为保持10 000元的理想现金余额而需新筹措的资金。

15.2.3 确定理想现金余额模型

理想现金余额是指既能将企业的违约风险控制在较低水平,又避免过多现金占用,保证资金使用效率的现金余额。正确确定这一余额的数值是现金管理的一项重要内容。由于各个企业的情况有很大的差异,因此不存在普遍适用的确定理想现金余额的方法,下面介绍几种常用的估计模型。

存货模型

现金是企业生产经营活动中的一种特殊的存货。像其他存货一样,为保证企业生产经营活动的正常进行,企业需要保持一定数量的现金,但同时要为此付出一定的成本。因此,我们可以借鉴确定最佳订货批量的方法,估计合理的现金持有量。

$$EOQ = \sqrt{\frac{2DS}{H}} \tag{15-3}$$

(15-3)式是确定最佳订货批量的公式,式中 EOQ 为最佳订货批量,D 为一定时期内(如一年)的货物需求量,S 为每次订货发生的订货费用,H 为保存单位存货所发生的保管费用。对应于现金存货,订货费用为将可生息的金融资产或其他资产转化为现金所发生的费用(如买卖证券的交易费用),保管费用则为持有现金而损失的利息收入。因此,根据最佳订货批量模型,最佳现金持有量由下式决定:

最佳现金持有量

$$= \sqrt{\frac{2 \times 年现金需求总量 \times 将其他资产转化为现金的交易费用}{利息率}}$$

$$\tag{15-4}$$

比如,若某企业年现金需求量为 12 650 000 元,平均每次资产转化费用为 150 元,年利息率为 10%,根据存货模型,最佳现金持有量为:

$$\sqrt{\frac{2 \times 12\,650\,000 \times 150}{0.10}} = 194\,807 \text{(元)}$$

即该企业的最佳现金持有量约为 20 万元。

Miller-Orr 模型[①]

现金存货模型得以成立的一个基本假设是企业将以均衡的速率取得和使用现金,而企业的实际现金收付是起伏不定的。有时,企业可以一下子取得一大笔款项,有时,企业又不得不一下子支出一大笔款项,存货模型的假设显得过于简单。

Miller-Orr 模型是在考虑上述情况后,将存货模型的简单假设与企业现金收付的实际情况相结合后提出的。该模型假设企业无法确切地预知每日的实际现金收支状况,只是规定了现金余额的上下限,并据此判定企业在现金和投资之间转换的时间和数量(图

[①] Miller Merton H., and Orr, Daniel, "A Model of the Demand for Money by Firms", *Quarterly Journal of Economics*, 80, August 1966, pp. 413—435.

15-4)。当企业的现金余额在上下限之间变动时,表明企业的现金储备处于一个合理的范围内,无须进行调整。若在 t_1 时刻企业的现金余额超出上限 h,表明企业的现金储备超出了合理的范围,这时要将 $(h-z)$ 的现金转化为投资,使现金余额恢复到均衡点 z。当企业的现金余额在 t_2 时刻达到下限 r 时,表明企业的现金储备太少,需要将 $(z-r)$ 的投资转化为现金,使现金余额恢复到均衡点 z,以保证企业生产经营活动的正常需要。

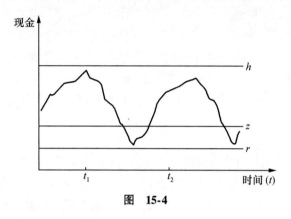

图 15-4

Miller-Orr 模型所使用的成本函数为:

$$E(C) = bE(N)/T + iE(M) \tag{15-5}$$

式中:$E(C)$ 为持有现金的成本;$E(N)$ 为计划期内现金和投资之间转换次数的期望值;b 为现金与投资间的转换成本;T 为计划期的总天数;i 为投资日收益率;$E(M)$ 为计划期内每日现金余额的期望值。

使上述成本函数 $E(C)$ 最小,Millel-Orr 模型确定了现金余额的均衡点 z 和上限 h。

$$z^* = \left(\frac{3b\sigma^2}{4i}\right)^{1/3} \tag{15-6}$$

式中:σ^2 为每日现金余额的方差。

如果每日现金余额上升和下降的概率均为 0.5,则这时下限 $r=0$,上限为:

$$h^* = 3z^* \tag{15-7}$$

如果 $r \neq 0$,则上限为:

$$h^* = 3z^* + r \tag{15-8}$$

由上述分析可知,Miller-Orr 模型根据每日现金收支变化幅度的大小、投资收益率的高低和投资与现金之间相互转换的交易成本的大小确定现金余额的均衡值和上下限的范围。如果现金收支变化幅度大,交易成本高,上下限之间的范围就应大些;如果利息率较高,这个范围就小些。

事实上,现金余额的多少要受多种因素的影响,数学模型和简单的经验公式都不能完全涵盖所有这些因素。因此,财务管理人员必须根据自己的经验对利用上述方法或其他方法确定的理想现金余额进行调整,才能最后确定理想现金余额。

15.3 应收账款管理

15.3.1 应收账款的作用与成本

应收账款是企业因赊销而产生的一项短期债权,是企业向客户提供的一种商业信用。与现销相比,赊销有利于客户提高其资金利用效率,从而促进销货企业的产品销售,扩大其市场份额;同时也有助于减少销货企业的存货,降低其存货成本。

应收账款在起到促进销售、减少存货的作用的同时,也要发生相应的成本,这主要表现在:

(1) 坏账成本。由于客户的信用程度不同,支付能力各异,企业的部分应收账款会因少数客户无力支付而最终不能收回,成为坏账。这种坏账损失是应收账款产生的成本之一。

(2) 管理成本。建立应收账款就要对它进行管理,要制定和实施应收账款政策,所有这些活动(如进行客户的信用调查,进行账龄分析,采取催款行动等)都要付出一定的人力、物力和财力,这些构成了应收账款的管理成本。

(3) 机会成本。应收账款是销货企业向购货企业提供的一种商业信用,其实质上是让购货企业占用销货企业的资金,从而使销货企业无法利用这笔资金从事其他生产经营和投资活动并创造收益。这种资金利用机会的损失,构成了应收账款的机会成本。

15.3.2 信用分析

对客户进行信用分析的目的是确定其能否取得商业信用和以什么样的条件取得商业信用。

进行信用分析首先需要了解客户的信用状况,这就需要信用分析者善于利用各种信息渠道。可供利用的主要信息渠道有三条:一是通过对客户的经济活动,特别是对与客户有经济往来的其他企业或机构的调查和访问,了解客户的信用状况;二是借助一些信用分析机构的分析,如我国各地区经常公布该地区有关企业的信用等级;三是在合法和得到许可的情况下,从客户的开户银行了解有关资料。

"五C"分析

信用分析大多从五个方面入手,即考虑客户的品德(character)、能力(capacity)、资本(capital)、担保性(collateral)和抗干扰状态(condition),由于表示这五个方面的英文词汇的第一个字母均为C,故称为"五C"分析。

品德是指客户有没有按期偿还贷款的诚意。市场经济是法制经济,也是信用经济。市场经济的参与者不但要受到法律法规的约束,同时也要受到基本商业道德的约束。交易双方能否遵守信用,是否诚心诚意地愿意履行自己的承诺是非常重要的,故客户的商业品德水平和遵守商业信用的诚意是进行信用分析的一个非常重要的因素,许多西方企业的信用分析人员甚至将其看作第一位重要的因素。

能力是指客户的支付能力,主要是通过对其以往经营活动中的支付行为和其现有资产状况的分析来得到这方面的信息。

资本是指由企业的财务比率所反映的企业资产构成状况,其中有形资产在总资产中所占的比例是一个非常重要的指标。

担保性是指客户为其应付账款提供的资产担保的强弱。

抗干扰状态是指客户在经济状态变化或一些特殊经济事件发生时偿付贷款的能力。

财务分析

财务分析的主要手段是通过各项财务比率对客户的偿还能力、盈利能力、营运能力等进行分析,进而对其信用状况得出一个总体评价。除财务比率分析外,还可以对客户的一些特殊财务项目进行分析。比如,通过对客户的应付账款的数额与账龄的分析来研究其实际付款周期和能力,如果客户的平均付款期限为 50 天,若超出此期限较多仍未能付款,则可能表明其支付能力出现了问题。

信用评分

信用评分是对分析对象的有关财务比率指标和其他信用指标赋予一定的系数后求和,以此作为分析对象的信用分数,即:

$$Y = a_1 x_1 + a_2 x_2 + \cdots + a_n x_n \tag{15-9}$$

式中:Y 为信用分析对象的信用分数;a_i 为第 i 个信用分析指标的权重系数;x_i 为第 i 个信用分析指标的数值。

比如,以企业的利息保障倍数(x_1)、速动比率(x_2)、资产负债率($D/A = x_3$)和存续时间(x_4)作为信用分析指标,它们对应的权重系数分别为 3.2、11.0、-28.0 和 1.5,则有:

$$Y = 3.2 x_1 + 11 x_2 - 28 x_3 + 1.5 x_4$$

若已知某企业的 $x_1 = 8.3, x_2 = 2.8, x_3 = 0.30, x_4 = 3.2$,则该企业的信用分数为:

$$Y = 3.2 \times 8.3 + 11 \times 2.8 - 28 \times 0.3 + 1.5 \times 3.2 = 53.76$$

如果分析者确定的信用等级标准是:40 分以下为信用状况较差,40—50 分之间为一般,50 分以上为良好,则上述企业的信用状况良好。

信用评分的另一种做法是先将有关评判指标转化为一定的分数,然后再对转化后的分数进行加权平均,进而得出其信用分数,其公式为:

$$Y = b_1 z_1 + b_2 z_2 + \cdots + b_n z_n = \sum_{i=1}^{n} b_i z_i \tag{15-10}$$

式中:Y 为信用分数;b_i 为第 i 个指标的权重数;z_i 为第 i 个指标的分数(0—100)。

这一方法与前一种方法的不同之处是,除各项指标进行了分数转换外,其权重系数也变成了相加之和为 1 的权重系数。

仍如前例,其转化分析过程如表 15-2 所示。

表 15-2

项目	指标值(1)	分数(0—100)(2)	权重(3)	加权平均数(4)=(2)×(3)
利息保障系数	8.3	90	0.40	36.0
速动比率	2.8	90	0.25	22.5
资产负债率	0.3	85	0.20	17.0
存续时间	3.2	60	0.15	9.0
合计			1.00	84.5

同样,该方法也要根据企业的信用分数确定其信用状况的类别,如60分以下为信用状况较差,60—80分为一般,80分以上为良好,等等。

第二种方法与第一种方法相比,具有可将一些定性指标量化分析的优点(比如,对企业未来状况的预计良好只是一个定性指导,没有具体数值,通过分数转化,我们可以将其转化为80分,从而也可列入信用评分的指数)。

15.3.3 应收账款政策

应收账款政策是企业的重要财务政策之一。它由信用标准、信用条件和收账政策三部分组成。

信用标准

信用标准是销货企业用来判定客户能否得到商业信用所必须具备的基本条件,如客户的信用分数等。如果销货企业制定的信用标准很高,只有信用很好的客户才能得到商业信用,企业的坏账损失率将很低,但其销售额则会因此而减少。如果信用标准较低,信用较差的客户也有可能得到商业信用,则企业的销售额可能会有较大增长,但坏账损失和其他应收账款成本也会随之提高。因此,信用标准的确定要求在应收账款成本和收益间取得一个平衡,力争使边际收益等于边际成本。

例15-2 某公司现在采用20天内按发票金额付款的信用政策,拟将信用期间放宽到40天,该公司投资的最低报酬率为10%,其他有关的数据如表15-3所示。

表 15-3

应收账款天数(天)	20	40
销售(件)	200 000	240 000
销售额(元,单价2元)	400 000	480 000
销售成本:		
变动成本(每件1元)	200 000	240 000
固定成本	150 000	150 000
毛利(元)	50 000	90 000
可能发生的收账费用(元)	3 000	4 000
可能发生的坏账损失(元)	5 000	9 000

在分析时,先计算放宽信用期间得到的收益,然后计算增加的成本,最后根据两者比较的结果做出判断。

(1) 收益的增加:

销售量增加 × 单位边际贡献 = (240 000 − 200 000) × (2 − 1) = 40 000(元)

(2) 应收账款占用资金的应计利息增加:

应收账款应计利息 = 应收账款占用资金 × 资金成本率

应收账款占用资金 = 应收账款平均余额 × 销售成本率

应收账款平均余额 = 日销售额 × 平均收现期

20 天信用期间应计利息 = 400 000 × (20/360) × [(200 000 + 150 000)/400 000] × 10%
$\qquad$ = 1 944(元)

40 天信用期间应计利息 = 480 000 × (40/360) × [(240 000 + 150 000)/480 000] × 10%
$\qquad$ = 4 333(元)

应计利息增加 = 4 333 − 1 944 = 2 389(元)

(3) 收账费用和坏账损失的增加:

收账费用增加 = 4 000 − 3 000 = 1 000(元)

坏账损失增加 = 9 000 − 5 000 = 4 000(元)

(4) 改变信用期间的净收益:

收益增加 − 成本费用增加 = 40 000 − (2 389 + 1 000 + 4 000) = 32 611(元)

由于收益的增加大于成本的增加,故应采用 40 天的信用期。

上述信用期间分析的方法是比较简略的,一般可以满足制定信用政策的需要。如有必要,也可以进行更仔细的分析,如进一步考虑销货增加引起存货增加多占用的资金等。

另外,企业也可以利用前述信用评分方法进行分析。比如,如果按照前述第二种信用评分方法,将取得商业信用所需具备的信用分数从 80 分降到 70 分,预计会使销售额增加 500 万元,税后利润增加 40 万元,而应收账款的总成本(坏账成本 + 机会成本 + 管理成本)增加 30 万元,由于收益大于成本,故可以放松信用标准至 70 分。反之,若提高信用标准,将信用分数由 80 分增至 85 分,会使税后利润减少 20 万元,成本损失减少 15 万元,由于成本减少小于收益的减少,故不应提高信用标准。

信用条件

信用条件是指销货企业要求购货企业支付赊购款项的条件,由信用期限、折扣期限和现金折扣三项组成。

信用期限是企业为客户规定的最长的付款期限;折扣期限是企业为客户规定的可以享受现金折扣的付款期限;现金折扣则是客户在折扣期限内付款可以得到的价格优惠。信用条件通常以 2/10, n/30 的形式表示,其中 30 为信用期限,即客户要在 30 天内付款;10 为折扣期限,即客户在 10 天内付款,可以得现金折扣的优惠;2 为现金折扣比率,意味着现金折扣比率为 2%。信用条件优惠(信用期限、折扣期限较长,现金折扣额较大)可以增加销售额,但同时也会增大成本,因此,确定信用条件也要综合考虑成本与收益的关系。

确定收账政策

收账政策是指当企业的应收账款不能如期收回时,企业所采取的收账策略和方法。对于短期拖欠的账款,企业可以采取发信、打电话催收的方法;对于拖欠期较长的账款,可以采用派人上门催款,请公司法律顾问协助等方法;对于长期拖欠的账款,企业可以请有关代理机构帮助催收,甚至上法院起诉等方法。一般来讲,积极的收账政策会产生较好的收账效果,减少坏账损失,但积极的收账政策也必然产生较高的收账费用。比如,出差人员的差旅费、聘请律师的费用和交付给代理机构的费用等显性费用,以及一些难以量化的隐性费用(如与客户关系的破裂、与地方保护主义的矛盾等,这些很可能会影响企业以后的经营活动,这些隐性费用在我国有时表现得尤为明显)。因此,合理的收账政策应在权衡增加的收账费用和减少的坏账损失后做出。

15.3.4 应收账款的管理

应收账款管理的主要内容有客户的信用分析、账龄管理、应收账款政策调整和收账管理等。下面主要讨论账龄管理问题。

应收账款的账龄管理及有关数据是企业确定信用政策的重要依据,账龄管理主要有以下几个内容:

1. 确定平均收款期

平均收款期又称应收账款回收期,其定义为:

$$平均收款期(ACP) = \frac{全部应收款}{平均日赊销额} \tag{15-11}$$

式中:平均日赊销额是一段时间内的平均赊销额,这段时间可以是 1 个月、2 个月、3 个月,也可以是一年,可根据需要确定。显然,平均收款期反映了企业回收应收账款的时间的长短。平均收款期短,反映企业的信用政策和收账政策较紧,货款回收较快;平均收款期较长,反映企业的信用政策和收账政策较松,货款回收较慢。

2. 应收账款账龄表

平均收款期只能反映企业应收款的平均回收状况,无法反映不同账款回收间的差异。应收账款账龄表则根据应收账款拖欠期的长短将其分成不同的类别,并注明其在全部应收账款中所占的比例,从而可以为企业提供应收账款管理的较具体的信息。应收账款账龄表如表 15-4 所示。

由表 15-4 可看出,尽管 A、B 两公司的应收账款总额相同,但 B 公司的"高"龄应收账款远高于 A 公司,表明其应收账款发生坏账的可能要高于 A 公司。如果两家公司的信用条件相同,说明 B 公司在应收账款管理方面可能存在着某些漏洞,如对客户的信用分析不够,导致较多的低信用客户享受到不该享受的商业信用,或公司在收账政策上过于放松,导致一些逾期款项无法及时收回等。

表 15-4

应收款账龄(天)	A公司		B公司	
	应收账款数额(元)	占比(%)	应收账款数额(元)	占比(%)
0—10	1 300 000	86.0	800 000	53.0
11—30	200 000	13.2	350 000	23.2
31—45	10 000	0.8	180 000	11.9
46—60	0	0.0	120 000	7.9
60天以上	0	0.0	60 000	4.0
应收账款总计	1 510 000	100.0	1 510 000	100.0

3. 平均收款期和应收账款账龄表分析的缺陷

平均收款期和应收账款账龄表是分析企业应收账款政策的重要工具,它们的变化可以反映出企业收款速度的变化,从而提醒公司适时调整其信用政策与收账政策。但是,在某些情况下,即使顾客的付款方式没有任何变化,平均收款期和应收账款也会随销售额的变动而变动,给出顾客付款方式发生变化的假象,特别是那些销售收入季节性很强的企业,大多要注意这一点。

表 15-5 和表 15-6 给出了不同销售模式对平均收款期和应收账款账龄的影响。设某公司一至三季度每季度销售总额均为 360 万元,但每季度的销售模式不同。第一季度每月销售数量相同,各为 120 万元;第二季度销售数量是逐月增长趋势,4 月份销售量为 60 万元,5 月份为 120 万元,6 月份为 180 万元;第三季度销售额则逐月下降,7 月份为 180 万元,8 月份为 120 万元,9 月份为 60 万元。不论销售额如何变动,客户的付款方式保持不变,即购买当月支付货款的 10%,之后的第一个月支付 30%,第二个月支付 40%,第三个月支付最后的 20%。因此,每季度终了,公司的应收账款分布状况为该季度第一个月销售额的 20%、第二个月销售额的 60% 和第三个月销售额的 90%。从表 15-5 中可看出,当销售额表现为均匀分布时(第一季度),以最近 30 天销售额计算的平均收款期为 51 天;当销售额逐月增长时,上述平均收款期为 41 天;当销售额逐月减少时,平均收款期则上升为 81 天。从表 15-5 中还可注意到,当销售量随季节变化时,计算平均收款期所用的期间不同,得出的分析结果也不一样,期限越短,引起的变化越大。

表 15-5

月份	销售额 (万元)	季末应收账款* (万元)	按不同期间计算的 平均日销售额			按不同期间计算的 平均收款期		
			30天	60天	90天	30天	60天	90天
1月	120	24						
2月	120	72						
3月	120	108						
季末		204	4	4	4	51	51	51

(续表)

月份	销售额（万元）	季末应收账款*（万元）	按不同期间计算的平均日销售额			按不同期间计算的平均收款期		
			30天	60天	90天	30天	60天	90天
4月	60	12						
5月	120	72						
6月	180	162						
季末		246	6	5	4	41	49	62
7月	180	36						
8月	120	72						
9月	60	54						
季末		162	2	3	4	81	54	41

* 季末应收账款每行数字表示在季度末，该月发生的销售额中尚未收回的款项。比如，1月份销售额为120万，当月收回10%，2月收回30%，3月收回40%，即1—3月共收回80%（96万元）的销售款，其余20%（24万元）未收回，故对应季末应收账款为24万元。

表15-6是上述销售模式的应收款账龄分析表。由表中可看出，随着销售额的季节性变化，应收账款的账龄分布也随之变化。

表 15-6

月份	销售额（万元）	季末应收账款总额（万元）	账龄分类（天）	占季末应收账款总额的比例(%)
1月	120	24	61—90	12
2月	120	72	31—60	35
3月	120	108	0—30	53
季末		204		
4月	60	12	61—90	5
5月	120	72	31—60	29
6月	180	162	0—30	66
季末		246		
7月	180	36	61—90	22
8月	120	72	31—60	45
9月	60	54	0—30	33
季末		162		

4. 追踪付款模式方法

为克服平均收款期和账龄分析的缺点，人们提出了追踪客户付款模式的方法来分析客户的付款行为。① 根据这一方法,分析者需要盯住客户每一笔应收款的付款模式,只要这一模式未发生变化,就表明客户是在按其正常的付款模式付款,并未出现延期付款的情况。前例中客户的付款模式是:当月付款 10%,其后三个月内分别支付货款的 30%、40% 和 20%,只要该客户始终保持这一付款模式,就说明公司的应收款未出现异常,表 15-10 即说明了这一问题。虽然各季季末公司的应收账款余额有很大的不同,前面计算的平均付款期和账龄也不同,但客户每月偿付应付款的比例始终未变,说明客户在正常付款,企业不必为平均付款期和账龄的变化而担心。

表 15-7

月份	销售额（万元）	季末应收账款（万元）	该月季末应收账款占当月销售额的比例(%)
1 月	120	24	20
2 月	120	72	60
3 月	120	108	90
季末		204	
4 月	60	12	20
5 月	120	72	60
6 月	180	162	90
季末		246	
7 月	180	36	20
8 月	120	72	60
9 月	60	54	90
季末		162	

15.4 存货管理

15.4.1 存货的功能

存货的功能主要表现为:

(1) 保证生产或销售的经营需要。由于市场的需求是处于变化之中的,一旦市场需求下降,会导致企业的存货积压;而市场需求上升,则会导致企业可能出现存货不足。所以企业必须保持一定量的存货,以应付市场需求的剧烈变化。当市场需求上升时,企业可以用存货来满足销售的需要;当市场需求不足时,企业可以增加存货予以吸收。

---

① Lewellen W. G. and Johnson R. N., "Better Way to Monitor Accounts Receivable", *Harvard Business Review*, 50, May-June, 1972, pp. 101—109.
Stone B. K., "Payments-Pattern Approach to Forecasting and Control of Accounts Receivable", *Financial Managements*, Autumn 1976, pp. 65—82.

(2) 降低生产成本。对于企业而言，只有当生产批量达到一定数量时，才能产生规模效应，从而降低产品成本。由于企业的生产设备均已购置，如果产量时高时低，会有部分生产设备未被利用，这部分生产设备的固定性费用就要由其他的产品成本负担。所以，维持相对稳定的产量是企业生产管理的目标之一。当产量超过需求量时，就以增加库存的方式吸收超额的生产；当产量少于需要量时，就以库存应付超额的需要。

(3) 降低订货成本。由于零购商品的价格往往较高，而整批购买在价格上常有优惠，所以企业会整批购入商品，分期分批使用，以降低存货的采购成本。

(4) 预防计划不周或缓冲有关作业的失误。经常性存货的持有可以避免因某项作业的失误而导致的生产中止，周转性存货的持有可以避免在两次订购点之间由于订货耽搁等因素造成的生产中止。

15.4.2 存货的成本

存货成本主要表现为存货的生产或购置成本、订货成本、储存成本及缺货成本。

生产或购置成本

存货的生产或购置成本是指存货本身的价值。对每一单位存货而言，这一成本是为生产或购置这一存货所发生的费用；对全部存货来说，通常用数量与单价的乘积表示。如果某一期间内对某种产品或原材料的需要量为 D，该产品或原材料的单位生产成本或购置单位为 C，则这批存货总的生产或购置成本为 $D \times C$。一般来讲，单位存货成本在相当一个范围内不随需要数量的变化而变化，只有当需要数量出现较大变化时，才会因生产经营规模的变化或购置折扣的出现而发生变化。

订货成本

订货成本是指企业由于对外采购存货而发生的成本，包括填制订单、发出订单、订购追踪、到货验收、进库等过程中的开支，具体费用表现为办公费、差旅费、谈判费用、通信费用等支出。严格来讲，从订货次数与订货成本的关系来看，订货成本可以分为变动成本与固定成本两部分。变动成本是与订货次数有关的部分，如差旅费、邮资、谈判费用等，但对每一次订货活动来说，这部分成本又可以看作一个常数 S。如果某一期间内需求总量为 D，每次采购批量为 Q，则总的订货变动成本为 $(D/Q) \times S$。不难看出，订货次数越多，这一数额越大。对产品生产来讲，这部分成本可以看作为进行每一批次生产而必须进行的生产装备，特别是设备调整等所需要发生的费用。另外，订货成本中还有一部分为固定成本，如维持采购部门日常运行的开支等，这部分成本通常与订货次数无关。为了讨论的方便和简单，在实际固定成本不高的情况下，有时我们也可以只考虑订货成本中的变动部分。

储存成本

储存成本是指为储存和保管存货而发生的成本，包括存货占用资金应支付的利息、仓储费用、保险费用、存货的毁损和变质损失等。储存成本通常与存货的订购次数无关，而与存货的数量有关。

缺货成本

缺货成本是一种机会损失,通常以存货短缺所支付的代价来衡量。缺货成本主要包括:由于停工待料而发生的损失,为补足拖欠订货所发生的额外成本支出,延迟交货而被处以的罚金,以及由于丧失销售机会而蒙受的收入损失和信誉损失等。

15.4.3　存货控制

存货控制是指在日常生产经营活动中,根据存货计划和生产经营活动的实际要求,对各种存货的使用和周转状况进行组织、调节和监督,将存货数量(即存货的资金占用)保持在一个合理的水平上。影响存货数量的因素有:销售额的大小、生产技术特性和生产周期的长短、存货成本的高低等。常用的存货控制方法有经济订货批量法和 ABC 控制法等。

经济订货批量法(EOQ)

如前所述,存货成本由存货的购买或生产成本、订货成本、储存成本和缺货成本构成。每次生产或订购的产品或材料数量较多,可以减少订货成本,但将增大储存成本。反之,则会减少订货成本,增大储存成本。通过选择生产或订货批量,可以控制存货的总成本,经济订货批量就是使上述存货成本总和最小时的订货批量或生产批量。

1. 经济订货批量

如果不考虑存货的短缺成本,存货总成本为:

$$\mathrm{TC} = \frac{D}{Q} \cdot S + \frac{Q}{2} \cdot H + D \times C \tag{15-12}$$

式中:TC 为存货总成本;$\frac{D}{Q} \cdot S$ 为总订货费用;$\frac{Q}{2} \cdot H$ 为总保管成本;D 为某种产品或原材料在某一时期内的需求总量;Q 为一次生产或订购的数量;S 为一次订货或生产所需要的订货费用或生产准备费用;H 为单位存货的保管成本;C 为单位存货的购置或生产成本。

使总成本 TC 最小的订货批量即为经济订货批量 EOQ,这要求:

$$\frac{\mathrm{dTC}}{\mathrm{d}Q} = \frac{D}{Q^2} + \frac{1}{2}H = 0$$

解出,经济订货批量为:

$$\mathrm{EOQ} = \sqrt{\frac{2DS}{H}} = \sqrt{\frac{2 \times 某期间总需求量 \times 单次订货成本}{某期间内定为存货的储存成本}} \tag{15-13}$$

如果每日存货消耗量为 d,从发出订货指令或生产指令到新的存货可以投入使用的期间(交货期)为 L,则发出订货指令的订货点(即发出订货指令时的存货数量)为:

$$R = d \times L$$

例 15-3　某企业对某种物资的年需求量 $D = 3\,650$ 件;订货费用 $S = 500$ 元/次;该物

资购买价格为 125 元/件;储存成本为产品购买费用的 10%;交货期为 7 天。其经济订货批量为:

$$EOQ = \sqrt{\frac{2DS}{H}} = \sqrt{\frac{2 \times 3\,650 \times 500}{125 \times 10\%}} = 540.37 \approx 541(件)$$

订货点为:

$$R = 7 \times \left(\frac{3\,650}{365}\right) = 70(件)$$

2. 安全存货

存货的消耗很少有绝对稳定和均衡的时候,许多因素都会导致存货消耗数量的波动。如果按照存货均衡消耗所确定的订货点订货,则可能发生在交货期内由于存货消耗量大于平均消耗量而造成现有存货在新存货到达前消耗殆尽,短期内无货可用,影响企业生产和销售活动正常进行的情况,即会发生短缺成本。为了解决这一问题,人们引入了安全存货或保险存货的概念。

所谓安全存货或保险存货,是指为防止在交货期内存货不足,在按每日平均消耗量乘以交货期确定的订货点之上额外加上的一定数量的存货,这样,如果在交货期内存货消耗超过了平均消耗水平,可以使用安全存货来应付生产经营活动的需要,减少存货短缺的可能,从而降低短缺成本。安全存货的大小,取决于存货消耗的稳定性、取得新订货的稳定性和短缺成本的高低等多种因素。增加安全存货可以减少短缺成本,但无疑会加大存货的储存成本,因此,确定安全存货时必须考虑短缺成本与储存成本此消彼长的关系。

ABC 控制法

一般来说,企业的存货种类繁多、数目巨大,如果对每一种存货都详加管理,不但费时费力,占用过多的资金和人力,而且还可能因头绪太多,抓不住重点,造成对重点物资的忽视,给生产经营活动造成损失。为了避免这一问题的产生,可以按存货价值和对生产经营活动的重要性的高低将存货分为 A、B、C 三类。其中 A 类物资的品种不多,数量也只占企业存货总量的 15% 至 20%,但其所占价格的份额却最大,是价值高、重要性大的产品;B 类物资占企业存货总量的 30% 左右,占有一定的价值份额,重要性一般;C 类物资占企业存货总量的 50% 或更多,价值低,重要性差,但种类繁多。A 类物资是企业存货控制的重点,要加强管理,通常要随时核对物资的库存状况,采取定量订货方式管理,而且应减少安全存货,加强资金管理。B 类物资需要给予一定的重视,并在管理方面投入适当的力量。C 类物资相对只需要较少的管理和关注,常采用定期订货方式和保持较高的安全存货。ABC 控制法便于管理人员抓住存货管理的重点,保证存货管理的高效率,同时也有助于有效地减少存货资金的占用。

15.5　商业信用管理

15.5.1　商业信用

商业信用是指商品交易中由于延期付款或延期交货形成的借贷关系,是买方企业与卖方企业之间的一种直接信用关系。当企业以赊购的方式购入各种物资时,它并不立即支付货款,而只是在相应账户上记一笔应付账款,一定时间(规定的赊购期限)之后才向卖方支付货款。在应付款支付前这段时间内,买方企业拥有应付货款的使用权。如果某企业平均每日赊购的物资价值为 30 000 元,平均付款期限为 30 天,则该企业平均欠卖方企业 900 000 元（30 000×30）的货款,相当于该企业从卖方企业得到了 900 000 元的资金的使用权。显然,应付账款是企业的一项短期资金来源。对卖方企业来说,它向买方企业提供了货物却不要求买方企业立即付款(赊销),等于向买方企业提供了相当于货物价款的一笔资金供其暂时使用,在卖方企业的账户上,这笔资金表现为应收账款。如前所述,这是卖方企业促进自身产品销售的一种手段。

显然,应付账款与应收账款是一个问题的两个方面,对拥有应付账款的一方(买方企业)来说,它从卖方企业得到了商业信用;对拥有应收账款的一方(卖方企业)来说,它向买方企业提供了商业信用。

一般来说,每个企业都既有应付账款,又有应收账款,既从别人那里得到商业信用,又向另外的人提供商业信用,应收账款与应付账款之差称为"净商业信用"。

如果应收账款大于应付账款,提供的商业信用大于得到的商业信用,"净商业信用"大于零;反之,"净商业信用"小于零。比如,前例中的企业如果同时有价值为 1 000 000 元的应收账款,则该企业的"净商业信用"为 100 000 元。

由应付账款形成的商业信用是企业的一项"自然"短期资金来源。一般来说,只要企业从事购销活动,都会或多或少地得到一些由商业信用形成的短期资金。而且,商业信用形成的短期资金通常在数量上与企业的生产经营活动成正比,随着企业生产经营活动规模的扩大,在销售额增加的同时,其购货额也会相应增加,从而所利用的商业信用也将随之增加。在市场经济条件下,应付账款是企业最重要的一项短期资金来源,其数额远高于银行短期借款。

在有些国家,非金融业企业的应付账款平均余额占到企业流动负债的 40%,小企业的比例更高(因为它们利用其他短期资金来源的能力比大企业差)。

除由应付账款形成的商业信用外,有些企业还可以利用预收货款得到商业信用。与应付账款相反,预收货款是买方向卖方提供商业信用,卖方利用买方的购货款作为自己的短期资金来源,但这种情况要比由应付账款形成的商业信用少得多。通常只有在以下两种情况下才可以利用预收货款作为短期资金来源:一是卖方提供的是市场上的紧俏商品,如我国曾发生过当某些物资供应紧张时,购货企业为能得到这些产品,常常向生产企业预付货款订货的情况;二是卖方提供的是生产周期长、产品价值高的产品,如大型轮船、飞机,以及大型建筑等,生产企业常常要求购货方预付部分货款,以解决建造(建设)资金占用过多的问题。

15.5.2 商业信用的条件与成本

信用条件是售货方就购货方的付款时间和现金折扣所做出的具体规定,信用条件主要有以下几种形式:

预收货款

预收货款要求买方在卖方发出货物之前支付货款。除了前面讲的在物资供应紧俏和产品价值高、生产周期长的情况下卖方要求买方预付货款作为自己的短期资金来源外,当已知买方信用状况差、违约风险高的情况下,卖方也会坚持要求对方预付货款,但这时卖方的主要目的已不是寻求短期资金来源,而是要避免很可能发生的坏账损失。

如前所述,预收货款是卖方从买方得到的商业信用,如果买方对预付货款不提出任何额外要求,累计付款额与商品正常售价相等,则卖方等于无偿占用买方资金,不发生任何成本。

在卖方提供的商品极度紧俏时,卖方是可以得到这种无偿的商业信用的。但买方对预付货款也可能提出自己的要求,如要求享受一定比例的折扣,使购买价格低于商品的正常售价,这时卖方企业为得到商业信用就要付出成本,其成本计算公式如下:

$$资金成本 = \frac{销售折扣率}{1 - 销售折扣率} \times \frac{产品售价总额}{预付货款额} \times \frac{365}{预付货款期} \tag{15-14}$$

比如,买方提前30天支付全部货款,要求得到0.8%的折扣,则卖方为此商业信用付出的资金成本为:

$$资金成本 = \frac{0.8\%}{1 - 0.8\%} \times \frac{1}{1} \times \frac{365}{30} = 9.8\%$$

如果企业销售的不是紧俏商品,而仅仅是因为产品生产周期长、占用资金多、自身资金周转困难而要求对方预付货款,购货方很有可能提出享受折扣的要求。

延期付款,但不提供现金折扣

在这种信用条件下,卖方允许买方在交易发生后一定时期内按售货发票面额支付货款,如"net 60",表示买方可在60天内按发票金额付款。这种条件下的商业信用的期限通常在30—60天之间,但有时卖方也会向买方提供更长时间的商业信用。延期付款是卖方向买方提供的商业信用,买方以此作为自己的短期资金来源。由于这种商业信用不涉及任何折扣,所以买方的成本为零。

延期付款,但提前付款有现金折扣

根据这种信用条件,买方若提前付款,卖方将给予一定的现金折扣,如果买方不享受现金折扣,则必须在信用期间内付款,如"2/10,n/30"就是这种信用条件。现金折扣在市场经济中被普遍使用,以加速货款的收回。

在这种信用条件下,如果买方在折扣期限内付款,可以不付出成本而得到短期资金来源,但时间较短。如果买方放弃现金折扣,则可以在稍长时间内使用应交付卖方的货款,但要发生成本,其成本按下式计算:

$$资金成本 = \frac{现金折扣率}{1-现金折扣率} \times \frac{365}{信用期间-现金折扣期} \quad (15\text{-}15)$$

如根据"2/10,n/30"的信用条件,不享受现金折扣所发生的资金成本为:

$$资金成本 = 2\%/(1-2\%) \times 365/(30-10) = 0.367 = 36.7\%$$

(15-15)式是按照单利计算放弃现金折扣的资金成本的,如果按复利计算,则资金成本将更高。复利计算资金成本的公式为:

$$资金成本 = \left(1 + \frac{销售折扣率}{1-销售折扣率}\right)^{\frac{365}{信用期间-现金折扣期间}} - 1.0 \quad (15\text{-}16)$$

上例若按复利计算,则资金成本为:

$$资金成本 = \left(1 + \frac{2\%}{1-2\%}\right)^{\frac{365}{20}} - 1.0 = (1.0204)^{18} - 1.0 = 0.438 = 43.8\%$$

不难看出,放弃现金折扣的成本是相当高的,因此,买方应尽可能取得现金折扣。只有在资金周转非常困难或现金折扣很低的情况下,企业才会放弃现金折扣,利用商业信用筹措更多的资金。

15.5.3 商业信用筹资的利弊

商业信用筹资具有以下优点:第一,商业信用是随着商品交易自动产生的一种自然性资金来源,不用做特意的安排。只要企业信誉好,使用起来就非常方便。第二,如果没有现金折扣,或企业在现金折扣期限内使用商业信用,其成本为零。第三,与其他筹资方式相比,商业信用筹资在资金使用上受到的限制较少。

但与其他短期筹资方式相比,商业信用筹资的使用期限较短,数额也受到交易规模的限制。如果企业放弃现金折扣,则商业信用筹资的成本较高。

近年来,互联网金融、物联网、供应链金融等新兴事物的兴起在很大程度上改变了金融的运作模式,同时也对企业的短期融资、资金支付等创造出很多新的方式与途径。不但各大商业银行、股份制银行加大了网络金融的建设,推出了各种灵活性很高的金融产品,以"支付宝"、"余额宝"和阿里小贷为代表的网络服务商更是大举进军金融领域,并为小微企业的短期融资提供了崭新的渠道。互联网金融的发展必然会极大地丰富企业营运资金管理的方式方法,使得企业的营运资金管理更加方便快捷,同时也对企业营运资金管理提出了新的挑战。尽管如此,企业营运资金管理"控制风险、降低成本"这一基本原则是不会改变的,新的金融模式的推出只是为企业依据控制风险、降低成本的原则更好地做好营运资金管理提供了更丰富的渠道与手段。限于篇幅和本教材的重点,在本章中我们只是对营运资金管理的基本内容与方法进行了简要的介绍,没有对互联网金融做太多的探讨,有兴趣的读者可以去阅读关于互联网金融的有关出版物。

本章小结

本章讲述了营运资金的管理,具体讲述了:(1) 营运资金(营运资本)的管理是指对流动资产和流动负债的管理,流动资产具有周转期短、形式多样、波动性大的特点,营运资金决策与企业的清算风险密切相关。(2)企业为预防、支付和投机三个目的持有现金,合理确定现金余额、编制现金计划是现金管理的重要工作。(3)对于应收账款,讨论了信用分析方法、应收账款政策和信用政策,指出企业要综合考虑应收账款的成本与效益来确定其应收账款政策,还讲述了账龄分析方法在应收账款管理中的作用。(4)对于存货,讲述了存货的类型、作用,存货成本的构成,存货资金的核算方法,以及经济订货批量法和ABC 管理法等存货控制方法。(5)商业信用作为一种资金来源,使用得当可以降低企业的融资成本,但如果为了利用商业信用而放弃现金折扣,则有可能要付出较高的资金成本。

思考题

1. 营运资金管理的含义是什么?
2. 营运资金的周转受哪些因素的影响?
3. 现金管理的主要目的是什么?包括哪些内容?
4. 什么是商业信用?
5. 决定一个企业在应收账款上投资规模的因素有哪些?
6. 企业利用应付账款作为短期资金来源是否会发生成本?为什么?
7. 如果一个企业从来都没有坏账损失,这是否是最好的信用管理模式?请阐明理由。
8. 存货成本的构成及其含义是什么?

计算题

1. 新源公司的存货周转率为 6,应收账款周转率为 10,应付账款周转率为 12。若 1 年按 360 天计,问:

(1) 该公司的存货周转期、应收账款周转期和应付账款周转期各是多少?

(2) 该公司的营运资金周转期是多少?

2. 某公司经销甲商品,该商品的售价为每件 10 元,进价为每件 7 元。据分析,如果该公司提供的销售信用期为 20 天,年销量为 20 万件;若将信用期拓展至 30 天,年销量可达 30 万件。不论信用期限多长,因此发生的固定性费用均为 8 000 元。试计算不同信用期限下的应收账款资金占用(设平均收款期与信用期天数相同)。

3. 已知某种存货的经济批量订货次数为每年 10 次,该存货每天平均耗用 4 件,缺货成本为零,求该存货的:

(1) 年订货总数。

(2) 经济订货批量。

(3) 年平均存货水平。

4. 已知关于部件 A 的信息如下:每次订货必须为 100 的倍数,年需求为 300 000 件,购进价为每件 10 元,订货费用为每次 150 元,运输期间为 3 天,安全存货为 1 000 件,保管成本为部件单位价格的 30%。计算部件 A 的:

(1) 最佳经济订货批量。

(2) 年订货次数。

(3) 订货时的存货水平。

(4) 假定保管成本上升到部件单价的 50%,重新计算(1)、(2)、(3)。

5. A 公司每月的经营活动从 10 000 根"Long John"牌高尔夫球杆的存货开始。存货在每一个月都被用尽,然后再订购。如果每根高尔夫球杆的持有成本是 1 元,每次订货的订购成本是 5 元,A 公司所采取的订货策略在经济上讲是否明智?

6. 某企业正在考虑是否给 A 客户信用购货的权利。该企业产品的单位变动成本是 15 元,销售单价是 22 元。A 客户要求现在购买 1 000 件产品,并在 30 天后付款。该企业认为 A 客户有 15% 的概率会违约,该企业要求的必要报酬率是每 30 天 3%。这个企业应该给 A 客户信用购货的权利吗?

7. 新利公司每星期的赊销额为 20 000 元,平均收账期间是 35 天。企业的生产成本是销售价格的 80%。新利公司的平均应收账款是多少?

8. 某厨具商店每星期开始时高压锅的存货为 170 个,商店每星期销售完这些存货,然后再订购。如果每年每个高压锅的持有成本是 45 元,每次的订购成本是 48 元,总持有成本是多少?再订购成本是多少?该厨具商店应该增加还是减少每次的订购数量?从订购量和订购频率的角度分析该商店的最优存货政策。

9. 某公司的平均收账期间是 61 天,它在应收账款上的日均投资是 40 000 元。公司每年的赊销额是多少?应收账款周转率是多少?

第16章 企业的筹资组合与财务计划

16.1 企业的筹资组合

企业资金来源可以分为长期资金与短期资金(即流动负债),在风险大小、收益高低方面两者各有特点,企业可以根据这两类资金的特点和自身的能力选择两者的比例,构成企业的筹资组合。

筹资组合策略

企业可采用的筹资组合策略有以下三种:

1. 匹配型筹资组合

匹配型筹资组合也称正常筹资组合,即短期资产由短期资金来源形成,长期资产由长期资金来源形成,其组合状况如图16-1所示。

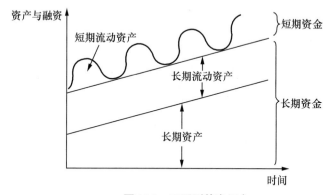

图16-1 匹配型筹资组合

这里短期资产是指企业的部分流动资产,长期资产则主要由企业的固定资产、无形资产和长期投资组成,同时也包括企业需要长期占用的生产经营所需的最低限度的流动资产(如主要的原材料和产品储备等),这部分流动资产称为长期流动资产。长期流动资产的概念是非常重要的,我们必须意识到在流动资产中有相当一部分实际上是需要长期占用的,是一种"长期"投资。因此,其对资金的占用是长期的而不是短期的。

2. 保守型筹资组合

采用保守型筹资组合的企业，不但其长期资产全部由长期资金形成，而且部分短期资产也由长期资金形成，如图 16-2 所示。这种筹资组合在短期资产占用处于低谷的时期会出现部分的资金剩余，需要用这些资金进行短期投资。这种筹资组合的风险小，安全性高，但资金利用效率较低，成本较高。

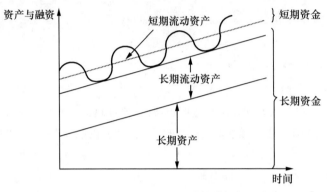

图 16-2　保守型筹资组合

3. 冒险型筹资组合

这种筹资组合与保守型组合恰好相反，其长期资产的一部分是由短期资金形成的，如图 16-3 所示。这种筹资组合风险大，但资金成本低，可以减少企业的利息支出，增加企业盈利。

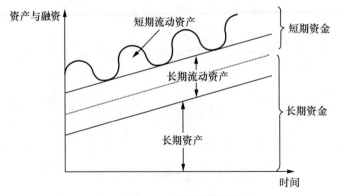

图 16-3　冒险型筹资组合

筹资组合策略的选择

上述三种筹资组合各有利弊，并无绝对的优劣之分，企业可以根据自身的实际状况进行选择。在进行筹资组合选择时，企业应考虑以下两点：

1. 收益与风险的均衡

采用冒险型筹资组合，可以降低资金成本，增加企业收益，但由于企业将短期资金用于长期经营,需要企业将短期债务不断滚动。一旦企业资信出现问题,不能延续某些短期债务合同,而企业又不具备及时偿还债务的能力,必将影响企业正常的生产经营活动,甚至会危及企业的生存。因此,冒险型筹资组合的风险较高。与此相对应,保守型筹资组合风险较低,但资金的利用率也较低。

例 16-1 某企业目前的资产负债简表如表 16-1 所示。

表 16-1 某企业资产负债简表　　　　　　　　　　　　　单位:元

资产		负债与权益	
流动资产	8 000 000	流动负债	4 000 000
固定资产	22 000 000	长期负债	8 000 000
		股东权益	18 000 000
资产总计	30 000 000	负债与权益总计	30 000 000

设该企业息税前收益为 5 000 000 元,流动负债利息率为 6%,长期负债利息率为 10%,所得税税率为 30%。若企业在资产状况不变、息税前收益不变的情况下改变其筹资组合,增加短期资金比例,减小长期资金比例,则企业股东的收益与风险状况的变化如表 16-2 所示。

表 16-2 不同筹资组合对企业股东风险和收益的影响　　　　　　单位:元

项目	保守型筹资组合	冒险型筹资组合
筹资组合		
短期借款(短期资金)	4 000 000	10 000 000
长期负债(长期资金)	8 000 000	2 000 000
股东权益(长期资金)	18 000 000	18 000 000
资金总额	30 000 000	30 000 000
息税前收益	5 000 000	5 000 000
减:利息支出		
短期借款利息	4 000 000 × 0.06 = 240 000	10 000 000 × 0.06 = 600 000
长期负债利息	8 000 000 × 0.10 = 800 000	2 000 000 × 0.10 = 200 000
税前利润	3 960 000	4 200 000
减:所得税	3 960 000 × 0.30 = 1 188 000	4 200 000 × 0.30 = 1 260 000
税后利润	2 772 000	2 940 000
股东权益收益率	2 772 000/18 000 000 = 15.4%	2 940 000/18 000 000 = 16.3%
流动比率	8 000 000/4 000 000 = 2	8 000 000/10 000 000 = 0.8

由表 16-2 的结果不难看出,由于冒险型筹资组合的资本成本较低,故在息税前收益不变的情况下其税后利润由保守型筹资组合的 2 772 000 元增加至 2 940 000 元,股东权益

收益率也由 15.4% 上升至 16.3%，但流动比率则由 2 降至 0.8，表明公司短期偿债能力下降，财务风险增大。因此，企业需要根据自己的风险承受能力和经营效率以及公司股东的要求，平衡收益与风险之间的关系，选择合适的筹资组合。

2. 保留适当的融资能力

企业在选择自身的筹资组合时，一般不应将所有的融资潜力全部耗尽，而应保留一定的机动融资能力，以便在有意外资金需求时可以使用。由于短期资金的筹集灵活性高，机动性强，因此，即使企业采用冒险型筹资组合，通常也不应将全部短期筹资能力用尽，而应适当保留一定的短期筹资能力。

16.2 财务计划

为了实现企业的经营目标，对未来可能的情况作出预判，合理安排筹资组合，降低财务风险，保证企业经营活动的可行性和一致性，企业需要编制财务计划。

从总体上看，企业的经营目标是实现股东财富或企业价值的最大化，但这一目标在企业的具体经营活动中会转化为一些具体目标，如销售收入目标、成本控制目标、增长目标、财务杠杆目标等。这些具体目标之间存在着各种内在联系。财务计划就是要把这些目标之间的联系勾画出来，并且对某些相互冲突的目标进行修改和调整，排定各自的优先次序，使它们变得协调一致，成为切实可行的行动方案。

比如，企业一方面提出了销售收入增长 20% 的目标，另一方面又提出了减少利息支出的控制财务费用的目标，这两个目标相互兼容吗？能够同时实现吗？这显然是需考察的。因为销售收入的增长往往意味着资金需求的增加，而资金需求的增加又往往意味着负债的增加，但负债增加与减少利息支出的目标是矛盾的。因此，财务计划的制定者必须认真考察销售收入的增长是否需要增加相应的资金供给，而这种资金供给的增加是否可以在减少负债的同时来实现。如果做不到，这两个目标就是相互矛盾的，必须对它们做出必要的调整。

16.2.1 财务计划的构成要素

制定财务计划需要一些最基本的要素，这些基本要素包括基本经济假设、利润预测或销售预测、预计财务报表、投资需求、筹资需求等。

利润或销售预测是财务计划编制的出发点，而基本经济假设又是预测的出发点。基本经济假设是对计划期内相关经济环境的状态和变化的假设，如经济是高涨还是衰退，宏观经济政策是否稳定，国际经济环境会发生怎样的变化，企业面临的实际竞争环境如何，企业的竞争对手会采取什么竞争措施，等等。在基本经济假设的基础上，通过制定目标利润得到销售收入预测或通过市场调研直接给出销售预测。销售预测的结果通常不是单一的，而是根据不同的经济假设给出不同的销售预测。财务计划人员从销售预测出发，考察为实现预测的销售收入所需要的投资(资本性支出),为进行这些投资所需要筹措的资金(包括相关的利润分配计划),编制预计财务报表。预计财务报表是财务计划的一个重要结果。由于投资需求、筹资需求和利润分配的相互影响,预计资产负债表会出现不平衡,需要通过外部资金需求来进行调整。

16.2.2 利润预测与销售预测

本量利之间的关系

为了正确地进行利润预测,必须研究成本、销售量与利润之间的关系。本量利相互关系的研究,以成本和数量的关系研究为基础,通常称为成本性态研究。成本性态是指成本总额对业务量(如产量或销售量)的依存关系。根据成本性态对成本进行分类,通常可将成本划分为三种:固定成本、变动成本和混合成本。固定成本是指成本总额在一定时期和一定业务量范围内,不受业务量影响而保持固定不变的成本,如折旧费、租金、管理人员薪金等;变动成本是指在一定业务量的范围内成本总额与业务量总数成正比例增减变动的成本,如直接材料、直接人工等;混合成本是指随业务变动而增减,但与业务量增减不成比例的成本。混合成本介于固定成本与变动成本之间,可以根据一定的方法分解为固定成本与变动成本两部分。这样,全部成本都可以分成固定成本与变动成本两部分。

本量利之间的依存关系可用下列公式表示:

(1) 损益方程式

利润 = 销售收入 − 总成本
　　 = 销售收入 − (固定成本 + 变动成本)
　　 = 单价 × 销售量 − (固定成本 + 单位变动成本 × 销售量)　　　(16-1a)

(16-1a)式是本量利分析的最基本模型。

如用字母代替,则为:

$$\Pi = PQ - (F + VQ) \tag{16-1b}$$

式中:Π 代表利润;P 代表单价;Q 代表销售量;F 代表固定成本;V 代表单位变动成本。

例 16-2　光明公司生产一种产品,单价 10 元,单位变动成本 6 元,本月销售 1 000 件,每月固定成本是 2 000 元,问本月利润是多少?

解　将有关数据代入(16-1b)式,得到:

$$\begin{aligned} \Pi &= PQ - (F + VQ) \\ &= 10 \times 1\,000 - (2\,000 + 6 \times 1\,000) \\ &= 2\,000 (元) \end{aligned}$$

(2) 贡献毛益方程式

贡献毛益(contribution margin)是本量利分析中的一项重要概念,也称为"边际贡献",是指销售收入超过其变动成本的部分,即

$$贡献毛益 = 销售收入 - 变动成本总额$$

若用单位产品表示,则为:

$$单位贡献毛益 = 产品单价 - 单位变动成本$$

贡献毛益是售出产品扣除自身变动成本后对企业利润所作的贡献,它首先用于弥补企业的固定成本。如果还有剩余,则成为利润;如果不足以弥补固定成本,则发生亏损。因此,损益方程式可以改写成下面这种新的形式:

$$
\begin{aligned}
利润 &= 销售收入 - (变动成本 + 固定成本) \\
&= (销售收入 - 变动成本) - 固定成本 \\
&= 贡献毛益 - 固定成本 \\
&= 单位贡献毛益 \times 销售量 - 固定成本
\end{aligned}
\tag{16-2a}
$$

上式明确地显示了本量利之间的依存关系,又称贡献毛益方程式。

若用 T_{CM} 代表贡献毛益,CM 代表单位贡献毛益,则贡献毛益方程式可以写为:

$$\Pi = T_{CM} - F = CM \cdot Q - F = (P - V)Q - F \tag{16-2b}$$

例 16-3 根据例 16-2b 的数据,用贡献毛益方程式计算本月利润。

解 将有关数据代入(16-2b)式,得到:

$$
\begin{aligned}
\Pi &= T_{CM} - F = CM \cdot Q - F = (P - V)Q - F \\
&= (10 - 6) \times 1\,000 - 2\,000 = 2\,000(元)
\end{aligned}
$$

如果我们将成本、销售量与利润的关系反映在直角坐标系中,即成为本量利图。因其能清晰地显示企业盈亏平衡时应达到的产销量,故又称为盈亏临界图或损益平衡图、保本图。图 16-4 是以损益方程式为基础绘制的本量利图。

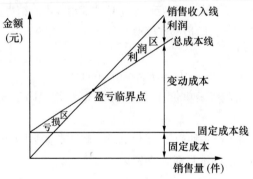

图 16-4 本量利图(以损益方程式为基础)

固定成本线与横轴之间的距离为固定成本值,它不因产(销)量增减而变动。总成本线与固定成本线之间的距离为变动成本,它随产(销)量成正比例变化。总成本线与横轴之间的距离为总成本,它是固定成本与变动成本之和。销售收入线与总成本线的交点是盈亏临界点,此时企业既无利润也无亏损。在此基础上,增加销售量,销售收入超过总成本。销售收入线与总成本线的距离为利润,即在盈亏临界点的右边形成利润区;同理,在盈亏临界点的左边,总成本线位于总收入线的上方,它们之间的距离形成亏损区。

图 16-5 是以贡献毛益方程式为基础绘制的本量利图。这种图的主要优点是可以显示出贡献毛益的数值。企业的销售收入随销售量正比例增长。这些销售收入首先用于弥补产品自身的变动成本,剩余的是贡献毛益,即销售收入线与变动成本线之间的区域。贡献毛益随销售量增加而扩大,当其达到固定成本值时,企业处于盈亏临界状态,当贡献毛益超过固定成本后,企业进入盈利状态。

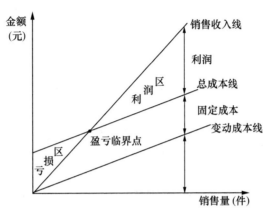

图 16-5　本量利图(以贡献毛益方程式为基础)

目标利润

(1) 预测利润总量

在企业当前的生产经营条件下,根据企业预计的销售数量,预测计划期间将实现多少利润。预测利润总量的基本数学模型就是前面讲到的基本本量利方程、贡献毛益方程等,即

$$
\begin{aligned}
预计利润 &= 单价 \times 销售量 - (固定成本 + 单位变动成本 \times 销售量) \\
&= 单位贡献毛益 \times 销售量 - 固定成本 \\
&= 安全边际 \times 单位贡献毛益
\end{aligned}
\tag{16-3}
$$

(2) 确定目标利润

目标利润是根据企业在计划期间的实际生产能力、生产技术条件、材料物资供应、劳动力素质以及市场销售情况等因素而提出来的最优化目标。根据各种不同的目标利润率来反推目标利润,是一种确定目标利润的方法。比如,根据销售利润率确定目标利润:

$$
目标利润 = 预计销售收入 \times 销售利润率 \tag{16-4}
$$

(3) 预测目标销售量

假定计划期内的产品单价、单位变动成本、固定成本总额不变,预测需要销售多少数量的产品,才能保证目标利润的实现。

目标利润与固定成本一样,都需要由贡献毛益来补偿,因此将贡献毛益方程式变换形式,得到:

$$\text{目标销售量} = \frac{\text{目标税前利润} + \text{固定成本}}{\text{单位贡献毛益}} = \frac{NI/(1-T)}{P-V} \tag{16-5}$$

式中：NI 为目标税后净利润；$NI/(1-T)$ 为目标税前利润；T 为企业所得税税率。

例 16-4 若例 16-2 中的光明公司确定计划期内的目标税前利润是 2 800 元，则目标销售量是多少？

解   目标销售量 = $(2\,800 + 2\,000)/(10 - 6) = 4\,800/4 = 1\,200$（件）

（4）预测目标销售价格

在假定计划期内销售量、单位变动成本与固定成本总额不变的条件下，为了保证目标利润的实现，预测产品的目标销售价格应是多少。这个问题仍可用本量利基本公式来解决。将损益方程式变换形式，得到：

目标销售单价 =（目标税前利润 + 固定成本 + 单位变动成本 × 销售量）/销售量

$$\tag{16-6}$$

例 16-5 若光明公司根据市场预测，认为计划期内可销售产品 1 400 件，单位变动成本仍为 6 元，固定成本总额与目标税前利润分别是 2 000 元和 2 800 元，则每件产品的目标定价是多少？

解   目标销售单价 = $(2\,800 + 2\,000 + 6 \times 1\,400)/1\,400 = 9.43$（元）

销售预测

从目标利润出发，根据本量利关系和贡献毛益（企业的成本结构），确定目标销售量，并在此基础上分析资金需求，这是财务计划的一种编制方法。但是，企业在计划期内究竟能销售出去多少产品，在很大程度上是由市场需求决定的。因此，从市场调查出发，进行销售预测，以销售预测的结果作为企业编制财务计划的输入变量，分析为实现这一销售收入所需要的资金及可能带来的利润，是财务计划的另一种编制方式。在企业实际编制财务计划时，往往会将两者结合起来，即既考虑所要实现的目标利润，又考虑企业经过努力可以实现的市场需求，从而力争使企业的效益达到最大。

销售预测是根据市场供需情况的发展趋势，以及企业的销售单价、市场营销活动、产品改进、分销途径等方面的计划安排，来对该项产品在计划期内的销售量或销售额所做出的预计或估量。

销售预测不仅要对本企业产品销售的历史资料和未来市场上的供需情况进行深入细致的研究分析，而且还需考虑到与本企业及整个行业有关的政治经济形势和各项重要经济指标的变动、产业发展趋势，以及文化和科技的发展情况等。

销售预测通常以销售增长率的形式给出，而不是具体的销售收入数据。但由于有预测基期的销售收入数据，所以销售增长率与具体销售收入数据在本质上是相同的。

在进行销售预测时，通常要分别对不同情况下可能出现的销售结果进行预测，以便考察不同情况下企业的资本支出与筹资需求，做出相应的财务计划，避免太多的主观期望对预测产生的影响。

销售预测的方法很多，需要专门的课程进行讲述，这里就不专门介绍了。

16.3 用销售收入比例法编制财务计划

销售收入比例法也称销售收入百分比法,是编制财务计划的一个常用的方法。销售收入比例法假设:(1) 各项资产和部分负债与销售收入成比例变化;(2) 企业资产负债表所给出的各项资产、负债和股东权益比例不变,公司在未来将继续沿用这些比例。在上述假设基础上,可以按如下步骤编制财务计划(预计财务报表):

第一步,预测销售额变化;

第二步,找出资产负债表和损益表中直接与销售额成比例变化的各项,并根据它们与销售额变化的比例关系,确定其在新的销售额下的数值;

第三步,确定为适应销售额上述相关关系的变化,资产负债表中的其他各项,主要是股东权益和非自发性负债应作何种变化,即确定外部资金需求数额;

第四步,根据有关财务指标的约束要求,确定外部资金筹措计划;

第五步,经过调整,完成预计资产负债表和损益表的编制。

下面以一个假设的例子说明利用销售额比例法进行资金需要量预测的具体过程。

例 16-6 新义公司 2013 年度资产负债简表和损益简表如表 16-3 和表 16-4 所示。已知:

(1) 经过预测,该公司 2014 年度销售额将增长 30%,达到 2 600 万元。

(2) 资产负债表中各项资产及自然负债(应付账款、应付工资及税收等),损益表中的产品成本、管理及销售费用等与销售额同比例增长。

编制该公司 2014 年的预计资产负债表和损益表。

表 16-3 新义公司 2013 年资产负债简表及 2014 年预计资产负债表 单位:万元

	2013 年 12 月 31 日	预计 2014 年值(1)	预计 2014 年值(2)
资产			
流动资产			
现金	40	52	52
应收账款	350	455	455
存货	400	520	520
流动资产合计	790	1 027	1 027
固定资产净值	610	793	793
资产总计	1 400	1 820	1 820
负债与股东权益			
流动负债			
银行借款	40	40	57
应付账款	240	312	312

(续表)

	2013年12月31日	预计2014年值(1)	预计2014年值(2)
应付工资与税收	60	78	78
流动负债合计	340	430	447
长期借款	280	280	372
普通股	600	600	663
留存收益	180	338	330
股东权益合计	780	938	993
负债与股东权益总计	1 400	1 648	1 812
外部资金需求		172	8

表16-4 新义公司2013年损益简表及2014年预计损益表 单位:万元

	2013年	预计2014年值(1)	预计2014年值(2)
销售收入	2 000	2 600	2 600
减:产品成本	1 500	1 950	1 950
销售及管理费用	210	273	273
息税前收益	290	377	377
减:利息支出	25	25	33
税前利润	265	352	344
减:所得税(40%)	106	141	138
净利润	159	211	206
现金股利分配	53	53	56
留存收益	106	158	150

解 先看损益表:销售收入增长30%,为2 600万元;产品成本增长30%,达到1 950万元;销售及管理费用增长30%,达到273万元;利息支出和股利支出暂定不变,仍分别为25万元和53万元。我们得到表16-4第3列(2014年预计值(1))的结果。

再看资产负债表:在资产方面,为适应销售额的增加,公司资产总额增加30%,由1 400万元增加至1 820万元,净增420万元,且流动资产各项和固定资产净值均按30%的比例增长。在负债和股东权益方面,各项自然负债按比例增长30%,总计增加90万元,留存收益增加158万元(由表16-4第3列得到),资金来源共计增加248万元。资金需求与供给相差172万元,需要从公司外部筹集。

这样,我们就得到了新义公司2014年预计资产负债表和预计损益表的初始值。下一步需要做的,就是考虑如何满足公司的资金需求,并考虑为满足资金需求对公司预计损益表所带来的变化(如利息支出和股利支出的变化),进而进行调整,并得到新的预计财务报表。

在考虑外部资金需求时,不同的假设会给出不同的选择。比如,我们可以假设公司全部由外部股权融资解决资金需求缺口,这样2014年利息支出就不会发生变化。如果再假设进行外部股权融资后公司在2014年也不需要增加现金股利的发放,则我们只需要在2014年的预计资产负债表上增加172万元的股东权益资本即可完成预计财务报表的全部编制工作。但是,如果我们假设资金需求全部用借款解决,我们就要考虑借款后2014年新增利息支出对净利润,进而对留存收益的影响,所要做的调整就相对复杂。

由2013年的资产负债表和损益表可知,新义公司目前的有关财务指标为:资产负债率为0.44,流动比率为2.32,股利支付率为33%。下面,我们在考虑上述指标的约束条件下,分析新义公司的外部筹资方案。

若新义公司上述财务指标的约束值为:资产负债率≤0.45;流动比率≥2.30;现金股利支付率≥30%。则有:

(1) 根据资产负债率约束,公司最大负债额为819万元(0.45×1 820),减去预计已拥有的负债额(流动负债430万元,长期负债280万元),最多可增加的负债额为109万元。

(2) 根据流动比率约束:

$$最大流动负债额 = 1\,027/2.3 = 447(万元)$$

减去预计已拥有的流动负债430万元,最多可增加的流动负债为17万元。余下的92万元需要通过长期借款解决。

(3) 股东权益筹资需求:外部筹资需求总额172万元,减去债务筹资109万元,需要公司股东再投入63万元。

根据以上分析可知,新义公司2014年需从外部筹集的172万元资金中,可通过短期借款筹资17万元,通过长期借款筹资92万元,向公司股东筹资63万元。这就是新义公司2014年的初步财务计划。

如果新义公司按照上述计划筹措资金,则在新的一年中该公司需要增加利息和现金股利支出,使预计损益表(表16-4中的第3列)中的税后净利和新增留存收益发生变化,进而使公司的内部资金供给发生变化,因此,需要对上面的初步财务计划进行进一步的调整。

设新义公司借入短期借款的利息率为6%,借入长期借款的利息率为8%,2013年发行在外的普通股为300万股,每股现金股利0.177元(53万元/300万股),预计2014年新股发行价为每股4元,则:

(1) 新增利息支出

$$短期借款利息 = 17\,万元 \times 0.06 = 1.02\,万元 \approx 1\,万元$$
$$长期借款利息 = 92\,万元 \times 0.08 = 7.36\,万元 \approx 7\,万元$$

新增利息支出总额8万元。

(2) 新增现金股利支出

$$新增股票数量 = 63\,万元/4\,元 = 15.75\,万股$$
$$新增现金股利数额 = 0.177\,元/股 \times 15.75\,万股 = 2.78\,万元 \approx 3\,万元$$

根据上述数据,2014 年预计损益表和资产负债表数据如表 16-3 和表 16-4 的第 4 列所示。由于新增利息支出 8 万元,税前利润由原来预计的 352 万元减少到 344 万元,税后利润由原来的 211 万元减少到 206 万元。由于新增现金股利 3 万元,现金股利发放总额变为 56 万元,留存收益由初步计划的 158 万元减少到 150 万元,出现了 8 万元新的资金缺口,总的资金需求为 180 万元。由于债务资金来源已经用完,所以新增的 8 万元资金缺口需要向公司股东筹措。这样,新股发行量将由 63 万元增加到 71 万元。新增 8 万元的新股将再次导致股利分配的增加和留存收益的减少,原则上需要对调整后的计划再次进行调整。但由于这时产生的影响已经很小,可以忽略不计。

根据以上分析,为实现 2014 年的销售额增长目标,新义公司在 2014 年需要从公司外部筹措资金 180 万元,其中增加短期借款 17 万元,长期借款 92 万元,增发新股 71 万元。

如果改变前面的假设,上面的筹资安排也会相应发生变化。比如,如果我们假设公司股利分配政策是固定分配比率,每年将 1/3 的净利润用于股利分配,则在 2014 年净利润为 206 万元的情况下,需要发放的现金股利数量为 69 万元。这意味着留存收益的减少,显然需要考虑新的筹资安排。又比如,在实际操作中,我们很难想象公司会为为数不多的资金需求发行股票。因此,公司可能会在一段时间内只进行外部债务融资,使某些财务比率在短期内发生变化。所以,究竟怎样解决外部资金需求的问题,需要根据具体情况做出安排。

另外,在前面的讨论中,我们假设企业的生产能力已经得到了充分的利用,为增加销售收入必须增加新的资产。但是,如果企业现有生产能力并没有得到充分利用,则资产投资和资金需求都会出现新的变化。比如,如果新义公司 2013 年固定资产的使用率只有 60%,则销售收入在 2013 年的基础上增长 30% 只需要将闲置的固定资产利用起来,并不需要增加新的固定资产。这样,新义公司在 2014 年就不需要增加 183 万元的固定资产,所有的资金缺口就都不存在了。

用销售收入比例法编制财务计划,简单方便,也易于理解。但正由于这一方法过于简单,它也存在着一些缺陷,特别是忽略了资产的规模经济效应和资产的不可分割性。

由于资产具有规模经济效应和不可分割性,所以销售收入与资产规模并非一一对应,某些资产的占用量并不会与销售收入同步增长。这时,就不能简单地使用销售额比例法。在这种情况下,我们可以根据资产利用效率的提高,调整新的销售收入下各种资产的比率,继续利用销售收入比例法编制财务计划。

16.4 企业增长与外部资金需求

16.4.1 企业增长能力分析

假设 A 企业创建于 2012 年 12 月 31 日,其创建资本包括 1 000 万元的债务资本和

1 000 万元的权益资本(这意味着公司的资本结构为1),并利用这些资本(资金)购置了 2 000 万元的资产(包括流动资产和固定资产)。我们忽略企业在经营过程中形成的自然负债及因此增加的资产数额,A 企业的资产总额就是 2 000 万元。如果 A 企业的总资产周转率为1,则其 2013 年的销售收入为 2 000 万元。如果 A 企业的销售净利润率为 10%,则其税后净利润为 200 万元。如果 A 企业的利润分配率为 50%,则 100 万元的净利润分配给公司股东,另外 100 万元净利润作为留存收益进行再投资。如果 A 企业不再进行任何外部筹资,则在 2013 年年底,公司的资本总额和相应的资产总额达到 2 100 万元,企业的增长率为 5%。如果上述比例依然保持不变,则 2014 年 A 企业的销售收入将为 2 100 万元,净利润将为 210 万元,留存收益将为 105 万元,企业的资产增长率还是 5%。企业的这一增长率,我们称之为内部增长率(internal growth rate)。也就是说,企业完全依靠内部融资,不进行任何形式的外部筹资时所能达到的资产的最大增长率,称为内部增长率。

如果企业净利润中用于再投资的比率为 b,资产利润率为 ROA,则内部增长率①为:

$$\text{内部增长率} = \text{ROA} \times b \tag{16-7}$$

在上例中,企业的 ROA 为 $200/2\,000 = 10\%$,再投资比率 b 为 50%,所以内部增长率为 $10\% \times 50\% = 5\%$。

如果 A 企业保持原有的资本结构(债务资本与权益资本的比例)不变,A 企业还可以再借入 100 万元的债务资本。这样,在 2013 年年底(或 2004 年年初),A 企业增加了 200 万元的新增资本,同时也增加了 200 万元的资产。因为 A 企业的前述所有比例均保持不变,则 2014 年 A 企业的销售收入变为 2 200 万元,税后净利润变为 220 万元,分配给股东的利润为 110 万元,留存收益为 110 万元。A 企业再借入 110 万元的债务资本,2004 年年底其资本增加额为 220 万元。不难看出,A 企业在不需要额外的外部股权融资和保持前述所有比例不变的前提下,其资产以 10% 的速率稳步增长。这一增长速率称为企业的可持续增长率(sustainable growth rate)。

如果企业净利润中用于再投资的比率为 b,权益利润率为 ROE,则可持续增长率②为:

$$\text{可持续增长率} = \text{ROE} \times b \tag{16-8}$$

只是将内部增长率中的资产利润率 ROA 变为权益报酬率 ROE。

从图 16-6 可以看出,提高企业资产的可持续增长率取决于以下因素:

(1)总资产周转率。提高总资产周转率可以提高每一元资产带来的销售收入,减少

---

① 推导如下:企业的总资产为 A,净利润为 NI,资产利润率为 $\text{ROA} = \text{NI}/A$,留存收益 $= \text{NI} \times b$,内部增长率 $=$ 留存收益/总资产 $= \text{NI} \times b/A = (\text{NI}/A) \times b = \text{ROA} \times b$。

② 推导如下:企业的总资产为 $A = D + E$,净利润为 NI,资产利润率为 $\text{ROA} = \text{NI}/A$,权益报酬率 $\text{ROE} = \text{NI}/E$,留存收益 $= \text{NI} \times b$,债务权益率 $L = D/E$。

可持续增长率 $=$ (留存收益 $+$ 留存收益 $\times$ 债务权益率)/总资产 $= [\text{NI} \times b + \text{NI} \times b \times (D/E)]/A$

$\qquad = \text{NI} \times b \times (1 + D/E)/(D + E) = \text{NI} \times b \times (D + E)E/(D + E)$

$\qquad = (\text{NI}/E) \times b = \text{ROE} \times b$

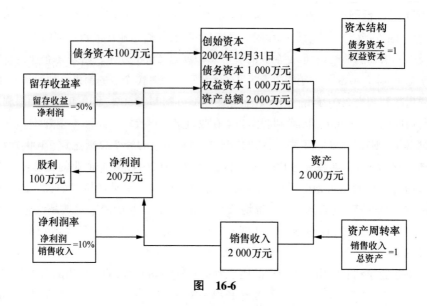

图 16-6

新增销售收入对资产增量的要求。比如,如果 A 企业的总资产周转率由 1 提高为 2,在其他比率和总资产数额不变的情况下,销售收入将变为 4 000 万元,净利润将变为 400 万元,留存收益变为 200 万元,可以新借入 200 万元的债务资本,使资本的增加额达到 400 万元,从而使可持续增长率达到 20%。

(2)销售利润率。提高销售利润率可以提高企业每一元销售收入产生内部权益资金来源(净利润)的能力。比如,A 企业的销售利润率由 10% 提高到 20%,在销售收入不变的情况下,其净利润将达到 400 万元。在留存收益比例不变的情况下,留存收益变为 200 万元,保持资本结构不变,可以新借入 200 万元的债务资本,使资本的增加额达到 400 万元,从而使可持续增长率达到 20%。

(1)和(2)两种方法所实现的可持续增长率的提高,是企业经营效率改善的结果,表明其为资本投资者创造价值的能力的提高,资本投资者的投资价值会因此而增加。

(3)留存收益率(股利政策)。提高留存收益率(再投资比率)可以增加内部权益资本的投入,从而提高可持续增长率。比如,A 企业的留存收益率由 50% 提高到 100%,在净利润不变的情况下,留存收益将变为 200 万元,保持资本结构不变,可以新借入 200 万元的债务资本,使资本的增加额达到 400 万元,从而使可持续增长率达到 20%。

(4)资本结构(筹资政策)。提高资本结构中债务资本所占的比例,也可以提高可持续增长率。比如,A 企业在新增资本时把债务权益率从 1 提高到 2(即在新增 1 元权益资本的同时新增 2 元的债务资本)。这样,在留存收益为 100 万元的情况下,可以借入 200 万元的债务资本,新增资本总量为 300 万元,可持续增长率由 10% 增加到 15%。但这种可持续增长率的提高对股东的影响与前面三种情况不同。在前面三种情况下,企业的资本结构未变,企业股东的财务风险也没有增大。但在将债务权益率由 1 提高到 2 的情况下,股东的财务风险增大了。

(3)和(4)两种方法所实现的可持续增长率的提高,是依靠资本投入增加和风险增大来实现的,企业为资本投资者创造价值的能力并没有提高,所以资本投资者的价值也不会因此而增加。

需要指出的是,企业还可以完全不增加外部股东权益的投入,单纯靠增加债务资本来实现增长率的提高。比如,A 企业可以在只有 100 万元留存收益的情况下借入 300 万元的债务,从而使新增资本达到 400 万元,年增长率达到 20%。但如果企业不能有效地改变其资产利用效率或盈利能力,企业的股东也不愿额外追加权益资本的投入,只是一味通过增加债务资本,提高资本中债务资本的比例来实现企业的增长,将会使企业背上沉重的债务负担,甚至陷入财务困境,这种增长是不可能持久的。这也是为什么我们将企业保持资本结构稳定时的增长率称为可持续增长率的原因。

16.4.2　影响外部资金需求的因素

在用销售收入比例法编制预计财务报表和前面关于企业增长的讨论中,我们都看到企业的增长与外部筹资密切相关。如果限制企业进行外部融资,企业就难以实现较高速度的增长。从我们前面的分析中可知,企业增长中对外部资金的需求大致等于其资金需求总量减去自然负债和留存收益增加量后的余额(虽然折旧也是企业一项重要的内部资金来源,并且在使用上也有很大的灵活性,包括用于购置新的资产。但不论从折旧的性质还是从资产的价值形态上来看,折旧的作用都是使不断贬值的原有资产得以恢复,因此新增资产的最终资金来源不能是折旧),即

外部资金需求量 = 资金需求总量 − 自然负债增加量 − 留存收益增加量

或:
$$\text{EFN} = (A/S)\Delta S - (L/S)\Delta S - M \times S_1 \times b \tag{16-9}$$

式中:EFN 为外部资金需求总量;A/S 为创造单位销售收入所需的资产数量,即每增加一单位销售额所需要增加的资产额,$(A/S)\Delta S$ 为增加 ΔS 销售收入所需要增加的资产数量,也即资金需求总量;L/S 为单位销售额所产生的自然负债数量,即每增加一单位销售额所能增加的自然负债数额,L 为自然负债总额,$(L/S)\Delta S$ 为增加 ΔS 销售收入所增加的自然负债数量;S_1 为下一年度的计划销售额或预期销售额,M 为销售利润率,$M \times S_1 \times b$ 为下一年度可以增加的留存收益;$\Delta S = S_1 - S_0$,为销售额增加量,b 为再投资比率或留存收益率,$(1-b)$ 为股利分配率。

以例 16-3 中的新义公司为例,据 2013 年数据计算,该公司各项参数为:

$$A/S = 1\,400/2\,000 = 0.7$$
$$L/S = 300/2\,000 = 0.15$$
$$M = 159/2\,000 = 0.079\,5$$
$$b = 106/159 = 0.67$$
$$S_1 = 2\,600$$

$$\Delta S = 2\,600 - 2\,000 = 600$$
$$\text{EFN} = 0.7 \times 600 - 0.15 \times 600 - 0.0795 \times 2\,600 \times 0.67$$
$$= 420 - 90 - 138 = 192(万元)$$

新义公司可通过自然负债增加 90 万元的资金,通过留存收益增加 138 万元的资金,从外部筹措 192 万元的资金。这一数值与前面分析中的预估值(172 万元和 8 万元)存在着一定的差异,其原因是在前面的分析中,我们是按照固定股利额(每股 0.177 元)确定股利支付额的,而此处是按照固定股利率(33%)确定股利支付额的,因此 2013 年的留存收益为 138 万元,较前面减少,使外部资金需求增加。

由(16-9)式可以看出,销售收入增长率、资产利用率(特别是固定资产利用率)、资本密集度、销售利润率和公司股利政策五个因素对企业外部资金需求量起着重要的影响。

(1) 销售收入增长率

增加销售收入往往需要增加资产,如果销售收入增长率很低,销售增长缓慢,则依靠自然负债和企业留存收益的增加即可满足销售增长对资金(资产)增长的要求,不需从外部筹措资金。但如果销售收入增长率较高,销售收入增长对资金(资产)增长的要求超出了企业留存收益和自然负债的资金供应能力,就需要从外部筹措资金。显然,销售收入增长率越高,对外部资金的需求越大。

(2) 资产利用率

在例 16-5 中,我们假设新义公司现有固定资产和其他资产在 2013 年已得到充分利用,因此,增加销售收入就必须按比例相应增加固定资产和其他资产。但如果新义公司现有资产在 2013 年并未得到充分利用,则完全可以在少增加甚至不增加资产的前提下达到增加销售收入的目的。定义资产利用率为:

$$资产利用率 = 实际销售收入/资产满负荷利用时的销售收入 \qquad (16\text{-}10)$$

所以:

$$资产满负荷利用时的销售收入 = 实际销售收入/资产利用率 \qquad (16\text{-}11)$$

对固定资产来说,资产满负荷利用时的销售额大体上相当于固定资产的设计生产能力。

设新义公司 2013 年固定资产利用率只有 80%,则其满负荷利用时的销售额为:

$$2\,000/0.80 = 2\,500(万元)$$

这时,公司只需要增加可产生 100 万元销售额的固定资产即可达到 2 600 万元销售额的目标。对其他资产如存货等,可同样分析。

显然,如果目前公司已有的资产尚未得到充分利用,则销售额增加对新增资产的压力就小,对外部筹资的需求也相应较低;反之,则对外部筹资的需求较高。

(3) 资本密集度

资本密集度由 A/S 表示,即实现单位销售收入所需要占用的资产(资本)数量,它是资产周转率的倒数。显然,增加同样数量的销售收入,资本密集度越大,需要增加的资产

(资本)数量越多,对外部筹资的需求也越大;反之,对外部筹资的需求就会较低。因此,提高资产周转率、降低资本密集度是减少外部资本需求的有效途径。

(4) 销售利润率

销售利润率越高,同样销售额产生的利润越大,企业内部积累的能力越强,对外部资金的需求就越低。

(5) 公司股利政策

公司多发放现金股利,用于内部积累的资金就会减少,对外部资金的需求就会增大,因此,公司股利政策实质上是公司筹资政策的一部分。但同时股利政策也会对公司股票价格产生影响,这也是公司管理人员所必须考虑的。

本章小结

本章讲述了企业的筹资组合及财务计划。(1) 企业的筹资组合可以分为匹配型、冒险型和保守型三种,这三种组合在资金成本和风险方面各有特点,企业可以根据自身的实际情况加以选择。(2) 财务计划是对企业未来工作进行的财务方面的解释与安排,可以帮助我们对未来做出预判与选择,财务预测是制定财务计划的重要基础。(3) 损益方程式和目标利润是进行利润和销售预测的重要方法,本量利关系是利润和销售分析的基础。(4) 比例法是进行财务预测和编制财务计划的基本方法之一。根据比例法,我们可以在预期销售收入、资产总额等数据的基础上进行财务预测和编制财务计划。(5) 企业的发展受到资金的约束,根据相关财务比例的约束,我们可以导出企业发展与外部资金需求的关系。(6) 外部情况是不断变化的,企业的财务预测和财务计划也不可能是完全精确和一成不变的,财务计划需要根据情况的变化和经营的需要进行必要的调整。(7) 财务计划和财务预算所给出的都是具体的财务指标或增长目标,与价值创造之间的联系可能不是十分清晰。因此,我们在编制和执行财务计划时不应该忘记创造价值才是企业经营的最根本目标。

思考题

1. 影响企业筹资组合决策的主要因素是什么?为什么?
2. 财务计划的作用是什么?
3. 财务计划模型的构成要素有哪些?为什么这些要素会影响财务计划?
4. 什么是贡献毛益?它在本量利分析中有什么作用?
5. 怎样预测目标利润?
6. 什么是销售收入比例法?

计算题

1. 秦岭公司生产 A 产品,已知 A 产品的售价为每件 10 元,当 A 产品的产量在 40 万件以内时,其固定成本为 60 万元,A 产品的变动成本为每件 7 元,要求:

   (1) 当 A 产品的产量和销售量为 17.5 万件时,公司是盈利还是亏损?

   (2) A 产品的盈亏平衡点是多少?画图表示。

   (3) 当 A 产品产量为 30 万件时,其营业杠杆是多少?

2. 已知某产品的单位售价为 35 元,固定成本为 16 万元,变动成本为每件 15 元,问:

   (1) 当该产品销售量为 6 000 件时,公司是盈利还是亏损?当销售量为 9 000 件时,公司是盈利还是亏损?

   (2) 该产品的盈亏平衡点是多少?

   (3) 计算销售量为 6 000 件和 9 000 件时的营业杠杆。

   (4) 如果产品的单位售价上升到 40 元,同时变动成本上升到每件 20 元,盈亏平衡点如何变化?

3. 已知 T 公司 2013 年的流动资产和固定资产分别为 500 万元,销售收入为 1 500 万元,销售净利润率(即税后利润/销售收入)为 5%。该公司计划 2007 年的销售收入达到 2 000 万元,并保持销售利润率不变。为实现这一目标,公司预计流动资产将与销售收入同比例增长,但固定资产只需要增加 10 万元。目前 T 公司有 150 万元的应付账款和 200 万元的长期负债(10 年期),以及 650 万元的所有者权益(其中 400 万元为留存收益)。T 公司计划 2014 年发放 50 万元的现金股利,问:

   (1) T 公司 2014 年的全部资金需求(即总资产额)是多少?

   (2) 根据 T 公司的销售计划和现金股利分配计划,2014 年 T 公司需要增加多少外部资金?

4. ABC 公司 2013 年的资产负债表如下表所示。由于公司在 2013 年采取了必要的营销活动,公司预计 2014 年的销售收入将由 2013 年的 500 万元增加至 700 万元。ABC 公司目前的资产已被充分利用,为增加销售,公司必须对流动资产和固定资产进行新的投入,预计这种投入需求与销售收入同比例增长。公司的应付账款和应付费用都与销售收入同比例增长。公司 2013 年的销售净利润率为 6%,预计 2014 年将增加至 7%。为了保证未来增长的资金需要,公司决定 2014 年不发放现金股利。另外,公司需要利用短期借款来满足 2014 年的资金需求。

第16章 企业的筹资组合与财务计划

ABC 公司资产负债表　　　　　　　　　　　单位:万元

	2013 年	占销售收入比例(%)	2014 年预计
流动资产	200		
固定资产	300		
资产总计	500		
短期借款	0		
应付账款	50		
应付费用	50		
流动负债总计	100		
长期负债	200		
普通股票	50		
留存收益	150		
负债与权益总计	500		

要求:

(1) 填充表格,预测 ABC 公司2014年的资金需求,利用短期借款来弥补2014年的资金不足。

(2) 比较 ABC 公司2013年与2014年的流动比率和资产负债率。

5. 假设某公司2014年的净利润为2 000万元,2014年年初的总资产为45 000万元,并且假设公司要求保持债务权益比为0.8,公司不能再对外发行股票。请问:

(1)公司最大的可持续增长率是多少?

(2)假如公司将净收益中的600万元作为现金股利,并且计划在将来保持这种支出比例,现在它的最大可持续增长率是多少?

(3)如果公司用净收益中的1 200万元回购一些发行在外的股票,现在公司的最大可持续增长率是多少?

(4)如果公司同时采取了(2)和(3)中的行动,它的最大可持续增长率是多少?

6. 根据下列信息计算新虹公司的可持续增长率和权益资本报酬率:销售利润率 = 9.2%,总资产/销售收入 = 0.60,总负债/股东权益 = 0.50,净利润 = 23 000元,现金股利 = 14 000元。

7. 新华公司目前只利用了75%的固定资产生产能力,目前的销售收入是425 000元。假设销售收入与公司固定资产生产能力成正比,问在不需要新增固定资产的情况下,销售收入最大能够增长多少?

8. 已知关于虹雅公司的下列信息:销售收入 = 110 000元,净利润 = 15 000元,现金股利 = 4 800元,债务总额 = 65 000元,权益总额 = 32 000元。问:

(1) 虹雅公司的可持续增长率是多少?

453

(2) 如果它按照这个比率增长,且债务权益比率保持固定,在下一年度将要新借入多少资金?

(3) 在完全没有外部筹资的情况下,该公司可以保持的增长率是多少?

9. 蓝星公司希望保持12%的年增长率和0.40的债务权益比率,已知公司的销售利润率为4.5%,资产周转率固定为1.75,在上述约束条件下,蓝星公司能够实现这个增长率吗?

第 17 章　企业并购、分立与重组

到目前为止,我们主要讨论如何通过内部投资来扩大公司的资产规模,促进公司发展,这种发展方式称为内部扩张。此外,企业还可以通过收购其他企业来扩张规模,提升公司的市场竞争能力和公司价值。国际上,近年来大型跨国公司之间频繁发生巨额并购,将这一发展方式推向极致;在国内,企业间的并购与重组得到了长足的发展。

在这一章,我们将讨论公司在企业水平上发生的结构变化,即企业的并购、分立与重组。在市场经济条件下,企业组织结构的重大变动往往预示着经济环境和企业目标的变化,尽管不同的公司并购具有不同特征,但是,企业的并购、分立与重组通常与公司的经营目标相关联,是企业实现其既定目标的一种重要手段。

17.1　公司并购概述

17.1.1　公司并购的类型

公司并购是公司间的产权交易行为,是指一家公司通过产权交易获得另一家公司的控制权或资产,或者两家公司并购成为一家新公司。一般来讲,公司并购可以有以下三种方式:公司并购(收购与并购)、股权收购和资产收购。

公司并购

股份公司并购是指以前独立存在的两个或两个以上的具有法人资格的企业,按照特定方式组合成一个公司的行为。一般来讲,公司并购可以有吸收并购和新设并购两种类型。

1. 吸收合并

吸收合并(merger),又称为兼并,是指一个公司接纳一个或一个以上的企业加入该公司,加入方解散并取消法人资格,接纳方存续下去的并购。比如,A、B 两公司是两个独立的公司,现在 A 公司与 B 公司合并,合并后 B 公司解散,取消原有的法人资格,而成为 A 公司的一个组成部分。吸收合并是最常见的股份公司并购的形式,一般说来,它多发生在实力相差悬殊的企业之间。

2. 新设合并

新设合并(consolidation),也简称为合并,指一个公司与另一个或一个以上的企业合并成立一个新公司,合并后原来的公司均告解散,取消法人资格并购。如上述 A、B 两个公司,若采取新设合并方式,合并后 A、B 两公司均告解散,取消其原有独立的法人资格,合并成为一个具有法人资格的新公司——C 公司。这种并购多发生在实力相当的企业之间。

例 17-1 设甲公司与乙公司发生吸收合并,甲公司作为存续方,以一股甲公司股票换取两股乙公司股票的方式并购了乙公司。从法律上看,甲公司股东的状况并未发生直接的变化,而乙公司的股票不再存在,乙公司股东经过换股后成为了甲公司的股东。如果甲、乙两公司进行新设合并,合并后的新公司为丙公司,则甲、乙两公司的股票均不复存在,甲、乙两公司的股东均成为丙公司的股东。

尽管吸收合并与新设合并在法律形式上有所不同,但在公司运作实质上并无大的差异,因此又被统称为公司合并或并购。

根据我国《公司法》的规定,公司合并应当由合并各方签订合并协议,并编制资产负债表及财产清单。公司应当自做出合并决议之日起十日内通知债权人,并于三十日内在报纸上公告。债权人自接到通知书之日起三十日内,未接到通知书的自公告之日起四十五日内,可以要求公司清偿债务或者提供相应的担保(174 条)。公司合并时,合并各方的债权、债务,应当由合并后存续的公司或者新设的公司承继(175 条)。

股权收购

收购目标公司股权是取得目标公司控制权的另一种方式。股权收购(acquisition of stock)可以通过与目标公司管理层协商,达成一致后实施;也可以直接向目标公司股东发出收购要约,进行要约收购(tender offer)。在某些情况下,要约收购往往是敌意收购的表现。

我国《证券法》第 85 条规定,投资者可以采取要约收购、协议收购及其他合法方式收购上市公司。关于要约收购,《证券法》第 88 条规定:通过证券交易所的证券交易,投资者持有或者通过协议、其他安排与他人共同持有一个上市公司已发行的股份达到 30% 时,继续进行收购的,应当依法向该上市公司所有股东发出收购上市公司全部或者部分股份的要约。收购上市公司部分股份的收购要约应当约定,被收购公司股东承诺出售的股份数额超过预定收购的股份数额的,收购人按比例进行收购。《证券法》第 96 条也规定,经国务院证券监督管理机构批准,收购方在取得目标公司 30% 以上的股权后,可以免除发生收购要约。

由于要约收购操作复杂,成本高,加上我国绝大多数上市公司的大部分股权为国家股与法人股,以至于收购方很难在股票市场上买到足够多的股权,因此,我国上市公司的股权收购主要是通过协议收购的方式收购部分国家股与法人股,进而取得对目标公司的控制权。

关于协议收购,《证券法》第 94 条规定:采取协议收购方式的,收购人可以依照法律、行政法规的规定同被收购公司的股东以协议方式进行股权转让。以协议方式收购上市公司时,达成协议后,收购人必须在三日内将该收购协议向国务院证券监督管理机构及证券交易所做出书面报告,并予以公告。在未做出公告前不得履行收购协议。

与公司并购相比,股权收购具有以下一些特点:

(1)股权收购最终取得目标公司的控制权不需要经过目标公司股东大会及投票表决的程序。如果目标公司股东不接受收购价格,他可以拒绝出售手中的股票。

(2)股权收购的收购方可以绕过目标公司的管理层,直接同目标公司股东交易并实现收购目的。正因为如此,部分股权收购,特别是要约收购(tender offer)可能是敌意并购,而敌意并购往往会导致目标公司的反并购,形成激烈的并购战。

(3)如果收购方希望完全控制目标公司,并将其纳入自己公司的范围,仍需要经历一个公司并购的过程。许多股权收购最终都以完全的公司并购而终结。如果收购方已通过股权收购取得了目标公司的控股权,那么通过股东大会表决等程序实现公司并购不存在太多障碍。

(4)收购方可用现金、股票或其他证券以及几种方式混合的方法收购和换取目标公司的股权。

资产收购

企业还可以通过收购目标公司资产的方式取得对目标公司的控制权和资产的使用权。为了灵活运用资产收购和股权收购,在设计收购方案前,必须分析资产收购和股权收购之间的差异以及相关法律法规,降低收购成本,减少法律风险。两者的区别主要在于:

1. 主体和客体不同

股权收购的主体是收购公司和目标公司的股东,客体是目标公司的股权。而资产收购的主体是收购公司和目标公司,客体是目标公司的资产。

2. 负债风险差异

股权收购后,收购公司成为目标公司控股股东,收购公司仅在出资范围内承担责任,目标公司的原有债务仍然由目标公司承担。但因为目标公司的原有债务对今后股东的收益有着巨大的影响,因此在股权收购之前,收购公司必须调查清楚目标公司的债务状况。对于目标公司的或有债务在收购时往往难以准确核实,因此,股权收购存在一定的负债风险。

在资产收购中,资产的债权债务状况一般比较清晰。除了一些法定责任,如环境保护、职工安置外,基本不存在或有负债的问题。因此,资产收购的负债风险比较容易控制。

3. 税收差异

在股权收购中,纳税义务人是收购公司和目标公司股东,而与目标公司无关。除了合同印花税,根据《关于企业股权投资业务若干所得税问题的通知》的规定,目标公司股东可能因股权转让所得缴纳所得税。

资产收购中,纳税义务人是收购公司和目标公司。根据目标资产的不同,纳税义务人需要缴纳不同的税种,主要有增值税、营业税、所得税、契税和印花税等。

4. 第三方权益影响差异

股权收购中,影响最大的是目标公司的其他股东。根据《公司法》,对于股权转让必须有过半数的股东同意并且其他股东有优先受让权。此外,根据我国《合资企业法》的规定,"合营一方向第三者转让其全部或者部分股权的,须经合营他方同意",因此股权收购可能会受制于目标公司其他股东。

资产收购中,影响最大的是对该资产享有某种权利的人,如担保人、抵押权人、商标权人、专利权人、租赁权人。对于这些财产的转让,必须得到相关权利人的同意,或者必须履行对相关权利人的义务。

此外,在股权收购和资产收购中,如果收购相对方(目标公司股东或目标公司)的债权人认为转让价格大大低于公允价格,进而依据《合同法》中规定的撤销权,主张转让合同无效,那么可能导致收购失败。因此,债权人的同意对公司收购行为非常重要。

目前国内公司的资产收购的主要目的是为了提高盈利,收购优质资产已成为一些上市公司新的利润增长点——通过资产收购"买来"业绩增长。据统计,接近三分之一的上市公司通过资产收购实现业绩增长。

17.1.2 横向并购、纵向并购与混合并购

横向并购

横向并购是指同一行业生产经营同一种或同一类产品的公司间的并购。早期的公司并购多数属于横向并购。横向并购将削弱同行业的竞争,增强公司对市场的控制力,甚至形成寡头垄断,从而降低整个社会经济的效率。因此,对横向并购的管制一直是各国反垄断法的重点。

纵向并购

纵向并购是指在生产经营环节上有前后关联关系或买卖关系的公司间的并购,例如,与原材料供应商的并购或与产品需求商的并购。所以,纵向并购是同一产品不同生产经营阶段的联接。纵向并购是公司将关键性的投入—产出关系纳入公司控制范围,以行政手段替代市场手段处理一些业务,以达到提高公司对市场控制能力的一种方法。公司可以通过纵向并购来加强对原料和销售渠道及用户的控制。纵向并购可具体分为前向并购、后向并购和双向并购。前向并购是指与下游企业的并购;后向并购是指与上游企业(即原材料供应商)的并购;双向并购则是同时与上、下游企业进行并购,将产、供、销结为一体。纵向并购是整合或缩短供应链的重要方法,有助于降低供应链的风险,提高效率。

混合并购

混合并购是指不同行业,且不存在产品供求关系的公司间的并购。混合并购导致公司经营多元化,增强了公司的应变能力,如果处理得好,可以降低公司的经营风险。

迄今为止,美国经历了五次并购浪潮:19世纪末20世纪初出现以横向并购为主的第

一次浪潮;20世纪20年代出现以纵向并购为主的第二次浪潮;第三次浪潮出现在60年代,这是混合并购的时代;80年代迎来了第四次并购浪潮,其主要特点是出现了大量杠杆收购与敌意收购;20世纪90年代至21世纪初是第五次浪潮。第五次浪潮的一个突出特点是参与并购的企业多为巨型企业,而且很多是同行业企业,或相互间有密切产品关联的企业,如波音与麦道的合并、克莱斯勒与奔驰的合并。随着经济的发展,美国公司的并购方式经历了一个逐步发展演变的过程。公司的发展往往是先通过横向并购占领市场,立稳脚跟;然后通过纵向并购以稳定供应链和降低销售费用;最后进行混合并购,扩大经营范围,分散风险。西方许多大公司当年都走过这条路。

17.1.3 公司并购的效益来源

并购在国外是一种非常普遍的现象,在我国越来越多的企业开始尝试并购。由于并购实际上是公司投资活动的一种,因此其目的应当是获取投资收益,增强公司实力,并且最终实现股东财富增值。一般来讲,通过并购可以产生一系列协同效应,从而提升公司价值。所以,并购的根本动机应为取得协同效应。根据相关理论和经验研究,公司并购导致的价值增值可能来自于以下几个方面①:

管理效率增加

如果参与并购的两家公司的效率不同,收购公司有更高的管理能力和管理效率,通过企业并购,由高效率企业进行管理,可以提高低效率企业的管理效率,挖掘出其蕴藏着的潜力,降低企业运行成本,增加企业的价值。

经营协同效应

经营协同效应是指并购给企业生产经营活动带来的效率和效益的提高,体现为收入的增加和成本的降低。经营协同效应广泛分布于各个业务流程之中,包括研发、采购、制造、营销、销售、物流以及后台管理。经营协同效应的来源主要包括规模经济(范围经济)、优势互补和市场力量等三个方面。

规模经济是经营协同效应的一个重要来源。通过并购,企业可以迅速达到规模经济的要求,在生产、营销、管理等各个方面更加充分地利用现有资源。比如,在生产方面,并购可以迅速扩大企业的生产规模,使其达到规模经济所需要的水平。同时,并购后企业可以重新安排和调整生产线,将多余的生产能力改造后补充生产中的短线部分,充分利用维修与保养部门的力量,使生产体系更有效率地运转。在管理方面,并购后的企业可以重新调整管理部门的力量和配置,实行统一管理,使各职能部门的工作人员都能充分发挥作用,消除并购前各企业的管理自成一套、人浮于事的浪费现象。在财务管理方面,并购后的企业通过统一调度资金、利用不同企业资金运用的时间差、统筹借款等措施可以有效地降低资金运作的交易成本,提高资金使用效率。

---

① Weston, J. F., M. L. Mitchell, and J. H. Mulherin, *Takeovers, Restructuring, and Corporate Governance*, 4th ed., Prentice Hall, 2004.

多元化

混合并购可以扩大经营范围,增加收入来源,稳定收益,降低经营风险。但是,股东可以通过投资不同行业企业的股权来分散投资风险,不需要所投资的企业利用业务多元化来分散风险。因此,在很多情况下,多元化经营不能通过降低投资风险来增加公司股东的价值。但是,多元化仍然有可能从以下几个方面增加公司的价值:

首先,企业多元化有可能使职工和管理层增加他们对公司的专有投入,从而提升公司价值。虽然股东可以通过资本市场的投资来分散其投资风险,但职工和管理者难以分散其人力资本的风险。一般来讲,职工需要在企业中做一些专门的投入,掌握相关的技能和知识,从而更有效率地完成工作。但是,如果这种投入不能得到相应的回报,他们就不愿意进行投入。通过多元化经营降低风险,公司可以为管理者和职工提供更加稳定的工作前景、更多的升迁和增加报酬的机会,使他们更愿意进行专有投入,从而使管理和劳动效率提高,成本降低。①

其次,现代企业理论认为,员工在工作中会积累与工作相关的信息和经验,由此形成的工作团队在公司清算后一旦各奔东西,就会丧失其原有的高效率。多元化经营的企业可以把这样的工作团队由亏损的部门转移至盈利的和有增长前景的部门,以充分利用团队的价值。

最后,企业在与客户、供应商和员工的长期交往中创造了一定的组织资本,这种组织资本是不可分割的,由公司专有的,包括公司信誉、研发能力、员工培训、固定资产投资等。多元化经营有可能将这种组织资本转移到新的行业,使之得到充分的利用。

财务协同效应

并购的财务协同效应体现在多个方面。第一,并购导致企业用内部融资替代外部融资,从而降低资本成本。内部现金流丰富但投资机会少的企业与内部现金流短缺但投资机会多、增长潜力大的企业的并购,可以利用成本较低的内部资金进行投资,从而降低资本成本。

第二,并购可以更好地利用财务方面的规模效应。并购使企业的规模增大,实力增强,借贷能力提升,筹资规模也随之扩大。由于企业的筹资费用与筹资规模的比例随着筹资规模的增大而减小,债务成本也随企业偿债能力的增强而降低,故并购可以降低筹资费用率和筹资费用,并且有可能通过增加负债来增加税盾利益。

第三,并购可能降低所得税支出。盈利企业与亏损企业合并,亏损企业的亏损将冲减盈利企业的盈利额,从而减少并购后企业的应纳税所得额,减少所得税支出。

此外,在我国,为鼓励效益好的企业并购亏损企业,有关部门往往会在税收、债务利

---

① 对那些经营者与所有者统一的企业来说,所有者的财富主要集中在自己的企业中。如果他们不想出售在公司的股份,削弱自己对公司的控制力,那么他们就难以像普通投资者那样通过资本市场投资来分散风险,其状态类似于本段描述的情形,因此这些企业实行业务多元化是有一定道理的。这在一定程度上可以解释部分中国民营企业热衷于多元化的现象。

息的支付方面给予一定的优惠(如曾经实施的"挂账停息"政策等),可以使企业节约大笔的财务成本。

增强市场实力,实现战略联盟

通过公司并购,现有企业可以有效地增强自身的市场实力。企业并购后,原来的竞争对手变成了一家人,一方面减少了市场竞争,另一方面壮大了并购后企业的市场份额。比如,1996年3月美国化学银行和美国大通银行合并成为新的美国大通银行,其规模位居全美第一;1997年波音公司与麦道公司合并,进一步加强了在飞机制造领域的市场地位。

公司战略重组

公司可以通过并购获得所需的资源,例如技术、产品或市场,实现在新领域的增长或应对新的竞争形势。虽然这些资源在一定程度上也可以通过公司的内部发展来获取,但并购可以极大地加快获取资源的速度,有助于加速公司的战略转型。例如,IBM公司从20世纪90年代中期开始进行战略转型——从计算机制造向软件和IT服务领域发展,至2004年年底蓝色巨人成功地完成了战略转型。其间,IBM公司出售了全部与个人电脑相关的硬件制造业务,收购了许多IT服务领域与软件领域的公司。从90年代初至2012年年底,IBM完成了大约150宗收购交易。

降低代理成本

代理理论认为,公司股东与公司管理者之间存在着委托代理问题,两者利益的不一致会导致管理者的某些行为偏离股东的利益。通过企业并购在一定程度上可以限制和削弱管理者的这类行为,降低代理成本,从而提升公司的价值。比如,当企业拥有大量自由现金流量时,管理者可能会为了自身利益而非股东利益滥用这些现金流,进行净现值为负的投资。如果其他企业通过借款的方式收购这类企业,并在收购之后用自由现金流偿还贷款,那么,滞留于被收购企业的、可能被滥用的资金将重新回到资本市场,从而提高了公司的价值。[①]

另外,其他企业的并购威胁作为对管理层的一种约束,也有助于提高管理层的工作效率,降低代理成本。

17.1.4 并购中的价值转移

赢者诅咒

赢者诅咒(winner's curse)是指这样的现象:在竞价拍卖中,众多买者竞相出价,最后,赢家的出价可能高于标的物的实际价值。在企业并购中,通常有多家企业竞相收购目标公司。在这种收购竞争中,出价最高并赢得竞购战的"赢者"可能出价过高。"赢者诅咒"会造成收购公司股东价值向目标公司股东转移。"赢者诅咒"现象的主要解释是收购

---

① Jensen, M. C., "Agency Costs of Free Cash Flow, Corporate Finance and Takeovers", *American Economic Review*, 76(2), 1986, pp. 323—329.

方过度自信。过度自信导致收购方高估目标公司的价值,或者高估协同效应。[1]

公司利益相关者向公司股东的价值转移

在收购过程中,如果过高的财务杠杆导致公司的债务风险增大,债务等级降低,则债权人的利益受到损害,并且可能发生由债权人向股东的价值转移。

同样,在企业收购完成后,通过企业重整等方式对企业员工进行裁员、降薪等行为,也有可能发生由员工向公司股东的价值转移。比如,1985 年,华尔街著名的公司掠夺者(corporate raider)伊坎(Carl Icahn)采用敌意收购的方式收购了环球航空公司(Trans World Airlines,TWA)。收购前夕,TWA 公司的飞行员、机械师和机组服务员的年薪总额大约为 8.22 亿美元;在伊坎获得 TWA 的控制权后,通过削减工资等措施,使 TWA 上述员工的年薪总额减少了 2 亿美元,平均削减幅度达 24%。[2]

17.1.5 一些不恰当的公司并购动机

公司并购的本质应该是增加公司的价值,但一些并购动机却并非以增加公司价值为目标,这些动机包括:

实现多样化经营,降低经营风险

这是许多企业进行并购的主要动机之一。比如,近年来国内很多企业都在努力探索多元化经营,并进行了大量尝试。但是,这一动机是否合理却存在着以下两方面的疑问:

第一,多元化经营所起到的稳定收益、降低风险的作用对企业职工、供货商和客户是有着积极意义的(参见 17.1.3 节)。但是,从企业所有者(股东)的角度看,多元化经营最终未必能给他们带来好处。如果所有者担心他们在企业的投资风险过高,他们可以通过证券市场上的分散化投资来降低风险,而且在证券市场进行分散化投资比通过企业并购来分散投资风险方便、简单得多。因此,只有在投资者希望分散投资风险而又无法通过自身的投资行为实现这一目的,或者投资者自行分散投资风险的成本太高时,企业多元化经营的行为对其所有者才有意义。

第二,多样化经营意味着企业经营范围的扩大,而这本身具有较高的风险。只有当多样化经营取得成功后,它才能起到分散经营风险的作用。如果多样化经营失败,不但不能发挥分散风险的作用,而且会造成严重的损失。任何企业的财力、人力和物力都是有限的,多样化经营,特别是进入新行业的多样化经营,需要企业投入大量的财力、人力和物力,因此会导致企业削减其主业的投资。如果企业实力不足,或缺乏经营新行业的人才,很可能会因为力量分散和经验不足而招致失败。对企业来讲,攥紧拳头、集中精力地做好一件事、经营好一个行业,与伸开五指、分散力量去经营多项无关的业务相比较,面临的风

---

[1] Richard,R.,"The Hubris Hypothesis of Corporate Takeovers",*Journal of Business*,59(2),1986,pp.197—216.

[2] Shleifer, A. and L. H. Summers,"Breach of Trust in Hostile Takeovers", Chapter 2 in Auerbach, A. J., ed. *Corporate Takeovers: Causes and Consequences*,Chicago: University of Chicago Press, 1988.
转引自:Weston, J. F., J. A. Siu, and B. A. Johnson, *Takeovers, Restructuring, and Corporate Governance*, Chapter 6, 3rd ed., Prentice Hall, 2001。

险孰高孰低是一目了然的。

因此,企业在决定进行多元化经营之前,需要认真考虑多元化的各种影响,仔细权衡其利弊。

利用多余资金

当企业盈利丰厚、投资机会匮乏时,它会产生大量的现金盈余,这些现金盈余被称为自由现金流量。

企业可以利用自由现金流发放现金股利,投资于有价证券,也可以用来收购其他企业。如果管理层认为发放现金股利会加重股东的税收负担,不符合股东的利益,或者,如果管理层认为公司分配会缩小公司规模进而损害管理层的私利,他们可能将富余资金用于收购。这种收购是否真正符合股东的利益,取决于收购的质量。如果不是从投资价值出发,而是为了利用多余的资金而决定是否收购其他企业,这样的收购很可能损害收购方的股东利益。

管理者个人动机

对管理者来说,做大企业的规模以扩展自己的权力,防止被对手并购以保住自己的职位等都是他追求的目标,而并购可以用来实现这些目标。因此,管理者可能以各种冠冕堂皇的理由决定进行并购,其真正目的可能是为了实现其自身的私利,而不是股东价值。

案例 17-1

TCL 教训

TCL 如同一只压在巨石下的乌龟,正在努力掀翻石块,继续前行;压在龟背上的巨石,就是 TCL 两次海外并购带来的巨大亏损。

自收购汤姆逊集团的彩电业务和阿尔卡特公司的手机业务以来,TCL 不断进行内部重组与调整,以应对接踵而来的整合难题。但是,资金吃紧的状况仍日复一日,尽管目前还没有迹象表明银行和供货商正在对其收紧银根。

最新数据显示,TCL 集团今年前三个季度实现主营业务收入 365.30 亿元,同比增长 41.57%;净亏损 11.39 亿元人民币,每股亏损进一步扩大为 0.44 元,每股净资产为 1.58 元,净资产收益率为 -27.84%。

现金流成为明显的问题。经营、投资和筹资现金净额均为负数,相比一年前,总体的现金及现金等价物水平从 34.2 亿元变成了 -21.4 亿元;今年三季度经营活动产生的现金流量为 -2.68 亿元,同比下降了 95.39%。

"这是 TCL 发展历史上最困难的阶段。"TCL 集团李东生对《财经》坦言。将整个集团拖向亏损泥潭的,正是作为公司国际化前沿阵地的两家合资公司——与法国汤姆逊在彩电业务的合资公司 TCL—汤姆逊电子有限公司(TCL-Thomson Electronics Limited,下称

TTE),以及与阿尔卡特公司合资的 TCL 阿尔卡特移动电话有限公司(TCL&Alcatel Mobile Phone Limited,下称 T&A),前者为集团带来 17.85% 的亏损,后者加上 TCL 移动在国内市场的迅速下滑,要为余下的亏损负责。

现在,每一分钱对于 TCL 都很重要,能否及时解决并购带来的麻烦,已成为生死存亡的关键。

彩电:计划赶不上变化

2003 年年底决意收购汤姆逊的时候,汤姆逊 2003 年的亏损总额达到 1.85 亿欧元(约合人民币 17.32 亿元),即使除去 4400 万欧元(约合人民币 4.12 亿元)的非经营性支出,也还亏损 13 亿元之巨。但在国内市场已趋饱和的情况下,没有什么比打入国际市场特别是欧美市场更令人兴奋的了。

TCL 集团认为,此番收购,与自己独立拓展欧美市场相比,在时间上至少可以提前五到六年;就规模而言,收购已使 TCL 成为一个全球化企业。到目前为止,TCL 全球 6 万名员工中,已有超过 1 万名身在海外,且在海外设有五个研发中心。至 2005 年,TCL 的海外业务占到总业务的 50%。

但是,TCL 付出的代价比想象的要大得多。收购汤姆逊彩电业务时,TCL 集团面临的最大的风险就是如何消化其巨额的亏损。对于控制成本一向自信的 TCL 曾计划 18 个月内扭亏,事实证明,这个时间表太乐观了。到 2005 年三季度,彩电业务仍给集团带来净亏损 1.09 亿元。

目前,TCL 彩电部门在欧美市场的销售额已经超过中国国内,并占到彩电总销售额的 44%,但这很大程度上是因欧美市场上价格较高所致。真正在销量和利润上的主要贡献来自于国内市场和新兴市场。实际上,由于市场竞争激烈,2003 年以来,彩电产品的综合毛利率不可阻挡地持续下降,从收购之初的 20% 左右下降到 2005 年三季度的 15.38%;加上短期内进一步削减在欧美的生产成本的空间已经很小,TCL 彩电的成本控制空间已日益有限。

直到目前,除了不断对当初收购框架协议下的众多合作事项进行修正,以促进企业整合,人们仍很难看到 TCL 基于收购带来的产品核心竞争力的提升。对此,李东生的回答相当坦白而务实:"我们之所以遇到比较大的压力,很大程度上是因为我们的前期估计还不够充分。"

手机:内忧外患

相比之下,如果说 TCL 的彩电整合还令投资者在担忧中抱有期待,TCL 与阿尔卡特在手机上的合作,则可用"危险"来形容。目前 TCL 集团紧张的资金情况,大部分拜通信业务所赐。通信业务所在的香港上市公司 TCL 通讯科技控股有限公司(以下简称 TCL 通讯,香港交易所代码:2618)2005 年前三季度的主营业务收入为 40.21 亿港元,同比减少 22.30%,净利润亏损 16.01 亿港元。以 TCL 集团持有的 TCL 通讯股份比例 54.67% 计,通信业务给集团带来的净亏损达到 9.06 亿港元,占集团亏损总额的 82.15%。

2005 年 5 月,TCL 通讯与阿尔卡特提前落实了在 2004 年约定的换股协议,将双方的合资公司 T&A 变成 TCL 通讯的全资子公司;阿尔卡特则变为 TCL 的股东,持股 4.8%。此举被视为双方 2004 年联姻的破裂,亦是 TCL 手机业务"危险"的信号。

TCL 收购阿尔卡特手机业务的意图是借其技术实力和品牌形象开拓新市场。但急于收购的 TCL 在合资的谈判协议中,面对连年亏损的阿尔卡特手机业务,并未占得先机;

不但没有买到未来增长点的3G业务,对于大部分阿尔卡特拥有的专利交互许可协议,合资公司"都需要与相关技术出售方就新的协议进行谈判",实际上是设置了未来快速推出相关技术新产品的障碍,使市场反应速度和成本都受到影响。此外,国内市场的迅速下滑,使得TCL在整合亏损高达7440万欧元的阿尔卡特手机业务时更捉襟见肘。TCL移动在国内的市场占有率已经由2003年鼎盛时的11%下滑到目前的不足4%。由于收购未带来协同效应,加上不断贻误市场时机,已使TCL的手机业务深陷泥潭。TCL和阿尔卡特两个品牌的市场份额都在下滑,已跌出国产手机三强。

市场普遍认为,因收购后手机业务亏损压力增加,整合期将远远超过18个月的最初预期,并成为未来TCL集团最重的财务负担。

后盾与自强

对于现状,TCL的回答是:最坏的时候已经过去了;投资者们已经看到,现在正是TCL最坏的时候。但这个时候是否即将过去,几乎所有分析员都选择了沉默。

困境是显然的,但TCL上下直面问题的态度和解决困难的勇气,也被投资者看在眼里。不仅如此,TCL集团目前较为稳定的上下游关系和政府对TCL的强力支持,也被投资者视为最大利好。

对于外界关于TCL资金状况的担心,TCL集团发言人在接受《财经》采访时强调,TCL资产负债水平还是"比较健康的",同境内外金融机构都保持良好的关系。截至2005年三季度,集团负债以经营性负债为主,银行负债仅占24.3%。2005年7月5日,中国出口信用保险公司与TCL集团签署战略合作协议,帮其建立"全球海外业务风险管理体系",并提供信用保险等全方位服务,预计2006年出口信用保险承保目标金额将达到15亿美元。由于企业出口货款的回收风险减小,如果通常一笔应收账款要60天以后才能收回,而向中国出口信用保险公司投保后,TCL可以提前从银行拿到这笔应收账款的80%左右,这可以缓解资金周转压力。中国进出口银行于2005年3月间向TCL集团授信60亿元,国家开发银行亦在两个月前给予了80亿元的授信额度——在TCL看来,这"充分表示了国家对中国企业'走出去'与培养世界级中国企业的国策的实质性支持"。

TCL正在为其仓促的海外收购支付学费,不过对于决策者,教训远比好消息要深刻。在TCL中国有限公司董事局主席汤姆·曼宁看来,拓展海外业务的复杂性,往往被人们误认为仅是技术层面的困难。从其他企业国际化的过程看,真正的挑战在于最初的战略设计上。"如果重新审视我们的国际化,我认为,今天的TCL团队对国际化的意义要比去年有更深刻的理解和认识。"李东生说。

资料来源:改编自卢彦铮、龙雪晴,"TCL教训",《财经》,2005年12月15日,第136—138页。

17.2 公司并购分析

17.2.1 公司并购的价值分析

企业并购是企业投资行为的一种,其最终目的应与其他投资行为一样,是提高企的价值。设 A、B 两企业在合并前的价值分别为 V_A 和 V_B，合并后新企业 AB 的价值为 V_{A+B}，有：

$$V_{A+B} = V_A + V_B + V_S \qquad (17\text{-}1)$$

式中：V_S 为企业合并后新增的价值。显然，企业合并应使新增价值 V_S 达到最大。

为了保证企业合并有利可图，A 企业为合并 B 企业而付出的成本应小于 $V_B + V_S$，或 $V_{A+B} - V_A$，从而使合并行为给 A 企业带来的价值大于零。

值得指出的是，如果 B 公司是一负债经营公司，当 A 公司收购 B 公司全部股权时，也承担了 B 公司的债务。虽然 B 公司的债务也包含在 B 公司的价值之内，但这部分价值并不属于 B 公司股东。所以，A 公司并购 B 公司时实际购买的是 B 公司股东权益的价值，因此，其付出的成本也是以 B 公司股东权益的价值和协同效应产生的新增价值为基础衡量的。

企业并购的价值源于并购产生的协同效应，从技术的角度看，它来源于：

(1) 在保持风险水平不变(因此贴现率不变)的情况下，使净现金流入量增加，从而使并购新增价值 V_S 大于零；

(2) 降低企业现金流量的风险水平，从而降低贴现率，使现有现金流量的净现值增大。

一个特定的并购事件，可能通过上述因素影响企业的价值。

收购公司应把收购作为一个投资项目加以评估，因而必须估计完成收购后企业的预期现金流，并按相应的资本成本贴现。应评估的现金流中包括新进业务的所有现金流量，其中包括收购完成后的重组成本、协同效应对现金流量的贡献。上述现金流的现值扣除购买目标公司的金额(若并购支出除现金外为公司股票或其他证券，则需要合理地估计证券或股票的实际价值)后的价值若大于零，则一般说来并购方案可行。

对目标公司股东而言，评估收购要约的方法与并购方公司的决策分析相似。每一股东都必须评估，接受并购要约后，未来的现金收益经适当贴现后是否会超过持有目标公司股票的现金收益的现值。

综上所述，并购活动净现值分析主要应分析以下几点：

(1) 企业并购后的各期现金流量(包括协同效应增加的现金流入量及减少的现金流出量)。

(2) 用于估算企业并购价值的资本成本。

(3) 计算并购后净现金流量的现值。

(4) 企业并购产生的价值是如何在并购双方的股东之间分配的。

这部分分析和我们以前讨论的内部投资决策所依据的方法和原则是一致的，并无特别之处。下面仅以一简要案例说明上述分析过程。

例 17-2 A 公司的股东权益价值 4 500 万元，普通股股票数量为 300 万股(每股股票价值 15 元)。B 公司有普通股 110 万股，每股股票价值 10 元，股东权益的市场价值为

1 100 万元,债务价值为 520 万元,资产负债率为 30%。A 公司准备收购 B 公司,收购后 A 公司准备将 B 公司的资产负债率提高至 40%。目前 B 公司债务的税后成本为 7%,假设收购后资产负债率的提高不会改变 B 公司的债务成本,而股东权益的成本预计将上升为 18%。收购后 B 公司的债务将完全由 A 公司承担,试分析收购活动的可行性。

(1) 现金流量分析。预计收购后 B 公司的现金流量(已计入各种合并效应的影响)如表 17-1 所示。

表 17-1　收购后 B 公司现金流量分析

	2001	2002	2003	2004	2005
销售净收入	2 450	2 660	3 050	3 350	3 650
减:产品成本	1 870	1 980	2 240	2 440	2 615
销售与管理费用	310	344	370	404	421
折旧	195	195	220	220	245
税前利润	75	141	220	286	369
减:所得税(40%)	30	56	88	114	147
税后净利润	45	85	132	172	222
加:折旧	195	195	220	220	245
减:资本支出	100	100	150	180	230
加:企业终值*					3 118
净现金流	140	180	202	212	3 355

* 企业终值按照 2005 年现金流量 237 万元(222 + 245 − 230)在后续各年中以 6% 的速率持续增长计算,即
$$V_{2005} = \frac{222 + 245 - 230}{0.136 - 0.06} = 3\,118(万元)$$

(2) 估算合并后 B 公司的资产资本成本。
$$\text{WACC} = W_D R_D + W_E R_E = 0.40 \times 7\% + 0.60 \times 18\% = 13.6\%$$

(3) 计算合并后 B 公司的现金流量现值。

PV = 2001 年至 2005 年现金流量现值 + 2006 年及以后现金流量现值

$$= \frac{140}{1.136} + \frac{180}{1.136^2} + \frac{202}{1.136^3} + \frac{212}{1.136^4} + \frac{3\,355}{1.136^5}$$

$$= 123 + 139 + 138 + 127 + 1\,774 = 2\,301(万元)$$

(4) 计算合并产生的价值及其分配。B 公司目前市场价值为 1 620 万元,其中股东权益价值为 1 100 万元,据以上分析,收购后 B 公司的价值可达 2 301 万元,股东权益价值达 1 781 万元。这意味着,如果 A 公司能以低于 1 781 万元的价格收购 B 公司,则有利可图。与收购前 B 公司股东权益的市场价值相比,收购后股东权益价值增加 681 万元,这也是并购产生的总价值。如果 A 公司付出的收购成本为 1 500 万元,则原 B 公司股东可得到 400 万元的收益,原 A 公司股东可得到 281 万元的收益。

例 17-2 关于公司并购收益分配的讨论只是说明性的,并不代表实际情况。

众多实证研究表明:第一,并购确实可以使并购后公司的总体价值增加,即并购能够创造社会价值;第二,在并购中,目标公司(被收购公司)的股东是受益者,收购公司的股东不能从并购中受益,被收购公司的股东几乎得到了并购创造的全部价值。[1]

17.2.2 公司并购的定价决策

净现值分析讨论了并购可能产生的经济效益,这是并购定价决策的基础,但并购定价决策比一般的净现值分析更复杂,这主要表现在以下三个方面:

(1) 收购方公司往往需要承担被收购公司的债务,因此买方公司不仅要对被收购公司资产进行评估,还要对被收购公司的债务进行评估,而被收购公司的或有负债发生的可能性很难估算。

(2) 当几家公司为收购同一目标公司而相互竞争时,并购决策不仅要考虑本企业收购可能带来的收益,还要考虑被收购公司被竞争对手收购对本企业带来的不利影响。在很多情况下,这不仅需要精确的财务计算,而且需要企业家的远见卓识。

(3) 在收购活动中,买方公司支付给被收购公司股东的对价可以是现金,也可以是收购公司的股票。

由于现金收购与股票交换在计算并购成本时有很大的差异,从而导致了两种方法不同的定价决策。

现金收购

假定A公司以支付现金方式并购B公司。设V_A = 并购前A公司股东权益价值,V_B = 并购前B公司股东权益价值,V_{A+B} = 并购后新公司股东权益价值。

其中的V_{A+B}可由前面所做的净现值分析得到,而V_A和V_B既可用类似的方法评估取得,也可以直接通过公司的股票市场价格获得。在有效资本市场的假设之下,股票的市场价格就是公司未来收益现值的最好估计。

由于存在协同效应,所以$V_{A+B} > V_A + V_B$。

设$S = V_{A+B} - (V_A + V_B)$,则$S$为协同效应,通常$S > 0$。

A公司通过并购B公司获得的净现值为:

$$NPV = V_{A+B} - V_A - P$$

式中:P为A公司支付给B公司的现金(售价)。

由以上两式可得:

$$\begin{aligned} NPV &= V_{A+B} - (V_A + V_B) + V_B - P \\ &= S + V_B - P \end{aligned} \qquad (17\text{-}2)$$

式中:$S + V_B$为A公司在并购中的收益;P为A公司的收购成本。

交易价格P的大小是由并购双方的力量决定的,它直接关系到双方对并购的利益分

---

[1] Weston, J. F., M. L. Mitchell, and J. H. Mulherin, *Takeovers, Restructuring, and Corporate Governance*, 4th ed., Prentice Hall, 2004,第8章对此问题作了综述。

配,即对协同效应收益 S 的分割。下面讨论交易价格 P 的下限和上限。

设 $P_{\min}$ 为交易价格 P 的下限,则 $P_{\min} = V_B$(B 公司股东可接受的最低价格),显然,目标公司股东不会接受低于此值的收购价格。假如 A 公司收购 B 公司的价格 P 为 $P_{\min}$,则 A 公司在收购中得到的价值为:

$$\begin{aligned} NPV &= S + V_B - P_{\min} \\ &= S + V_B - V_B \\ &= S \end{aligned}$$

这意味着 A 公司将独占协同效应收益 S。

设 $P_{\max}$ 为交易价格 P 的上限,则 $P_{\max} = S + V_B$。同样,A 公司不可能支付高于 $S + V_B$ 的价格。

假如 A 公司支付的价格为 $P_{\max}$,则 A 公司在收购中得到的价值为:

$$\begin{aligned} NPV &= S + V_B - P_{\max} \\ &= S + V_B - (S + V_B) = 0 \end{aligned}$$

这意味着 B 公司将独占协同效应收益 S。

由于 B 公司不可能接受低于 $P_{\min}$ 的价格,而 A 公司不可能支付高于 $P_{\max}$ 的价格,所以实际的收购价格必定在 $P_{\min}$ 和 $P_{\max}$ 之间。交易价格的上、下限范围决定了交易双方讨价还价的幅度,其大小等于协同效应收益 $S(= P_{\max} - P_{\min})$。而实际收购价格究竟落在这一区间内的哪一点,由双方的讨价还价能力决定。

在例 17-2 中,如果 A 企业以 1 500 万元的现金从 B 公司股东手中买入 B 公司的全部股权,从而实现与 B 公司的合并,则 A 公司所付出的收购成本为 1 500 万元。A 公司和 B 公司股东分别获得 281 万元和 400 万元的净收益。

股票交换

若 A 公司以向 B 公司股东支付本公司股票的方式并购 B 公司,则 B 公司股东成为并购后 A 公司的股东,这时需要确定 A 公司股票交换 B 公司股票的比率。

设 x 为 B 公司股东占并购后 A 公司股份的比例,那么 A 公司收购 B 公司的价格(或成本)为 xV_{A+B},类似地,A 公司并购 B 公司所获净现值为:

$$NPV = S + V_B - xV_{A+B}$$

下面讨论如何确定 x 的下限 $x_{\min}$ 和上限 $x_{\max}$。

因为:
$$x_{\min}V_{A+B} = V_B$$

所以:
$$x_{\min} = V_B/V_{A+B} \tag{17-3}$$

又因为:
$$x_{\max}V_{A+B} = S + V_B$$

所以:
$$x_{\max} = (S + V_B)/V_{A+B} \tag{17-4}$$

设 N_A = 并购前 A 公司的股票数;ΔN_A = A 公司给 B 公司股东增发的股票数。

则:
$$x = \Delta N_A/(N_A + \Delta N_A)$$

有:
$$\Delta N_A = x/(N_A + \Delta N_A)$$

$$\Delta N_A(1-x) = xN_A$$

可得:
$$\Delta N_A = [x/(1-x)]N_A$$

由上式,我们可确定 A 公司支付给 B 公司股东股票总数的下限 $\Delta N_{A(min)}$ 和上限 $\Delta N_{A(max)}$。

$$\Delta N_{A(min)} = [x_{min}/(1-x_{min})]N_A$$
$$= \{(V_B/V_{A+B})/[1-(V_B/V_{A+B})]\}N_A$$
$$= \{V_B/(V_{A+B}-V_B)\}N_A \qquad (17\text{-}5)$$

$$\Delta N_{A(max)} = x_{max}/(1-x_{max})N_A$$
$$= \{[(S+V_B)/V_{A+B}]/[1-(S+V_B)/V_{A+B}]\}N_A$$
$$= \{(S+V_B)/(V_A+B-S-V_B)\}N_A \qquad (17\text{-}6)$$

随着 S 的增加,讨价还价的范围将增大,也就是买卖双方谈判的余地扩大了。

假设例17-2 中 A 公司决定以本公司1/3 的股份交换 B 公司的全部股份(即以1 股 A 公司股票交换1 股 B 公司股票),从而实现与 B 公司的合并。从表面上看,A 公司合并前股东权益的价值为4 500 万元,其股权价值的1/3 正好也是1 500 万元。但实际上,A 公司以本公司1/3 的股份交换 B 公司的股权后,B 公司的股东将成为合并后新公司 AB 的股东,并拥有该公司1/3 的股权。由于合并后新公司 AB 的股东权益总值为6 281 万元($V_A + V_B + S = 4 500 + 1 781$),新公司1/3 股权的价值为2 094 万元。因此,A 公司实际付出的收购成本为2 094 万元,不但高于预期的1 500 万元,而且高于 $V_B + S$(即 B 公司合并前的股东权益价值与合并新增价值之和)的1 781 万元,A 公司股东在这种合并方案中将蒙受损失。① 显然,A 公司不能以这种方案与 B 公司合并。

在例17-2 中,B 公司并购前的股东权益价值为1 100 万元,A 公司股东权益的价值为4 500 万元,并购协同效益的价值为681 万元,根据(17-4)式,A 公司可付出的最大交换比例为:

$$x_{max} = (S+V_B)/V_{A+B}$$
$$= (1\ 100 + 681)/(1\ 100 + 681 + 4\ 500)$$
$$= 0.28$$

即 A 公司最多用28%的股票与 B 公司股东的股票进行交换,这样才能保证在并购活动中 A 公司股东不遭受损失。1/3 的交换比率显然超过了 A 公司可以接受的交换比例上限。

17.2.3 公司并购的会计处理

公司并购时,常用的会计处理方法有购买法与权益结合法两种。

2006 年颁布的《企业会计准则第20 号——企业合并》与《企业会计准则第33 号——合并财务报表》规范了我国企业并购的会计处理方法。准则第20 号将企业合并划分为同

---

① 合并后公司的总价值为6 281 万元,A 公司原股东只持有新公司2/3 的股权,其价值为4 187 万元,小于合并前的4 500 万元。

一控制下与非同一控制下的企业合并两类,并规定了不同的会计处理方法。参与合并的企业在合并前后均受同一方或相同的多方最终控制且该控制并非暂时性的,为同一控制下的企业合并,此类企业合并要求以账面价值计量的权益结合法进行处理;参与合并的各方在合并前后不受同一方或相同的多方最终控制的,为非同一控制下的企业合并,此类企业合并只允许采用以公允价值为计价基础的购买法进行处理。

下面扼要介绍购买法与权益结合法。

购买法

购买法(purchase accounting)把公司之间的并购看成是一个公司购买另一个公司的行为,犹如一个公司购买其他资本性资产一样。在这种情况下,收购方在购买日对作为企业合并对价付出的资产、发生或承担的负债应当按照公允价值计量,公允价值与其账面价值的差额,计入当期损益。具体处理办法如表 17-2 所示,其中假设收购采用换股收购。

表 17-2 单位:万元

资产负债表	合并前		合并后		
	A 公司	B 公司	购价 = 20	购价 = 30	购价 = 50
流动资产	50	25	75	75	80
固定资产	50	25	65	75	80
商誉	0	0	0	0	10
总资产合计	100	50	140	150	170
负债	40	20	60	60	60
股东权益	60	30	80	90	110
负债与权益合计	100	50	140	150	170

从表 17-2 可见,合并前 A、B 两公司的资产价值分别为 100 万元与 50 万元,负债分别为 40 万元与 20 万元。B 公司的权益价值为 30 万元。现在假定:

(1) A 公司以相当于 20 万元的价格购入 B 公司,并同时承担 B 公司 20 万元的负债,亦即 A 公司实际上以 40 万元价格购入 B 公司账面价值为 50 万元的总资产。很明显,与收购价格相比,B 公司资产的账面价值被高估了。其中高估的资产可能是 B 公司的固定资产,也可能是其流动资产。现假设 B 公司的固定资产估价过高,其公允价值为 15 万元,则两公司合并后,A 公司流动资产的总额为 75 万元,固定资产总额为 65 万元,负债为 60 万元,股东权益为 80 万元。

(2) A 公司以相当于 50 万元的价格购入 B 公司,并同时承担 B 公司 20 万元的负债,亦即 A 公司实际上以 70 万元的价格购入 B 公司账面价值为 50 万元的总资产。很明显,B 公司的账面价值被低估了。其中低估的资产可能是流动资产,也可能是固定资产。现假设 B 公司的流动资产和固定资产分别低估了 5 万元,则公司收购时多付的 10 万元即为 B 公司商誉。

两公司合并后,如果公司资产价值增加,就会导致公司折旧与存货成本等的提高。

同时,公司的商誉作为一种无形资产,其价值也会随时间的推移而损耗,从而也会增加公司各期的负担。这些因素均会影响公司合并后的利润水平。假设上例中 A 公司以 70 万元购入 B 公司,由于公司折旧与存货成本增加,公司营业成本提高了 1 万元。同时,由于生产了 10 万元商誉,该商誉按 10 年摊销,每年摊销 1 万元。两公司原适用的所得税税率不变,仍为 50%,这样,A 公司收购 B 公司后的损益表即变为表 17-3。

表 17-3   单位:万元

损益表	合并前 A 公司	合并前 B 公司	合并后
净销售收入	100	50	150.0
减:营业成本	72	36	109.0
减:财务费用及其他支出	4	2	6.0
应税所得	24	12	35.0
减:所得税	12	6	17.5
减:商誉摊销	0	0	1.0
税后利润	12	6	16.5

由此可见,采用购买法,两公司合并后的税后利润与合并前的税后利润水平有较大的差别。

权益结合法

权益结合法(pooling of interest accounting)是在以股票交换方式合并两公司时常用的一种会计处理办法。以股票交换方式合并公司,实际上并无一公司购买另一公司的认定,也不发生另一公司资源的消耗。因此,用权益结合法进行会计处理时,仍保留两公司以往的会计基础。在制作合并后公司资产负债表时,按两公司原入账数相加入账。如上例,若 A、B 两公司采取股票交换方式合并成 A 公司,根据权益结合法,合并后公司资产负债表上各项资产、负债、股东权益的价值可采取简单相加的方法编制,如表 17-4 所示。

表 17-4   单位:万元

资产负债表	合并前 A 公司	合并前 B 公司	合并后
流动资产	50	25	75
固定资产	50	25	75
总资产合计	100	50	150
负债	100	50	150
股东权益	40	20	60
总求偿权合计	60	30	90

A、B两公司合并后公司的利润亦为两公司利润的简单相加,如表17-5所示。

表 17-5　　　　　　　　　　　　　　　单位:万元

损益表	合并前		合并后
	A公司	B公司	
净销售收入	100	50	150
减:营业成本	72	36	108
减:财务费用及其他支出	4	2	6
应税所得	24	12	36
减:所得税	12	6	18
减:商誉摊销	0	0	0
税后利润	12	6	18

17.2.4　敌意收购与反并购[①]

在并购活动中,如果被收购企业的管理层不同意被收购,收购方直接向目标公司的股东购买股票,以达到控制目标公司的目的,目标公司将视收购方的行为为敌意收购(hostile takeover)。敌意收购后被收购企业的管理层通常会失去管理职位。在西方国家,目标公司常采用以下措施来预防和防御敌意收购:

保护性重组

保护性重组是指对公司的资本结构、股权结构和产业(产品)结构等进行重新安排,以增加收购方进行并购的难度或降低对收购方的吸引力。具体的做法如下:增加企业负债,增大财务风险;出售企业的某些重要部门,并利用这些收入发放现金股利;利用职工持股计划(ESOP)等措施改变企业的股权结构,分散投票权,或者稀释收购方已获取的股权的投票权。

"毒丸政策"

所谓"毒丸"(poison pill),是指给予公司现有股东的某些具有认股权证,或可转换债券(优先股)性质的权利,使他们在并购发生时(典型的"触发"条件是公司股票的20%已被并购方持有)可以用很低的价格购买公司的股票,这样将极大地影响并购方对被并购企业的控制能力,增大其并购成本;可以有效地阻止对方的并购企图或增强己方讨价还价的力量。

毒丸的基本类型可以分为 flip over 和 flip in 两种。flip over 赋予股东在触发点低价购买收购方股票的权利;flip in 则赋予股东在触发点低价购买本公司股票的权利。比如,

---

[①] 本小节部分内容参见 Weston, J. F., J. A. Siu, and B. A. Johnson, *Takeovers, Restructuring, and Corporate Governance*, 3rd ed., Prentice-Hall, 2001,第19章。

Crown Zellerbach 公司是一家造纸和森林产品公司，1984 年，其股价没有反映其林地的价值，成为收购目标，于是采用了 flip over 型毒丸。该毒丸的核心内容是赋予其股东以 5 折的价格购买敌意兼并后的公司股票的权利，触发事件为：一个袭击者购买了公司 20% 的股票，或一个袭击者对公司 30% 的股票提出收购要约。当收购者买入公司 100% 的股票时，股东可以行使毒丸赋予的权利。

flip in 类型的毒丸通常规定，如果收购方持有的目标公司的股份超过一定比例，其权利持有者有权以折扣价格购买目标公司的股票。由于 flip over 类型的毒丸执行起来较为困难，存在着明显的缺点，所以较多的公司采取了 flip in 类型的毒丸。

由于毒丸实际上是对公司不同的股东赋予了不同的权利，所以其合法性一直遭到质疑，饱受争议。

除赋予股东权利的毒丸外，还有一种针对债权人的类似于毒丸的权利，被称为"毒丸卖权"（poison put）。这种卖权规定，在公司控制权变更时，债权人有权将债券按照既定价格回售给公司。这种政策一方面保护了债权人的利益，另一方面也给收购方带来了很大的资金负担，从而起到反收购的作用。

案例 17-2

新浪应对盛大收购的毒丸计划

2005 年 2 月 19 日，盛大宣布，截至 2 月 10 日，该公司与其控股股东 Skyline Media（地平线媒体）用 2.3 亿美元在公开市场上收购新浪 19.5% 的股份，成为新浪第一大股东。

2005 年 2 月 22 日，新浪抛出毒丸计划反击盛大的收购。新浪宣布采纳股东购股权计划，以保障公司所有股东的最大利益。按照该计划，于股权确认日（预计为 2005 年 3 月 7 日）当日记录在册的每位股东，均将按其所持的每股普通股而获得一份购股权。

在购股权计划实施的初期，购股权由普通股股票代表，不能于普通股之外单独交易，股东也不能行使该权利。

只有在某个人或团体获得 10% 或以上的新浪普通股或是达成对新浪的收购协议时，该购股权才可以行使，即股东可以按其拥有的每份购股权购买等量的额外普通股。盛大及其某些关联方目前的持股已超过新浪普通股的 10%，而购股权计划允许其再购买不超过 0.5% 的新浪普通股，其他股东不能因盛大及其关联方这一 0.5% 的增持而行使其购股权。

一旦新浪 10% 或以上的普通股被收购（就盛大及其某些关联方而言，再收购新浪 0.5% 或以上的股权），购股权的持有人（收购人除外）将有权以半价购买新浪公司的普通股。如新浪最后被收购，购股权的持有人将有权以半价购买收购方的股票。每一份购股权的行使价格是 150 美元。

假设以目前（截至 3 月 26 日）每股 32 美元计算，一半的价格就是 16 美元，1 份购股权可以购买 9.375 股（150/16）新浪股票。新浪目前总股本为 5 048 万股，除盛大所持的

19.5%(984万股)外,能获得购股权的股数为4 064万股,一旦触发购股权计划,那么新浪的总股本将变成43 148万股(4 064万股×9.375+4 064万股+984万股)。这样,盛大持有的19.5%新浪股权,一经稀释,就降低为2.28%,毒丸稀释股权的作用得到充分的显现。

在一般情况下,新浪可以以每份购股权0.001美元或经调整的价格赎回购股权,也可以在某位个人或团体获得新浪10%或以上的普通股以前(或其获得新浪10%或以上普通股的10天之内)终止该购股权计划。

新浪董事会聘请美国摩根士丹利担任公司的财务顾问,聘请美国世达国际律师事务所和开曼群岛梅波克德律师事务所担任法律顾问,协助公司实施购股权计划。

新浪声称,欢迎盛大的战略投资,但对于这种不和董事会沟通、试图通过公开市场股票交易控制新浪的行为,是会干预的。

对于新浪毒丸之利弊,市场分析人士众说纷纭,可谓仁者见仁、智者见智。分析人士的观点可分为两派:一曰真毒丸派,一曰假毒丸派。真毒丸派认为,新浪的股权分布非常分散,董事会抛出毒丸旨在保住管理层的利益。新浪股价之所以能在市场上保持较高价位,主要因为它是比较理想的收购目标。毒丸的祭出,实际上使新浪丧失了战略收购的可能,长期而言势必将降低其股价。假毒丸派则认为,新浪的毒丸不是为了阻止盛大的入主,而是阻止新的收购者进入,同时可以推高股价,让新浪在谈判中掌握主导权,尽可能使新进入者能与现有董事会和管理层合作。

无论新浪毒丸的真假,中国互联网领域这场万众瞩目的并购案最终以盛大的退出而告终。从2006年11月至2007年5月,盛大分三次出售了所持新浪的全部股份,共获利7 115万美元。

资料来源:根据新浪公开资料改写。

"白衣骑士"

当企业面临敌意并购的威胁时,可以选择一个愿意与之合作的目标企业或个人作为自己的收购者,以粉碎敌意收购者的企图。这种企业或个人就被称为"白衣骑士"(white knight)。

"白衣护卫"(white squire)是白衣骑士的一种变形。当公司面临敌意收购威胁时,将大量股份出售给友好的第三方,后者同意投票支持公司管理层,以对抗敌意收购者。这种投资者被称为白衣护卫。采用这一做法通常伴随有"暂停收购"(standstill)条款,即在一定时期内白衣护卫的持股数量受到限制,而且不得向他人转让股份。作为回报,白衣护卫可以进入公司董事会。

案例 17-3
露华浓公司向白衣骑士提供的三项优惠

1985年的露华浓并购案因为该公司向"白衣骑士"提供了三项优惠协议而遭到恶意收购者的起诉。终审法院认为，露华浓公司向收购公司提供不公平的竞价条件，从而过早终止了公司的拍卖，妨碍公司以更高的价格出售，损害了股东的利益，因此维持初审法院禁止露华浓提供给"白衣骑士"优惠条款的原则。最终，恶意收购者成功收购了露华浓公司。这一案例也因为这些优惠条款的争议性和启发性而被列入法学院的经典教学案例。

1. 锁定购买权不能损害股东

露华浓公司（Revlon, Inc.）为了不被恶意收购者 Pantry Pride 公司（Pantry Pride Stores, Inc., PPS）①收购，找来了一家知名的、专门从事杠杆收购的私募股权公司——福斯特曼公司（Forstmann Little & Co., FLC）充当"白衣骑士"，与 PPS 展开竞价。

为了吸引 FLC 公司参与竞价，露华浓公司与之签订的协议中包含锁定购买权（lockup option）条款：如果 FLC 以外的收购者得到了露华浓股票的 40%，FLC 就可以 5.25 亿美元的价格收购露华浓的两项核心业务。该价格比投资银行的估价低了 1 亿到 1.75 亿美元。换言之，露华浓公司授予了"白衣骑士"低价购买其最有价值资产的权利。这是一种反收购策略。

依据特拉华州公司法，法院根据锁定购买权条款所造成的后果来判断其合法性。如果在一件并购案中，锁定购买权可以被证明有助于吸引其他收购者对公司的控制权进行竞价，使公司可以更高的价格出售，并使股东的利益最大化，那么这种锁定购买权条款是被允许的。

但在此案例中，法院根据所掌握的事实认定，露华浓公司董事会与 FLC 签订的锁定购买权条款，终止了目标公司的拍卖，以较低的价格出售其最有价值的资产，损害了股东的利益，违反了董事的义务。因此法院判决这一条款在此次交易中被禁止。

2. 限制谈判权不可有所偏袒

露华浓还与 FLC 签订了限制谈判条款（no-shop/no-talk provision），该条款禁止目标公司寻求第三方的竞价。如同锁定购买权一样，这一条款的合法性取决于具体交易事实和结果。

在露华浓案例中，这一条款的内容使得 FLC 在整个收购竞争过程中得到了优先且几乎是独家的谈判待遇。在董事会授权管理层同其他收购者谈判之后，露华浓给予 FLC 每一个可能的谈判优势，却把 PPS 拒之门外。这些优势包括高管层的合作、获得公司的财

---

① PPS 公司原来在美国经营连锁食品超市，经过20世纪60—70年代的快速扩张，门店超过450家。由于扩张过快，1978年出现财务危机，并申请破产重组。从1978年至1985年，PPS 清理并出售了绝大部分门店，只保留了位于佛罗里达南部的 40 家。1984年，PPS 收购了一家经营家装材料的连锁店和一家连锁药店。1985年，美国著名投资家佩雷尔曼（Ronald Perelman）通过垃圾债券融资收购了 PPS 38% 的股权，从而获得了后者的控制权。佩雷尔曼入主后，立即出售了 PPS 的主要资产，一方面使用 PPS 的亏损冲抵它旗下其他业务的盈利，另一方面使用 PPS 来收购包括露华浓在内的其他公司。

务信息、独家获得向露华浓董事会直接解释自己的收购提议的机会。

当然,这些做法并非绝对非法,它们合法的前提是恶意收购者的收购提议会损害股东的利益。但当收购者的出价相差无几,或者目标公司被出售或拆散已经不可避免的时候,如果董事会明显偏袒一方,就有可能会违反董事义务——市场机制的优势必须被充分发挥,这样才能为目标公司的股东带来最高的价格。

法院的判决指出,为了股东的利益,董事会必须同任何一方进行公平的谈判。

3. 单向分手费

分手费(break-up fee)一般是指在已经达成并购协议的情况下,如果目标公司单方撕毁并购协议,那么买家将会得到一定的补偿。补偿金额一般为交易总额的1%—3%。设定分手费的目的是补偿竞价者已支付的开销,例如律师费、投资银行咨询费以及机会成本等。当然,分手费不是强制性的,而是双方谈判的结果。

比如在2000年,当Warner Lambert公司终止了与American Home Products公司的并购协议时,后者得到了18亿美元的分手费。

另外,轰动一时的美国时代华纳与美国在线的并购案中,协议规定,如果美国在线因为某种原因撤出该并购交易,那么它将付给时代华纳53.7亿美元的分手费;同时,如果时代华纳撤出并购交易,它将要支付给美国在线39亿美元的分手费。

在露华浓案例中,露华浓在同"白衣骑士"FLC达成了并购意向并提供上述两项优惠条款以后,为了进一步保护FLC的利益,双方又达成了单向分手费条款:露华浓将2 500万美元的单向分手费划入第三方托管账户,如果露华浓单方面终止与FLC的协议,或者另外的收购者收购了露华浓超过19.9%的股份,那么这笔费用将会转给FLC。

初审法院禁止了这一费用,因为这笔费用事实上有助于阻止Pantry Pride的收购意图。终审法院也维持了原判。

最终,在垃圾债券的支持下,Pantry Pride以每股58美元的价格收购了露华浓,两个月后,将露华浓的两个部门以10亿美元的价格出售,只保留了美容化妆品部。该判例催生了一个重要的法律术语——露华浓原则(Revlon Rule):如果公司出售不可避免,那么其董事会的主要目标应该是为公司股东争取最大利益。

资料来源:http://www.hexun.com。

利用公司章程

为防止敌意并购的发生,企业可事先在公司章程中对可能的并购行为进行限制。比如,制定超级多数条款(supermajority amendments),规定只有2/3甚至更多的股东同意才能进行公司并购,使并购者难以取得并购所必需的股权数量;对公司董事的更换做出某种严格的规定和限制,如每年只能更换1/3的董事,使并购者即使取得了较多的股权,也难以在短期内取得控制公司所必需的董事席位;公平价格条款,要求所有股东在发生并购时必须接受统一的公平价格,以防止并购者用不同的价格收购公司股票,等等。

比如,1998年发生的大港收购爱使的并购战中,出现了中国首例利用公司章程阻碍收购活动的案例,爱使公司为反并购在股东年会上修改了有关董事推选程序和董事任期的条款。最终,中国证监会裁决爱使公司章程的部分条款违反法律,并令其修改。

绿色讹诈

"绿色讹诈"(greenmail),其意为"给你钱,请走人",指被收购公司以较高的价格从特定的股东(敌意并购者)手中回购其在市场上收购的股票,以终结该股东(袭击者)的敌意并购。回购股票的协议中通常伴有停止条款,即袭击者同意在未来一段时间内(如10年)不再袭击公司。

一些实证研究显示宣布绿色讹诈导致公司股价下跌2%—3%,但不同的具体情况可以有不同的表现。[①]

由于绿色讹诈涉及对特定股东的高价股票回购,有文献指出这一行为会导致袭击者损害公司其他股东的利益。[②] 公司的袭击者(greenmailer)是目标公司的掠夺者,管理层通过绿色讹诈来保护自己免受经理人市场竞争的压力是不合适的,因此建议通过法律和公司章程对此加以限制。

金降落伞

金降落伞(golden parachute)是指给目标公司管理层离开管理位置一个丰厚的补偿,以促使他们同意接受并购行为。严格来讲,这不是一种反并购措施,而是收购方为促进并购的实施,削弱管理层的反并购行为而采取的措施。

对是否应该给被收购公司管理层以高额补偿同样存在着争论。反对者认为,企业之所以成为被收购的对象,是管理不当的结果,如果对这种管理层还要给予高额补偿,无异于是对"失败"的奖励。[③]

支持采用"金降落伞"的人则认为:第一,管理层的贡献很难量化与细致地写入合同,他们的贡献是长期的,因此他们与股东的合同中的收入也包括递延收入,金降落伞是这种收入的反映。[④] 第二,"金降落伞"是激励管理层针对公司进行特定投入的措施,如果风险太高,管理层不愿针对公司进行特定投入。同时,担心被收购和失去位置也会导致管理层行为的短期化。[⑤] 第三,"金降落伞"鼓励管理层接受可以给股东带来回报的控制权变化,减少股东与管理者的矛盾和交易成本。

除上述措施外,目标公司还可以采用诸如出售公司对并购者具有吸引力、最有价值

[①] Bradley, M. and L. Wakeman, "The Wealth Effects of Target Share Repurchases", *Journal of Financial Economics*, 11, 1983, pp. 301—328.
Mikkelson, W. H., and R. S. Ruback, "Targeted Repurchases and Common Stock Returns", *The RAND Journal of Economics*, 22, Winter 1991, pp. 544—561.

[②] Holderness, C. G., and D. P. Sheehan, "Raiders or Saviors? The Evidence on Six Controversial Investors", *Journal of Financial Economics*, 14, 1985, pp. 555—579.

[③] 如 Greenhouse, S., "Golden Chutes Under Attack", *The New York Times*, November 4, 1985, p. D1。

[④] Knoeber, C. R., "Golden Parachutes, Shark Repellents, and Hostile Tender Offers", *American Economic Review*, 76, March 1986, pp. 155—167.

[⑤] Eisenberg, M. A., "Comments: Golden Parachutes and the Myth of the Web", Chapter 9 in Coffee, J. C., L. Lowenstein, and S. R. Ackerman, eds., *Knights, Raiders, and Targets*, New York: Oxford University Press, 1988, pp. 155—158.

的部分(crown jewels),使并购者的并购企图落空等各种反并购措施。

17.2.5 杠杆收购和管理层收购

杠杆收购简介

杠杆收购(leverage buy out,LBO)是指一种特殊类型的收购:收购者主要通过借债来取得收购所需的资金并获得目标公司的产权,使之由一个上市(公众)公司变为一个私有(非公众)公司,再利用被收购公司的现金流偿还所借债务。由于借债行为将大大增加被收购公司的财务杠杆,故称为杠杆收购。在美国,很多杠杆收购的收购者是公司管理者,他们在具有丰富杠杆收购经验的专业公司或投资银行协助下,以杠杆收购的方式将一个公众公司集体买下,变为一个私人公司。例如,1988年10月,美国第二大烟草公司雷诺·纳比斯克公司(RJR Nabisco)的高层管理人员宣布,他们准备出资169亿美元买下这家公司,使之成为私人企业。由于杠杆收购通常有公司管理层的参与,因此可能也是"管理层收购"(management buy out,MBO)。[①]

与一般的并购相比,杠杆收购有两个特点:

(1) 在杠杆收购交易中,企业的负债/权益比率大幅度上升,由此发生的负债主要由被收购公司的资产或经营现金流量来支撑和偿还。如果收购后公司经营成功,这一比率会很快下降。据一项调查显示,72家样本公司在杠杆收购前的负债/权益比率平均为78%,在杠杆收购后上升到1 415%。几年之后,当这些公司准备重新成为公众公司时,其负债/权益比率已下降为376%。在成为公众公司之后,其负债/权益比率进一步下降为150%。[②]

(2) 杠杆收购交易过程中有一个经纪人。这个经纪人在收购交易的双方之间起促进和推动作用,并常常由第三方充任。

实行成功的杠杆收购通常需要具备以下几个基本条件:① 收购后的企业管理层有较高的管理技能;② 企业经营计划周全、合理;③ 收购前企业负债较低;④ 企业经营状况和现金流量比较稳定。

成功的杠杆收购可以给交易双方带来较高的收益,Kaplan的研究[③]表明,杠杆收购给企业原所有者带来的收益为40%—50%;成功的杠杆收购在大约三年后重新成为公众公司时,给包括主要收购者在内的股东带来50%—60%的收益。此外,杠杆收购也会给提

---

① 需要指出的是,严格来讲,管理层收购是指管理层买下公司股份,它可以是杠杆收购,也可以不是杠杆收购。而杠杆收购是指利用财务杠杆买下公司的股份,其操作者可以是被收购公司的管理层,也可以不是。所以"杠杆收购"和"管理层收购"可以是不同的两件事。但由于实际上大多数"杠杆收购"都有被收购公司的管理层参与,绝大多数"管理层收购"也都利用财务杠杆,所以在实践中二者的交集很大。

② Muscarella, C. J., and M. R. Vetsuypens, "Efficiency and Organizational Structure: A Study of Reverse LBOs", *Journal of Finance*, 45(5), December 1990, pp. 1389—1413.

③ Kaplan, S., "Management Buyouts: Evidence on Taxes as a Source of Value", *Journal of Finance*, 44(3), 1989, pp. 611—632; "The Effect of Management Buyouts on Operating Performance and Value", *Journal of Financial Economics*, 24(2), 1989, pp. 217—254.

供收购资金的信贷机构带来丰厚利润。

对于杠杆收购何以能带来如此丰厚的收益,人们存在着不同的看法。一般认为,杠杆收购的价值来源主要包括下面几个方面:① 杠杆收购的参与者可以通过收购活动合法避税,从政府税收中获取好处;② 杠杆收购大大提高了公司管理人员在公司中的持股比例,增加了他们提高公司管理效率的动力,大大缓解了管理层与股东之间的委托代理问题,进而提高了公司的经营效率;③ 被收购公司的价值被低估,使收购者在收购过程中得到其中的"隐藏价值";④ 在杠杆收购中收购方借入了很高比率的负债,债权人承担的风险很大,但他们的利息回报有可能不足以补偿他们所承担的风险,从而发生从债权人到股东之间的财富转移。①

典型杠杆收购的基本程序②

(1) 融资并设计管理层激励机制。一般来讲,大约10%的收购资金来源于最高管理层和收购专家的投资,这些资金形成收购后公司权益资本的基础。外部投资者再提供其余一些权益资本。此外,管理层通常还会以股票期权或认股权证等形式得到股权激励,其持股比例还会进一步上升。

大约50%—60%的资金是以公司资产为抵押的银行贷款,其中也可包括保险公司、风险投资的资金。其余资金依靠向养老金、保险公司、风险投资等机构投资者发行的私募债券或公募的"高收益"(垃圾)债券获得。

(2) 收购方买下公司的全部股份,使之成为一个"私有"公司(股权购买方式),或收购方组建一个新公司买下目标公司的全部资产(资产收购方式)。为减少债务,收购方在完成收购后不久就可能出售公司的部分资产。

(3) 管理者通过削减经营成本、调整营销策略等措施(如生产设备重组,改善存货控制和应收账款管理,提高产品质量,改善产品组合和客户服务,调整价格,甚至包括解雇员工,削减 R&D 支出等)提高公司的利润,增加现金流量。

(4) 如果公司重组成功,企业变得更强大,收购方的目标实现,收购方可能会使公司重新上市,这被称为二次上市(SIPO)。二次上市可以为收购方提供流动性,便于收购方兑现投资收益,同时可以降低公司的资产负债率。

一项对 1976—1987 年间 72 个 SIPO 的研究表明,其中 86% 是为了降低公司的资产负债率,只有 8 家公司是为新投资融资。从 LBO 到 SIPO 的平均时间间隔为 29 个月。权益投资者的年收益率均值为 268.4% ,总收益率为 1 965.6% 。

---

① 王韬光、胡海峰著:《企业购并》,上海人民出版社 1995 年版。
Weston,J. F. , K. S. Chung, and J. A. Siu, *Takeovers, Restructuring, and Corporate Governance*, 3rd ed. , Prentice Hall International Inc. ,2001,pp.477—482.
② Weston,J. F. , K. S. Chung, and J. A. Siu, *Takeovers, Restructuring, and Corporate Governance*, 3rd ed. , Prentice Hall International Inc. ,2001, Chapter 16.

适合于进行杠杆收购的企业的条件①

美国 LBO 的经验表明,发生 LBO 的企业具有如下特点:① 处于成熟行业,资本投资需求很低,至少是可预测性很强。② 收益稳定且可预测性好(可以支付高额的利息和债务本金)。③ 企业在行业中表现优秀,能够抵御经济周期的波动和竞争者的攻击。④ 资产变现能力强,有形资产为主,且其市场价值大大超过账面价值。⑤ 管理层有良好的声誉和能力,有为增加财富而努力的强大动力。

根据以上经验,高科技行业通常不适合于进行杠杆收购。很多高科技企业往往处于高增长期,有很强的资金需求,而盈利记录较短,稳定性不高。这类企业的偿债能力较差,难以获得杠杆收购所需的大量债务资金。同时,高科技企业的价值主要在于其未来的增长潜力,因此,它们具有较高的市盈率与无形资产/总资产比例,不适合进行杠杆收购。

一个杠杆收购的案例②

20 世纪 70 年代,EP 公司在混合并购的高潮中买下了业务与公司相关性不强的 Wavell 公司。80 年代,EP 公司决定集中主营业务,希望出售与公司主营业务无关的 Wavell 部门。与此同时,Wavell 的一些管理者也在考虑以杠杆收购的方式买下这一部门独自经营。

Wavell 的销售增长率不高,但产品需求和生产成本都非常稳定,产品的贡献毛益很好,因此有很好的现金流。其设备使用年限较长,但状况很好,重置成本远高于其账面价值。公司的管理一直很好,且负债率很低。

Wavell 的年销售收入为 700 万美元,息税前收益(EBIT)为 65 万美元,税后净利润为 40 万美元。其管理层与 EP 公司协商的收购价格为 200 万美元(相当于 5 倍市盈率)。

在资金来源方面,管理层出资购买 10 万美元的股份,构成收购后公司权益资本的基础。由于 Wavell 现金流量充足,银行同意提供 120 万美元年利率 13% 的 5 年期贷款,贷款由厂房、设备和其他财产作担保。一家保险公司答应提供 60 万美元年利率 16%、期限 5 年的次级贷款,同时购买 10 万美元的股份,成为收购后公司的另一部分权益资本的来源。Wavell 的管理层答应在收购完成 5 年后回购这些股份,并保证为保险公司的这一部分投资提供 40% 的年收益率。

表 17-6 和表 17-7 给出了在等额还款的前提下,银行贷款和保险公司次级贷款的年还款金额。表 17-8 是根据上述还款要求以及 Wavell 公司预计的盈利情况编制的预计现金流量表。其中假设公司的所得税税率为 40%,年折旧率为 6%,公司用于折旧的固定资产价值为 200 万美元(年折旧额 12 万美元)。

---

① Weston, J. F., K. S. Chung, and J. A. Siu, *Takeovers, Restructuring, and Corporate Governance*, 3rd ed., Prentice-Hall International Inc., 2001, Chapter 16.

② Ibid., pp.468—470.

表 17-6　银行贷款还款表*　　　　　　　　　　　　　　　　　　单位:美元

年度	利息	本金	还款总计	本金余额
1	156 000	185 177	341 177	1 014 823
2	131 927	209 250	341 177	805 573
3	104 724	236 453	341 177	569 120
4	73 986	267 191	341 177	301 929
5	39 248	301 929	341 177	0

* 年利率13%,年还款额 341 177 美元。

表 17-7　保险公司贷款还款表*　　　　　　　　　　　　　　　　单位:美元

年度	利息	本金	还款总计	本金余额
1	96 000	87 245	183 245	512 755
2	82 041	101 204	183 245	411 551
3	65 848	117 397	183 245	294 154
4	47 065	136 180	183 245	157 974
5	25 271	157 974	183 245	0

* 年利率16%,年还款额 183 245 美元。

表 17-8　Wavell 公司完成收购后的预计现金流量表　　　　　　　　单位:美元

	0	1	2	3	4	5
息税前收益	650 000	650 000	650 000	650 000	650 000	650 000
减:利息支出		252 000	213 968	170 572	121 051	64 519
税前利润		398 000	436 032	479 428	528 949	585 481
减:所得税		159 200	174 413	191 771	211 580	234 192
税后净利润		238 800	261 619	287 657	317 369	351 289
加:折旧		120 000	120 000	120 000	120 000	120 000
还本前现金流量		358 800	381 619	407 657	437 369	471 289
减:归还本金		272 422	310 454	353 850	403 371	459 903
现金流量盈余		86 378	71 165	53 807	33 998	11 386
权益资本	200 000	438 800	700 419	988 076	1 305 445	1 656 734
债务资本	1 800 000	1 527 578	1 217 124	863 274	459 903	0
总资产	2 000 000	1 966 378	1 917 543	1 851 350	1 765 348	1 656 734
资产负债率(%)	90	78	63	47	26	0

　　由表 17-8 可以看出,如果未来的盈利预测没有大的出入,Wavell 公司经过杠杆收购后,未来 5 年内完全有能力还本付息。当然,实际上 Wavell 公司不一定会(也不需要)使债务完全削减到 0。公司可以在需要的时候借入新的资金(也可能是长期债务),以利用债务融资的税盾效应。

　　现金流量预测表是进行杠杆收购时一项非常重要的资料。因为只有合理的现金流量预测表明公司在进行杠杆收购后有能力偿还巨额债务,才能从债权人那里筹到收购所需的债务资金。

从表 17-8 还可以看出,按照 Wavell 公司第 5 年年末股权权益的账面价值计算,股东投资的年权益收益率为:

$$\text{ROE} = \left(\frac{1\,656\,734}{200\,000}\right)^{1/5} - 1 = 53\%$$

由于公司管理层同意在 5 年后按照 40% 的年收益率回购保险公司当初投入的 10 万美元权益资本,回购价值为 $100\,000 \times (1 + 40\%)^5 = 537\,824$(美元)。回购后公司股东权益的余额为 $1\,656\,734 - 537\,824 = 1\,118\,910$(美元),公司管理层的投资收益为:

$$\text{ROE} = \left(\frac{1\,118\,910}{100\,000}\right)^{1/5} - 1 = 62\%$$

我国的管理层收购

杠杆收购为具有管理和经营能力但又缺乏资金的公司的管理者,提供了一种与专业投资机构合作收购公司的可行方式,这就是管理层收购(MBO)。这种收购方式近年在国内引起了广泛关注,其历史可以追溯到 20 世纪末。1999 年,四通集团首次尝试管理层收购,四通职工持股会投资 51% 和由四通集团投资 49% 成立四通投资有限责任公司(即"新四通"),"新四通"成立后购买了四通集团持有的 50.5% 香港四通股份,意味着四通职工和管理层通过"新四通"绝对控股香港四通。2000 年 12 月,粤美的管理层人员通过之前设立并控股的顺德市美托投资有限公司受让原粤美的第一大股东顺德市美的控股有限公司(美的控股)所持"粤美的"14.96% 的股权,从而开始对粤美的实施管理层收购。

2002 年,我国上市公司管理层收购达到高潮。鉴于其中可能存在的种种问题,此后管理层收购交易急剧下降,迅速淡出了人们的视线。表 17-9 总结了我国部分上市公司的管理层收购交易。

表 17-9 我国部分上市公司的管理层收购

公司简称	持股比例	股本(万股)	股东权益(万元)	资产(万元)	时间
ST 甬富邦	28.72%	9 288	10 325	30 080	2002 年 12 月 31 日
佛塑股份	29.46%	37 345	115 593	233 077	2002 年 12 月 31 日
粤美的	22.19%	48 489	208 161	774 277	2002 年 9 月 30 日
深方大	20.24%	29 640	96 464	131 510	2002 年 12 月 31 日
洞庭水殖	29.90%	7 300	44 118	89 775	2002 年 12 月 31 日
胜利股份	18.12%	23 959	52 571	114 026	2002 年 12 月 31 日
宇通客车	17.19%	13 672	95 845	172 618	2002 年 12 月 31 日
TCL 通讯	25.00%	18 811	44 299	491 497	2002 年 12 月 31 日
鄂尔多斯	43.80%	58 600	299 852	499 369	2002 年 9 月 30 日
强生控股	32.87%	30 903	101 855	179 467	2002 年 9 月 30 日
永鼎光缆	45.74%	27 211	94 534	151 838	2002 年 12 月 31 日
红豆股份	70.27%	17 952	62 935	115 454	2002 年 12 月 31 日
衫衫股份	36.66%	41 086	127 681	213 665	2002 年 12 月 31 日
大众交通	23.38%	59 870	207 684	449 321	2002 年 12 月 31 日

对于我国发生的管理层收购,学术界、实业界和舆论界褒贬不一,甚至引发了大规模的争论。尽管对发生在我国的管理层收购从不同角度有不同的理解与争论,但与前述典型的杠杆收购相比较,不难发现,发生在我国的管理层收购存在着一些明显甚至致命的缺陷,主要表现在以下几点:

第一,融资渠道和方式不透明。我国的杠杆收购(包括发生在上市公司的杠杆收购),对收购资金的具体安排和来源都没有明确的说明,使人无法理解这些收购资金的来源是否正常合法,甚至不知道这些资金是否真正付给了出售方。所以,在讨论和分析我国的管理层收购时,无法分析其融资安排,因此人们难免猜疑资金来源的合法性与收购价格的合理性。

第二,承债者不合理。目前我国已经发生的管理层收购,基本上是由收购方借债,然后用借入的资金购买目标公司的股权。根据这种融资安排,管理层收购所需资金的承债者不是被收购企业,而是收购者本身,这明显不同于传统的杠杆收购。在典型的杠杆收购中,收购方让被收购企业承担杠杆收购所需的债务,并利用被收购企业的现金流偿还债务本息。

在我国企业的管理层收购中,收购方用于偿还债务本息的合法资金来源主要是收购的股权带来的现金股利收入(分得的利润)。在此情况下,只要杠杆收购的价格合理,依靠股权所得的利润收益几乎不可能在短期内偿还收购股权所借的债务本息。在收购方无力偿债时,债权人只能得到收购方的股权,而不是被收购企业的资产。由于债权的收回缺乏基本的现金流保证和财产抵押,债权人在正常情况下几乎不可能向管理层提供债务融资。

例如,粤美的管理层收购的收购款总额 32 108 万元,假设债务占 90%(一般杠杆收购的债务比例),则借款额为 28 898 万元。假设借款期限为 10 年,年利率为 6%。根据当时中国的经济和金融状况,粤美的管理层借款的市场利率很可能达到甚至超过 10%。假设采用等额还款,则年还款额为 3 926 万元。从 2000 年到 2002 年,3 年管理层累计分得现金股利 6 465 万元,远远不能满足还款的要求。如果贷款采用市场利率,那么粤美的管理层的股利收入相对于贷款本息就更是杯水车薪。

第三,股东与管理层之间、不同股东之间的代理问题在制度上不但没有得到有效的解决,而且可能被强化了。如表 17-9 所示,发生在我国上市公司的所谓"管理层收购",收购者只买下了公司部分股份(从 17% 到 70% 不等,多数在 20% 至 30% 之间)。这种做法,不但使得收购方实际上无力还债,而且几乎必然导致在债务安排和实际收购价格方面存在不合理(甚至不合法)的因素,并最终导致低价收购(这也是所谓"国有资产流失"的一个重要原因)。同时,在巨大的还款压力下,管理层有强烈的动机通过转移上市公司资金、侵害其他股东利益来筹集收购所需的资金或偿还收购借款。管理层与其他股东之间的代理问题不但得不到缓解,而且有可能进一步恶化,2005 年伊利股份高管层挪用上市公司资金进行管理层收购的案例就是其中的一个典型。

我国的杠杆收购和管理层收购之所以出现上述问题,其根本原因之一在于没有真正理解杠杆收购和管理层收购的实质。杠杆收购和管理层收购的英文分别为 leverage buy-out 和 management buy-out,其核心就在于 buy-out,即收购者买下被收购公司的全部股份,使之由上市公司变为非上市公司,即被"私有化"。在这里,杠杆是收购方法,管理层是收购主体,将上市公司"私有化"是收购结果。在收购方法、收购主体和收购结果三者中,收购结果居于核心地位。在收购方收购了上市公司的全部股份并使其退市后,公司变成非上市公司,其股东只有人数很少的杠杆收购参与者(管理层和创业投资基金等金融投资者),他们同时也是杠杆收购借款的债务人。正因为如此,所以才可以将这些股东所欠的债务转移到公司身上。这种债务主体的转移是杠杆收购财务安排的关键所在。债务主体转移后,就可以用公司的现金流来偿还杠杆收购所发生的债务本息。同时,以管理层为主买下公司的全部股份后,管理层就成为公司的主要甚至全部股东,管理层与股东之间的代理问题自然消失,从而在制度上解决了管理层与股东之间的代理问题。

17.3　公司分立

与公司并购相对应的行为是公司分立,即一家公司依照法律规定、行政指令或经公司自行决策,分解为两家或两家以上相互独立的新公司,或将公司的某个部门出售的行为。

17.3.1　公司分立的原因

公司分立的原因较多,常见的有以下几种:

提高效率

企业并购可以产生协同效应,进而提高企业的运行效率和资产价值。如果处理得当,公司分立也可以取得类似的效果。当某些公司的规模过于庞大、业务种类过多、无法实行有效的管理时,公司分立可以精简机构,消除官僚主义和各种繁文缛节,从而提高企业的运行效率。

战略调整

企业在激烈的市场竞争中要不断地根据市场需求的变化调整市场定位,选择适合自身发展的成长点。这样,企业就会根据长期发展战略的要求,不断调整自身的产品结构和经营范围。那些与企业发展战略不一致、缺乏竞争优势的部门,或经营业绩不佳、长期亏损并已成为包袱的部门或单位,将被出售。

突出特色,专业化经营

与追求多元化经营的企业并购相反,企业分立有时是为了突出企业的经营特色以适应市场的需求。大企业的经营范围往往相当广泛,涉及众多领域与行业,投资者购买这类公司的股票时,等于同时买进了多个行业的股票,缺乏行业针对性,其真实价值难以在证券市场上反映出来。将这类企业按业务范围分拆后,各项业务可以独立、直接地面对投资者。这样,一方面可以让各行业的专业人员分别研究分立后的、具有行业特点的企业的前途,让市场充分了解各项业务的本来面目(而不是多项业务混合的大杂烩),按照该行业应有的价值确定其价值,并充分享受本行业发展所带来的好处;另一方面,又可以让只愿意针对某一行业投资的投资者进行准确的选择,由投资者根据自己的意愿构造具有个人特点的投资组合。

1995年9月,美国AT&T公司决定将公司一分为三,该决定受到了投资者的广泛欢迎,公告当日其股价涨幅超过10%。AT&T公司于1996年9月剥离出包含贝尔实验室的通讯设备制造商——朗讯科技(Officially Lucent Technologies, Inc.),又于1997年1月剥离出从事计算机业务的NCR公司,自身仅保留了通信服务业务。1999年11月惠普公司(H&P)将医疗、量测仪器等IT以外的业务打包成安捷伦科技公司,惠普自身只保留IT业务,从而成功地把公司一分为二。20世纪90年代后期AT&T公司与惠普公司的分拆,都是公司突出特色、强调专业化经营方面的典型案例。

法律原因

为保护市场经济的正常运行,维护公平竞争,很多国家对企业的规模、实力和市场占有率都有一定的限制,以防止出现垄断或其他妨碍公平竞争的现象。如果企业的规模和对市场的控制超出了这一限度,就会被强制分立。例如,1984年,美国司法部依据《反托拉斯法》强制拆分AT&T公司,从中分拆出7个地区性的电话公司,分拆后的AT&T公司只保留了从事电信设备制造的子公司——西部电子公司(Western Electric Company)、贝尔实验室(Bell Labs)和长途电话业务。

从我国公司分立的现状来看,大多数企业进行公司分立的目的不是为了缩小经营规模,而是为了筹集更多资金来扩大经营规模,即融资是我国企业进行公司分立的主要目的。比如,一家效益低下达不到上市要求的国有企业,可以先将一部分优质资产分立出来,包装成一家效益较好的子公司,然后再将其改制成为一家股份有限公司,并让它上市。子公司上市之后,母公司通常仍然处于绝对控股地位,它可以凭借其控股优势,操纵上市公司,或以借款的形式将上市公司筹集的资金据为己有,从而实现上市融资;或通过上市公司为母公司的债务提供担保,可以从银行取得巨额贷款;或通过母公司与子公司的关联交易,将资产高价出售给所控制的上市公司,从而实现资产的变现。

其次,以逃避债务和回避税负为目的的持股分立在我国随处可见。例如,某些企业为了逃避债务,常常通过持股分立的方式成立一家新的子公司,然后运用各种手段逐渐转移子公司的资产,等到资产转移完毕之后,就宣告子公司破产;或者利用子公司对母公司的债务进行担保,等到母公司将资产转移完毕之后,由子公司去承担连带赔偿责任。

17.3.2 公司分立的类型

公司分立主要有股权分割、部门出售和持股分立三种形式。

股权分割

股权分割(spin-off),是将原公司分解为两个或两个以上的完全独立的公司,分立后的企业各自有独立的股东会、董事会和经理人员,原公司的股东同时成为分立后的所有新公司的股东。例如,从 2007 年开始,在智能手机的大潮中,在苹果公司与安卓手机阵容的冲击下,特罗拉公司的手机业务面临严峻挑战。2010 年 2 月,摩特罗拉公司宣布将剥离手机业务。2011 年 1 月,摩特罗拉采用股权分割的方式完成了剥离工作。剥离出去的公司是摩托罗拉移动公司(Motorola Mobility,Inc.,MMI),主营智能手机和机顶盒业务;剥离后的摩托罗拉公司更名为摩托罗拉系统公司(Motorola Solutions,Inc.,MSI),致力于为政府、公共安全与企业客户提供关键型通信解决方案,并开展手持式扫描仪业务。股权分割的具体方案为,分割前摩托罗拉公司的所有股东每持有 8 股摩托罗拉普通股可获得 1 股 MMI 普通股和 7 股 MSI 普通股。

实行股权分割的主要好处是可以突出原公司各部门的经营特色,向投资者提供更加明确的投资选择。如前所述,1995 年 AT&T 公司的第二次分拆与 2010 年摩托罗拉公司的分拆都是出于这样的目的。

由于我国对公司上市仍然严格限制,因此,A 股市场上公司实施股权分割的案例寥寥无几。第一例是 2010 年 3 月东北高速(600003.SH)分拆成两家上市公司——龙江交通(601188.SH)与吉林高速(601518.SH)。东北高速的分拆属于非典型案例,分拆的主要目的是解决资产属地问题与公司治理问题,而不是为了突出主业,因为分拆前的公司和分拆后形成的两家公司的主业均为高速公路运营管理。

部门出售

部门出售是指将企业的某一部分出售给其他企业。出售企业某一部分的主要目的或是为了取得一定数量的现金收入,或是为了调整企业的经营结构,集中力量办好企业有能力做好的业务。比如,1987 年美国联合航空公司(United Airlines,UAL,简称美联航)将下属的希尔顿国际酒店(Hilton International Hotel)以 11 亿美元的价格出售给英国的 Ladbmke Group PLC,随后,又将其拥有的 Westin 旅馆集团和 Hertz 汽车租赁部门售出,其目的就是为了调整公司的经营战略。在此之前,作为一家纯粹的航空公司,美联航试图打造一条龙式的全方位旅行服务,但这一战略并未取得预期的成功,因此公司决定出售非航空业务,重新回归其航空服务的主业。

在决定是否将公司的某一部门出售时,需要进行必要的投资分析,利用净现值方法或其他投资决策方法,比较出售该部门的收益与继续经营该部门的价值,作为主要决策依据。

持股分立

持股分立(equity carve-outs)是在将公司的一部分分立为一个独立的新公司的同时,以新公司的名义对外发行股票,而原公司仍持有新公司的部分股票。这种分立方式与股权分割的不同之处在于:在股权分割时,分立后的公司相互之间完全独立,在股权上没有任何联系;而持股分立后的新公司虽然也是独立的法人单位,但同时原公司又是新公司的主要股东之一,原公司与新公司之间存在着持股甚至控股关系,新老公司形成一个有股权联系的集团企业。

在美国,持股分立可能是股权分割的前奏。如果最终目的是股权分割,那么在实施持股分立时,为了保障后续的股权分割享受免税待遇,母公司出让的股权比例不能超过20%。持股分立之后不久,母公司就会把持有的子公司股份按比例全部分配给其股东,从而完成股权分割交易。例如,2000年3月2日,科技股泡沫破灭前夕,美国3Com公司以存量发行的方式让其全资子公司——Palm公司上市。在Palm的IPO中,3Com公司公开出售了Palm公司大约5%的股份,保留了大约95%的股份。同年7月底,3Com公司完成了Palm公司的股权分割交易,通过特别股利的形式向股东分配了它持有的全部5.32亿股Palm公司股票。

中国A股市场上,尚未出现标准的持股分立交易案例。2010年3月,中国证监会明确表示,允许满足一定条件的A股主板上市公司分拆子公司到创业板上市,但此后证监会的态度发生了微妙的变化,从"明确允许"到"不鼓励"、"从严把握"。2011年3月,A股上市公司康恩贝(600572.SH)的子公司佐力药业(300181.SZ)成功登陆创业板,这是同类交易的第一例。需要说明的是,A股主板公司分拆业务到创业板上市的交易,不同于标准的持股分立交易。以佐力药业为例,它上市前夕,康恩贝仅为其第二大股东,持股比例为26%,实际控制人为自然人俞有强,其持股比例为41.25%。

17.4 公司的重整与清算

17.4.1 财务危机

财务危机的类型

财务危机是指企业不能正常履行资金支付责任,出现了入不敷出的现象。财务危机可分为以下几种类型:

1. 经济失败

经济失败(economic failure)是指企业收入低于包括其资本成本在内的全部经营成本。如果企业的投资者同意接受较低的投资收益率(有时甚至是负的投资收益率),并继续向企业投入资金,则这类企业可以继续经营下去。但是,如果企业不能在一定时间内扭亏为盈,而投资者又不肯不断提供新的资金,则这类企业的资产由于无法更新而逐渐减少,最终要么宣布关闭,要么减小规模,在一个可以产生正常利润的、资产数额较低的水平上继续生存。

2. 商业失败

商业失败(business failure)是美国一家著名的咨询公司Dun & Bradstreet所使用的名

词,特指那种企业未经过正式破产程序,但以债权人不能收回全部债权(即债权人蒙受了一定的损失)为代价而终止经营的情况。

3. 技术性无力偿债

企业无力偿还到期债务的情况称为技术性无力偿债(technical insolvency)。这种情况的出现可能是由于企业资金暂时周转不灵、安排调度不当造成的。如果宽限一段时间,企业可以筹措到足够的资金来偿清债务,继续生存下去。但是,如果这种技术性无力偿债同时又是企业经济失败的早期信号,并且企业不能从根本上有所转变的话,那么,即使暂时渡过了难关,也难免不一步步走向最后的失败。

4. 资不抵债

当企业总资产的市场价值低于其总负债的账面价值时,企业就陷入资不抵债(insolvency in bankruptcy)的境地了。显然,这一情况要比技术性无力偿债严重得多,常常会导致企业破产清算。需要指出的是,资不抵债并不意味着企业一定会破产。

5. 正式破产

正式破产(legal bankruptcy)指企业因无力偿债而根据法律正式进入破产程序。

总体来看,企业的财务危机可分为两大类:第一类是因资产不足导致的财务危机,即资不抵债,企业的账面股东权益为负值,如图17-1(a)所示。第二类是因资金流动造成的财务危机,即企业可支配和调动的现金不足以支付到期债务,但企业的资产总额仍大于负债总额,企业的股东权益为正值,如图17-1(b)所示。

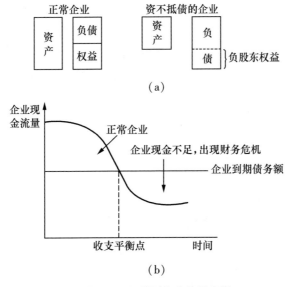

图17-1 两类财务危机示意图

财务危机的应对

当企业遇到财务危机时,大致有以下一些应对方法:出售资产换取现金;被其他公司并购;削减投资支出和研究开发费用等非急需的支出;发行新的证券筹措资金;与银行和主要债权人商讨延缓还债,或债转股;申请破产等。

在上述应对措施中,前三项是从企业资产负债表的左侧入手,调整公司的资产。后四项则与公司资产负债表的右侧相关联,调整公司的负债与权益。一般而言,企业在处理财务危机时要同时进行资产重组(资产负债表左侧)和财务重组(即负债与权益的重组,资产负债表右侧)。

17.4.2　公司重整

公司重整(reorganization)是指,根据一定程序,对陷入财务危机,但仍有转机和重建价值的企业进行整顿,使公司得以维持和复兴。美国《破产法》第11章的内容是企业的破产重整,2006年颁布、2007年施行的《中华人民共和国企业破产法》第8章也规范了企业破产重整行为。

企业破产重整可以分为两种类型:一种是非正式重整,即陷入财务危机的企业不进入正式的破产程序,股东与债权人自行协商并达成重整方案。因为这种类型的企业重整不走正式的法律程序,因此也称为庭外重整。另一种是正式重整,即陷入财务危机的企业在正式申请破产之后,在破产法庭的监督下,股东与债权人依据破产法协商并达成重整方案。

非正式重整

当企业只是面临暂时性的财务危机时,股东与债权人通常更愿意直接联系,对企业进行非正式的重整,帮助企业恢复和重建较坚实的财务基础,这样既节省了进入正式法律程序而发生的庞大费用,又节省了冗长的诉讼时间。

非正式重整有展期(extension)和部分减免(composition)两种方式。展期是指债权人同意推迟债务企业偿还债务利息或本金的时间;部分减免是指债权人同意减少债务人偿还的本金数额,或同意降低利息率,或同意将一部分债权转为股权,或将上述几种混合使用。

1. 展期或部分减免的条件

一般来说,企业得到债务展期或部分减免至少需要满足下述条件:

(1) 债务人要有良好的商业道德和信誉,确实愿意忠实地履行对债权人的义务,而不会试图利用各种可能优先将企业资产转作他用。

(2) 债务人要具有扭转不利局面、偿还债务的能力。

(3) 外部环境,特别是商业环境要有利于企业恢复正常经营。

2. 展期或部分减免的方法

下面介绍一下美国企业进行展期或部分减免的方法。首先,召开企业管理人员与债权人会议。当债权人人数较多时,债权人可以选出4到5名最大的债权人和1至2名小债权人组成债权人委员会,代表债权人的利益。企业管理人员与债权人会议在债权管理者协会(Credit Managers' Association)指导下进行。在这个会议上,债务人与债权人将做出解决问题的决定,提出一个报告。在此基础上,由有关人员(通常是主持会议的领导小组和债权人委员会)拟定债务重组方案。然后,债务人和债权人还要再次开会,将重组方案进一步具体化,并求得所有有关人员的同意。

在制定债务重组计划时,债权人更愿意采用债务展期的方式,因为这可以使债权人最终收回全部投资。有时,债权人不但会同意将债务展期,甚至还会同意在展期期间内将现有债权的优先级别置于愿意向债务人提供商业信用的供货商的新债权之下,以有利于债务人更好地恢复正常经营。

在进行部分减免时,债权人同意降低债务人的债务负担。典型的做法是债权人从债务人处得到市场价值低于其原有债权价值的现金或其他新的证券。

在实际操作中,往往同时采用债务展期和部分减免两种方法。

3. 非正式重整的利弊

非正式重整可以为债务人和债权人双方都带来一定的好处。首先,这种做法避免了履行正式手续,需要的律师、会计师的人数比履行正式手续要少得多,因而可以节省大量费用。其次,非正式重整可以缩短重整所需的时间,使企业在较短的时间内重新进入正常经营状态,避免了因冗长的正式程序企业迟迟不能进行正常经营而造成资产闲置和资金回收推迟等浪费现象。最后,非正式重整使谈判有更大的灵活性,有时更容易达成协议。

非正式重整也存在着一些弊端,主要表现为:当债权人人数很多时,可能难以达成一致;没有法院的正式参与可能影响协议的严肃性,给一些机会主义者留下可乘之机;企业得不到破产保护的好处,等等。

正式重整

在企业陷入财务危机时,如果采用正式重整,那么企业必须先申请破产。破产法庭将最终决定是对企业进行破产清算还是对其重整。依合理财务负担标准衡量仍有继续经营价值的企业才能进行正式的破产重整。那些依正常财务负担标准衡量没有继续经营价值的企业,通常不被允许进行重整,而是进行破产清算,以免债权人遭受更大的损失。

在重整期间,公司股东会和董事会的权力被终止,由破产法庭委派的重整人接管公司业务和公司财产,由重整监督人监察重整人执行业务的情况,以关系人会议为最高决策机关。

重整人负责重整期间公司的业务经营和财产处分,拟订重整计划并确保重整程序的顺利执行。重整人是重整工作的执行者。重整人可以由原公司的董事担任,也可在债权人或公司股东中选派。重整人的人数由法院依照各方面的关系酌定。

重整监督人是由法院选任的,其职责是监督重整人执行职务。他对重整人的工作展开、重大决策、公司业务及财务交接负有监督、询问和许可的责任,同时还负有向法院申报有关情况、受理债权和股权申报等责任。

关系人会议是公司重整中的最高决策机构,参会人员为债权人和股东。关系人会议的职能是听取有关公司业务与财务状况的报告,听取对公司重整的意见,审议和表决重整计划,商讨和决定其他有关公司重整的事项,其中审议和表决公司重整计划是其首要任务。

在正式重整中,法院起着重要的作用,特别是要判断拟议中的公司重整计划的公正性和可行性。

重整计划

重整计划的核心内容是安排公司现有债权和股权的清理和变更,调整公司资本结构,提出未来的经营方案和实施办法。一般而言,制定重整计划需要经过下述三个步骤:

第一,估算重整企业的价值。这是非常困难的一步,常采用的方法是收益现值法。

第二,调整公司的资本结构,削减公司的债务负担和利息支出,为公司继续经营创造一个合理的财务结构。为实现这一目的,需要对某些债务展期,将某些债务转换为其他证券(如收益债券、优先股,甚至普通股)。

第三,新的资本结构确定之后,用新的证券替换旧的证券,实现公司资本结构的转换。要做到这一点,需要将公司各类债权人和权益所有者按照收益索取权的优先级别分类统计,同一级别的债权人或权益所有者在进行资本结构调整时享有相同的待遇。一般而言,优先级别较高的债权人或权益所有者得到妥善安排之后,优先级别较低的债权人或权益所有者才能得到安置。

除上述安排外,重整计划通常还包括以下措施:

(1) 如果公司现有管理人员不称职,对公司管理人员进行调整,选择有能力的管理人员替代现有管理人员。

(2) 对公司存货及其他资产进行分析,对那些已经贬值的存货及其他资产的价值进行调整,以确定公司资产的当前价值,这也是调整公司资本结构、重新安排公司债权和股权的基础。

(3) 改进公司的生产、营销、广告等各项工作,提高公司的经营效率。

(4) 必要时还需要制定新产品开发计划和设备更新计划,以使企业有能力摆脱困境,适应市场的需要。

例 17-3　某公司资产实际价值为 600 万美元,其资产负债表如表 17-10 所示。

表 17-10　　　　　　　　　　　　单位:万美元

资产	600	抵押债券	300
		次级债务	500
		股东权益	−200
资产总计	600	负债与权益总计	600

该公司提出的重整计划如表 17-11 所示。

表 17-11　　　　　　　　　　　　单位:万美元

旧证券	旧数额	重整计划提出的新数额
抵押债务	300	300
次级债务	500	300

根据重整计划,重整后的负债权益状况如表 17-12 所示。

表 17-12

旧证券	根据重整计划收到的新证券
抵押债券	200 万美元年利率9%的优先级别债权
	100 万美元年利率11%的次级债权
次级债务	200 万美元年股利率8%的优先股
	100 万美元普通股

例 17-3 中,重整计划既对企业债务进行了调整,又进行了债转股。由于企业已陷入资不抵债的境地,所以公司原股东失去了在企业中的全部利益,而部分原公司的次级债权人转为公司新的股东。

17.4.3 中国企业的并购与重整

我国企业的并购与重整起源于 20 世纪 80 年代中期。自 90 年代以来,随着我国市场经济体制的逐步建立、企业改革的不断深化、产业结构调整的需要以及上市公司队伍的壮大,以前在我国非常鲜见的企业并购和重整日趋增多。

目前,我国企业的并购与重整可以分为股权收购、资产重组与吸收并购三大类。根据张新(2003)[①]的统计,自 1993—2002 年,中国 A 股上市公司的并购与重组事件有 1 216 起,其中股权收购 724 起,资产重组 470 起,吸收合并 22 起。张新(2003)的研究显示:中国 A 股市场的并购与重组为目标公司创造了较大的价值,目标公司的财务业绩有所改善,股票溢价达 29%,超过了 20% 的国际水平。而对收购公司的股东收益和财务绩效却产生了一定的负面影响,收购公司的股票溢价为 -16.76%。

季向宇(1998)[②]对 1998 年 1 月 1 日至 11 月 30 日进行了并购与重整的 338 家上市公司的研究显示,在 338 家上市公司中,130 家业绩有实质性改善,64 家通过报表调整业绩有所改善,但公司性质并无真正变化,37 家业绩没有明显变化,107 家业绩明显恶化。

事实上,我国企业的并购与重整还停留在较肤浅的层次上,尽管许多并购与重整在形式上非常现代化,与市场经济国家中的实践非常相似,但本质上却相去甚远。目前我国企业并购与重整的目标包括保住上市公司的上市资格、买卖上市等,而在这些目标下的并购与重整有时并不能真正改善企业的经营业绩,也很难实现调整产业结构、提高企业经营效率等目的。因此,为了使我国企业并购与重整真正发挥其应有的作用,我们还有很长的路要走。

除利用企业并购、资产置换等方式进行重组外,我国还对非上市国有企业采用过"挂账停息"(即对企业难以归还的历史债务在一定时期内暂停收取利息)、"债转股"等措施

---

① 张新:"并购重组是否创造价值",《经济研究》,2003 年第 6 期,第 20—29 页。
② 季向宇:《中国的企业并购与制度创新》,北京大学光华管理学院 1998 年博士论文,1998。

进行企业重整。但这些措施似乎未对企业真正走出困境产生明显的积极作用。

17.5 公司的解散与清算

17.5.1 公司解散或清算的原因

如果企业的财务危机非常严重,失去了重整价值,或股东与债权人达不成重整协议,企业就只能破产清算了。另外,企业也可以因为其他原因而解散。根据我国《公司法》的有关规定,企业可以因以下原因宣布解散:

(1) 公司章程规定的营业期限届满或者公司章程规定的其他解散事由出现;
(2) 股东会或者股东大会决议解散;
(3) 因公司合并或者分立需要解散;
(4) 依法被吊销营业执照、责令关闭或者被撤销;
(5) 人民法院依照本法第183条[①]的规定予以解散。

公司因上述(1)、(2)、(4)、(5)项原因解散的,都应进行清算。

17.5.2 公司清算的一般程序

公司清算的一般程序如下:

成立清算组

根据我国《公司法》的规定,公司因以上(1)、(2)、(4)、(5)项规定而解散的,应当在解散事由出现之日起十五日内成立清算组,开始清算。有限责任公司的清算组由股东组成,股份有限公司的清算组由董事或者股东大会确定的人员组成。逾期不成立清算组进行清算的,债权人可以申请人民法院指定有关人员组成清算组进行清算。人民法院应当受理该申请,并及时组织清算组进行清算。

开展清算工作

清算组在清算期间要进行下列工作:

(1) 清理财产,编制资产负债表和财产清单,此后,制订清算方案,报股东会、股东大会或者人民法院确认。公司财产在分别支付清算费用、职工工资、社会保险费用和法定补偿金,缴纳所欠税款,清偿公司债务后的剩余财产,有限责任公司按照股东的出资比例分配,股份有限公司按照股东持有的股份比例分配。

清算组在清理公司财产、编制资产负债表和财产清单后,发现公司财产不足清偿债务的,应当依法向人民法院申请宣告破产。公司经人民法院裁定宣告破产后,清算组应当将清算事务移交给人民法院。

---

① 《公司法》第183条:公司经营管理发生严重困难,继续存续会使股东利益受到重大损失,通过其他途径不能解决的,持有公司全部股东表决权10%以上的股东,可以请求人民法院解散公司。

清算期间,公司存续,但不得开展与清算无关的经营活动。公司财产在未依照前款规定清偿前,不得分配给股东。

(2) 通知、公告债权人。清算组应当自成立之日起十日内通知债权人,并于六十日内在报纸上公告。债权人应当自接到通知书之日起三十日内,未接到通知书的自公告之日起四十五日内,向清算组申报其债权。债权人申报债权,应当说明债权的有关事项,并提供证明材料。清算组应当对债权进行登记。在申报债权期间,清算组不得对债权人进行清偿。

(3) 处理与清算有关的公司未了结的业务。

(4) 清缴所欠税款以及清算过程中产生的税款。

(5) 清理债权、债务。

(6) 处理公司清偿债务后的剩余财产。

(7) 代表公司参与民事诉讼活动。

提交清算报告

公司清算结束后,清算组应当制作清算报告,报股东会、股东大会或者人民法院确认,并报送公司登记机关,申请注销公司登记,公告公司终止。

清算组成员在清算过程中应当忠于职守,依法履行清算义务。不得利用职权收受贿赂或者其他非法收入,不得侵占公司财产。清算组成员因故意或者重大过失给公司或者债权人造成损失的,应当承担赔偿责任。

案例 17-4

H 股 10 年史上头一遭　全球两大啤酒巨头争夺哈啤

在 H 股 10 年的历史上,这是第一次股权争夺战。

全球排名第一和第二的两大啤酒巨头——美国的 A-B(Anheuser-Busch)和南非的 SAB-Miller,为哈尔滨啤酒(0249.HK)的控股权而战。鼓声渐急,硝烟正浓。

这场战争的结果,将直接关系中国东北,甚至整个中国啤酒市场的格局,当然也关乎哈啤的命运。

两个对手中,SAB-Miller 是先来者。它于 2003 年 7 月就通过收购成为哈啤的第一大股东,持股 29.60%(后来稀释为 29.41%)。当时,它还与哈啤签订了排他性协议,即策略投资者协议,规定在今后三年内,哈啤只与它合作。

第二大股东是哈尔滨市政府,股权与 SAB-Miller 相去不远。它以国利发展有限公司的名义,持有哈啤 29.07% 的股权。

这场战争的源头,是今年 3 月哈尔滨市政府出售股权给一家名为 Global Conduit 的公司。这家公司在英属处女群岛注册,不清楚谁是其真正的所有者。

根据哈啤的公告,市政府将所有的 2.915 亿股股票全部出让给了 Global Conduit,每股作价 3.25 港元。

这是一次有条件的出让,所谓的条件是,需交国资委审批。国资委至今未有表态。

市政府将得到 9.47 亿港元的现金。按哈啤行政总裁路嘉星在一次记者会上的说法,这笔款项是在东北老工业基地改造过程中,用于改造企业及安顿员工的。据记者了解,该笔款项将用于成立专门的国企改革基金,"这在国内开了先例"。

背景神秘的 Global Conduit 因而成了哈啤的第二大股东,而且股权与第一大股东相差很小,仅 0.34%。

未知 Global Conduit 与 A-B 是否有关,随后的事实证明,Global Conduit 确实成为 A-B 进入哈啤的一条栈道。

争夺战

(2004 年)五一长假期间,战火终于燃起。A-B 入股哈啤的公告打响了第一枪。

(2004 年)5 月 2 日,A-B 公告称,以 10.8 亿港元的代价从 Global Conduit 购入哈啤约 29% 的股权,每股折合 3.70 港元。

"哈啤是成长中的中国市场的领先企业,有良好的利润增长潜力,投资哈啤符合我们的战略。"A-B 的总裁兼首席执行官 Patrick Stokes 说,"我们期待与哈啤的管理层紧密合作。相信通过合作,我们可以更好地参与中国这一行业的长期成长。"

这是 A-B 在中国啤酒企业的第二次投资。从 1993 年起,A-B 就持有青岛啤酒少数股权。2002 年双方合作深入,A-B 现持有青岛啤酒 9.9% 的股权,并协议在今后若干年内增持至 27%。

A-B 国际公司的首席执行官兼总裁 Stephen J. Burrows 指出,入股哈啤对百威啤酒(Budweiser)在中国的业务发展以及与青岛啤酒合作关系方面均有所补助,而青啤亦对此次入股表示支持。

但一山可容二虎吗?如果 A-B 入股成功,它将持哈啤 29.07% 的股权。而第一大股东 SAB-Miller 持股 29.60%(后来稀释为 29.41%),仅有微弱优势,控股地位岌岌可危。当时市场即推测,SAB-Miller 定会反击。

事实果然如此。5 月 5 日,SAB-Miller 宣布全面收购哈啤的股份,每股出价 4.30 港元,较哈啤在停牌前的最后价格(4 月 30 日的价格)3.225 港元高出 33.3%。

SAB-Miller 的首席执行官 Graham Mackay 说:"我们相信收购建议会为哈啤的股东带来价值,并很好地配合目前我们在中国东北地区的合作项目……控股权和承诺将为哈啤带来一个成功的未来。"

他说:"我们的合作伙伴华润集团全力支持这次收购建议,有利于探讨(哈啤)与华润合资企业合作中获益的可能性。"

另据香港媒体报道,SAB-Miller 非洲及亚洲区财务总监 Johnathan Kirby 还专门举行演示文稿会,进一步阐释收购动机。Johnathan Kirby 称,正与两名独立投资者商讨购入其所持哈啤股权。

市场人士分析,该两名独立投资者最有可能是 JP Morgan 及 Capital Group,这两个独立投资者目前分别是哈啤的第五和第六大股东,分别持有 8.16% 和 7.91% 的股权。

SAB-Miller 目前亦持有华创(0291.HK)旗下华润啤酒 49% 的权益,香港媒体援引 Johnathan Kirby 的话,称此次收购可为哈啤和华润啤酒带来协同效应。

第 17 章 企业并购、分立与重组

SAB-Miller 来势汹汹,但 A-B 决意还击。

据(2004 年)5 月 5 日的英国《金融时报》报道,A-B 认为,SAB-Miller 的行动并非在预料之外,并表明会提出反收购。

这是一场还在进行的战争。战争的结果将直接影响未来中国东北地区的啤酒市场格局。

一份美林证券的研究报告称,如果 SAB-Miller 全面收购失败,东北啤酒市场的竞争将会加剧,可能需要因此调降华创未来两年的盈利 2%—3%。

哈啤支持 A-B

A-B 至少有一个优势:哈啤的管理层坚决地站在了它这边。

A-B 于 5 月 2 日宣布入股哈啤,此前一天(即 2004 年 5 月 1 日),哈啤管理层已先发制人,召开董事会,决定终止与 SAB-Miller 的策略投资者协议,并称"此举符合本公司及其股东的最佳利益,并增加本公司于中国啤酒业的业务发展灵活性"。

这份于 2003 年 7 月签署的协议,规定在三年期限内,SAB-Miller 成为哈啤的中国独家策略投资者。

随后,在 SAB-Miller 提出全面收购后,哈啤当即于次日(5 月 5 日)强烈批评 SAB-Miller。哈啤董事会在公告中称,"收购建议为完全未经征询,及于提出前并无事先与董事会进行任何磋商",并强烈鼓励股东于此阶段不要采取任何行动。

董事会称:"收购建议是对本公司终止策略投资者协议的不适当的仓促响应。"

董事会称:"注意到,SAB-Miller 于 2004 年 5 月 4 日的公告中表示,收购建议提供潜在商机,从与其中国现有合营企业华润啤酒(中国)展开进一步合作中受惠。董事会并不相信本公司的长远前景,应与其在中国主要竞争对手之一的华润啤酒相连。"

同时,董事会还表示,欢迎 A-B 收购本公司股本约 29.07% 权益。

5 月 6 日(周四)下午,哈啤行政总裁路嘉星更是忽然邀请数家媒体,召开电话会议,声称 SAB-Miller 一直没有履行策略投资协议的承诺,包括没有向哈啤提供技术及销售协助。

哈啤管理层为什么支持 A-B 而反对 SAB-Miller 的真正原因,还不得而知。但市场流传的一种版本是,哈啤和华润啤酒在东北市场上竞争激烈,两大品牌加起来在东北市场占大部分份额,SAB-Miller 已经与华润啤酒密切合作,可能会损及与哈啤的合作。此外,如果 SAB-Miller 全购哈啤,势必对两大品牌进行整合,很可能更换现有的管理层。

华润身影

哈啤董事会主席李文涛曾对媒体表示,啤酒业在中国加入 WTO 后已成为开放程度最高的行业之一,国际啤酒豪门收购内地四大巨头之战在两三年内迟早会发生,"哈啤不过先走了一步"。

此话的一个注脚是,国际啤酒第一巨头 A-B 公司早已率先参股青啤。而第二大的 SAB-Miller 则于去年成为哈啤第一大股东。当时,有业内人士评论:"SAB-Miller 与'历史比青啤还悠久的中国啤酒企业合作',能尽快进入中国这个仅次于美国的世界第二大啤酒消费市场。"

不过,SAB-Miller 与华润的亲密关系,却一直是其与哈啤这宗联姻中埋藏的隐忧。

早在 1992 年,SAB-Miller 与香港上市公司华润创业成立了合资公司——华润创业啤酒;2002年,SAB-Miller再次向华润啤酒增资1亿美元。目前,SAB-Miller仍持有华润啤酒49%的股份。而且,之前华润收购四川蓝剑等品牌,都曾经由其盟友SAB-Miller出面。因此,去年SAB-Miller入主哈啤背后,华润到底扮演了什么角色,一直是各方揣测的焦点。

事实上,华润、哈啤积怨颇深。作为东北啤酒市场的两大巨头,华润啤酒一直想成就"东北王"的神话,而哈啤作为"东北虎"一直奋力抵抗。2001年,华润就曾做出收编哈啤的战略部署,此举遭到李文涛的极力抵制。

哈啤抢在华润之前收购粤海啤酒厂,就是"以攻为守"应对华润的招数。大为恼火的华润在东北市场构筑了对哈啤的包围圈,形成围剿之势。不甘示弱的哈啤则大打价格战,双方甚至曾在长春激烈交火,展开了近乎肉搏式的竞争。

个中恩怨,一言难尽。

针对此次哈啤股权争夺,本报记者联系到华润集团一位高层。但他表示,"此次事件与华润无关,不方便发表评论"。

不过在明眼人眼中,华润若隐若现的身影依然挥之不去。

"哈啤的秘密"

A-B与SAB-Miller两家相争,令哈啤股价飞扬,旁观的股民得利。在香港证券市场,上一次大型的股权争夺战远在四年前:2000年电讯盈科和新加坡电信为香港电讯而战。

5月5日,SAB-Miller提出全面收购后次日,哈啤股价大幅上升45.7%,收报于4.7港元,总成交4 070万股。

但就在此时,以维护香港股民利益著称的独立股评人David Webb,却以"哈啤的秘密"为题,对哈啤的行为提出了质疑。David Webb同时也是香港联交所的董事。

他首先问,Global Conduit在短短1个多月中,低买高卖,轻易获利1.312亿港元,但它究竟是谁?

2004年3月22日,当哈啤宣布Global Conduit从哈尔滨市政府以3.25港元/股的价格,有条件地购得2.915亿股股权(相当于29.07%)时,并没有披露谁拥有Global Conduit。公司只在公告中称,"买方是由一群投资者拥有,该等投资者并无个别拥有买方20%以上的投票权益"。

后来,又知道Global Conduit的所有股权由另一家英属处女群岛注册公司Capital Select持有,但没有披露谁是Capital Select的股东。

David Webb认为,通过这样的结构设计,"避免了透露谁是Global Conduit的真正持有人"。

然后,在2004年5月2日,Global Conduit其实还没有真正付钱完成购买哈啤的股权,也未经过国资委的批准,就被Capital Select卖给了A-B。价格是每股3.70港元。

David Webb说:"A-B并没有真正购入哈啤的股权,而只是与Global Conduit完成交易的权利。"

就是这个权利,在一来一去之间,Capital Select的股东每股赚了0.45港元,总数是1.312亿港元。

SAB-Miller现在提出敌意的全面收购,出价是4.30港元/股,比起哈尔滨市政府卖给Global Conduit的价格3.25港元/股,整整高出32.3%,总价高出3.06亿港元。

David Webb认为,"如果哈尔滨市政府有办法与Global Conduit解除交易,却不卖给出价高出 3.06 亿港元的 SAB-Miller,肯定是疯了"。

他呼吁,"哈啤披露 Global Conduit 和 Capital Select 的最终持有人的全部细节,及 A-B 购买 Global Conduit 的条件"。

David Webb 说,我们只知道 Philip Kan Sung Chee 先生拥有 Global Conduit 20% 的股权,而他又是一家律师事务所的合伙人。另一位 David Lee Sun 先生是 Capital Select 的董事,同时他们两位还是 Global Conduit 的董事。但我们对 Sun 先生的背景一无所知。

此外,David Webb 要求哈啤管理层公布的第二个秘密,是管理层当初与 SAB-Miller 达成的认沽选择权安排的细节。

2003 年 6 月,SAB-Miller 入股哈啤时,双方的协议中有一项安排:哈啤的 6 位高管持有一定的股权。在协议后一年到三年内,管理层有权将所持股权转让给 SAB-Miller,代价是 5 500 万港元。

如果 SAB-Miller 就哈啤提出全面收购建议,代价增加 1 倍,即为 1.1 亿港元。

David Webb 认为,1.1 亿港元,以这 6 名高管持有的股权数计算,每股高达 9.41 港元,按照目前的市况是很难达到的,所以几乎可以肯定,这些高管会行使股权。

资料来源:《21 世纪经济报道》2004 年 5 月 8 日,记者何华峰,转引自新浪财经网(http://finance.sina.com.cn)。

本章小结

本章讲述了企业并购与重组方面的内容。(1)企业并购是以前独立存在的两个或两个以上的具有法人资格的企业,通过产权交易,按照特定方式组合成一个公司的行为。从企业组织形态看,可以分为吸收合并与新设合并;从产业形态看,可分为横向并购、纵向并购与混合并购;从收购方式看,可分为股权收购与资产收购。(2)企业并购的价值来源可以是多方面的,包括经营协同效应、财务协同效应等。但企业并购也会因为赢者诅咒、利益相关者之间的价值转移等原因造成某些利益集团的损失。(3)并购就是一项投资活动。因此,要运用净现值分析等投资分析方法对并购的价值进行分析,特别是要分析并购产生的新增价值和收购公司所得到的价值,进而做出合理的定价决策。(4)收购方在未经被收购企业管理层认可的情况下公开收购被收购企业的股票以达到收购的目的的行为被称为敌意收购。对付敌意收购的方法包括保护性重组、毒丸政策、绿色讹诈、白衣骑士以及利用公司章程等多种手段。(5)杠杆收购是指收购者主要依靠债务资金(通常可以达到整个收购资金的 90%)买下上市公司的全部股份,使之由一个上市公司变为非上市公司(被"私有化")的行为。管理层收购指管理层作为主要收购者的杠杆收购行为。(6)公司分立,指一个公司拆分为多个公司,或一个公司将出售一些部门的行为。公司分立包括股权分割、部门出售和持股分立等几种形式。公司分立的目的可能是为了提高公司经营效率、进行战略调整等原因。(7)财务危机是指公司不能正常履行资金支付责任,出现了入不敷出的情况。公司可能因财务危机而破产，进行公司重组是解决破产问题的一种途径。公司重整的核心是对公司现有的股权和债务结构做出重新安排，提出有效的新经营方案并获得必要的资金投入。

思考题

1. 公司为什么要进行并购、分立与重组？
2. 为什么账面价值不能代表一个公司的实际价值？
3. 什么是纵向并购、横向并购与混合并购？
4. "杠杆收购"的含义是什么？有什么样的好处？
5. 为什么目前我国所进行的"杠杆收购"或"管理层收购"存在一系列的问题？
6. 如何评价并购后公司的实力？
7. 为什么要反并购？有哪些主要办法？
8. 企业并购中的购买法和权益结合法有何区别？
9. 比较公司分立的三种形式的优劣。
10. 公司失败的最常见原因是什么？
11. 说明公司的清算程序。

计算题

1. 2005年年底，K公司拟对L企业实施吸收合并式收购。根据分析预测，并购整合后的K公司未来5年中的股权资本现金流量分别为 $-4\,000$ 万元、$2\,000$ 万元、$6\,000$ 万元、$8\,000$ 万元和 $9\,000$ 万元，5年后的股权资本现金流量将稳定在 $6\,000$ 万元左右；又根据推测，如果不对L企业实施并购的话，未来5年中K公司的股权资本现金流量将分别为 $2\,000$ 万元、$2\,500$ 万元、$4\,000$ 万元、$5\,000$ 万元和 $5\,200$ 万元，5年后的股权现金流量将稳定在 $3\,600$ 万元左右。并购整合后的预期资本成本率为 6%。

   采用现金流量贴现模式对L企业的股权现金价值进行估算。

2. A公司意欲收购在业务及市场方面与其具有一定协同性的B企业 54% 的股权。相关财务资料如下：B企业拥有 $5\,000$ 万股普通股，2001年、2002年、2003年税前利润分别为 $2\,200$ 万元、$2\,300$ 万元和 $2\,400$ 万元，所得税税率 30%；A公司决定按B企业三年平均盈利水平对其做出价值评估，方法选用市盈率法，并以A公司自身的市盈率 15 为参数。计算B企业预计每股价值、企业价值总额及A公司预计需要支付的收购价款。

3. 假设A企业收购B企业后成立AB企业，下表给出了收购日A企业和B企业各自的财务状况。B企业在收购日的账面价值是 $10\,000\,000$ 元，其中包括 $8\,000\,000$ 元的建筑物和 $2\,000\,000$ 元的现金。但评估师认为这些建筑物的公允价值之和达到 $14\,000\,000$ 美元,这样 B 企业的公允价值为 16 000 000 元。然而,A 企业向 B 企业支付了 19 000 000 元的现金。A 企业为支付收购价款举借了 19 000 000 元的新债务。请根据以上信息,编制合并后的 AB 企业的资产负债表。

A 企业和 B 企业的资产负债状况　　　　　　　　　　　　单位:万元

A 企业			
现金	400	权益	2 000
土地	1 600		
建筑物	0		
合计	2 000		2 000
B 企业			
现金	200	权益	1 000
土地	0		
建筑物	800		
合计	1 000		1 000

4. A、B 企业兼并前的税收如下表,如果没有税收返还,那么兼并后两个企业的总纳税额减少了多少?

	A 企业		B 企业	
	状态 1	状态 2	状态 1	状态 2
应税利润(万元)	200	−100	−100	200
税收(万元)	68	0	0	68
税后利润(万元)	132	−100	−100	132

5. Y 和 M 是两家生产冰激凌的公司,两公司达成合并协议,准备组建联合公司。这两家公司除了地处不同的地区之外,其余都非常相似。每家公司的期末价值依赖于天气情况。

天气状况	概率	价值(元)
下雨	0.1	100 000
温暖	0.4	200 000
燥热	0.5	400 000

假设两个地区的天气状况互相独立,而且,每家公司均有负债 200 000 元,假设该合并没有溢价。请问:

(1) 合并后的价值是如何分布的?

(2) 合并后联合公司的股权价值是如何分布的?

(3) 证明联合公司价值是单个公司价值之和。

(4) 证明联合公司债权人处境好转而股东处境恶化。

6. A 公司正在分析对 B 公司的收购方案。这两家公司都无负债。B 公司的现行市价为 2 000 万元,A 公司估计该项收购能够使得公司每年增加 60 万元的永续现金流。A 公司的现行市价为 3 500 万元。增量现金流的折现率为 8%。

(1) 估计合并产生的协同效应。

(2) B 公司对 A 公司而言,价值多少?

当前 A 公司正在考虑是以 1 500 万元现金的方式还是交换其 25% 的股票的方式进行收购。

(3) 两种方式下 A 公司支付的成本各是多少? 各种方案的 NPV 是多少?

(4) A 公司应当选择何种方案?

7. F 公司正在考虑向 P 公司发出要约进行收购。F 公司的财务总监已经收集了如下信息:

	F 公司	P 公司
市盈率	15 倍	12 倍
股票发行数量	1 000 000 股	250 000 股
收益	1 000 000 元	750 000 元

财务总监还知道证券分析师估计 P 公司的收益和股利(目前为每股 1.80 元)将每年永续增长 5%,但他研究发现该项收购将为 P 公司带来规模经济效益,每年递增速度将增至 7%。请问:

(1) P 公司对 F 公司的价值多大?

(2) 如果 F 公司为 P 公司的每股发行在外的股票支付 40 元,那么这一收购的 NPV 是多少?

(3) 如果 F 公司用自己的 600 000 股股票支付换取 P 公司发行在外的股票,那么这一收购的 NPV 是多少?

(4) 这一收购是否可取? 如果可取,应采用何种支付方式?

(5) 如果 F 公司的管理层认为 7% 的增长过于理想,而 6% 的增长才符合现实,那么上述问题的结论将会发生何种变化?

8. 下表是威利公司收购安达公司前后的各项现金流量与贴现率,请填充表中的空格。如果合并后的新公司共有 2 亿元的负债和 1 000 万股普通股股票,计算新公司的股票价格。

	每年净现金流量(万元)	贴现率	价值(万元)
老安达公司	1 600	16%	?
老威利公司	4 000	10%	?
合并后新增利益	1 000	?	9 000
其中:			
收益增加	500	?	2 500
成本降低	400	10%	?
税收利益	100	5%	?
新威利公司	6 600	?	?

9. 新源公司正在考虑收购英捷公司。两家公司均无负债。新源公司预计收购英捷公司后可永久性地每年增加120万元的税后净现金流入。目前英捷公司的市场价值为4 000万元,新源公司的市场价值为7 000万元,两公司适用的贴现率均为8%,问:

(1) 通过企业收购新增的价值是多少?

(2) 英捷公司对新源公司的价值是多少?

如果新源公司决定要么用公司25%的股份,要么用3 000万元的现金来收购英捷公司,那么:

(3) 两种收购方法的成本各是多少?

(4) 两种收购方法的净现值各是多少?

(5) 新源公司应选择哪一种收购方法?

10. S公司准备收购M公司,并希望以1股S公司股票置换2股M公司股票来完成此次收购。已知S公司的股票价格为41元,每股收益(EPS)为4.16元;M公司的股票价格为16元,每股收益为2.52元;两家公司发行在外的股票总数均为20万股,问:

(1) 收购完成后新公司股票的每股收益是多少?

(2) 如果收购完成后的新公司股票可以保持原S公司股票的市盈率,两家公司的股东可以在股票价格变化中取得多少收益?

11. A公司和N公司的有关资料如下表所示。A公司准备以4股本公司股票换1股N公司股票的价格收购N公司,如果收购发生后总收益为两家公司原收益之和,问:

	A公司	N公司
总收益	1 000 000元	750 000元
普通股股票数	1 000 000股	250 000股
市盈率	20倍	18倍

(1) 此次收购对原A公司股东的每股收益有何影响?

(2) 此次收购对原N公司股东的每股收益有何影响?

附录 相关表格

附表1 复利终值系数表

$$FV_{r,n} = (1+r)^n$$

n	1%	2%	3%	4%	5%	6%	7%	8%	9%	10%
1	1.0100	1.0200	1.0300	1.0400	1.0500	1.0600	1.0700	1.0800	1.0900	1.1000
2	1.0201	1.0404	1.0609	1.0816	1.1025	1.1236	1.1449	1.1664	1.1881	1.2100
3	1.0303	1.0612	1.0927	1.1249	1.1576	1.1910	1.2250	1.2597	1.2950	1.3310
4	1.0406	1.0824	1.1255	1.1699	1.2155	1.2625	1.3108	1.3605	1.4116	1.4641
5	1.0510	1.1041	1.1593	1.2167	1.2763	1.3382	1.4026	1.4693	1.5386	1.6105
6	1.0615	1.1262	1.1941	1.2653	1.3401	1.4185	1.5007	1.5869	1.6771	1.7716
7	1.0721	1.1487	1.2299	1.3159	1.4071	1.5036	1.6058	1.7138	1.8280	1.9487
8	1.0829	1.1717	1.2668	1.3686	1.4775	1.5938	1.7182	1.8509	1.9926	2.1436
9	1.0937	1.1951	1.3048	1.4233	1.5513	1.6895	1.8385	1.9990	2.1719	2.3579
10	1.1046	1.2190	1.3439	1.4802	1.6289	1.7908	1.9672	2.1589	2.3674	2.5937
11	1.1157	1.2434	1.3842	1.5395	1.7103	1.8983	2.1049	2.3316	2.5804	2.8531
12	1.1268	1.2682	1.4258	1.6010	1.7959	2.0122	2.2522	2.5182	2.8127	3.1384
13	1.1381	1.2936	1.4685	1.6651	1.8856	2.1329	2.4098	2.7196	3.0658	3.4523
14	1.1495	1.3195	1.5126	1.7317	1.9799	2.2609	2.5785	2.9372	3.3417	3.7975
15	1.1610	1.3459	1.5580	1.8009	2.0789	2.3966	2.7590	3.1722	3.6425	4.1772
16	1.1726	1.3728	1.6047	1.8730	2.1829	2.5404	2.9522	3.4259	3.9703	4.5950
17	1.1843	1.4002	1.6528	1.9479	2.2920	2.6928	3.1588	3.7000	4.3276	5.0545
18	1.1961	1.4282	1.7024	2.0258	2.4066	2.8543	3.3799	3.9960	4.7171	5.5599
19	1.2081	1.4568	1.7535	2.1068	2.5270	3.0256	3.6165	4.3157	5.1417	6.1159
20	1.2202	1.4859	1.8061	2.1911	2.6533	3.2071	3.8697	4.6610	5.6044	6.7275
21	1.2324	1.5157	1.8603	2.2788	2.7860	3.3996	4.1406	5.0338	6.1088	7.4002
22	1.2447	1.5460	1.9161	2.3699	2.9253	3.6035	4.4304	5.4365	6.6586	8.1403
23	1.2572	1.5769	1.9736	2.4647	3.0715	3.8197	4.7405	5.8715	7.2579	8.9543
24	1.2697	1.6084	2.0328	2.5633	3.2251	4.0489	5.0724	6.3412	7.9111	9.8497
25	1.2824	1.6406	2.0938	2.6658	3.3864	4.2919	5.4274	6.8485	8.6231	10.835
26	1.2953	1.6734	2.1566	2.7725	3.5557	4.5494	5.8074	7.3964	9.3992	11.918
27	1.3082	1.7069	2.2213	2.8834	3.7335	4.8223	6.2139	7.9881	10.245	13.110
28	1.3213	1.7410	2.2879	2.9987	3.9201	5.1117	6.6488	8.6271	11.167	14.421
29	1.3345	1.7758	2.3566	3.1187	4.1161	5.4184	7.1143	9.3173	12.172	15.863
30	1.3478	1.8114	2.4273	3.2434	4.3219	5.7435	7.6123	10.063	13.268	17.449
40	1.4889	2.2080	3.2620	4.8010	7.0400	10.286	14.794	21.725	31.409	45.259
50	1.6446	2.6916	4.3839	7.1067	11.467	18.420	29.457	46.902	74.358	117.39
60	1.8167	3.2810	5.8916	10.520	18.679	32.988	57.946	101.26	176.03	304.48

n	12%	14%	15%	16%	18%	20%	24%	28%	32%	36%
1	1.1200	1.1400	1.1500	1.1600	1.1800	1.2000	1.2400	1.2800	1.3200	1.3600
2	1.2544	1.2996	1.3225	1.3456	1.3924	1.4400	1.5376	1.6384	1.7424	1.8496
3	1.4049	1.4815	1.5209	1.5609	1.6430	1.7280	1.9066	2.0972	2.3000	2.5155
4	1.5735	1.6890	1.7490	1.8106	1.9388	2.0736	2.3642	2.6844	3.0360	3.4210
5	1.7623	1.9254	2.0114	2.1003	2.2878	2.4883	2.9316	3.4360	4.0075	4.6526
6	1.9738	2.1950	2.3131	2.4364	2.6996	2.9860	3.6352	4.3980	5.2899	6.3275
7	2.2107	2.5023	2.6600	2.8262	3.1855	3.5832	4.5077	5.6295	6.9826	8.6054
8	2.4760	2.8526	3.0590	3.2784	3.7589	4.2998	5.5895	7.2058	9.2170	11.703
9	2.7731	3.2519	3.5179	3.8030	4.4355	5.1598	6.9310	9.2234	12.166	15.917
10	3.1058	3.7072	4.0456	4.4114	5.2338	6.1917	8.5944	11.806	16.060	21.647
11	3.4785	4.2262	4.6524	5.1173	6.1759	7.4301	10.657	15.112	21.199	29.439
12	3.8960	4.8179	5.3503	5.9360	7.2876	8.9161	13.215	19.343	27.983	40.037
13	4.3635	5.4924	6.1528	6.8858	8.5994	10.699	16.386	24.759	36.937	54.451
14	4.8871	6.2613	7.0757	7.9875	10.147	12.839	20.319	31.691	48.757	74.053
15	5.4736	7.1379	8.1371	9.2655	11.974	15.407	25.196	40.565	64.359	100.71
16	6.1304	8.1372	9.3576	10.748	14.129	18.488	31.243	51.923	84.954	136.97
17	6.8660	9.2765	10.761	12.468	16.672	22.186	38.741	66.461	112.14	186.28
18	7.6900	10.575	12.375	14.463	19.673	26.623	48.039	85.071	148.02	253.34
19	8.6128	12.056	14.232	16.777	23.214	31.948	59.568	108.89	195.39	344.54
20	9.6463	13.743	16.367	19.461	27.393	38.338	73.864	139.38	257.92	468.57
21	10.804	15.668	18.822	22.574	32.324	46.005	91.592	178.41	340.45	637.26
22	12.100	17.861	21.645	26.186	38.142	55.206	113.57	228.36	449.39	866.67
23	13.552	20.362	24.891	30.376	45.008	66.247	140.83	292.30	593.20	1 178.7
24	15.179	23.212	28.625	35.236	53.109	79.497	174.63	374.14	783.02	1 603.0
25	17.000	26.462	32.919	40.874	62.669	95.396	216.54	478.90	1 033.6	2 180.1
26	19.040	30.167	37.857	47.414	73.949	114.48	268.51	613.00	1 364.3	2 964.9
27	21.325	34.390	43.535	55.000	87.260	137.37	332.95	784.64	1 800.9	4 032.3
28	23.884	39.204	50.066	63.800	102.97	164.84	412.86	1 004.3	2 377.2	5 483.9
29	26.750	44.693	57.575	74.009	121.50	197.81	511.95	1 285.6	3 137.9	7 458.1
30	29.960	50.950	66.212	85.850	143.37	237.38	634.82	1 645.5	4 142.1	10 143
40	93.051	188.88	267.86	378.72	750.38	1 469.8	5 455.9	19 427	6 6521	*
50	289.00	700.23	1 083.7	1 670.7	3 927.4	9 100.4	46 890	*	*	*
60	897.60	2 595.9	4 384.0	7 370.2	20 555	56 348	*	*	*	*

* >99 999

附表 2　复利现值系数表

$$PV_{r,n} = \frac{1}{(1+r)^n}$$

n	1%	2%	3%	4%	5%	6%	7%	8%	9%	10%
1	0.9901	0.9804	0.9709	0.9615	0.9524	0.9434	0.9346	0.9259	0.9174	0.9091
2	0.9803	0.9612	0.9426	0.9246	0.9070	0.8900	0.8734	0.8573	0.8417	0.8264
3	0.9706	0.9423	0.9151	0.8890	0.8638	0.8396	0.8163	0.7938	0.7722	0.7513
4	0.9610	0.9238	0.8885	0.8548	0.8227	0.7921	0.7629	0.7350	0.7084	0.6830
5	0.9515	0.9057	0.8626	0.8219	0.7835	0.7473	0.7130	0.6806	0.6499	0.6209
6	0.9420	0.8880	0.8375	0.7903	0.7462	0.7050	0.6663	0.6302	0.5963	0.5645
7	0.9327	0.8706	0.8131	0.7599	0.7107	0.6651	0.6227	0.5835	0.5470	0.5132
8	0.9235	0.8535	0.7894	0.7307	0.6768	0.6274	0.5820	0.5403	0.5019	0.4665
9	0.9143	0.8368	0.7664	0.7026	0.6446	0.5919	0.5439	0.5002	0.4604	0.4241
10	0.9053	0.8203	0.7441	0.6756	0.6139	0.5584	0.5083	0.4632	0.4224	0.3855
11	0.8963	0.8043	0.7224	0.6496	0.5847	0.5268	0.4751	0.4289	0.3875	0.3505
12	0.8874	0.7885	0.7014	0.6246	0.5568	0.4970	0.4440	0.3971	0.3555	0.3186
13	0.8787	0.7730	0.6810	0.6006	0.503	0.4688	0.4150	0.3677	0.3262	0.2897
14	0.8700	0.7579	0.6611	0.5775	0.5051	0.4423	0.3878	0.3405	0.2992	0.2633
15	0.8613	0.7430	0.6419	0.5553	0.4810	0.4173	0.3624	0.3152	0.2745	0.2394
16	0.8528	0.7284	0.6232	0.5339	0.4581	0.3936	0.3387	0.2919	0.2519	0.2176
17	0.8444	0.7142	0.6050	0.5134	0.4363	0.3714	0.3166	0.2703	0.2311	0.1978
18	0.8360	0.7002	0.5874	0.4936	0.4155	0.3503	0.2959	0.2502	0.2120	0.1799
19	0.8277	0.6864	0.5703	0.4746	0.3957	0.3305	0.2765	0.2317	0.1945	0.1635
20	0.8195	0.6730	0.5537	0.4564	0.3769	0.3118	0.2584	0.2145	0.1784	0.1486
21	0.8114	0.6598	0.5375	0.4388	0.3589	0.2942	0.2415	0.1987	0.1637	0.1351
22	0.8034	0.6468	0.5219	0.4220	0.3418	0.2775	0.2257	0.1839	0.1502	0.1228
23	0.7954	0.6342	0.5067	0.4057	0.3256	0.2618	0.2109	0.1703	0.1378	0.1117
24	0.7876	0.6217	0.4919	0.3901	0.3101	0.2470	0.1971	0.1577	0.1264	0.1015
25	0.7798	0.6095	0.4776	0.3751	0.2953	0.2330	0.1842	0.1460	0.1160	0.0923
26	0.7720	0.5976	0.4637	0.3604	0.2812	0.2198	0.1722	0.1352	0.1064	0.0839
27	0.7644	0.5859	0.4502	0.3468	0.2678	0.2074	0.1609	0.1252	0.0976	0.0763
28	0.7568	0.5744	0.4371	0.3335	0.2551	0.1956	0.1504	0.1159	0.0895	0.0693
29	0.7493	0.5631	0.4243	0.3207	0.2429	0.1846	0.1406	0.1073	0.0822	0.0630
30	0.7419	0.5521	0.4120	0.3083	0.2314	0.1741	0.1314	0.0994	0.0754	0.0573
35	0.7059	0.5000	0.3554	0.2534	0.1813	0.1301	0.0937	0.0676	0.0490	0.0356
40	0.6717	0.4529	0.3066	0.2083	0.1420	0.0972	0.0668	0.0460	0.0318	0.0221
45	0.6391	0.4102	0.2644	0.1712	0.1113	0.0727	0.0476	0.0313	0.0207	0.0137
50	0.6080	0.3715	0.2281	0.1407	0.0872	0.0543	0.0339	0.0213	0.0134	0.0085
55	0.5785	0.3365	0.1968	0.1157	0.0683	0.0406	0.0242	0.0145	0.0087	0.0053

n	12%	14%	15%	16%	18%	20%	24%	28%	32%	36%
1	0.8929	0.8772	0.8696	0.8621	0.8475	0.8333	0.8065	0.7813	0.7576	0.7353
2	0.7972	0.7695	0.7561	0.7432	0.7182	0.6944	0.6504	0.6104	0.5739	0.5407
3	0.7118	0.6750	0.6575	0.6407	0.6086	0.5787	0.5245	0.4768	0.4348	0.3975
4	0.6355	0.5921	0.5718	0.5523	0.5158	0.4823	0.4230	0.3725	0.3294	0.2923
5	0.5674	0.5194	0.4972	0.4761	0.4371	0.4019	0.3411	0.2910	0.2495	0.2149
6	0.5066	0.4556	0.4323	0.4104	0.3704	0.3349	0.2751	0.2274	0.1890	0.1580
7	0.4523	0.3996	0.3759	0.3538	0.3139	0.2791	0.2218	0.1776	0.1432	0.1162
8	0.4039	0.3506	0.3269	0.3050	0.2660	0.2326	0.1789	0.1388	0.1085	0.0854
9	0.3606	0.3075	0.2843	0.2630	0.2255	0.1938	0.1443	0.1084	0.0822	0.0628
10	0.3220	0.2697	0.2472	0.2267	0.1911	0.1615	0.1164	0.0847	0.0623	0.0462
11	0.2875	0.2366	0.2149	0.1954	0.1619	0.1346	0.0938	0.0662	0.0472	0.0340
12	0.2567	0.2076	0.1869	0.1685	0.1373	0.1122	0.0757	0.0517	0.0357	0.0250
13	0.2292	0.1821	0.1625	0.1452	0.1163	0.0935	0.0610	0.0404	0.0271	0.0184
14	0.2046	0.1597	0.1413	0.1252	0.0985	0.0779	0.0492	0.0316	0.0205	0.0135
15	0.1827	0.1401	0.1229	0.1079	0.0835	0.0649	0.0397	0.0247	0.0155	0.0099
16	0.1631	0.1229	0.1069	0.0980	0.0708	0.0541	0.0320	0.0193	0.0118	0.0073
17	0.1456	0.1078	0.0929	0.0802	0.0600	0.0451	0.0258	0.0150	0.0089	0.0054
18	0.1300	0.0946	0.0808	0.0691	0.0508	0.0376	0.0208	0.0118	0.0068	0.0039
19	0.1161	0.0829	0.0703	0.0596	0.0431	0.0313	0.0168	0.0092	0.0051	0.0029
20	0.1037	0.0728	0.0611	0.0514	0.0365	0.0261	0.0135	0.0072	0.0039	0.0021
21	0.0926	0.0638	0.0531	0.0443	0.0309	0.0217	0.0109	0.0056	0.0029	0.0016
22	0.0826	0.0560	0.0462	0.0382	0.0262	0.0181	0.0088	0.0044	0.0022	0.0012
23	0.0738	0.0491	0.0402	0.0329	0.0222	0.0151	0.0071	0.0034	0.0017	0.0008
24	0.0659	0.0431	0.0349	0.0284	0.0188	0.0126	0.0057	0.0027	0.0013	0.0006
25	0.0588	0.0378	0.0304	0.0245	0.0160	0.0105	0.0046	0.0021	0.0010	0.0005
26	0.0525	0.0331	0.0264	0.0211	0.0135	0.0087	0.0037	0.0016	0.0007	0.0003
27	0.0469	0.0291	0.0230	0.0182	0.0115	0.0073	0.0030	0.0013	0.0006	0.0002
28	0.0419	0.0255	0.0200	0.0157	0.0097	0.0061	0.0024	0.0010	0.0004	0.0002
29	0.0374	0.0224	0.0174	0.0135	0.0082	0.0051	0.0020	0.0008	0.0003	0.0001
30	0.0334	0.0196	0.0151	0.0116	0.0070	0.0042	0.0016	0.0006	0.0002	0.0001
35	0.0189	0.0102	0.0075	0.0055	0.0030	0.0017	0.0005	0.0002	0.0001	*
40	0.0107	0.0053	0.0037	0.0026	0.0013	0.0007	0.0002	0.0001	*	*
45	0.0061	0.0027	0.0019	0.0013	0.0006	0.0003	0.0001	*	*	*
50	0.0035	0.0014	0.0009	0.0006	0.0003	0.0001	*	*	*	*
55	0.0020	0.0007	0.0005	0.0003	0.0001	*	*	*	*	*

* < 0.0001

附表3　年金终值系数表

$$\text{FVA}_{r,n} = \sum_{t=1}^{n} (1+r)^{n-1} = \frac{(1+r)^n - 1}{r}$$

n	1%	2%	3%	4%	5%	6%	7%	8%	9%	10%
1	1.0000	1.0000	1.0000	1.0000	1.0000	1.0000	1.0000	1.0000	1.0000	1.0000
2	2.0100	2.0200	2.0300	2.0400	2.0500	2.0600	2.0700	2.0800	2.0900	2.1000
3	3.0301	3.0604	3.0909	3.1216	3.1525	3.1836	3.2149	3.2464	3.2781	3.3100
4	4.0604	4.1216	4.1836	4.2465	4.3101	4.3746	4.4399	4.5061	4.5731	4.6410
5	5.1010	5.2040	5.3091	5.4163	5.5256	5.6371	5.7507	5.8666	5.9847	6.1051
6	6.1520	6.3081	6.4684	6.6330	6.8019	6.9753	7.1533	7.3359	7.5233	7.7156
7	7.2135	7.4343	7.6625	7.8983	8.1420	8.3938	8.6540	8.9228	9.2004	9.4872
8	8.2857	8.5830	8.8923	9.2142	9.5491	9.8975	10.260	10.637	11.028	11.436
9	9.3685	9.7546	10.159	10.583	11.027	11.491	11.978	12.488	13.021	13.579
10	10.462	10.950	11.464	12.006	12.578	13.181	13.816	14.487	15.193	15.937
11	11.567	12.169	12.808	13.486	14.207	14.972	15.784	16.645	17.560	18.531
12	12.683	13.412	14.192	15.026	15.917	16.870	17.888	18.977	20.141	21.384
13	13.809	14.680	15.618	16.627	17.713	18.882	20.141	21.495	22.953	24.523
14	14.947	15.974	17.086	18.292	19.599	21.015	22.550	24.215	26.019	27.975
15	16.097	17.293	18.599	20.024	21.579	23.276	25.129	27.152	29.361	31.772
16	17.258	18.639	20.157	21.825	23.657	25.673	27.888	30.324	33.003	35.950
17	18.430	20.012	21.762	23.698	25.840	28.213	30.840	33.750	36.974	40.545
18	19.615	21.412	23.414	25.645	28.132	30.906	33.999	37.450	41.301	45.599
19	20.811	22.841	25.117	27.671	30.539	33.760	37.379	41.446	46.018	51.159
20	22.019	24.297	26.870	27.778	33.066	36.786	40.995	45.752	51.160	57.275
21	23.239	25.783	28.676	31.969	35.719	39.993	44.865	50.423	56.765	64.002
22	24.472	27.299	30.537	34.248	38.505	43.392	49.006	55.457	62.873	71.403
23	25.716	28.845	32.453	36.618	41.430	46.996	53.436	60.893	69.532	79.543
24	26.973	30.422	34.426	39.083	44.502	50.816	58.177	66.765	76.790	88.497
25	28.243	32.030	36.459	41.646	47.727	54.865	63.249	73.106	84.701	98.347
26	29.526	33.671	38.553	44.312	51.113	59.156	68.676	79.954	93.324	109.18
27	30.821	35.344	40.710	47.084	54.669	63.706	74.484	87.351	102.72	121.10
28	32.129	37.051	42.931	49.968	58.403	68.528	80.698	95.339	112.97	134.21
29	33.450	38.792	45.219	52.966	62.323	73.640	87.347	103.97	124.14	148.63
30	34.785	40.568	47.575	56.085	66.439	79.058	94.461	113.28	136.31	164.49
40	48.886	60.402	75.401	95.026	120.80	154.76	199.64	259.06	337.88	442.59
50	64.463	84.579	112.80	152.67	209.35	290.34	406.53	573.77	815.08	1 163.9
60	81.670	114.05	163.05	237.99	353.58	533.13	813.52	1 253.2	1 944.8	3 034.8

n	12%	14%	15%	16%	18%	20%	24%	28%	32%	36%
1	1.0000	1.0000	1.0000	1.0000	1.0000	1.0000	1.0000	1.0000	1.0000	1.0000
2	2.1200	2.1400	2.1500	2.1600	2.1800	2.2000	2.2400	2.2800	2.3200	2.3600
3	3.3744	3.4396	3.4725	3.5056	3.5724	3.6400	3.7776	3.9184	3.0624	3.2096
4	4.7793	4.9211	4.9934	5.0665	5.2154	5.3680	5.6842	6.0156	6.3624	6.7251
5	6.3528	6.6101	6.7424	6.8771	7.1542	7.4416	8.0484	8.6999	9.3983	10.146
6	8.1152	8.5355	8.7537	8.9775	9.4420	9.9299	10.980	12.136	13.406	14.799
7	10.089	10.730	11.067	11.414	12.142	12.916	14.615	16.534	18.696	21.126
8	12.300	13.233	13.727	14.240	15.327	16.499	19.123	22.163	25.678	29.732
9	14.776	16.085	16.786	17.519	19.086	20.799	24.712	29.369	34.895	41.435
10	17.549	19.337	20.304	21.321	23.521	25.959	31.643	38.593	47.062	57.352
11	20.655	23.045	24.349	25.733	28.755	32.150	40.238	50.398	63.122	78.998
12	24.133	27.271	29.002	30.850	34.931	39.581	50.895	65.510	84.320	108.44
13	28.029	32.089	34.352	36.786	42.219	48.497	64.110	84.853	112.30	148.47
14	32.393	37.581	40.505	43.672	50.818	59.196	80.496	109.61	149.24	202.93
15	37.280	43.842	47.580	51.660	60.965	72.035	100.82	141.30	198.00	276.98
16	42.753	50.980	55.717	60.925	72.939	87.442	126.01	181.87	262.36	377.69
17	48.884	59.118	65.075	71.673	87.068	105.93	157.25	233.79	347.31	514.66
18	55.750	68.394	75.836	84.141	103.74	128.12	195.99	300.25	459.45	700.94
19	63.440	78.969	88.212	98.603	123.41	154.74	244.03	385.32	607.47	954.28
20	72.052	91.025	102.44	115.38	146.63	186.69	303.60	494.21	802.86	1 298.8
21	81.699	104.77	118.81	134.84	174.02	225.03	377.46	633.59	1 060.8	1 767.4
22	92.503	120.44	137.63	157.41	206.34	271.03	469.06	812.00	1 401.2	2 404.7
23	104.60	138.30	159.28	183.60	244.49	326.24	582.63	1 040.4	1 850.6	3 271.3
24	118.16	158.66	184.17	213.98	289.49	392.48	723.46	1 332.7	2 443.8	4 450.0
25	133.33	181.87	212.79	249.21	342.60	471.98	898.09	1 706.8	3 226.8	6 053.0
26	150.33	208.33	245.71	290.09	405.27	567.38	1 114.6	2 185.7	4 260.4	8 233.1
27	169.37	238.50	283.57	337.50	479.22	681.85	1 383.1	2 798.7	5 624.8	11 198.0
28	190.70	272.89	327.10	392.50	566.48	819.22	1 716.1	3 583.3	7 425.7	15 230.3
29	214.58	312.09	377.17	456.30	669.45	984.07	2 129.0	4 587.7	9 802.9	20 714.2
30	241.33	356.79	434.75	530.31	790.95	1 181.9	2 640.9	5 873.2	12 941	28 172.3
40	767.09	1 342.0	1 779.1	2 360.8	4 163.2	7 343.9	22 729	69 377	*	*
50	2 400.0	4 994.5	7 217.7	10 436	21 813	4 597	*	*	*	*
60	7 471.6	18 535	29 220	46 058	*	*	*	*	*	*

* >99 999

附表4 年金现值系数表

$$PVA_{r,n} = \sum_{t=1}^{n} \frac{1}{(1+r)^t} = \frac{1 - \frac{1}{(1+r)^n}}{r} = \frac{1}{r} - \frac{1}{r(1+r)^n}$$

n	1%	2%	3%	4%	5%	6%	7%	8%	9%
1	0.9901	0.9804	0.9709	0.9615	0.9524	0.9434	0.9346	0.9259	0.9174
2	1.9704	1.9416	1.9135	1.8861	1.8594	1.8334	1.8080	1.7833	1.7591
3	2.9410	2.8839	2.8286	2.7751	2.7232	2.6730	2.6243	2.5771	2.5313
4	3.9020	3.8077	3.7171	3.6299	3.5460	3.4651	3.3872	3.3121	3.2397
5	4.8534	4.7135	4.5797	4.4518	4.3295	4.2124	4.1002	3.9927	3.8897
6	5.7955	5.6014	5.4172	5.2421	5.0757	4.9173	4.7665	4.6229	4.4859
7	6.7282	6.4720	6.2303	6.0021	5.7864	5.5824	5.3893	5.2064	5.0330
8	7.6517	7.3255	7.0197	6.7327	6.4632	6.2098	5.9713	5.7466	5.5348
9	8.5660	8.1622	7.7861	7.4353	7.1078	6.8017	6.5152	6.2469	5.9952
10	9.4713	8.9826	8.5302	8.1109	7.7217	7.3601	7.0236	6.7101	6.4177
11	10.3676	9.7868	9.2526	8.7605	8.3064	7.8869	7.4987	7.1390	6.8052
12	11.2551	10.5753	9.9540	9.3851	8.8633	8.3838	7.9427	7.5361	7.1607
13	12.1337	11.3484	10.6350	9.9856	9.3936	8.8527	8.3577	7.9038	7.4869
14	13.0037	12.1062	11.2961	10.5631	9.8986	9.2950	8.7455	8.2442	7.7862
15	13.8651	12.8493	11.9379	11.1184	10.3797	9.7122	9.1079	8.559	8.0607
16	14.7179	13.5777	12.5611	11.6523	10.8378	10.1059	9.4466	8.8514	8.3126
17	15.5623	14.2919	13.1661	12.1657	11.2741	10.4773	9.7632	9.1216	8.5436
18	16.3983	14.9920	13.7535	12.6593	11.6896	10.8276	10.0591	9.3719	8.7556
19	17.2260	15.6785	14.3238	13.1339	12.0853	11.1581	10.3356	9.6036	8.9501
20	18.0456	16.3514	14.8775	13.5903	12.4622	11.4699	10.5940	9.8181	9.1285
21	18.8570	17.0112	15.4150	14.0292	12.8212	11.7641	10.8355	10.0168	9.2922
22	19.6604	17.6580	15.9369	14.4511	13.1630	12.0416	11.0612	10.2007	9.4424
23	20.4558	18.2922	16.4436	14.8568	13.4886	12.3034	11.2722	10.3711	9.5802
24	21.2434	18.9139	16.9355	15.2470	13.7986	12.5504	11.4693	10.5288	9.7066
25	22.0232	19.5235	17.4131	15.6221	14.0939	12.7834	11.6536	10.6748	9.8226
26	22.7952	20.1210	17.8768	15.9828	14.3752	13.0032	11.8258	10.8100	9.9290
27	23.5596	20.7069	18.3270	16.3296	14.6430	13.2105	11.9867	10.9352	10.0266
28	24.3164	21.2813	18.7641	16.6631	14.8981	13.4062	12.1371	11.0511	10.1161
29	25.0658	21.8444	19.1885	16.9837	15.1411	13.5907	12.2777	11.1584	10.1983
30	25.8077	22.3965	19.6004	17.2920	15.3725	13.7648	12.4090	11.2578	10.2737
35	29.4086	24.9986	21.4872	18.6646	16.3742	14.4982	12.9477	11.6546	10.5668
40	32.8347	27.3555	23.1148	19.7928	17.1591	15.0463	13.3317	11.9246	10.7574
45	36.0945	29.4902	24.5187	20.7200	17.7741	15.4558	13.6055	12.1084	10.8812
50	39.1961	31.4236	25.7298	21.4822	18.2559	15.7619	13.8007	12.2335	10.9617
55	42.1472	33.1748	26.7744	22.1086	18.6335	15.9905	13.9399	12.3186	11.0140

n	10%	12%	14%	15%	16%	18%	20%	24%	28%	32%
1	0.9091	0.8929	0.8772	0.8696	0.8621	0.8475	0.8333	0.8065	0.7813	0.7576
2	1.7355	1.6901	1.6467	1.6257	1.6052	1.5656	1.5278	1.4568	1.3916	1.3315
3	2.4869	2.4018	2.3216	2.2832	2.2459	2.1743	2.1065	1.9813	1.8684	1.7663
4	3.1699	3.0373	2.9137	2.8550	2.7982	2.6901	2.5887	2.4043	2.2410	2.0957
5	3.7908	3.6048	3.4331	3.3522	3.2743	3.1272	2.9906	2.7454	2.5320	2.3452
6	4.3553	4.1114	3.8887	3.7845	3.6847	3.4976	3.3255	3.0205	2.7594	2.5342
7	4.8684	4.5638	4.2882	4.1604	4.0386	3.8115	3.6046	3.2423	2.9370	2.6775
8	5.3349	4.9676	4.6389	4.4873	4.3436	4.0776	3.8372	3.4212	3.0758	2.7860
9	5.7590	5.3282	4.9464	4.7716	4.6065	4.3030	4.0310	3.5655	3.1842	2.8681
10	6.1446	5.6502	5.2161	5.0188	4.8332	4.4941	4.1925	3.6819	3.2689	2.9304
11	6.4951	5.9377	5.4527	5.2337	5.0286	4.6560	4.3271	3.7757	3.3351	2.9776
12	6.8137	6.1944	5.6603	5.4206	5.1971	4.7932	4.4392	3.8514	3.3868	3.0133
13	7.1034	6.4235	5.8424	5.5831	5.3423	4.9095	4.5327	3.9124	3.4272	3.0404
14	7.3667	6.6282	6.0021	5.7245	5.4675	5.0081	4.6106	3.9616	3.4587	3.0609
15	7.6061	6.8109	6.1422	5.8474	5.5755	5.0916	4.6755	4.0013	3.4834	3.0764
16	7.8237	6.9740	6.2651	5.9542	5.6685	5.1624	4.7296	4.0333	3.5026	3.0882
17	8.0216	7.1196	6.3729	6.0472	5.7487	5.2223	4.7746	4.0591	3.5177	3.0971
18	8.2014	7.2497	6.4674	6.1280	5.8178	5.2732	4.8122	4.0799	3.5294	3.1039
19	8.3649	7.3658	6.5504	6.1982	5.8775	5.3162	4.8435	4.0967	3.5386	3.1090
20	8.5136	7.4694	6.6231	6.2593	5.9288	5.3527	4.8696	4.1103	3.5458	3.1129
21	8.6487	7.5620	6.6870	6.3125	5.9731	5.3837	4.8913	4.1212	3.5514	3.1158
22	8.7715	7.6446	6.7429	6.3587	6.0113	5.4099	4.9094	4.1300	3.5558	3.1180
23	8.8832	7.7184	6.7921	6.3988	6.0442	5.4321	4.9245	4.1371	3.5592	3.1197
24	8.9847	7.7843	6.8351	6.4338	6.0726	5.4509	4.9371	4.1428	3.5619	3.1210
25	9.0770	7.8431	6.8729	6.4641	6.0971	5.4669	4.9476	4.1474	3.5640	3.1220
26	9.1609	7.8957	6.9061	6.4906	6.1182	5.4804	4.9563	4.1511	3.5656	3.1227
27	9.2372	7.9426	6.9352	6.5135	6.1364	5.4919	4.9636	5.1542	3.5669	3.1233
28	9.3066	7.9844	6.9607	6.5335	6.1520	5.5016	4.9697	4.1566	3.5679	3.1237
29	9.3696	8.0218	6.9830	6.5509	6.1656	5.5098	4.9747	4.1585	3.5687	3.1240
30	9.4269	8.0552	7.0027	6.5660	6.1772	5.5168	4.9789	4.1601	3.5693	3.1242
35	9.6442	8.1755	7.0700	6.6166	6.2153	5.5386	4.9915	1.1644	3.5707	3.1248
40	9.7791	8.2438	7.1050	6.6418	6.2335	5.5482	4.9966	4.1659	3.5712	3.1250
45	9.8628	8.2825	7.1232	6.6543	6.2421	5.5523	4.9986	4.1664	3.5714	3.1250
50	9.9148	8.3045	7.1327	6.6605	6.2463	5.5541	4.9995	4.1666	3.5714	3.1250
55	9.9471	8.3170	7.1376	6.6636	6.2482	5.5549	4.9998	4.1666	3.5714	3.1250

附表 5　正态分布下累积概率密度 $N(d)$ 表（当 $d \leqslant 0$ 时）

使用这张表时可与内插法结合起来使用。例如：

$$N(-0.1234) = N(-0.12) - 0.34[N(-0.12) - N(-0.13)]$$
$$= 0.4522 - 0.34 \times (0.4522 - 0.4483)$$
$$= 0.4509$$

d	0.00	0.01	0.02	0.03	0.04	0.05	0.06	0.07	0.08	0.09
-0.0	0.5000	0.4960	0.4920	0.4880	0.4840	0.4801	0.4761	0.4721	0.4681	0.4641
-0.1	0.4602	0.4562	0.4522	0.4483	0.4443	0.4404	0.4364	0.4325	0.4286	0.4247
-0.2	0.4207	0.4168	0.4129	0.4090	0.4052	0.4013	0.3974	0.3936	0.3897	0.3859
-0.3	0.3821	0.3783	0.3745	0.3707	0.3669	0.3632	0.3594	0.3557	0.3520	0.3483
-0.4	0.3446	0.3409	0.3372	0.3336	0.3300	0.3264	0.3228	0.3192	0.3156	0.3121
-0.5	0.3085	0.3050	0.3015	0.2981	0.2946	0.2912	0.2877	0.2843	0.2810	0.2776
-0.6	0.2743	0.2709	0.2676	0.2643	0.2611	0.2578	0.2546	0.2514	0.2483	0.2451
-0.7	0.2420	0.2389	0.2358	0.2327	0.2296	0.2266	0.2236	0.2206	0.2177	0.2148
-0.8	0.2119	0.2090	0.2061	0.2033	0.2005	0.1977	0.1949	0.1922	0.1894	0.1867
-0.9	0.1841	0.1814	0.1788	0.1762	0.1736	0.1711	0.1685	0.1660	0.1635	0.1611
-1.0	0.1587	0.1562	0.1539	0.1515	0.1492	0.1469	0.1446	0.1423	0.1401	0.1379
-1.1	0.1357	0.1335	0.1314	0.1292	0.1271	0.1251	0.1230	0.1210	0.1190	0.1170
-1.2	0.1151	0.1131	0.1112	0.1093	0.1075	0.1056	0.1038	0.1020	0.1003	0.0985
-1.3	0.0968	0.0951	0.0934	0.0918	0.0901	0.0885	0.0869	0.0853	0.0838	0.0823
-1.4	0.0808	0.0793	0.0778	0.0764	0.0749	0.0735	0.0721	0.0708	0.0694	0.0681
-1.5	0.0668	0.0655	0.0643	0.0630	0.0618	0.0606	0.0594	0.0582	0.0571	0.0559
-1.6	0.0548	0.0537	0.0526	0.0516	0.0505	0.0495	0.0485	0.0475	0.0465	0.0455
-1.7	0.0446	0.0436	0.0427	0.0418	0.0409	0.0401	0.0392	0.0384	0.0375	0.0367
-1.8	0.0359	0.0351	0.0344	0.0336	0.0329	0.0322	0.0314	0.0307	0.0301	0.0294
-1.9	0.0287	0.0281	0.0274	0.0268	0.0262	0.0256	0.0250	0.0244	0.0239	0.0233
-2.0	0.0228	0.0222	0.0217	0.0212	0.0207	0.0202	0.0197	0.0192	0.0188	0.0183
-2.1	0.0179	0.0174	0.0170	0.0166	0.0162	0.0158	0.0154	0.0150	0.0146	0.0143
-2.2	0.0139	0.0136	0.0132	0.0129	0.0125	0.0122	0.0119	0.0116	0.0113	0.0110
-2.3	0.0107	0.0104	0.0102	0.0099	0.0096	0.0094	0.0091	0.0089	0.0087	0.0084
-2.4	0.0082	0.0080	0.0078	0.0075	0.0073	0.0071	0.0069	0.0068	0.0066	0.0064
-2.5	0.0062	0.0060	0.0059	0.0057	0.0055	0.0054	0.0052	0.0051	0.0049	0.0048
-2.6	0.0047	0.0045	0.0044	0.0043	0.0041	0.0040	0.0039	0.0038	0.0037	0.0036
-2.7	0.0035	0.0034	0.0033	0.0032	0.0031	0.0030	0.0029	0.0028	0.0027	0.0026
-2.8	0.0026	0.0025	0.0024	0.0023	0.0023	0.0022	0.0021	0.0021	0.0020	0.0019
-2.9	0.0019	0.0018	0.0018	0.0017	0.0016	0.0016	0.0015	0.0015	0.0014	0.0014
-3.0	0.0014	0.0013	0.0013	0.0012	0.0012	0.0011	0.0011	0.0011	0.0010	0.0010
-3.1	0.0010	0.0009	0.0009	0.0009	0.0008	0.0008	0.0008	0.0008	0.0007	0.0007
-3.2	0.0007	0.0007	0.0006	0.0006	0.0006	0.0006	0.0006	0.0005	0.0005	0.0005
-3.3	0.0005	0.0005	0.0005	0.0004	0.0004	0.0004	0.0004	0.0004	0.0004	0.0003
-3.4	0.0003	0.0003	0.0003	0.0003	0.0003	0.0003	0.0003	0.0003	0.0003	0.0002
-3.5	0.0002	0.0002	0.0002	0.0002	0.0002	0.0002	0.0002	0.0002	0.0002	0.0002
-3.6	0.0002	0.0002	0.0001	0.0001	0.0001	0.0001	0.0001	0.0001	0.0001	0.0001
-3.7	0.0001	0.0001	0.0001	0.0001	0.0001	0.0001	0.0001	0.0001	0.0001	0.0001
-3.8	0.0001	0.0001	0.0001	0.0001	0.0001	0.0001	0.0001	0.0001	0.0001	0.0001
-3.9	0.0000	0.0000	0.0000	0.0000	0.0000	0.0000	0.0000	0.0000	0.0000	0.0000
-4.0	0.0000	0.0000	0.0000	0.0000	0.0000	0.0000	0.0000	0.0000	0.0000	0.0000

附表6 正态分布下累积概率密度 $N(d)$ 表（当 $d \geq 0$ 时）

使用这张表时可与内插法结合起来使用。例如：

$$N(0.6278) = N(0.62) + 0.78[N(0.63) - N(0.62)]$$
$$= 0.7324 + 0.78 \times (0.7357 - 0.7324)$$
$$= 0.7350$$

d	0.00	0.01	0.02	0.03	0.04	0.05	0.06	0.07	0.08	0.09
0.0	0.5000	0.5040	0.5080	0.5120	0.5160	0.5199	0.5239	0.5279	0.5319	0.5359
0.1	0.5398	0.5438	0.5478	0.5517	0.5557	0.5596	0.5636	0.5675	0.5714	0.5753
0.2	0.5793	0.5832	0.5871	0.5910	0.5948	0.5987	0.6026	0.6064	0.6103	0.6141
0.3	0.6179	0.6217	0.6255	0.6293	0.6331	0.6368	0.6406	0.6443	0.6480	0.6517
0.4	0.6554	0.6591	0.6628	0.6664	0.6700	0.6736	0.6772	0.6808	0.6844	0.6879
0.5	0.6915	0.6950	0.6985	0.7019	0.7054	0.7088	0.7123	0.7157	0.7190	0.7224
0.6	0.7257	0.7291	0.7324	0.7357	0.7389	0.7422	0.7454	0.7486	0.7517	0.7549
0.7	0.7580	0.7611	0.7642	0.7673	0.7704	0.7734	0.7764	0.7794	0.7823	0.7852
0.8	0.7881	0.7910	0.7939	0.7967	0.7995	0.8023	0.8051	0.8078	0.8106	0.8133
0.9	0.8159	0.8186	0.8212	0.8238	0.8264	0.8289	0.8315	0.8340	0.8365	0.8389
1.0	0.8413	0.8438	0.8461	0.8485	0.8508	0.8531	0.8554	0.8577	0.8599	0.8621
1.1	0.8643	0.8665	0.8686	0.8708	0.8729	0.8749	0.8770	0.8790	0.8810	0.8830
1.2	0.8849	0.8869	0.8888	0.8907	0.8925	0.8944	0.8962	0.8980	0.8997	0.9015
1.3	0.9032	0.9049	0.9066	0.9082	0.9099	0.9115	0.9131	0.9147	0.9162	0.9177
1.4	0.9192	0.9207	0.9222	0.9236	0.9251	0.9265	0.9279	0.9292	0.9306	0.9319
1.5	0.9332	0.9345	0.9357	0.9370	0.9382	0.9394	0.9406	0.9418	0.9429	0.9441
1.6	0.9452	0.9463	0.9474	0.9484	0.9495	0.9505	0.9515	0.9525	0.9535	0.9545
1.7	0.9554	0.9564	0.9573	0.9582	0.9591	0.9599	0.9608	0.9616	0.9625	0.9633
1.8	0.9641	0.9649	0.9656	0.9664	0.9671	0.9678	0.9686	0.9693	0.9699	0.9706
1.9	0.9713	0.9719	0.9726	0.9732	0.9738	0.9744	0.9750	0.9756	0.9761	0.9767
2.0	0.9772	0.9778	0.9783	0.9788	0.9793	0.9798	0.9803	0.9808	0.9812	0.9817
2.1	0.9821	0.9826	0.9830	0.9834	0.9838	0.9842	0.9846	0.9850	0.9854	0.9857
2.2	0.9861	0.9864	0.9868	0.9871	0.9875	0.9878	0.9881	0.9884	0.9887	0.9890
2.3	0.9893	0.9896	0.9898	0.9901	0.9904	0.9906	0.9909	0.9911	0.9913	0.9916
2.4	0.9918	0.9920	0.9922	0.9925	0.9927	0.9929	0.9931	0.9932	0.9934	0.9936
2.5	0.9938	0.9940	0.9941	0.9943	0.9945	0.9946	0.9948	0.9949	0.9951	0.9952
2.6	0.9953	0.9955	0.9956	0.9957	0.9959	0.9960	0.9961	0.9962	0.9963	0.9964
2.7	0.9965	0.9966	0.9967	0.9968	0.9969	0.9970	0.9971	0.9972	0.9973	0.9974
2.8	0.9974	0.9975	0.9976	0.9977	0.9977	0.9978	0.9979	0.9979	0.9980	0.9981
2.9	0.9981	0.9982	0.9982	0.9983	0.9984	0.9984	0.9985	0.9985	0.9986	0.9986
3.0	0.9986	0.9987	0.9987	0.9988	0.9988	0.9989	0.9989	0.9989	0.9990	0.9990
3.1	0.9990	0.9991	0.9991	0.9991	0.9992	0.9992	0.9992	0.9992	0.9993	0.9993
3.2	0.9993	0.9993	0.9994	0.9994	0.9994	0.9994	0.9994	0.9995	0.9995	0.9995
3.3	0.9995	0.9995	0.9995	0.9996	0.9996	0.9996	0.9996	0.9996	0.9996	0.9997
3.4	0.9997	0.9997	0.9997	0.9997	0.9997	0.9997	0.9997	0.9997	0.9997	0.9998
3.5	0.9998	0.9998	0.9998	0.9998	0.9998	0.9998	0.9998	0.9998	0.9998	0.9998
3.6	0.9998	0.9998	0.9999	0.9999	0.9999	0.9999	0.9999	0.9999	0.9999	0.9999
3.7	0.9999	0.9999	0.9999	0.9999	0.9999	0.9999	0.9999	0.9999	0.9999	0.9999
3.8	0.9999	0.9999	0.9999	0.9999	0.9999	0.9999	0.9999	0.9999	0.9999	0.9999
3.9	1.0000	1.0000	1.0000	1.0000	1.0000	1.0000	1.0000	1.0000	1.0000	1.0000
4.0	1.0000	1.0000	1.0000	1.0000	1.0000	1.0000	1.0000	1.0000	1.0000	1.0000

主要参考书目

1. Eugene F. Brigham, *Financial Management: Theory and Practice*, Dryden Press, 1999.
2. Richard A. Brealey and Stewart C. Myers, *Principle of Corporate Finance*, McGraw-Hill, 1996.
3. Ross, Westerfield, and Jaffe, *Corporate Finance*, 6th ed., McGraw-Hill, 2002.
4. 陈闽、廖辉著:《租赁管理》,上海人民出版社1995年版。
5. 加布里埃尔·哈瓦维尼、克劳德·维埃里等著:《经理人员财务管理——价值创造的过程》,王全喜等译,机械工业出版社2000年版。
6. 刘健均著:《创业投资:原理与方略》,中国经济出版社2003年版。
7. 斯蒂芬·罗斯、伦道夫·W. 威斯特菲尔德、布拉德福德·D. 乔丹等著:《公司理财》(精要版),方红星译,机械工业出版社2004年版。
8. 杨济华、周首华编著:《现代西方财务管理》,北京出版社1992年版。
9. 王韬光、胡海峰著:《企业购并》,上海人民出版社1995年版。

术语索引

A

ABC 控制法 （ABC control theorem） 428
A 股 （A share） 51

B

β 系数 （β） 176
Black-Scholes 公式 （Black-Scholes formula） 378
B 股 （B share） 52
白衣骑士 （white knight） 475
半强有效率市场 （semi-strong form market） 155
包销 （underwriting） 226
保管成本 （cost of storage） 428
保护性重组 （protective reorganization） 473
保守型筹资组合 （conservative financing portfolio） 412
保证金 （margin） 366
保证债券 （assured bonds） 263
保值比例 （hedging ratio） 376
本量利图 （cost-volume-profit graph） 440
必要报酬率 （required rate of return） 62
边际资本成本 （marginal capital cost） 210
变动成本 （variable cost） 117
标准离差率 （standard deviation ratio） 176
不可转换优先股 （non-convertible preferred stock） 249
部分减免 （composition） 490
部门出售 （department sale） 485

C

财务比率 （financial ratio） 270
财务费用 （financial expense） 438
财务分析 （financial analysis） 12
财务风险 （financial risk） 10
财务杠杆 （financial leverage） 53
财务会计 （financial accounting） 11
财务危机 （financial distress, financial crisis） 7
财务危机间接成本 （indirect cost of financial crisis） 320
财务危机直接成本 （direct cost of financial crisis） 320
财务协同效应 （financial synergy） 460
财务预算 （financial budget） 451
参加优先股 （participating preferred stock） 248
拆股/股票分割 （stock division） 298
产品销售成本 （sales cost） 411
产品销售费用 （sales expense） 100
产品销售净收入 （sales） 467
长期负债 （long-term liabilities） 197
长期资产 （long-term asset） 343
常数现金股利模型 （constant cash dividend model） 56

---

* 此索引中的页码为该术语在书中首次出现的页码。

偿债筹资 （sinking funding） 186
超级多数条款 （supermajority amendments） 477
沉没成本 （sunk cost） 104
成本结构 （cost structure） 120
成本性态 （cost behavior） 11
持股分立 （equity carve-outs） 486
筹资管理的目标 （target of financing management） 10
初始现金流量 （initial cash flow） 100
储备资金 （reserve fund） 409
创业企业 （venture enterprises） 213
创业资本 （venture capital） 213
从属信用公司债 （subordinated credit corporate bonds） 264
存货 （inventory） 5
存货的生产或购置成本 （producing cost / purchase cost for inventory） 427
存货控制 （inventory control） 428
存货模型 （inventory model） 417
存货周转率 （inventory turnover） 433
存货周转期 （inventory turnover period） 410

D

代理理论 （agency theory） 14
代理问题与代理成本 （agency problem） 241
代销 （best-efforts underwriting） 226
单方中止协议费用 （break-up fee） 477
单利 （simple interest） 20
到期日 （maturity date） 36
到期收益率 （yield to maturity, YTM） 38
道德风险 （moral hazard） 321
敌意并购 （hostile takeover） 457
抵押债券 （mortgage bonds） 263
调整的内部报酬率 （modified internal rate of return, MIRR） 89
调整资本成本 （adjusted cost of capital） 209
订货成本 （cost of ordering） 427

定向回购 （directional acquisition） 358
毒丸政策 （poison pill） 473
独立决策 （independent decision） 73
独资企业(单一业主制) （sole proprietorship） 1
短期偿债能力 （short-term solvency） 412
短期融资券 （commercial paper） 200
短期融资券/商业票据/商业本票 （commercial paper） 200
短期证券投资 （short-term securities investment） 200
对内投资 （internal investment） 71
对外投资 （external investment） 2
对外投资收益 （external investment profit） 337

F

发行价格 （issue price） 36
法人股 （corporate shares） 52
仿真分析 （simulation analysis） 122
非参加优先股 （non-participating preferred stock） 248
非固定增长率(多阶段增长率)模型 （cash dividend variable rate model） 58
非累积优先股 （non-accumulated preferred stock） 248
非累计投票 （non-accumulated vote） 50
非系统风险 （non-systematic risk） 139
风险性 （risk） 142
浮动利率债券 （floating-rate bonds） 265
负债 （liability） 5
复合杠杆 （compound leverage） 308
复利 （compound interest） 20

G

杠杆收购 （leverage buy-out, LBO） 459
杠杆租赁 （leverage rent） 290
个人股 （individual shares） 52

公开募集 （public raising） 219
公开市场购买 （open market purchase） 358
公开收购 （tender offer） 499
公司并购 （merger） 16
公司财务 （corporate finance） 1
公司财务的安全目标 （safety target of corporate finance） 10
公司财务的成果目标 （result target of corporate finance） 9
公司财务的利润目标 （earning target of corporate finance） 8
公司财务的效率目标 （efficiency target of corporate finance） 10
公司分立 （corporate separation） 485
公司合并(收购与并购) （acquisition） 160
公司解散或清算 （corporate dissolution or liquidation） 494
公司制企业 （corporation） 1
公司重整 （corporate restructuring） 490
贡献毛益 （contribution margin） 439
贡献毛益方程式 （throughput contribution formula） 439
购买法 （purchase method） 470
股份有限公司 （Co. Ltd.） 2
股利可调整优先股 （dividend adjustable preferred stock） 249
股票股利 （stock dividend） 31
股票回购 （stock repurchase） 158
股票转让权 （transfer rights） 50
股权分割/资产分割 （spin-off） 487
股权收购 （acquisition of stock） 455
固定成本 （fixed cost） 117
固定股利率政策 （fixed-dividend policy） 350
固定利率债券 （fixed-rate bonds） 265
固定现金股利增长率模型 （cash dividend fixed rate model） 67
管理层收购 （management buy-out, MBO） 479
管理费用 （management expense） 102
管理会计 （management accounting） 11
规模经济 （economy of scale） 123
国家股 （state-owned shares） 52
国债 （national debt） 18

H

H股 （H share） 52
合股/逆向拆股 （stock combination） 355
合伙制企业 （partnership） 1
横向并购 （horizontal merger） 461
互斥决策 （repulsive decision） 73
还债 （sinking） 1
会计 （accounting） 5
会计恒等式 （accounting identities） 381
混合并购 （mixed merger） 461
混合成本 （mixed cost） 439
混合筹资 （mixed funding） 187

J

机会成本 （opportunity cost） 15
记名股票 （registered stock） 52
记名债券 （registered bonds） 266
技术性无力偿债 （technical insolvency） 489
加权平均资本成本 （weighted average cost of capital, WACC） 15
价格风险 （price risk） 39
间接筹资 （indirect financing） 181
金降落伞 （golden parachute） 478
金融市场 （financial market） 11
经济订货批量法 （economic order quantity, EOQ） 428
经济失败 （economic failure） 488
经济增加值 （economic value added, EVA） 15
经济租金 （economic rents） 124
经营现金流量 （operating cash flow） 126

经营协同效应（operating synergy） 459
经营周期（operating period） 276
经营租赁（operating rent） 288
净利润（net earning） 9
净现金流量（net cash flow） 77
净现值（net present value, NPV） 12
净营运资本（net working capital, NWC） 100

J

久期（duration） 42

K

可持续增长率（sustainable growth ratio） 447
可赎回债券（redemptable bonds） 264
可转换优先股（convertible preferred stock） 13
可转换债券（convertible bonds） 13
可转换证券（convertible securities） 388
扩张筹资（expanding funding） 186

L

累积优先股（accumulated preferred stock） 248
累计投票（accumulated vote） 50
利率的期限结构（term structure） 44
利润管理的目标（target of earning management） 10
利息保障倍数（interest coverage） 270
连续复利（continuous compound） 41
两平期权/币上期权（at-the-money） 364
零息债券（zero-coupon bond） 36
留存收益率（retained ratio） 448
流动比率（current ratio） 247
流动负债（current liabilities） 409
流动性（liquidity） 3
流动资产（current asset） 5

绿色讹诈（greenmail） 358

M

Miller-Orr 模型（Miller-Orr model） 417
MM 理论（Modigliani-Miller theory, MM theorem） 12
买权/看涨期权（call option） 363
买权卖权平价（put-call parity） 406
卖权/看跌期权（put option） 366
毛利润（gross earning） 424
冒险型筹资组合（aggressive financing portfolio） 436
美式期权（American-style option） 363
敏感性分析（sensitivity analysis） 117
名义利率（nominal interest） 45

N

N 股（N share） 52
内部报酬率（internal rate of return, IRR） 84
内部筹资（internal financing） 182
内部现金流量（internal cash flow） 201
内部增长率（internal rate of growth） 447
逆向选择（adverse selection） 246
年金（annuity） 24
年金现值系数（$PVIFA_{r,n}$） 27
年金终值系数（$FVIFA_{r,n}$） 25

O

欧式期权（European-style option） 13

P

配售（right offer） 227
匹配型筹资组合/正常筹资组合（matching financing portfolio） 435
票面价值（face value） 35
票面利息率（face interest rate） 37
平价发行（issue at parity） 36
平均会计利润率（average accounting rate of

return, AAR) 78
平均收益率（average rate of return, ARR） 82
普通股（common stock） 49
普通股股票的票面价值（face value of common stock） 35
普通合伙人（general partner） 2
普通合伙制（general partnership） 2

Q

期权定价理论（option pricing model） 13
期权费（期权价格）（option premium） 366
期权清算公司（option clear corporation, OCC） 366
期权/选择权（option） 363
其他现金收入（other cash income） 414
其他现金支出（other cash expense） 415
其他业务利润/其他销售利润（other operating profit） 120
前景理论（prospect theory） 16
强有效率市场（strong-form market） 155
强制性转换条款（mandatory conversion terms） 391
清算价值（clearing value） 51
情景分析（scenario analysis） 117
权衡理论（trade-off theory） 16
权益报酬率（return of equity, ROE） 68
权益资本（equity capital） 2
权益资本成本（equity capital cost） 200
缺货成本（cost of shortage） 427

R

人为性流动负债（artificial current liabilites） 410
认沽权证（put warrants） 499
认股权证（warrants） 13
融资顺序理论（pecking-order theory） 16
融资租赁（financing rent） 288

弱有效率市场（weak-form market） 155

S

商业失败（business failure） 488
商业信用（commercial credit） 7
设立筹资（establishing funding） 186
生产资金（manufacturing fund） 409
生存性筹资（survival funding） 187
剩余财产清偿权（surplus liquidation rights） 49
剩余股利政策（residual dividend policy） 350
剩余收益请求权（residual claim） 49
时间价值（time value） 6
实际利率（effective interest） 45
实物期权（real option） 397
实值期权/币内期权（in-the-money） 364
市场价值（market value） 15
市净率（book to market ratio） 254
市盈率（P/E ratio） 163
收益能力分析（EBIT-EPS方法）（EBIT-EPS approach） 302
收益性（profitability） 37
收益债券（revenue bonds） 264
赎回条款（redemption provisions） 249
税后利润（earnings after tax） 53
税前利润（earnings before tax） 81
税收屏蔽（tax shield） 195
速动比率（quick ratio, acid test ratio） 270
损失规避（loss aversion） 16
损益表（income statement） 11
损益方程式（profit and loss equation） 439

T

贴现率（discount ratio） 9
贴现投资回收期（discount payback period） 79
贴现现金流量方法（discounted cash flow

（DCF）techniques） 77
投票权（voting rights） 35
投入资本（paid-in capital） 50
投资不足（underinvestment） 323
投资管理的目标（target of investment management） 10
投资回收期（payback period） 78

W

外部筹资（external financing） 182
外资股（foreign shares） 52
完美资本市场（perfect capital markets） 312
完全相同的预期（homogeneous expectations） 312
稳定股利额政策（stable dividend policy） 350
无表决权优先股（non-voting preferred stock） 249
无记名股票（non-registered stock） 52
无记名债券（non-registered bonds） 266
"五C"分析（5"C"analysis） 419

X

吸收合并/并购（M&A） 544
息税前收益(营业利润)（earning before interests and tax, EBIT） 204
系统风险（systematic risk） 139
系统风险（system-risk） 131
现金股利（cash dividend） 9
现金计划（cash plan） 414
现金流量表（statement of cash flow） 11
现金流量图（cash flow graph） 19
现金余缺（cash surplus and deficiency） 414
现金折扣（cash discount） 415
现金周转期/营运资金周转期（cash turnover period / working capital turnover period） 410
现值（present value, PV） 9

现值指数（present index, PI） 91
限制谈判条款（no-shop/no-talk provision） 476
相关现金流量（relative cash flow） 126
销售利润率（return of sales, sales return） 441
销售收入比例法（sales income ratio law） 442
销售收入增长率（growth rate of sales income） 237
销售预测（sales prediction） 71
效用函数（utility function） 116
协议收购（agreement purchase） 456
新设合并/合并（consolidation） 455
信号传递模型（signaling hypothesis） 230
信息不对称（asymmetric information） 14
信用标准（credit standard） 421
信用评分（credit rating） 420
信用期限（credit period） 422
信用条件（credit terms） 421
信用债券（credit bonds） 264
行权价格（exercise price, striking price） 363
行为金融（behavioral finance） 15
虚值期权/币外期权（out-of-the-money） 364

Y

要约收购（contracting acquisition） 158
要约收购（tender offer） 358
溢价发行（issue at premium） 36
应付账款周转期（accounts payable turnover period） 411
应收账款（accounts receivable） 7
应收账款周转率（receivables turnover） 433
应收账款周转期（accounts receivable turnover period, receivables turnover period） 410
盈亏平衡点（break-even point） 119
营业风险/经营风险/商业风险（operating risk） 301

营业杠杆（operating leverage） 120
营业外收入（extra-ordinary income） 106
营业现金流量（operating cash flow） 102
营业现金收入（operating cash income） 414
营业现金支出（operating cash expense） 100
营运资本需求（working capital requirement, WCR） 76
营运资金管理的目标（target of working capital management） 10
永续年金（perpetual annuity） 28
优先股（preferred stock） 28
优先认股权（preemptive rights） 50
有表决权优先股（voting preferred stock） 249
有限合伙人（limited partner） 2
有限合伙制（limited partnership） 2
有限责任公司（limited liability company） 2
有效率资产组合集合（effective portfolio set） 176
有效市场假说（efficient markets hypothesis） 14
预付款（payment in advance） 409
预计损益表（predicted income statement） 81
预计现金流量表（predicted financial statement of cash flow） 481
预计资产负债表（predicted balance sheet） 439
预收货款（account collected in advance） 410

Z

再投资风险（reinvestment risk） 39
增长机会现值（present value of growth opportunity, PVGO） 63
增发（seasoned equity offering, SEO） 234
债权人（creditor） 3
债券（bond） 6
债券的利率风险（interest risk of bonds） 38
债券评级（bonds crediting） 271
债务权益率（debt-equity ratio） 447
债务人（debtor） 35
债务资本（debt capital） 6
展期（extension） 265
账龄管理（aging management for accounts receivable） 423
账面价值（book value） 51
招股说明书（IPO prospectuses） 222
折价发行（issue at a discount） 36
折扣期限（discount period） 422
正式破产（legal bankruptcy） 489
证券市场的效率（efficiency of security market） 173
证券市场线（security market line, SML） 149
直接筹资（direct financing） 181
质押债券（collateral bonds） 263
终结现金流量（ending cash flow） 126
终值（future value, FV） 20
主动投资策略（initiative strategy） 187
转股价格（convertible price） 389
转换价值（conversion value） 393
转换期（conversion period） 389
资本比率（capital ratio） 207
资本成本（capital cost） 6
资本结构（capital structure） 5
资本经营（capital operation） 72
资本密集度（capital intensity） 450
资本市场线（capital market line, CML） 145
资本投资决策（capital investment decision） 70
资本限量决策（capital rationing decision） 93
资本预算分析（analysis of capital budgeting） 12
资本预算决策（capital budgeting decision） 6

资本资产定价模型 (capital assets pricing model, CAPM) 13
资不抵债 (insolvency in bankruptcy) 322
资产 (asset) 1
资产负债表 (balance sheet) 11
资产负债率 (debt ratio) 148
资产经营 (asset operation) 72
资产利润率 (return of assets, ROA) 447
资产利用率 (using ratio of assets) 450
资产收购 (purchase of asset) 455

资产周转率 (asset turnover) 447
资产组合理论 (portfolio theory) 13
自然性流动负债 (natural current liabilities) 410
总资产周转率 (total asset turnover) 447
最小方差组合 (minimum-variance portfolio) 143
最优资本结构/目标资本结构 (optimal capital structure) 209
做市商 (market maker) 366

教师反馈及教辅申请表

北京大学出版社本着"教材优先、学术为本"的出版宗旨,竭诚为广大高等院校师生服务。为更有针对性地提供服务,请您按照以下步骤在微信后台提交教辅申请,我们会在 1~2 个工作日内将配套教辅资料,发送到您的邮箱。

◎ 手机扫描下方二维码,或直接微信搜索公众号"北京大学经管书苑",进行关注;

◎ 点击菜单栏"在线申请"—"教辅申请",出现如右下界面:

◎ 将表格上的信息填写准确、完整后,点击提交;

◎ 信息核对无误后,教辅资源会及时发送给您;如果填写有问题,工作人员会同您联系。

温馨提示:如果您不使用微信,您可以通过下方的联系方式(任选其一),将您的姓名、院校、邮箱及教材使用信息反馈给我们,工作人员会同您进一步联系。

我们的联系方式:

通信地址: 北京大学出版社经济与管理图书事业部北京市海淀区成府路 205 号,100871

联 系 人: 周莹

电　　话: 010-62767312 / 62757146

电子邮件: em@pup.cn

Q Q: 5520 63295(推荐使用)

微信: 北京大学经管书苑(pupembook)

网址: www.pup.cn